Island

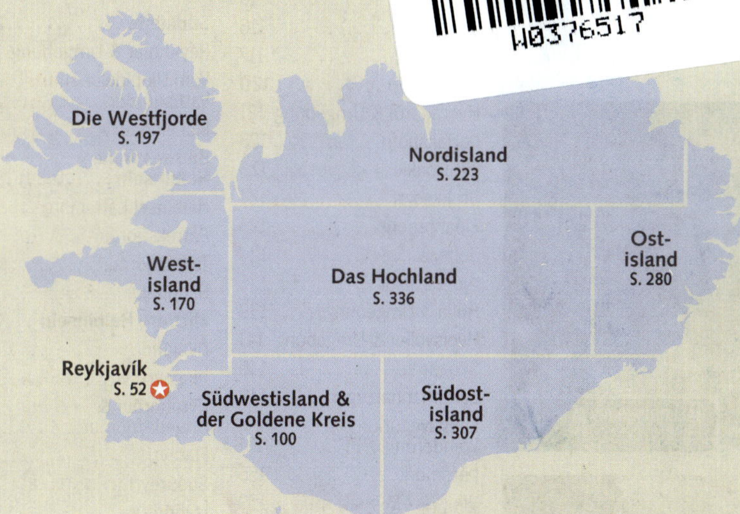

Carolyn Bain, Alexis Averbuck

REISE-PLANUNG

HALLGRÍMSKIRKJA S. 62

CHRISTIAN KOBER/GETTY IMAGES ©

PAPAGEITAUCHER S. 40

GRANT FAINT/GETTY IMAGES ©

REISEZIELE IN ISLAND

Inhalt

ISLAND VERSTEHEN

ALLEMEINE INFORMATIONEN

SPECIALS

Willkommen in Island

Die Energie dieser zauberhaften Insel ist hautnah spürbar: Atemberaubende Naturphänomene inspirieren die freundlichen, kreativen Einheimischen und locken jedes Jahr mehr Besucher an.

Eine Symphonie der Elemente

Island ist eine dünn besiedelte Insel am Rand des Globus und immer noch im Entstehen begriffen – ein riesiges vulkanisches Laboratorium, in dem mächtige Kräfte die Erde umgestalten: Geysire sprudeln, Schlammtöpfe blubbern, eisbedeckte Vulkane grummeln und Gletscher schlagen breite Schneisen durch die Berge. Die gewaltige Pracht scheint dafür geschaffen, den Besuchern ihre eigene Bedeutungslosigkeit vor Augen zu führen. Und es funktioniert: Frische, klare Luft und dazu Breitband-Landschaften – und alle sind hin und weg!

Die Kraft der Natur

In der isländischen Natur wird aus etwas Alltäglichem etwas Außergewöhnliches: Hier badet man in warmen Lagunen und spaziert über glitzernde Gletscher und eine stille Nacht im Zelt wird dank den flammenden Schleiern des Polarlichts und dem sanften Rosa der Mitternachtssonne zu einem Fest für die Sinne. Island verändert die Menschen – seine Sagas verwandelten ungehobelte Kerle in Poeten, seine Geschichten vom *huldufólk* (verborgenen Volk) machen aus Skeptikern Gläubige. Hier ist die vielleicht weltweit größte Ansammlung von Träumern und Künstlern zu finden, allesamt inspiriert von ihrer Umwelt.

Ein persönliches Erlebnis

Eine Islandreise ist auch wegen der Menschen ein Erlebnis. Ihre Wärme ist entwaffnend, ihr Fleiß beeindruckend – hart arbeiten sie daran, sich von der Finanzkrise zu erholen und ein Reiseziel zu schaffen, das inzwischen jedes Jahr dreimal so viele Besucher empfängt wie es Einwohner hat. Man stelle sich eine mittelgroße Stadt im eigenen Land vor: Diese müsste weit verstreute Universitäten, Flughäfen und Krankenhäuser verwalten, rund 30 aktive Vulkane überwachen und Hunderte Hotels betreiben – würde diese Stadt genauso gut funktionieren wie Island und wäre dann noch genügend Zeit, um ergreifende Musik und schicke Wollklamotten zu produzieren?

Nordisches Nirwana

In Island dreht sich wahrlich nicht alles um die Natur. Das Gegenstück zu so viel natürlicher Schönheit bildet die Kultur des Landes, von den mittelalterlichen Sagas über einen Nobelpreisträger bis zu modernen Thrillern. Überall erklingt Livemusik und ist Kunst, Kunsthandwerk und heimische Küche zu finden. Die nördlichste Hauptstadt der Welt wartet mit dem für Nordeuropa typischen Egalitarismus auf, mit grünem Denken und mühelos stylischen Einheimischen, gekleidet in die stolze Individualität Islands.

Warum ich Island so liebe

Carolyn Bain, Autorin

Diese Frage ist schwer zu beantworten, ohne sich in peinlichen Lobeshymnen zu ergehen oder Klischees anzuhäufen – am liebsten wäre ich natürlich ein vogelbeobachtender Vulkanologe, der in einer Band spielt. Klar hat mich bei meinem ersten Besuch die Landschaft umgehauen. Auch heute noch kann mich die Schönheit des Landes zu Tränen rühren – aber der eigentliche Grund für meine Liebe zu Island sind heute die Isländer selbst. Ihre Findigkeit, Exzentrik, Verbundenheit und Wärme sind unvergleichlich – die wunderbaren zwischenmenschlichen Begegnungen können es an Schönheit mit der isländischen Natur aufnehmen.

Mehr Infos über unsere Autoren gibt's auf S. 423

Oben: Der Gletscher Gígjökull (S. 156) an der Südküste

Island

Polarkreis
Dänemark-straße
Hornstrandir
Bolungarvík
Suðureyri
Ísafjörður
Drangajökull
Norðurfjörður
Þingeyri
Bíldudalur
Patreksfjörður
Brjánslækur
Hólmavík
Húnaflói
Skagaströnd
Blönduós
Hóp
Hvammstangi
Halbinsel Tröllaskagi
Herrliche Aussichten abseits der Ringstraße (S. 233)
Siglufjörður
Skagafjörður
Drangey
Sauðárkrókur
Breiðafjörður
Flatey
Westfjorde
Majestätische Steintürme und stille Fjorde (S. 197)
Búðardalur
Stykkishólmur
Hellissandur-Rif
Ólafsvík
Snæfellsnes
Grundarfjörður
Eiríksjökull (1675 m)
Hofsjökull
Langjökull
Halbinsel Snæfellsnes
Geborstene Lava und mächtige geologische Kräfte (S. 180)
Borgarnes
Faxaflói
Akranes
NATIONALPARK ÞINGVELLIR
Geysir
Gullfoss
Reykjavík
Hier tobt das isländische Nachtleben (S. 52)
REYKJAVÍK
Fimmvörðuháls
Sprudelnde Wasserfälle und vulkanische Dämpfe (S. 147)
Kópavogur
Þingvallavatn
Keflavík
Njarðvík
Hafnarfjörður
Hveragerði
Selfoss
Landmannalaugar
Hella
Grindavík
Þorlákshöfn
Blaue Lagune
Entspannung pur im dampfenden Kieselerde-Kessel (S. 105)
Selvogsgrunn
Eyrarbakkabugur
Hvolsvöllur
Mýrdalsjökull
Vestmannaeyjar
Zerklüfteter Archipel mit viel Vogelgeschrei (S. 163)
Eyjafjallajökull (1450 m)
Skógar
NORD-ATLANTIK
Heimaey
Heimaey
VESTMANNAEYJAR
Surtsey
Vík

0
100 km
Polarkreis
Grímsey
Húsavík
Zentrum für Walbeobachtung und Tor zum unberührten Nordosten (S. 265)
Raufarhöfn
Þistilfjörður
Öxarfjörður
Þórshöfn
Bakkaflói
Borgarfjörður Eystri
Wo Papageitaucher und Elfen wohnen (S. 291)
Bakkafjörður
Flatey
Ólafsfjörður
Húsavík
Dalvík
Eyjafjörður
JÖKULSÁRGLJÚFUR (NATIONALPARK VATNAJÖKULL – NORD)
Dettifoss
Vopnafjörður
Vopnafjörður
Akureyri
Reykjahlíð
Mývatn
Seyðisfjörður
Wasserfälle umrahmen Fjord und Künstlerkolonie (S. 293)
Askja
Sagenumwobener Vulkankrater in einem Gebiet der geologischen Superlative (S. 346)
Egilsstaðir
Seyðisfjörður
Neskaupstaður
Eskifjörður
Reyðarfjörður
Fáskrúðsfjörður
Stöðvarfjörður
Breiðdalsvík
Askja
Bárðarbunga (2009 m)
Djúpivogur
Kverkfjöll (1860 m)
Grimsvötn (1719 m)
Vatnajökull
Stafafell
SKAFTAFELL (NATIONALPARK VATNAJÖKULL – SÜD)
Höfn
Nationalpark Vatnajökull
Eine gigantische Eiskappe krönt den faszinierenden Nationalpark (S. 317)
Hvannadalshnúkur (2119 m)
Skaftafell
Kirkjubæjarklaustur
Jökulsárlón
Eisberge treiben auf einer ätherischen Lagune (S. 324)
Höhenstufe
1500 m
1000 m
500 m
200 m
0
Gletscher

Islands Top 14

1

Rein ins heiße Wasser

1 Islands inoffizieller Nationalsport ist das Herumplanschen in seinem Überangebot an geothermischem Wasser. Überall gibt es „Hot Pots" – von der Innenstadt Reykjavíks bis zu den entlegenen Halbinselfingern der Westfjorde – und sie sind nicht nur unglaublich entspannend, sie sind auch eine tolle Möglichkeit, Einheimische zu treffen (und einen fiesen Kater zu kurieren!). Jeder weiß, dass die Blaue Lagune (S. 105) der große Zampano ist; ihre dampfenden Thermalbecken voller Kieselerde-Ablagerungen liegen in bequemer Nähe zum internationalen Flughafen Keflavík und sind damit ein perfekter Abschiedsstopp vor dem Heimflug. Unten links: Blaue Lagune

Westfjorde

2 Islands beeindruckendes Repertoire an Superlativen der Natur erreicht mit den Westfjorden (S. 197) – dem Outdoorabenteuer par excellence – einen dramatischen Höhepunkt. Breite bunte Strände flankieren die Südküste und überall gibt's Kolonien kreischender Vögel; Fjordwände ragen auf und stürzen abrupt in die Tiefe. Die Pisten, die sich durch die Region schlängeln, verstärken das Gefühl von Abenteuer. Die nördlichste Halbinsel der Region, Hornstrandir (S. 205), ist die letzte Grenze; die Kliffs wirken bedrohlicher, das Wetter ist wechselhafter und Wanderwege führen durch eine unberührte Wildnis, die praktisch den Polarkreis küsst. Unten rechts: Hornstrandir

SEAN RANDALL/GETTY IMAGES ©

2

JOHANN S. KARLSSON/GETTY IMAGES ©

Jökulsárlón

3 Eine gespenstische Prozession von blauen Eisbergen treibt ruhig durch die 25 km² große Jökulsárlón-Lagune (S. 324), bevor sie hinaus aufs Meer gleitet. Diese surreale Szene (praktischerweise direkt an der Ringstraße) ist die perfekte Filmkulisse: Mancher hat sie sicher schon in *Batman begins* oder dem Bond-Film *Stirb an einem anderen Tag* gesehen. Das Eis stammt vom Gletscher Breiðamerkurjökull, einem Ausläufer des Vatnajökull. Beliebt sind Bootsfahrten zwischen den Eisbergen oder man spaziert am Seeufer entlang und hält nach Robben Ausschau.

Polarlicht

4 Jeder will es erleben, das berühmte Polarlicht (S. 44), das lange Winternächte in natürliche Lavalampen verwandelt. Das Licht, auch *Aurora borealis* genannt, entsteht, wenn Sonnenwindteilchen vom Magnetfeld der Erde zum Nordpol gelenkt werden. Dadurch bilden sich ätherische Schleier aus grünem, weißem, violettem oder rotem Licht, die schimmern und tänzeln wie ein stilles Feuerwerk. Am häufigsten zeigt sich die Aurora im tiefsten Winter, aber grundsätzlich besteht von Oktober bis April eine Chance, das Licht am klaren dunklen Himmel zu sehen. Rechts: Polarlicht, von der Halbinsel Snæfellsnes gesehen

3

JACOB MOISAN/GETTY IMAGES ©

RAGEEBUL KETAN/GETTY IMAGES ©

5

6

Die Ringstraße

5 Es gibt keine bessere Art, Island zu erkunden, als mit einem eigenen Satz Räder eine Runde auf der Nationalstraße 1 zu drehen, der Ringstraße (S. 36). Auf dem Weg um die Insel passiert die 1330 km lange asphaltierte Strecke grüne Täler mit Wasserfällen, Gletscherzungen, die sich von den Eiskappen ergießen wie Zuckerguss von einem Kuchen, wüstenähnliche Ebenen mit grauen Sanderflächen und moosbewachsene Lavafelder. Das alles ist wirklich sehr spektakulär, doch sollte man auf jeden Fall ab und zu von der Ringstraße abbiegen und ein paar Abstecher in die Wildnis machen.

Vatnajökull-Nationalpark

6 Europas größter Nationalpark (S. 317) nimmt fast 14 % der Landesfläche ein und schützt den mächtigen Vatnajökull, die größte Eiskappe jenseits der Pole. Aus seiner frostigen Masse ergießen sich Gletscherzungen, im Untergrund befinden sich aktive Vulkane und Gipfel. Hier werden sämtliche Klischees von der Gegensätzlichkeit von Feuer und Eis widerlegt. Die Vielfältigkeit von Landschaft, Wanderwegen und Aktivitäten in diesem Park ist beeindruckend. Es gibt verschiedene Zugänge, z. B. Skaftafell im Süden oder Ásbyrgi im Norden. Unten links: Der Svínafellsjökull (S. 322) bei Skaftafell

Borgarfjörður Eystri & Seyðisfjörður

7 Zwei Fjorde im Osten. Der berggesäumte, wasserfallgeschmückte Seyðisfjörður (S. 293) kriegt die meiste Aufmerksamkeit – er liegt nur 27 (befestigte) Kilometer von der Ringstraße entfernt und begrüßt wöchentlich die Fähre aus Europa. Der schöne Borgarfjörður Eystri (S. 291) dagegen liegt 70 km von der Ringstraße entfernt, ein Großteil davon holprig und unbefestigt. Seine Reize sind weniger offensichtlich: Papageitaucher, versteckte Elfen, zerklüftete Rhyolithgipfel. Beide bieten reichlich natürliche Pracht und tolle Wanderwege. Oben: Wasserfall am Seyðisfjörður

8

HALLDORE/SHUTTERSTOCK ©

Fimmvörðuháls

8 Wer nicht genug Zeit für einen von Islands mehrtägigen Treks hat, der kann seine Wanderlust mit einer 23-km-Tageswanderung auf der Fimmvörðuháls-Hochebene (S. 147) stillen. Sie beginnt bei den Kaskaden des Skógafoss (S. 146) und führt hinauf ins Hinterland, wo eine wahre Parade von Wasserfällen wartet. Dann überquert man die dampfenden Hinterlassenschaften des Eyjafjallajökull-Ausbruchs, bevor man an mit Wildblumen übersäten Steinterrassen entlangwandert, die im stillen Þórsmörk (S. 155) enden, einem von glazialen Kämmen bekrönten Camper-Paradies. Oben: Wanderer beim Þórsmörk

Cafés & Kneipen in Reykjavík

9 Die isländische Hauptstadt ist vergleichsweise klein, aber ihr Verhältnis von Cafés zu Einwohnern ist zweifellos gigantisch. Das soziale Leben vor Ort dreht sich um diese zwanglosen Lokale (S. 86), die zu späterer Stunde an Intensität zulegen, wenn der Tee gegen einen Drink eingetauscht wird und DJs den Laden in Schwung bringen. Mit äußerster Ernsthaftigkeit werden kunstfertige Milchkaffees und Designer-Mikrobiere für Hipster mit schlabbrigen *lopapeysur* (isländischen Wollpullovern), asymmetrischen Frisuren und klobigen Stiefeln zubereitet. Oben rechts: Im Prikið (S. 88)

Tröllaskagi

10 Tröllaskagi (S. 233) zu erkunden ist eine Freude, besonders seit Tunnel die spektakulär gelegenen Orte Siglufjörður und Ólafsfjörður verbinden. Die dramatische Landschaft der Halbinsel ähnelt eher den Westfjorden als den sanften Hügeln, die Nordisland weithin prägen. Neben der einzigartigen Kulisse und den guten Wandermöglichkeiten locken der Swimmingpool am Fjord in Hofsós, leckere heimische Produkte in Lónkot und das hervorragende Heringsmuseum in Siglufjörður, dazu Skigebiete, eine Kleinbrauerei, Walbeobachtungstouren und die vorgelagerten Inseln Grímsey und Hrísey. Unten rechts: Siglufjörður (S. 235)

ICELANDIC PHOTO AGENCY/ALAMY ©

DAITOZEN/GETTY IMAGES ©

Halbinsel Snæfellsnes

11 Mit ihrem Reichtum an wilden Stränden und Lavafeldern ist die Halbinsel Snæfellsnes (S. 180) eine der schönsten Rückzugsorte Islands, zu erkunden z. B. als Tagesausflug von der Hauptstadt. Jules Verne hatte definitiv einen guten Riecher, als er die Gegend zum magischen Einstieg zum Mittelpunkt der Erde machte. New-Age-Typen strömen hierher, um von der geheimnisvollen Energie zu profitieren, und auch wer nicht an Erdchakren glaubt, wird entlang der überwältigenden Küste zweifellos große Kräfte am Werk sehen. Unten: Küste der Halbinsel Snæfellsnes bei Arnarstapi (S. 192)

Heimaey & Vestmannaeyjar

12 Vestmannaeyjar (S. 163), ein zerklüfteter Archipel, liegt gerade einmal 30 Fährminuten vor der Küste, aber man fühlt sich dort unendlich weit von allem entfernt. Eine Bootstour zu den verstreuten Inselchen führt zu Seevögeln, Klippen und Bilderbuchansichten von auf Felsen balancierenden einsamen Jagdhütten. Der Großteil der gut 4000 Inselbewohner lebt in Heimaey (S. 163), einer Kleinstadt aus windumtosten Bungalows mit mitten durch ihr Zentrum verlaufender Lava – eine eindringliche Erinnerung an Islands unbeständige Natur. Rechts: Landlyst (S. 164), Heimaey

11

GAVRIEL JECAN/GETTY IMAGES ©

MARTIN MOOS/GETTY IMAGES ©

STEVE OLDHAM/GETTY IMAGES ©

PATRICK DIEUDONNE/GETTY IMAGES ©

Askja & Umgebung

13 Bei der nur ein paar Monate im Jahr zugänglichen Askja (S. 346) handelt es sich um eine gewaltige Caldera mit einem saphirblauen See. Zu diesem wundervollen Ort gelangt man nur mit einem robusten Allradfahrzeug, nach einer mehrtägigen Wanderung oder mit einer Superjeeptour. Hochlandexkursionen warten gewöhnlich mit Flussdurchquerungen, riesigen Lavafeldern und majestätischen Bergkulissen auf – und einem Bad in warmem Wasser. Und wenn die Natur mitspielt, gibt's vielleicht eine Eruption oder Islands frischeste Lava zu sehen. Oben rechts: Der Krater Víti (S. 264) bei der Askja

Papageitaucher & Wale

14 Islands größte tierische Trümpfe sind seine beiden charismatischsten Bewohner (S. 131): der putzige Papageitaucher, der wie eine nervöse Hummel herumdüst, und der mächtige Wal – verschiedene Arten wie etwa der riesige Blauwal gleiten durch das kühle Blau um Island. Es gibt reichlich Gelegenheiten, die beiden zu Land bzw. zu Wasser zu sehen. Das Mekka der Walbeobachtung ist Húsavík, doch werden auch von anderen Orten Touren angeboten. Papageitaucher posieren auf zahllosen Steilküsten und Inseln wie Heimaey, Grímsey, Drangey, Látrabjarg und Borgarfjörður Eystri für ihr Portätfoto.

Gut zu wissen

Weiteres siehe Praktische Informationen (S. 389)

Währung
Isländische Krone (ISK)

Sprache
Isländisch und Englisch

Geld
Bezahlt wird praktisch überall mit Kreditkarten, selbst in den entlegensten Winkeln des Landes (PIN erforderlich). In allen größeren Orten gibt es Geldautomaten.

Einreise
EU-Bürger und Schweizer brauchen für die Einreise nur einen Reisepass oder Personalausweis, der drei Monate über das Ausreisedatum hinaus gültig ist.

Handy
In den meisten Regionen kann mit jedem GSM-Handy per Roaming telefoniert werden; bei längeren Aufenthalten lohnt sich die Anschaffung einer isländischen SIM-Karte.

Zeit
Westeuropäische Zeit (WEZ); keine Sommerzeit!

Reisezeit

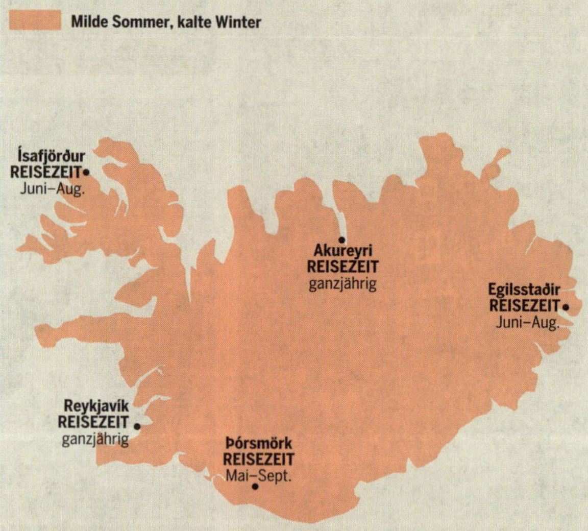

Hauptsaison
(Juni–Aug.)

- Besuchergedränge vor allem in Reykjavík und im Süden. Hohe Preise, Buchung von Unterkünften notwendig.
- Endloses Tageslicht, viele Festivals, volle Touren.
- Straßen im Landesinneren geöffnet, gute Wandermöglichkeiten.

Zwischensaison
(Mai & Sept.)

- Frischeres Wetter; im Landesinneren stellenweise Schnee.
- Ideale Bedingungen für alle, die mehr Wert auf weniger Andrang und niedrigere Preise legen als auf wolkenlose Tage.

Nebensaison
(Okt.–April)

- Viele Nebenstraßen sind wetterbedingt gesperrt.
- Zunehmendes Angebot an Winteraktivitäten wie Skifahren und Schneeschuhwanderungen.
- Kurze Tageslichtstunden zwischen langen Nächten, vielleicht mit Polarlicht.

Websites

Visit Iceland (www.visiticeland.com) Offizielles Tourismusportal.

Visit Reykjavík (www.visitreykjavik.is) Offizielle Seite der Hauptstadt.

Isländischer Wetterdienst (http://en.vedur.is) Wettervorhersagen.

Isländische Straßenverwaltung (www.vegagerdin.is) Aktuelle Straßenbedingungen.

Reykjavík Grapevine (www.grapevine.is) Website der tollen englischsprachigen Zeitung.

Lonely Planet (www.lonelyplanet.com/iceland) Infos, Hotelbuchungen, Travellerforum und mehr.

Wichtige Telefonnummern

Um in Island anzurufen, wählt man die jeweilige internationale Vorwahl, dann die isländische Landesvorwahl (☎354) gefolgt von der siebenstelligen Rufnummer – in Island gibt es keine Ortsvorwahlen.

Notruf, Such- & Rettungsdienste	☎112
Auskunft	☎118
Landesvorwahl Island	☎354
Internationale Vorwahl	☎00
Wetter	☎902 0600 (1 drücken)
Verkehrsbedingungen	☎1777

Wechselkurse

Eurozone	1 €	149 ISK
Schweiz	1 SFr	141 ISK

Aktuelle Wechselkurse siehe www.xe.com.

Tagesbudget

Budget: unter 15 000 ISK

- Camping: 1000–1400 ISK
- Schlafsaalbett: 4000–6000 ISK
- Hostelfrühstück: 1500–2000 ISK
- Imbiss oder Suppe: 1200–1800 ISK
- Busticket von Reykjavík nach Akureyri: 7000–8000 ISK

Mittelklasse: 15 000–30 000 ISK

- Doppelzimmer in einer Pension: 14 000–20 000 ISK
- Essen im Café: 2000–3000 ISK
- Museumseintritt: 1000 ISK
- Miete für Kleinwagen (pro Tag): 14 000 ISK

Gehoben: über 30 000 ISK

- Boutiquehotel-Doppelzimmer: 30 000–40 000 ISK
- Hauptgericht in Top-Restaurant: 4000–7000 ISK
- Leihwagen mit Allradantrieb (pro Tag): 30 000 ISK

Öffnungszeiten

Die Öffnungszeiten schwanken je nach Jahreszeit und sind gewöhnlich von Juni bis August erheblich länger. Standard-Öffnungszeiten:

Banken werktags 9–16 Uhr

Café-Bars So–Do 10–1, Fr & Sa 10 bis zwischen 3 und 6 Uhr

Cafés 10–18 Uhr

Geschäfte Mo–Fr 10–18, Sa 10–16 Uhr; einige Geschäfte in Einkaufszentren und -straßen in Reykjavík auch sonntags

Restaurants 11.30–14.30 & 18–21 oder 22 Uhr

Supermärkte 9–20 Uhr (in Reykjavík länger)

Tankstellen 8–22 oder 23 Uhr

Vínbúðin (staatliche Alkoholläden) unterschiedlich; außerhalb von Reykjavík haben viele nur ein paar Stunden am Tag geöffnet.

Ankunft in Island

Internationaler Flughafen Keflavík (KEF; S. 94)

- Islands wichtigster internationaler Flughafen liegt 48 km westlich von Reykjavík. Flybus, Airport Express und Billiganbieter K-Express betreiben Busse nach Reykjavík. Flybus bietet zu vielen Unterkünften Transfers an (1950 ISK nach Reykjavík, 2500 ISK zum Hotel).
- Am Flughafen können Mietwagen geliehen werden – eine Vorausbuchung ist sehr ratsam!
- Vom Flughafen fahren auch Taxis nach Reykjavík, sie sind aber sehr teuer (ca. 15 000 ISK).

Unterwegs vor Ort

Auto Für Touristen die üblichste Art zu reisen – teuer, aber man ist flexibel. Im Sommer kommt man mit einem normalen Pkw fast überall hin (außer im Hochland und auf den F-Straßen, die nur für Allradfahrzeuge geeignet sind). Ins Hochland gelangt man im Sommer mit Allradbussen oder einem eigenen Geländewagen.

Bus Von Mitte Mai bis Mitte September werden die meisten wichtigen Ziele (auch im Hochland) durch ein gutes Busnetz abgedeckt. Zu anderen Zeiten gibt's weniger oder gar keine Verbindungen.

Flugzeug Für Leute mit wenig Zeit sind Inlandsflüge eine gute Alternative.

Mehr zum Thema **Unterwegs vor Ort** S. 403

Was gibt's Neues?

Alles ändert sich

In Island ändert sich gerade fast *alles*. Das Land zählt mittlerweile zu den angesagtesten Reisezielen weltweit – seit 2010 stiegen die Besucherzahlen jährlich um 20 %. Das Ergebnis sind neue Sehenswürdigkeiten, mehr Tourenanbieter, neue Unterkünfte, tolle Festivals, bessere Straßen und Tunnel, neue Busstrecken und mehr Flüge nach Island. Mit der größeren Nachfrage sind allerdings auch die Preise gestiegen.

Winterfreuden

Zwar kommen die meisten Besucher im Sommer, aber auch der Wintertourismus nimmt zu, sodass mehr Unterkünfte ganzjährig geöffnet sind und mehr Wintertouren und -aktivitäten angeboten werden (S. 45).

Die Natur macht mit

Während die Isländer sich um die touristische Infrastruktur kümmern, verändert die Natur die Landschaft: Seit August 2014 grummelt der Vulkan Bárðarbunga (S. 347) und in der Nähe hat es auf dem Holuhraun eine Spalteneruption gegeben.

Naturschutz

Bei so vielen Besuchern sieht sich Islands Natur immer mehr Verkehr ausgesetzt (S. 369) und es wird über eine Naturschutzgebühr für Besucher nachgedacht, eventuell in Form einer Art Naturpass.

Neue Straßen, besserer Zugang

Östlich von Akureyri sowie zwischen Eskifjörður und Neskaupstaður in den Ostfjorden werden neue Tunnel gebaut. Die Straße von Ásbyrgi zum Dettifoss soll asphaltiert werden. Und an der Südküste der Westfjorde sind die Straßen schon ausgebaut und geteert worden.

Hotelboom

In jedem kleinen Ort scheint es neue Pensionen zu geben und auf vielen Bauernhöfen entstehen neue Unterkünfte. Und auch die Hotelketten haben große Pläne: Fosshotel bietet schicke neue Häuser in den Ostfjorden (in Fáskrúðsfjörður) und den Westfjorden (Patreksfjörður) und weitere sind geplant. Die neue Kette Stracta möchte neben ihrem Vorzeigehaus in Hella noch weitere Hotels errichten. Große neue Hotels gibt's auch in Mývatn, Siglufjörður, Skógar, Neskaupstaður, Vík und bei Þingvellir. Und trotzdem ist es im Juli immer noch schwierig, ein Zimmer zu finden!

Neue Möglichkeiten

Große Pläne gibt's für die Langjökull-Eishöhle (S. 180). Dazu kommen ein wunderbares neues Vulkanmuseum (S. 182) auf den Vestmannaeyjar, ein neues Walmuseum (S. 265) in Reykjavík und ein neues Rock 'n' Roll-Museum (S. 106) in Keflavík. In Flúðir hat eine „geheime Lagune" (S. 119) eröffnet und auf dem Gletschersee Fjallsárlón (S. 324) westlich des Jökulsárlón werden jetzt Bootstouren angeboten. Neue Wege erschließen die Gletscher zwischen dem Jökulsárlón und Höfn (S. 326).

Und es gibt noch mehr!

Und dabei haben wir noch gar nicht von der florierenden Gastroszene und den neuen Festivals gesprochen – es gibt wirklich *jede Menge* neuer Sachen und keine Anzeichen dafür, dass der Boom abflaut. Und nur 325 000 Leutchen stellen das alles auf die Beine – eindrucksvoll, oder?

Weitere Empfehlungen und Berichte gibt's unter lonelyplanet.com/iceland

Wie wär's mit ...

Tierwelt

Papageitaucher auf den Vestmannaeyjar Auf der Inselgruppe lebt die größte Papageitaucher-Kolonie der Welt. (S. 163)

Walsafaris von Húsavík Bei Touren rund um die Walhochburg gibt es Wunder der Meereswelt zu bestaunen. (S. 265)

Polarfüchse in Hornstrandir Islands einziger heimischer Landsäuger fühlt sich in der einsamen Landschaft pudelwohl. (S. 215)

Vögel am Mývatn Ein Paradies für Vogelfreunde, in dem sich Gänse und andere Wasservögel tummeln. (S. 262)

Robben auf Vatnsnes Auf Boottrips von Hvammstangi oder einer Spritztour rund um die Halbinsel sonnenbadende Robben beobachten. (S. 227)

Landschaften

Unter den unvergleichlichen Panoramen eine Auswahl zu treffen fällt schwer – diese Liste könnte endlos sein ...

Von Þingeyri nach Bíldudalur Für die Holperstrecke zwischen den beiden Orten entschädigt der Anblick der Landzungen zwischen den Fjorden, die wie steinerne Schlachtschiffe aufgereiht liegen. (S. 204)

Breiðafjörður In der weiten Bucht liegen Tausende von Inselchen verstreut, über die sich nach Schauern bunte Regenbogen spannen. (S. 182)

Von Skaftafell nach Höfn Glitzernde Gletscher, düstere Berge und eine Lagune voller Eisberge säumen den 130 km langen Abschnitt der Ringstraße an der Südostküste. (S. 316)

Ostfjorde Der prächtige Seyðisfjörður stiehlt allen die Schau, aber auch die Nachbarfjorde sind äußerst fotogen. (S. 290)

Þórsmörk Bewaldete Märchenwelt zwischen schroffen Vulkangipfeln, wilden Steinwüsten und mächtigen Gletschern. (S. 155)

Askja Ein einsamer, saphirblauer See im Herz einer gewaltigen Caldera ist das Ziel einer Reise über ausgedehnte karge Lavafelder. (S. 346)

Tröllaskagi Die Straße klammert sich an steile Berghänge und taucht dann aus Tunneln auf, um zauberhafte Ausblicke freizugeben. (S. 233)

Wandern

Landmannalaugar & Þórsmörk Die beliebtesten Wanderreviere der Insel sind nur mit Geländefahrzeugen zu erreichen und versprechen schier endlosen Auslauf. Die Wanderroute, die beide Gebiete verbindet, der Laugavegurinn, ist der Inbegriff des Wildniswanderns. (S. 151)

Hornstrandir Das Wanderparadies knapp unterm Polarkreis bietet unberührte Natur, so weit das Auge reicht. (S. 215)

Skaftafell Hier können Wanderer zwischen Krüppelbirken wandeln oder Ausläufer der gigantischen Vatnajökull-Eiskappe hinaufkraxeln. (S. 316)

Jökulsárgljúfur Ein regelrechtes Smörgåsbord geologischer Wunder, mit Wasserfällen und Islands Antwort auf den Grand Canyon. (S. 271)

Kerlingarfjöll Das einsame Hochlandmassiv erfreut sich zunehmender Beliebtheit. (S. 340)

Borgarfjörður Eystri Ausgangspunkt für wunderschöne Wanderwege wie zu den großen Felsen und grünen Teichen des Stórurð. (S. 291)

Lagunen & Schwimmbäder

Blaue Lagune So touristisch das Ganze sein mag: Das Planschen in dampfender Brühe inmitten erstarrter Lava bleibt ein Erlebnis. (S. 101)

Naturbad Mývatn Das nördliche Gegenstück zur Blauen Lagune und ein ideales Mittel gegen Muskelkater. (S. 263)

Krossneslaug Ein echtes Paradies ist der von warmen Quellen gespeiste Pool am Ufer des eisigen Nordatlantiks. (S. 221)

Lýsuholslaug Ein Bad im mineralreichen Wasser dieses Schwimmbeckens ist, als würde man sich in einem warmen Gin Fizz mit Algengarnierung aalen. (S. 194)

Sundlaugin á Hofsós Schon die traumhafte Fjordlage seines Freibads macht das verschlafene Dorf Hofsós an der Nordküste besuchenswert. (S. 234)

Gamla Laugin Von der „geheimen Lagune" in Flúðir steigt inmitten von blumenübersäten Wiesen Dampf auf. (S. 119)

Geschichte

Reykjavík 871±2 Genial gemachte Ausstellung rund um die Ausgrabungsstätte eines Wikinger-Langhauses. (S. 55)

Landnahmezentrum Bietet mit schönen Holzfiguren tolle Einblicke in die Geschichte der Besiedlung Islands und die berühmte *Egils saga*. (S. 171)

Museum der Hering-Ära Die Heringsfischerei bescherte Siglufjörður hektische Betriebsamkeit und ungeahnten Reichtum; heute erinnert das hervorragende Heringsmuseum an den Fischboom. (S. 235)

Víkingaheimar Hauptattraktion des modernen Museums ist der exakte Nachbau des ältesten bekannten Wikingerschiffs. (S. 106)

Lakagígar Der Schauplatz einer der schlimmsten Vulkankatastrophen der Menschheitsgeschichte. (S. 313)

Eldheimar Das neue Museum „Pompeji des Nordens" erzählt vom verheerenden Vulkanausbruch auf Heimaey 1973. (S. 163)

Fáskrúðsfjörður An das französische Erbe dieses Fjords erinnern ein neues Hotel und Museum. (S. 302)

BYRON TANAPHOL PRUKSTON/GETTY IMAGES ©

GRANT FAINT/GETTY IMAGES ©

Oben: Seljalandsfoss (S. 144)

Unten: Traditionelles Grassodenhaus Lindarbakki (S. 292), Borgarfjörður Eystri (Bakkagerði)

Landesküche

Fischsuppe Jedes Restaurant, das auf sich hält, hat eine herzhafte Fischsuppe auf der Karte – auf der Halbinsel Snæfellsnes z. B. Narfeyrarstofa (S. 185) oder Gamla Rif (S. 189).

Lamm Ein zarter Traum für Verfechter der Regionalkost und in vielen Restaurants zu genießen – unser Toptipp ist das Tor zum Hochland, Fjallakaffi (S. 264).

Hákarl Übel riechende Hommage an Islands unappetitliche Vergangenheit – am besten probiert man die schwammige Kuriosität beim Bjarnarhöfn (S. 186).

Kaisergranat Die Fischereiflotte von Höfn holt aus den Heimatgewässern Unmengen der Krebse, die in den Restaurants des Orts gegrillt und mit Butter gereicht werden. (S. 383)

Skyr Jeder Supermarkt führt die leckere joghurtähnliche Creme. (S. 384)

Hverabrauð Das Roggenbrot, das im Erdofen mit Erdwärme gebacken wird, schmeckt am Mývatn am besten. (S. 384)

Wasserfälle

Dettifoss Oha! Der donnernde Dettifoss, der mächtigste Wasserfall Europas, ist eine wahrhaft Respekt einflößende Naturgewalt. (S. 275)

Goðafoss Der „Götterfall" strotzt von spiritueller Symbolik und sieht aus wie geradewegs einer Shampoo-Werbung entsprungen. (S. 254)

Skógafoss Besucher können nur einen Steinwurf von diesem Wasserspektakel entfernt campen. Auf einer Wanderung ins Hochland gibt es in unmittelbarer Nähe noch 20 weitere Wasserfälle. (S. 146)

Dynjandi Der eisige Wasserfächer des Dynjandi plätschert über Felsterrassen, die an ein riesiges Stück Gugelhupf erinnern. Direkt vis à vis eröffnet sich eins der herrlichsten Fjordpanoramen des ganzen Landes. (S. 205)

Seljalandsfoss An diesem malerischen Wasserfall führt ein rutschiger Felspfad zu einem Blick hinter die Kulissen. (S. 144)

Hengifoss Der zweithöchste Wasserfall Islands ergießt sich in eine fotogene, braun-rot gestreifte Schlucht. (S. 288)

Ausgefallene Nachtlager

Hótel Egilsen Ein heruntergekommenes Kaufmannshaus am Hafen wurde in ein hinreißendes Boutiquehotel voll stilvoller Ausstattungsdetails verwandelt. (S. 185)

Hótel Djúpavík In dem legendären Schlupfwinkel am Standort einer ehemaligen Heringsfabrik werden alle Fjordphantasien wahr. Die Band Sigur Rós drehte hier einen Teil ihres Dokumentarfilms. (S. 221)

Jugendherberge Dalvík Das charmante, nostalgisch angehauchte Hostel ist anders als alles, was uns je untergekommen ist. Boutiquedekor zum Sparpreis. (S. 239)

Silfurberg In dieser kuxuriösen Pension im breiten Breiðdalur kann man in einem glasgewandeten Kuppel-Hot-Pot baden. (S. 304)

Ion Luxury Adventure Hotel In dem neuen Designhotel können die Gäste im Thermalbad planschen, Biokost genießen und in Zimmern mit Seeblick nächtigen. (S. 115)

Skálanes Der abgeschiedene Hof mit Naturreservat am Fjord erfreut das Herz von Natur- und Vogelfreunden. (S. 298)

Álftavatn Das Nachtquartier am Seeufer auf halber Strecke des Laugavegurinn ist ein willkommener Anblick nach einem langen Wandertag – eine tolle Backpacker-Atmosphäre in vollkommener Abgeschiedenheit. (S. 154)

Architektur & Design

Kirchen Zu den wildesten Auswüchsen der modernen isländischen Architektur gehören einige Kirchen wie die in Stykkishólmur (S. 182), Akureyri (S. 240) und natürlich Reykjavík (S. 54).

Iceland Design Centre Die Organisation fördert isländische Designer und Architekten und veranstaltet jedes Jahr den DesignMarch. (S. 65)

Harpa Reykjavíks Konzerthalle und Kulturzentrum leuchtet im Dunkeln wie das Schaltpult eines futuristischen Raumschiffs. (S. 64)

Grassodenhäuser Diese drolligen Hobbithäuser bieten als wunderbare Überbleibsel des vormodernen Islands interessante Einblicke in die Vergangenheit der Insel. (S. 377)

Designläden in Reykjavík Die lebendige Deisgnkultur der Hauptstadt bietet tolle Läden mit z. B. schicken Fischhautportemonnaies, gestrickten *lopapeysur* (Island-Pullovern) und von der Natur inspiriertem Schmuck. (S. 90)

Þórbergssetur Das von außen einem riesigen Bücherregal ähnelnde Museum im Südosten der Insel erinnert an einen beliebten isländischen Schrifteller. (S. 326)

Monat für Monat

TOP-EVENTS

Iceland Airwaves, November

Reykjavíker Kulturnacht, August

Þjódhátíð, August

Bræðslan, Juli

Polarlicht, Oktober–April

Januar

Nach den Dezember-Festivitäten kommt der Partykater. Im neuen Jahr droht ein Stimmungstief – zu dem die langen Nächte und das miese Wetter das Ihre beitragen.

Þorrablót

Das Winterfest der Wikinger (Ende Januar bis Mitte/Ende Februar) wird landesweit mit gewöhnungsbedürftigen Spezialitäten wie *hákarl* (fermentiertem Haifleisch), *hrútspungar* (Widderhoden) und *svið* (abgesengtem Schafskopf) gefeiert. Dazu gibt's *brennivín,* einen hammerharten Schnaps. Na, hungrig?

Februar

In weiten Teilen Islands der kälteste Monat, auch wenn das den Alltag der Hauptstadt eher nicht tangiert. Das Land liegt vielleicht unter einer Schneedecke, bleibt aber bei nur sieben bis acht Stunden Tageslicht meist düster.

Winter-Lichterfest

Mitte des Monats glänzt Reykjavík mit einem Anti-Winter-Fest, mit Museums- und Schwimmbadnacht, illuminierten Gebäuden, Lichtinstallationen, Konzerten und Feiern zum Weltkindertag. Siehe www.vetrarhatid.is.

Food & Fun

Ein riesiger Kochwettbewerb, bei dem internationale Spitzenköche Teams mit heimischen Küchenchefs bilden. Ihre Meisterwerke kreieren sie natürlich aus besten isländischen Zutaten wie Lamm und Meeresfrüchten. Siehe www.foodandfun.is.

März

Der Winter ist offiziell vorbei, aber zum Feiern ist es noch zu früh. Das Land erwacht allmählich aus seinem Schlummer und die längeren Tage werden fleißig für Wintersportaktivitäten wie Skilaufen genutzt.

Biertag

Kaum noch vorstellbar: 75 Jahre lang war Bier in Island verboten. An jedem 1. März feiern die Isländer die Aufhebung der Bier-Prohibition im Jahr 1989. An diesem Abend fließt das Bier in den Kneipen, Restaurants und Clubs von Reykjavík noch reichlicher als sonst.

Isländische Winterspiele

In Akureyri, Islands Wintersporthauptstadt, dreht sich alles um Aktivitäten im Schnee, mit internationalen Freeski- und Slopestyle-Wettkämpfen zeitgleich zum Fest Éljagangur (Schneesturm). Siehe www.icelandwintergames.com.

DesignMarch

Bei diesem viertägigen Designfest für alles von Mode bis zu Möbeln, Architektur und Food Design feiert sich die Reykjavíker Designszene. Veranstaltet vom Iceland Design Centre; siehe www.designmarch.is.

April

Ostern wird mit Ostereiersuche und Lammbraten gefeiert. Ein Hauch von Frühling liegt in der Luft, die Tage werden länger

und die Quecksilbersäule klettert. Nach der Schneeschmelze sprießt das Grün und Scharen von Zugvögeln treffen ein.

Sumardagurinn Fyrsti

Schon am ersten Donnerstag nach dem 18. April feiern die Isländer mit Festivitäten und Umzügen den ersten Sommertag. Das ist kein Zeichen von Winterkoller, sondern hat mit dem altskandinavischen Kalender zu tun, in dem es nur zwei Jahreszeiten gab: Winter und Sommer.

Papageitaucher-Parade

Zur Freude von Vogelbeobachtern und Fotografen fallen zur Brutsaison im April riesige Horden der putzigen Papageitaucher ein (geschätzte 10 Mio. Vögel). Mitte August verabschieden sie sich wieder in ihre Winterreviere. Papageitaucherkolonien gibt es rund ums Land.

Mai

Die Zwischensaison im Mai, bevor der Touristenrummel richtig losgeht, verspricht zivile Preise, länger werdende Tage, Wildblumenblüte und beste Aussichten für Hobbyornithologen.

Reykjavík Arts Festival

Der wichtigste Termin für Kulturfans ist das Reykjavíker Kulturfestival. Es präsentiert zwei Wochen lang Theater, Filme, Tanz, Musik und Kunst aus Island und dem Rest der Welt. Das Programm ist unter www.listahatid.is zu finden.

Juni

Hallo, Sommer! Jetzt beginnt die dreimonatige Touristensaison. Pro: das schönste Wetter, fast endloses Tageslicht, Riesenauswahl an Touren und Unterkünften. Kontra: Menschenmassen, happige Preise und der Zwang, alle Unterkünfte rechtzeitig zu reservieren.

Seemannstag

Die Fischerei ist tief im isländischen Alltag verwurzelt und am Seemannstag (Sjómannadagurinn) steigt in den Fischerdörfern die große Party: Am ersten Juniwochenende liegen alle isländischen Schiffe im Hafen. Am Sonntag feiern die Seebären mit Trink-, Ruder- und Schwimmwettbewerben, Tauziehen und simulierten Seenotrettungen.

Wikingerfest Hafnarfjörður

Mitte Juni feiern wilde Wikingerhorden im friedlichen Küstenort bei Reykjavík ein fünftägiges Fest. Statt Rauben und Plündern stehen heutzutage aber Scheinkämpfe, Geschichtenerzähler, Bogenschießen und Musik auf dem Programm. Siehe www.vikingvillage.is.

Wale beobachten

In isländischen Gewässern sind ganzjährig etwa elf verschiedene Walarten zu sehen, am besten jedoch von Juni bis August. Walbeobachtungstouren legen u. a. vom Raum Reykjavík und Akureyri ab, aber das Zentrum des Waltourismus ist Húsavík.

Unabhängigkeitstag

Der größte Festtag des Jahres mit Umzügen und patriotischem Frohsinn zur Feier der Republikgründung am 17. Juni 1944. Der Überlieferung nach soll an diesem Tag die Sonne nicht scheinen und meist hält sie sich auch daran!

Öffnung der Bergstraßen

Islands Hochlandregionen liegen im Allgemeinen bis weit in die wärmeren Monate unter einer Schneedecke. Die Öffnung der nur mit Allradantrieb befahrbaren Bergstraßen ist wetterabhängig: Meist erfolgt sie etwa Mitte Juni. Oft sind sie Ende September schon wieder zu. Aktuelle Infos unter www.vegagerdin.is.

Mitternachtssonne

Bis auf die Insel Grímsey liegt Island knapp südlich vom Polarkreis. Trotzdem kann man um die Sommersonnenwende (21. Juni) vor allem im Norden die Mitternachtssonne erleben, d. h. die untergehende Sonne sinkt nicht ganz unter den Horizont.

Secret Solstice

Dieses Musikfestival gibt's seit 2014 und findet zur Sommersonnenwende im Reykjavíker Stadtteil Laugardalur statt, sodass rund um die Uhr die Sonne scheint; weitere Infos auf www.secretsolstice.is.

Mittsommer

Der längste Tag des Jahres wird zwischen dem 21. und 24. Juni mit Mittsommerpartys und Freudenfeuern gefeiert, wenn auch nicht so hingebungsvoll wie im übrigen Skandinavien.

Humar-Festival

Der leckere *humar* (kein Hummer, sondern Kaisergranat) landet im Fischerort Höfn in verschiedenen schmackhaften Zubereitungsvarianten auf den Tellern. Ende Juni/Anfang Juli feiert der Ort rund um das köstliche Krustentier das Schlemmerfest Humarhátíð.

Juli

Islands Festivalgeschehen belebt sich parallel zum (hoffentlich) steigenden Thermometer und den wachsenden Besucherscharen. Wer jetzt kommt, muss mit vollen Straßen, Wanderwegen, Campingplätzen, Pensionen etc. rechnen.

Landsmót Hestamanna

In geraden Jahren findet an wechselnden Orten eine Woche lang das beliebte isländische Reitturnier statt, ein guter Vorwand für eine Landsause. Siehe www.landsmot.is.

Volksmusikfestival

Bei dem kleinen, aber feinen fünftägigen Volksmusikfestival in Siglufjörður treten Anfang Juli Musiker aus dem In- und Ausland auf. Außer traditionellen Weisen gibt es auch Kurse in isländischer Musik, Kunst und Kunsthandwerk; siehe www.folkmusik.is.

ATP Iceland

All Tomorrow's Parties veranstaltet weltweit kleine Festivals. Nach den erfolgreichen Events in Island findet auch 2015 wieder ein Festival statt, und zwar in Ásbrú auf der alten Militärbasis bei Keflavík. Siehe www.atpfestival.com.

Skálholt-Sommerkonzerte

Die Kirche der einstigen christlichen Hochburg Skálholt veranstaltet über einen fünfwöchigen Zeitraum von Juli bis August rund 40 Konzerte, Vorträge und Workshops. Der Schwerpunkt liegt auf Klassik und zeitgenössischer religiöser Musik. Siehe www.sumartonleikar.is.

Eistnaflug

In dem Städtchen Neskaupstaður in Ostisland geht es in der zweiten Juliwoche mächtig zur Sache. Dann verdoppelt sich seine Einwohnerzahl nahezu durch die Besucherhorden des Festivals Eistnaflug, bei dem sich Metal-, Hardcore-, Punk-, Rock- und Indiebands die Bühne teilen. Siehe www.eistnaflug.is.

Bræðslan

Das heiß geliebte Pop-/Rockfestival Bræðslan hat sich einen Ruf für tolle Musik in heimeliger Atmosphäre gemacht. Am dritten Juliwochenende reisen einheimische (und ein paar internationale) Berühmtheiten an, um im winzigen, entlegenen Borgarfjörður Eystri aufzuspielen. Infos unter www.braedslan.com.

August

Die Touristensaison geht ihren Gang. Um die Monatsmitte verabschieden sich die letzten Papageitaucher und einige Walarten. Ende August müssen die isländischen Kinder wieder in die Schule und die Nächte werden allmählich länger.

Verslunarmannahelgi

Das lange erste Augustwochenende nutzen die Isländer zu ländlichen Festen, Familiengrillpartys, Rockkonzerten und wüsten Campingpartys.

Þjóðhátíð

In Heimaey erinnert Anfang August diese ohrenbetäubende Veranstaltung an den Tag im Jahr 1874, als die Inselbewohner wegen des schlechten Wetters das Inkrafttreten der isländischen Verfassung nicht mitfeiern konnten. Dafür kommen heutzutage über 11 000 Besucher, um Bands und Feuerwerk zu erleben und jede Menge Alkohol in sich reinzuschütten. Siehe www.dalurinn.is.

Heringsfest

Ebenfalls am ersten Augustwochenende feiert Siglufjörður seine glorreiche Heringsära mit Schwof, Schmaus, Schnaps und fischigen Aktivitäten.

Reykjavíker Kulturnacht

Bei der Kulturnacht (Menningarnótt) Mitte des Monats schwelgt ganz Reykjavík einen Tag und eine Nacht lang in Kunst, Musik, Tanz und Feuerwerk. Viele Galerien, Ateliers, Läden, Cafés und Kirchen bleiben bis spätabends geöffnet. Das Veranstaltungsprogramm gibt es unter www.menningarnott.is.

Reykjavík Marathon

Ein Tag für Körper und Geist: Der Marathon findet zum gleichen Termin statt wie die Kulturnacht. Außer Voll- und Halbmarathon werden auch Spaßläufe angeboten. 2014 schwitzten bei der Veranstaltung über 15 600 Teilnehmer mit. Infos unter www.marathon.is.

Reykjavík Jazz Festival

Ab Mitte August swingt Reykjavík eine Woche lang im Jazzrhythmus. Heimische und internationale Musiker hauen im Konzerthaus Harpa auf die Pauke. Infos unter www.reykjavikjazz.is.

Reykjavík Pride

Schon seit 1999 bringt das Festival am zweiten Augustwochenende buntes Karnevalstreiben in die Stadt. 2014 kamen rund 90 000 Leute – über ein Viertel der Einwohner des Landes – zum Umzug und zu den begleitenden Partys. Siehe www.reykjavikpride.com.

September

Eine gute Zeit für einen Besuch, denn die Zahl der Touristen fällt rapide und die Preise purzeln. Das Wetter mag noch angenehm sein; viele Hotels und Attraktionen sind aber schon geschlossen. Zum Monatsende hin werden auch die Straßen ins Hochland gesperrt.

Réttir

Ein Herbst-Highlight ist das *réttir*, bei dem die Bauern, oft hoch zu Ross, die Schafe und Pferde zusammentreiben, die den Sommer über frei und wild grasen durften. Die Tiere werden zum Sortieren in einen Pferch getrieben (Helfer und Zuschauer sind willkommen). Das Ganze wird natürlich von allen möglichen ländlichen Belustigungen begleitet.

Reykjavík International Film Festival

Das angenehm überschaubare elftägige Event mit eigenwilligem Programm präsentiert ab Ende September Independent-Filme aus dem In- und Ausland. Foren und ein „Talentlabor" begleiten das Programm. Infos unter www.riff.is.

Oktober

Mit dem Oktober kommt der offizielle Wintereinbruch: kühlere Temperaturen, längere Nächte und Polarlicht am Himmel.

Polarlicht

Die bunten Lichtschleier am Himmel entstehen durch elektrisch geladene Sonnenwindteilchen, die auf die Erdatmosphäre treffen. Sie sind nur am dunklen, wolkenlosen Nachthimmel zu beobachten. Am aussichtsreichsten dafür sind die Monate von Oktober bis April (mit viel Glück auch September); am häufigsten lässt sich das Polarlicht von Dezember bis Februar sehen.

November

Der Sommer ist nur noch eine schwache Erinnerung, die Nächte werden immer länger (die Sonne geht bereits um 16 Uhr unter) und es wird kühler, doch beim großen Musikfestival in Reykjavík feiern die Besuchermassen bis zum Umfallen.

Iceland Airwaves

Man könnte fast den Eindruck bekommen, dass Island eigentlich eine einzige gigantische Musikmaschinerie ist. Seit der ersten Ausgabe der Iceland Airwaves 1999 hat sich dieses phantastische Festival zu einer der weltweit wichtigsten Bühnen für neue Musiktalente aus Island und dem Rest der Welt gemausert. Infos unter www.icelandairwaves.is.

Tage der Dunkelheit

So geht's auch: Ostisland (Egilsstaðir und die Fjorde) feiert Anfang/Mitte November das zehntägige Festival Dagar Myrkurs (Tage der Dunkelheit) und begrüßt den Winter mit Tänzen im Dunkeln, Gespenstergeschichten, Zaubershows und Fackelzügen.

Dezember

In der düstersten Zeit des Jahres verbreiten Weihnachtsmärkte, -konzerte und -feiern festliche Stimmung. Und dann kommen ja schon die Silvesterpartys. Achtung: Einige Hotels schließen von Weihnachten bis Neujahr.

Silvester

Am 31. Dezember wird gefeiert, was das Zeug hält: Die Isländer begrüßen das neue Jahr mit Festessen, Freudenfeuern, Feuerwerk, Partys und Tanzen bis in die frühen Morgenstunden.

Reiseplanung
Reiserouten

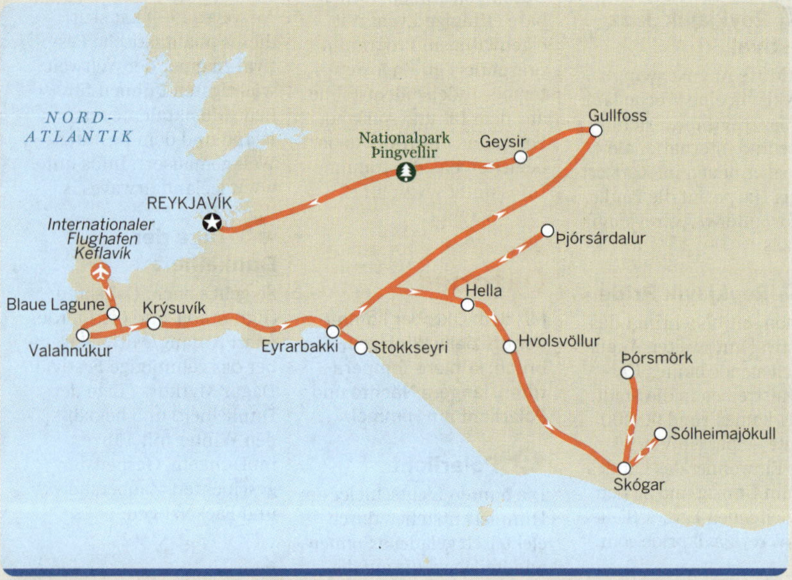

3–4 TAGE Kurztrip nach Reykjavík

Ob bei einem mehrtägigen Zwischenstopp oder einem verlängerten Wochenende – auf keinen Fall sollte man versäumen, die Hauptstadt zu verlassen und einige der Naturwunder zu erkunden, die nur einen Katzensprung entfernt liegen. Leicht sind hier Top-Sehenswürdigkeiten wie der Goldene Kreis mit weniger touristischen Attraktionen zu verbinden und dann ist immer noch genug Zeit, um den Reiz Reykjavíks voll auszukosten.

Nach der Landung auf dem Internationalen Flughafen von **Keflavík** wird erst mal in der **Blauen Lagune** der Jetlag ausgeschwitzt. Vom Bummel durch das qualmende Geothermalgebiet **Valahnúkur** oder **Krýsuvík** führt die Küstenstraße weiter zum Meeresfrüchte-Schmaus in **Eyrarbakki** oder **Stokkseyri**. Eine Unterkunft bei **Hella** oder **Hvolsvöllur** ist ideal für einen Reitausflug z. B. ins von Wasserfällen gesäumte Fljótshlíð-Tal. Oder man versucht in den kälteren Monaten, einen Blick aufs Polarlicht zu erhaschen. Aktivurlauber lockt die tolle Fimmvörðuháls-Wanderung von **Skógar**

Großer Geysir (S. 116), Geysir

über den Pass zwischen zwei mächtigen Gletschern (Schauplatz des Eyjafjallajökull-Ausbruchs von 2010) hinunter ins stille Märchenreich **Þórsmörk**, ein bewaldetes Tal mit wilden Arktisblumen. Weniger Aktive nehmen einen Superjeep oder Amphibienbus ins Þórsmörk und unternehmen dort eine Tageswanderung. Wenn die Zeit knapp ist, tut's stattdessen auch eine Wanderung über die Gletscherzunge **Sólheimajökull**.

Auf dem Rückweg nach Reykjavík kann man das **Þjórsárdalur** erkunden, ein breites vulkanischen Flusstal mit ein paar unterschiedlichen Sehenswürdigkeiten wie einem Hof der Sagazeit, versteckten Wasserfällen und den Vorbergen des Vulkans Hekla. Oder man klappert den brausenden **Gullfoss**, den speienden **Geysir** und die klaffenden Kontinentalspalten und die alte Versammlungsstätte im **Nationalpark Þingvellir** ab – der klassische Goldene Kreis. Die isländische Hauptstadt **Reykjavík** selbst strotzt von trendigen Boutiquen, interessanten Museen und Galerien sowie tollen Restaurants und Clubs, und vom alten Hafen werden sogar Walbeobachtungstouren angeboten.

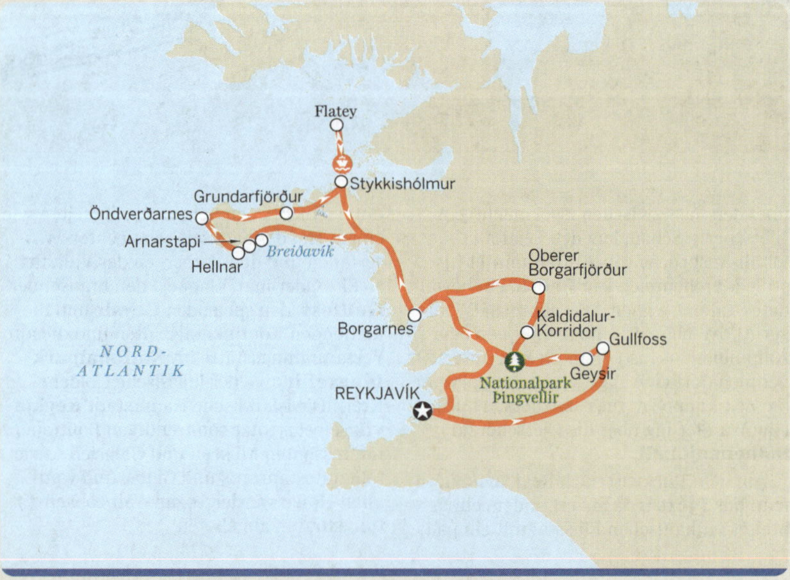
Flatey
Stykkishólmur
Grundarfjörður
Öndverðarnes
Arnarstapi
Breiðavík
Hellnar
Oberer Borgarfjörður
Borgarnes
Kaldidalur-Korridor
Gullfoss
NORD-ATLANTIK
Nationalpark Þingvellir
Geysir
REYKJAVÍK

HOLGER LEUE/GETTY IMAGES ©

MARTIN MOOS/GETTY IMAGES ©

Oben: Kneipenszene, Reykjavík (S. 52)
Unten: Hafen, Stykkishólmur (S. 182)

1 WOCHE

Das Beste im Westen

Wer eine Woche Zeit hat, kann sich vom beliebten Goldenen Kreis und trubeligen Südwesten Islands wegbewegen. Schön ist ein Abstecher ins weniger besuchte Westisland mit all seiner Geschichte und seinen Lavafeldern, breiten Fjorden und Eiskappen, die einen guten Eindruck von der wundervollen Abgeschiedenheit des Landes vermitteln.

Von **Reykjavík** mit seinen Museen, Cafés und Kneipen geht's einen Tag lang über den Goldenen Kreis mit dem tosenden **Gullfoss**, dem speienden **Geysir** und dem historischen **Nationalpark Þingvellir**, wo man den Kontinentalplatten beim Auseinanderdriften zusehen kann. Abenteuerlustige holpern landeinwärts über den **Kaldidalur-Korridor** mit seinen atemberaubenden Ausblicken auf mehrere Eiskappen wie die des Langjökull mit seinem neuen Eistunnel. Heraus kommt man am **Oberen Borgarfjörður**, wo man auf dem stillen Land nächtigen und riesige Lavahöhlen erkunden kann. Wem der Kaldidalur-Korridor zu abenteuerlich ist, der kann stattdessen auf der Küstenstraße nach **Borgarnes** fahren und im ausgezeichneten Landnahmezentrum etwas über die Sagas erfahren.

Als Nächstes steht die wunderbare Halbinsel Snæfellsnes auf dem Programm. Los geht's mit einem Ausritt an der **Breiðavík** oder einer Kraxeltour in die bizarre Schlucht Rauðfeldsgjá. Ab **Arnarstapi** weiter westlich lädt ein Küstenpfad zu einer Wanderung nach **Hellnar** ein oder man wandelt auf einer Snæfellsjökull-Gletschertour auf den Romanspuren von Jules Verne. Das Gebiet gehört zum Nationapark Snæfellsjökull und wartet mit zahllosen Wandermöglichkeiten zu Vogelfelsen, Vulkankratern, Lavaröhren und Gebieten voller geschützter Wildblumen auf.

An der Spitze der Halbinsel bei **Öndverðarnes** tummeln sich öfters Schwertwale; bei **Grundarfjörður** werden Ausflüge zu Walen und Papageitauchern angeboten. Das reizende **Stykkishólmur** bietet interessante Museen und köstliche Muscheln. Wer Zeit übrig hat, kann mit der Fähre *Baldur* noch einen kleinen Ausflug zur urigen Insel **Flatey** unternehmen, um wirkliche Abgeschiedenheit zu erleben.

10 TAGE Klassische Ringstraße

Das wilde Island erweist sich als überraschend kompakt – die klassische Reise über die Ringstraße führt an den beliebtesten Attraktionen vorbei. Wer mehr Zeit hat, kann unterwegs noch weitere Abenteuer einbauen. Die Ringstraße kann auch mit dem Rad befahren werden, was allerdings mehr als zehn Tage dauert!

Von **Reykjavík** geht es im Uhrzeigersinn über die Ringstraße nach **Borgarnes** mit dem faszinierenden Landnahmezentrum, historischen Stätten und guten Restaurants. Darauf folgt das hübsche **Stykkishólmur** an einer von Inseln übersäten Bucht. Wer mehr Zeit hat, kann noch die Halbinsel Snæfellsnes erkunden. Der nächste Abstecher von der Ringstraße gilt den urigen Ortschaften und den Küstenpanoramen der Halbinsel **Tröllaskagi**. Hinter **Akureyri**, der inoffiziellen Hauptstadt von Nordisland, erreicht man das geologische Wunderland der Region **Mývatn** und dann das atemberaubende Naturschauspiel des **Dettifoss**. Weiter östlich lockt ein Abstecher zum **Borgarfjörður Eystri**, wo sich im Sommer Scharen von Papageitauchern tummeln. Nach einer Rast in **Seyðisfjörður** schlängelt sich die Straße an Dutzenden herrlicher Fjorde vorbei.

Höfn, wo es himmlischen *humar* zu schmausen gibt, lädt zu einer Pause ein. Ein Stück weiter lockt eine Schneemobiltour auf den **Vatnajökull**. Dann passiert die Straße die Gletscherseen **Jökulsárlón** und Fjallsárlón, wo sich Eisberge von den Gletschern lösen, um Richtung Meer zu driften. Seine Wanderstiefel kann man im **Skaftafell** schnüren. Anschließend geht's über bemooste Lavafelder und vorbei an großen Flussmündungen Richtung Süden nach **Vík** mit seinem Basaltsäulenstrand und seinen Papageitaucherfelsen. Bei **Skógar** beginnt eine wunderbare Wanderroute ins grüne Binnental **Þórsmörk**. Oder man fährt einfach weiter auf der Ringstraße, vorbei an den gewaltigen Wasserfällen **Skógafoss** und **Seljalandsfoss**. Schließlich lohnt ein letzter Abstecher von der Ringstraße zum Goldenen Kreis, um den **Gullfoss**, den **Geysir** und den **Nationalpark Þingvellir** zu bestaunen. Der Rest des Urlaubs geht dafür drauf, in **Reykjavík** mit den Einheimischen zu schwatzen, ob in einem Thermalbad oder bei einem Kneipenbummel.

YEVGEN TIMASHOV/GETTY IMAGES ©

NILS AXEL BRAATHEN, NILSAXEL@NOOS.FR/GETTY IMAGES ©

Oben: Jökulsárlón (S. 324)
Unten: Papageitaucher, Borgarfjörður Eystri (S. 291)

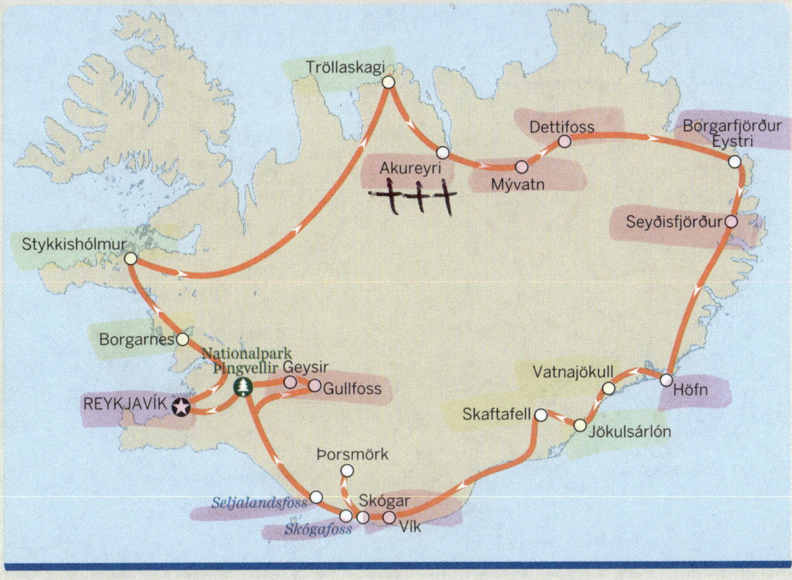
Tröllaskagi
Dettifoss
Borgarfjörður Eystri
Akureyri
Mývatn
Seyðisfjörður
Stykkishólmur
Borgarnes
Nationalpark Þingvellir
Geysir
Gullfoss
REYKJAVÍK
Vatnajökull
Höfn
Skaftafell
Jökulsárlón
Þorsmörk
Seljalandsfoss
Skógar
Skógafoss
Vík

Hornstrandir
Grímsey
Langanes
Ísafjörður
Norðurfjörður
Siglufjörður
Húsavík
Ásbyrgi
Djúpavík
Bíldudalur
Hofsós
Dalvík
Dettifoss
Borgarfjörður Eystri
Dynjandi
Hólmavík
Patreksfjörður
Akureyri
Vopnafjörður
Mývatn
Rauðasandur
Látrabjarg
Seyðisfjörður
Stykkishólmur
Eskifjörður
Askja
Breiðdalsvík
Halbinsel Snæfellsnes
Oberer Borgarfjörður
Kverkfjöll
Borgarnes
Nationalpark Þingvellir
Vatnajökull
REYKJAVÍK
Höfn
Internationaler Flughafen Keflavík
Landmannalaugar
Lakagígar
Skaftafell
Jökulsárlón
Blaue Lagune
Stokkseyri
Þórsmörk
Kirkjubæjarklaustur
Vestmannaeyjar
Vík

HENN PHOTOGRAPHY/GETTY IMAGES ©

DE AGOSTINI/S. VANNINI/GETTY IMAGES ©

Oben: Wanderer, Landmannalaugar (S. 148)
Unten: Öskjuvatn (S. 346), Askja

4 WOCHEN

Die große Rundreise

Die wundervolle Wildnis Islands erschließt sich einem nur bei längeren Aufenthalten. Dazu zweigt man weiter von der Ringstraße ab, in die prächtigen, einsamen Westfjorde oder ins Allradparadies des isländischen Hochlands.

Von **Keflavík** geht's über die **Blaue Lagune** nach **Stokkseyri**, wo man das Auto stehen lässt, um von **Landmannalaugar** ins grüne **Þórsmörk** zu wandern. Danach geht's per Boot auf die **Vestmannaeyjar**, wo Papageitaucher über frische Lava watscheln. Danach folgt **Vík** mit seinem schwarzen Basaltstrand.

Von **Kirkjubæjarklaustur** lohnt ein Abstecher nach **Lakagígar**, um sich über die Laki-Ausbrüche zu informieren. Ein Stück weiter können sich Wanderer rund um den **Skaftafell** austoben. Oder wie wär's mit einer Bootspartie zwischen den Eisbrocken des **Jökulsárlón** und einer Schneemobilsafari auf den **Vatnajökull**? Auf den *humar*-Schmaus in **Höfn** folgt eine Erholungspause in **Breiðdalsvík**. Fjordstraßen führen weiter zum **Eskifjörður** und **Seyðisfjörður**. Dann weisen Rhyolithgipfel den Weg hinunter zum **Borgarfjörður Eystri** mit seinen Papageitauchern. Über **Vopnafjörður** gelangt man auf die Halbinsel **Langanes** und über **Ásbyrgi** weiter zum Walbeobachtungs-Städtchen **Húsavík**. Der schöne **Mývatn** ist ein guter Ausgangspunkt zum Besuch des **Dettifoss** und für Abstecher zur **Askja**-Caldera und den Eishöhlen der **Kverkfjöll**. Auf eine Prise Zivilisation in **Akureyri** folgt der Vorstoß zum Polarkreis, nach **Grímsey**. Dann ein kleinere Bummel durch **Dalvík** und **Siglufjörður** und eine Runde schwimmen in **Hofsós**.

Jetzt geht's in die Westfjorde, um in **Hólmavík** etwas über die alte Kunst der Hexerei zu lernen, in **Djúpavík** am Fjord zu nächtigen und am **Norðurfjörður** in einer Thermalquelle zu baden. Das quirlige **Ísafjörður** dient als Tor nach **Hornstrandir**, Islands Wanderparadies. Im Herz der Westfjorde ergießt sich der tosende **Dynjandi**. Von **Bíldudalur** oder Þingeyri aus lassen sich weitere tolle Fjorde erkunden. Bei **Patreksfjörður** kann man dem Vogelfelsen **Látrabjarg** und dem rosaroten Strand **Rauðasandur** einen Besuch abstatten.

Stykkishólmur ist ein guter Ausgangspunkt zur Erkundung der **Halbinsel Snæfellsnes** mit ihren Stränden, Lavafeldern und Eiskappen. Hinter **Borgarnes** wartet der **Obere Borgarfjörður** mit Saga-Schauplätzen und urigen Höhlen. Noch mehr Historie bietet der **Nationalpark Þingvellir**. Den Schlusspunkt der Rundreise setzt die Hauptstadt **Reykjavík**.

Reiseplanung

Ringstraßen-planer

Wer vorher noch nie in Island war, dem fällt außer Reykjavík wahrscheinlich keine isländische Stadt ein. Vielleicht hat manch einer Bedenken, wie man in so einem wilden Land eine Reise planen soll. Aber keine Angst, der Weg ist vorgezeichnet: die Ringstraße!

Die schönsten Abstecher

Halbinsel Snæfellsnes

Die Halbinsel hat ihre eigene Ringstraße, die Lavafelder, wilde Küstenabschnitte und eine beeindruckende Eiskappe passiert; Umweg: 200 km.

Tröllaskagi

Die Straßen 76 und 82 führen durch haarsträubende Tunnel hinauf Richtung Arktis und bieten schöne Panoramablicke; Umweg: 90 km.

Borgarfjörður Eystri

Auf der Straße 94 geht es zu einem verschlafenen Dorf mit Papageitauchern und tollen Wanderwegen; Umweg: 150 km.

Vestmannaeyjar

Von Landeyjahöfn fährt die Fähre zu dem Grüppchen schroffer Inseln hinüber; Umweg 30 km plus 30-minütige Fährfahrt in jede Richtung.

Þórsmörk

Vom Parkplatz am Seljalandsfoss fahren Busse in das Wanderparadies; 50 km Umweg über eine nur mit entsprechendem Fahrzeug befahrbare Holperstrecke; wahlweise auch per pedes zu erreichen.

Der „Diamantene Kreis“

Der von Werbestrategen ersonnene Diamantene Kreis führt vom Mývatn Richtung Norden zur Walbucht Húsavík, zur Schlucht Ásbyrgi und zum tosenden Dettifoss; Umweg: 180 km.

Straße 1

Die Straße 1 (Þjóðvegur 1), die Ringstraße, ist die 1130 km lange, zumeist asphaltierte Hauptstraße des Landes mit jedoch selten mehr als einer Fahrspur pro Richtung. Zahllose Attraktionen säumen die Straße und Nebenstraßen führen zu weiteren Abenteuern.

Beste Reisezeit

Die Ringstraße ist außer vielleicht bei Winterstürmen ganzjährig befahrbar, doch viele Nebenstraßen sind während der kälteren Monate gesperrt. Unter www.vegagerdin.is sind detaillierte Infos über Straßensperrungen und unter www.vedur.is ist die Wetterprognosen zu finden.

Im oder gegen den Uhrzeigersinn?

Es ist egal, in welcher Richtung man die Ringstraße befährt – die Landschaft präsentiert sich aus beiden Blickwinkeln gleichermaßen spektakulär.

Allen, die in der zweiten Sommerhälfte (August/September) unterwegs sind, empfehlen wir die Fahrtrichtung im Uhrzeigersinn, um die Attraktionen im Norden zuerst abzuhaken. Im Süden hält sich das wärmere Wetter einen Tick länger.

Zeitplanung

Die reine Fahrzeit rund um die Ringstraße beträgt etwa 16 Stunden. Bei einer einwöchigen Rundfahrt wären also im Durchschnitt ungefähr 2½ Stunden Fahrzeit pro Tag einzuplanen. Das ist nicht zu viel, da das Fahren in der schönen Landschaft eher Vergnügen als Strapaze ist. Und im Sommer gibt's lange Tageslicht.

Für die Ringstraße sollte man eigentlich mindestens zehn Tage veranschlagen (S. 32). Wer weniger als eine Woche zur Verfügung hat, konzentriert sich besser auf ein oder zwei Regionen (z. B. Reykjavík und den Süden oder Westen).

Mit dem Auto

Ein Mietwagen ist das bei Weitem praktischste Fortbewegungsmittel, allerdings auch das teuerste.

Mietwagen

Mit der Suche nach einem preiswerten Mietwagen sollte man so früh wie möglich anfangen. Dabei immer darauf achten, dass der Name des Autoverleihers auf der Reservierung steht, und sorgfältig prüfen, ob im Preisangebot alle Gebühren enthalten sind!

Für den Sommer sollte man sowieso früh buchen – manchmal gehen den Autovermietungen die Fahrzeuge aus!

Allrad oder nicht?

Wer nur auf der Ringstraße oder größeren Nebenstraßen unterwegs ist, ist mit einem normalen Pkw gut bedient. Für das Landesinnere mit seinen „F-Straßen" benötigt man jedoch ein robustes Allradfahrzeug – oder man mietet einen Pkw und fährt dann mit dem Bus oder Superjeep in unzugänglichere Gegenden.

Im Winter ist ein kleiner Pkw nicht zu empfehlen – die Preise sind erheblich niedriger als im Sommer, sodass man auch einen sichereren Geländewagen leihen kann.

Etappengliederung

Besucher sollten die Ringstraße als eine Art Leitschiene sehen, die zu vielen spannenden Abstechern führt. Am besten wählt man sich entlang der Strecke fünf Zwischenstationen als Ausgangsbasis für weitere Erkundungen aus. Am einfachsten ist es, einen Zwischenstopp für jede Region zu planen, die auf der Ringstraße passiert wird: Westen, Norden, Osten, Südosten und Südwesten. Je nach Dauer der Reise kann man dann mehrere Übernachtungen pro Zwischenstation einkalkulieren.

DER GOLDENE KREIS

➡ Die Ringstraße ist nicht zu verwechseln mit dem Goldenen Kreis, einer Touristenroute im Südwesten des Landes; siehe S. 71.

Mit dem Bus

Das Busnetz ist für Alleinreisende die kostengünstigste Fortbewegungsmöglichkeit. Allerdings sollten sie für die Rundfahrt doppelt so viel Zeit veranschlagen wie Mietwagennutzer, sofern sie nicht die meiste Zeit im Bus sitzen wollen. Zum Vergleich: Ein Buspass, der zwei Personen einmal rund um die Insel bringt, kostet etwa so viel wie eine Woche Wagenmiete (ohne Benzin).

Mit dem Fahrrad

Für Radfahrer kann die Ringstraße zur nervenaufreibenden Strapaze werden. Das wechselhafte Wetter macht das Fahren zur Mühsal. Die Strecke ist zwar größtenteils asphaltiert, aber der Seitenstreifen bietet kaum Platz, um sicheren Abstand vom motorisierten Verkehr zu halten. Zur Erkundung ländlicherer Regionen kann das Fahrrad aber ideal sein.

Trampen & Fahrgemeinschaften

Die billigste Methode, auf der Ringstraße voranzukommen, heißt: Daumen raus. Im Sommer ist es durchaus machbar, den ganzen Weg um die Ringstraße zu trampen; jedoch sollte man sich der eventuellen Risiken bewusst sein.

Viele Hostels haben Pinnwände für Mitfahrmöglichkeiten in ihren Foyers. Eine weitere Möglichkeit ist die Mitfahr-Website www.samferda.is.

Wanderer in der Kerlingarfjöll (S. 340)

Reiseplanung

Outdoor-abenteuer

Islands spektakulär schöne Natur lockt mit dem größtem Nationalpark Europas und der mächtigsten Eiskappe außerhalb der Polarregionen, einem Meer voller Wale, den größten Papageitaucherkolonien der Welt, einsamen Bergen, düsteren Schluchten, glasklaren Seen, tosenden Wasserfällen und tiefen Fjorden. Sich hier in die Natur zu stürzen ist ein wirklich tolles Erlebnis.

DIRK BLEYER/ROBERT HARDING ©

Reisezeit

Mehrtägige Wandertouren Das Frühlingstauwetter abwarten; die beste Trekkingzeit ist Juli bis Mitte September.

Hochlandtouren Die Bergstraßen sind von Juni oder Anfang Juli bis etwa Ende September geöffnet.

Mitternachtssonne Um die Sommersonnenwende (21. Juni) herum ist das Tageslicht besonders im Norden endlos.

Polarlicht Nur in dunklen, klaren Nächten zu beobachten, am besten im Winter, aber grundsätzlich möglich September bis April.

Skifahren Die Skisaison geht von Dezember bis April, die besten Bedingungen (mit mehr Tageslicht) herrschen im Februar und März.

Walbeobachtung Touren ganzjährig, die beste Zeit ist aber Juni bis August.

Papageitaucher Die beste Zeit ist Mitte Mai bis Anfang/Mitte August, einige kommen vielleicht schon im April an.

Eistouren Gletscherwanderungen und Schneemobiltouren sind ganzjährig möglich. Bootstouren auf dem Jökulsárlón gibt's von April bis Oktober. Für Eishöhlen ist Mitte November bis März am besten.

Reiten Optimal für mehrtägige Reittouren ist die Zwischensaison (Mai und September/Anfang Oktober); dann ist es kühler, aber mild, und es sind weniger Touristen unterwegs.

Aktivitäten

Wandern

Island bietet endlose Wandermöglichkeiten. Wer auf Schusters Rappen umsteigt, kann riesige Regionen unberührter Natur entdecken. Ein heikler Faktor ist allerdings das unberechenbare Wetter. Regen, Dunst und Nebel können eine schöne Wanderung zur nervtötenden Strapaze machen. Man sollte immer entsprechend ausgerüstet sein!

Informationen

➡ **Ferðafélag Íslands** (www.fi.is) Betreibt Hütten und Campingplätze, bietet Wandertouren überall im Land und fundierte Infos – vor allem für den Laugavegurinn.

Die besten Kurzwanderungen

➡ **Skaftafell** (S. 316) Der beliebteste Abschnitt des Vatnajökull-Nationalparks bietet viele Kurzwanderwege zu glitzernden Gletschern und schäumenden Wasserfällen.

➡ **Þórsmörk** (S. 155) Durch das grüne Märchenreich im Inselinneren führen mittelschwere bis anspruchsvolle Wanderrouten.

➡ **Skógar** (S. 146) Landeinwärts warten etliche Wasserfälle auf Wanderer; der Weg nach Fimmvörðuháls und dann ins Þórsmörk hinunter ist eine der schönsten Tageswanderungen Islands.

➡ **Halbinsel Snæfellsnes** (S. 180) Halbtägige Wanderungen durch bizarre Lavafelder und der tolle Küstenweg von Hellnar nach Arnarstapi.

➡ **Mývatn** (S. 255) Am platten Seeufer gibt es allerlei geologische Wunder und Scharen von Vögeln zu entdecken.

➡ **Borgarfjörður Eystri** (S. 291) Tolle Wanderungen zwischen Rhyolithhängen oder auf die Landspitze hinauf, die schöne Ausblicke bietet.

Die besten Mehrtagestreks

➡ **Laugavegurinn** (S. 151) Islands Klassiker führt durch karamellfarbige Dünen, dampfende Erde und verheerte Wüste. Dauer: 2–5 Tage.

➡ **Von Ásbyrgi zum Dettifoss** (S. 273) Dieser Querschnitt durch die geologischen Phänomene Islands führt vom Nordende des Jökulsárgljúfur (im Vatnajökull-Nationalpark) durch eine Schlucht zum mächtigsten Wasserfall Europas. Dauer: 2 Tage.

➡ **Königliches Horn** (S. 218) Diese Hornstrandir-Strecke ist kaum mit Worten zu beschreiben, mit Ausblicken auf einsame Fjorde, smaragdgrüne Kaps und auf den Lüften segelnde Möwen. Dauer: 4–5 Tage.

➡ **Fimmvörðuháls** (S. 147) Von Wasserfällen geht's zwischen den Gletschern in eine windige Wüste. Dann erscheinen die dampfenden Steine des Ausbruchs von 2010 und der Pfad führt hinunter ins blumige Þórsmörk. Dauer: 1–2 Tage.

➡ **Hringbrautin** (S. 341) Dieser Rundweg durchs größtenteils unberührte Landesinnere gewährt malerische Ausblicke, die es mit denen auf dem Laugavegurinn durchaus aufnehmen können. Dauer: 3 Tage.

Tiere beobachten

Islands Tierwelt ist nicht besonders artenreich, aber äußerst faszinierend.

Polarfüchse

Der Polarfuchs, der einzige heimische Landsäuger auf Island, ist so niedlich

CHECKLISTE FÜR WANDERER

Je nach Aktivität, Jahreszeit, Abgeschiedenheit des Wanderwegs und Dauer der Wanderung (Tages- oder Mehrtageswanderung; Übernachten in Hütten oder im Zelt) variieren die Anforderungen an die Ausrüstung. Eine Konstante sind jedoch die Launenhaftigkeit des Wetters und die damit einhergehenden Risiken.

☐ Ganz wichtig sind gute Navigationshilfen (topografische Karten und GPS).

☐ Es ist wichtig, sich in Schichten zu kleiden. Erste Schicht: Thermounterwäsche (Wolle oder Synthetik). Zweite Schicht: leichte Woll- oder Fleece-Oberbekleidung; schnell trocknende Hosen. Dritte Schicht: wasser- und winddichte Jacke (z. B. Gore-Tex). Außerdem braucht man atmungsaktiven Regenschutz inklusive wasserdichter Überhose. Auch der Tagesrucksack sollte wasserdicht sein.

☐ Baumwollkleidung (Jeans, T-Shirts, Socken) ist eher ungünstig – wenn sie nass ist, verliert sie ihre Wärmeeigenschaften und es dauert Stunden, bis sie wieder trocken ist. Besser ist Polypropylen (schnell trockend, aber entflammbar) oder Merinowolle, die auch wärmt, wenn sie nass ist, aber nur langsam trocknet.

☐ Ins Gepäck gehören Handschuhe, Hut, Sonnenbrille und -creme, Woll- oder Synthetiksocken und wasserdichte, eingelaufene Wanderstiefel oder -schuhe (Stiefel bieten einen besseren Schutz der Knöchel).

Auf längeren Touren

☐ Wasserdichter Überzug für den Rucksack sowie trockene Ersatzkleidung.

☐ Erste-Hilfe-Material, Kopf- oder Taschenlampe und Überlebensausrüstung (Wärmedecke, Trillerpfeife usw.).

☐ Schlafsack für Temperaturen unter null, Camper auch wind- und wasserfestes Zelt, Kocher und Kochutensilien; wer in Hütten nächtigt, braucht das vielleicht nicht.

☐ Eventuell Badesachen (für warme Quellen), leichte Sandalen (für Flussdurchquerungen, dann bleiben die Schuhe trocken) und Wanderstöcke für steile Anstiege und Flussdurchquerungen.

☐ Plastiktüten zur Trennung von nasser und trockener Ausrüstung und zum Mitnehmen von Müll.

Ausrüstung kaufen oder leihen

☐ In größeren Orten kann man Wander- und Campingausrüstung kaufen, am besten natürlich in Reykjavík und auch in Akureyri. Die Preise sind recht hoch; am besten bringt man die Sachen von zu Hause mit oder leiht sie vor Ort aus.

☐ Einige Autovermietungen, besonders Verleiher von Wohnmobilen, bieten die Möglichkeit, Campingausrüstung zu leihen. Ansonsten gibt's in Reykjavík **Iceland Camping Equipment** (www.iceland-camping-equipment.com) und **Reykjavík Backpackers** (www.reykjavikbackpackers.is/rentalservices/rentcampingequipment).

wie ein Schoßhund, aber so scheu wie ein Nager. Er lässt sich nur selten blicken, am ehesten noch an den folgenden Stellen:

➡ **Hornstrandir** (S. 215) Das Hauptrevier der Polarfüchse – hier schlagen die Polarfuchsforscher im Sommer ihr Lager auf.

➡ **Suðavík** Standort des Polarfuchszentrums (S. 213), das auch verwaiste Füchse aufzieht.

➡ **Breiðamerkursandur** (S. 324) Eins der Hauptbrutgebiete für Raubmöwen lockt auch viele Polarfüchse auf der Suche nach leckeren Snacks an.

Papageitaucher & andere Meeresvögel

An den Küstenfelsen rund ums Land brüten unzählige Meeresvögel, oft in riesigen Kolonien. Die beste Zeit für Vogelbeobachter ist Juni bis Mitte August; dann wimmelt es von Papageitauchern, Tölpeln, Lummen, Tordalken, Dreizehenmöwen und Eissturmvögeln.

Die besten Vogelfelsen und -kolonien:

➡ **Vestmannaeyjar** (S. 163) Papageitaucher schwirren wie hektische Bienen über den Fäh-

Am Fjallsárlón (S. 324)

ren, die in den Hafen von Heimaey tuckern. Auf praktisch jedem Steinhaufen, der hier aus dem Meer ragt, nisten irgendwelche Flattermänner.

➡ **Hornstrandir** (S. 215) Hier fällt eine endlos lange Felswand unter grünen Wiesen senkrecht ins Meer ab – für die Brutsaison wird sie zum Zuhause für unzählige Vögel.

➡ **Borgarfjörður Eystri** (S. 291) Einer der besten Plätze, um Papageitaucher zu beobachten, die ihre aufwendigen Bruthöhlen nur Meter von den Beobachtungsplattformen entfernt anlegen.

➡ **Látrabjarg** (S. 201) Legendärer Vogelfelsen in den Westfjorden.

➡ **Mývatn** (S. 255) Die sumpfige Landschaft des „Mückensees" bietet ein ganz anderes Ökosystem als die schroffen Vogelfelsen an der Küste und ist ein Paradies für Zugvögel.

➡ **Langanes** (S. 277) Einsame, windgepeitschte Felsen warten mit einer reichen Vogelwelt auf; über einer Basstölpelkolonie gibt's eine neue Beobachtungsplattform.

➡ **Ingólfshöfði** (S. 323) Mit dem Traktor geht's zu dieser dramatischen Landspitze, wo Raubmöwen kreisen und Papageitaucher posieren.

Robben

Robben sind nicht so allgegenwärtig wie Vögel, aber unterhaltsam zu beobachten.

➡ **Hvammstangi & Vatnsnes-Halbinsel** (S. 226) Ein Robbenmuseum, Bootstouren und eine Halbinsel, auf der sich die pelzigen Sonnenanbeter aalen.

➡ **Ísafjarðardjúp** (S. 212) An der verzweigten Küste und den felsigen Stränden lassen sich bestens Robben inspizieren.

➡ **Jökulsárlón** (S. 324) Als ob der Gletschersee nicht schon fotogen genug wäre – zwischen den Eisbergen tummeln sich auch noch Robben.

Wale

Island gehört zu den besten Orten der Welt, um Wale und Delfine zu beobachten. Am häufigsten sind Zwerg- und Buckelwale, aber auch Finn-, Sei-, Blauwale gibt es hier zu sichten.

Die Topspots für Walbeobachtungen:

➡ **Húsavík** (S. 265) Islands traditionelle Walhochburg, mit einem tollen Walmuseum. Im Sommer 99%-ige Erfolgsquoten.

➡ **Eyjafjörður** (S. 266) Ab Dalvík, Hauganes und Akureyri starten Walbeobachtungstouren durch Islands längsten Fjord.

➡ **Reykjavík** (S. 52) Hauptstadtbesucher können vom alten Hafen am Stadtzentrum zur Walbeobachtungstour starten.

Reiten

Pferde gehören zum isländischen Leben einfach dazu und man sieht sie überall im Land. Viele Höfe bieten kurze Ausritte an; es gibt sogar eine Handvoll Reitställe in direkter Nähe zu Reykjavík. Eine Stunde/zwei Stunden Reiten kostet um die 6000/9000 ISK.

Die besten Regionen zum Reiten

➡ **Südliche Snæfellsnes-Halbinsel** (S. 191) Die wilden Strände im Schatten eines schimmernden Gletschers sind ideal für einen Ausritt. Hier gibt es mehrere preisgekrönte Pferdehöfe.

➡ **Hella** (S. 139) In den Ebenen um Hella bieten mehrere Pferdefarmen mehrtägige Wanderritte und kürzere Reitausflüge für Anfänger an.

➡ **Skagafjörður** (S. 229) Die Region ist stolz auf ihre lange Tradition der Pferdezucht und -dressur.

Schwimm- & Heilbäder

Dank der im Überfluss vorhandenen Geothermalwärme ist das Baden ein Nationalhobby der Isländer. Fast jeder Ort hat mindestens ein *sundlaug* (beheiztes Schwimmbecken), gewöhnlich draußen. Die meisten Schwimmbäder bieten auch *heitir pottar* (Hot Pots; kleine Becken mit rund 40 °C warmem Wasser), Saunen und Whirlpools. Der Eintritt kostet etwa 600 ISK (für Kinder die Hälfte).

In den chemiefreien Schwimmbädern und für die natürlichen heißen Quellen gelten strenge Hygienevorschriften. Badegäste müssen sich vor Betreten des Schwimmbereichs ohne Badekleidung gründlich abduschen.

Informationen

➡ **Swimming in Iceland** (www.swimminginiceland.com)

➡ ***Thermal Pools in Iceland* von Jón G. Snæland und Þóra Sigurbjörnsdóttir** Umfassender Führer zu Islands natürlichen Quellen; in den meisten isländischen Buchläden vorrätig.

➡ **Blaue Lagune** (www.bluelagoon.com) Islands beliebteste warme Quelle und unangefochtene Topattraktion.

➡ **Visit Reykjavík** (www.visitreykjavik.is) Hier kann man sich zu den Schwimmbädern in der Hauptstadtregion durchklicken.

Gletscherwanderungen & Schneemobiltouren

Eine Wanderung über die weißen Eismassen kann zu den tollsten Erlebnissen einer Islandreise gehören. Zum Glück hat die Insel diverse Schneeoasen, die selbst im Sommer noch Winterfeeling garantieren.

Auf keinen Fall sollte man ohne die entsprechende Ausrüstung und einen Führer auf den Gletschern herumlaufen.

Gletscher & Eiskappen

➡ **Vatnajökull** (S. 332) Die größte europäische Eiskappe ist ideal für Schneemobiltouren; Dutzende Auslassgletscher bieten sich für geführte Wanderungen und Klettertouren an – zu buchen in Skaftafell.

➡ **Eyjafjallajökull** (S. 144) Ursprungsort der berüchtigten Aschewolke von 2010. Zuerst geht es per Superjeep auf die Eisfläche, dann zu Fuß weiter zum immer noch qualmenden Magni.

➡ **Snæfellsjökull** (S. 180) Von Jules Verne verewigt; lässt sich gut per Pistenraupentour von Arnarstapi erkunden.

➡ **Langjökull** (S. 180) In der Nähe von Reykjavík; wunderbar für Hundeschlittenfahrten und mit einem interessanten Eistunnel.

➡ **Sólheimajökull** (S. 157) Erstreckt sich vom Eisschild des Mýrdalsjökull. Tolles Ziel für eine Nachmittagswanderung mit Steigeisen.

Boot, Kajak & Rafting

Vom Wasser aus können Besucher Island aus ganz neuen Blickwinkeln entdecken.

Hotspots für Bootstouren

➡ **Heimaey** (S. 163) Zwischen den schroffen Steilküsten und den Vogelschwärmen der Vestmannaeyjar-Inseln herumschippern.

➡ **Stykkishólmur** (S. 182) Im stillen Breiðafjörður liegen unzählige Inseln verstreut.

➡ **Húsavík** (S. 265) Holzschiffe und Schlauchboote touren durch die Walgewässer zu Nachbarinseln und nach Grímsey.

Top-Gewässer für Kajaktouren

➡ **Hornstrandir** (S. 215), **Ísafjörður** (S. 208) **& Ísafjarðardjúp** (S. 212) Seekajakfahren vom Feinsten, vom Tagesausflug zum Inselchen Vigur bis zu mehrtägigen Touren durch arktische Fjorde.

➡ **Seyðisfjörður** (S. 293) Schwer zu sagen, was hier die Hauptattraktion ist – der charismatische Tourführer oder der schöne Fjord.

Die besten Flusstrips

➡ **Varmahlíð** (S. 229) Der Wildwasserrafting-Stützpunkt Nordislands mit zwei unterschiedlich schwierigen Gletscherflüssen.

➡ **Reykholt** (S. 118) Wildwasserrafting auf der Hvítá sowie die einzigen Jetboottouren in Island.

MARTIN MOOS/GETTY IMAGES ©

Oben: Reiter, Halbinsel Snæfellsnes (S. 180)

Unten: Thermalbecken Pollurinn (S. 204), Tálknafjörður

POLARLICHT

Die Inuit hielten die Lichterscheinungen für die Seelen der Toten; nach skandinavischem Volksglauben waren es die Geister unverheirateter Frauen. Die Japaner prophezeiten einem unter den flackernden Strahlen gezeugten Kind ein glückliches Leben. Die moderne Wissenschaft erklärt das Polarlicht dagegen weit prosaischer.

Die märchenhaften Farbschleier am nordischen Nachthimmel entstehen durch den Sonnenwind – einen Strom von Sonnenteilchen, der in den oberen Atmosphärenschichten mit Sauer-, Stick- und Wasserstoff kollidiert. Diese Kollisionen erzeugen die phantastischen Grün- und Purpurtöne. Durch das Magnetfeld der Erde wird der Sonnenwind in Richtung der Polarregionen gelenkt.

Um einen Blick auf das Polarlicht zu erhaschen, braucht man nur eine dunkle, recht klare Nacht und etwas Glück.

Viele isländische Tourveranstalter bieten teure „Northern Lights Safaris" an. Aber eigentlich bringen sie die Besucher nur in Gegenden mit möglichst wenig „Lichtverschmutzung". Stattdessen bucht man besser ein paar Nächte in einer ländlichen Pension, wo man abends auf die Lightshow warten kann. Viele Hotels bieten sogar Weckrufe an, falls die Lichter mitten in der Nacht aufflimmern.

In den letzten Wintern war das Polarlicht schon ab September zu sehen. Und man muss nicht immer auf dem Land sein, um die Lichtschau zu genießen – im Oktober 2013 stellten die Reykjavíker Behörden nach günstiger Vorhersage in ein paar Vierteln für einige Stunden das Licht ab, um die Sichtbarkeit des Nordlichts zu erhöhen!

Das Auftreten des Polarlichts vorherzusagen ist so gut wie unmöglich, aber es gibt mehrere Tools und Apps, die Auskunft über die Wahrscheinlichkeit geben, dass in naher Zukunft Polarlicht zu sehen ist. Die Website des isländischen Wetterdiensts versucht, anhand mehrerer Faktoren eine Polarlicht-Vorhersage (gewöhnlich für eine Woche) zu liefern: http://en.vedur.is/weather/forecasts/aurora.

Radfahren

Kurze Fahrradausflüge sind eine gute Möglichkeit, die Naturschätze der Insel zu entdecken. In Reykjavík gibt es mehrere Fahrradläden. Einige bieten Tagestouren zu nahegelegenen Attraktionen wie dem Goldenen Kreis an. Auch in anderen Orten des Landes kann man Räder leihen.

Eine Fahrradreise durch Island hat aber ihre Tücken. Das Wetter ist unberechenbar; Radfahrer müssen oft gegen heftige Winde ankämpfen. Auf der Ringstraße fahren Radfahrer unmittelbar neben dem motorisierten Verkehr – es gibt keinen Seitenstreifen.

Tauchen & Schnorcheln

Island ist ein wenig bekanntes, aber ungeheuer lohnendes Tauchziel. Klares Wasser (100 m Sicht!), faszinierende Tierwelt, spektakuläre Lavaschluchten, Wracks und Thermalschlote sorgen für unvergleichliche Taucherlebnisse. Topziele sind die Silfra-Spalte im Þingvellir-Nationalpark (S. 112) und der Eyjafjörður mit seinen „Weißen Rauchern" (S. 248).

Empfohlen ist ein PADI-Dry-Suit-Diver-Tauchschein, den man in Island bei einigen Tauchschulen machen kann. Der spezielle PADI-Tectonic-Plate-Awareness-Kurs informiert über die Plattentektonik und was es heißt, zwischen den Erdplatten zu tauchen.

Touren

Angesichts des schwierigen Terrains und hohen Preisniveaus können organisierte Touren in Island selbst für Reisende attraktiv sein, die sonst lieber auf eigene Faust unterwegs sind. Touren können Zeit und Geld sparen und spektakuläre Landschaften erschließen, die mit einem normalen Mietwagen nicht zu erreichen sind. Es gibt Touren mit Bussen, Allradfahrzeugen, Superjeeps, aber auch per Schneemobil, Quad oder Kleinflugzeug. Die meisten lassen sich mit Aktivitäten wie Wildwasserrafting, Reiten und Gletscherwandern kombinieren.

Wer plant, eine feste Unterkunft in Reykjavík zu beziehen und die isländische Landschaft auf Tagesausflügen zu erkunden, sollte sich klarmachen, dass er viel Zeit damit verbringen wird, von der Hauptstadt zu den Naturschätzen der Insel zu pendeln. Dann ist es schon sinnvoller, einen ländlichen Stützpunkt zu wählen, der näher an den Sehenswürdigkeiten liegt, die einen besonders interessieren.

Taucher in der Silfra-Spalte (S. 112), Þingvellir

Es gibt Hunderte von Touranbietern in Island, kleine ebenso wie große. Hier folgt eine Liste einiger der größten Tourveranstalter des Landes; ihre Websites bieten einen Überblick über das jeweilige Angebot.

➡ **Air Iceland** (www.airiceland.is) Islands größte Inlandsfluggesellschaft bietet eine ganze Reihe von Flug-, Bus-, Wander- und Allradtouren von Reykjavík und Akureyri an, außerdem Trips nach Grönland von Reykjavík.

➡ **Arctic Adventures** (www.adventures.is) Spezialist für Touren voller Action, vom normalen Sightseeing bis zum Mountainbiken, Seekajaken und sogar Surfen.

➡ **Iceland Excursions** (www.grayline.is) Der Bustourveranstalter hat nicht nur Tagesausflüge, sondern auch Aktivitätentouren sowie Touren für Selbstfahrer im Programm.

➡ **Icelandic Mountain Guides** (www.mountainguides.is) Breites Angebot an Wander-, Berg- und Eisklettertouren, Ausrüstungsverleih und Privatführer für ambitioniertere Bergsteiger.

➡ **Reykjavík Excursions** (www.re.is) Der beliebteste Veranstalter von Tagesausflügen ab Reykjavík bietet sein umfangreiches Tourenprogramm ganzjährig an.

➡ **Saga Travel** (www.sagatravel.is) Bietet ab Akureyri ganzjährig ein vielfältiges und innovatives Programm in ganz Nordisland.

WINTER-WUNDERLAND

Im Winter nach Island zu reisen wird immer beliebter und der Reiz ist klar: Polarlicht, raue Natur und die Möglichkeit, verrückte Tagesrhythmen zu erleben. Eine tolle Option, wenn die Besuchermassen und die Preise des Sommers einem nicht zusagen.

Zwar gibt's tatsächlich nur wenig Tageslicht (in Reykjavik Anfang Januar rund 4½ Stunden, Anfang Februar dann schon sieben Stunden), aber das Leben in der Stadt geht seinen normalen Gang und es gibt zahllose Möglichkeiten für Outdooraktivitäten: Es locken gefrorene Wasserfälle, schneebdeckte Berge und Eishöhlen sowie Eislaufen, Skifahren, Schneemobil- und Schneeschuhtouren. Fürs sichere Herumreisen und den Zugang zu den besten Gegenden eignen sich zu dieser Zeit am besten organisierte Tagesausflüge. Näheres über Reykjavík im Winter siehe S. 68.

Outdoorabenteuer

PATREKSFJÖRÐUR

Eine entspannte Basis zum Erkunden der südlichen Halbinseln an den Westfjorden: Vogelklippen in Látrabjarg, Strände wie der rosige Rauðasandur und die fahrradfreundliche Halbinsel Þingeyri. (S. 203)

ÍSAFJÖRÐUR

Vom größten Ort der Westfjorde aus sind Hornstrandir, die zum Paddeln einladenden Fjorde von Ísafjarðardjúp und die zerklüfteten mittleren Halbinseln gut erreichbar. (S. 208)

HALBINSEL SNÆFELLSNES

Ein Vorgeschmack auf alles, was Island zu bieten hat: Wandern, Reiten, Thermalquellen, Bootstouren, Papageitaucher und Wale, plus den gleichnamigen Gletscher. (S. 180)

KERLINGARFJÖLL

In der Hochlandregion führen Jeeppisten zu abgelegenen Wandertouren; die Bergkette ist ein Naturparadies voller geothermischer Wunder und vielfarbiger Rhyolithfelsen. (S. 340)

REYKJAVÍK

Das Drehkreuz für unzählige Touren und Abenteuertrips ins Hinterland, der Schwerpunkt liegt auf dem Süden und dem Westen des Landes und, natürlich, dem Goldenen Kreis. (S. 52)

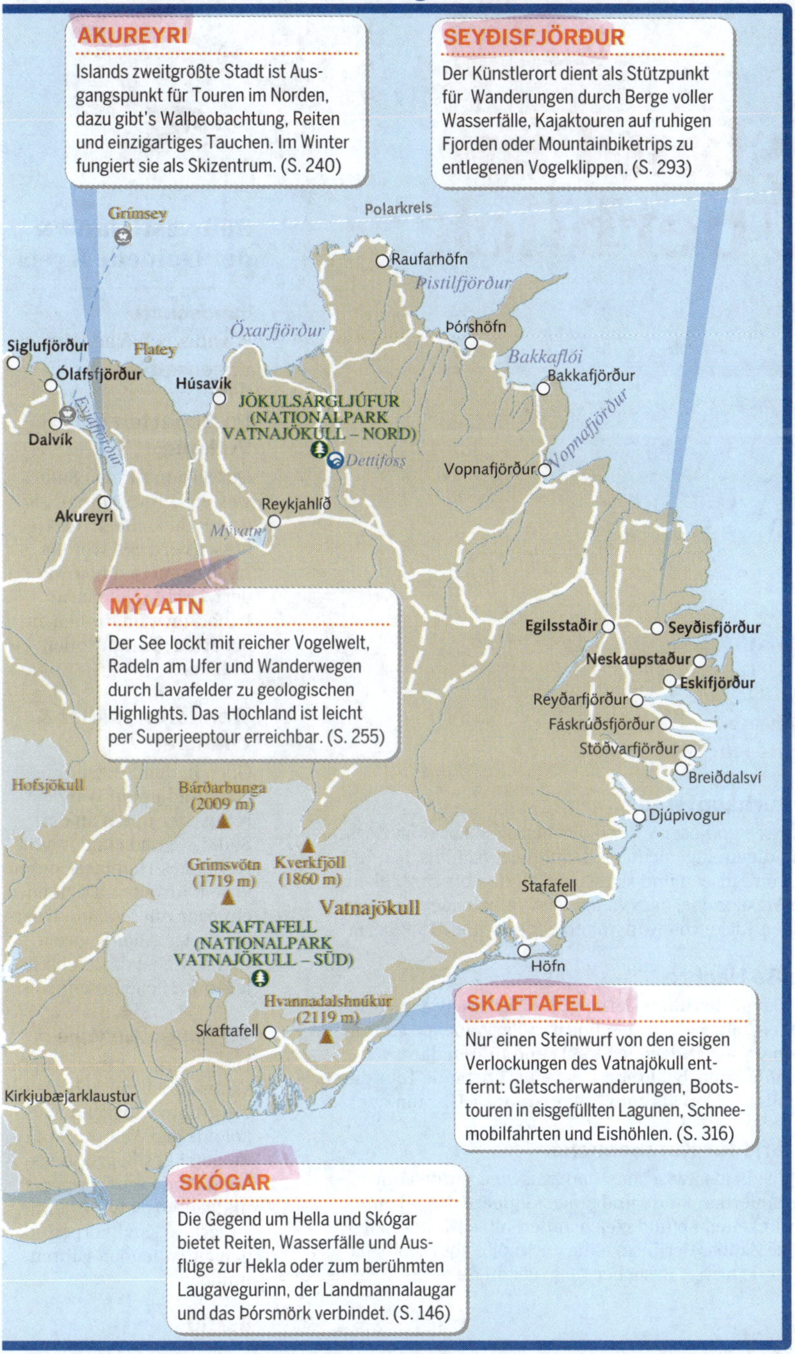

AKUREYRI

Islands zweitgrößte Stadt ist Ausgangspunkt für Touren im Norden, dazu gibt's Walbeobachtung, Reiten und einzigartiges Tauchen. Im Winter fungiert sie als Skizentrum. (S. 240)

SEYÐISFJÖRÐUR

Der Künstlerort dient als Stützpunkt für Wanderungen durch Berge voller Wasserfälle, Kajaktouren auf ruhigen Fjorden oder Mountainbiketrips zu entlegenen Vogelklippen. (S. 293)

MÝVATN

Der See lockt mit reicher Vogelwelt, Radeln am Ufer und Wanderwegen durch Lavafelder zu geologischen Highlights. Das Hochland ist leicht per Superjeeptour erreichbar. (S. 255)

SKAFTAFELL

Nur einen Steinwurf von den eisigen Verlockungen des Vatnajökull entfernt: Gletscherwanderungen, Bootstouren in eisgefüllten Lagunen, Schneemobilfahrten und Eishöhlen. (S. 316)

SKÓGAR

Die Gegend um Hella und Skógar bietet Reiten, Wasserfälle und Ausflüge zur Hekla oder zum berühmten Laugavegurinn, der Landmannalaugar und das Þórsmörk verbindet. (S. 146)

Island im Überblick

Reykjavík

Kultur
Nachtleben
Kleine Fluchten

Kulturhauptstadt

Inmitten endloser Weiten urwüchsiger Natur ist Reykjavík die unangefochtene Bastion der isländischen Kultur, von Museen und schicken Galerien bis zur blühenden Musikszene, dem vollen Festivalkalender und der bunten Riege von Kunsthandwerkern und Designern.

Weiße Nächte

Reykjavíks berühmt-berüchtigte Nachtschwärmerszene ist klein, aber oho! Die schönsten Partyabende starten in einem von Dutzenden Cafés und führen dann von Vorglühdrinks bei Freunden weiter über eine Tour durch die Bierkneipen bis zum Abhotten um 4 Uhr morgens.

Safaris für Kurzbesucher

Reykjavík als Zwischenstopp zwischen Europa und Nordamerika: Stadtrundgänge klappern die Sehenswürdigkeiten ab und gleich außerhalb entfaltet sich der wahre Zauber der Insel – die gut geölte Tourismusmaschinerie bringt Besucher ruckzuck in die weite Wildnis.

S. 52

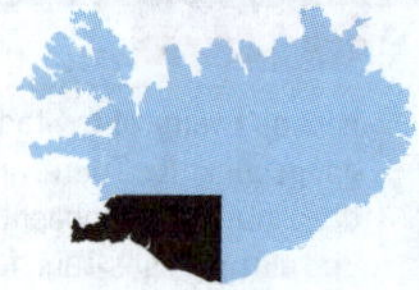

Südwestisland & der Goldene Kreis

Landschaft
Wandern & Radfahren
Vogelwelt

Im Schatten der Vulkane

Der Slogan für den Südwesten könnte lauten: „Je weiter du kommst, desto besser wird es.“ Wer ins Landesinnere hineinwandert, erlebt sagenhafte Panoramen im drohenden Schatten grummelnder Vulkane.

Wanderer, Radler & Wikinger

Oben in den Bergen wartet ein Paradies auf Wanderer; weiter unten an der Südküste und rund um die Reykjanes-Halbinsel locken viele Radrouten. Dazu noch ein paar interessante Überbleibsel aus der Sagazeit – und fertig ist das Menü für jeden Besuchergeschmack.

Vogelperspektive

Die malerische Inselgruppe Vestmannaeyjar beherbergt die größte Papageitaucherkolonie der Welt. Als standesgemäßes Begrüßungskommando schwirren die ulkigen Vögel wie orientierungslose Knallkörper über den einlaufenden Fähren umher.

S. 100

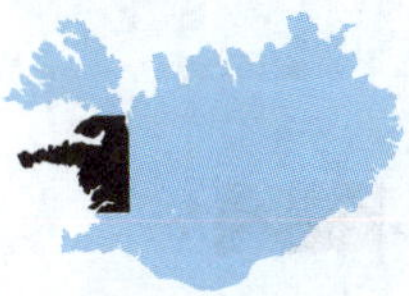

Westisland

Bunte Landschaften
Sagas & Geschichte
Reiten

Inseln ohne Ende

Die Halbinsel Snæfellsnes ist ein Technicolor-Traum mit Lavalandschaften, Wasserfällen, arktisch blauem Wasser und einer glitzernden Eiskappe. Einen der eindrucksvollsten Anblicke bietet der weite Breiðafjörður mit seinen Tausenden von Inselchen.

Strände, Steine & Sagas

Die lange Halbinsel Snæfellsnes bietet endlose Möglichkeiten für Aktivurlauber – lange Küstenspaziergänge, Wanderungen durch Lavafelder und Touren über den Eisschild des ruhelosen Vulkans. Geschichtsfans sind hier in ihrem Element: Der Westen wird wegen seiner spannenden Wikingervergangenheit auch Sagaland genannt.

Pferdefüße

Die Südküste der Snæfellsnes-Halbinsel gehört zu den besten Gegenden, um die kleinen, robusten Islandpferde zu reiten – auf sandigen Stränden oder zu versteckten Thermalquellen in den Hügeln.

S. 170

Die Westfjorde

Fjordlandschaften
Wanderparadies
Polarfüchse

Am Rand der Welt

Auf der Landkarte sieht die tief eingeschnittene Küste der Westfjorde wie riesige Hummerscheren aus, die den Polarkreis attackieren. Die spektakuläre Meeres- und Felslandschaft lässt an ferne Fantasywelten denken.

Arktisabenteuer

Islands Wilder Westen am Rand der Arktis, der mit gezackten Landzungen begehrlich nach Norden ausgreift, ist die ideale Kulisse für rustikales Mountainbiking, Seekajaktouren, Segeltörns und im Frühjahr Skitouren. Das Wanderparadies Hornstrandir setzt dem Ganzen die Krone auf.

Fuchsige Freunde

Überall sind Pferde mit wilden Mähnen anzutreffen, doch die Hauptattraktionen sind die eindrucksvollen Vogelfelsen der Region und die vereinzelten Füchse, die zwischen den Grashügeln umherschnüren. Wer mag, kann als Freiwilliger bei der Beobachtung des einzigen heimischen Landsäugers helfen.

S. 197

Nordisland

Landschaft
Aktivitäten
Walbeobachtung

Von allem etwas

Es gibt eigentlich nichts, was es in Nordisland nicht gibt. Küstennahe Inseln, einsame Halbinseln, eisige Gipfel, idyllische Pferdehöfe, blubbernde Schlammtöpfe, verschlafene Fischerdörfer, tosende Wasserfälle, zerklüftete Lavafelder, prustende Wale …

Eingenordet

Der Nordwesten ist ideal für Reiter. Der Mývatn ist das Ziel für Vogelbeobachter, aber auch die entlegene Langanes-Halbinsel und die arktische Insel Grímsey haben ihre Reize. Wanderer zieht es in die nördlichen Gefilde des Vatnajökull-Nationalparks, Skiläufer auf die Halbinsel Tröllaskagi.

Wal-Wunderland

Robben räkeln sich am Ufer der Vatnsnes-Halbinsel; Papageitaucher und andere Meeresvögel nisten überall. Auch der Mývatn wimmelt von Wasservögeln. Für Walbeobachtungstouren ist Húsavík der Hit; Alternativen sind Orte am westlichen Eyjafjörður wie Akureyri.

S. 223

Ostisland

Wasserlandschaften
Aktivitäten
Tiere

Phan-fjord-tastisch

Besonders dramatisch ist die Landschaft der Ostfjorde um die nördlichen Fjorddörfer herum, hinter denen Wasserfälle die steilen Bergflanken herabstürzen. Landeinwärts locken der malerische See Lagarfljót und der Wald an seinem Ostufer sowie der 1833 m hohe Snæfell im Vatnajökull-Nationalpark.

Zu Land & zu Wasser

Kajaktouren im Seyðisfjörður sind ein Highlight; Landratten trösten sich mit Mountainbiketouren am Fjord entlang. Húsey ist prima zum Reiten und für Vogelbeobachtungen. Auch bei Wanderern sind die Ostfjorde sehr beliebt.

Papageitaucher, Ungeheuer, Rentiere

Wilde Rentiere durchstreifen die Berge. Im Lagarfljót wohnt Islands Pendant zum Ungeheuer von Loch Ness. Topziele für Vogelbeobachter sind die entlegenen Höfe Húsey und Skálanes oder die Papageitaucher-Beobachtungsplattform am Borgarfjörður Eystri.

S. 280

Südostisland

Eiskappen
Gletscheraktivitäten
Vogelwelt

Gletscherglamour

Nicht umsonst gehört der Südosten zu den meistbesuchten Regionen von Island: Er trumpft mit glitzernden Gletschern, rauschenden Wasserfällen, den Eisbergen des Gletschersees Jökulsárlón und Islands beliebtestem Wanderrevier (Skaftafell) auf. Einen schroffen Kontrapunkt setzt die kahle Gletschersandwüste.

Expeditionen ins Eis

Außer Eisklettertouren, Gletscherwanderungen, Schneemobil-, Quad- und Wandertouren locken auch Bootsfahrten zwischen den Eisbergen der Gletscherseen, Mountainbiketrips im Skaftafell und das als Sportart unterschätzte Krebsscherenknacken in Höfn.

Vögel & Robben

Als nette Dreingabe gibt es am extrem fotogenen Jökulsárlón auch Robben. Im Sander brütende Raubmöwen schikanieren andere Vögel und menschliche Besucher. Ingólfshöfði wimmelt von Papageitauchern und weiteren Meeresvögeln.

S. 307

Das Hochland

Mondlandschaften
Abgeschiedenheit
Wandern

Mondlandschaften

Diese Region ist praktisch unbewohnt – es gibt keine Städte oder Dörfer, nur Sommerhütten und -unterkünfte. Hier trainierten einst die Astronauten der NASA. In jüngster Zeit hat sich das Lavafeld Holuhraun durch Eruptionen hervorgetan.

Karge Schönheit

Auf einer Reise durchs Hochland erlebt man Abgeschiedenheit in einer neuen Dimension. Die Einsamkeit ist berauschend, der Blick unendlich weit. Manche Besucher sind angesichts der endlosen grauen Sandwüste enttäuscht, andere voller Ehrfurcht vor der Natur in ihrer rauesten Form.

Extremwandern

Wander- oder Radtouren durchs Landesinnere sind ungeheuer hart, aber ebenso lohnend. Kerlingarfjöll und die Askja-Region haben erstklassige Wanderrouten, Hveravellir heiße Quellen. Viele Besucher erkunden die Sehenswürdigkeiten aber lieber auf einer komfortablen Superjeeptour.

S. 336

Reiseziele in Island

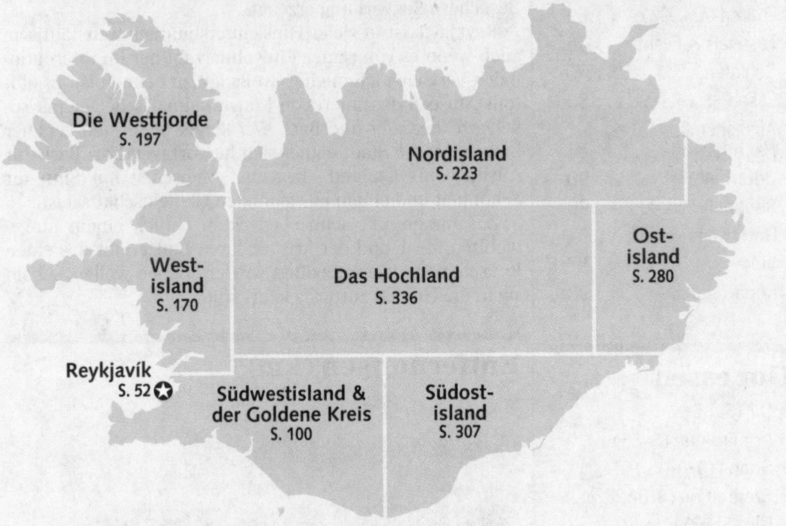

Reykjavík

204 775 EW.

Inhalt ➜

Gut essen

- Dill (S. 85)
- Þrír Frakkar (S. 85)
- Snaps (S. 84)
- Sægreifinn (S. 82)
- Gló (S. 83)

Schön übernachten

- Hótel Borg (S. 75)
- Reykjavík Residence (S. 79)
- Icelandair Hotel Reykjavík Marina (S. 77)
- KEX Hostel (S. 77)
- Room With A View (S. 78)

Auf nach Reykjavík

Die nördlichste Hauptstadt der Welt ist ein Mix aus bunten Häusern, poppigem Design, eigenwilligen Typen und wildem Nachtleben. Eine Konstellation, die bei den meisten Besuchern Sogwirkung erzeugt.

Reykjavík ist in vieler Hinsicht erstaunlich weltstädtisch, auch wenn es von seiner Einwohnerzahl her im internationalen Vergleich kaum eine Großstadt zu nennen ist. Es gibt tolle Museen, faszinierende Kunst, kulinarische Vielfalt sowie schicke Cafés und Bars. Wer länger bleibt und genauer hinschaut (die Stadt eignet sich hervorragend als Basis für Ausflüge ins Umland), begegnet Menschen mit Sinn für Schönheit und einem ausgeprägten Gemeinschaftsgeist.

Zusammen mit schneebedeckten Gipfel, einem aufgewühlten Meer und der kristallklaren Luft ergibt das einen Rausch, den viele unbedingt wieder erleben wollen, sobald sie in die Heimat zurückgekehrt sind.

Entfernungen (km)

	Reykjavík	Borgarnes	Ísafjörður	Akureyri	Egilsstaðir	Höfn
Borgarnes	74					
Ísafjörður	457	384				
Akureyri	389	315	567			
Egilsstaðir	698	580	832	265		
Höfn	459	519	902	512	247	
Vík	187	246	630	561	511	273

Highlights

1. Die hübsche **Altstadt** (S. 81) erkunden und auf dem **Laugavegur** (S. 54) shoppen
2. Das hervorragende **Nationalmuseum** (S. 66) unter die Lupe nehmen
3. In einem relaxten Café wie dem **Babalú** (S. 84) abhängen
4. Im **alten Hafen** (S. 59) die Museen stürmen oder auf Walbeobachtungstour gehen
5. Im **Kunstmuseum Reykjavík** (S. 64) oder **Reykjavík 871±2** (S. 55) Kunst oder Archäologie erleben
6. Das funkelnde Konzerthaus **Harpa** (S. 64) besichtigen oder eine Aufführung anschauen
7. Mit anderen *djammið*-Wütigen (S. 89) durch winzige Nachtlokale wie das **Kaffibarinn** (S. 87) ziehen
8. Vom Turm der **Hallgrímskirkja** (S. 62) auf die Stadt blicken
9. Im Thermalbad **Laugardalur** (S. 66) entspannen

Geschichte

Der norwegische Landesflüchtling Ingólfur Arnarson wurde 871 n. Chr. der erste offizielle Isländer. Angeblich warf er seine *öndvegissúlur* (Hochsitzpfosten) über Bord und siedelte dort, wo die Götter sie an Land treiben ließen. Das war bei Reykjavík, der „Rauchbucht", wie er sie nach dem Dampf ihrer Thermalquellen taufte. Nach Aufzeichnungen aus dem 12. Jh. baute Ingólfur seinen Bauernhof in der Nähe der heutigen Aðalstræti, wo bei Ausgrabungen tatsächlich ein Langhaus aus der Wikingerzeit gefunden wurde.

Jahrhundertelang blieb Reykjavík eine bloße Ansammlung von Bauernhäusern. 1225 entstand auf der Insel Viðey vor der Küste ein bedeutendes Augustinerkloster. Es wurde allerdings während der Reformation im 16. Jh. zerstört.

Im frühen 17. Jh. verhängte der dänische König ein erdrückendes Handelsmonopol, das Island in Hunger und Armut stürzte. Um die Handelssperre zu umgehen, richtete Landvogt Skúli Magnússon, der „Vater von Reykjavík", in den 1750er-Jahren Webereien, Gerbereien und Wollfärbereien ein.

Reykjavíks große Stunde schlug im Zweiten Weltkrieg. Die Stadt hatte die britischen und US-amerikanischen Soldaten zu versorgen, die in Keflavík stationiert waren. Das ungebremste Wachstum der Hauptstadt setzte sich fort, bis es 2008 während der Finanzkrise einen heftigen Dämpfer bekam. Inzwischen haben wachsende Besucherzahlen und der ungebrochene Einfallsreichtum der Einheimischen dem Zentrum von Reykjavík zu einer neuen Blüte verholfen.

Sehenswertes

Die meisten Sehenswürdigkeiten liegen im kompakten Stadtzentrum, von interessanten Flanier- und Shoppingmeilen bis zu hervorragenden Museen und schönen See- und Strandpromenaden. Am Stadtrand finden sich Orte, an denen die Reykjavíker ausspannen.

Altstadt & nördlich des Tjörnin

★ Altstadt STADTVIERTEL

(Karte S. 60) Das Herz von Reykjavík bildet die Altstadt mit einer Reihe von Sehens-

REYKJAVÍK IN ...

... einem Tag

Der Tag beginnt mit einem Spaziergang durch die Altstadt (S. 54) und am **Tjörnin**. Danach geht's in die besten Museen der Stadt, z. B. ins eindrucksvolle Nationalmuseum (S. 66), Kunstmuseum Reykjavík (S. 66) oder Reykjavík 871±2 (S. 55). Am Nachmittag wird die kunstsinnige **Skólavörðustígur** bis hinauf zur riesigen Hallgrímskirkja (S. 62) erkundet. Die Fahrt im Aufzug auf den Turm wird mit einem tollen Ausblick belohnt. Anschließend warten die Geschäfte auf dem **Laugavegur**.

Bravó (S. 88) und Tiú Droppar (S. 88) sind genau das Richtige für einen Drink und um Leute zu beobachten, dann ist es auch schon Zeit fürs Abendessen. Viele der lebendigeren Restaurants – z. B. Vegamót (S. 85) und Kex (S. 87) – verwandeln sich am späteren Abend in Partylocations. Am Wochenende kann man sich in eine fröhliche Sauftour stürzen, wie es auch die Reykjavíker gern tun (S. 89). Gute Ausgangspunkte sind das Kaffibarinn (S. 87) oder das bierselige Kaldi (S. 88); später schließt man sich einfach den Einheimischen an.

... zwei Tagen

Nach einer langen Nacht kommt ein Brunch im Bergsson Mathús (S. 81), Grái Kötturinn (S. 83) oder Laundromat Café gerade recht. Nach einem Spaziergang im alten Hafen (S. 59) kann man eines der Museum dort besuchen oder ein Schiff besteigen und auf Walbeobachtungstour (S. 70) gehen. Am Nachmittag geht's in Laugardalur (S. 66) zu den heißen Quellen, schönen Gärten, cooler Kunst und in das hübsche Café Flóra.

Wer den Tag in einem der schicken, isländischen Toprestaurants beschließen möchte, sollte reservieren, z. B. im Dill (S. 85) oder im Þrír Frakkar (S. 85). Nach dem Essen lohnt es sich, eine der neuen Cocktailbars auszuprobieren. Gute Alternativen sind eine Aufführung im Harpa (S. 64) oder ein Film im Bíó Paradís (S. 90).

würdigkeiten, die auf den historischen Stadtrundgängen üblicherweise angesteuert werden. Sie grenzt an den Tjörnin, einen See mitten in der Stadt. Zwischen ihm und dem Park Austurvöllur im Norden liegen Raðhús (Rathaus) und Alþingi (Parlament).

★Reykjavík 871±2: Die Landnahme-Ausstellung — MUSEUM

(Karte S. 60; ☎ 411 6370; www.reykjavikmuseum.is; Aðalstræti 16; Erw./Kind 1300 ISK/frei; ⌚ 10–17 Uhr, englischsprachige Führung Juni–Aug. Mo, Mi, & Fr 11 Uhr) Das faszinierende archäologische Museum ist rund um die Ruine eines **Wikinger-Langhauses** aus dem 10. Jh. aufgebaut, das hier 2001/02 ausgegraben wurde und zusammen mit anderen Fundstücken aus der Siedlungsära, die alle aus Reykjavíks Zentrum stammen, präsentiert wird.

Der Name des Museums leitet sich vom geschätzten Alter der Tephraschicht unter dem Langhaus ab. Interessant ist aber auch das Stück **Grenzmauer** hinter dem Museum, das noch weiter zurückdatiert wird und als das älteste von Menschen errichtete Bauwerk in Reykjavík gilt.

Modernste Technik kommt zum Einsatz, um einen Einblick in das Leben der frühen Siedler zu geben. Dazu gehören Multimediatische zu den Ausgrabungen, ein Rundumpanorama vom Gelände zu der Zeit, als das Langhaus gebaut wurde, sowie ein raumschiffartiges Instrumentenbord, mit dem man durch die unterschiedlichen Schichten der Konstruktion navigieren kann. Daneben sind alle möglichen Überreste zu bestaunen, von den Knochen eines Riesenalks über Fischöllampen bis zu einer Axt aus Eisen. Unter den jüngsten Funden, die bei Ausgrabungen von Werkstätten in der Nähe des Parlaments gemacht wurden, ist ein Spinnwirtel mit eingravierten Runen.

Die Eintrittskarte gilt gleichzeitig für das Freiluftmuseum Árbæjarsafn (S. 67) 4 km östlich vom Zentrum.

★Kunstmuseum Reykjavík — KUNSTMUSEUM

(Listasafn Reykjavíkur; www.artmuseum.is; Erw./Kind 1300 ISK/frei) Die hervorragende Sammlung verteilt sich auf drei gut organisierte Institutionen: Das große, moderne Hafnarhús (s. u.) in der Innenstadt steht im Zeichen zeitgenössischer Kunst, das Kjarvalsstaðir (S. 64) in einem Park östlich der Snorrabraut zeigt moderne Kunst in Wechselausstellungen und das Ásmundarsafn (S. 66), eine Oase in der Nähe des Stadtviertels Laugardalur, ist den Skulpturen von Ásmundur Sveinsson gewidmet.

Das Ticket gilt für alle drei Häuser; wer es nach 15 Uhr kauft, bekommt 50 % Rabatt auf den Eintritt für den nächsten Tag.

ⓘ DREI ZUM PREIS VON EINEM

➡ Die Eintrittskarte für das Kunstmuseum Reykjavík gilt für alle drei Museumsstandorte.

➡ Der Eintritt zur Nationalgalerie schließt den Eintritt in der nahe gelegenen Ásgrímur Jónsson Sammlung und im Sigurjón Ólafsson Museum (weiter weg) mit ein.

➡ ★Kunstmuseum Reykjavík – Hafnarhús — KUNSTMUSEUM

(Karte S. 60; ☎ 590 1200; www.artmuseum.is; Tryggvagata 17; ⌚ Fr–Mi 10–17, Do bis 20 Uhr) Das Hafnarhús des Kunstmuseums Reykjavík ist ein wunderbares altes Lagerhaus, das in einen riesigen Ausstellungsraum aus Stahl und Beton umgebaut wurde. Die gut kuratierten Ausstellungen zur isländischen Avantgarde (Installationen, Videos, Gemälde und Skulpturen) wechseln häufig, ein Bereich ist aber immer für Erró (eigentlich Guðmundur Guðmundsson) und seine kritisch-ironischen Gemälde im Comicstil reserviert, der dem Museum mehrere Tausend Werke gespendet hat. Das **Café** bietet einen tollen Ausblick auf den Hafen.

★Tjörnin — SEE

(Karte S. 60) Der friedliche See mitten in der Stadt hallt wider vom Schnattern und Quaken der über 40 Vogelarten an seinen Ufern, darunter Schwäne, Gänse und Küstenseeschwalben. Das Entenfüttern ist ein beliebter Zeitvertreib bei Knirpsen im Vorschulalter. Radfahrer und Jogger nutzen die Wege der hübschen Grünanlagen am Südufer – z. B. den Park **Hljómskálagarður** (Karte S. 56) –, in denen allerlei Skulpturen stehen. Im Winter ziehen abgehärtete Naturen Schlittschuhe an und verwandeln den Teich in eine **Eisbahn**.

Austurvöllur — PARK

(Karte S. 60) Die Grünflächen des Austurvöllur waren einmal die Heuwiesen des ersten Dauersiedlers Ingólfur Arnarson. Heute ist der Park ein beliebtes Plätzchen für einen gemütlichen Kaffee, ein Mittagspicknick oder

Reykjavík

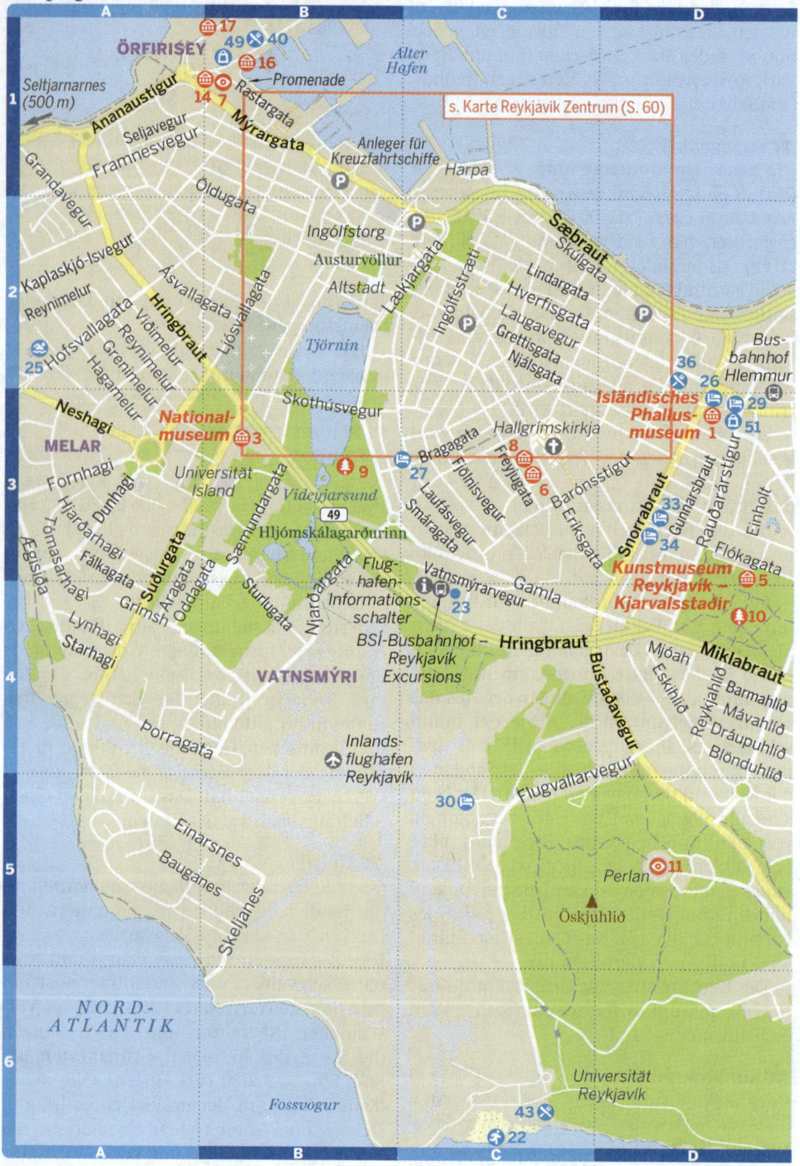

ein Sonnenbad neben dem Alþingi. Manchmal wird er auch für Freiluftkonzerte und politische Demonstrationen genutzt. Die **Statue** in der Platzmitte stellt Jón Sigurðsson dar, den Vorkämpfer der isländischen Unabhängigkeitsbewegung.

Alþingi HISTORISCHES GEBÄUDE

(Parlament; Karte S. 60; www.althingi.is; Kirkjustraeti) GRATIS Islands erstes Parlament versammelte sich im Jahr 930 n. Chr. in Þingvellir. Nach dem Verlust seiner Souveränität im 13. Jh. gewann das Land im 19. Jh. seine Unabhängig-

keit schrittweise zurück. 1880 hielt das moderne Alþingi in diesem Basaltbau Einzug. 2002 entstand ein schicker Anbau aus Glas und Stein. Besucher können von Oktober bis Mai viermal wöchentlich einer **Sitzung** beiwohnen (Details auf der Website).

Raðhús SEHENSWERTES GEBÄUDE

(Karte S. 60; Vonarstræti; ⌚Mo–Fr 8–19, Sa & So 12–18 Uhr) GRATIS Das Raðhús ist ein postmoderner Bau mit getönten Scheiben und bemoosten Wänden, der sich in schönster Lage auf Betonpfeilern aus dem Tjörnin erhebt.

Reykjavík

Highlights
1 Isländisches Phallusmuseum D3
2 Laugardalur G3
3 Nationalmuseum B3
4 Kunstmuseum Reykjavík – Ásmundarsafn F3
5 Kunstmuseum Reykjavík – Kjarvalsstaðir D3

Sehenswertes
6 Kunstmuseum ASÍ C3
7 Aurora Reykjavík B1
8 Einar Jónsson-Skulpturengarten C3
Gallerí Fold .... (s. 51)
9 Hljómskálagarður-Park B3
10 Miklatún-Park D4
11 Perlan D5
12 Botanischer Garten Reykjavík G3
13 Zoo & Familienpark Reykjavík H3
14 Saga Museum B1
15 Sigurjón Ólafsson Museum F1
16 Seefahrtmuseum Víkin B1
17 Whales of Iceland B1

Aktivitäten & Touren
18 Eagle Air Iceland F3
19 Guðmundur Jónasson Travel F2
20 Laugar Spa G2
21 Laugardalslaug G2
22 Thermalstrand Nauthólsvík C6
23 Reykjavík Excursions C4
24 Reykjavíker Eislaufhalle G3
25 Vesturbæjarlaug A2

Schlafen
26 4th Floor Hotel D3
27 Galtafell Guesthouse C3
28 Hilton Reykjavík Nordica F3
29 Hlemmur Square D3
30 Icelandair Hotel Natura C5
31 Reykjavík Campsite G2
32 Reykjavík City Hostel G2
33 Reykjavík Hostel Village D3
34 Snorri's Guesthouse D3

Essen
10-11 .... (s. 41)
35 10-11 .... E2
36 Argentína D2
37 Ban Thai E3
38 Bónus F5
39 Café Flóra H3
40 Coocoo's Nest B1
41 Frú Lauga F2
42 Gló F3
43 Nauthóll C6
Valdi's .... (s. 40)
Vox .... (s. 28)
44 Yummi Yummi E3

Unterhaltung
Icelandic Dance Company .... (s. 47)
45 Laugardalshöllin G3
46 Laugardalsvöllur-Nationalstadion G3
47 Stadttheater Reykjavík F5

Shoppen
48 Iðnú Bookshop E3
49 Kría B1
50 Kringlan F5
51 Lucky Records D3

Es beherbergt das Við Tjörnina (S. 82), eines der besten Café-Restaurants der Stadt, sowie ein 3D-Reliefmodell von Island, das besichtigt werden kann.

Fotografiemuseum Reykjavík MUSEUM
(Ljósmyndasafn Reykjavíkur; Karte S. 60; ☎ 411 6390; www.photomuseum.is; Tryggvagata 15, 6. OG, Grófarhús; ⏲ Mo–Do 12–19, Fr bis 18, Sa & So 13–17 Uhr) GRATIS Die Fotogalerie über der Stadtbibliothek von Reykjavík lohnt sich vor allem wegen der erstklassigen regionalen Fotografen, die hier ausstellen. Wer mit dem Aufzug hochfährt, sollte runter unbedingt zu Fuß gehen, denn im Treppenhaus sind sehenswerte alte Schwarzweißfotografien aufgehängt.

Volcano House MUSEUM
(Karte S. 60; ☎ 555 1900; www.volcanohouse.is; Tryggvagata 11; Erw./Kind 1990/500 ISK; ⏲ 10–21 Uhr stündl.) Zu einer Ausstellung mit Lavagestein im Foyer zeigt das moderne Museum zwei Filme mit einer Gesamtlänge von 55 Minuten über die Vulkane auf den Vestmannaeyjar und den Eyjafjallajökull. Im Sommer läuft sogar einmal täglich eine deutsche Fassung.

Dómkirkja KIRCHE
(Karte S. 60; www.domkirkjan.is; Kirkjustræti; ⏲ Mo–Fr 10–16.30, Gottesdienst So 11 Uhr) Dass die Dómkirkja Islands größte Kathedrale ist, sieht man ihr nicht unbedingt an. Sie spielte dennoch eine entscheidende Rolle beim Übertritt der Bevölkerung zur lutherischen Konfession. Der heutige Bau entstand im 18. Jh. und wurde 1848 erweitert. Das Ergebnis ist noch immer klein aber perfekt proportioniert, mit schlichtem Holzinterieur und Goldakzenten.

Alter Hafen

★ Alter Hafen STADTVIERTEL

(Karte S. 60; Geirsgata) Was bis vor kurzem noch größtenteils ein Hafen in Betrieb war, ist inzwischen als touristischer Hotspot mit mehreren Museen, Filmvorführungen über Vulkane und Nordlicht sowie guten Restaurants zu neuem Leben erwacht. Am Kai legen Boote zu Wal- oder Papageitaucherbeobachtung ab. Fischerboote, das Konzerthaus Harpa und die schneebedeckten Berge dahinter lassen Fotografen auf Motivsuche fündig werden. Zum Zeitpunkt der Recherche befand sich an der Mýrargata ein toller **Kinderspielplatz** mit Riesenspindeln und Kletterseilen, der im Sommer geöffnet ist.

Seefahrtmuseum Víkin MUSEUM

(Víkin Sjóminjasafnið; Karte S. 56; ☎517 9400; www.sjominjasafn.is; Grandagarður 8; Erw./Kind 1200 ISK/frei; ⏲Juni–Mitte Sept. 10–17 Uhr, Mitte Sept.–Mai Di–So 11–17 Uhr) Das kleine Museum, das sich der Seefahrtgeschichte und vor allem den Fischtrawlern, die Island den wirtschaftlichen Aufschwung brachten, widmet, ist passenderweise in einer alten Kühlfabrik für Fisch untergebracht. Das Ticket gilt auch als Eintritt für eine Führung durch die *Óðinn*, ein Schiff der Küstenwache (11, 13, 14 und 15 Uhr, im Winter seltener, Jan. & Feb. geschl.). Das Schiff ist ein Veteran der Kabeljaukriege in den 1970er-Jahren, als sich britische und isländische Fischer um die Fischgründe im Nordatlantik zankten.

Das hauseigene **Café** (Grandagarður 8; Snacks 800–1890 ISK) bietet einen lässigen Ausblick auf die Boote im Hafen sowie eine großartige Sonnenterrasse. Bis 2016 soll die alte Dame ein Lifting bekommen und wird daher vermutlich irgendwann zur Renovierung geschlossen.

Saga Museum MUSEUM

(Karte S. 56; ☎511 1517; www.sagamuseum.is; Grandagarður 2; Erw./Kind 2000/800 ISK; ⏲9–18 Uhr) Das liebenswert blutrünstige Museum erweckt die Sagazeit mit unheimlichen Silikonpuppen und einem Soundtrack aus Axthieben und haarsträubendem Geschrei zum Leben. Besucher sollten sich nicht wundern, wenn sie einige der Gestalten in der Stadt herumlaufen sehen – Reykjavíker Einwohner haben für die Figuren Modell gestanden (der Betreiber des Museums ist Ingólfur Arnarson, seine Töchter sind die irische Prinzessin und das kleine Sklavenmädchen, das an einem Fisch kaut!).

Wer mag, kann sich in Wikingerklamotten fotografieren lassen, einen Dokumentarfilm über die Entstehung des Museums ansehen (im Publikum: Kalli Bjarni, Gewinner der Castingsendung *Icelandic Idol*) und im Café Kol og Salt ausruhen.

Whales of Iceland MUSEUM

(Karte S. 56; ☎571 0077; www.whalesoficeland.com; Fiskislóð 23–25; Erw./Kind 2800/1550 ISK; ⏲Mai–Sept. 10–19 Uhr, Okt.–April bis 18 Uhr) Schon mal unter einem Blauwal hindurch spaziert? Das nagelneue Museum zeigt 23 lebensgroße Modelle sämtlicher Walarten, die sich vor Islands Küsten tummeln. Als größte Institution dieser Art in Europa besitzt es auch Modelle der dazugehörigen Skelette. Außerdem ein Café und einen Souvenirshop.

Aurora Reykjavík AUSSTELLUNG

(Nordlichtzentrum; Karte S. 56; ☎780 4500; www.aurorareykjavik.is; Grandagarður 2; Erw./Kind 1600/1000 ISK; ⏲9–21 Uhr) Die Ausstellung macht ihre Besucher mit den klassischen Sagen über das Nordlicht bekannt, aber auch mit der wissenschaftlichen Erklärung für das Naturphänomen. Dazu gibt's einen 35-minütigen Film in Panorama-HD und mit Surround Sound über die Nordlichter in Island.

ℹ REYKJAVÍK CITY CARD

Reykjavík City Card (24/48/72 Std. 2900/3900/4900 ISK) Bietet freien Eintritt zu den städtischen Schwimm- und Thermalbädern sowie zu einem Großteil der wichtigsten Museen und Kunstgalerien. Außerdem Ermäßigungen bei einigen Touren, Läden und Veranstaltungen. Mit der City Card kann man kostenlos die Strætó-Busse nutzen und mit der Fähre nach Viðey fahren. Sie ist in der Touristeninformation, in manchen Reisebüros und Hotels, bei der Supermarktkette 10–11 und in HI-Hostels erhältlich.

Kinder zahlen in vielen Museen keinen Eintritt, für die übrigen Angebote gibt es jedoch eine ermäßigte City Card für Kinder (24/48/72 Std. 1000/2000/3000 ISK).

Reykjavík Zentrum

0
200 m
E
F
G
H
1
2
3
4
5
6
7
NORD-
ATLANTIK
Harpa
97
2
Sterna
40
Faxagata
Kalkofnsvegur
47
Skúlagata
Ingólfsstræti
Sölvhólsgata
Árnarhóll &
Ingólfur-Arnarson-
Statue
24
Lindargata
15
135
Smiðjust
Klapparstígur
Lindargata
Vatnsstígur
Frakkastígur
Sæbraut
85
Hverfisgata
92
113
158
22
128
138
27
Veghst
71
Skólavörðustígur
121
4
Kling &
Bang
132
102
122
72
115
156
131
91
123
Smiðjust
108
125
90
130
79
Hverfisgata
Parkhaus
Vitatorg
Skúlagata
19
62
Bergstaðastræti
Vegamótastígur
141
157
57
69
114
118
144
136
68
Grettisgata
81
Laugavegur
155
145
143
89
146
152
154
83
153
77
116
Óðinsgata
Týsgata
100
Njálsgata
88
148
104
112
52
42
55
Frakkastígur
66
Bjarnarst
76
Skólavörðustígur
Kárastígur
129
Vitastígur
Grettisgata
53
Baldursgata
Þórsgata
Lokastígur
Freyjugata
59
98
105
110
Njálsgata
Bergþórugata
Barónsstígur
18
74
Bragagata
Eiríksgata
Hallgrímskirkja
1
17
Njarðargata
41

Reykjavík Zentrum

Highlights
1 Hallgrímskirkja F7
2 Harpa E2
3 i8 B2
4 Kling & Bang F5
5 Isländische Nationalgalerie C6
6 Alter Hafen B1
7 Altstadt C4
8 Reykjavík 871±2: Die Landnahme-Ausstellung B4
9 Kunstmuseum Reykjavík – Hafnarhús C3
10 Tjörnin B6

Sehenswertes
11 Alþingi C4
12 Ásgrímur Jónsson Sammlung D7
13 Austurvöllur C4
14 Cinema at Old Harbour Village No 2 B1
15 Kulturhaus E4
16 Dómkirkja C4
17 Einar Jónsson Museum F7
18 Leifur-Eiríksson-Statue F7
19 NÝLO H5
20 Raðhús B4
21 Fotografiemuseum Reykjavík B2
22 Samtökin '78 E4
23 Skúli-Magnússon-Statue B4
24 Sun-Craft H4
25 Volcano House B2
26 Volcano Show D7

Aktivitäten, Kurse & Touren
27 Arctic Adventures E4
28 Bike Company D4
29 Elding Adventures at Sea B1
30 Free Walking Tour Reykjavik D4
31 Reykjavík Haunted Walk C3
32 Iceland Excursions D3
33 Literary Reykjavík B2
34 Reykjavík Bike Tours B1
35 Reykjavík By Boat B1
36 Reykjavík Sea Adventures B1
37 Sea Safari B1
38 Skíðasvæði C3
39 Special Tours B1
40 Sterna E2
41 Sundhöllin H7

Schlafen
42 Alda Hotel H6
43 Álfhóll Guesthouse B2
44 Baldursbrá Guesthouse D7
45 Black Pearl B2
46 Castle House & Embassy Apartments C6
47 CenterHótel Arnarhvoll E3
48 CenterHótel Plaza B3
49 CenterHótel Þingholt D4
50 City Center Hotel C3
51 Embassy Apartments A4
52 Forsæla Apartmenthouse G6
53 Grettisborg Apartments H6
54 Guesthouse Butterfly A2
55 Guesthouse Óðinn E6
56 Hótel Borg C4
57 Hótel Frón F5
58 Hótel Holt D6
59 Hótel Leifur Eiríksson F7
Hótel Óðinsvé (s. 104)
60 Hótel Reykjavík Centrum B4
61 Icelandair Hotel Reykjavík Marina A1
62 KEX Hostel H5
63 Kvosin Downtown Hotel C4
64 Loft Hostel D4
65 Ocean Comfort Apartments B2
66 OK Hotel H6
67 Radisson Blu 1919 Hotel C3
68 REY Apartments F5
69 Reykjavík Backpackers F5
70 Reykjavík Downtown Hostel B2
71 Reykjavík Residence F4
72 Room With A View E5
73 Gästehaus der Heilsarmee B4
74 Sunna Guesthouse F7
75 Three Sisters A2
76 Villa F6

Essen
77 10-11 H6
78 10-11 C4
79 Austur Indíafélagið G5
80 Bæjarins Beztu C3
81 Bakarí Sandholt F5
82 Bergsson Mathús C4
83 Bónus G6

Cinema at Old Harbour Village No 2 FILM
(Karte S. 60; ☎899 7953; www.thecinema.is; Geirsgata 7b; Erw./Kind 1500/750 ISK) Das Kino auf dem Dach eines sanierten Lagerhauses am alten Hafen zeigt Naturfilme über Vulkane (Hekla, Eyjafjallajökull, Vestmannaeyjar), die Entstehung von Island, Þingvellir und das Nordlicht. Die meisten Vorführungen sind auf Englisch, gelegentlich sind auch deutsche darunter. Kinoprogramm online.

Laugavegur & östlich des Tjörnin

★ Hallgrímskirkja KIRCHE
(Karte S. 60; ☎510 1000; www.hallgrimskirkja.is; Skólavörðustígur; Turm Erw./Kind 700/100 ISK; ⊙Juli & Aug. 9–21 Uhr, Sept.–Juni bis 17 Uhr) Die riesige Kirche aus weißem Beton (1945–1986) ziert unzählige Postkarten. Kein Wunder, denn sie dominiert die Skyline und ist

84	Café Paris	C4
	The Deli	(s. 128)
85	Dill	E4
86	Fiskfélagið	B3
87	Forréttabarinn	A2
88	Friðrik V	G6
89	Frú Lauga – Stadtzentrum	E5
	Gallery Restaurant	(s. 58)
90	Gló	F5
91	Grænn Kostur	E5
92	Grái Kötturinn	E4
93	Grillmarkaðurinn	D4
94	Hamborgara Búllan	B1
95	Hlölla Bátar	B3
	Hverfisgata 12	(s. 85)
	Icelandic Fish & Chips	(s. 25)
96	Jómfrúin	D4
	K-Bar	(s. 66)
97	Kolabrautin	E2
98	Krambúð	F7
	Laundromat Café	(s. 126)
99	Lobster Hut	D3
100	Noodle Station	E6
101	Nora Magasin	C4
102	Ostabúðin	E5
103	Sægreifinn	B2
104	Snaps	E6
105	Soup Car	F7
106	Sushisamba	D4
107	Þrír Frakkar	D7
108	Vegamót	E5
109	Við Tjörnina	B5
110	Vitabar	G7
111	Walk the Plank	B1

Ausgehen & Nachtleben

112	Babalú	E6
113	Bast	E4
114	Boston	F5
115	Bravó	F5
116	C is for Cookie	E6
117	Café Haiti	B1
118	Dillon	F5
119	English Pub	C4
120	Hressingarskálinn	D4
121	Kaffi Mokka	E4
122	Kaffibarinn	E5
123	Kaffifélagið	E5
	Kaldi	(s. 90)
	KEX Bar	(s. 62)
	Kiki	(s. 115)
124	Lavabarinn	C4
125	Lebowski Bar	F5
126	Loftið	C3
	Micro Bar	(s. 50)
127	Paloma	C3
128	Prikið	E4
129	Reykjavík Roasters	F6
	Slippbarinn	(s. 61)
130	Tiú Droppar	F5

Unterhaltung

131	Bíó Paradís	G5
132	Café Rosenberg	F5
133	Húrra	C3
134	Iðnó Theater	C5
135	Nationaltheater	E4

Shoppen

136	12 Tónar	E5
137	66° North	D4
138	Álafoss	E4
139	Aurum	D4
140	Eymundsson	C4
141	Eymundsson	E5
	Fjallakofinn	(s. 27)
142	Gaga	B3
143	Gangleri Outfitters	H5
144	Geysir	E5
145	Isländischer Handstrickverband	G5
146	Isländischer Handstrickverband	E5
	Heilsuhúsið	(s. 90)
147	Iceland Giftstore	D3
148	Kiosk	H6
149	Kirsuberjatréð	B3
150	Flohmarkt Kolaportið	C3
151	Kraum	B3
152	Kron	G5
153	KronKron	H6
154	Leynibuðin	G5
	Mál og Menning	(s. 72)
155	Reykjavík Foto	G5
156	Skúma Skot	F5
157	Spark	F5
158	Viking	E4

auch in 20 km Entfernung noch sichtbar. Wer mit dem Aufzug den 74,5 m hohen **Turm** hinauffährt, wird mit einem einzigartigen Blick über die Stadt belohnt. Im Gegensatz zur hochdramatischen Fassade ist der Innenraum protestantisch-unspektakulär. Ins Auge fällt vor allem die riesige **Orgel** mit 5275 Pfeifen, die hier seit 1992 prangt. Die Größe und die radikale Architektur der Kirche lösten heftige Kontroversen aus.

Der Architekt Guðjón Samúelsson (1887–1950) starb lange vor Abschluss der Bauarbeiten. Mit Elementen wie den Säulen zu beiden Seiten des Turms, die an vulkanisches Basaltgestein erinnern, strebte er so etwas wie einen isländischen Nationalstil an. Vor der Kirche blickt eine **Statue** (Karte S. 60) des Wikingers Leifur Eiríksson, der als erster Europäer Amerika entdeckte, stolz zum Horizont. Die von Alexander Stirling

Calder (1870–1945) entworfene Plastik war 1930 ein Geschenk der USA zum 1000. Jubiläum des Alþing (Volksvertretung).

Benannt ist die Hallgrímskirkja (sprich: *hatl*-krims-*kirk*-ja) nach dem Pfarrer und Dichter Hallgrímur Pétursson (1614–1674), dem Verfasser der bekannten *Passíusálmar* (Passionspsalmen).

Mitte Juni bis Mitte August finden mittwochs um 12 Uhr **Choraufführungen** (Eintritt 2000 ISK) sowie samstags um 12 Uhr sowie an manchen Donnerstagen und sonntags um 17 Uhr **Orgelkonzerte** (Eintritt 1700 ISK) statt. Gottesdienst ist sonntags um 11 Uhr, eine kürzere Andacht mittwochs um 8 Uhr. Am letzten Sonntag im Monat wird um 14 Uhr ein englischsprachiger Gottesdienst abgehalten.

★ Harpa — KONZERTHAUS

(Karte S. 60; ☎ Kartenverkauf 528 5050; www.harpa.is; Austurbakki 2; ⏲ Kartenverkauf Mo–Fr 9–18, Sa & So 10–18 Uhr) Mit seiner changierenden Fassade ist das Konzerthaus und Kongresscenter Harpa direkt am Wasser eine echte Augenweide. Das komplexe Wabenwerk aus konkaven und konvexen Glassteinen blitzt und glitzert tagsüber und schimmert nachts wie eine riesige Diskokugel.

Auch ohne Karte für eine der hochkarätigen Aufführungen (teilweise kostenlos), die dort geboten werden, lohnt sich eine Besichtigung oder die 45-minütige **Führung** (1500 ISK; Juni–Aug. Mo–Fr tgl. 9, 11, 13.30 & 15.30, Sept.–Mai Mo–Fr 15.30, Sa & So 11 & 15.30 Uhr) durch das Gebäude mit Hafenblick. Das Gemeinschaftswerk eines dänischen (Henning Larsen Architects) und eines isländischen (Batteríið Architects) Architektenbüros sowie des isländischen Künstlers Olafur Eliasson wurde 2011 eröffnet. In der Lobby sind Designerboutiquen und eine Filiale des Musikladens **12 Tónar** zu finden und ganz oben residiert das Gourmetrestaurant Kolabrautin (S. 85).

★ Kunstmuseum Reykjavík – Kjarvalsstaðir — KUNSTMUSEUM

(Karte S. 56; ☎ 517 1290; www.artmuseum.is; Flókagata, Miklatún-Park; Erw./Kind 1300 ISK/frei; ⏲ 10–17 Uhr) Der eckige Glas-Holz-Bau blickt auf den **Miklatún-Park** (Karte S. 56). Sein Name geht auf den isländischen Maler Jóhannes Kjarval (1885–1972) zurück. Bis dessen Schiffsbesatzung zusammenlegte, um ihm das Studium an der Akademie der Künste in Kopenhagen zu finanzieren, war er Fischer. Neben einer Dauerausstellung seiner atmosphärischen Landschaftsdarstellungen zeigt das Museum in Wechselausstellungen meist isländische Kunst des 20. Jhs.

★ Isländisches Phallusmuseum — MUSEUM

(Hið Íslenzka Reðasafn; Karte S. 56 ☎ 561 6663; www.phallus.is; Laugavegur 116; Erw./Kind 1250 ISK/frei; ⏲ 10–18 Uhr) Klar, alle Witze zu diesem Museum sind schon gemacht. Aber die riesige Penissammlung ist ausge-

GALERIEN IN REYKJAVÍK

In Reykjavík gibt es unzählige kleine Galerien; lokale Künstler haben oft einen eigenen Laden.

Kling & Bang (Karte S. 60; ☎ 696 2209; www.this.is/klingogbang; Hverfisgata 42; ⏲ Do–So 14–18 Uhr) Der Ausstellungsraum für junge Künstler steht bei den Einheimischen hoch im Kurs.

i8 (Karte S. 60; ☎ 551 3666; www.i8.is; Tryggvagata 16; ⏲ Di–Fr 11–17, Sa 13–17 Uhr) Die Galerie zeigt einige der bekanntesten zeitgenössischen Künstler des Landes. Viele von ihnen stellen auch im Ausland aus.

Gallerí Fold (Karte S. 56; ☎ 551 0400; www.myndlist.is; Rauðarárstígur 14–16; ⏲ Mo 10–17, Di–Fr bis 18, Sa 11–17, So 12–17 Uhr) Großer isländischer Kunsthändler mit Auktionshaus.

Kunstmuseum ASÍ (Karte S. 56; ☎ 511 5353; www.listasafnasi.is; Freyjugata 41; ⏲ Di–So 13–17 Uhr) Das Museum im Besitz des isländischen Arbeitnehmerverbands zeigt isländische Kunst des 20. Jhs. aus seiner Sammlung sowie Wechselausstellungen mit zeitgenössischer Kunst.

NÝLO (Nýlistasafnið – The Living Art Museum; Karte S. 60; ☎ 551 4350; www.nylo.is; Skúlgata 28; ⏲ Di–Fr 12–17 Uhr und nach Vereinbarung) Stellt zeitgenössische Kunst aus und bietet aufgehenden Sternen am Kunsthimmel ein Forum. Hin und wieder sind auch Livemusik oder Theater zu sehen.

zeichnet präsentiert. Zu bestaunen sind 283 getrocknete, ausgestopfte oder in Alkohol konservierte Exemplare von heimischen und sonstigen Säugetieren, darunter solche von einem Pottwal und einem Eisbär. Dazu winzige Mäusegenitalien sowie Silberabgüsse von den besten Stücken aller Mitglieder der isländischen Handball-Nationalmannschaft. Das einzige menschliche Exemplar stammt von dem verstorbenen Bergsteiger Páll Arason.

Wer wissen will, wie es im Museum landete, kann sich den durchgeknallten Dokumentarfilm *The Final Member* (2012) ansehen. Fünf weitere Spender haben dem Museum ihre Männlichkeit bereits versprochen (die unterschriebenen Verträge hängen an der Wand). Es geht aber noch sonderbarer: die Texte auf den Schautafeln sind u. a. in Esperanto. Keine Kreditkarten.

★ Isländische Nationalgalerie MUSEUM
(Listasafn Íslands; Karte S. 60; www.listasafn.is; Fríkirkjuvegur 7; Erw./Kind 1000 ISK/frei; ⏲ Juni–Aug. Di–So 10–17 Uhr, Sept.–Mai 11–17 Uhr) Der hübsche Bau mit Atrien und geräumigen Galerien blickt auf den Tjörnin und bietet wechselnde Ausstellungen aus einer Sammlung mit 10 000 Kunstwerken. Da das Museum immer nur einen kleinen Teil zeigen kann, haben die Ausstellungen so unterschiedliche Themen wie Islands Lieblingsmaler des 19. und 20. Jhs. (darunter Jóhannes Kjarval und Nína Sæmundsson) oder Skulpturen von Sigurjón Ólafsson und anderen. Der Eintritt gilt gleichzeitig für die Ásgrímur Jónsson Sammlung (s. u.) und das Sigurjón Ólafsson Museum (S. 66).

Ásgrímur Jónsson Sammlung KUNSTMUSEUM
(Karte S. 60; ☎ 515 9625; www.listasafn.is; Bergstaðastræti 74; Erw./Kind 1000 ISK/frei; ⏲ Mitte Mai–Mitte Sept. Di, Do & So 14–17 Uhr, Mitte Sept.–Nov. & Feb.–Mitte Mai So 14–17 Uhr) Ásgrímur Jónsson (1876–1958), Islands erster Maler, der sich im Ausland ein Namen machte, war der Sohn eines Bauern. In dem Haus, in dem er lebte und arbeitete, kann man in seinem Atelier seine Bilder sehen, in denen er Volksmärchen und die Natur seiner Heimat thematisierte.

Einar Jónsson Museum KUNSTMUSEUM
(Karte S. 60; ☎ 561 3797; www.lej.is; Eriksgata; Erw./Kind 1000 ISK/frei; ⏲ Juni–Mitte Sept. Di–So 13–17 Uhr, Mitte Sept.–Nov. & Feb.–Mai Sa & So 13–17 Uhr) Einar Jónsson (1874–1954) gehört zu Islands führenden Bildhauern und ist für seine eindringlichen, symbolistischen Skulpturen berühmt. Seine gemeißelten Allegorien der Hoffnung, der Erde und des Todes brechen aus Basaltfelsen hervor, weinen über nackten Frauen, spreizen ihre Flügel und erschlagen Drachen. Auch der Museumsbau (1916–1923) stammt aus Jónssons Feder und stand damals alleine auf diesem Hügel am Stadtrand. Im Haus ist auch die puristische Wohnung des Künstlers mit Atelier und Blick auf die Stadt zu besichtigen.

Der **Skulpturengarten** (Karte S. 56; Freyjugata) GRATIS hinter dem Museum steht im Schatten der Hallgrímskirkja und umfasst 26 Bronzeplastiken.

Kulturhaus KUNSTMUSEUM
(Þjóðmenningarhúsið; Karte S. 60; www.thjodminjasafn.is; Hverfisgata 15; Erw./Kind 1000 ISK/frei; ⏲ 11–17 Uhr) Zum Zeitpunkt der Recherche wurde an einer Neukonzeption des Museums zum künstlerischen Erbe in Island von der Siedlungszeit bis heute als Gemeinschaftsprojekt von Nationalmuseum, Nationalgalerie und vier weiteren Organisationen gestrickt. Die Neueröffnung ist für Anfang 2015 geplant.

ℹ INFO-QUELLEN

Grapevine (www.grapevine.is) Englischsprachiges Stadtmagazin mit hervorragenden Inhalten.

Iceland Review Online (www.icelandreview.com/de) Tägliche Berichte aus der isländischen Politik, Tagesgeschehen, Kulturbetrieb und mehr.

Visit Reykjavík (www.visitreykjavik.is) Offizielle Website zum Tourismus.

Iceland Design Centre (Hönnunarmiðstöð; ☎ 771 2200; www.icelanddesign.is; Vonarstræti 4b) Die Stiftung zur Förderung einheimischer Designer und Architekten informiert online über Neuigkeiten, Events und Ausstellungen. Auf der Website gibt es einen Designführer für Reykjavík und eine Dropdown-Liste von Designern (von Architekten bis zu Keramikkünstlern).

I Heart Reykjavík (www.iheartreykjavik.com) Kurzweiliger Blog in englischer Sprache.

Inspired by Iceland (www.inspiredbyiceland.com) Nachrichten, Tipps und Werbekampagnen.

Volcano Show FILM

(Red Rock Cinema; Karte S. 60; ☎845 9548; Hellusund 6a; Eintritt 1500 ISK; ⏲2-mal tgl.) Der exzentrische Vulkanjäger Villi Knudsen ist Kameramann und Moderator in einer Person in diesem kleinen Kino in einem Nebengebäude eines Wohnhauses (nicht zu verwechseln mit dem Volcano House; S. 58). Seine Arbeit, die 50 Jahre Vulkanausbrüche auf Island dokumentiert (z. B. die Zerstörung der Stadt Heimaey), zieht einige Fans in Bann. Da das Material aber teilweise alt und verwackelt ist, sind die Filme nicht jedermanns Sache.

Sun-Craft SKULPTUR

(Karte S. 60; Sæbraut) Eine Heerschar faszinierender Skulpturen ist über ganz Reykjavík verteilt. Aber keine begeistert mehr Besucher als Jón Gunnar Árnasons *Sun-Craft*. Wie das Gerippe eines Schiffs liegt das Kunstwerk am Strand – mit den schneebedeckten Bergen im Hintergrund ein Traummotiv für Fotografen.

Südlich vom Zentrum

★ Nationalmuseum MUSEUM

(Þjóðminjasafn Íslands; Karte S. 56; ☎530 2200; www.nationalmuseum.is; Suðurgata 41; Erw./Kind 1500 ISK/frei, Audioführer 300 ISK; ⏲Mai–Mitte Sept. 10–17 Uhr, Mitte Sept.–April Di–So 11–17 Uhr; 🚌1, 3, 6, 12 oder 14) Das tolle Museum zeigt Funde und Artefakte von der Landnahmeära bis zur Moderne. Die Exponate geben einen hervorragenden Überblick über Islands Geschichte und Kultur, während der Audioführer zusätzliche Informationen ergänzt. Die größte Abteilung ist der Sagazeit gewidmet und beschäftigt sich u. a. mit der Herrschaft der Häuptlinge und der Einführung des Christentums. Ausgestellt sind Schwerter, Trinkhörner, Silberschätze und ein eindrucksvolles Figürchen, das den Gott Thor darstellt. In die unschätzbar wertvolle **Kirchentür von Valþjófsstaðir** ist die Sage von einem Ritter, seinem treuen Löwen und diversen Drachen geschnitzt.

Die Sammlungen im Obergeschoss decken die Zeit von 1600 bis heute ab und vermitteln ein deutliches Bild davon, was Island unter der fremden Herrschaft zu erdulden hatte und wie es schließlich unabhängig wurde. In Zeiten bitterer Armut waren die Isländer ausgesprochen erfinderisch, das zeigen Spielsteine aus den Ohrknöchelchen eines Kabeljaus und eine Holzpuppe, die gleichzeitig als Küchengerät genutzt wurde.

Kostenlose Führungen in englischer Sprache starten von Mitte Mai bis September am Mittwoch, Samstag und Sonntag jeweils um 11 Uhr.

Perlan SEHENSWERTES GEBÄUDE

(Karte S. 56; www.perlan.is; ⏲10–22, Café bis 21 Uhr; 🚌18) GRATIS Die verspiegelte Kuppel des Warmwasserspeichers Perlan auf dem Hügel Öskjuhlíð etwa 2 km vom Stadtzentrum entfernt, bedeckt riesige Wassertanks. Die umlaufende Aussichtsterrasse bietet ein phantastisches 360-Grad-Panorama von Reykjavík und den Bergen dahinter. Bei Regen gibt es im Café (oft mit Reisegruppen voll besetzt) den gleichen Blick, aber mit Kaffee. Ganz oben in der Kuppel befindet sich das erstklassige Restaurant Perlan.

Zwei **künstliche Geysire** halten kleine Kinder bestens bei Laune. Zahlreiche **Wander- und Fahrradwege** durchqueren die Hügellandschaft; einer führt hinunter zum Strand von Nauthólsvík (S. 69).

Laugardalur

★ Laugardalur STADTVIERTEL, PARK

(Karte S. 56; 🚌2, 14, 15, 17 oder 19) Laugardalur ist eine 4 km lange Parkanlage östlich vom Zentrum. Das „Tal der heißen Quellen" war einst Reykjavíks größte Heißwasserressource; im Zentrum des Parks stehen noch die Überreste eines alten Waschhauses. Die Einheimischen lieben den Park, der außer einem botanischem Garten viele weitere Attraktionen zu bieten hat, darunter einen riesigen Thermalbadkomplex (S. 68) mit Spa, ein Café (S. 68), eine Schlittschuhbahn, eine Sport- und Konzerthalle sowie einen kleinen Zoo mit Kinderbespaßung.

In den umgebenden Straßen liegen der Bauernmarkt Frú Lauga (S. 86), das Ásmundarsafn (s. u.), das zum Kunstmuseum Reykjavík gehört, und unten am Wasser das Sigurjón Ólafsson Museum (S. 67).

★ Kunstmuseum Reykjavík – Ásmundarsafn KUNSTMUSEUM

(Ásmundur Sveinsson Museum; Karte S. 56; ☎553 2155; www.artmuseum.is; Sigtún; Erw./Kind 1300 ISK/frei; ⏲Mai–Sept. 10–17 Uhr, Okt.–April 13–17 Uhr; 🚌2, 14, 15, 17 oder 19) Die Skulpturen von Ásmundur Sveinsson (1893–1982), die in dem von ihm selbst entworfenen Atelier und Museum – einen markanten weißen Rundbau – ausgestellt sind, haben etwas beglückend Friedliches und Verspieltes. Monumentale Betonplastiken stehen auf dem Freigelände, während drinnen Werke aus Holz, Ton und Metall gezeigt werden, die teilweise beweglich sind und von so gegensätzlichen Themen wie Folklore und Physik handeln. Hohe Oberlichter und weißer Marmor führen schließlich unter eine Kuppel mit einer Akustik, die zum Singen nötigt.

Sie war es wohl auch, die die Stadtväter zum Bau der iglu-ähnlichen Bushaltestelle vor dem Museum inspirierte.

Botanischer Garten Reykjavík GÄRTEN
(Grasagarður; Karte S. 56; www.grasagardur.is; Laugardalur; Mai–Sept. 10–22 Uhr, Okt.–April bis 17 Uhr) GRATIS Der botanische Garten hat nicht nur 5000 subarktische Pflanzensorten und farbenfrohe Blumen zu bieten, sondern auch zahlreiche Vögel (v. a. Graugänse und ihre flauschigen Jungen) sowie das wunderbare Café Flóra (S. 86), das im Sommer seine Pforten öffnet.

Zoo & Familienpark Reykjavík ZOO
(Fjölskyldu og Húsdýragarðurinn; Karte S. 56; 575 7800; www.mu.is; Laugardalur; Erw./Kind 750/550 ISK,1/10/20 Fahrten 270/2300/4300 ISK; Juni–Mitte Aug. 10–18 Uhr, Mitte Aug.–Mai bis 17 Uhr;) Der Familienpark in Laugardalur ist an sonnigen Tagen voller glücklicher Kinder und Eltern. Wer Löwen und Tiger sucht, wird allerdings enttäuscht sein; in den einfachen Gehegen leben Robben, Füchse und Tiere vom Bauernhof. In den Aquarien schwimmen Kaltwasserfische. Lustig ist der Freizeitbereich. Hier gibt es eine Minirennbahn, Bulldozer in Kleinformat, ein Riesentrampolin, Boote und Karusselle.

Sigurjón Ólafsson Museum KUNSTMUSEUM
(Listasafn Sigurjóns Ólafssonar; Karte S. 56; 553 2906; www.lso.is; Laugarnestangi 70; Erw./Kind 500 ISK/frei; Juni–Mitte Sept. Di–So 14–17 Uhr, Mitte Sept.–Nov. & Feb.–Mai Sa & So 14–17 Uhr) Das friedliche Haus am Meer war das Atelier des Bildhauers Sigurjón Ólafsson (1908–1982). Heute ist hier sein eindrucksvolles Œuvre zu sehen: Porträtbüsten, Totempfähle aus Treibholz und abstrakte Skulpturen. Durch die modernen Räume weht eine salzige Brise und das Gelände ist mit Pfaden durchzogen, die einen freien Blick auf Reykjavík erlauben. Im Juli finden hier dienstags um 20.30 Uhr **klassische Konzerte** (2000 ISK) statt. Das Museum gehört zur Nationalgalerie und ist mit der gleichen Eintrittskarte zugänglich. Die Buslinien 5 und 12 halten in der Nähe.

Stadtrand

Seltjarnarnes STADTVIERTEL
(www.seltjarnarnes.is; 11) Das 5 km westlich vom Zentrum an der Küste gelegene Seltjarnarnes scheint bereits Welten von Reykjavík entfernt. Mit 106 bekannten Arten ist die Insel **Grótta** mit dem rot-weiß gestreiften Leuchtturm ein Paradies für Vogelfreunde. Bei Ebbe können Besucher auf dem hübschen **Küstenpfad**, der auch bei Läufern, Joggern und Radfahrern beliebt ist, hinüberwandern, allerdings nur außerhalb der Nistzeit (Mai–Juli).

Wellen brechen mit Getöse auf den Lavastrand, die Luft ist salzig, am Ufer sind Fische zum Trocknen aufgehängt und Küstenseeschwalben drehen ihre Schleifen. Phantastisch ist auch der Blick über den Fjord zur Esja (914 m).

Árbæjarsafn MUSEUM
(www.reykjavikmuseum.is; Kistuhylur 4, Ártúnsholt; Erw./Kind 1300 ISK/frei; Juni–Aug. 10–17 Uhr, Führungen nur Sept.–Mai Mo–Fr 13 Uhr; ; 12, 19 oder 24) Um die 20 pittoreske alte Gebäude wurden an ihren ursprünglichen Standorten zerlegt und 4 km östlich vom Stadtzentrum im Freilichtmuseum Árbæjarsafn wieder aufgebaut. Neben Häusern aus dem 19. Jh. stehen hier eine Kirche mit Grassodendach und diverse Ställe, Schmieden, Scheunen und Bootshäuser. Im Sommer stehen außerdem alte Handwerkskunst und Nutztiere auf dem Programm. Kleine Besucher können hier nach Herzenslust toben und Dampf ablassen. Die Eintrittskarte gilt gleichzeitig für das Museum Reykjavík 871±2 (S. 55).

Aktivitäten

Hier muss niemand Langeweile schieben: Besucher können Fahrräder mieten (S. 69) und die Wege an Seen und Küsten entlangbrettern oder in einen der vielen Hot Pots in der Stadt hüpfen. Reykjavík ist außerdem die Ausgangsbasis für Touren zu vielen Zielen und Aktivitäten außerhalb der Stadt.

Die natürlichen Thermalquellen sind in Reykjavík – wie in vielen anderen Städten Islands – gesellschaftliche Treffpunkte: In den Thermalbädern wird geplanscht und geflirtet, getratscht und sogar geschäftlich verhandelt. Vulkanische Wärme hält die Temperatur bei angenehmen 29°C; die meisten Bäder haben auch Jacuzzi-ähnliche *heitir pottar* mit 37°C bis 42°C. In den öffentlichen Bädern kostet der Eintritt 600 ISK für Erwachsene und 130 ISK für Kinder. Wer

REYKJAVÍK IM WINTER

Es ist bitterkalt und die Sonne klettert kaum über den Horizont, aber auch der isländische Winter hat seine schönen Seiten. Die größte Sensation ist ohne Frage das Polarlicht. Viele Busunternehmen bieten auch im Winter ihre Dienste an. Ausflugsziele sind der schneeweiße, gefrorene Gullfoss, Höhlen voller Eiszapfen und schneebedeckte Berge. Schneemobiltouren, Freeriding und Heliskitouren können ebenfalls gebucht werden.

Die **Reykjavíker Eislaufhalle** (Skautahöllin; Karte S. 56; ☎588 9705; www.skautaholl.is; Múlavegur 1, Laugardalur; Erw./Kind 850/600 ISK, Schlittschuhverleih 400 ISK; ⊙Sept.–April Mo–Mi 12–15, Do 12–15 & 17–19.30, Sa & So 13–18 Uhr) in Laugardalur öffnet ihre Tore von September bis April. Wenn der Tjörnin zufriert, drehen Schlittschuhläufer auch auf ihm ihre Runden.

Skifahren

Die Skisaison dauert je nach Schneefall von November bis April. **Skíðasvæði** (Karte S. 60; ☎530 3000; www.skidasvaedi.is; Pósthússtræti 3–5) betreibt drei Skigebiete in der Nähe von Reykjavík (Bláfjöll, Hengill und Skálafell).

Bláfjöll (☎561 8400; Tageskarte Erw./Jugendlicher/Kind 3100/1200/800 ISK; ⊙Mo–Fr 14–21, Sa & So 10–17 Uhr) Islands beliebtestes Skigebiet ist 84 km^2 groß und hat 14 Skilifte, Abfahrtspisten, Langlaufloipen und ein Snowboardareal. Leihausrüstung ist zu guten Preisen zu haben. Bláfjöll liegt 25 km südöstlich von Reykjavík an der 417, nicht weit von der Ringstraße 1. Ein Shuttlebus (hin & zurück 1500 ISK) fährt in der Skisaison einmal am Tag vom Busbahnhof Mjódd. Auskunft über die Abfahrtszeit erteilt **Skíðasvæði** (www.skidasvaedi.is).

keine Badesachen und Handtücher mit hat, kann sich welche leihen. Nähere Informationen unter www.spacity.is.

Achtung: Die Reykjavíker werden äußerst ungehalten, wenn dreckige Touristen in ihre sauberen, ungechlorten Bäder steigen. Wer Ärger vermeiden möchte, sollte sich unbekleidet und gründlich waschen, bevor er baden geht.

★Laugardalslaug THERMALBAD, HOT POT
(Karte S. 56; Sundlaugavegur 30a, Laugardalur; Erw./Kind 600/130 ISK, Badebekleidungs-/Handtuchverleih 800/550 ISK; ⊙Mo–Fr 6.30–22, Sa & So 8–22 Uhr; 👪) Eine der größten Badeanlagen in ganz Island mit vorzüglicher Ausstattung. Dazu gehören ein überdachtes Olympiabecken sowie mehrere Becken im Freien, inklusive sieben Hot Pots, ein Salzwasserbecken und eine 86 m lange, spiralförmige Wasserrutsche.

★Laugar Spa SPA, FITNESSSTUDIO
(Karte S. 56; ☎553 0000; www.laugarspa.is; Sundlaugavegur 30a, Laugardalur; Tageskarte 4900 ISK; ⊙Mo–Fr 6–22.30, Sa 8–22, So bis 20 Uhr) Das supertolle Laugar Spa liegt neben dem Thermalbad Laugardalslaug und bietet unzählige Möglichkeiten, sich zu verwöhnen. Zur Auswahl stehen sechs Themensaunen und Dampfbäder, ein Meerwasserbecken, ein gut ausgestatteter Fitnessraum (mit Kursangebot) sowie Schönheits- und Massagebehandlungen, darunter Entschlackung, Gesichtsbehandlung und Hot-Stone-Massagen. Der Eintritt ist nur für Erwachsene über 18 Jahren erlaubt und gilt auch für Laugardalslaug.

Das hauseigene **Café** serviert Smoothies (750 ISK) und ein gesundes Tagesgericht (1690 ISK). Es gibt auch einen Kinderhort, allerdings mit Betreuung in isländischer Sprache.

Árbæjarlaug THERMALBAD, HOT POT
(☎411 5200; Fylkisvegur 9, Elliðaárdalur; ⊙Mo–Do 6.30–22, Fr bis 20, Sa & So 9–20 Uhr; 👪; 🚌19) Das schicke Árbæjarlaug 10 km südöstlich vom Stadtzentrum ist bekannt als das beste Familienbad der Stadt. Die Rutschen, Wasserfälle und Massagestrahlen in der großen Wasserlandschaft sind teilweise überdacht, teilweise im Freien und halten die Kids bei Laune.

Sundhöllin THERMALBAD, HOT POT
(Karte S. 60; ☎411 5350; Barónsstígur 16; ⊙Mo–Do 6.30–22, Fr bis 20, Sa 8–16, So 10–16 Uhr; 👪) Reykjavíks ältestes Schwimmbad (1937) wurde vom Architekten Guðjón Samúelsson im Art-déco-Stil entworfen. Es liegt mitten im Zentrum und bietet neben dem einzigen überdachten Becken der Stadt von den Terrassen einen herrlichen Blick auf die Hallgrímskirkja.

Thermalstrand Nauthólsvík STRAND
(Karte S. 56; ☎511 6630; www.nautholsvik.is; Eintritt im Sommer/Winter frei/500 ISK, Wertsachenaufbewahrung im Sommer/Winter 200 ISK/frei, Badebekleidungs-/Handtuchverleih 2300 ISK; ⏲Mitte Mai–Mitte Aug. 10–19 Uhr, Mitte Aug.–Mitte Mai kürzere Öffnungszeiten; ; 19) Der kleine Sandbogen des Thermalstrands am Atlantik ist im Sommer ziemlich überfüllt. Nur im Sommer wird während der Öffnungszeiten warmes Thermalwasser in die Bucht geleitet, um die Wassertemperatur bei 15 bis 19°C zu halten. Es gibt auch einen beliebten Hot Pot (ganzjährig 38°C), eine Snackbar und Umkleiden.

Vesturbæjarlaug THERMALBAD, HOT POT
(Karte S. 56; ☎411 5150; Hofsvallagata; ⏲Mo–Do 6.30–22, Fr bis 20, Sa & So 9–20 Uhr; ; 11, 13 oder 15) Vesturbæjarlaug ist vom Zentrum aus zu Fuß gut erreichbar und bietet ein 25-Meter-Becken, Dampfbad, Sauna und vier Hot Pots.

Kurse

★ **Creative Iceland** KUNST UND HANDWERK
(www.creativeiceland.is) Vermittelt Kontakte zu lokalen Experten, die kreative Workshops auf verschiedenen Gebieten anbieten, von Grafikdesign über Kochen, Malerei und Kunsthandwerk bis zu Musik und so ziemlich allem, was einem noch so einfallen könnte.

Icelandic Culture and Craft Workshops STRICKEN
(☎566 8822; www.cultureandcraft.com; Kurse ab 11 900 ISK) Halbtägige Strickworkshops, bei denen Islandwolle verarbeitet wird.

Touren

Die Stadt erobert man am besten zu Fuß, mit dem Fahrrad oder dem Bus. Naturliebhaber kommen bei der Wal- oder Papageitaucherbeobachtung und bei Angelausflügen auf ihre Kosten.

So schön die Hauptstadt ist, Reykjavík ist auch die ideale Ausgangsbasis für Touren in die nahe und weite Umgebung und für Outdooraktivitäten in ganz Island. Nichtmotorisierte und Leute ohne die Zeit oder den Wunsch, die Gegend allein zu bereisen, finden in Reykjavík alle möglichen Ausflugsangebote. Ob mit Superjeep oder Bus, mit dem Pferd, dem Schneemobil oder dem Helikopter – für jeden Geschmack ist etwas dabei. Wer die Möglichkeiten hat, sollte das Land jedoch unbedingt auf eigene Faust erkunden.

Stadtrundgänge

In der Touristeninformation liegen stapelweise kostenlose Stadtpläne und Broschüren mit Stadtrundgängen zu speziellen Themen wie Literatur oder nordische Mythologie, sowie Informationsmaterial zu geführten Rundgängen aus. Hardcore-Städtetouristen können sich im Buchladen *Reykjavík Walks* (2014) von Guðjón Friðriksson besorgen, um das Thema weiter zu vertiefen.

Mehrere Smartphone-Apps stehen zum Download bereit, darunter zwei von **Locatify** (www.locatify.com).

★ **Literary Reykjavík** STADTRUNDGANG
(Karte S. 60; www.bokmenntaborgin.is; Tryggvagata 15; ⏲Juni–Aug. Do 15 Uhr) GRATIS Die Führungen durch das Stadtzentrum beginnen an der Hauptbibliothek. Sie gehören zum Unesco-Programm „Stadt der Literatur" und haben verschiedene Themen, wie z. B. die Tour *Dark Deeds* (Böse Taten) rund um das Thema Krimi. Dazu gibt es die Smartphone-App *Literary Reykjavík*.

Free Walking Tour Reykjavík STADTRUNDGANG
(Karte S. 60; www.freewalkingtour.is; ⏲Juni–Aug. 12 & 14 Uhr, im Winter seltener) GRATIS Der einstündige, 1,5 km lange Rundgang im Zentrum beginnt am kleinen Uhrenturm auf dem Lækjartorg-Platz.

Reykjavík Haunted Walk STADTRUNDGANG
(Karte S. 60; www.hauntedwalk.is; Erw./Kind 2500 ISK/frei; ⏲Juni–Mitte Sept. Sa–Do 20 Uhr) Die 90-minütige Führung beginnt an der zentralen Touristeninformation und beschäftigt sich mit isländischer Folklore und Spuk.

City Sightseeing Reykjavík BUSTOUR
(☎580 5400; www.city-sightseeing.com; Erw./Kind 3500/1750 ISK; ⏲Juni–Mitte Sept. stündl. 10–18 Uhr) Busfahrt mit freiem Zustieg, passiert die Hauptsehenswürdigkeiten der Stadt. Ausgangspunkt ist das Konzerthaus Harpa.

Radtouren

Reykjavík Bike Tours FAHRRADTOUR
(Karte S. 60; ☎694 8956; www.icelandbike.com; Ægisgarður 7, Alter Hafen; Fahrradverleih pro 4 Std. ab 3500 ISK, Touren ab 5500 ISK; ⏲Juni–Aug. 9–17 Uhr, Sept.–Mai kürzere Öffnungszeiten) Verleiht Räder und organisiert Touren durch Reykjavík und ins Umland. Beispiele aus dem Tourangebot sind *Classic Reykjavík* (2½ Std., 7 km), *Coast of Reykjavík* (2½ Std., 18 km) sowie *Golden Circle and*

Bike (8 Std., davon 1½ Std. 25 km Radfahren). Weitere Möglichkeiten sind eine Segwaytour (10 000 ISK) oder private Touren zu Fuß (20 000 ISK) um Reykjavík.

Bike Company FAHRRADVERLEIH, FAHRRADTOUR
(Karte S. 60; ☎590 8550; www.bikecompany.is; Bankastræti 2; Fahrradverleih pro 5 Std. 3500 ISK; ⏲Mo–Fr 9–17 Uhr) Fahrradtouren und -verleih, mit weiteren Filialen bei Iceland Travel Market und den Trip-Reisebüros.

Walbeobachtung, Angeln & Bootsausflüge

Die nördlicheren Gewässer bei Akureyri und Húsavík sind als Ziel für Walbeobachtungstouren besser bekannt, aber auch Reykjavík hat einiges zu bieten.

Preise für einen zwei- bis dreistündigen Ausflug beginnen bei 8500 ISK (Kinder 4250 ISK). Die Touren laufen im Allgemeinen ganzjährig, in den warmen Monaten (die beste Walsaison) werden jedoch mehr Fahrten angeboten. Viele Veranstalter bieten Gutscheine für eine Wiederholungsfahrt an, falls sich wirklich mal kein einziger Wal zeigt.

Mehrere Anbieter haben auch **Hochseeangeln** (Erw./Kind ab 11 500/5750 ISK) und **Ausflüge zu Papageitaucherkolonien** (Erw./Kind ab 5000/2500 ISK) im Angebot. Die Papageitaucher sieht man allerdings auch bei den Walbeobachtungsfahrten auf den kleinen Inseln sitzen.

TOURENTIPPS

- Viele Veranstalter bieten verschiedenste Ausflüge an: Walbeobachtung, Bustouren, Superjeeptouren, Stadtrundgänge und/oder Kombitouren, die mehrere Aktivitäten einschließen. Hier ist nur ein eine Auswahl aufgeführt; das vollständige Tourenangebot aller Anbieter ist online einsehbar.
- Alle Abfahrtszeiten, Beschreibungen und Preise sind so angegeben, wie sie zum Zeitpunkt der Recherche gültig waren. Aber in Island ändern sich die Dinge rasch, es empfiehlt sich, die Information online zu überprüfen.
- Viele Veranstalter bieten auch einen Shuttleservice vom/zum Hotel.
- Bei weiter entfernten Zielen kann es sinnvoll sein, ein paar Nächte außerhalb von Reykjavík einzuplanen, um nicht unnötig Zeit mit Hin-und Herfahren zu verlieren.
- Auf Wal- und Papageitauchertouren unbedingt Fernglas und Teleobjektiv mitnehmen!

Elding Adventures at Sea WALBEOBACHTUNG
(Karte S. 60; ☎519 5000; www.whalewatching.is; Ægisgarður 5; ⏲Hafenkiosk 8–21 Uhr) 🍃 Etabliertester, umweltfreundlichster Anbieter der Stadt. An Bord gibt es eine Ausstellung zum Thema und Erfrischungen. Elding veranstaltet auch Angeltrips und Fahrten zu Papageitaucherkolonien sowie Kombitouren und betreibt eine Fähre nach Viðey.

Special Tours VOGEL- & WALBEOBACHTUNG
(Karte S. 60; ☎560 8800; www.specialtours.is; Ægisgarður 13; ⏲Hafenkiosk 8–20 Uhr) Das kleinste und schnellste Boot in der Ausflugsflotte wird für Hochseeangeltrips und zur Walbeobachtung eingesetzt (20 Minuten Fahrt bis zum besten Walsichtungsgebiet). Ein kleineres Boot fährt zu den Papageitauchern hinaus; diverse Kombitouren sind auch im Programm.

Fish Partner ANGELTOUR
(☎571 4545; www.fishpartner.com; Tagesausflüge ab 23 900 ISK) Bietet eintägige Angeltouren sowie eine riesige Auswahl an maßgeschneiderten und mehrtägigen Optionen: Hochseeangeln, Forellenfischen, Angeln im Vulkan, Heli-Fischen.

Reykjavík By Boat BOOTSTOUR
(Karte S. 60; ☎841 2030; www.reykjavikbyboat.is; Ægisgarður 11; Erw./Kind 4000/1600 ISK) Nach der Abfahrt vom alten Hafen fährt das kleine Holzboot in anderthalb Stunden um das Inselchen Engey (Papageitaucherkolonie inklusive), nach Viðey und zurück.

Reykjavík Sea Adventures VOGELBEOBACHTUNG, ANGELTOUR
(Karte S. 60; ☎775 5777; www.seaadventures.is; Ægisgarður 3) Hochsee-Angeln (Mitte April–Sept.) und Papageitaucherfahrten (Mitte Mai–Aug.).

Sea Safari VOGEL- & WALBEOBACHTUNG
(Karte S. 60; ☎861 3840; www.seasafari.is; Ægisgarður 9) Ein- bis anderthalbstündige Wal- (15 000 ISK) oder Papageitauchertouren in einem Zodiac.

Iceland Angling Travel ANGELTOUR
(☎867 5200; www.icelandangling.com) Tagesausflüge und maßgeschneiderte Urlaubstrips für Angler rund um Island.

TAGESAUSFLÜGE

Besucher, die mehr als einen Tag in Reykjavík verbringen, sollten sich Zeit für Islands schöne Natur nehmen. Die beliebteren Tagesziele werden in der Hochsaison förmlich überrannt. Aber wer sich den Luxus eines Mietwagens gönnt, kann andere Tageszeiten und weniger frequentierte Ziele wählen. Die Busse von Straetó, Sterna, Reykjavík Excursions und Trex (S. 95) lassen sich für selbst geplante Ausflüge nutzen.

Goldener Kreis Drei Attraktionen – **Þingvellir** (S. 112; wunderschöner Flecken Erde, an dem die erste isländische Volksvertretung tagte und der Grabenbruch zwischen den Kontinentalplatten gut zu sehen ist), **Geysir** (riesiges Geysirenareal; S. 116) und **Gullfoss** (gewaltiger Wasserfall; S. 117) – machen den Goldenen Kreis zur ultimativen (und intensiv vermarkteten) Kostprobe der isländischen Landschaft. Eine Tour entlang des Goldenen Kreises lässt sich mit Aktivitäten von Quadbikefahren über Höhlenklettern bis zum Rafting kombinieren. Tagesausflüge beginnen meist um 8.30 Uhr und enden gegen 18 Uhr. Kürzere Touren starten mittags und sind um 19 Uhr zurück. Im Sommer gibt es auch Abendtrips (19–24 Uhr). Mit dem eigenen Auto dauert die Fahrt etwa vier Stunden.

Blaue Lagune (S. 101) Sehr populär und entsprechend stark besucht. Viele Tagesausflüge ab Reykjavík schließen einen Besuch der Lagune ein. Auch die Fahrt zum/vom Internationalen Flughafen Keflavík lässt sich mit einem Sprung hinein vereinbaren. In der Hochsaison ist es ratsam, abends zu kommen.

Snæfellsnes Peninsula (S. 190) Weniger frequentierte, wunderschöne Gegend, die man alleine oder im Rahmen einer Fahrt entlang des Goldenen Kreises besuchen kann. Mögliche Aktivitäten sind (kurze) Wanderungen auf knirschenden Lavafeldern, Schneemobilfahrten auf dem Gletscher, Spaziergänge durch Küstendörfer und Bootsfahrten zur Walbeobachtung oder zu den Inselchen, auf denen Papageitaucher nisten.

Südküste (S. 120) Eine wilde Mischung aus geologischen Wundern. Zur Auswahl stehen aktive Vulkane, herrliche Wanderungen und frostige Eisfelder. Touren werden ganzjährig von Reykjavík und anderen regionalen Zentren aus durchgeführt.

Þórsmörk (S. 155) Das wunderschöne, abgelegene Vulkantal bietet haufenweise (längere) Wanderrouten, aber auch bei einer Superjeeptour lässt sich ein kurzer Fußmarsch einschieben. Im Sommer kann man einen Bus nehmen, der mittags da ist, und am frühen Nachmittag wieder aufbrechen.

Landmannalaugar (S. 148) Wegen der langen Hin- und Rückfahrt können Tagesausflügler, die etwa im Rahmen einer Superjeep- oder Bustour anreisen – kaum Zeit in der Thermalregion Landmannalaugar verbringen. Trotzdem machen die Jeeps Zwischenstopps u. a. oft an der Hekla. Im Sommer ist Landmannalaugar ziemlich überlaufen.

Jökulsárlón (S. 324) Die Gletscherlagune liegt ziemlich weit von der Hauptstadt entfernt, eine Tagestour beginnt früh und endet spät. Außerdem kommen die Besucher an, wenn die Lagune am vollsten ist. Wer es einrichten kann, sollte an der Südküste übernachten und Stoßzeiten vermeiden.

Bustouren und Aktivitäten

Für alle, die wenig Zeit haben, ist eine eintägige Bustour von Reykjavík aus die günstigste und effizienteste Art, etwas von Islands spektakulärer Natur zu sehen. Aktivitäten wie Schneemobiltouren, Reiten, Rafting und Tauchen lassen sich mit einer solchen Sightseeing-Fahrt gut kombinieren. Für Bustouristen ist gut zu wissen, dass viele isländische Busse für Off-Road-Touren ausgestattet sind – d. h. mit harter Federung und robustem Reifenprofil.

Die Touren müssen im Voraus gebucht werden und werden bei unzureichender Teilnehmerzahl oder schlechtem Wetter storniert. Für eine Fahrt entlang des Goldenen Kreises oder auf die Halbinsel Reykjanes muss man mit Preisen von 9000 ISK aufwärts rechnen, zur Südküste kommt man für 11 600 ISK. Tauchen bei Þingvellir kostet 39 900 ISK und die 16-stündige Fahrt zum Vatnajökull-Nationalpark inklusive der Gletscherlagune Jökulsárlón 31 900 ISK. Kleine Kinder reisen meist umsonst oder mit Ermäßigung.

TAGESAUSFLUG NACH GRÖNLAND

Bei einer Flugzeit von unter zwei Stunden ist ein Tagesausflug von Reykjavík nach Grönland kein Problem. Im Sommer bietet **Air Iceland** (www.airiceland.is) Touren nach Kulusuk im Osten von Grönland (ab 104 000 ISK) an. Der winzige Ort vor der gebirgigen Inselkulisse aus eisigen Weiß- und Blautönen hat nur 250 Einwohner. Bei einer atemberaubenden Wanderung, die direkt am Flughafen losgeht, kommen die bunten Holzhäuser in der eiskalten Bucht langsam in Sicht. Und auch wenn die Aufführung eines traditionellen Trommeltanzes eher kitschig ist, bleibt bis zum Ende das Gefühl, dass dies alles ein Traum sein muss.

Greenland Travel (☎+45 7873 5069; www.greenland-travel.com) bietet mehrtägige Touren.

Die Zahl der Anbieter ist schier endlos und die Auswahl an Reiserouten und Zielen erst recht. Eine paar Beispiele sind hier aufgeführt; das vollständige Angebot ist online einsehbar.

Reykjavík Excursions BUSTOUR
(Kynnisferðir; Karte S. 56; ☎580 5400; www.re.is; Vatnsmýrarvegur 10, BSÍ-Busbahnhof) Der beliebteste Anbieter von Bustouren hat große Gruppen und sowohl im Sommer wie auch im Winter ein Riesenangebot. Zu den Extras gehören Reiten, Schneemobiltouren und themenbezogene Touren, die in Verbindung mit Festivals angeboten werden. Individualreisende können die Busse mit Fahrkarten oder Fahrpässen für „Iceland on Your Own" nach Bedarf nutzen.

Iceland Excursions BUSTOUR
(Gray Line Iceland; Karte S. 60; ☎540 1313; www.grayline.is; Hafnarstræti 20) Veranstalter mit einem umfassenden Angebot an Tagesausflügen, die häufig mit einer Aktivität am Zielort kombiniert werden, wie Wildwasserrafting oder Reiten. Wer online bucht, kommt in den Genuss von Rabatten; die Reisegruppen sind groß.

Sterna BUSTOUR
(Karte S. 60; ☎551 1166; www.sterna.is; Konzerthaus Harpa; ⏲7–18.30 Uhr) Einfache Bustouren durch Island und diverse Fahrpässe für unabhängige Traveller.

Arctic Adventures ABENTEUERTOUR
(Karte S. 60; ☎562 7000; www.adventures.is; Laugavegur 11; ⏲8–22 Uhr) Mit seinen jungen und begeisterungsfähigen Mitarbeitern hat sich dieser Veranstalter auf actionreiche Touren spezialisiert: Kajakfahren, Rafting, Reiten, Quadbike-Fahren, Gletscherwanderungen usw. Ein Buchungsbüro befindet sich zusammen mit dem Ausrüstungsladen Fjallakofinn (S. 92) in Zentrum von Reykjavík.

Icelandic Mountain Guides ABENTEUERTOUR
(☎587 9999; www.mountainguides.is; Stórhöfði 33) Der Action-Anbieter ist auf Bergsteigen, Trekking, Eisklettern und Ähnliches spezialisiert. Der selbe Betreiber steckt hinter den Superjeeptouren von Iceland Rovers.

Gateway to Iceland BUSTOUR
(☎534 4446; www.gatewaytoiceland.is) Die Kleinbusse dieses Anbieters sind noch kleiner als die der Konkurrenz und die Guides interessanter. Beides macht ihn v. a bei individuell Reisenden beliebt.

Bustravel BUSTOUR
(☎511 2600; www.bustravel.is) Sehr beliebt in der Hostelszene. Bustravel verfügt über viele gut informierte Fahrer, die Reisegruppen sind zwar groß, aber dafür ist es günstig.

Go Green BUSTOUR
(☎694 9890; www.gogreen.is) 🍃 Der kleine Highend-Anbieter fährt mit Autogas und folgt umweltfreundlichen Richtlinien.

Icelandic Knitter KULTURTOUR
(☎661 6230; www.icelandicknitter.com) Die Designerin Hélène Magnússon bietet Touren zum Thema Stricken an, auf denen sich alles um die Herstellung und Verarbeitung von Islandwolle und um Folklore dreht. Im Angebot sind auch Wander- und Sightseeingtouren in Zusammenarbeit mit den Icelandic Mountain Guides.

Extreme Iceland ABENTEUERTOUR
(☎588 1300; www.extremeiceland.is) Bietet eine große Auswahl an Bus-, Superjeep-, Höhlen-, Quadbike-, Nordlicht- und Schneemobiltouren.

Iceland Horizons BUSTOUR
(☎866 7237; www.icelandhorizon.is) Hat kleine Minibusse mit nur 14 Sitzplätzen. Die drei angebotenen Touren erhielten von unseren Lesern sehr gute Bewertungen.

Guðmundur Jónasson Travel BUSTOUR
(Karte S. 56; ☎511 1515; www.gjtravel.is; Borgartún 34) Bietet bewährte Tagesausflüge entlang der Ringstraße oder in die Highlands an.

Green Energy Travel BUSTOUR
(☎453 6000; www.get.is) Der neue Kleingruppenanbieter plant den Umstieg auf Gas oder Biodiesel, sobald er sich etabliert hat.

Season Tours TOUR
(☎863 4592; www.seasontours.is) Eine riesige Palette an Führungen (auch in der Stadt) zu Themen wie Landschaft, Geschichte, Wikingersiedlungen usw.

Superjeep- und Supertrucktouren

Superjeeptouren bieten kleinen Gruppen (vier bis sechs Personen) ein persönliches Erlebnis. Grundsätzlich kommt man schneller ans Ziel und kann weiter in die Wildnis vordringen. Die Preise sind dementsprechend höher als bei Bustouren (z. B. Þórsmörk 36 900 ISK, Eyjafjallajökull 39 900 ISK).

Auch Icelandic Mountain Guides (S. 72) hat Superjeeptouren im Angebot. Zahlreiche weitere Veranstalter können den Broschüren entnommen werden, die bei der Touristeninformation erhältlich sind.

Mountaineers of Iceland ABENTEUERTOUR
(☎580 9900; www.mountaineers.is) Hervorragende, gut informierte Führer, von denen viele im nationalen Rettungsdienst gearbeitet haben. Jede Menge Superjeep-, Supertruck- und Schneemobiltouren, u. a. auch Heli-Schneemobiltouren.

Superjeep.is JEEPTOUR
(☎660 1499; www.superjeep.is) Die ganze Palette der Superjeeptouren mit allen Extras (Schneemobil, Quadbike usw.).

Into the Wild JEEPTOUR
(☎866 3301; www.intothewild.is) Superjeeptouren zu allen Zielen vom Goldenen Kreis über Eyjafjallajökull bis Landmannalaugar.

Höhlen- & Lavaröhrenwanderungen

Die schönste Art, mit Islands Geologie Bekanntschaft zu machen, ist eine Tour durch den wilden Untergrund unter seinem vulkanischem Boden. Viele Lavaröhren und Höhlen sind nur im Rahmen einer Führung zugänglich. Von Reykjavík aus bieten sich vor allem Touren zur Halbinsel Reykjanes und zu den oberen Borgarfjörður an. **Arctic Adventures**, **Icelandic Mountain Guides** sowie viele Anbieter von Bus- und Superjeeptouren haben Höhlenwanderungen im Programm. Für eine dreistündige Tour muss man rund 15 900 ISK rechnen.

Inside the Volcano ABENTEUERTOUR
(☎863 6640; www.insidethevolcano.com; 37 000 ISK; ⊙Mitte Mai–Sept.) Dieses einmalige Erlebnis führt Abenteuerlustige in eine vollständig erhaltene, 400 Jahre alte Magmakammer. Nach 50-minütiger Wanderung zum Krater erreichen die Besucher in einem Bergbauaufzug den 120 m tiefer gelegenen Boden eines vasenförmigen Abgrunds, der einst mit kochender Lava gefüllt war. Das Licht ist gedämpft und die Aufenthaltsdauer begrenzt. Mindestalter: 12 Jahre.

Reitausflüge

In der Mitternachtssonne auf einem Islandpony durch wüste Lavafelder zu reiten, ist eine unvergessliche Erfahrung. Die meisten Reiterhöfe um Reykjavík und im Süden bieten das ganze Jahr über Touren für Reiter jeden Alters – von blutigen Anfängern bis zu alten Hasen – und holen diese auch gern vom Hotel ab.

Vom 90-minütigen Ausritt bis zu mehrtägigen Touren ist alles im Angebot. Auch Kombinationen mit anderen Aktivitäten wie einem Ausflug zum Goldenen Kreis oder zur Blauen Lagune sind möglich. Manche Veranstalter bieten zusätzlich Unterkünfte im Gästehaus an. Ein 90-minütiger Ausritt kostet zwischen 9000 und 12 000 ISK.

Eldhestar REITEN
(☎480 4800; www.eldhestar.is; Vellir, Hveragerði) Eldhestar liegt in der Nähe von Hveragerði und gehört zu den etabliertesten Reitställen Islands. Die Ausritte führen über die Graslandschaft der Umgebung.

Íshestar REITEN
(☎555 7000; www.ishestar.is; Sörlaskeið 26, Hafnarfjörður) Einer der größten und ältesten Ställe der Insel, mit gut organisierten Ausritten durch die zerklüfteten Lavafelder.

Laxnes REITEN
(☎566 6179; www.laxnes.is; Mosfellsbær) Der kleine Familienbetrieb wird von einem älteren Paar geführt, dessen Neffen auch Reitanfänger ganz entspannt zum Traben bringen. Er liegt auf dem Weg nach Þingvellir und bietet auch Kombitouren an.

Íslenski Hesturinn REITEN
(☎434 7979; www.theicelandichorse.is; Surtlugata 3) Der hauptstadtnahe Anbieter arbeitet mit erfahrenen, ortskundigen Guides und legt besonderen Wert darauf, jedem Reiter das geeignete Pferd zuzuteilen. Kleine Gruppen.

Viking Horses REITEN
(☎660 9590; www.vikinghorses.is; Almannadalsgata 19) Der Familienbetrieb ist bekannt für

seine gut geführten Ausritte mit kleinen Gruppen rund um den Hólmsheiði und die umliegenden Seen (14 900 ISK).

Reykjavík Riding Center REITEN
(☎477 2222; www.reykjavikridingcenter.is; Brekknaás 9) Der Anbieter liegt in der Nähe des größten Reitzentrums von Reykjavík und führt kleine Gruppen (maximal 10) aller Könnensstufen um den Rauðholar (roten Hügel). Eine Tour in der Mitternachtssonne ist auch im Angebot.

Gletscherwanderungen & Eisklettertouren

Eine Wanderung über einen wilden Gletscher ist ein besonderer Kick. Die Touren führen nach Sólheimajökull (S. 157), die zugänglichste Gletscherzunge des massiven Mýrdalsjökull-Gletschers. Gletscherwanderungen werden ganzjährig angeboten, Eisklettern nur von September bis April. Wer eisklettern will, muss bereit und in der Lage sein, mit anderen an einem Strang zu ziehen, sonst bleibt er unten. Eine kurze Gletscherwanderung kostet etwa 20 900 ISK, eine Eisklettertour 29 900 ISK. Wer sich eine Unterkunft in Gletschernähe sucht und einen örtlichen Guide nimmt, kommt bedeutend günstiger weg.

Eisklettertouren werden in Reykjavík von Arctic Adventures (S. 72) und Icelandic Mountain Guides angeboten.

Quadbiketouren

Quadbiketouren führen in die Lavafelder der Halbinsel Reykjanes. Angeboten werden sie von Veranstaltern, die Bustouren und Aktivitäten im Programm haben (z. B. Arctic Adventures, Reykjavík Excursions). Eine Stunde kostet um 10 900 ISK pro Person (paarweise), 14 400 ISK für Einzelpersonen und 42 000 ISK für eine sechsstündige Safari.

ATV Adventures QUADBIKETOUR
(☎857 3001; www.atv4x4.is; Tangasund 1, Grindavík; p. P. ab 9900 ISK) Riesige Auswahl an Quadbike- und Buggytouren oder Kombinationen, alle rund um die Halbinsel Reykjanes und mit Abholung in Keflavík oder Reykjavík. Führerschein erforderlich. Teilweise werden die Fahrzeuge vom Tourenführer gesteuert.

Quad Safari QUADBIKETOUR
(☎414 1533; www.quad.is; Mosfellsbær) Teure Fahrten in die Hügel um Mosfellsbær. Bei den Abendfahrten erlebt man schöne Sonnenuntergänge und blickt auf die beleuchtete Skyline der Stadt.

Rafting- & Schnellboottouren

Der Fluss Hvítá, der entlang des Goldenen Kreises verläuft, ist von Reykjavík aus ein beliebtes Ziel für Wildwasserrafting und Ausflüge mit dem Schnellboot. Hier gibt's Spaß für die ganze Familie. Die Ausflüge starten in Reykholt (S. 118), auf Wunsch werden die Gäste auch in Reykjavík eingesammelt.

Tauch- & Schnorcheltouren

Island bietet weltweit geschätzte Tauch- und Schnorchelgründe. Die folgenden Veranstalter bieten Tauchgänge in der Silfra, einer Gesteinsspalte mit kristallklarem Wasser bei Þingvellir am Goldenen Kreis, an. Ohne Reservierung geht gar nichts, dafür werden die Teilnehmer auf Wunsch auch in der Stadt abgeholt. Im Juni und Juli werden auch Nachttauchgänge angeboten.

Für eine Schnorcheltour muss man etwa 19 900 ISK rechnen, für zwei Tauchgänge 34 900 ISK. Taucher müssen ein PADI-Zertifikat vorlegen.

Tauchen steht auch bei einigen der größeren Anbieter von Aktivitäten auf dem Programm.

Dive.is TAUCHEN
(☎578 6200; www.dive.is; 2 Tauchgänge in Þingvellir 34 990 ISK) Der etablierteste und älteste Veranstalter in Island hat Schnorcheln, Tauchen und Kombitouren im Angebot.

Scuba Iceland TAUCHEN
(☎892 1923; www.scuba.is; 2 Tauchgänge in Þingvellir 34 990 ISK) Der Veranstalter hat einen guten Ruf für Kleingruppen und bietet Tauchgänge in Silfra, Strýtan (Stalagmiten und hydrothermale Quellen) sowie an einem Wrack in Eyjafjörður (Zweitagestour 60 00 ISK) an.

Schneemobiltouren

Die meisten Schneemobiltouren starten zwar weit außerhalb der Hauptstadt, aber ein paar führen zum nahe gelegenen Langjökull. (Zum Mýrdalsjökull gibt es keine Tagesausflüge, Tagestrips zum Vatnajökull gehen per Lufttransport.) Eine Stunde mit zwei Passagieren kostet etwa 19 000 ISK pro Person, für Einzelpersonen liegt der Preis bei 24 000 ISK. Die besten Anbieter in Reykjavík sind Mountaineers of Iceland (S. 73) und Arctic Adventures (S. 72).

Nordlichttouren

Im Winter bieten die meisten Busunternehmen und Veranstalter Nordlichttouren aufs Land an, wo die Lichtverschmutzung geringer ist. Der Ausflug dauert etwa vier Stunden, meist von 22 bis 2 Uhr. Wo die majestätischen Lichtgebilde auftauchen, lässt sich nicht vorhersagen. Ein oder zwei Übernachtungen auf dem Land steigern die Chance, sie wirklich zu erleben, erheblich.

Wer außerhalb der Aurora-Saison nach Island kommt, kann auf die Multimediaversion bei Aurora Reykjavík (S. 59) ausweichen.

Rundflüge

Mit einem größeren Budget sind Rundflüge und Tagesausflüge zu entfernteren Zielen möglich, z. B. zum See Mývatn, zu den Westfjorden, zur dampfenden Erde an der Südküste oder in den Bergen, zu den Vestmannaeyjar oder sogar bis nach Grönland.

Eagle Air Iceland RUNDFLUG

(Karte S. 56; ☎ 562 4200; www.eagleair.is; Inlandsflughafen Reykjavík) Eagle Air Iceland bietet Sightseeing-Flüge über Vulkane und Gletscher. Es gibt fünf feste Routen ab Reykjavík: Vestmannaeyjar, Höfn, Húsavík und in den Westfjorden Bíldudalur und Gjögur.

Air Iceland RUNDFLUG

(☎ 570 3030; www.airiceland.is; Inlandsflughafen Reykjavík) Islands größte Inland-Airline veranstaltet eine breite Palette an Kombitouren mit Flug, Busfahrt, Wandern, Rafting, Reiten, Walbeobachtung und eintägiger Gletschertour in ganz Island ab Reykjavík und Akureyri. Im Angebot sind auch Tagesausflüge von Reykjavík nach Grönland und zu den Färöern.

Atlantsflug RUNDFLUG

(☎ 854 4105; www.flightseeing.is; Inlandsflughafen Reykjavík) Bietet „Flightseeing"-Touren ab Reykjavík sowie von den Flughäfen Bakki und Skaftafell. Vom Inlandsflughafen Reykjavík aus kann man den Krater des Eyjafjallajökull oder die Halbinsel Reykjanes überfliegen oder einen Tagesausflug mit Touren rund um Skaftafell und die Gletscherlagune Jökulsárlón machen.

Reykjavík Helicopters RUNDFLUG

(☎ 589 100; www.rehe.is; Inlandsflughafen Reykjavík; Rundflüge ab 69 000 ISK) Bietet alle möglichen Helikopterrundflüge, z. B. zum Glymur (Islands höchstem Wasserfall) oder zu den Vulkanen Eyjafjallajökull und Hekla.

Norðurflug RUNDFLUG

(☎ 562 2500; www.helicopter.is) Die Helikopter fliegen über Reykjavík oder hinaus zu Kratern, Wasserfällen, Gletschern und weiter. Zu ihrem umfangreichen Angebot gehören Flüge zu den Westfjorden sowie zum See Mývatn und zur Askja.

Festivals & Events

Die Reykjaviker stürzen sich mit großem Vergnügen in alle möglichen Festivitäten. Ereignisse und Festivals sind im Abschnitt Monat für Monat (S. 24) aufgelistet.

Schlafen

Die Auswahl an Unterkünften in Reykjavík ist riesig. Hier gibt es nicht nur Hostels, Mittelklasse-*gistiheimili* (Gästehäuser) und zahllose einfache Geschäftshotels – in der Spitzenklasse schießen scheinbar täglich neue Boutiquehotels und Apartments aus dem Boden. Von Juni bis August ist alles komplett ausgebucht und ohne Reservierung geht wirklich gar nichts. Die Preise sind wie in jeder anderen europäischen Hauptstadt durchweg hoch. Wer knapp bei Kasse ist, muss sich bei Hostels und Campingplätzen umsehen. Die günstigste Option ist oft das kurzfristige Mieten eines Apartments. Die meisten Bleiben sind ganzjährig geöffnet; viele bieten bei Onlinebuchung Nachlässe oder variable Preise, v. a. zwischen Oktober und April.

Da es sich bei den meisten Gästehäusern um umgebaute Wohnhäuser handelt, ist oft die gemeinsame Nutzung von Bad, Küche und Fernsehzimmer angesagt. Einige haben Angebote für Übernachtungen im eignen Schlafsack.

Altstadt & nördlich des Tjörnin

Gästehaus der Heilsarmee HOSTEL €

(Karte S. 60; ☎ 561 3203; www.guesthouse.is; Kirkjustræti 2; B/EZ/DZ ab 3500/9500/13 900 ISK; ⏱ Juni–Aug.; 📶) Schlichte, saubere Zimmer in allen Größen. Direkt vor die Tür liegt einem ganz Reykjavík zu Füßen. Bettwäsche 900 ISK.

★ **Hótel Borg** LUXUSHOTEL €€€

(Karte S. 60; ☎ 551 1440; www.hotelborg.is; Pósthússtræti 9–11; DZ ab 43 600 ISK; @📶) Das 1930 erbaute Hotel ist heute superschick in Beige, Schwarz und Creme mit Parkettböden, ledernen Kopfstützen am Bett und Flachbildschirmen von Bang & Olufsen ausgestattet. Die Turmsuite bietet auf zwei Stockwerken puren Luxus mit Panoramablick. Zum Zeitpunkt der Recherche war das Gourmetrestaurant Borg für eine umfassende Renovierung geschlossen; die Neueröffnung unter Chefkoch Völundur Völundarson ist für Anfang 2015 geplant. Schon jetzt schwingt er nebenan im Bistro **Nora Magasin** den Kochlöffel.

Kvosin Downtown Hotel APARTMENT €€€
(Karte S. 60; ☎571 4460; www.kvosinhotel.is; Kirkjutorg 4; Apt. inkl. Frühstück 43 200–65 000 ISK; 📶) Die modernen Unterkünfte reiten beinahe ausnahmslos die Luxusapartment-Welle und sind von winzig bis überlebensgroß zu haben. Zur Ausstattung gehören Nespresso-Maschinen und alle weitere Schikanen, Frühstück im nahe gelegenen Bergsson Mathús (S. 81) ist im Preis inbegriffen.

Hótel Reykjavík Centrum HOTEL €€€
(Karte S. 60; ☎514 6000; www.hotelcentrum.is; Aðalstræti 16; DZ & Apt. 25 600–69 400 ISK; 📶) Zwischengeschosse und ein Glasdach verbinden die beiden historischen Häuser im Zentrum und verleihen dem Hotel Luftigkeit. Die 89 gut geschnittenen Zimmer und Apartments verfügen alle über Minikühlschrank, Satelliten-TV und Kaffeemaschine. Onlinepreise schwanken stark, je nach Datum.

City Center Hotel HOTEL €€€
(Karte S. 60; ☎571 1400; www.citycenterhotel.is; Austurstræti 6; DZ ab 30 800 ISK; @📶) Das moderne, attraktive Hotel ist eine unkomplizierte Unterkunft im Zentrum. Alle Zimmer sind mit TV und Minikühlschrank ausgestattet, die im fünften Stock haben außerdem Balkone. Bierdefizit kann problemlos im Erdgeschoss in der Micro Bar (S. 87) ausgeglichen werden.

> **KURZURLAUB**
>
> Die unglaublich hohen Unterkunftspreise im Sommer haben bei den geschäftstüchtigen Bewohnern der beliebteren Stadtviertel die Idee entstehen lassen, die eigene Wohnung (oder einzelne Zimmer) an Kurzurlauber zu vermieten. Die Preise liegen oft unter den kommerziellen Tarifen, allerdings gibt es natürlich keinen Service, keinen Concierge usw. Gute Adressen sind **Airbnb** (www.airbnb.com) und **Couchsurfing** (www.couchsurfing.org), die zentralsten Lagen werden bei Reykjavík 101 angeboten.

CenterHótel Plaza HOTEL €€€
(Karte S. 60; ☎595 8550; www.plaza.is; Aðalstræti 4; DZ inkl. Frühstück ab 34 000 ISK; @📶) Das jüngste Mitglied der CenterHótel-Kette liegt malerisch und zentral in der Altstadt von Reykjavík. Die Zimmer bieten gebohnerte Holzböden und in den oberen Stockwerken auch einen tollen Ausblick. Primäre Zielgruppe sind Geschäftsleute.

Radisson Blu 1919 Hotel HOTEL €€€
(Karte S. 60; ☎599 1000; www.radissonblu.com; Pósthússtræti 2; DZ ab 40 400 ISK; @📶) Obwohl es zu einer großen Kette gehört, ist das Radisson Blu 1919 Hotel ein ungemein stilvolles Boutiquehotel. Die attraktiven Zimmer begeistern mit Holzböden, großzügigen Betten und Flachbild-TV. Treppen mit verschnörkelten Eisengeländern führen hinauf zu großen, komfortablen Suiten.

Alter Hafen

★ **Reykjavík Downtown Hostel** HOSTEL €
(Karte S. 60; ☎553 8120; www.hostel.is; Vesturgata 17; 4-/10-BZ 7900/5700 ISK, DZ mit/ohne Bad 20 800/20 700 ISK; @) Blitzsauber und gut geführt ist dieses ungezwungene Hostel, das von Backpackern so gelobt wird, dass es regelmäßig größere Gruppen und Nichtbackpacker anzieht. Weitere Pluspunkte sind der freundliche Service, die Gästeküche und die hervorragende Zimmereinrichtung. 700 ISK Nachlass mit HI-Jugendherbergsausweis.

Guesthouse Butterfly PENSION €€
(Karte S. 60; ☎894 1864; www.butterfly.is; Ránargata 8a; DZ mit/ohne Bad 22 500/17 850 ISK; ⊙Mitte Mai–Aug.; 📶) In einer ruhigen Wohnstraße nicht weit vom Zentrum ist die auffällige Schmetterling-Wandmalerei nicht zu übersehen. In den hübschen, schlicht eingerichteten Zimmern, der Gästeküche und bei den netten isländisch-norwegischen Inhabern fühlen sich die Gäste gleich wie zu Hause. Im Obergeschoss gibt es zwei Apartments für Selbstversorger mit Küche und Balkon (26 960 ISK).

Álfhóll Guesthouse PENSION €€
(Karte S. 60; ☎898 1838; www.alfholl.is; Ránargata 8; EZ/DZ/3BZ 3BZ ohne Bad 13 500/18 500/23 000 ISK, DZ 23 000 ISK, Apt. 27 000–34 000 ISK; ⊙Mitte Mai–Aug.; 📶) Das adrette „Elfenhaus" hat saubere, moderne Zimmer mit Waschbecken und farbenfrohen Bettbezügen.

Three Sisters APARTMENT €€

(Þrjár Systur; Karte S. 60; ☎565 2181; www.threesisters.is; Ránargata 16; Apt. ab 24 500 ISK; ⊙Mitte Mai–Aug.; @📶) Ein ehemaliger Fischer mit verschmitztem Lächeln betreibt die „Drei Schwestern", ein Eckhaus in der Reykjavíker Altstadt, das in acht Studioapartments unterteilt ist. Altmodische Sessel und hochmoderne Flachbild-Fernseher flankieren die bequemen Betten. Jedes Zimmer hat eine Küche.

★**Icelandair Hotel Reykjavík Marina** BOUTIQUEHOTEL €€€

(Karte S. 60; ☎560 8000; www.icelandairhotels.is; Mýrargata 2; DZ 27 800–35 800 ISK; @📶) Das große Designhotel am alten Hafen baut gerade einen komplett neuen Flügel an. Faszinierende Kunstwerke, cooles maritimes Design, topmoderne Ausstattung und intelligente Raumnutzung machen die kleinen Zimmer zum absoluten Hit. Die Dachzimmer auf der Hafenseite haben einen wunderbaren Meerblick. In die belebte Lobby werden Live-Satellitenbilder von Sehenswürdigkeiten in ganz Island übertragen. Hier befindet sich auch das angesagte Lokal Slippbarinn (S. 88).

Ocean Comfort Apartments APARTMENT €€€

(Karte S. 60; ☎571 7555; www.oceancomfort.is; Tryggvagata 18b; Apt. 31 000–54 000 ISK; 📶) Die Apartments in einem Neubaukomplex liegen zentral und nur einen Häuserblock vom Meeresufer entfernt. Damit halten sie alles, was ihr Name verspricht: Meerblick und komfortable, familienfreundliche Unterbringung. Jede Einheit hat einen Balkon, Wäschereimöglichkeiten und allen modernen Schnickschnack. Preise für die Apartments mit Meerblick beginnen bei 37 000 ISK.

Black Pearl APARTMENT €€€

(Karte S. 60; ☎527 9600; www.blackpearlreykjavik.com; Tryggvagata 18 & 18c; Apt. 61 200–155 400 ISK; P@📶) Der Neuzugang unter den Luxusunterkünften bietet in mehreren schwarzen Türmen nahe beim Meeresufer perfekt ausgestattete Apartments. Die Rezeption leistet umfassenden persönlichen Service (bewachtes Parken, Wäscherei, Kinderbetreuung), während die geräumigen, klar eingerichteten Apartments für zwei bis sechs Personen vollkommene Unabhängigkeit versprechen. Zur Ausstattung gehören Kingsize-Betten, Designermöbel und Balkone, teilweise mit Meerblick.

Laugavegur & östlich des Tjörnin

★**KEX Hostel** HOSTEL €

(Karte S. 60; ☎561 6060; www.kexhostel.is; Skúlagata 28; 4-/16-BZ 6900/3900 ISK, DZ mit/ohne Bad 28 500/19 700 ISK; @📶) Das Mega-Hostel KEX ist das inoffizielle Hauptquartier der Backpackergemeinde und ein beliebter Treffpunkt. Der Einrichtungsstil ist eine Mischung aus 1920er-Jahre-Varieté und Western mit viel Platz für Geselligkeit. Insgesamt ist es hier weniger ordentlich als in den anderen Hostels der Stadt und die Bäder werden von vielen geteilt. Aber die gute Stimmung und die boomende Restaurant-Bar mit Meerblick und Innenhof machen das KEX zu einem Selbstläufer.

Hlemmur Square HOSTEL, HOTEL €

(Karte S. 56; ☎415 1600; www.hlemmursquare.com; Laugavegur 105; B/DZ ab 5000/38 000 ISK; @📶) Diese neue Hostel-Hotel-Kombi hat für jeden etwas: verschieden große Mehrbettzimmer mit schönem Bettzeug und geräumige Luxusdoppelzimmer mit Kingsize-Betten, z. T. mit Balkon und Meerblick. Die Bäder sind modern, die Atmosphäre lebhaft und in der Lobby ist ein großes Café.

Loft Hostel HOSTEL €

(Karte S. 60; ☎553 8140; www.lofthostel.is; Bankastræti 7; B/DZ ab 6650/23 800 ISK; @📶) Das moderne Hostel hoch über dem geschäftigen Treiben der Bankastræti zieht eine junge Klientel an – darunter auch Einheimische, die die trendige Bar und Caféterrasse besuchen. Die gesellige Bleibe hat saubere Schlafsäle mit eigenem Bad und Bettzeug. Ermäßigung mit HI-Jugendherbergsausweis: B/DZ 700/2800 ISK.

Reykjavík Hostel Village HOSTEL €

(Karte S. 56; ☎552 1155; www.hostelvillage.is; Flókagata 1; B/DZ/4BZ ohne Bad ab 6200/15 250/23 000 ISK; 📶) In den fünf Häusern stehen Schlafsäle, Einzel-, Doppel- und Vierbettzimmer mit Kühlschrank und Wasserkocher zur Wahl. Es gibt auch ein paar Apartments. Das Bettzeug für die Schlafsäle kostet 1500 ISK.

Reykjavík Backpackers HOSTEL €

(Karte S. 60; ☎578 3700; www.reykjavikbackpackers.com; Laugavegur 28; B/DZ ab 4990/17 490 ISK; 📶) Die Bunk Bar im Erdgeschoss sieht attraktiv aus, aber die Schlafsäle in dieser zentral gelegenen Bleibe sind nicht mehr ganz so knackig. Im Rückgebäude sind neuere Doppelzimmer. Gästeküche vorhanden.

★ Room With A View APARTMENT €€
(Karte S. 60; ☎ 552 7262; www.roomwithaview.is; Laugavegur 18; Apt. 24 400–67 940 ISK; 📶) Das mittendrin gelegene Apartmenthotel hat schicke Studios und Ein- bis Vierzimmer-apartments (für bis zu zehn Personen!) im skandinavischen Luxusstil mit Küchenzeile, CD-Spieler, TV und Waschmaschine. Wie der Name schon sagt, haben sie Blick aufs Meer oder auf die Stadt sowie Zugang zu Sonnenterrasse und Jacuzzi. Jedes Apartment ist anders – Details auf der Website. Einziger Nachteil: Freitags und samstags wird's laut.

★ Grettisborg Apartments APARTMENT €€
(Karte S. 60; ☎ 694 7020; www.grettisborg.is; Grettisgata 53b; Apt. ab 25 500 ISK; 📶) Die Einrichtung scheint direkt aus einem Magazin für skandinavisches Design zu stammen. In den durch und durch modernen Studios und Apartments dominieren Grautöne, klare funktionale Linien und schicke Einbauelemente.

OK Hotel BOUTIQUEHOTEL €€
(Karte S. 60; ☎ 578 9850; booking@apartmentk.is; Laugavegur 74; Studio ab 25 000–93 000 ISK; 📶) Kreativer Schick prägt die individuell eingerichteten Zimmer, wie das „Mona Lisa" mit cool zusammengewürfelten Möbeln und La-Giaconda-Kunst an den Wänden. Die Zwei- bis Vier-Personen-Studios haben Küchenzeilen und alles wirkt leicht, geräumig und gut gelaunt. Der Hit ist aber die K-Bar (S. 84) im Erdgeschoss. Hin und wieder beschweren sich Gäste über unaufmerksamen Service.

REY Apartments APARTMENT €€
(Karte S. 60; ☎ 771 4600; www.rey.is; Grettisgata 2a; Apt. 26 500–54 300 ISK; 📶) Wer private Unterkünfte einem Hotel vorzieht, geht ins REY. Im Angebot sind zahlreiche moderne Apartments, die über mehrere, verwirrend verlaufende Treppen erreichbar sind.

Galtafell Guesthouse PENSION €€
(Karte S. 56; ☎ 551 4344; www.galtafell.com; Laufásvegur 46; DZ/Apt. inkl. Frühstück ab 18 500/29 300 ISK; 📶) Die vier Einzimmer-Apartments liegen in einer historischen Villa in einem ruhigen Stadtteil am See. Gäste können von hier aus leicht zu Fuß ins Zentrum laufen. Alle haben eine voll ausgestattete Küche und einen gemütlichen Wohnbereich. Drei weitere Doppelzimmer teilen sich eine Gästeküche. Garten und Eingangsbereiche sind ebenfalls hübsch.

Forsæla Apartmenthouse PENSION, APARTMENT €€
(Karte S. 60; ☎ 551 6046; www.apartmenthouse.is; Grettisgata 33b; DZ ohne Bad inkl. Frühstück 12 200 ISK, Apt./Haus ab 36 000/78 000 ISK) Eine wirklich reizende Unterkunft im Zentrum Reykjavíks. Star des Ganzen ist das hundertjährige Holz-Wellblech-Haus für vier bis acht Personen, das altehrwürdige Balken auf geschmackvolle Weise mit modernem Komfort vereint. Die drei Apartments haben kleine, aber gemütliche Schlaf- und Wohnzimmer sowie Küche und Waschmaschine. Es gibt auch B&B-Zimmer mit Gemeinschaftsbad. Die Mindestaufenthaltsdauer beträgt drei Nächte.

Castle House & Embassy Apartments APARTMENT €€
(Karte S. 60; ☎ 511 2166; www.hotelsiceland.net; Skálholtsstígur 2a; Apt. ab 20 800 ISK; 📶) Die schönen Unterkünfte für Selbstversorger liegen recht zentral und sehr ruhig. Sie sind persönlicher als ein Hotel, bieten aber trotzdem Zimmerservice: Jeden Tag gibt's frische Handtücher und das schmutzige Geschirr verschwindet wie von Zauberhand. Die Apartments sind auf zwei Häuser verteilt: **Embassy Apartments** (Karte S. 60; Garðastræti 40) am Nordwestufer des Tjörnin, **Castle House** am Ostufer.

Villa PENSION €€
(Karte S. 60; ☎ 823 1268; www.villa.is; Skólavörðustígur 30; DZ 20 200–24 800 ISK; 📶) Das Haus wurde von dem berühmten isländischen Architekten Guðjón Samúelsson entworfen und steht an einer Einkaufsstraße, die zur Hallgrímskirkja führt – ebenfalls seine Kreation. Die kürzlich renovierten Zimmer sind hauptsächlich in Weiß, mit Farbtupfern, eingerichtet und die Lage ist unschlagbar.

Guesthouse Óðinn PENSION €€
(Karte S. 60; ☎ 561 3400; www.odinnreykjavik.com; Óðinsgata 9; EZ/DZ ohne Bad inkl. Frühstück 14 500/18 900 ISK, DZ/Apt. 23 800/39 600 ISK; ⏲ Juni–Aug.; 📶) Bunte Kunst verleiht den schlichten weißen Zimmern in diesem Familienbetrieb Farbe. Das Frühstücksbuffet wird in einem hübschen Raum mit Meerblick serviert. Im Angebot sind auch Apartments mit einem oder zwei Zimmern.

Sunna Guesthouse PENSION €€

(Karte S. 60; ☎511 5570; www.sunna.is; Þórsgata 26; DZ/Apt. inkl. Frühstück ab 24 800/29 200 ISK; P@📶) Sonnige Zimmer und Apartments mit honigfarbenen Parkettböden und schlichter Einrichtung. Einige Einheiten im vorderen Teil des Hauses bieten einen schönen Blick auf die Hallgrímskirkja. Familien können zwischen Studios und größeren Apartments für bis zu acht Personen wählen.

Hótel Leifur Eiríksson HOTEL €€

(Karte S. 60; ☎562 0800; www.hotelleifur.is; Skólavörðustígur 45; DZ inkl. Frühstück ab 26 000 ISK) Das Hotel kann mit einem der besten Standorte in Reykjavík protzen: Es liegt direkt vor der Hallgrímskirkja an der Künstlermeile Skólavörðustígur und mehr als die Hälfte seiner 47 Zimmer haben einen Superblick auf die Kirche. Die Zimmer sind relativ klein und schlicht. Wer hier nächtigt, zahlt vor allem für die geografischen Koordinaten und weniger für stilvolle Innenarchitektur.

Hótel Frón HOTEL €€

(Karte S. 60; ☎511 4666; www.hotelfron.is; Laugavegur 22a; DZ/Studio inkl. Frühstück ab 27 000/28 000 ISK; @📶) Die blaue Fassade gehört zu einem einfachen Hotel in hervorragender Lage oberhalb des Laugavegur. Im neueren Flügel liegen gute Doppelzimmer, große Studios mit Küchenzeile und ein Familienapartment. Die älteren Zimmer sind weniger schön und in denen im vorderen Bereich kann es am Wochenende recht laut sein.

4th Floor Hotel PENSION €€

(Karte S. 56; ☎511 3030; www.4thfloorhotel.is; Laugavegur 101; DZ mit/ohne Bad inkl. Frühstück ab 21 600/18 500 ISK, Apt. ab 38 500 ISK; @📶) Die zentral gelegene Unterkunft am Ende des Laugavegur, Richtung Busbahnhof Hlemmur, hat eine breite Palette an Variationen von winzigen Zimmern mit Gemeinschaftsbad über größere Zimmer mit Bad (vier mit Meerblick, zwei mit Balkon) bis zu schicken Studios, die jede *króna* wert sind.

Snorri's Guesthouse PENSION €€

(Karte S. 56; ☎552 0598; www.guesthousereykjavik.com; Snorrabraut 61; DZ mit/ohne Bad 22 600/16 400 ISK; 📶) Das Haus mit Kieselrauputzfassade an der Ecke der großen Snorrabraut hat tadellos gepflegte Zimmer in gedeckten Farben. Die teureren Familienzimmer und der freundliche Inhaber machen die Bleibe zu einer guten Ausgangsbasis.

Baldursbrá Guesthouse PENSION €€

(Karte S. 60; ☎552 6646; http://notendur.centrum.is/~heijfis; Laufásvegur 41; DZ inkl. Frühstück ab 18 000 ISK; 📶) Das kleine Gästehaus in einer ruhigen Straße in der Nähe des Tjörnin hat gut proportionierte, gemütliche Zimmer mit Waschbecken. Zur Ausstattung gehören ein Wohnzimmer mit TV und ein Garten mit Hot Pot und Grill. Manche finden den Inhaber sehr freundlich, andere sagen das Gegenteil.

★ **Reykjavík Residence** APARTMENT €€€

(Karte S. 60; ☎561 1200; www.rrhotel.is; Hverfisgata 45; Apt. ab 29 300 ISK; @📶) Die beiden historischen Villen sind so vornehm und zentral, wie man es sich wünscht. Das Bettzeug ist schön, der Service aufmerksam und die Beleuchtung strahlt in warmem Gold. Im Angebot sind alle Wohnvarianten von der Suite oder dem Studio mit Küchenzeile bis zum Apartment mit zwei oder drei Zimmern. Alle wurden kürzlich mit modernstem Komfort ausgestattet.

CenterHótel Arnarhvoll HOTEL €€€

(Karte S. 60; ☎595 8540; www.centerhotels.com; Ingólfsstræti 1; DZ ab 34 700 ISK; @📶) Das Hochglanzhotel am Wasser bietet unverbaute Ausblicke auf die Bucht und die Esja. Die großen Fenster lassen viel schönes nordisches Licht in die kühlen, skandinavisch inspirierten Zimmer mit ihren klaren Linien. Der Aufpreis für den Meerblick lohnt sich unbedingt. Insgesamt sind die Zimmer eher klein, was die extrem komfortablen Betten aber wett machen. Schön sind Sauna und Dampfbad sowie die Ský Bar.

CenterHótel Þingholt BOUTIQUEHOTEL €€€

(Karte S. 60; ☎595 8530; www.centerhotels.com; Þingholtsstræti 3-5; DZ/Suite ab 40 000/ab 61 700 ISK; @📶) Das charaktervolle Þingholt wurde von dem Architekten Gulla Jónsdóttir vollständig mit natürlichen Materialien gebaut. Herauskam eines der originellsten Boutiquehotels in Reykjavík. Die gemütlichen, kompakten Zimmer sind stimmungsvoll beleuchtet und mit eleganten dunkelgrauen Böden und schwarzen Ledermöbeln eingerichtet. Manche haben im Schlafzimmer eine schicke Badewanne.

Alda Hotel BOUTIQUEHOTEL €€€

(Karte S. 60; ☎553 9366; www.aldahotel.is; Laugavegur 66–68; DZ 34 900–59 600 ISK; 📶) Der Neuzugang in Reykjavíks Zentrum hat stilvolle Zimmer mit jedem modernen Komfort, dazu ein Spa, einen Fitnessraum und eine großzügige Lounge. Alle Luxuszimmer im vierten Stock haben einen Balkon, die Suiten haben oft zwei Badezimmer und manche Zimmer haben Meerblick.

Hótel Holt LUXUSHOTEL €€€
(Karte S. 60; 552 5700; www.holt.is; Bergstaðastræti 37; DZ ab 39 500 ISK; @) Hier machen Gäste eine supercoole Zeitreise in eine luxuriöse Vergangenheit. Das in den 1960er-Jahren als eines der ersten Hotels in Reykjavík erbaute Holt schmücken Gemälde, Zeichnungen und Skulpturen einer der größten Privatsammlungen in Island, umgeben von den warmen Farben des Hoteldekors. Im Erdgeschoss befinden sich die bernsteinfarbene Bibliothek-Bar mit riesiger Auswahl an Single Malt Whiskeys sowie das erstklassige Gallery Restaurant (S. 85).

Hótel Óðinsvé HOTEL €€€
(Karte S. 60; 511 6200; www.hotelodinsve.is; Þórsgata 1; DZ ab 33 600 ISK; @) Das solide Hotel mit viel Charme hat 43 sonnendurchflutete Zimmer mit Holzböden, Originalkunstwerken und zeitloser Einrichtung. Sie sind alle ganz unterschiedlich – manche haben ein Zwischengeschoss, einige Balkon und viele eine Badewanne.

Südlich vom Zentrum

Icelandair Hotel Natura HOTEL €€
(Karte S. 56; 444 4503; www.icelandairhotels.com; Nauthólsvegur 52; DZ 26 800–35 800 ISK; P@) Das etwas abgelegene Hotel ist die ideale Wahl für alle, die über den Inlandsflughafen reisen. Es ist groß und hat moderne Zimmer mit lokaler Kunst und Bio-Pflegeprodukten von Sóley.

Laugardalur

Reykjavík City Hostel HOSTEL €
(Karte S. 56; 553 8110; www.hostel.is; Sundlaugavegur 34; B/DZ ab 4150/17 900 ISK; P@) Reykjavíks erstes Hostel ist ein großer, umweltfreundlich betriebener Komplex mit authentischem Backpacker-Feeling. Es liegt zwei Kilometer östlich vom Zentrum in Laugardalur neben Campingplatz und Schwimmbad. Flybus und viele Tourenbusse haben hier eine Haltestelle. Zur Ausstattung gehören ein Fahrradverleih, drei Gästeküchen und eine geräumige Sonnenterrasse. Gäste mit HI-Jugendherbergsausweis bekommen 700 ISK Nachlass, Kinder bis 12 Jahre 1500 ISK.

Campingplatz Reykjavík CAMPINGPLATZ €
(Karte S. 56; 568 6944; www.reykjavikcampsite.is; Sundlaugavegur 32; Stellplätze pro Erw./Kind 1500 ISK/frei; Mitte Mai–Mitte Sept.; P@) Der einzige Campingplatz in Reykjavík (2 km östlich vom Zentrum in Laugardalur, neben dem Schwimmbad und dem City Hostel) ist v. a. im Sommer beliebt. Drei Felder bieten Stellplätze für 650 Gäste, da kommt man schon unter. Zur umfangreichen, modernen Ausstattung gehören kostenlose Duschen, ein Fahrradverleih (5 Std. 3500 ISK), Küchen und Grillbereiche.

Hilton Reykjavík Nordica HOTEL €€
(Karte S. 56; 444 5000; www.hilton.com; Suðurlandsbraut 2; DZ ab 26 465 ISK; @) Geräumige Zimmer im lässigen skandinavischen Schick machen das Hilton zu einer angenehmen Bleibe. Zur Ausstattung gehören 24-Stunden-Zimmerservice, Fitnessraum, Spa und das Gourmetrestaurant Vox (S. 86). Die hellen Zimmer in unaufdringlichen Creme- und Mokkatönen haben riesige Betten – und in den oberen Stockwerken darüberhinaus einen wunderbaren Meerblick. Das Hotel liegt etwa 2 km vom Zentrum entfernt in der Nähe von Laugardalur, Busfahrkarten sind jedoch im Preis inbegriffen.

Essen

Das kleine Reykjavík bietet von Hotdogs auf die Hand bis zur Gourmetplatte auf weißem Tischtuch die ganze Palette kulinarischer Genüsse. Meeresfrüchte stehen natürlich hoch im Kurs und Lokale mit isländischer oder neuer nordischer Küche servieren bewährte Variationen der regionalen Fisch- und Lammgerichte. Aber auch wer internationale Kost bevorzugt, ist in der Hauptstadt gut aufgehoben.

Reykjavík hat außerdem eine blühende Kaffeekultur und Café-Szene. Überall laden coole, gemütliche Cafés zum Verweilen ein. Morgens, wenn man einen Kaffee zum Wachwerden braucht, oder für einen leichten Imbiss zur Mittagszeit sind sie einfach unschlagbar. Abends durchlaufen viele eine Metamorphose: Aus Kaffee wird Bier, in dunklen Ecken nimmt ein DJ Gestalt an und plötzlich steht man mitten in einer Wahnsinnsbar. Auch manche Restaurants verwandeln sich ab 22 Uhr in eine Bar. Dann schließt die Küche und die Party rockt bis in die Puppen.

Der Flohmarkt Kolaportið (S. 91) hat einen Bereich mit traditionellem isländischen Essen.

Altstadt & nördlich des Tjörnin

Bergsson Mathús CAFÉ €

(Karte S. 60; ☎571 1822; www.bergsson.is; Templarasund 3; Hauptgerichte 1300–2200 ISK; ⏲Mo–Fr 7–19, Sa & So bis 17 Uhr;) Das beliebte Café ohne überflüssiges Drumherum hat selbst gebackenes Brot, frisches Essen und sättigende Mittagsgerichte. Am Wochenende treffen sich hier die Einheimischen und blättern in Magazinen oder tauschen über üppige Frühstücksteller hinweg den neusten Klatsch und Tratsch aus.

Bæjarins Beztu HOTDOGS €

(Karte S. 60; www.bbp.is; Tryggvagata 11; Hotdogs 380 ISK; ⏲So–Do 10–2, Fr & Sa bis 4.30 Uhr;) Die Einheimischen schwören auf die angeblich besten Hotdogs der Stadt. Die Imbissbude am Hafen ist ein bewährter Anlaufpunkt für Nachtschwärmer (Bill Clinton war auch schon hier). Der lebenswichtige Satz *Eina með öllu* („Einen mit allem") garantiert die volle Ausstattung mit Senf, Ketchup, Remoulade und gerösteten Zwiebeln.

Lobster Hut FISCH & MEERESFRÜCHTE €

(Karte S. 60; Lækergata Ecke Tryggvagata; Hauptgerichte 990–1890 ISK; ⏲11–20 Uhr) Was darf's sein? Hummersuppe? Hummersalat? Sandwich? Der Imbisswagen für Gourmets hat alles, was das Herz begehrt. Wenn er mal nicht an der Tryggvagata steht, ist er meist an der Ecke der Hverfisgata zu finden.

Jómfrúin SANDWICHLADEN €

(Karte S. 60; ☎551 0100; www.jomfruin.is; Lækjargata 4; Sandwiches ab 1690 ISK; ⏲11–18 Uhr) Der schmucklose Anlaufpunkt aller Dänen fern der Heimat ist spezialisiert auf das traditionelle dänische *smørrebrød*, mit typisch nordischem Brotbelag in unzähligen Variationen.

Hlölla Bátar FASTFOOD €

(Karte S. 60; www.hlollabatar.com; Ingólfstorg; belegtes Baguette 900–1600 ISK; ⏲So–Do 11–2, Fr & Sa 10–19 Uhr) Wer es machen will wie die Einheimischen, gibt sich am Ingólfstorg ein fettes Baguette.

★ **Nora Magasin** BISTRO €€

(Karte S. 60; ☎578 2010; Pósthússtræti 9; Hauptgerichte 1900–2500 ISK; ⏲So–Do 11.30–1, Fr & Sa bis 3 Uhr) Die hippe Bistro-Bar mit offener Küche serviert leckere Burger, Salate und frischen Fisch, einfallsreich zubereitet vom beliebten Chefkoch Völundur Völundarson. Die Küche schließt um 22 oder um 23 Uhr, Kaffee und Cocktails sind die ganze Nacht zu haben.

ISLAND AUF DEM TELLER: WAL, HAI & PAPAGEITAUCHER

Viele Restaurants und Tourenanbieter preisen die ungewöhnlichen Spezialitäten der Insel an: Wal *(hvál/hvalur)*, fermentiertes Haifleisch *(hákarl)* und Papageitaucher *(lundi)*. Vor dem Bestellen sollte man sich allerdings bewusst machen, dass Gerichte, die bei 325 000 Isländern vertretbar sind, zur Gefahr für die Arten und empfindlichen Ökosysteme werden, sobald jährlich noch eine Million Touristen mitessen. Ein paar schnöde Fakten:

- 35 bis 40 % des isländischen Walfischfleisches wird von Touristen konsumiert.
- 75 % aller Isländer kaufen kein Walfischfleisch.
- 80 % eines Zwergwals werden nach der Schlachtung entsorgt.
- Finnwale gelten als vom Aussterben bedroht.
- Der Grönlandhai, der für die Herstellung von *hákarl* verwendet wird, steht ebenfalls auf der Roten Liste der gefährdeten Arten.
- Trotz internationaler Proteste hält das isländische Ministerium für Industrie und Innovation den Walfang bei einer Quote von unter einem Prozent vom heimischem Bestand für umweltverträglich.
- 2003 lag der geschätzte Bestand der isländischen Papageitaucher bei acht Millionen, 2014 nur noch bei fünf Millionen – eine Populationsverringerung um 37 %.
- Zum Zeitpunkt der Recherche gab es in den größten Papageitaucherkolonien auf den Vestmannaeyjar ein massives Brutversagen.

Restaurants, die diese Fleischsorten servieren, sind hier zwar mit aufgelistet, doch niemand muss solche Gerichte bestellen. Wer die Anbieter boykottieren möchte, findet walfischfreie Lokale unter www.icewhale.is/whale-friendly-restaurants.

Laundromat Café INTERNATIONAL €€
(Karte S. 60; www.thelaundromatcafe.com; Austurstæti 9; Hauptgerichte 1000–2700 ISK; Mo–Mi & So 8–24, Do & Fr bis 1, Sa 10–1 Uhr;) Der dänische Import macht Laune und ist bei Einheimischen und Reisenden gleichermaßen beliebt. Grund sind herzhafte Gerichte, großzügige Portionen und reihenweise zerfledderte Taschenbücher. Besonders empfehlenswert ist der Dirty Brunch (2690 ISK) am Wochenende, mit dem sich der Kater vom Vorabend wunderbar vertreiben lässt. Ach ja: Im Keller laufen ständig Waschmaschine und Trockner (Wäsche/15 Min. Trockengang 500/100 ISK).

Við Tjörnina ISLÄNDISCH €€
(Karte S. 60; 551 8666; www.vidtjornina.is; Vonarstræti, Raðhús; 3600–4600 ISK; 12–17 & 18–22 Uhr) Das angesehene Restaurant, jetzt mit umlaufender Fenstergalerie und Seeblick, ist gerade erst ins Raðhús umgezogen. Beliebt sind v. a. die wunderschön angerichteten Meeresfrüchte sowie regionale Spezialitäten wie Lammfilet mit Gerste. Tagsüber ist es ein entspanntes Café.

Icelandic Fish & Chips BIO, MEERESFRÜCHTE €€
(Karte S. 60; 511 1118; www.fishandchips.is; Tryggvagata 11; Fisch 1450 ISK; 11.30–21 Uhr) Reinmarschieren, Fisch auswählen – und schon landet er in Dinkelpanade auf dem Tisch. Ideal schmeckt's zusammen mit einem regionalen Bier, einem Biosalat (750–950 ISK) und einer „Skyronnaise" – einer Soße auf *skyr*-Basis (z. B. Rosmarin oder grüner Apfel; 280 ISK), die fast jedes traditionelle Gericht köstlich aufpeppt.

Café Paris INTERNATIONAL €€
(Karte S. 60; 551 1020; www.cafeparis.is; Austurstræti 14; Hauptgerichte 2300–5300 ISK; So–Do 8–1, Fr & Sa bis 2 Uhr;) Einer der besten Orte in der Stadt zum Leutegucken, besonders im Sommer an den Tischen auf dem Platz Austurvöllur und abends, wenn zwischen den Ledersitzen Musik und Weingläser erklingen. Die wenig inspirierte Karte – Sandwiches, Hamburger und Salate – ist da zweitrangig.

★ **Grillmarkaðurinn** FUSIONSKÜCHE €€€
(Grill; Karte S. 60; 571 7777; www.grillmarkadurinn.is; Lækargata 2a; Hauptgerichte 4200–7200 ISK) Feinste Gastronomie ist hier an der Tagesordnung, beim Cocktail unter den goldenen Kugelleuchtern im gläsernen Atrium angefangen. Der Service ist ebenfalls tadellos und Einheimische wie Gäste schwärmen vom Essen: regionale isländische Zutaten, kreativ zubereitet von Meisterköchen.

Das Degustationsmenü ist eine phantastische Komposition aus ihren besten Kreationen.

Fiskfélagið INTERNATIONAL €€€
(Karte S. 60; www.fishcompany.is; Vesturgata 2a; Hauptgericht mittags 1600–2800 ISK, abends 3800–5400 ISK; 11.30–14 & 18–23.30 Uhr) Das „Fischunternehmen" bereichert isländische Fischrezepte um internationale Einflüsse – von der Fidschi-Kokosnuss bis zur spanischen *chorizo*. Gegessen wird in gedämpfter Atmosphäre zwischen Steinwänden und Holzbalken, Kupferlampen und etwas gewöhnungsbedürftigen Möbeln.

Selbstversorger

10–11 SUPERMARKT
(Karte S. 60; Austurstræti 17; 24 Std.) Allgegenwärtiger 24-Stunden-Supermarkt. Einerseits die ganze Nacht geöffnet, andererseits gesalzene Preise. Weitere Filialen sind in der **Barónsstígur** (Karte S. 60; Barónsstígur 4; 24 Std.), **Borgartún** (Karte S. 56; Borgartún 26; 24 Std.) und **Laugalækur** (Karte S. 56; Laugalækur 9; 24 Std.).

Alter Hafen

★ **Sægreifinn** FISCH & MEERESFRÜCHTE €
(Karte S. 60; 553 1500; www.saegreifinn.is; Geirsgata 8; Hauptgerichte 1350–1900 ISK; 11.30–23 Uhr) Die grüne Hütte am Hafen kredenzt die berühmteste Hummersuppe der Hauptstadt (1300 ISK), es steht aber auch ein ganzer Kühlschrank voll frischer Fischspieße für den Grill bereit. Der „Seebaron", der das Lokal eröffnet hat, hat es vor einigen Jahren verkauft. Geblieben ist die heimelige, entspannte Atmosphäre.

Walk the Plank FISCH & MEERESFRÜCHTE €
(Karte S. 60; Ægisgarður; Hauptgerichte 1500–1900 ISK; 10–20 Uhr) Bei gutem Wetter und um die Abfahrtszeiten der Walbeobachtungsschiffe herum öffnet der winzige Imbisswagen am Kai sein Fenster, um leckere Krebspasteten zu verkaufen.

Hamborgara Búllan FASTFOOD €
(Hamborgarabúlla Tómasar; Karte S. 60; 511 1888; www.bullan.is; Geirsgata 1; Hauptgerichte 730–1400 ISK; 11.30–21 Uhr;) Der Burgerbräter im alten Hafen serviert leckere Bouletten, bei denen alle gern zugreifen. Russell Crowe wurde 2012 zwischen Dreharbeiten hier gesichtet.

★ Valdi's EISCREME €
(Karte S. 56; ☎ 586 8088; www.valdis.is; Grandagarður 21; Bällchen 425 ISK; ⌚Mai–Aug. 11.30–23 Uhr; 👪) Den ganzen Sommer über ziehen hier fröhliche Familien eine Nummer und warten geduldig, bis die Reihe an sie kommt und sie zwischen den zahlreichen hausgemachten Eissorten wählen dürfen. Der totale Spaß.

Coocoo's Nest CAFÉ €€
(Karte S. 56; Grandagarður 23; Hauptgerichte 1500–2700 ISK; ⌚Di–Fr 11–19, Sa bis 22, So bis 16 Uhr; 📶) Das coole Lokal hinter dem alten Hafen ist am Wochenende ein beliebter Ort zum Brunchen (11–16 Uhr), aber auch die dekadenten Cocktails (1800 ISK) sind der Renner. Es ist klein und groovy mit seinen mosaikverzierten Sperrholztischen. Die wechselnde Speisekarte ist immer voller Köstlichkeiten.

Forréttabarinn TAPAS €€
(Starters-Bar; Karte S. 60; ☎ 517 1800; www.forrettabarinn.is; Nýlendugata 14, Eingang von der Mýrargata; Tapas 1480–2250 ISK; ⌚So–Mi 11.30–22, Do–Sa bis 24 Uhr) Tapaslokale sind in der Hauptstadt beliebt, aber die neue Speisekarte macht diesen hippen Laden in Hafennähe zu unserem Favoriten. Darauf stehen kreative Happen wie Kabeljau und Schweinebauch mit Sellerieknollenpüree. Genauso schön wie die luftige, entspannte Bar mit verwitterten Holztischen und breiten Sofas.

Laugavegur & östlich des Tjörnin

★ Gló BIO, VEGETARISCH €
(Karte S. 60; ☎ 553 1111; www.glo.is; Laugavegur 20b; Hauptgerichte 1700–2500 ISK; ⌚11–21 Uhr; 📶🌱) Das luftige Restaurant im oberen Stockwerk serviert frische, großzügig portionierte Tagesgerichte mit asiatischem Pepp und ist einfach nur cool. Es ist zwar nicht speziell vegetarisch, hat aber eine ganze Latte Roh- und Biokost sowie eine große Salatbar mit feinen Alternativen von Wurzelgemüse bis griechisch. Weitere Filialen sind in **Laugardalur** (Karte S. 56; ☎ 553 1111; Engjateigur 19; Hauptgerichte 1700–2500 ISK; ⌚Mo–Fr 11–21, Sa bis 17 Uhr) und Hafnarfjörður (S. 96).

★ Bakarí Sandholt BÄCKEREI €
(Karte S. 60; ☎ 551 3524; www.sandholt.is; Laugavegur 36; Hauptgerichte 250–980 ISK; ⌚6.30–21 Uhr) Reykjavíks Lieblingsbäckerei ist meistens prall gefüllt mit Kunden, die sich die frischen Baguettes, Croissants, Gebäck und Sandwiches einverleiben. Die Tagessuppe (1300 ISK) wird mit leckerem Sauerteigbrot serviert.

★ Ostabúðin FISCH & MEERESFRÜCHTE, DELIKATESSEN €
(Käseladen; Karte S. 60; ☎ 562 2772; Skólavörðustígur 8; Hauptgerichte 1040–1540 ISK; ⌚Mo–Do 10–18, Fr bis 18.30, Sa 11–16 Uhr) Hier wird's so richtig einheimisch. Der Gourmetkäse- und Delikatessenladen serviert montags bis freitags von 11.30 bis 13.30 Uhr (und nur dann!) im Hinterzimmer den vom freundlichen Inhaber an Land gezogenen Tagesfisch mit hausgemachtem Brot. Wahlweise als große oder als riesige Portion.

Auf dem Weg zur Tür kann man noch regionale Spezialitäten wie Terrinen und Entenconfit mitnehmen.

★ Grái Kötturinn CAFÉ €
(Karte S. 60; ☎ 551 1544; Hverfisgata 16a; Hauptgerichte 1000–2500 ISK; ⌚Mo–Fr 7.15–15, Sa & So 8–15 Uhr) Das Café mit nur sechs Tischen (ein Lieblingscafé von Björk) ist so winzig, dass man es leicht übersieht. Es sieht aus wie eine Kreuzung aus exzentrischer Buchhandlung und schräger Kunstgalerie und serviert leckeres Frühstück mit Toast, Bagels, Pancakes oder Eiern mit Speck auf dicken Scheiben frisch gebackenem Brot mit viel Butter.

Grænn Kostur VEGETARISCH €
(Karte S. 60; ☎ 552 2028; www.graennkostur.is; Skólavörðustígur 8b; Hauptgerichte 1200–1900 ISK; ⌚Mo–Sa 11.30–21, So 13–21 Uhr; 🌱) Das freundliche, kleine Café in einer kleinen Einkaufsarkade hinter der Skólavörðustígur serviert leckere vegetarische Tagesgerichte und rohköstliche Desserts.

Soup Car SUPPE €
(Karte S. 60; Frakkastígur; Suppe 690–1000 ISK; ⌚Juni–Sept. 11.15–19 Uhr) Der freundliche Imbisswagen am Fuße der Hallgrímskirkja setzt auf Schlichtheit: Zur Auswahl stehen pikanter Lammeintopf oder „vegane Power-Suppe" mit frischem Brot. Wer sich zum Essen setzen möchte, kann an den bunt bemalten Tischen am Straßenrand Platz nehmen. Die Öffnungszeiten hängen vom Wetter ab.

Vitabar FASTFOOD €
(Karte S. 60; Bergþórugata 21; Hauptgerichte 900–1600 ISK; ⌚11.30–23, Bar Fr & Sa bis 1 oder 2 Uhr) Bestellt wird an der Bar, auf den Tisch

NICHT VERSÄUMEN

KAFFEEKULTUR IN REYKJAVÍK

In Reykjavík wird Kaffee groß geschrieben. Entsprechend viele schöne Orte gibt es, an denen man das schwarze Gold in Ruhe genießen oder schnell mitnehmen kann.

Babalú (Karte S. 60; ☎555 8845; Skólavörðustígur 22a; ⏲8–21 Uhr; 📶) Das entspannte Café sieht eher aus wie die Bude eines exzentrischen Freundes. Bücher und Brettspiele locken die Gäste her, noch mehr aber das Gebäck, Terrassen und gemütliche Sofas. Die Panini sind nur mittelmäßig, daher unser Tipp: lieber an Schokokuchen und Appel Crumble satt essen.

Reykjavík Roasters (Karte S. 60; www.reykjavikroasters.is; Kárastígur 1; ⏲Mo–Fr 8–18, Sa & So 9–19 Uhr) Hier ist Kaffee eine ernste Sache. Der winzige Hipster-Schuppen ist an warmen Tagen leicht erkennbar an Holztischen und Sitzkissen aus Kartoffelsäcken, die über den gepflasterten Platz davor verteilt sind. Ein schöner Ort für einen perfekten Latte Macchiato mit Croissant.

Kaffi Mokka (Karte S. 60; ☎552 1174; www.mokka.is; Skólavörðustígur 3a; ⏲9–18.30 Uhr) Das Dekor ist seit den 1950er-Jahren mehr oder weniger unverändert und je nach Stimmung wirken die Säulen und Kupferlampen heute wie angesagter Retrostil oder wie der Mief von vorvorgestern. Das gemischte Publikum – ältere Leute, Touristen, trendige Jungkünstler – stärkt sich mit Sandwiches, Kuchen und Waffeln.

Café Haiti (Karte S. 60; ☎588 8484; www.cafehaiti.is; Geirsgata 7c; ⏲Mo–Do 8–22, Fr bis 23, Sa 9–23, So bis 22 Uhr) Das winzige Café am alten Hafen ist ein Paradies für Kaffeefreaks: Besitzerin Elda bezieht ihre Bohnen aus ihrer Heimat Haiti, röstet und mahlt sie vor Ort und kocht den besten Kaffee im ganzen Land. Das sagen zumindest die Stammgäste.

C is for Cookie (Karte S. 60; Týsgata 8; ⏲Mo–Fr 7.30–18, Sa 11–17, So 12–17 Uhr) Das zu Ehren des Krümelmonsters aus der *Sesamstraße* benannte Café ist ein lauschiges Plätzchen mit tollem Kaffee und großartigem, hausgebackenem Kuchen sowie Salat, Suppe und gegrillten Sandwiches.

Kaffifélagið (Karte S. 60; Skólavörðustígur 10; ⏲Mo–Fr 7.30–18 Uhr, Sa 10–16 Uhr) Kleinstcafé mit großer Fangemeinde für einen Kaffee zum Mitnehmen und mit ein paar Tischen im Freien.

kommt ein Burger vom Grill mit Beilagen und handgeschnittenen Pommes, die sich mit den Besten messen können. Es ist ein einfacher Laden mit Kachelboden und Resopaltischen, aus den Boxen kommt amerikanischer Rock und die einheimische Klientel gibt sich eiskalte Einstök- und Viking-Biere.

Noodle Station — ASIATISCH €

(Karte S. 60; ☎5513199; Skólavörðustígur 21a; Hauptgerichte 1190 ISK; ⏲Mo–Fr 11–22, Sa & So 12–22 Uhr) Einfache Nudelsuppen diversester asiatischer Art werden in diesem zuverlässig guten, einheimischen Lokal schüsselweise ausgegeben.

The Deli — PIZZERIA €

(Karte S. 60; www.deli.is; Bankastræti 14; Pizzastück 400 ISK; ⏲Mo–Mi 10–22, Do bis 2, Fr & Sa bis 7 Uhr) Reykjavíks beste Pizza ist gut belegt und verkauft sich stückweise bis spät in die Nacht.

★ Snaps — FRANZÖSISCH €€

(Karte S. 60; ☎511 6677; www2.snaps.is; Þórsgata 1; Hauptgerichte abends 3000–4000 ISK; ⏲So–Do 11.30–23, Fr & Sa bis 24 Uhr) Reservierung empfiehlt sich in diesem bei Einheimischen megabeliebten französischen Bistro. Das Erfolgsrezept ist einfach: leckere Meeresfrüchte und Bistroklassiker (wie Steak oder *moules frites*) zu erstaunlich fairen Preisen. Diverse Mittagsgerichte (11.30–14 Uhr; 1890 ISK) und ein fabelhafter Brunch (Sa & So 11.30–16 Uhr; 900–3300 ISK) sind ebenfalls ein Renner. Die Tische stehen in einer verglasten Veranda mit Blick auf die offene Küche.

★ K-Bar — FUSIONSKÜCHE €€

(Karte S. 60; ☎571 6666; Laugavegur 74; Hauptgerichte mittags 1600–1800 ISK, abends 2000–3000 ISK; ⏲So–Do 7.30–22, Fr & Sa bis 11.30 Uhr) Gut aufgelegte Locals machen es sich auf den Ledersitzbänken an Tischen aus gehämmertem Kupfer bequem, um die kreative kalifornisch-koreanische Fusionsküche (z. B. Kabeljau-Tempura-Sandwiches oder gegrilltes Rindfleisch) zu genießen. Die Cocktails sind ebenfalls hervorragend, genauso wie die regionalen Biere vom Fass (950–1400 ISK). Bis 16 Uhr werden Brunch-Gerichte wie Eggs Benedict (1890 ISK) serviert.

★ Þrír Frakkar ISLÄNDISCH, MEERESFRÜCHTE €€
(Karte S. 60; ☎552 3939; www.3frakkar.com; Baldursgata 14; Hauptgerichte 3200–5300 ISK; ⌚Mo–Fr 1.30–14.30 & 18–23.30, Sa & So 18–23.30 Uhr) Úlfar Eysteinsson, Inhaber und Küchenchef in Personalunion, hat sich mit diesem schnuckeligen Restaurant – angeblich eines von Jamie Olivers Lieblingslokalen – einen ausgezeichneten Ruf erworben. Zu seinen Spezialitäten gehören gesalzener Kabeljau und Heilbutt sowie *plokkfiskur* (Fischeintopf) mit Schwarzbrot. Wer keinen Fisch mag, bekommt Trottellumme, Pferd, Lamm oder Wal.

Kolabrautin ITALIENISCH €€
(Karte S. 60; ☎519 9700; www.kolabrautin.is; Austurbakki 2, Harpa; Hauptgerichte 3400–5900 ISK; ⌚Mo–Fr 11.30–14 & Mo–So 17.30–22.30 Uhr) Im obersten Stockwerk des Konzerthauses Harpa werden isländische Zutaten auf mediterrane Art verarbeitet. Als Auftakt ein schönes Cocktail und dann Spaghetti mit frisch gefischtem Hummer oder Seewolf vom Holzkohlegrill mit Parmesan und Chili – klingt gut, oder?

Vegamót INTERNATIONAL €€
(Karte S. 60; ☎511 3040; www.vegamot.is; Vegamótastígur 4; Hauptgerichte 2400–4000 ISK; ⌚Mo–Do 11.30–1, Fr & Sa 11–4, So 12–1 Uhr; 📶) Die „Kreuzung“, ein alteingesessener Bistro-Bar-Club, ist immer noch ein angesagter Ort für einen Drink, ein Essen und um sich sehen zu lassen (tagsüber kommen hier bevorzugt Familien her). Die internationale Speisekarte hat alles vom mexikanischen Salat bis zum Hühnchen auf Louisiana-Art. Der Brunch am Wochenende (2000–2500 ISK) ist ein Hit.

Ban Thai ASIATISCH €€
(Karte S. 60; www.banthai.is; Laugavegur 130; Hauptgerichte 1890–2500 ISK; ⌚So–Do 18–22, Fr & Sa bis 23.30 Uhr) Der Lokalfavorit unter den Thailändern liegt gleich östlich vom Busbahnhof Hlemmur. Das **Yummi Yummi** (Karte S. 56; ☎588 2121; Hverfisgata 123; Hauptgerichte 1190 ISK; ⌚Mo–Fr 11.30–21, Sa & So 17–21 Uhr) auf der anderen Straßenseite verkauft das gleiche Essen zu günstigeren Preisen zum Mitnehmen.

Hverfisgata 12 PIZZERIA €€
(Karte S. 60; ☎437 0203; Hverfisgata 12; Pizza 2100–2800 ISK; ⌚11.30–23 Uhr; 👪) Nach einem Schild sucht man über der Tür in dem cremefarbenen Eckhaus vergebens. Aber Eingeweihte wissen, dass es hier nicht nur gemütliches Familienambiente, sondern die beste Pizza der Stadt gibt. Am Kupfertresen bedient gut gelauntes Personal und die Gäste machen es sich im Erker an runden Tischen gemütlich. Die Bar ist meist bis 1 Uhr geöffnet.

Austur Indíafélagið INDISCH €€
(Ostindien-Kompanie; Karte S. 60; ☎552 1630; www.austurindia.is; Hverfisgata 56; Hauptgerichte 3700–5000 ISK; ⌚So–Do 18–22, Fr & Sa bis 23 Uhr) Das nördlichste indische Restaurant der Welt gehört zur gehobenen Kategorie und verwöhnt in minimalistischem Interieur mit erlesenen Genüssen (besonders empfehlenswert Tandoori-Lachs). Dabei verzichtet es auf jeden Dünkel – die Atmosphäre ist locker und die Bedienung äußerst zuvorkommend.

★ Dill SKANDINAVISCH €€€
(Karte S. 60; ☎552 1522; www.dillrestaurant.is; Hverfisgata 12; 3-Gänge-Menü ab 8100 ISK; ⌚Mi–Sa 19–22 Uhr) In dem eleganten und dennoch schlichten Bistro ist neue nordische Küche Trumpf. Hier dreht sich alles um das gute Essen und dazu werden die regionalen Lebensmittel in einer wahren Gänge-Parade aufgefahren. Die Inhaber sind mit den Betreibern des berühmten Noma befreundet und haben sich von dem gefeierten Kopenhagener Restaurant stark inspirieren lassen. Ohne Reservierung ist in dem bei Einheimischen wie Besuchern gleichermaßen beliebten Restaurant kein Platz zu bekommen.

Friðrik V ISLÄNDISCH €€€
(Karte S. 60; www.fridrikv.is; Laugavegur 60; Hauptgerichte mittags/3-Gänge-Menü abends 1750/7500 ISK; ⌚Di–Fr 11.30–13.30 & Di–Sa 17.30–22 Uhr) Der gleichnamige Chefkoch dieses Spitzenlokals für isländische Gourmetküche ist ein Verfechter der Slow-Food-Idee in Island. Verwendet werden ausschließlich sorgfältig ausgesuchte lokale Produkte.

Gallery Restaurant INTERNATIONAL €€€
(Karte S. 60; ☎552 5700; www.holt.is; Bergstaðastræti 37, Hotel Holt; Hauptgerichte 4350–7000 ISK) Das Top-Restaurant macht seinem Namen alle Ehre: Zwischen den Originalen an den Wänden fühlt man sich wie im Wohnzimmer eines kunstsinnigen Freun-

des. Das Essen – eine Kombination aus isländischer und französischer Küche – ist erstklassig; die Brasserie-Speisekarte tagsüber (Hauptgerichte 2000–3000 ISK) ist einen Tick schlichter.

Sushisamba FUSIONSKÜCHE €€€

(Karte S. 60; ☎568 6600; www.sushisamba.is; Þingholtsstræti 5; Hauptgerichte 1900–6000 ISK, mehrgängige Menüs 7000–9000 ISK; ⏲So–Do 17–23, Fr & Sa bis 24 Uhr) Hier sollen Tom Cruise und Katie Holmes ihre letzte Mahlzeit als verheiratetes Paar eingenommen haben (bei Vorabreservierung können Gäste darum bitten, an ihrem Tisch platziert zu werden). Sushisamba verbindet Sushi mit internationalen Elementen, serviert aber auch Fleisch und Meeresfrüchte.

Argentína STEAKHAUS €€€

(Karte S. 56; ☎551 9555; www.argentina.is; Barónsstígur 11a; Hauptgerichte 4000–7200 ISK; ⏲So–Do 18–22, Fr & Sa 17.30–23 Uhr) Das schummerige Steakhaus ist zu Recht stolz auf das saftige einheimische Rindfleisch und den frischen Fisch vom Grill, wobei die Weinkarte dem Essen in nichts nachsteht. Die Bar ist bis Mitternacht oder ein Uhr offen.

Selbstversorger

Frú Lauga MARKT

(Karte S. 60; ☎534 7185; www.frulauga.is; Óðinsgata 1; ⏲Mo–Fr 11–18, Sa bis 16 Uhr; 🖉) Dieser Ableger des besten Bauernmarkts der Stadt bietet in zentraler Lage ein ausgezeichnetes Warenangebot mit allerfrischesten Molkereiprodukten, Fleisch, Gemüse, Kräutern und Gewürzen sowie diverse Heil- und Pflegeprodukte aus regionaler Herstellung.

Bónus SUPERMARKT €

(Karte S. 60; Laugavegur 59; ⏲Mo–Do 11–18.30, Fr 10–19.30, Sa 12–18 Uhr) Günstigster Supermarkt im Zentrum. Eine weitere Filiale ist im **Einkaufszentrum Kringlan** (Karte S. 56; Einkaufszentrum Kringlan; ⏲Mo–Do 12–18.30, Fr 10–19.30, Sa bis 18, So 12–18 Uhr).

Krambúð SUPERMARKT

(Karte S. 60; Skólavörðustígur 42; ⏲Mo–Fr 8–23.30, Sa & So 10–23.30 Uhr) Teuer, aber dafür in zentraler Lage und bis spät geöffnet.

Südlich vom Zentrum

Nauthóll ISLÄNDISCH €€€

(Karte S. 56; ☎599 6660; www.nautholl.is; Nauthólsvegur 106; Hauptgerichte 2290–7000 ISK; ⏲Mo–Sa 11–22 Uhr, So bis 17 Uhr) Dieses tolle Restaurant für isländisches Essen residiert etwas außerhalb des Zentrums in einem zierlichen Glaskasten direkt neben dem Thermalstrand Nauthólsvík mit Blick aufs Wasser. Tagsüber ist es ganz ungezwungen.

Laugardalur

★ Café Flóra CAFÉ €

(Flóran; Karte S. 56; ☎553 8872; www.floran.is; Botanischer Garten; Kuchenstück 850 ISK, Hauptgerichte 950–2500 ISK; ⏲Juni–Aug. 10–22 Uhr; 🖉) Das hübsche Café im Botanischen Garten hat sonnige Tische im Glashaus sowie im Freien auf einer Terrasse voller Blumen. Seine Spezialität sind die guten Zutaten aus regionalem Anbau, die teilweise sogar aus dem eigenen Garten hier stammen. Die Suppen werden mit phantastischem Sauerteigbrot serviert und die Snacks reichen vom Sandwich mit Schweinebraten bis zur Käseplatte mit Nüssen und Honig. Der krönende Abschluss ist ein Kaffee mit hausgemachtem Kuchen.

Frú Lauga MARKT

(Karte S. 56; ☎534 7165; www.frulauga.is; Laugalækur 6; ⏲Mo–Fr 11–18, Sa bis 16 Uhr; 🖉) Dieser Vorzeige-Bauernmarkt bezieht seine Waren aus dem ganzen Land. Hier gibt es Leckerbissen zu entdecken wie *skyr*-Süßspeisen aus Erpsstaðir (S. 196), Biogemüse, Rhabarberkonserven, Fleisch, Honig Schokolade, Wein und sorgfältig ausgewählte Pasta aus dem Ausland. Der Markt hat einen Ableger im Zentrum (s. o.).

Vox ISLÄNDISCH €€€

(Karte S. 56; ☎444 5050; www.vox.is; Suðurlandsbraut 2; Hauptgerichte 4100–6200 ISK; ⏲11.30–22.30 Uhr) Das Fünfsternelokal im Hilton wurde kürzlich runderneuert und zieht mit seiner neuen nordischen Küche und dem berühmten Sonntagsbrunch nach wie vor Gäste in Scharen an.

Ausgehen & Nachtleben

In Reykjavík ist es nicht immer ganz einfach, Cafés, Restaurants und Bars zu unterscheiden: Abends (ob die Sonne nun untergegangen ist oder nicht) werfen viele Coffeeshops und Bistros die Stereoanlage an und tauschen Cappuccino gegen Cocktail. Die bierbetonte Barszene wird zunehmend durch feinere Cocktailbars ergänzt; einige Hotels und Hostels haben aber auch trendige Bars.

Ausgehen ist allerdings kein billiges Vergnügen – die besten Preise bekommt man

BECHERN AUF ISLÄNDISCH

Die Isländer haben im Winter eine Menge Zeit, ihre Braukünste zu verfeinern. Kein Wunder, dass es inzwischen eine ganze Reihe guter Brauereien und Destillerien gibt. Hier ein kleiner Spickzettel für die nächste Bestellung:

Brennivín Ein teuflisch scharfer, neongrüner Kümmelschnaps (80-prozentig).

Opal Aromatisierter Wodka mit mehreren Menthol- und Lakritzvarianten (50-prozentig).

Flóki Isländischer Single Malt Whiskey.

64° Reykjavík Die Mikrobrennerei produziert Katla Wodka, Aquavit, Kräuterliköre und Schnaps (z. B. Wacholder oder Blaubeere).

Reyka Islands erste Schnapsbrennerei steht in Borgarnes und stellt kristallklaren Wodka her.

Bier!

Egils, Gull, Thule und Viking sind Islands beliebteste (typischerweise helle) Biere. Seit geraumer Zeit rollen jedoch Kleinbrauereien das Feld von hinten auf. Ihre Biere sind in Reykjavík und allen größeren Städten in den meisten Bars zu haben.

Borg Brugghús (www.borgbrugghus.is) Preisgekrönte Kleinbrauerei mit leckeren Bieren vom Bríó-Pils bis zum Úlfur IPA und dem Dunkelbier Garún. Das über Schafdung geräucherte IPA Fenrir ist gewöhnungsbedürftig.

Einstök Brewing Company (www.einstokbeer.com) Die Kleinbrauerei in Akureyri mit dem einprägsamen Wikingeremblem braut ein herausragendes isländisches Pale Ale sowie weitere helle und dunkle Sorten.

Kaldi (www.bruggsmidjan.is) Die beliebten Biere dieser Mikrobrauerei werden nach tschechischem Verfahren gebraut und sind weit verbreitet. Die coole Bar Kaldi (S. 88) schenkt saisonale Fassbiere aus, die es sonst nirgends gibt.

Steðji Brugghús (www.stedji.com) Die kleine Familienbrauerei in Borgarnes bringt jedes Jahr neue Biere, vom Erdbeerbier bis zum Hellen, auf den Markt.

Ölvisholt Brugghús (www.brugghus.is) Solide Auswahl an Mikrobieren aus Südisland, darunter ein auffälliges Lava-Bräu.

zur Happy Hour. Wer wann günstiger ausschenkt, verrät die Smartphone-App *Reykjavík Appy Hour*. Reykjavík ist ein erprobtes Pflaster für Kneipenbummel.

★Kaffibarinn BAR

(Karte S. 60; www.kaffibarinn.is; Bergstaðastræti 1; ⌚So–Do 14–1, Fr & Sa bis 4.30 Uhr) Das alte Haus mit dem Schild der London Underground über der Tür beherbergt eine der coolsten Bars von Reykjavík, die sogar eine Starrolle im Kultfilm *101 Reykjavík* (2000) spielte. Am Wochenende braucht man ein berühmtes Gesicht oder einen Rammbock, um reinzukommen. Zu anderen Zeiten hängen hier Künstlertypen mit ihren Macs ab.

★KEX Bar BAR

(Karte S. 60; www.kexhostel.is; Skúlagata 28; ⌚12–23 Uhr; 📶) Unglaublich, aber wahr: Das Bar-Restaurant in der ehemaligen Keksfabrik (ja, *kex* heißt tatsächlich Keks) gehört zwar zu einem Hostel, ist aber ziemlich angesagt. Die Saloon-Türen führen in ein hippes Lokal im Stil von Las Vegas in den 1920er-Jahren, mit breiter Fensterfront zum Meer, Innenhof, altmodischem Herrensalon und abgetretenem Fußboden.

★Micro Bar BAR

(Karte S. 60; Austurstræti 6; ⌚Juni–Sept. 14–24, Okt.–Mai 16–14 Uhr) Biere aus kleinen Brauereien werden in diesem unaufgeregten Laden in der Nähe des Austurvöllur großgeschrieben. Verschiedene Marken und Länder stehen zur Auswahl, vor allem aber zehn lokal gebraute Sorten der besten Mikrobrauereien Islands. Das Mini-Probierpaket mit fünf Biersorten kostet 2500 ISK, zur Happy Hour (17–19 Uhr) gibt's Bier für 600 ISK.

★Loftið COCKTAILBAR

(Karte S. 60; ☎551 9400; www.loftidbar.is; Austurstræti 9, 2. OG; ⌚So–Do 14–1, Fr & Sa 16–4 Uhr) Im Loftið dreht sich alles um High-End-Cocktails und das Gute im Leben. Die luftige Bar

HOCHPROZENTIGES

- In Bars und Restaurants ist Alkohol ziemlich teuer, da lohnt sich die Happy Hour.
- Eine Alkoholverkaufslizenz haben nur die staatlichen **Vínbúðin** (www.vinbudin.is), von denen es in Reykjavík fünf gibt.
- Die günstigsten Preise zahlt, wer sich bei der Ankunft im Internationalen Flughafen Keflavík im Duty Free eindeckt.

im Obergeschoss hat eine verzinkte Theke, das Retro-Styling eines Herrenschneiders und Gäste, die sich ordentlich in Schale werfen, bevor sie herkommen. Was hier ins Glas kommt, verstaubt anderswo auf dem obersten Regal. Donnerstags spielen jazzige Combos Livemusik.

★ Kaldi BAR

(Karte S. 60; www.kaldibar.is; Laugavegur 20b; ⌚ So–Do 12–1, Fr & Sa bis 3 Uhr) In dem lässig coolen Laden hocken die Gäste auf zusammengewürfelten Sitzgelegenheiten oder blaugrünen Sitzbänke oder stehen auf dem Innenhof für Raucher zusammen. Das Tollste ist das komplette Sortiment von Bieren aus der Mikrobrauerei Kaldi, die es sonst nirgends gibt. Zur Happy Hour (16–19 Uhr) kosten sie nur 650 ISK. Jeder, der kann und will, darf auf dem Piano spielen.

Tiú Droppar CAFÉ

(Zehn Tropfen; Karte S. 60; ☎551 9380; Laugavegur 27; ⌚ Mo–Do 9–1, Sa & So 10–1 Uhr; 📶) Der gemütliche, mit Teekannen dekorierte Kellerraum ist eines jener für Reykjavík typischen Cafés, die tagsüber Waffeln, Brunch (640–990 ISK) und Sandwiches servieren und sich abends in eine Weinbar mit gelegentlicher Livemusik verwandeln. Sonntagabends greift ein Pianist in die Tasten, der angeblich jeden Song nach Gehör sofort nachspielen kann.

Kiki SCHWULENBAR

(Karte S. 60; www.kiki.is; Laugavegur 22; ⌚ Fr & Sa 23–16.30 Uhr) Die Schwulenbar ist *der* Ort zum Tanzen (hauptsächlich zu Pop und Electronica). Generell wird in Reykjavíks Nachtleben eher getrunken als getanzt.

Bravó BAR

(Karte S. 60; Laugavegur 22; ⌚ Mo–Do 6.30–1, Fr & Sa bis 4.30 Uhr; 📶) In der lässigen Bar arbeiten freundliche, kundige Barkeeper und es läuft coole Musik. Sie ist klasse zum Leutegucken und während der Happy Hour (17–21 Uhr) kosten regionale Biere nur 500 ISK. Rundum eine feine Sache.

Slippbarinn COCKTAILBAR

(Karte S. 60; ☎560 8080; www.slippbarinn.is; Mýrargata 2; ⌚ So–Do 11.30–24, Fr & Sa bis 1 Uhr) In dieser Bar in einem angesagten Hotel mit Restaurant im alten Hafen trifft sich der Jetset. Zwischen alten Plattenspielern plaudern Einheimische bei den besten Cocktails der Stadt.

Prikið PUB

(Karte S. 60; ☎551 2866; www.prikid.is; Bankastræti 12; ⌚ Mo–Do 8–1, Fr bis 4.30, Sa 11–4.30, So 11–1 Uhr) Das Prikið ist eine der ältesten Kneipen der Stadt. Die Atmosphäre liegt irgendwo zwischen Diner und Saloon und ist großartig für alle, die deftiges Essen (Hauptgerichte 1700–3500 ISK) und Geselligkeit suchen. Je früher der Morgen, desto mehr

SCHWULEN- & LESBENSZENE

Reykjavík ist ausgesprochen schwulenfreundlich. Die **Reykjavík Pride Parade** (www.reykjavikpride.com) gehört zu Islands Top-Events: 2014 ging ein Viertel der Landesbevölkerung auf die Straße. Schwullesbische Reisetipps gibt es unter **Gayice** (www.gayice.is).

Literary Reykjavík (S. 69) bietet eine App an, die ein Feature „Queer Literature" hat. Das schwule Nachtleben pulsiert im Tanzclub Kiki.

Samtökin '78 (Karte S. 60; ☎552 7878; www.samtokin78.is; Laugavegur 3, 4. OG; ⌚ Büro Mo–Fr 13–17, Queer Center Do 20–23 Uhr) Die schwullesbische Organisation erteilt während der Bürozeit Auskünfte und betreibt donnerstagabends einen Treffpunkt.

Pink Iceland (☎562 1919; www.pinkiceland.is; Laugavegur 3; ⌚ Mo–Fr 9–17 Uhr) Islands erstes Reisebüro von und für Schwule und Lesben organisiert Reisen aller Art, Events, Hochzeiten und geführte Touren, z. B. einen zweistündigen Stadtrundgang durch Reykjavík (5500 ISK).

DJAMMIÐ: AUF SAUFTOUR IN REYKJAVÍK

Reykjavík ist bekannt für seine Partyszene am Wochenende, in der die Nächte zum Tag gemacht werden. Im Sommer kann sich die Party auch auf den einen oder anderen Wochentag ausweiten. So richtig einen draufmachen heißt in der Hauptstadt *djammið* oder auch *pöbbarölt*: auf Kneipentour gehen. (Nicht zu verwechseln mit der berüchtigten *rúntur*, bei der die isländische Landjugend im Autokorso durch die Stadt zieht.)

Die Party steigt in den Cafés und Bistros. Am Wochenende verwandeln sie sich in wilde, bierselige Bars. Es gibt aber auch „richtige" Kneipen und Clubs. Nicht die bloße Zahl der Trinkschuppen macht Reykjavíks Nachtleben so besonders, sondern die Energie, die sie ausstrahlen!

Schon wegen der hohen Alkoholpreise kommt das Geschehen erst spät in Schwung. Die Isländer stürzen sich erst mal ins Getümmel in den staatlichen Alkoholläden **Vínbúð** (www.vinbudin.is), um sich dann mit ihrer Beute zum Vorglühen nach Hause zurückzuziehen. Wenn sie gegen Mitternacht richtig in Stimmung sind, strömen sie in die Stadt, feiern bis 5 Uhr, essen einen Hotdog und kippen dann ins Bett oder in die Gosse. Angesichts der Alkoholmengen, die hier genossen werden, läuft das Ganze erstaunlich friedlich ab.

Statt sich den ganzen Abend in einem Lokal einzunisten, stromern die Isländer lieber von Bar zu Bar und werden im Laufe des Abends immer hemmungsloser. Vor den angesagten Clubs stehen teilweise lange Schlangen, die sich aber dank der ständig weiterziehenden Gäste meist schnell vorwärtsbewegen.

Am meisten los ist rund um Laugavegur und Austurstræti. Sonntag bis Donnerstag haben die meisten Lokale bis 1 Uhr auf, Freitag und Samstag bis 4 oder 5 Uhr. Ein Bier kostet 800 bis 1200 ISK, Cocktails schwindelerregende 1800 bis 2600 ISK. Manche Lokale verlangen nach Mitternacht Eintritt (rund 1000 ISK) und viele haben am frühen Abend eine Happy Hour, in der der Bierpreis auf 500 bis 700 ISK fällt. Aufschluss gibt die Smartphone-App *Reykjavík Appy Hour*.

Die Szene verändert sich laufend. Aktuelle Veranstaltungstipps gibt's im Magazin *Grapevine*. Generell ist Aufstylen angesagt, aber manche Kneipen sind auch salopper. An Menschen unter 20 Jahren darf kein Alkohol ausgeschenkt werden.

wird getanzt, und wer die Nacht überlebt hat, kann am nächsten Tag zum Katerfrühstück (2590 ISK) wiederkommen.

Boston BAR

(Karte S. 60; ☎577 3200; Laugavegur 28b; ⏱So–Do 16–1, Fr & Sa bis 3 Uhr) Die entspannte Lounge der coolen, künstlerischen Bar, in der gelegentlich DJs auflegen, liegt hinter einer Tür auf der Laugavegur.

Dillon BAR, LIVEMUSIK

(Karte S. 60; ☎578 2424; Laugavegur 30; ⏱So–Do 14–1, Fr & Sa bis 3 Uhr) Bier, Bärte und fliegende Flaschen ... das urige Dillon ist eine rockige Kneipe mit großartigem Biergarten. Auf der winzigen Eckbühne stehen häufig Livemusiker.

Paloma CLUB

(Karte S. 60; Naustin 1–3; ⏱Club: Fr & Sa 22–4.30, Kellerbar: tgl. ab 20 Uhr) Einer der besten Tanzclubs in Reykjavík. Im Obergeschoss legt der DJ Electronica und Pop auf, im Keller steht ein Billardtisch. Das Paloma befindet sich im gleichen Gebäude wie das Dubliner.

Lebowski Bar BAR

(Karte S. 60; Laugavegur 20a; ⏱So–Do 11.30–1, Fr & Sa bis 4 Uhr) Benannt nach dem berühmtesten Dude der Filmgeschichte steht die grungige, ganz und gar amerikanisch gestylte Lebowski Bar voll im Leben. Die Karte enthält eine lange Liste von, na was wohl, White Russians (1500 ISK).

Hressingarskálinn PUB

(Karte S. 60; www.hresso.is; Austurstræti 20; ⏱So–Do 9–1, Fr & Sa 10–4.30 Uhr; 📶) Die geräumige Café-Bar, kurz „Hressó" genannt, serviert täglich bis 22 Uhr Sättigendes von der abwechslungsreichen Speisekarte (von Haferbrei bis *plokkfiskur*; Hauptgerichte 1700–4500 ISK). Am Wochenende wirft sie ihr kultiviertes Mäntelchen ab und setzt Trinken und Tanzen auf die Tagesordnung. Donnerstag bis Samstag legen DJs Pop und Rock auf.

Bast BAR

(Karte S. 60; ☎519 7579; www.bast.is; Hverfisgata 20; ⏱Mo–Mi 11–24, Do–Sa bis 1, So bis 20 Uhr) Junge, gut gelaunte Afterwork-Tänzer drängen sich in der lagerhausähnlichen DJ-Bar.

Lavabarinn CLUB
(Karte S. 60; Lækjargata 6; ⌚ Do 17–1, Fr & Sa bis 4.30 Uhr) In dem ehemaligen illegalen Herrenclub legen die DJs House, R&B, Electronica und Pop auf.

English Pub PUB
(Enski Barinn; Karte S. 60; www.enskibarinn.is; Austerstræti 12a; ⌚ So–Do 12–1, Fr & Sa bis 4.30 Uhr) Gutes Pub zum Fußballgucken.

☆ Unterhaltung

Die Livemusik-Szene der Stadt ist lebendig und ständig im Wandel. Viele Gigs finden in Bars und Cafés statt. Im Theater und im Konzerthaus Harpa (S. 64) werden alle Formen der darstellenden Kunst auf die Bühne gebracht.

Termine sowie die neuesten Infos aus der isländischen Musik- und Theaterszene liefern das englischsprachige Magazin *Grapevine* (www.grapevine.is) sowie die Websites **Visit Reykjavík** (www.visitreykjavik.is), **What's On in Reykjavík** (www.whatson.is/magazine) und **Musik.is** (www.musik.is). Veranstaltungskalender hängen in den Musikläden aus.

Tickets sind teilweise online unter **Midi** (www.midi.is) oder **Dash Tickets** (www.dashtickets.is) erhältlich.

★ Bíó Paradís KINO
(Karte S. 60; www.bioparadis.is; Hverfisgata 54; Erw. 1600 ISK; 📶) Das supercoole Kino ist mit Filmplakaten und alten Bürogeräten dekoriert und bringt eine gute Auswahl isländischer Streifen mit englischen Untertiteln auf die Leinwand. Eine einmalige Chance, Filme zu sehen, die wahrscheinlich nirgendwo anders laufen. Außerdem ist hier von 17 bis 19.30 Happy Hour.

Café Rosenberg LIVEMUSIK
(Karte S. 60; ☎ 551 2442; Klapparstígur 25–27; ⌚ Mo–Do 15–1, Fr & Sa 16–2 Uhr) Das große, mit Bücherregalen tapezierte Lokal mit breiter Fensterfront zur Straße steht voller Sofas und Cocktailtischen und präsentiert alle möglichen Liveauftritte vom lokalen Liedermacher bis zur Jazzcombo.

Húrra LIVEMUSIK
(Karte S. 60; Tryggvagata 22; ⌚ So–Do 17–1, Fr & Sa bis 4.30 Uhr; 📶) Die dunkle, ungeschminkte Bar wird fast jeden Abend zur Bühne für Livemusik und DJs, sobald das Hinterzimmer geöffnet ist. Die Leitung ist dieselbe wie im Bravó, es gibt sechs Biersorten vom Fass sowie eine Happy Hour bis 22 Uhr (Bier/Wein 500/700 ISK).

Nationaltheater THEATER
(Þjóðleikhúsið; Karte S. 60; ☎ 551 1200; www.leikhusid.is; Hverfisgata 19; ⌚ Juli geschl.) Das Nationaltheater bespielt drei Bühnen, auf denen Sprechtheater, Musicals und Opern zu sehen sind – von zeitgenössischen isländischen Autoren bis zu Shakespeare.

Stadttheater Reykjavík THEATER, TANZ
(Borgarleikhúsið; Karte S. 56; ☎ 568 8000; www.borgarleikhus.is; Listabraut 3, Kringlan; ⌚ Juli & Aug. geschl.) Sprechtheater und Musicals. Hier ist außerdem die **Icelandic Dance Company** (Karte S. 56; ☎ 588 0900; www.id.is) zuhause.

Iðnó Theater THEATER
(Karte S. 60; ☎ 551 9181; www.idno.is; Vonarstræti 3) Isländische Stücke, überwiegend Komödien.

Laugardalshöllin KONZERTBÜHNE
(Karte S. 56; Engjavegur 8, Laugardalur) Riesige Konzertbühne mit internationalen Künstlern.

Nationalstadion Laugardalsvöllur STADION
(Karte S. 56; ☎ 510 2914) In Island herrscht große Begeisterung für Fußball. Pokalspiele und internationale Begegnungen finden im Nationalstadion in Laugardalur statt. Termine sind dem Sportteil der städtischen Zeitungen zu entnehmen oder beim **isländischen Fußballverband** (Knattspyrnusamband Íslands - KSÍ; ☎ 510 2900; www.ksi.is) zu erfragen. Karten können direkt am Stadion gekauft werden.

🔒 Shoppen

Die lebhafte Designkultur macht Reykjavík zu einem tollen Shoppingziel. Hier findet jeder etwas, das ihm gefällt, vom schicken Geldbeutel aus Fischleder oder einem *lopapeysur* (Islandpullover) bis zur CD mit isländischer Musik oder *brennivín*, einen leckeren Schnaps. In der ganzen Stadt gibt es interessante Läden. Die größte Ladendichte hat aber die Laugavegur. Mode ist hauptsächlich auf dem Stück Richtung Frakkastígur- bzw. Vitastígur zu haben. Wer Schmuck sucht, schaut am besten in der Skólavörðustígur, während für Souvenirs Bankastræti und Austurstræti die bessere Adresse sind.

Nicht vergessen: Ausländer können sich bei ihren Einkäufen unter gewissen Voraussetzungen die Mehrwertsteuer von 15 % erstatten lassen (S. 391).

★**Kirsuberjatréð** KUNST & KULTUR

(Karte S. 60; ☎562 8990; www.kirs.is; Vesturgata 4; ⏲Mo–Fr 10–19, Sa bis 17, So bis 16 Uhr) Das Frauenkollektiv für Kunst und Design nutzt eine alte Buchhandlung mit historischem Mobiliar um. Zu kaufen gibt's im „Kirschbaum" Handtaschen aus Fischleder, Spieluhren aus Schnur und – unser Favorit – wunderschöne, bunte Schüsseln aus Radieschenscheiben und Pappmaché. Der Laden existiert seit rund 20 Jahren und verkauft inzwischen Produkte von 12 Designerinnen.

★**Kraum** KUNST & KULTUR

(Karte S. 60; www.kraum.is; Aðalstræti 10; ⏲Mo–Fr 9–18, Sa & So 12–17 Uhr) *Kraum* heißt „brodelnd" – nach Islands bebender Erde und den kreativen Ausbrüchen seiner Bewohner. Die ortsansässigen Künstler, die den Laden zusammen betreiben, tragen einzigartige Designstücke, wie Kleidungsstücke aus Fischhaut und Möbel aus Treibholz, zu Markte. Das Haus ist das älteste der Stadt.

★**Kiosk** BEKLEIDUNG

(Karte S. 60; ☎445 3269; Laugavegur 65; ⏲Juni–Aug. Mo–Fr 10–18, Sa 11–17, So 13–16 Uhr, Sept.–Mai kürzere Öffnungszeiten) Die Designerkooperative präsentiert in einer Boutique mit Glasfront wunderbare kreative Damenmode. Im Verkauf wechseln sich die Designer ab.

★**KronKron** BEKLEIDUNG, SCHUHE

(Karte S. 60; ☎562 8388; www.kronkron.com; Laugavegur 63b; ⏲Mo–Fr 10–18, Sa bis 17 Uhr) Reykjavík goes Haute Couture – mit Marc Jacobs, Vivienne Westwood und Konsorten. Etwas Besonderes sind die skandinavischen Designer (z. B. Kron von KronKron), die mit Kreationen wie Seidenkleidern, Strickumhängen, Schals und Wollunterwäsche aufwarten. Ohne Gleichen sind die handgemachten Schuhe (in der gleichen Straße bei Kron zu kaufen).

★**Kron** SCHUHE

(Karte S. 60; ☎551 8388; www.kron.is; Laugavegur 48; ⏲Mo–Fr 10–18, Sa bis 17 Uhr) Krons eigenwillige, handgemachten Schuhe haben genau den Flair, den man von einem isländischen Label erwartet: leuchtende Farben, coole Textur – und (diese pragmatischen Isländer!) sie sind sogar tragbar.

★**Mál og Menning** BÜCHER

(Karte S. 60; ☎580 5000; Laugavegur 18; ⏲Mo–Fr 9–22, Sa 10–22 Uhr) Der freundliche, belesene und gut sortierte Einzelbuchhändler hat großartige (englischsprachige) Literatur zu Island, wie z. B. *Thermal Pools in Iceland* von Jón G Snæland und Þóra Sigurbjörnsdóttir. Dieses und andere Bücher kann man im gut besuchten Café vor Ort ganz lässig durchblättern. Auch CDs, Spiele und Zeitschriften gehen über den Ladentisch.

SÓLEY ORGANICS: PFLEGE AUS ISLAND

Einen eigenen Shop hat der regionale Kosmetikhersteller **Sóley Organics** (www.soleyorganics.com) nicht, aber seine wunderbaren Pflegeprodukte werden in allen Bioläden der Kette **Heilsuhúsið** (Karte S. 60; ☎552 2966; www.heilsuhusid.is; Laugavegur 20; ⏲Mo–Fr 10–18, Sa 11–16 Uhr) sowie in der Drogeriekette Lyfja verkauft. Bei Hagkaup in den Einkaufszentren Kringlan und Smáralind sowie im Duty Free am Flughafen Keflavík und in vielen besseren Spas sind sie ebenfalls zu haben.

★**Kolaportið** FLOHMARKT

(Karte S. 60; www.kolaportid.is; Tryggvagata 19; ⏲Sa & So 11–17 Uhr) Dieser Flohmarkt in einer großen Industriehalle am Hafen ist eine Reykjavíker Institution. Das Angebot an Secondhandklamotten und altem Spielzeug könnte besser sein, aber der Besuch ist trotzdem ein Erlebnis, zu dem nicht zuletzt die Lebensmittelstände mit traditionellen Imbissen wie *rúgbrauð* (geothermisch gebackenes Roggenbrot), *brauðterta* („Brottorte", mehrere Brotlagen mit verschiedenen Mayonnaisefüllungen) und *hákarl* (fermentiertes Haifleisch) beitragen.

Lucky Records MUSIK

(Karte S. 56; ☎551 1195; www.luckyrecords.is; Rauðarárstígur 10; ⏲Mo–Fr 9–22, Sa & So 11–22 Uhr) Dieser Hort der guten Klänge hat stapelweise moderne isländische Musik, aber auch jede Menge altes Vinyl. Das riesige Angebot umfasst alles von Hip-Hop über Jazz bis zu Electronica. Hin und wieder gibt's Livemusik.

12 Tónar MUSIK

(Karte S. 60; www.12tonar.is; Skolavörðustígur 15; ⏲10–20 Uhr) Der Laden ist ein supercooler Ort zum Abhängen und für einige der beliebtesten isländischen Bands bereits zum Sprungbrett geworden. In dem dreigeschossigen Laden kann man CDs hören, Kaffee

DER ISLANDPULLOVER: LOPAPEYSUR

Lopapeysur heißen die allgegenwärtigen Islandpullover, die Einheimische wie Touristen mit Vorliebe tragen. Die aus wasserabweisender Islandwolle gestrickten Pullover sind mollig warm und dick, mit geometrischem Muster oder regionalen Motiven. Sie sind nicht mehr so günstig wie noch in den 1960er-Jahren. Der Preisunterschied zwischen handgemacht und maschinengestrickt macht sich zusätzlich bemerkbar (manche kosten deutlich über 200 €), aber die ebenso schönen wie praktischen Teile sind ein äußerst tragbares Andenken.

Isländischer Handstrickverband (Handprjónasamband Íslands; Karte S. 60; ☎552 1890; www.handknit.is; Skólavörðustígur 19; ⌚Mo–Fr 9–21, Sa bis 18, So 10–18 Uhr) Die Strickgenossenschaft verkauft handgestrickte Mützen, Socken und Pullover, aber auch Garn, Stricknadeln und Strickmuster. Sie betreibt noch eine kleinere Filiale (Karte S. 60; ☎562 1890; Laugavegur 53b; ⌚Mo–Fr 9–17, Sa 10–17 Uhr), die ausschließlich fertige Strickwaren verkauft.

Álafoss (Karte S. 60; ☎562 6303; www.alafoss.is; Laugavegur 8; ⌚9–22 Uhr) Haufenweise hand- und maschinengestrickte *lopapeysur* und andere Strickwaren. Das Factory-Outlet (☎566 6303; www.alafoss.is; Álafossvegur 23, Mosfellsbær; ⌚Mo–Fr 9–18, Sa bis 16 Uhr) verkauft auch Garn und Stricknadeln.

schlürfen und eben ab und an auch Liveauftritte miterleben. Im Konzerthaus Harpa gibt es inzwischen eine Filiale.

Eymundsson BÜCHER
(Karte S. 60; www.eymundsson.is; Austurstræti 18; ⌚Mo–Fr 9–22, Sa & So 10–22 Uhr) Die große, zentral gelegene Buchhandlung hat eine exzellente Auswahl englischsprachiger Bücher, Zeitschriften und Landkarten sowie ein großartiges Café. Eine Filiale ist in der **Skólavörðustígur** (Karte S. 60; Skólavörðustígur 11; ⌚Mo–Fr 9–22, Sa & So 10–2 Uhr).

Leynibuðin BEKLEIDUNG
(Karte S. 60; www.leynibudin.is; Laugavegur 55; ⌚Mo–Fr 11–18 Uhr) Das Gemeinschaftsprojekt junger Designer ist ein stattlicher Minimarkt örtlich gefertigter Kleidungsstücke. Die Stücke gehen in Richtung Hipster und Grunge und spiegeln den aktuellen Made-at-Home-Trend in Reykjavík.

Skúma Skot KUNST & KULTUR
(Karte S. 60; ☎663 1013; Laugavegur 23; ⌚Di–Fr 10–18, Sa & So bis 16 Uhr) Die einmaligen, handgemachten Porzellanobjekte, Damen- und Kinderkleider, Gemälde und Karten stammen von neun verschiedenen Designern. Der Laden befindet sich in einem winzigen Haus hinter dem Reisebüro Booking Lounge.

Spark KUNST & KULTUR
(Karte S. 60; ☎552 2656; www.sparkdesignspace.com; Klapparstígur 33; ⌚Mo–Fr 10–18, Sa 12–16 Uhr) Die Galerie mit Laden präsentiert Stücke toller lokaler Designer nach dem Rotationsprinzip. Zu kaufen sind Kunst und Strickwaren sowie Modelle aus Fischknochen.

Gangleri Outfitters CAMPINGAUSRÜSTUNG
(Karte S. 60; ☎583 2222; www.outfitters.is; Hverfisgata 82; ⌚Mo–Fr 10–19, Sa & So 11– 17 Uhr) Hier gibt's Campingausrüstung zum Kaufen oder auch zum Mieten: Zelte, Schlafsäcke, Kocher, Rucksäcke, Wanderstiefel, Kletterausrüstung usw.

Fjallakofinn CAMPINGAUSRÜSTUNG
(Karte S. 60; ☎510 9505; www.fjallakofinn.is; Laugavegur 11; ⌚Mo–Fr 9–19, Sa 10–16, So 12–17 Uhr) Der Laden im gleichen Haus wie das Buchungsbüro von Arctic Adventures führt haufenweise Camping- und Kletterausrüstung von namhaften Herstellen sowie GoPros und Co. Allerdings ist er nicht ganz billig. **Ausrüstungsverleih** wird auch angeboten und es gibt noch eine Filiale in Kringlan.

66° North BEKLEIDUNG
(Karte S. 60; ☎535 6680; www.66north.is; Bankastræti 5; ⌚9–22 Uhr) Die Nr. 1 unter den Outdoormarken in Island hat mit Allwetterbekleidung für Arktisfischer angefangen. Mit der Zeit wurde daraus teure, modische Streetwear: Jacken, Fleecejacken, Mützen und Handschuhe. Die Kinderfiliale ist eine Straße weiter und weitere Boutiquen sind im Einkaufszentrum Kringlan.

Geysir BEKLEIDUNG
(Karte S. 60; ☎519 6000; www.geysir.com; Skólavörðustígur 16; ⌚10–22 Uhr) Geysir hat eine elegante Auswahl an traditionellen Islandpullovern, Decken, Herren- und Damenbekleidung sowie Schuhe und Taschen.

Gaga BEKLEIDUNG
(Karte S. 60; ☎551 2306; www.gaga.is; Vesturgata 4; ⌚Mo–Fr 10–18, Sa bis 16 Uhr) Eigenwillige Strick- und Filzwaren von Designerin Gaga Skorrdal.

Aurum SCHMUCK
(Karte S. 60; ☎551 2770; Bankastræti 4; ⌚Mo–Fr 10–18, Sa 11–17 Uhr) Geschäftsgründerin und -führerin Guðbjörg ist eine von Reykjavíks interessantesten Schmuckdesignerinnen. Viele ihrer raffinierten, hauchfeinen Silberkreationen sind von Blatt- und Blütenformen inspiriert.

Iceland Giftstore SOUVENIRS
(Rammagerðin; Karte S. 60; ☎535 6690; www.icelandgiftstore.com; Hafnarstræti 19; ⌚Mo–Fr 9–22, Sa & So 10–22 Uhr) Wer sich vom ausgestopften Papageitaucher im Fenster nicht irritieren lässt, findet hier einen gehobenen Souvenirladen mit vielen Strickwaren und Kunsthandwerk. Eine weitere Filiale gibt es am Internationalen Flughafen in Keflavík.

Viking SOUVENIRS
(Karte S. 60; www.theviking.is; Laugavegur 1; ⌚9–22 Uhr) Der überfüllte Souvenirladen mit Riesentrollen vor und Touristenhorden hinter der Tür ist schwer zu übersehen. In der Hafnarstræti 1 ist noch eine Filiale.

Kría FAHRRAD
(Karte S. 56; www.kriacycles.com; Grandagarður 7, alter Hafen; ⌚Mo–Fr 10–18, Sa 11–3 Uhr) Umfassender Service rund um Kauf und Reparatur von Fahrrädern.

Reykjavík ELEKTRONIK
(Karte S. 60; ☎577 5900; www.reykjavikfoto.is; Laugavegur 51; ⌚Mo–Fr 10–18, Sa 11–16 Uhr) Haufenweise Kameras, Stative und wasserdichte Behältnisse sowie hilfreicher Service.

Kringlan EINKAUFSZENTRUM
(Karte S. 56; www.kringlan.is; 🚌S1-4, S6, 13 oder 14) Reykjavíks Haupteinkaufszentrum liegt 1 km von der Stadt entfernt. Es umfasst 150 Läden. Noch größer ist Smáralind (S. 99) in Kópavogur.

ℹ Orientierung

Die Stadt erstreckt sich über eine kleine Halbinsel. Reykjavíks Inlandsflughafen und die Fernbusbahnhöfe BSÍ und Mjódd liegen im Süden, das malerische Stadtzentrum und der Hafen im Norden. Der internationale Flughafen liegt 48 km entfernt in Keflavík.

Sozialer Mittelpunkt und Haupteinkaufsstraße ist der Laugavegur. An seinem östlichen Ende befindet sich der Busbahnhof Hlemmur, einer von zwei zentralen Busterminals in der Stadt. Im Westen säumen Läden und Bars die schmale Einbahnstraße, die auf dem Weg durchs Zentrum ihren Namen in Bankastræti und dann in Austurstræti wechselt. Von der Bankastræti zweigt im spitzen Winkel die Künstlermeile Skólavörðustígur ab. Sie führt auf den spektakulären modernen Kirchenbau der Hallgrímskirkja zu.

Quer zur Bankastræti/Austurstræti verläuft der lebhafte Boulevard Lækjargata. Westlich davon liegt die Altstadt, nordwestlich der alte Hafen und südwestlich der Stadtsee Tjörnin.

ℹ Praktische Informationen

GELD

Kreditkarten werden überall (außer in den Stadtbussen) akzeptiert und das Geldautomatennetz ist dicht. Die Geldwechselgebühren in Hotels oder privaten Wechselstuben können unverschämt hoch sein.

INTERNETZUGANG

Fast alle Unterkünfte und viele Cafés haben inzwischen WLAN. Die Internetzugänge in der Haupttouristeninformation und in Bibliotheken kosten 250 ISK pro Stunde.

Aðalbókasafn (Stadtbibliothek Reykjavík; www.borgarbokasafn.is; Tryggvagata 15; ⌚Mo–Do 10–19, Fr 11–19, Sa & So 13–17 Uhr) Hervorragend ausgestattete Hauptbibliothek.

MEDIZINISCHE VERSORGUNG

Health Centre (☎585 2600; Vesturgata 7) Anmeldung erforderlich.

Læknavaktin (☎1770; ⌚Mo–Fr 17–8 Uhr, Sa & So durchgehend) Allgemeinmedizinische Sprechstunde, keine Notfälle.

NOTFALL

Notruf (☎112) Krankenwagen, Feuerwehr, Polizei.

Universitätskrankenhaus Landspítali (☎543 1000; www.landspitali.is; Fossvogur) Rund um die Uhr besetzte Notfallambulanz.

POST

Hauptpostamt (Karte S. 60; www.postur.is; Pósthússtræti 5; ⌚Mo–Fr 9–18 Uhr) Postlagerservice.

REISEBÜROS

Icelandic Travel Market (☎552 4979; www.icelandictravelmarket.is; Bankastræti 2; ⌚Mai–Aug. 8–21 Uhr, Sept.–April bis 19 Uhr) Informationen, Tourenbuchung und Fahrradvermietung (5 Std. 3500 ISK).

Trip (☎433 8747; www.trip.is; Laugavegur 54; ⌚9–21 Uhr) Bucht Touren und vermietet Autos und Fahrräder.

TELEFON

Öffentliche Fernsprecher sind selten im handyverrückten Reykjavík. Am besten stehen die Chancen noch bei der Touristeninformation, beim Postamt an der Südwestecke des Austurvöllur, in der Lækjargata oder im Einkaufszentrum Kringlan.

TOURISTENINFORMATION

Reykjavík hat ein hervorragendes zentrales Touristenbüro und viele, auf Touren spezialisierte Reisebüros.

Zentrale Touristeninformation (Upplýsingamiðstöð Ferðamanna; Karte S. 60; ☎590 1550; www.visitreykjavik.is; Aðalstræti 2; ⊙Juni–Mitte Sept. 8.30–19 Uhr, Mitte Sept.–Mai Mo–Fr bis 18, Sa bis 16 & So bis 14 Uhr) Freundliches Personal und Berge von kostenlosen Broschüren; außerdem gibt es Landkarten und Strætó-Busfahrkarten zu kaufen. Vermittlung und Buchung von Unterkünften, Touren und Aktivitäten. Hier kann man sich auch die Mehrwertsteuer rückerstatten lassen.

WASCHSALON

Wäsche ist ein (teures) Problem für alle, die in ihrer Unterkunft nicht selbst waschen können. Das Laundromat Café (S. 82) in Reykjavík hat immerhin Waschmaschinen im Keller.

Úðafoss (☎551 2301; Vitastígur 13; 5 kg 3380 ISK; ⊙Mo–Fr 8–18 Uhr) Eine der wenigen Wäschereien im Zentrum; auch Waschen am gleichen Tag möglich.

ℹ An- & Weiterreise

BUS

Von Reykjavík aus kann man viele Tagestouren machen (S. 71; viele Veranstalter bieten die Abholung vom Hotel an). Wer sich lieber selbst organisiert, nutzt die Fernbusse von Strætó oder auch die der Touranbieter nach Fahrplan. Verschiedene Fahrpässe stehen zur Wahl (S. 407). Der kostenlos erhältliche Plan *Public Transport in Iceland* bietet einen guten Überblick über das öffentliche Verkehrsnetz.

Im Winter werden die Verbindungen bislang eingeschränkt ganz oder eingestellt, aber Island ist im Wandel, das wird sich ändern. Bei Zielen an der Nord- und Ostküste (z. B. Egilsstaðir, Mývatn und Húsavík) ist Umsteigen in Höfn oder Akureyri angesagt, bei Zielen im Westen in Borgarnes.

Ab 2015 betreiben die Westfjorde einen neuen Bus, der ganzjährig von Reykjavík via Holmavík nach Ísafjörður fährt, sowie über Stykkishólmur und mit der Fähre nach Brjánslækur und Ísafjörður (nur im Sommer) oder Patreksfjörður (ganzjährig). Neueste Informationen dazu auf www.westfjords.is.

Strætó (☎540 2700; www.straeto.is/english) Betreibt Fernbusse, die vom 8 km südöstlich vom Zentrum gelegenen Busbahnhof Mjódd (S. 96) abfahren, der von den Regionalbussen 3, 4, 11, 12, 17, 21, 24 und 28 bedient wird. Strætó bietet außerdem Stadtbusse sowie eine Smartphone-App. In den Fernbussen (und *nur* dort) können Fahrgäste mit Bargeld, Kredit-/Debitkarte mit PIN oder (Bündeln von) Bustickets zahlen.

BSÍ-Busbahnhof – Reykjavík Excursions (Karte S. 56; ☎562 1011; www.bsi.is; Vatnsmýrarvegur 10; 📶) Reykjavík Excursions (und deren Flybus) verwenden den BSÍ-Busbahnhof südlich des Zentrums. Er hat einen Fahrkartenschalter, Touristenbroschüren, Schließfächer, Gepäckaufbewahrung (500 ISK pro Gepäckstück und Tag), ein Büro der Autovermietung Budget sowie eine Cafeteria mit WLAN. Der Busbahnhof wird von den Stadtbussen 1, 3, 6, 14, 15 und 19 bedient. Reykjavík Excursions bietet einen Shuttledienst vom Hotel zum Busbahnhof (vorher reservieren!).

Sterna (Karte S. 60; ☎551 1166; www.sterna.is; 📶) Fahrkarten und Abfahrt am Konzerthaus Harpa. Von hier aus fahren Busse zu allen Zielen außer dem Westen und den Westfjorden.

Trex (☎587 6000; www.trex.is; 📶) Fährt an der zentralen Touristeninformation oder am Konzerthaus Harpa sowie am Campingplatz Reykjavík ab. Busse nach Þórsmörk und Landmannalaugar im Süden.

FLUGZEUG

Internationaler Flughafen Keflavík (KEF; ☎425 6000; www.kefairport.is; 📶) Internationale Flüge (außer Grönland und Färöer). Liegt 48 km westlich von Reykjavík. Hier gibt es eine Touristeninformation (Karte S. 56; ☎425 0330, Buchungsservice 570 7799; ⊙Mo–Fr 6–20, Sa & So 12–17 Uhr), Wechselstuben, einen Supermarkt der 10-11-Kette und Cafés.

Inlandsflughafen Reykjavík (Reykjavíkurflugvöllur; Karte S. 56; www.reykjavikairport.is; Innanlandsflug) Zwei Kilometer südlich des Tjörnin. Inlandsflüge sowie Verbindungen nach Grönland und auf die Färöer. Air Iceland (☎570 3030; www.airiceland.is) hat einen Schalter am Flughafen, günstiger ist die Buchung jedoch online. Eagle Air (☎562 4200; www.eagleair.is) organisiert Flüge und Sightseeing.

ℹ Unterwegs vor Ort

AUTO & MOTORRAD

Ein Auto ist in Reykjavík überflüssig, da man problemlos zu Fuß und mit dem Bus herumkommt. An beiden Flughäfen sowie am BSÍ-Busbahnhof und an einigen Stellen in der Stadt kann man Autos und Wohnwagen mieten.

BUSVERBINDUNGEN AB REYKJAVÍK

Im Folgenden sind einige Routen samt durchschnittlicher Fahrtkosten aufgeführt; die aktuellen Preise müssen bei dem jeweiligen Busunternehmen erfragt werden. Strætó ist meist am günstigsten. Die Routen werden auch von privaten Anbietern wie Reykjavík Excursions (RE) und Sterna befahren. Sie bieten evtl. auch eine Abholung an, kosten aber mehr (außer mit Fahrpass).

FAHRTZIEL	UNTERNEHMEN & LINIE	PREIS (ISK)	FAHRZEIT	HÄUFIGKEIT	GANZJÄHRIG
Akureyri	Strætó 57	7700	6½ Std.	tgl.	Ja
Blaue Lagune	Sterna/RE	2000	45 Min.	tgl.	Ja
Borgarnes	Strætó 57	1400	1½ Std.	tgl.	Ja
Geysir/Gullfoss	RE	5000	2½ Std.	tgl.	Mitte Juni–Mitte Sept.
Höfn	Strætó 51	10 150	8½ Std.	tgl.	Ja
Hólmavík	Strætó 59	5250	3½ Std.	tgl.	Ja
Keflavík	REX/Flybus	1500	40 Min.	mehrmals täglich	Ja
Kirkjubæjarklaustur	Strætó 51	8100	5½ Std.	tgl.	Ja
Landmannalaugar	Trex/RE	8400/9000	5½ Std.	tgl.	Mitte Juni–Aug
Mývatn	RE	20 500	12½ Std.	3-mal wöchentl.	Juli–Aug
Selfoss	Strætó 51/52	1400	1½ Std.	tgl.	Ja
Skaftafell	Sterna	7200	6½ Std.	tgl.	Ja
Skógar	Strætó 51/Sterna	200/3600	3½ Std.	tgl.	Juni–Mitte Sept.
Stykkishólmur	Strætó 57–58	3150	3½ Std.	2-mal tgl.	Ja
Landeyjarhöfn Hafen (zu den Vestmannaeyjar)	Strætó 52	3500	2½ Std.	tgl.	Ja
Vík í Mýrdal	Strætó 51	4900	4½ Std.	2-mal tgl.	Ja
Þingvellir	RE	2500	45 Min.	tgl.	Mitte Juni–Mitte Sept.
Þórsmörk	Trex/RE	800/7500	3½ Std.	2-mal tgl.	Juni–Mitte Sept.

Parken

In den Straßen im Zentrum ist das Parken begrenzt und kostet 120 ISK pro Stunde (zahlbar mit Münzen oder Kreditkarten mit PIN); montags bis samstags zwischen 18 und 10 Uhr und sonntags ist es kostenlos. Außerhalb des Zentrums ist das Parken kostenlos.

Parkhaus Vitatorg (1. Stunde 80 ISK, danach pro Std. 50 ISK; ⏲7–24 Uhr) Überdachte Parkplätze.

BUS

Strætó (www.straeto.is/english) betreibt regelmäßige Buslinien rund um Reykjavík und die Vororte Seltjarnarnes, Kópavogur, Garðabær, Hafnarfjörður und Mosfellsbær. Das Unternehmen hat außerdem Fernbusse. Den Fahrplan findet man online oder über eine Smartphone-App oder im Routenbuch, das am Busbahnhof Hlemmur verkauft wird (0,50 ISK). Auf vielen kostenlosen Stadtplänen (z. B. *Welcome to Reykjavík City Map*) ist auch das Busnetz eingezeichnet.

Die Stadtbusse verkehren täglich von 7 bis 23 oder 24 Uhr (sonntags ab 10 Uhr) im 20- oder 30-Minutentakt. Freitags und samstags gibt es bis 2 Uhr einen eingeschränkten Nachtbusservice. Die Busse halten nur an den regulären Haltestellen, die mit einem gelben „S" markiert sind.

DIE GEHEIMNISVOLLEN WELTEN VON HAFNARFJÖRÐUR

Viele Isländer sind überzeugt, dass sie ihr Land mit allerlei unsichtbaren Mitbewohnern teilen: *jarðdvergar* (Gnome), *álfar* (Elfen), *ljósálfar* (Feen), *dvergar* (Zwerge), *ljúflingar* („Lieblinge", eine Elfenart), *tívar* (Berggeister), *englar* (Engel) und *huldufólk* (verborgene Wesen). Obwohl sich die meisten genieren, es offen zuzugeben, würden sie auch nicht geradeheraus sagen, dass sie *nicht* daran glauben. Viele isländische Gärten sind mit kleinen *álfhól* (Elfenhäusern) geschmückt.

Hafnarfjörður (27 400 Ew.) liegt 12 km südlich von Reykjavík auf einem 7000 Jahre alten Lavafeld, angeblich im Schnittpunkt mehrerer mystischer Energielinien. Die Einheimischen behaupten, hier verberge sich das Paralleluniversum der Elfen. Besucher können durch den **Hellisgerði** (www.elfgarden.is; ⏲ Di–So 13–17 Uhr) wandeln, einen friedlichen Park mit Lavahöhlen, der ein Lieblingsplatz der verborgenen Wesen sein soll. Die teure, 90-minütige **Hidden Worlds Tour** (☎ 694 2785; www.alfar.is; pro Person 3900 ISK; ⏲ Juni–Aug. Di & Fr 14.30 Uhr) startet an der **Touristeninformation** (☎ 585 5500; www.visithafnarfjordur.is; Strandgata 6; ⏲ Mo–Fr 8–16 Uhr), die auch Elfenlandkarten verkauft. Am Wochenende kann man am Pakkhúsið nachfragen.

Das **Hafnarfjörður Museum** (☎ 585 5780) GRATIS ist die zweite Hauptattraktion der Stadt. Es verteilt sich auf mehrere, alte, zinkverkleidete Häuser in Hafennähe und beleuchtet die Geschichte des Ortes. Der Rundgang beginnt am Hauptstandort, dem **Pakkhúsið** (Vesturgata 8; ⏲ Juni–Aug. 11–17 Uhr, Sept.–Mai Sa & So 11–17 Uhr). Südlich der Stadt gibt es in Krýsuvík (S. 111) heiße Quellen, Schlammtümpel und farbenprächtige Mineralseen.

Übernachten kann man, wenn es nötig ist, im **Lava Hostel & Campsite** (☎ 565 0900, 895 0906; www.hafnarfjordurguesthouse.is; Hjallabraut 51; Stellplatz pro Erw. 1200 ISK, B ab 4500 ISK, DZ ohne Bad 13 000 ISK; ⏲ Mitte Mai–Mitte Sept.; 📶). Gutes Essen serviert das beliebte Café **Súfistinn** (☎ 565 3740; www.sufistinn.is; Strandgata 9; Hauptgerichte 1200–1600 ISK; ⏲ Mo–Fr 8.15–11.30, Sa 10–11.30, So 11–11.30 Uhr), leckere und kreative vegetarische Küche gibt's im **Gló** (☎ 553 1111; www.glo.is; Strandgata 34; Hauptgerichte 1700–2500 ISK; ⏲ Mo–Fr 11–21, Sa & So bis 17 Uhr).

Anfahrt mit der Buslinie 1 (30 Min. von Reykjavík). Der **Flybus** (www.re.is) zum Internationalen Flughafen Keflavík hält auf rechtzeitige Anfrage in Hafnarfjörður.

Tickets & Fahrpreise

Fahrkarten kosten 350 ISK und sind am Busbahnhof und an Bord erhältlich (allerdings wird da kein Wechselgeld herausgegeben). Fahrkarten für einen/drei Tage (900/2200 ISK) sind an den Busbahnhöfen und bei der Touristeninformation sowie in vielen Hotels, den Einkaufszentren Kringlan und Smáralind und in Schwimmbädern zu kaufen. Die Busfahrer geben *skiptimiði* (Umsteigetickets, 75 Min. gültig) an Fahrgäste aus, die umsteigen müssen, um ihr Ziel zu erreichen.

Die Reykjavík City Card ist gleichzeitig ein Strætó-Fahrpass.

Haltestellen & Linien

Die beiden zentralen Busbahnhöfe sind **Hlemmur** (Karte S. 56; ☎ 540 2701; ⏲ Büro Mo–Fr 8–20, Sa & So 12–20 Uhr) am östlichen Ende der Laugavegur und am **Lækjartorg** (Karte S. 60) im Stadtzentrum. Letzterer ist eher eine Haltestelle als ein Terminal. **Mjódd** (☎ 557 7854) südöstlich vom Zentrum ist der Bahnhof für Fernbusse. Viele von ihnen fahren eine Schleife um den Tjörnin und halten im Zentrum sowie am Nationalmuseum und am BSÍ-Busbahnhof, bevor sie in verschiedene Richtungen weiterfahren. Einige Buslinien:

1 Hlemmur, Lækjartorg, Nationalmuseum, BSÍ-Busbahnhof, Krankenhaus, Hamraborg (Kópavogur), Fjörður (Hafnarfjörður)

14 Alter Hafen, Lækjartorg, Nationalmuseum, BSÍ-Busbahnhof, Krankenhaus, Hlemmur, Laugardalur (nächstgelegene Haltestelle zu Schwimmbad, City Hostel und Campingplatz)

15 Inlandsflughafen, BSÍ-Busbahnhof, Krankenhaus, Hlemmur, Laugardalur, Háholt (Mosfellsbær)

FAHRRAD

Reykjavík verfügt über ein Netz von Fahrradwegen, das immer größer wird – die Touristeninformation hält entsprechende Stadtpläne bereit. Auf dem Gehweg fahren ist erlaubt, vorausgesetzt, man behindert damit die Fußgänger nicht. Informationen zum Fahrradverleih auf S. 69.

VOM/ZUM FLUGHAFEN

Die Fahrt vom Internationalen Flughafen Keflavík bis Reykjavík dauert etwa 50 Minuten. Ein Taxi kostet etwa 15 000 ISK. Drei unkomplizierte Buslinien verbinden Reykjavík mit dem Flughafen und sind mit Abstand die günstigste Lösung; Kinder fahren ermäßigt.

Vom Inlandsflughafen Reykjavík ist es ein Fußmarsch von einem Kilometer bis ins Zentrum, es gibt aber auch einen Taxistand und zwei Busse: Die Buslinie 15 hält in der Nähe des Air Iceland Terminals, die 19 am Eagle Air Terminal. Beide fahren ins Zentrum und zum Busbahnhof Hlemmur.

Flybus (☎580 5400; www.re.is; 📶) Der Fahrplan des Flybus von Reykjavík Excursions ist auf den internationalen Flugplan abgestimmt. Eine einfache Fahrt kostet 1950 ISK, ein Hotelshuttle zur/von der Flybus-Haltestelle am BSÍ-Busbahnhof 2500 ISK (Buchung einen Tag im Voraus). Ein weiterer Bus fährt zur Blauen Lagune; von dort kann man zum Zentrum buw. zum Flughafen weiterfahren (3600 ISK). Tickets sind online, in vielen Hotels oder am Schalter im Flughafen erhältlich.

Der Flybus holt Fahrgäste auch in Garðabær und Hafnarfjörður südlich von Reykjavík ab bzw. bringt sie vom Flughafen dorthin.

K-Express (☎823 0099; www.kexpress.is) Zum Zeitpunkt der Recherche hatte K-Express täglich drei Busverbindungen vom Internationalen Flughafen Keflavík zur Stadt Keflavík, dem Campingplatz Reykjavík, der Hallgrímskirkja und dem Konzerthaus Harpa (1300 ISK). Haltestelle und Infoschalter sind 500 m vom Terminal entfernt im gleichen Gebäude wie die Autovermietung Sixt. Fahrkarten sind beim Busfahrer oder online erhältlich.

Airport Express (☎540 1313; www.airportexpress.is; 📶) Wird von Gray Line Tours betrieben und pendelt zwischen dem Internationalen Flughafen Keflavík und dem Lækjartorg im Zentrum (1900 ISK). Ein Hotelshuttleservice wird auch angeboten (2400 ISK). Fahrplan auf der Website.

TAXI

Die Taxipreise sind happig – die Grundgebühr beginnt bei etwa 660 ISK. Trinkgeld muss nicht sein. Die Fahrt vom BSÍ zum Downtown Hostel kostet z. B. etwa 2000 ISK.

Taxis stehen normalerweise vor den Busbahnhöfen und Flughäfen sowie am Wochenende vor den Kneipen und Bars (da bilden sich dann lange Schlangen) und ebenfalls an der Bankastræti nahe der Lækjargata.

BSR (☎561 0000; www.taxireykjavik.is)
Hreyfill (☎588 5522; www.hreyfill.is)

GROSSRAUM REYKJAVÍK

Viðey

Bei schönem Wetter ist das winzige, unbewohnte Inselchen Viðey ein wunderbares Ziel für einen Tagesausflug. Es liegt nur 1 km nördlich vom Industriehafen Sundahöfn, ist aber eine Welt für sich. Überraschende moderne Kunstwerke, ein verlassenes Dorf und großartige Vogelfelsen verstärken die melancholische Aura. Die einzigen Geräusche sind Wind, Wellen und goldgelbe Hummeln, die zwischen Büscheln von Wicken und Habichtskraut herumsummen.

Das kleine Viðey wurde um 900 n. Chr. erstmals besiedelt und bis in die 1950er-Jahre landwirtschaftlich genutzt. Ab 1225 stand hier ein einflussreiches Kloster, das aber 1539 während der Reformation von dänischen Soldaten zerstört wurde.

Sehenswertes & Aktivitäten

Gleich oberhalb des Hafens stoßen Besucher auf das **Viðeyarstofa**, eines der ältesten Häuser in ganz Island. Es beherbergt ein **Café** (Hauptgerichte 800–2900 ISK; ⏲Mitte Mai–Sept. Mi–Mo 11.30–18, Di bis 20 Uhr, Okt.–Mitte Mai Sa & So 13.30–16 Uhr). Nahebei liegt eine **Holzkirche** aus dem 18. Jh. mit originellem Dekor und ein kleines **Denkmal** für Skúli Magnússon. Bei Ausgrabungen der **Klosterfundamente** wurden Wachstafeln aus dem 15. Jh. und ein Liebesbrief in Runenschrift gefunden, die sich heute im Nationalmuseum befinden. Weitere Funde sind im Keller des Viðeyarstofa zu bewundern.

Noch höher über dem Hafen steht Ólafur Elíassons spannende Kunstinstallation **The Blind Pavilion** (2003). Ganz in der Nähe befindet sich Yoko Onos **Imagine Peace Tower** (2007), ein „Wunschbrunnen", der zwischen dem 9. Oktober (John Lennons Geburtstag) und dem 8. Dezember (seinem Todestag) jeden Abend eine schillernde Lichtsäule in den Himmel schickt. Auf der Website von Viðey sind Führungen zum Peace Towers ab Reykjavík ausgeschrieben. Ein Stück weiter kann man in der Hütte **Viðeyjarnaust** grillen, vorausgesetzt, man hat alles Nötige mitgebracht.

Im Sommer finden Dienstags abends **Kulturführungen** mit verschiedenen Themen statt. Nähere Infomrationen online unter www.videy.com/en.

Inselwege WANDERN, RADFAHREN

Die ganze Insel ist von Wanderwegen durchzogen. Manche sind fahrradtauglich, andere sind etwas holperiger. Am Hafen gibt es einen guten Übersichtsplan. Wer kein eigenes dabei hat, kann hier ein **Fahrrad** mieten (2/5 Std. 2500/3500 ISK; ⏲Juni–Aug.) oder an einer Tour der Bike Company (S. 70) teilnehmen. Die Insel ist ein Tummelplatz für **Vogelfreunde** (hier brüten 30 Arten) und angehende **Botaniker** (über ein Drittel aller isländischen Pflanzen gedeiht auf der Insel). Ende August kommen manche Reykjavíker hierher, um Wiesenkümmel zu pflücken, der ursprünglich von Skúli Magnússon angepflanzt wurde.

Vom Hafen führen Wege nach Südosten am natürlichen Schafpferch **Réttin** und der winzigen **Paradíshellir** (Paradieshöhle) vorbei zum **verlassenen Fischerdorf** von Sundbakki. Der größte Teil der Südküste ist Vogelschutzgebiet und von Mai bis Juni für Besucher gesperrt.

Wege nach Nordwesten führen an flachen Teichen, Gedenkstätten für verschiedene Schiffbrüche, den niedrigen **Felsen** von Eiðisbjarg und den Basaltsäulen von Vesturey an der Nordspitze der Insel vorbei. In diesem Teil der Insel ist auch Richard Serras aus gewaltigen Basaltpfeilerpaaren bestehendes Kunstwerk **Áfangar** (Meilensteine; 1990) aufgestellt.

An- & Weiterreise

Fähre nach Viðey (533 5055; www.videy.com; Erw./Kind hin & zurück 1100/550 ISK; Mitte Mai–Sept. stündl. 10.15–17.15 Uhr, Okt.–Mitte Mai seltener) Die Fähre legt in Skarfabakki (4,5 km östlich vom Zentrum) ab und setzt in fünf Minuten nach Viðey über. Im Sommer startet sie zweimal am Tag auch in Elding im alten Hafen sowie am Konzerthaus Harpa. Die Buslinie 5 hält nahe beim Fähranleger in Skarfabakki, der auch eine Haltestelle der Hop-on-hop-off-Bustour ist.

Kópavogur

32 300 EW.

Kópavogur, ein südlicher Vorort von Reykjavík, ist nur eine kurze Busfahrt entfernt – aber weitab der Touristenpfade. Neben einer Kirche mit markantem Deckengewölbe bietet vor allem das Kulturareal **Menningarmiðstoð Kópavogs** allerlei Interessantes. Ansonsten gibt es hier noch ein riesiges Einkaufszentrum.

Sehenswertes

Naturkundemuseum Kópavogur MUSEUM
(Náttúrufræðistofa Kópavogs; 570 0430; www.natkop.is; Hamraborg 6a; Mo–Do 10–19, Fr 11–17, Sa 13–17 Uhr) GRATIS Dieses Museum beschäftigt sich mit Islands einzigartiger Natur und Geologie. Gezeigt werden u. a. ein Schwertwalskelett, ausgestopfte Tiere, Gesteinsproben und Mooskugeln aus dem See Mývatn, bei denen es sich um eine sehr seltene Algenform handelt.

Salurinn SEHENSWERTES GEBÄUDE
(570 0400; www.salurinn.is; Hamraborg 6) Islands erster nur für diesen Zweck entworfener Konzertsaal ist vollständig aus natürlichen Baumaterialien aus Island errichtet (Treibholz, Fichte und Schotter) und hat eine phantastische Akustik. Informationen zum (vorwiegend klassischen) Konzertprogramm auf der Website.

Kunstmuseum Gerðarsafn KUNSTMUSEUM
(570 0440; www.gerdarsafn.is; Hamraborg 4; Erw./Kind 500 ISK/frei; Di–So 11–17 Uhr) Das

AUF DEN FÄRÖERN

Flüge und Fähren geben Arktikabenteurern die Möglichkeit, drei oder vier Tage lang die wahrhaft magischen Färöer-Inseln zu erkunden. Eine halbe Woche reicht gerade, um folgende Highlights zu besuchen:

Tórshavn Als Erstes fallen die Grassodendächer ins Auge, die praktisch jedes der bunten Häuser im Hafen bedecken. Zwar gibt es nicht besonders viel Sehenswertes in Tórshavn, aber die Stadt ist eine gute Ausgangsstation für mehrere Tagesausflüge.

Gjógv Der Name ist kaum aussprechbar (sprich: djaykf), aber in den Ort selbst verliebt sich jeder sofort. Winzige Hütten mit Grassodendächern liegen rund um einen Hafen versammelt, der aussieht als hätte der Blitz eingeschlagen. Hier kann man schöne Wanderungen machen und es gibt einen Gasthof.

Mykines In Mykines (sprich: *mii*-chi-ness) am westlichen Ende der Inselkette gibt es zahllose Vogelkolonien (Papageitaucher), gespenstische Flutbasaltfelsen und einsame Klippen zu bewundern. Selbst für die Färöer gilt dieser Teil der Inseln als entlegen (nur elf Einwohner), dennoch starten von hier Helikopterflüge und Fähren nach Vágar.

Hestir Die gleich südlich von Streymoy gelegene Insel ist für tiefe Grotten bekannt, die von erbarmungslosen Wellen in die Felsen gespült wurden.

Museum in einem wunderschönen Bau neben dem Konzerthaus in Kópavogur ist dem isländischem Buntglaskünstler und Bildhauer Gerður Helgadóttir gewidmet. Es zeigt hervorragende Wechselausstellungen mit moderner Kunst und eine beachtliche Sammlung isländischer Kunst des 20. Jhs. Das kleine **Café** bietet einen Panoramablick auf die Berge.

Shoppen

Smáralind EINKAUFSZENTRUM
(☎528 8000; www.smaralind.is; Hagasmári 1, Kópavogur; ⏲Mo–Mi & Fr 11–19, Do bis 21, Sa bis 18, So 13–18 Uhr) Islands größtes Einkaufszentrum wird von den Buslinien 1, 2 und 28 angesteuert und bietet von Mai bis August einen kostenlosen Shuttleservice, der an der Touristeninformation in Reykjavík abfährt und unterwegs an den Museen in Kópavogur hält (Fahrplan online).

An- & Weiterreise

Die Busse 1 und 2 fahren alle paar Minuten von Hlemmur bzw. Lækjartorg in der Innenstadt von Reykjavík ab und halten in Kópavogur an der Station Hamraborg (nach der Kirche Ausschau halten). Die Fahrt dauert etwa 15 Minuten.

Südwestisland & der Goldene Kreis

Inhalt ➡

Gut essen

- Lindin (S. 116)
- Slippurinn (S. 168)
- Við Fjöruborðið (S. 125)
- Vitinn (S. 109)
- Suður-Vík (S. 161)

Schön übernachten

- Ion Luxury Adventure Hotel (S. 115)
- Jugendherberge Fljótsdalur (S. 143)
- Efstidalur II (S. 116)
- Héraðsskólinn (S. 115)
- Garðar (S. 158)

Auf nach Südwestisland & zum Goldenen Kreis

Schwarze Strände erstrecken sich am Atlantik, aus Thermalfeldern schießen Geysire hervor und Wasserfälle stürzen sich über Felsabbrüche. Im Landesinneren schmücken brodelnde Vulkane und glitzernde Eiskappen den Horizont: Der Südwesten besticht mit einzigartigen Naturschönheiten. Deshalb ist in dieser Ecke der Insel auch am meisten los. Der Goldene Kreis, die Touristenroute mit den drei Highlights Þingvellir, Geysir und Gullfoss, lockt mit Abstand die meisten Besucher an, doch wer außerhalb der Stoßzeiten kommt oder sich etwas abseits hält, kann Atemberaubendes erleben.

Beliebte Touristenziele wie die Blaue Lagune und die alte Parlamentsstätte Þingvellir sind nur einen Katzensprung von Reykjavík entfernt. In der aufgewühlten See vor der Südküste liegen die Vestmannaeyjar. Weiter entfernt von der Hauptstadt erheben sich die mächtigen Vulkane Hekla und Eyjafjallajökull. In der gleichen Region liegen die munteren Örtchen Skógar und Vík sowie die verborgenen Täler Þórsmörk und Landmannalaugar.

Entfernungen (km)

	Keflavík	Selfoss	Gullfoss	Landmannalaugar	Vík
Selfoss	100				
Gullfoss	156	71			
Landmannalaugar	230	130	147		
Vík	226	130	177	218	
Reykjavík	51	57	113	185	186

HALBINSEL REYKJANES

Je weiter man sich von der Hauptstraße zwischen dem Flughafen von Keflavík und Reykjavík entfernt, desto dramatischer präsentiert sich die Halbinsel Reykjanes. Hier gibt's außer der Blauen Lagune, der berühmtesten Sehenswürdigkeit Islands, die einen Teil eines gewaltigen Lavafeldes ausfüllt, auch andere tolle Attraktionen, viele davon bei aktiven Vulkanen. Die geschäftigsten Orte sind das nüchterne Keflavík und Njarðvík nahebei. Auf einer kleinen, sich nordwestlich erstreckenden Landzunge liegen die windgepeitschten Fischerorte Garður und Sandgerði, wo man Wale beobachten kann. Vom Flughafen aus sind sie in wenigen Minuten erreichbar. Der Rest der Halbinsel, vom dramatischen Reykjanestá im Südwesten bis zum Naturschutzgebiet Reykjanesfólkvangur im Südosten, ist eine wilde Landschaft mit bunten Vulkankratern, Mineralseen, blubbernden warmen Quellen und zerklüfteten, wie für Quadtouren geschaffenen Bergen und Lavafeldern an der Küste.

Zum Schutz und zur Erforschung der ungewöhnlichen Geologie der Halbinsel (Kissenlava! Meeresrücken! Aufeinanderstoßende tektonische Platten! Vier Vulkansysteme!) sowie der Kultur vor Ort wurde das **Geopark Project** (http://reykjanesgeopark.tumblr.com) ins Leben gerufen.

Busse von Reykjavík nach Keflavík und zur Blauen Lagune fahren schnell und häufig, aber zu anderen Orten erheblich seltener. Entlegenere Teile der Halbinsel sind fast nur mit eigenem Fahrzeug zu erreichen.

INFOS ÜBER DEN SÜDWESTEN

Visit South Iceland (www.south.is) Bietet für jede Unterregion eine detaillierte gedruckte Broschüre und ausgezeichnete kostenlose Karten, erhältlich in den örtlichen Touristeninformationen.

Visit Reykjanes (www.visitreykjanes.is)

Blaue Lagune

Blaue Lagune THERMALBAD

(Bláa Lónið; ☎420 8800; www.bluelagoon.com; Juni–Aug. Eintritt Erw./14 & 15 J./unter 14 ab 40/20 €/frei, Besichtigung der Anlage (ohne Zutritt zu den Bädern) 10 €; ⏲Juni & 11.–31. Aug. 9–21 Uhr, Juli–10. Aug. bis 23 Uhr, Sept.–Mai 10–20 Uhr) Was der Eiffelturm für Paris ist, das ist die Blaue Lagune für Island … mit allen positiven und negativen Assoziationen. Wer meint, sie sei zu teuer, zu kommerziell und zu überfüllt, hat schon irgendwie recht, aber wer deswegen nicht hingeht, verpasst etwas Besonderes.

Die milchig-blauen Thermalbäder in einem Feld aus schwarzer Lava werden mit Wasser aus dem futuristischen geothermischen Kraftwerk Svartsengi gespeist. Die silbrigen Türme des Kraftwerks bilden eine außerirdische Kulisse, die einen zusammen mit wabernden Dampfwolken und Menschen voller Silikatschlamm glauben lassen, in einer anderen Welt zu sein.

Das auf ideale 38 °C erhitzte Wasser (70 % Meerwasser, 30 % Süßwasser) ist reich an blaugrünen Algen, Mineralsalzen und feinem Silikatschlamm – eine pflegende Peeling-Mischung für die Haut. Es hört sich wie ein Werbespruch an, aber die Haut wird wirklich so zart wie ein Babypopo. Das Wasser ist an den Zuläufen am heißesten und an der Oberfläche mehrere Grade wärmer als am Grund.

Die Lagune ist inzwischen vollständig touristisch erschlossen, mit einem großen modernen Komplex mit Umkleideräumen (und 700 Schließfächern!), Restaurants, Aussichts-Dachterrasse und Andenkenläden – das hört sich schlimmer an, als es ist. Die Anlage ist phantasievoll gestaltet, mit Hot Pots, Dampfbädern, Sauna, Bar und einem heißen Wasserfall, der für eine kräftige Nackenmassage sorgt, etwa so, als würde ein Troll auf einen einschlagen. Hinzu kommt noch eine VIP-Abteilung mit Extra-Becken, Lounge und Aussichtsplattform.

Zusätzliche Entspannung bieten Luftmatratzen auf dem Wasser und eine Masseurin, die jede Verkrampfung rausknetet (30/60 Min. 60/95 €); zu beachten ist jedoch, dass Wellnessbehandlungen lange im Voraus gebucht werden müssen. Die Leihgebühr für ein Handtuch oder Schwimmzeug beträgt 5 €.

Die Anlage liegt in der Nähe der Straße zwischen Keflavík und Grindavík.

☞ Geführte Touren

Ein Besuch der Blauen Lagune lässt sich mit allerlei Touren verknüpfen. ATV Adventures (S. 110) bietet Quad- und Fahrradtouren (9 900 ISK von der Blauen Lagune durch die Lavafelder) und verleiht Fahrräder. Teilnehmer werden an der Blauen Lagune abgeholt und wieder dort abgeliefert.

Highlights

❶ Am **Reynisfjara** (S. 158) bei Vík schwarze Basaltsäulen und Felsnadeln bestaunen

❷ Zu den **Vestmannaeyjar** (S. 163) übersetzen und Papageitaucher und einen von Lavaströmen eingezwängten Ort kennenlernen

❸ Im von Gletschern umgebenen **Þórsmörk** (S. 155) in üppiger Vegetation zelten

❹ Das **Þjórsárdalur** (S. 136) erkunden, ein vom tosenden Þjórsá eingeschnittenes raues Tal mit Siedlungen aus der Sagazeit

❺ Über die karamellfarbenen Berge des **Landmannalaugar**

(S. 148) stiefeln und Islands berühmtesten Wanderweg, den Laugavegurinn, in Angriff nehmen

6 Im **Fljótshlíð** (S. 143) unter Wasserfällen entlangreiten

7 In der **Blauen Lagune** (S. 101), einer Las-Vegas-Version isländischer Thermalbäder, einweichen

8 Im **Nationalpark Þingvellir** (S. 112) die Kontinentalplatten auseinanderdriften sehen

9 Zuschauen, wie das Wasser beim **Geysir** (S. 116) gen Himmel schießt oder am **Gullfoss** (S. 117) talwärts donnert

Schlafen & Essen

In der Blauen Lagune gibt es ein gutes Restaurant, ein Café, die Lagunenbar, ein Hotel und einen Laden, der heilende und pflegende Seifen und Cremes verkauft.

Blue Lagoon Clinic Hotel HOTEL €€€
(☎420 8806; www.bluelagoon.com; EZ/DZ mit Frühstück 38 500/46 200 ISK; @📶) Das moderne Hotel liegt 600 m über die Lavafelder von Islands berühmtester Attraktion entfernt. Die Zimmer sind behaglich und schick, haben Badezimmer mit Fußbodenheizung und jeweils eine kleine Veranda, vor der sich eine endlose Mondlandschaft ausbreitet. Außerdem verfügt das Hotel über ein eigenes Becken mit Wasser der Blauen Lagune. Im Preis ist der Eintritt zur Blauen Lagune enthalten.

Northern Light Inn HOTEL €€€
(☎426 8650; www.northernlightinn.is; EZ/DZ mit Frühstück 26 500/34 500 ISK; @📶) Die geräumigen, stilvollen Zimmer des Bungalowhotels blicken auf ein Lavafeld. Es gibt einen sonnendurchfluteten Aufenthaltsraum und zwischen 5 und 23 Uhr einen kostenlosen Shuttle zum Flughafen und zur Lagune (Letztere ist nur 1 km entfernt). Das hauseigene **Max's Restaurant** (Hauptgerichte 3400–5000 ISK; ⌚12–22 Uhr) serviert nordische Gerichte. Durch die deckenhohen Fenster fällt der Blick auf die Lava und das dampfende Kraftwerk.

Blue Café CAFÉ €
(Snacks 780–1950 ISK; ⌚Juni–Aug. 9–22 Uhr, Sept.–Mai bis 21 Uhr) Das einfache Café im Lagunenkomplex bietet Smoothies, Sandwiches und abgepackte Sushi.

LAVA Restaurant ISLÄNDISCH €€€
(www.bluelagoon.com; Hauptgerichte mittags/abends 3950/5900 ISK; ⌚Juli–10. Aug. 12–22 Uhr, sonst bis 20.30 oder 21 Uhr) Das große Restaurant der Blauen Lagune ist die Domäne von Küchenmeister Viktor Örn Andrésson. Der Speiseraum wirkt ein bisschen wie ein Veranstaltungssaal, aber der Blick auf die Lagune ist entspannend, die Bedienung exzellent und auf der Speisekarte stehen aufgepeppte isländische Klassiker.

An- & Weiterreise

Die Lagune liegt 47 km südwestlich von Reykjavík und 23 km südöstlich vom Flughafen Keflavík. Das ganze Jahr über fahren Busse zur Lagune und es werden zahlreiche Touren

TOP-TIPPS FÜR DIE BLAUE LAGUNE

- Lange Warteschlangen erspart man sich mit einem E-Ticket (www.bluelagoon.com) oder mit Gutscheinen von Reiseveranstaltern (Air Iceland, Reykjavík Excursions).
- Im Internet nach Ticketarrangements, Sonderangeboten und Winterpreisen Ausschau halten.
- Im Sommer den größten Trubel zwischen 10 und 14 Uhr meiden. Am besten kommt man frühmorgens oder abends nach 19 Uhr.
- Das Wasser der Lagune lässt Silber und Gold oxidieren; Schmuck und Uhren sollten also im Schließfach aufbewahrt werden.
- Auch in der Blauen Lagune muss, wie in allen isländischen Schwimmbädern, als erstes gründlich nackt geduscht werden.
- Shampoo und Spülung sind im Eintrittspreis inbegriffen – nach dem Bad ist eimerweise Conditioner nötig, weil das salzige Wasser die Haare angreift.
- Mit dem Armband, das man bei Einlass bekommt, erhält man per Scanner Zugang zu den Umkleiden und bezahlt Getränke in der Lagunenbar.
- Nach der Schließzeit dürfen Besucher noch eine halbe Stunde im Becken bleiben bzw. haben eine Stunde Zeit in den Umkleideräumen.
- Im Rahmen einer organisierten Tour oder als Zwischenstopp auf der Fahrt vom oder zum Flughafen zur Lagune zu fahren, kann Zeit und Geld sparen. Reykjavík Excursions (S. 162) bietet Busverbindungen zwischen dem Internationalen Flughafen Keflavík, der Blauen Lagune und Reykjavík.
- Am Parkplatz gibt's eine Gepäckaufbewahrung (300 ISK pro Tag und Tasche) – ideal, wenn man die Lagune auf dem Weg vom oder zum Flughafen aufsucht.

Halbinsel Reykjanes

angeboten, die teils günstiger sind als Busticket und Laguneneintritt separat zu bezahlen. Buchung erforderlich.

Offizieller Partner der Blauen Lagune ist das Unternehmen **Reykjavík Excursions** (☎ 580 5400; www.re.is) mit Busslinien zur Lagune ab Reykjavík und vom Flughafen (Juni–Aug. 11- bis 13-mal tgl.; Näheres siehe www.bluelagoon.com). Es besteht auch die Möglichkeit, auf dem Weg vom Flughafen nach Reykjavík (oder umgekehrt) einen Stopp an der Lagune einzulegen.

Reykjavík Excursions bietet Fahrten von Reykjavík oder vom Flughafen zur Blauen Lagune (hin & zurück/hin & zurück mit Eintritt zur Lagune 3600/9800 ISK).

Der Bus GRI von **Reykjanes Express** (www.reykjanesexpress.is) verkehrt zwischen dem BSÍ-Busbahnhof in Reykjavík, der Blauen Lagune und Grindavík (3-mal tgl.).

Bustravel (☎ 511 2600; www.bustravel.is) bietet Transfers zwischen dem Flughafen und Reykjavík (3200 ISK).

Keflavík & Njarðvík (Reykjanesbær)

Die Doppelorte Keflavík und Njarðvík an der Küste 47 km südwestlich von Reykjavík sind eine wenig ansehnliche Ansammlung vorstädtischer Wohnkästen und Fastfoodläden. Zusammen werden sie „Reykjanesbær" genannt. Hier sollte man nur übernachten, wenn man frühmorgens am Flughafen sein muss; ansonsten lohnt sich die 40-minütige Fahrt nach Reykjavík auf jeden Fall.

Sehenswertes

Keflavík

Die meisten Hotels und Restaurants der Stadt liegen am Wasser, genauso wie das Museum Duushús. Richtung Osten steht am Ufer eine eindrucksvolle **Ásmundur-Sveinsson-Skulptur**, die von Kindern gern als Klettergerüst genutzt wird. Gleich dahinter sitzt in einem Schaukelstuhl in ihrer schwarzen Höhle am Rand des kleinen Hafens eine überlebensgroße **Riesin** (Skessa; Bootshafen Gróf; Sa & So 13–17 Uhr) GRATIS, eine Figur der isländischen Kinderbuchautorin Herdís Egilsdóttir.

★ Duushús MUSEUM

(☎ 421 3796; Grófin; Mo–Fr 12–17, Sa & So 13–17 Uhr) GRATIS Das Duushús ist ein langer, roter Speicher am Hafen und das Kulturzentrum von Keflavík. Eine ständige Ausstellung zeigt etwa 60 der vielen hundert Miniaturschiffe, die Grímur Karlsson in seinem Leben geschaffen hat. Hinzu kommen eine

Keflavík

Keflavík

Highlights
1 Duushús B1

Sehenswertes
2 Ásmundur-Sveinsson-Skulptur C2
3 Riesin C1

Schlafen
4 A10 Deluxe A3
5 Hótel Berg B1
6 Hótel Keflavík C3
7 Hótel Keflavík Guesthouse D3
8 Hótel Keilir C3
9 Icelandair Hotel Keflavík C3

Essen
10 Kaffi Duus B1
11 Thai Keflavík C3
12 Olsen Olsen C2
13 Ráin C2

Ausgehen & Nachtleben
14 Paddy's C3

Galerie für internationale Kunstausstellungen und eine lokalgeschichtliche Ausstellung mit wechselnden Exponaten.

Icelandic Museumof Rock 'n' Roll MUSEUM
(Rokksafn Íslands; ☎420 1030; www.rokksafn.is; Hjallavegur 2; Eintritt 1500 ISK; ⌚Mo–Sa 12–17 Uhr) Das neu eröffnete Museum beschäftigt sich mit der atemberaubenden isländischen Rockmusikszene, von Björk bis Sigur Rós und Of Monsters and Men. Im Eintritt inbegriffen ist ein Audioguide mit Musik. Dazu kommen noch die Music Hall of Fame, Instrumente, auf denen Besucher spielen können, sowie ein Café und ein Laden, in dem man sich mit isländischer Musik eindecken kann.

Njarðvík

★ **Víkingaheimar** AUSSTELLUNGSZENTRUM
(☎422 2000; www.vikingaheimar.is; Víkingabraut 1; Erw./Kind 1200 ISK/frei; ⌚Mai–Aug. 11–18 Uhr, Sept.–April 12–17 Uhr) Die spektakuläre „Wi-

kingerwelt" am Ostrand von Njarðvík liegt in einem schönen, weitläufigen Bau. Prachtstück ist die 23 m lange *Íslendingur,* ein exakter Nachbau des Wikingerlangschiffs *Gokstad.* Es wurde fast ohne fremde Hilfe von Gunnar Marel Eggertsson gebaut, der im Jahr 2000 zum 1000. Jahrestag von Leif Erikssons Amerikafahrt mit dem Boot von Island nach New York segelte.

In weiteren Räumen sind Funde ausgestellt, die vermutlich aus keltischen Siedlungen stammen. Die Ausstellung über nordische Götter im oberen Stockwerk richtet sich vorwiegend an Kinder.

Stekkjarkot HISTORISCHES GEBÄUDE
(Juni–Aug. Di–So 13–17 Uhr, im Winter n. V.) GRATIS Das winzige Heimatmuseum Stekkjarkot auf der Landspitze nahe dem Ausstellungszentrum Víkingaheimar befindet sich in einem restaurierten Grassodenhaus, das 1924 aufgegeben wurde; Teile davon stammen aus dem 19. Jh.

Geführte Touren

Viking Guide GEFÜHRTE TOUREN
(841 1448; www.facebook.com/VikingGuide; Keflavík) Wer nur wenig Zeit hat, kann sich von einem einheimischen Führer über die Halbinsel Reykjanes, durch Reykjavík oder über den Goldenen Kreis geleiten lassen.

Schlafen

Die meisten Hotels der Gegend organisieren kostenlose Flughafentransfers.

Alex HOTEL €
(421 2800; www.alex.is; Aðalgata 60; DZ ohne Bad mit Frühstück 14 900 ISK, Cottage-DZ mit Frühstück 15 900 ISK; @) Der Komplex an der Hauptstraße zwischen Keflavík (1,5 km) und dem Flughafen bietet in einem schmucklosen Hauptgebäude Zimmer mit Gemeinschaftsbädern und dahinter coole kleine Häuschen.

FIT Hostel HOSTEL €
(421 8889; www.fithostel.is; Fitjabraut 6a; B ab 4000 ISK; @) Das Hostel in einem Gewerbegebiet Richtung Njarðvík an der verkehrsreichen Straße 41 wirkt etwas verlottert und ist sicher nicht jedermanns Sache, aber für Pfennigfuchser die billigste Unterkunft in Flughafennähe. Vor dem Hostel halten Busse nach Reykjavík und Keflavík, aber ein Auto wäre ganz hilfreich.

Icelandair Hotel Keflavík HOTEL €€
(421 5222; www.icehotel.is; Hafnargata 57; DZ ab 25 000 ISK; @) Das Hotel mit zwei mehrstöckigen Flügeln stellt die komfortabelste Unterkunft im Umkreis des Flughafens dar. Die Zimmer sind gut eingerichtet und modern ausgestattet. Mit angeschlossenem Restaurant.

Hótel Berg B&B €€
(422 7922; www.hotelberg.is; Bakkavegur 17; EZ/DZ mit Frühstück 23 100/26 200 ISK; @) Die Gesellschaftsräume der an einer kleinen Hafenbucht gelegenen, heimeligen Pension sind charmante eingerichtet. Die modernen Zimmer haben Flachbild-TVs und an den Wänden sind Originalfotografien aufgehängt. Die sehr einladende Unterkunft liegt im nördlichen (und nettesten) Teil von Keflavík.

Airport Hotel Smári HOTEL €€
(595 1900; www.hotelsmari.is; Blikavöllur 2, Internationaler Flughafen Keflavík; EZ/DZ/3BZ mit Frühstück 28 500/28 500/32 000 ISK; P@) Das einzige Hotel direkt am Flughafen liegt rund 100 m vom Terminal entfernt und bietet mehrere Stockwerke solide geschäftsmäßige Zimmer mit Flachbild-TVs. Die Superior-Zimmer sind größer und verfügen über jeweils zwei Doppelbetten.

Hótel Keilir HOTEL €€
(420 9800; www.hotelkeilir.is; Hafnargata 37; DZ/4BZ mit Frühstück ab 23 000/29 300 ISK;) Das Hotel an der Uferstraße von Keflavík bietet einfache Zimmer, teils mit Meerblick.

A10 Deluxe B&B €€
(568 0210; www.a10deluxe.com; Aðalgata 10; DZ/3BZ mit Frühstück 23 400/26 200 ISK, EZ ohne Bad mit Frühstück 10 900 ISK) Das B&B in einem Wohngebiet an einer Hauptzufahrtsstraße zur Stadt bietet schicke, saubere Zimmer ohne Schnickschnack.

Hótel Keflavík HOTEL €€
(420 7000; www.hotelkeflavik.is; Vatnsnesvegur 12–14; DZ/FZ mit Frühstück 31 000/64 000 ISK; @) Das zentral gelegene Hotel wartet mit Zimmern auf, die ihren Zweck erfüllen. Die Online-Preise schwanken teils erheblich. Auch die kleine **Pension** (EZ/DZ ohne Bad 14 700/18 500 ISK) gegenüber, mit Wandbemalung, wird vom Hotel Keflavík betrieben. Sie ist innen etwas düster.

Bed & Breakfast Keflavík Airport HOTEL €€
(426 5000; www.bbkeflavik.com; Valhallarbraut 761; DZ/4BZ mit Frühstück 20 000/26 200 ISK; @) Das große Hotel in einem aufgehübschten Gebäude eines ehemaligen Militärstützpunkts bietet unterschiedliche einfache Zimmer in Flughafennähe.

ABSCHIED VON DER MILITÄRBASIS

Keflavík verdankte einen großen Teil seines früheren Wohlstands der nahen amerikanischen Militärbasis. Von dem Marineluftwaffenstützpunkt Keflavík aus starteten Flugzeuge zur Überwachung des U-Boot-Verkehrs. Die Basis wurde im September 2006 nach 55 Jahren geschlossen, wenn das US-Militär auch weiterhin gelegentlich zu Gast ist. Die ehemaligen Kasernen wurden von der Bildungseinrichtung **Keilir** (www.keilir.net), die unter anderem ein Pilotenausbildungsprogramm durchführt, zu Studentenunterkünften und Wohnungen umgebaut.

Essen & Ausgehen

Es gibt in Keflavík genug fettige Imbissschuppen, um einen Burger-induzierten Herzinfarkt zu erleiden. Mehrere gute Lokale säumen die Hauptstraße; das Icelandair Hotel hat ein exzellentes Restaurant.

Thai Keflavík THAILÄNDISCH €
(☎ 421 8666; www.thaikeflavik.is; Hafnargata 39; Hauptgerichte 1690–2400 ISK; ⏲ Mo–Fr 11.30–22, Sa & So 16–22 Uhr; 📶) Die authentischen Thaigerichte sind eine super Sache, wenn einem Fisch und Lamm bis obenhin stehen. In den wärmeren Monaten stehen auch draußen Tische.

Olsen Olsen IMBISS €
(☎ 421 4457; Hafnargata 17; Snacks 950–2100 ISK; ⏲ 11–22 Uhr) Als in den 1950er-Jahren die Amerikaner kamen und den Rock and Roll mitbrachten, war Keflavík der coolste Ort in Island. Das „amerikanische" Imbisslokal bringt die Einwohner mit glänzenden Chromtischen, roten Plastiksitzen und Bildern von Elvis an der Wand zurück in jene Glanzzeit.

Kaffi Duus FISCH & MEERESFRÜCHTE, INDISCH €€
(☎ 421 7080; www.duus.is; Duusgata 10, Duushús; Hauptgerichte 2650–4500 ISK; ⏲ 11–23 Uhr) Die freundliche, maritim eingerichtete Café-Restaurant-Kneipe ist mit Walrossstoßzähnen geschmückt und blickt auf einen kleinen Bootshafen. Serviert werden große Teller mit frischem Fisch, ein paar Pastagerichte, Salate und Hamburger sowie seltsamerweise auch indisches Essen. Abends ist das Kaffi Duus ein beliebter Treffpunkt.

Ráin ISLÄNDISCH €€
(☎ 421 4601; www.rain.is; Hafnargata 19a; Hauptgerichte 1700–5300 ISK; ⏲ Mo–Fr 11–22, Sa & So 16–22 Uhr) Das Ráin ist wie ein Kreuzfahrtschiff aus den 1970er-Jahren (mit viel Holz) eingerichtet und serviert zum tollen Meerblick isländische Klassiker.

Paddy's BAR
(☎ 421 8900; Hafnargata 38) In der kleinen Kneipe kann's am Wochenende ruppig zugehen; manchmal wird Livemusik geboten.

Praktische Informationen

Touristeninformation Reykjanes (☎ 421 5660; www.visitreykjanes.is; Hafnargata 36; ⏲ Mo–Fr 9–17, Sa 10–14 Uhr) Informationen, Karten und Broschüren zur Halbinsel Reykjanes. Mit Filiale am Flughafen.

Anreise & Unterwegs vor Ort

Fahrräder (1000 ISK pro Std.) verleiht das Restaurant Thai Keflavík (s. o.).

BUS

Die Lokalbusse betreibt **SBK** (☎ 420 6000; www.sbk.is; Grófin 2–4, Keflavík). **Reykjanes Express** (www.reykjanesexpress.is) bietet folgende Busverbindungen:

- Bus REX fährt zum BSÍ-Busbahnhof in Reykjavík (Erw./Kind 1600/800 ISK, Mo–Fr 8-mal tgl., Sa & So 3-mal tgl.).
- Bus 4 fährt nach Garður und Sandgerði (jeweils 570 ISK, 6-mal tgl.).

Die Flughafenbusse lassen Fahrgäste auf Wunsch in Stadtrandnähe aussteigen.

FLUGZEUG

Bis auf Flüge nach Grönland und zu den Färöern steuern alle internationalen Flüge den **Keflavík International Airport** (www.kefairport.is) an.

VOM/ZUM FLUGHAFEN

Die meisten Unterkünfte in Reykjanesbær bieten ihren Gästen kostenlosen Flughafentransfer. Ein Taxi kostet etwa 5000 ISK – Taxiruf: **Airport Taxi** (☎ 420 1212; www.airporttaxi.is) oder **Hreyfill-Bæjarleiðir** (☎ 588 5522; www.hreyfill.is).

Der Nordwesten von Reykjanes

Die Westküste der Halbinsel Reykjanes ist zerklüftet und den Elementen ausgesetzt – ideal für Liebhaber regengepeitschter Klippen und Strände. Es gibt mehrere Fischerdörfer und in den Lavafeldern einige Sehenswürdigkeiten.

Garður

1409 EW.

Von Keflavík führt die Straße 41 nach 9 km durch das Dorf Garður (www.sandgerdi.is) und weiter bis zur windumtosten **Landspitze Garðskagi**, einem der besten Orte in Island zur **Vogelbeobachtung** – ein ausgedehntes Brutgebiet für Seevögel und oft der erste Landeplatz für Zugvögel. Manchmal lassen sich hier auch Robben und gelegentlich sogar **Wale** blicken.

Zwei prächtige **Leuchttürme**, ein großer und ein sehr kleiner, bringen Spannung in die Landschaftsansicht. Von dem großen bietet sich ein fast vollständiger Rundumblick übers Meer. Ein kleines **Heimatmuseum** (☎422 7220; www.svgardur.is; Erw./Kind 500 ISK/frei; ⏲April–Okt. 13–17 Uhr) zeigt ein nettes Sammelsurium aus Fischerbooten, Vogeleiern und Nähmaschinen. Vom Balkon des **2 Lighthouses Restaurant** (Tveir Vitar; ☎422 7214; Garðurbraut 100; Hauptgerichte 1950–5000 ISK; ⏲April–Okt. Mo 8–12, Di–Do bis 22, Fr bis 23, Sa 10–23, So 10–22 Uhr) darüber hat man einen großartigen Blick über das Meer zum Snæfellsjökull.

Am Leuchtturm liegt ein ruhiger, kostenloser **Campingplatz** mit Toiletten und Frischwasser. Im Ort gibt's außerdem eine Pension.

Garður wird von **Reykjanes Express** (www.reykjanesexpress.is), Bus 4 (570 ISK, 15 Min., 6-mal tgl.) nach Sandgerði und Keflavík, angesteuert.

Sandgerði & Umgebung

Fünf Kilometer südlich von Garður liegt das quirlige Fischerdorf Sandgerði (1571 Ew.).

Das **Sudurnes Science & Learning Center** (☎423 7551; http://thekkingarsetur.is/english/exhibitions; Gerðavegur 1; Erw./Kind 600/300 ISK; ⏲Mai–Sept. Mo–Fr 10–16, Sa & So 13–17 Uhr, Okt.–April Mo–Fr 10–14 Uhr) zeigt eine faszinierende Ausstellung über den Arktisforscher Jean-Batiste Charcot, dessen Schiff *Pourquois Pas?* 1936 ganz in der Nähe Schiffbruch erlitt, wobei alle Besatzungsmitglieder bis auf eins ums Leben kamen. Zu sehen sind Originalgegenstände aus dem Schiffswrack sowie andere Erinnerungsstücke. Außerdem ausgestopfte und in Gläsern konservierte isländische Tiere, darunter ein Walross und ein abgefahrenes Gorgonenhaupt. Ein kleines Aquarium gibt es auch.

Im phantastischen **Vitinn** (☎423 7755; www.vifinn.is; Vitatorg 7; Hauptgerichte 4100–6850 ISK; ⏲Mai–Sept. 11.30–21 Uhr, Okt.–April kürzere Öffnungszeiten) gegenüber serviert ein Ehepaar in schickem maritimem Ambiente Fisch und Meeresfrüchte, die hinten im Hof in Fischtanks gehalten werden. Besonders köstlich ist die Krebscremesuppe. Kräuter und Gemüse werden in einem Gewächshaus gezogen.

An der Küste südlich von Sandgerði gibt es ein paar nette **Strände** und im Marschland der Umgebung tummeln sich über 190 **Vogelarten**. Etwa 5 km südlich in **Hvalsnes** steht eine hübsche Kirche, die in einer berühmten Hymne des isländischen Dichters und Pfarrers Hallgrímur Pétursson (1616–1674) vorkommt. Er verfasste sie nach dem Tod seiner kleinen Tochter, die hier bestattet ist.

Zwei Kilometer südlich liegt das verfallene Fischerdorf **Básendar** aus der Sagazeit, das 1799 durch eine Flutwelle zerstört wurde.

Sandgerði wird **Reykjanes Express** (www.reykjanesexpress.is), Bus 4 (570 ISK, 15 Min., 6-mal tgl.) nach Sandgerði und Keflavík, angesteuert.

Der Südwesten von Reykjanes

Nach dem Abzweig von der Straße 41 auf die Straße 44 gleich hinter Keflavík geht es zunächst an der verlassenen **US-Militärbasis** vorbei und dann zum früheren Fischerdorf **Hafnir**. Viel zu sehen gibt es dort nicht – nur ein Feld voll Höcker und Hubbel, die angeblich die Überreste eines Langhauses aus dem 9. Jh. sind, das Ingólfur Arnarsons Ziehbruder gehört haben soll. Außerdem gibt's noch den Anker des „Geisterschiffs" *Jamestown*, das 1870 mysteriöserweise mit einer vollen Ladung Holz, aber ohne Mannschaft an Land trieb.

Südlich der **Vogelfelsen** von **Hafnaberg** steht die sogenannte **Brücke zwischen den Kontinenten**. Hier führt eine winzige Brücke über eine sandgefüllte Spalte zwischen der amerikanischen und der eurasischen Kontinentalplatte.

Ganz im Südwesten der Halbinsel geht die Landschaft in schroffe vulkanische Klippen und Krater über, daher der Name **100-Krater-Park**. Mehrere Kraftwerke nutzen die geothermische Energie, um aus dem Meerwasser Salz zu gewinnen und Strom zu erzeugen. **Power Plant Earth** (Orkuverið Jörð; ☎436 1000; www.powerplantearth.is; Eintritt

1000 ISK; ⌚ Juni–Sept. Sa & So 12.30–16.30 Uhr) zeigt eine interaktive Ausstellung zur Energiegewinnung. Besucher können einen Blick in die riesige, blitzblanke Turbinenhalle werfen.

Einer der wildesten und wunderbarsten Orte der Halbinsel ist **Valahnúkur**. Hier zweigt von der Straße 425 eine kurvenreiche Straße durch ein Lavafeld aus dem 13. Jh. ab. Wer an der T-Kreuzung rechts abbiegt, erreicht nach 900 m auf einer unbefestigten Piste atemberaubende **Küstenfelsen**, die erklettert werden können, und den **Leuchtturm Reykjanesviti**, den ältesten (1878) von Island.

Von Valahnúkur und der nahen Küste ist in 14 km Entfernung die abgeflachte Felsspitze der Insel **Eldey** zu sehen, wo die größte Tölpelkolonie der Welt nistet. Hier soll der letzte Riesenalk getötet worden sein. Die Färöer bestreiten das und bestehen darauf, dass dies in Stóra Dímun geschah. Heute ist Eldey ein Vogelschutzgebiet.

Wer an der oben genannten T-Kreuzung links abbiegt, erreicht nach 500 m das dampfende vielfarbige **Geothermalfeld** um die heiße Quelle **Gunnuhver**. Ihren Namen erhielt sie nach der Geisterhexe Gunna, die mit Zauberkraft gefangen und in das kochende Wasser gelockt wurde, wo sie den Tod fand.

Grindavík

Grindavík ist die einzige Ortschaft an der Südküste von Reykjanes und eines der wichtigsten Fischereizentren Islands. Hier gibt es keinen Seebad-Budenzauber, sondern Molen, Kräne und Lagerhäuser.

Die einzige Touristenattraktion im Ort ist das **Kvíkan** (Magma; ☎ 420 1190; www.visitgrindavik.is; Hafnargata 12a; Erw./Kind 1200 ISK/frei; ⌚ 10–17 Uhr), ein Museum mit zwei Ausstellungen, eine gut gemachte über die Fischsalzerei sowie eine zu geothermischer Energie.

Geführte Touren

ATV Adventures QUADTOUREN, RADTOUREN
(☎ 857 3001; www.atv4x4.is) Mit dem Hauptanbieter von Quadtouren auf der Halbinsel lassen sich Lavafelder erkunden und Schiffswracks besichtigen. Mit Fahrer kostet das ab 9900 ISK pro Person, für Selbstfahrer (Führerschein erforderlich) ab 15 000 ISK pro Person für ein Zwei-Personen-Quad. Außerdem bietet das Unternehmen Radtouren ab der Blauen Lagune (9900 ISK) und verleiht Fahrräder (4/8 Std. 2900/3900 ISK; 4900 ISK für 8 Std. mit Anlieferung zur Blauen Lagune).

Salty Tours GEFÜHRTE TOUREN
(☎ 820 5750; www.saltytours.com; Borgarhraun 1, Grindavík) Organisiert Tagestouren auf Reykjanes (13 000 ISK) und zu weiteren Zielen.

Arctic Horses REITEN
(☎ 848 0143; www.arctichorses.is; Hópsheiði 16, Grindavík) Der kleine Familienbetrieb bietet Ausritte über die Halbinsel an. Die beliebte Leuchtturmtour (Erw./Kind 8000/5000 ISK) dauert anderthalb Stunden.

Schlafen & Essen

Campingplatz CAMPING €
(☎ 660 7323; www.visitgrindavik.is; Austurvegur 26; Stellplatz 900 ISK pro Pers.; ⌚ Mitte Mai–Mitte Sept.) Grindavíks gepflegter Campingplatz ist ein grünes Fleckchen nahe dem Hafen und gut ausgestattet, u. a. mit Grillplätzen, Spielplatz und Touristeninformation. Wer hier nächtigt, bekommt fürs Museum Kvíkan zwei Eintrittskarten zum Preis von einer.

Guesthouse Borg PENSION €
(☎ 895 8686; www.guesthouseborg.com; Borgarhraun 2; EZ/DZ ohne Bad mit Frühstück 9000/14 000 ISK; @ 📶) In dem älteren Wohnhaus im Ortszentrum ist's gemütlich wie bei Oma. Die Gäste können eine Küche und eine Waschküche nutzen.

★ **Bryggjan** CAFÉ €
(Harbour; Snacks 600–1400 ISK; ⌚ Mo–Fr 8–23, Sa & So 10–23 Uhr; 📶) Das nette Café liegt in einem Block aus Lagerhäusern am Wasser und serviert leichte Mahlzeiten. In dem mit gerahmten Fotos und Fischerbojen dekorierten Raum spannen auch die Einheimischen gern aus.

Salthúsið FISCH & MEERESFRÜCHTE €€
(☎ 426 9700; www.salthusid.is; Stamphólsvegur 2; Hauptgerichte 1400–3900 ISK; ⌚ Mitte Mai–Mitte Sept. 12–22 Uhr) Das feine hölzerne Salthúsið ist auf *saltfiskur* (Salzfisch) spezialisiert, der auf verschiedene Arten zubereitet wird. Außerdem gibt's Lachs, Hummer, Hühnchen und Lamm.

Praktische Informationen

Touristeninformation (☎ 420 1190; www.visitgrindavik.is; ⌚ Mitte Mai–Mitte Sept. 10–17 Uhr) Zwei Filialen: im Museum Kvíkan und am Campingplatz. Mit internetfähigem Computer.

An- & Weiterreise

Der Bus GRI von **Reykjanes Express** (www.reykjanesexpress.is) verkehrt zwischen dem BSÍ-Busbahnhof von Reykjavík, der Blauen Lagune und Grindavík (1600 ISK, 1 Std., 3-mal tgl.).

Reykjanesfólkvangur

Ein Besuch in dem 300 km² großen, wilden Naturschutzgebiet, nur 40 km von Reykjavík entfernt, vermittelt einen Eindruck von Islands rauen Landschaften. Das Gebiet wurde 1975 unter Naturschutz gestellt, um die komplexen Lavaformationen aus den Vulkanen von Reykjanes zu schützen. Seine drei Attraktionen sind der Kleifarvatn, ein tiefer See mit unterirdischen heißen Quellen und schwarzsandigen Stränden, das sprühende und brodelnde Geothermalfeld Krýsuvík in Seltún und die größten Vogelfelsen des Südwestens, der gewaltige Krýsuvíkurberg. Das gesamte Gelände ist von Wanderwegen durchzogen. Gute Karten sind in den Touristeninformationen in Keflavík, Grindavík und Hafnarfjörður erhältlich. Parkbuchten gibt es an den Startpunkten der beliebtesten Wanderwege, wie dem Rundweg um den Kleifarvatn und den Wegen durch die schroffen Bergzüge Sveifluháls und Núpshliðarháls.

Kleifarvatn

Der tiefe, düstere See füllt eine Vulkanspalte und ist von winderodierten Lavafelsen und schwarzem Sand umgeben. Der Legende nach soll ein wurmartiges Ungeheuer in der Größe eines Wals unter seiner Oberfläche lauern – aber das arme Viech verliert Bewegungsspielraum, da der See seit zwei größeren Erdbeben in der Gegend im Jahr 2000 beständig schrumpft. Eine makabre, fiktive Sicht auf die Ereignisse vermittelt Arnaldur Indriðasons Thriller *Kältezone* (dt. 2006). Ein Wanderweg am Seeufer entlang bietet dramatische Ansichten und das Knirschen vulkanischer Schlacke unter den Schuhsohlen.

Krýsuvík & Seltún

Das unberechenbare **Geothermalfeld Austurengjar**, etwa 2 km südlich des Kleifarvatn, wird oft nach einem verlassenen Gehöft in der Nähe Krýsuvík genannt. Selbst für isländische Verhältnisse ist die Gegend ziemlich anfällig für geologische Launen. Die Temperatur unter der Erdoberfläche beträgt 200 °C und das Wasser, das aus dem Boden heraustritt, ist kochend heiß. In den 1990er-Jahren wurden hier Bohrungen vorgenommen, um Hafnarfjörður mit Energie zu versorgen. Als aber 1999 die Anlage ohne Vorwarnung explodierte, wurde das Projekt aufgegeben.

In Seltún führen Holzstege um eine Gruppe **heißer Quellen**. Die Schlammtümpel und dampfenden schwefeligen Solfatare (vulkanische Dampfaustritte) schimmern wegen der Mineralien in der Erde in allen Regenbogenfarben.

In der Nähe liegt der **Grænavatn**, ein alter Explosionskrater, der durch eine Kombination aus Mineralien und wärmeliebenden Algen mit blaugrünem Wasser gefüllt ist.

Krýsuvíkurberg

Etwa 3 km südlich von Seltún führt über die Lavafelder von Krýsuvíkurhraun ein Feldweg hinab zur Küste und zu den Klippen von Krýsuvíkurberg (an der Hauptstraße als Krýsuvíkurbjarg ausgeschildert). Die schwarzen Felsen erstrecken sich über 4 km und sind im Sommer übersät mit 57 000 Brutpaaren von Seevögeln, von Lummen bis hin zu einigen Papageitauchern. Ein Pfad schlängelt sich über die ganze Länge der Klippen.

DER GOLDENE KREIS

Der Goldene Kreis umfasst die drei beliebtesten Sehenswürdigkeiten Islands, die im Umkreis von 100 km alle in der Nähe der Hauptstadt liegen: Þingvellir, Geysir und Gullfoss. Die von Tausenden Besuchern geschätzte Rundtour ist nicht mit der Ringstraße zu verwechseln; die führt um die ganze Insel herum und man benötigt gut eine Woche, um sie abzufahren Am Goldenen Kreis sehen die Besucher auf einer Schleife, die auch an einem einzigen Tag zu bewältigen ist, das Aufeinandertreffen der Kontinentalplatten und die wichtigste historische Stätte des Landes (Þingvellir), eine hochschießende heiße Quelle (Geysir) und einen donnernden Wasserfall (Gullfoss). Wer die Gegend auf eigene Faust erkundet, kann diese Sehenswürdigkeiten außerhalb der Stoßzeiten besichtigen und dazu noch einige weiter entfernte, nicht weniger spannende Orte besuchen. Fast alle Tourenanbieter im Raum Reykjavík haben Fahrten zum

Goldenen Kreis im Programm, von Bus- bis Rad- und Superjeeptouren, oft auch in Kombination mit anderen Attraktionen.

Für Reisende, die in der relativ kleinen Region ihr Lager aufschlagen wollen: Die Gegend um den Laugarvatn ist eine gute Ausgangsstation. Entlang der Straße 35 gibt es ebenfalls eine Auswahl an Unterkünften.

Þingvellir

Der **Nationalpark Þingvellir** (www.thingvellir.is), 23 km östlich von Reykjavík, ist Islands wichtigste historische Stätte und ein Ort entrückter Schönheit. Hier schufen die Wikinger bereits 930 n. Chr. das erste demokratische Parlament der Welt, das Alþing. Die Versammlungen fanden unter freiem Himmel statt und wie an vielen aus den Sagas bekannten Orten sind auch hier nur noch die Steinfundamente der Lagerplätze zu sehen. Aber die Landschaft in einem breiten Grabenbruch voller Spalten, die durch das Auseinanderdriften der amerikanischen und der eurasischen Kontinentalplatte entstanden sind, bietet eine herrliche Naturkulisse mit Flüssen und Wasserfällen. Das Gebiet wurde zum ersten Nationalpark des Landes erklärt und 2004 von der Unesco als Welterbe ausgewiesen.

DER GOLDENE KREIS AUF EIGENE FAUST

Es ist ganz einfach, den Goldenen Kreis per Rad oder Auto auf eigene Faust abzufahren – und dabei eventuell auch individuellen Interessen nachzugehen. Hier ist alles klar ausgeschildert, die Straßen sind asphaltiert und die Entfernungen recht kurz – mit dem Auto braucht man für die gesamte Schleife etwa vier Stunden. Einige Sehenswürdigkeiten kann man auf einer selbst zusammengestellten Bustour abfahren, denn die Busse fahren auch in Hochlandgebiete, die mit einem normalen Fahrzeug nicht zugänglich sind. Detaillierte Infos zur Region bietet die ausgezeichnete Karte *Uppsveitir Árnessýslu*.

Die wichtigsten Stationen des Goldenen Kreises sind Þingvellir, wo die Kontinentalplatten zusammentreffen und Ort des alten isländischen Parlaments, dann der Geysir, eine hochschießende Springquelle, und schließlich der Gullfoss, ein donnernder Wasserfall, der sich seinen Weg durch eine Schlucht bahnt. Wer auf eigene Faust unterwegs ist, kann zusätzlich folgende Sehenswürdigkeiten ansteuern:

Laugarvatn (S. 115) Der kleine Ort an einem See zwischen Þingvellir und Geysir hat zwei Dinge zu bieten, die auf jeden Fall lohnenswert sind: das exzellente Restaurant Lindin und das Fontana, ein schickes Thermalbad.

Þjórsárdalur (S. 136) Das weitgehend untouristische stille Tal des Flusses Þjórsá ist mit Wikingerruinen und geheimnisvollen Naturwundern wie dem Gjáin gespickt. Das Tal erstreckt sich am Ende hinauf ins Hochland und ist die Hauptroute nach Landmannalaugar, dem Ausgangspunkt des berühmten Laugavegurinn-Wanderwegs.

Reykholt & Flúðir (S. 118 & S. 119) Auf dem Weg vom Gullfoss nach Süden kann man bei Reykholt auf dem Fluss Hvítá raften oder dem Thermalgebiet Flúðir mit einem neuen Naturspa und einem tollen Angebot an frischem Gemüse fürs Abendmahl einen Besuch abstatten.

Eyrarbakki & Stokkseyri (S. 123 & S. 124) Die beiden Küstenorte südlich von Selfoss sind verblüffend anders als die Nachbarorte. Hier warten nach einer langen Fahrt leckere Meeresfrüchtegerichte und Kunstgalerien, die jedes Jahr wieder ganz zwanglos ihre Türen öffnen.

Kaldidalur-Korridor (S. 180) Nicht alle Mietwagen dürfen auf dieser Holperpiste (Straße 550) fahren, aber wer eins mit der entsprechenden Genehmigung mietet, kann die einsame Straße erkunden, die sich um massive Gletscher schlängelt. Sie beginnt nahe Þingvellir und endet bei Húsafell. Es ist auch möglich, den Goldenen Kreis in entgegengesetzter Richtung zu befahren und hier Richtung Westen abzubiegen, wo viele weitere Abenteuer warten.

Kerlingarfjöll (S. 340) Hinter dem Gullfoss geht's nur mit einem Allradfahrzeug (oder dem Bus) weiter, aber der Abstecher in dieses Naturschutzgebiet im Hochland, einem Paradies für Wanderer rund zwei Stunden hinter dem Wasserfall, lohnt sich auf jeden Fall.

Geschichte

Die meisten Siedler kamen nach Island, weil sie mit den Königen auf dem skandinavischen Festland in Konflikt geraten waren. Die Abenteurer und Gesetzlosen fanden, dass sie in dem neuen Land sehr gut ohne Könige leben konnten. Zur Rechtsprechung hielten sie regionale *þing* (Versammlungen) ab, auf denen örtliche Häuptlinge, die Goden *(goðar)*, Urteile fällten.

Mit der Zeit wurde ein überregionaler *þing* nötig. Bláskógur – das heutige Þingvellir (Parlamentsfelder) – lag an einer Stelle, wo sich zwei Straßen an einem großen, fischreichen See kreuzten. Außerdem gab es reichlich Brennholz und eine Szenerie, die auch dem erbärmlichsten Redner Pathos verlieh. Fortan wurden hier Islands Geschicke gelenkt, Gesetze erlassen, Heiraten arrangiert und sogar die Religion des Landes bestimmt. Die alljährliche Versammlung war auch ein gesellschaftliches Ereignis, das Händler und Gaukler in Scharen anzog.

In den folgenden Jahrhunderten führte die eskalierende Gewalt zwischen den mächtigsten Gruppen im Land zum Zusammenbruch von Recht und Gesetz. Die Verwaltung wurde der norwegischen Krone übertragen und das Alþing verlor 1271 seine gesetzgebende Funktion. Bis 1798 diente es nur noch der Rechtsprechung und wurde schließlich vollständig aufgelöst. Als ihm 1843 endlich wieder die alten Befugnisse übertragen wurden, beschlossen die Mitglieder, ihre Versammlungen nach Reykjavík zu verlegen.

Sehenswertes

Vom Parkzentrum an der Straße 36 führt die Straße 361 zu den einzigen Bauten, die noch im Grabenbruch stehen. Die folgenden Sehenswürdigkeiten schließen sich vom Parkplatz aus aneinander an:

★ Die tektonischen Platten

SCHLUCHTEN, WASSERFÄLLE

Die Þingvellir-Ebene erstreckt sich dort, wo die amerikanische und die eurasische Kontinentalplatte aufeinandertreffen und mit einer Geschwindigkeit von 1 bis 18 mm pro Jahr auseinanderdriften. Daher ist die Ebene mit faszinierenden Spalten, Seen und Flüssen gespickt, u. a. mit der **Almannagjá**, der „Allmännerschlucht". Ein Pfad führt vom Besucherzentrum oben auf den Felsen durch die Spalte zur Alþing-Stätte.

ABSTECHER

HALLDÓR-LAXNESS-HAUS

Gljúfrasteinn Laxness Museum
(☎586 8066; www.gljufrasteinn.is; Mosfellsbær; Erw./Kind 800 ISK/frei; ⏲Juni–Aug. 9–17 Uhr, Sept.–Mai Di–So 10–17 Uhr, Jan.–Feb. & Nov. auch Sa & So geschl.) Der Literaturnobelpreisträger Halldór Laxness (1902–1998) verbrachte sein ganzes Leben in Mosfellsbær. Sein Wohnhaus am Fluss ist heute das Gljúfrasteinn Laxness Museum. Es liegt an der Straße von Reykjavík nach Þingvellir (Straße 36) und ist daher ohne große Umstände zu erreichen. Der Schriftsteller ließ sich das noble Domizil in den 1950er-Jahren errichten und es ist noch vollständig mit Originalmöbeln, dem Arbeitszimmer und der Kunstsammlung von Laxness (mit Stickereien seiner Frau Auður) ausgestattet. Für den Rundgang durchs Haus gibt's einen Audioguide. Vor dem Haus parkt sein geliebter Jaguar.

Die westliche Platte wird vom Fluss **Öxará** durchschnitten, der sich in einer Reihe hübscher Kaskaden über ihren Rand ergießt. Am eindrucksvollsten ist der **Öxarárfoss** am Nordrand der Alþing-Stätte. Im Becken **Drekkingarhylur** wurden früher Frauen ertränkt, die des Kindermords, des Ehebruchs oder anderer schwerwiegender Vergehen für schuldig befunden worden waren.

Am Ostrand der Stätte befinden sich weitere kleinere Einschnitte. In der **Brennugjá** (Brandschlucht) wurden im 17. Jh. neun Männer wegen Hexerei auf dem Scheiterhaufen verbrannt. Ganz in der Nähe liegen die Spalten **Flosagjá** (benannt nach einem Sklaven, der sich durch einen kühnen Sprung in die Freiheit rettete) und **Nikulásargjá** (benannt nach einem Schultheiß, der betrunken und tot im Wasser aufgefunden wurde). Das Südende der Nikulásargjá ist als **Peningagjá** (Münzschlucht) bekannt: Tausende Besucher haben Geldstücke hineingeworfen.

Þingvallabær

HISTORISCHES GEBÄUDE

Der kleine Bauernhof Þingvallabær auf dem Grund des Grabenbruchs wurde 1930 anlässlich des 1000. Jahrestags des Alþing von Staatsarchitekt Guðjón Samúelsson entworfen. Heute dient es als Parkwächterbüro und als Sommerhaus des Premierministers.

Þingvallakirkja KIRCHE

(Mitte Mai–Aug. 9–19.30 Uhr) Hinter dem Bauernhaus Þingvallabær erhebt sich die Þingvallakirkja, eine der ersten Kirchen Islands. Sie wurde im 11. Jh. eingeweiht, aber das heutige Holzgebäude stammt von 1859. Innen befinden sich Glocken aus den Vorgängerkirchen, eine Holzkanzel aus dem 17. Jh. und ein Altargemälde von 1834. Zwei Dichter aus der Zeit der isländischen Unabhängigkeitsbewegung, Jónas Hallgrímsson und Einar Benediktsson, sind auf dem Friedhof neben der Kirche begraben.

Búðir RUINEN

Zu beiden Seiten des Flusses Öxará liegen die Ruinen verschiedener Lager, *búðir* (Buden) genannt. In diesen kleinen Schuppen aus Stein und Grassoden nächtigten die Parlamentsmitglieder. Tagsüber dienten sie als Verkaufsstände für Pergamentrollen, Bier und Essen – ähnlich wie bei heutigen Open-Air-Festivals. Die meisten Buden stammen aus dem 17. und 18. Jh. Die größte und eine der ältesten, die **Biskupabúð** nördlich der Kirche, gehörte den Bischöfen von Island.

★ Alþing WAHRZEICHEN

In Sichtweite der dramatischen Almannagjá-Schlucht liegt der **Lögberg** (Gesetzesfelsen), vor dem heute ein Plankenweg verläuft. Hier versammelte sich einmal im Jahr das Alþing und der *lögsögumaður* (Gesetzessprecher) verlas die bestehenden Gesetze (jedes Jahr ein Drittel). Nach der Bekehrung Islands zum Christentum wurde der Versammlungsort an den Fuß der Almannagjá-Klippen verlegt. Die Felsen trugen die Stimmen der Redner wie ein natürlicher Verstärker zum Publikum herüber. Ein Fahnenmast mit der isländischen Flagge markiert die Stelle.

146 Männer (48 Stimmberechtigte, 96 Beiräte und 2 Bischöfe) bildeten die *lögrétta* (Gesetzesrat). Sie sollen sich auf dem **Neðrivellir** (Untere Felder) getroffen haben, dem flachen Platz am Fuß der Klippen.

Besucherzentrum Þingvellir BESUCHERZENTRUM

(Gestastofa; 9–17 Uhr) GRATIS Oben auf den Felsen der Almannagjá-Schlucht steht ein einfaches Besucherzentrum, in dem ein Film zu Natur und Geschichte der Gegend gezeigt wird; außerdem gibt's dort einen Shop. Vom kleinen angrenzenden Fußweg eröffnet sich ein toller Blick über das Tal. Zum Zeitpunkt der Recherche wurde das Besucherzentrum ausgebaut. Die Benutzung der Toiletten kostet 200 ISK. Man kann hier oben parken und hinuntergehen oder umgekehrt von der Alþing-Stätte hochlaufen.

Þingvallavatn SEE

Der Þingvallavatn erstreckt sich über einen großen Teil des Grabenbruchs und ist mit 84 km² Islands größter See. Klares Gletscherwasser des Langjökull sickert über 40 km durch das Grundgestein und ergießt sich schließlich in den See, ebenso wie die heiße Quelle Vellankatla, die am Nordostufer unter den Lavafeldern hervorsprudelt. Der Þingvallavatn ist ein wichtiger Zwischenstopp für **Zugvögel** (darunter Eistaucher, Kragen- und Spatelenten).

In seinen Fluten tummeln sich massenweise *bleikja* (Seesaiblinge), die hier so isoliert leben, dass sich vier Unterarten ausgebildet haben.

Aktivitäten

Eine der außergewöhnlichsten Aktivitäten in Island ist eine Tour mit Maske (oder Schnorchel) und Neoprenanzug in die mit kristallklarem Wasser gefüllten **Silfra-Spalte** im Grabenbruch. Die Tauchgänge können bei Anbietern in Reykjavík (S. 74) gebucht werden. Wer eine eigene Ausrüstung hat, muss einen Tauchschein vorlegen, mindestens zu zweit tauchen und im Besucherzentrum eine Genehmigung (1000 ISK) erwerben.

In den Nationalparkstationen kann man auch die Vorschriften fürs **Seeangeln** erfragen – einige Gebiete sind tabu – und die notwendige Genehmigung (2000 ISK pro Angelrute pro Tag; 20. April–15. Sept.) einholen.

Der Reiterhof Laxnes (S. 73) im Tal an der Straße 36 (von Reykjavík kommend) bietet Ausritte an.

Geführte Touren

Von Juni bis August gibt es täglich kostenlose einstündige Führungen. Startpunkt ist um 10 Uhr bei der Kirche.

Schlafen & Essen

Südlich des Sees befinden sich bei Bruarholt einfache Unterkünfte wie das **Hótel Borealis** (561 3661; www.hotelborealis.is; Bruarholt; DZ mit/ohne Bad mit Frühstück 27 700/17 800 ISK) und das Pfadfindercamp **Útilífsmiðstöð Skáta Úlfljótsvatni** (482 2674; www.ulfljotsvatn.is; Úlfljótsvatn; Stellplatz/B 1200/3400 ISK pro Pers.).

Campingplätze Þingvellir CAMPING €
(Stellplatz 1300/100 ISK pro Erw./Zelt; Juni–Aug.) Von den Campingplätzen, für die das Parkzentrum zuständig ist, sind die neben dem Café in Leirar die besten. Syðri-Leirar ist der größte und Nyrðri-Leirar hat Waschmaschinen. Auf Fagrabrekka und Hvannabrekka sind Autos verboten. Vatnskot liegt unten am See und hat Toiletten und kaltes Wasser (aber keinen Strom).

Cottages @ Lake Thingvellir COTTAGES €€
(Skálabrekka; 892 7110; www.lakethingvellir.is; Hütte 16 200 ISK plus 2300 ISK pro Pers. pro Nacht) Vier Cottages aus Fichtenholz mit Seeblick nahe dem Eingang zum Nationalpark an der Straße 36.

★ **Ion Luxury Adventure Hotel** BOUTIQUEHOTEL €€€
(482 3415; www.ioniceland.is; Nesjavellir vid Þingvallavatn; EZ/DZ 44 000/51 000 ISK; P @) Ion ist Marktführer auf dem noch jungen Gebiet der luxuriösen Landhotels. Hier dreht sich alles um Landesküche, Nachhaltigkeit und hippe, moderne Zimmer. Das **Restaurant** (www.ioniceland.is; Nesjavellir vid Þingvallavatn; Hauptgerichte abends 4400–6200 ISK; 11.30–22 Uhr), in dem die Devise Slow Food heißt, die Bar mit deckenhohen Glasfenstern, das Thermalbad und das Biospa präsentieren sich allesamt opulent. Die Zimmer sind ein bisschen klein, dafür aber makellos eingerichtet mit netten Akzenten wie Pferdebildern an den Wänden.

Das Hotel liegt im stillen Thermaltal (beim Kraftwerk) auf der Südseite des Þingvallavatn.

Nationalpark-Café CAFÉ €
(Nationalpark-Informationszentrum; Suppe 950 ISK; April–Okt. 9–22 Uhr) Die sehr einfache Cafeteria im Informationszentrum versorgt hungrige Besucher mit Hotdogs und Tagessuppe mit Brot.

Praktische Informationen

Informationszentrum Þingvellir (Leirar Þjónustumiðstöð; 482 2660; www.thingvellir.is; Mai–Sept. 9–17 Uhr) Das Informationszentrum an der Straße 36 nördlich vom See hält Infos zum Nationalpark bereit und betreibt ein Café. Infos bietet auch das Besucherzentrum Þingvellir (S. 114).

An- & Weiterreise

Die günstigste Anreisemöglichkeit sind ein organisierte Tour entlang des Goldenen Kreises oder ein Mietwagen.

Reykajvík Excursions (580 5400; www.re.is):
- Bus 6/6A Reykjavík–Gullfoss (2500 ISK vom BSÍ-Busbahnhof nach Þingvellir, Mitte Juni–Mitte Sept. 1-mal tgl.; hält für 75 Min. an verschiedenen Punkten um Þingvellir und fährt dann weiter zum Laugarvatn, Geysir und Gullfoss).

Sterna (551 1166; www.sterna.is):
- Bus F35/F35A Reykjavík–Akureyri (1800 ISK von Harpa nach Þingvellir, Ende Juni–Anfang Sept. 1-mal tgl.; hält für 45 Min. beim Informationszentrum und fährt dann weiter über Laugarvatn, Geysir und Gullfoss, Kjölur-Hochland und Kerlingarfjöll nach Akureyri).

Laugarvatn

Der Laugarvatn (See der heißen Quellen) wird nicht nur von den in Sprühnebel eingehüllten Wasserfällen gespeist, sondern auch von der schon im Mittelalter bekannten heißen Quelle Vígðalaug. Als Basislager für Ausflüge am Goldenen Kreis bietet sich der gleichnamige Ort am Westufer des Sees an.

Aktivitäten

★ **Fontana** THERMALBAD
(486 1400; www.fontana.is; Erw./Kind/unter 12 J. 3200/1600 ISK/frei; Juni–Sept. 10–23 Uhr, Okt.–Mai Mo–Fr 13–21, Sa & So 11–21 Uhr) Das schicke Bad am See verfügt über drei Becken und ein Dampfbad aus Zedernholz, das durch einen natürlichen Schlot gespeist wird. Vom coolen Café (Snacks 500–1200 ISK) blicken die Gäste auf den See. Handtücher und Badesachen (800 ISK) kann man ausleihen.

Schwimmbad Laugarvatn THERMALBAD
(486 1251; Erw./Kind 500/250 ISK; Mo–Fr 10–22, Sa & So bis 18 Uhr) Wer den ganzen Hot-Pot-Rummel im Fontana vermeiden will, kann sich in das schlichte Thermalbad nebenan begeben, das nicht so schick ist, aber auch nur einen Bruchteil des Eintrittspreises verlangt.

Geführte Touren

Laugarvatn Adventures KLETTERN, CAVING
(862 5614; www.caving.is) Der Anbieter veranstaltet zwei- bis dreistündige Höhlenwanderungen und Felsklettertouren in den umliegenden Bergen.

Schlafen & Essen

★ **Héraðsskólinn** HOSTEL, PENSION €
(537 8060; www.heradsskolinn.is; B/EZ/DZ/4BZ ohne Bad ab 4200/12 900/13 900/25 900 ISK;)

Die nagelneue Unterkunft ist eine Kombination aus Hostel und Pension und residiert in einem großen renovierten Schulgebäude, das 1928 von Guðjón Samúelsson entworfen wurde und ein Architekturdenkmal ist. Das Haus am See mit mehreren Giebeldächern bietet Zimmer für bis zu sechs Personen mit Gemeinschaftsbad sowie Schlafsäle. Außerdem gibt's eine geräumige Bibliothek, die auch als Wohnzimmer dient, und ein Café (geöffnet 7–22 Uhr).

Jugendherberge Laugarvatn HOSTEL €
(☎486 1215; www.laugarvatnhostel.is; B/EZ/DZ ohne Bad 4100/6300/9500 ISK, EZ/DZ 13 400/16 650 ISK; @📶) Das große Hostel verteilt sich über mehrere Gebäude in der Dorfhauptstraße. Es ist professionell geführt und gemütlich. Das Hauptgebäude hat drei Stockwerke und eine große Küche (mit tollem Seeblick beim Abwasch). Die anderen Gebäude sind erheblich kleiner. HI-Mitglieder zahlen 700 ISK weniger.

Campingplatz Laugarvatn CAMPING €
(☎486 1155; Stellplatz 1000 ISK pro Pers.; ⏲Mai–Sept.) Der Platz an der Straße unmittelbar vor dem Dorf verwandelt sich an Sommerwochenenden in eine laute Partyzone.

★ **Efstidalur II** PENSION €€
(☎486 1186; www.efstidalur.is; Efstidalur 2; EZ/DZ/3BZ mit Frühstück ab 19 240/23 800/28 500 ISK, Hauptgerichte 1200–5000 ISK; 📶) Die Pension Efstidalur befindet sich auf einem Milchbauernhof 12 km nordöstlich des Laugarvatn und stellt einladende Unterkünfte, köstliche Mahlzeiten und sensationelle Eiscreme bereit. Von den hinreißenden Doppelhäuschen eröffnet sich ein toller Blick auf die gewaltige Hekla. Das Restaurant serviert Rindfleisch vom Hof und Forellen aus dem See. In der Eisdiele gibt's selbstgemachtes Eis und durch Fenster blickt man direkt in den Kuhstall.

Hótel Edda HOTEL €€
(☎444 4000; www.hoteledda.is; ⏲Juni–Mitte Aug.; @📶) Die zwei großen Schulen von Laugarvatn werden im Sommer zu Edda-Hotels. Die 98 Zimmer des ML Laugarvatn sind zweckmäßig und erinnern an ein Studentenwohnheim (DZ mit Gemeinschaftsbad 15 400 ISK). Das ÍKÍ Laugarvatn ist weitaus schicker: Die 29 Zimmer (DZ 22 300 ISK) haben alle ein eigenes Bad und die Hälfte einen herrlichen Panoramablick über den See. Das hauseigene Restaurant hat zudem einen Blick auf die Hekla.

★ **Lindin** ISLÄNDISCH €€
(☎486 1262; www.laugarvatn.is; Lindarbraut 2; Hauptgerichte im Restaurant 3600–5500 ISK, Hauptgerichte im Bistro 1800–4000 ISK; ⏲Mai–Sept. 12–22 Uhr, Okt.–April kürzere Öffnungszeiten) Das Lindin ist das beste Restaurant meilenweit – der Besitzer Baldur ist ein geselliger, gefeierter Kochkünstler. Das Restaurant in einem hübschen Häuschen mit silbernem Anstrich bietet neben Seeblick reinste Gourmetküche mit isländischen Speisen aus lokalen oder aus der Wildnis stammenden Zutaten. Im lockeren, modernen Bistro geht's weniger hochtrabend zu. Hier gibt's u. a. Suppen und einen tollen Rentier-Burger. In der Hochsaison sollte man fürs Abendessen reservieren.

Shoppen

Gallerí Laugarvatn KUNSTHANDWERK
(☎847 0805; www.gallerilaugarvatn.is; Háholt 1; ⏲13–18 Uhr) Regionales Kunsthandwerk von Schmiedearbeiten bis zu Keramik und Wollwaren. Außerdem gibt's ein kleines B&B.

An- & Weiterreise

Strætó (☎540 2700; www.bus.is):
- Bus 73 Selfoss–Flúðir–Reykholt–Laugarvatn–Selfoss (1400 ISK ab Selfoss, 1¼ Std., 1-mal tgl.).

Reykjavík Excursions (☎580 5400; ww.re.is):
- Bus 6/6A Reykjavík–Gullfoss (Mitte Juni–Mitte Sept. 1-mal tgl., 2¼ Std., fährt weiter nach Geysir und Gullfoss).
- Bus 610/610A Reykjavík–Akureyri (Mitte Juni–Anfang Sept. 1-mal tgl., 1½ Std., fährt weiter über Geysir und Gullfoss, Kjölur-Hochland und Kerlingarfjöll nach Akureyri).

Sterna (☎551 1166; www.sterna.is):
- Bus F35/F35A Reykjavík–Akureyri (3400 ISK von Harpa nach Laugarvatn, 2¼ Std., Ende Juni–Anfang Sept. 1-mal tgl., fährt weiter über Geysir und Gullfoss, Kjölur-Hochland und Kerlingarfjöll nach Akureyri).

Geysir

Eine der berühmtesten Attraktionen Islands ist Geysir, die heiße Springquelle, der alle Verwandten weltweit ihren Namen verdanken. Der in der **Geothermalregion Haukadalur** entdeckte Geysir ist schon seit etwa 800 Jahren aktiv und spuckte seine Fontänen einst bis zu 80 m hoch in die Luft. Doch er durchläuft Phasen mit geringerer Aktivität, was seit 1916 der Fall zu sein scheint. Erdbeben haben den Geysir immer wieder stimuliert, aber Eruptionen sind dennoch eher selten. Zum Glück liegt der ausgesprochen zuverlässige Wasserspucker **Strokkur** gleich nebenan. Mindestens alle fünf bis zehn Minuten schießt das heiße Wasser in einer eindrucksvollen 15 bis 30 m hohen Fontäne in die Luft, um dann in einer Art riesigem Abflussloch zu verschwinden. In Windrichtung stellen, sonst wird's nass!

Das wellige, zischelnde Thermalgelände um Strokkur und Geysir war zur Zeit der Recherche kostenlos zugänglich, jedoch wurde über eine Eintrittsgebühr nachgedacht.

Zur Bewältigung des Besucheransturms wurde gegenüber das große **Geysir Center** (☎480 6800; www.geysircenter.com; ⌚Juni–Aug. 10–22 Uhr, Sept.–Mai bis 18 Uhr) errichtet. Es gibt dort drei Restaurants, einen Souvenirladen in Kaufhausgröße mit isländischen Produkten sowie eine N1-Tankstelle. Im Zentrum informiert die interaktive Ausstellung **Geysirstofa** (☎480 6800; ⌚Mai–Aug. 10–17 Uhr, Sept.–April 12–16 Uhr) GRATIS über Geysire, Vulkane und Erdbeben.

Aktivitäten

Golfplatz Geysir GOLF
(Haukadalsvöllur; ☎893 8733; www.geysirgolf.is; 9 Löcher 3000 ISK) Neun gepflegte Löcher mit Blick auf Geysir.

Geführte Touren

Geysir Hestar REITEN
(☎847 1046; www.geysirhestar.com; Kjóastaðir 2) Auf dem Gestüt Kjóastaðir 4 km östlich von Geysir bietet Geysir Hestar für Reiter aller Könnensstufen Ausritte in die Gegend sowie durch die Hvítará-Schlucht zum Gullfoss.

Iceland Safari SUPERJEEPTOUREN
(☎544 5454; www.icelandsafari.com; Geysir) Superjeeptouren im Südwesten Islands ab dem Stützpunkt 1 km südlich von Geysir.

Schlafen & Essen

Im Geysir Center gibt's drei Esslokale: ein riesiges Restaurant (Hauptgerichte 1490–2450 ISK), ein Café (Hauptgerichte 1480–2000 ISK) und einen Imbiss (990–1690 ISK).

Skjól Camping HOSTEL, CAMPINGPLATZ €
(☎899 4541; www.skjolcamping.com; Stellplatz 1200 ISK pro Pers., B im 2-/8-er-Schlafsaal 8000/5000 ISK; ⌚Mitte Mai–Mitte Sept.; 📶) Einfache Schlafsäle und Feldstellplätze (im Sommer mit Bar) 3,5 km nordöstlich von Geysir neben dem Gestüt Kjóastaðir. Außerdem gibt's Schlafsackbetten (4000 ISK) und Musikinstrumente für spontane Jamsessions.

Hótel Geysir HOTEL, CAMPINGPLATZ €€
(☎480 6800; www.geysircenter.is; Geysir; EZ/DZ ab 22 000/25 000 ISK, Stellplätze 1500 ISK pro Pers., Mittagsbuffet 3500 ISK, Hauptgerichte abends 2700–5700 ISK; ⌚Feb.–Dez., Campingplatz Mai–Sept.; @📶) Im alpin anmutenden Hotel gegenüber von Geysir ist wegen seiner Lage immer was los. Es verfügt über ein Thermalbad und zwei Hot Pots. Im Sommer stürmen zahllose Bustouristen das Mittagsbuffet des guten Restaurants. Das Hotel betreibt auch einen Campingplatz in der Nähe.

An- & Weiterreise

Reykjavík Excursions (☎580 5400; www.re.is):
- Bus 6/6A Reykjavík–Þingvellir–Gullfoss (4250 ISK vom BSÍ-Busbahnhof nach Geysir, 3 Std., Mitte Juni–Mitte Sept. 1-mal tgl., hält für 1½ Std. und fährt dann weiter zum Gullfoss).
- Bus 610/610A Reykjavík–Akureyri (4250 ISK, 2 Std., Mitte Juni–Anfang Sept. 1-mal tgl., fährt weiter über Gullfoss, Kjölur-Hochland und Kerlingarfjöll nach Akureyri).

Sterna (☎551 1166; www.sterna.is):
- Bus F35/F35A Reykjavík–Þingvellir–Akureyri (400 ISK von Harpa nach Geysir, 2½ Std., Ende Juni–Anfang Sept. 1-mal tgl., hält für 35 Min. und fährt dann weiter über Gullfoss, Kjölur-Hochland und Kerlingarfjöll nach Akureyri).

Gullfoss

Islands berühmtester Wasserfall Gullfoss (Goldener Wasserfall) stürzt hinter einer Wand aus Sprühnebel über 32 m in zwei spektakulären Kaskaden in eine enge Schlucht. An sonnigen Tagen verwandelt sich der Sprühnebel in einen schillernden Regenbogen, im Winter erstarrt die Pracht zu funkelndem Eis. Bei grauem Schmuddelwetter verschwindet die zweite Kaskade hinter Nebelschwaden, die dem Gullfoss etwas die Show stehlen.

Dass es den seit 1875 touristisch erschlossenen Wasserfall überhaupt noch gibt, ist reine Glücksache, denn in den 1920er-Jahren wollten ausländische Investoren den Fluss Hvítá für ein Wasserkraftwerk stauen. Als der Landeigentümer Tómas Tómasson nicht verkaufen wollte, holten sich die Planer die Genehmigung hinter seinem Rücken direkt von der Regierung. Tómassons Tochter Sigríður marschierte (barfuß!) nach Reykjavík, um dagegen zu protestieren, und drohte, sich in den Wasserfall zu stürzen, wenn das Projekt nicht eingestellt würde.

Zum Glück konnten die Investoren die Pacht nicht zahlen. Die Genehmigung wurde zurückgezogen und der Gullfoss war gerettet. Seit 1975 ist er Allgemeineigentum und Naturschutzgebiet.

Oberhalb des Gullfoss gibt es eine kleine **Touristeninformation**, ein **Geschäft** und ein **Café** (www.gullfoss.is; Hauptgerichte 750–1890 ISK; ⏲ Juni–Aug. 9–21.30 Uhr, Sept.–Mai 9–18 Uhr; 📶), das für seine Biolammsuppe mit Zutaten aus lokaler Herkunft berühmt ist. Ein asphaltierter und rollstuhlgerechter Weg führt zu einem Ausguck über dem Wasserfall, ein paar Stufen führen hinunter zum Wasser.

Unterkunft gewährt ein paar Kilometer vor dem Wasserfall das **Hótel Gullfoss** (☎486 8979; www.hotelgullfoss.is; DZ mit Frühstück 24 700 ISK; 📶), ein modernes Bungalowhotel. Von den sauberen Zimmern mit Bad blickt man aufs Moor (am besten sind die mit Blick aufs Tal). Außerdem gibt's zwei Hot Pots und ein Restaurant (Hauptgerichte 2100–5000 ISK) mit weitem Ausblick.

An- & Weiterreise

Gullfoss ist die letzte Attraktion auf der traditionellen Tour entlang des Goldenen Kreises; wer will, kann auf der Straße F35, der Kjölur-Route (S. 337), weiterfahren. Die ersten 14,8 km sind asphaltiert, danach benötigt man auf der tief ins Hochland führenden Strecke ein Allradfahrzeug.

Reykjavík Excursions (☎580 5400; www.re.is):
- Bus 610/610A (Reykjavík–Akureyri, Reykjavík–Gullfoss 5000 ISK, Mitte Juni–Anfang Sept. 1-mal tgl.; hält 1 Std. lang beim Wasserfall sowie bei den Kerlingarfjöll).
- Bus 6/6A (Reykjavík–Þingvellir–Geysir–Gullfoss, 5000 ISK, 5 Std., Mitte Juni–Mitte Sept. 1-mal tgl.; hält 1 Std. lang beim Wasserfall).

Sterna (☎551 1166; www.sterna.is):
- Bus F35/F35A (Reykjavík–Þingvellir–Akureyri, Reykjavík–Gullfoss 4900 ISK, Ende Juni–Anfang Sept. 1-mal tgl.; hält 25 Min. lang beim Wasserfall sowie bei den Kerlingarfjöll).

Vom Gullfoss nach Selfoss (Straße 35)

Die letzte Etappe auf der üblichen Route entlang des Goldenen Kreises ist die Strecke vom Gullfoss zurück zur Ringstraße bei Selfoss. Auf diesem Stück gibt es weitere interessante Angebote. Die meisten Besucher nehmen die asphaltierte Straße 35, die über Reykholt führt, wo die Möglichkeit zum Rafting besteht. Eine Alternative ist ein Abstecher nach Flúðir mit geothermal beheizten Gewächshäusern und einer heißen Quelle oder nach Skálholt, ehemals Bischofssitz und religiöses Zentrum des Landes.

Wer weiter gen Osten und nicht zurück nach Reykjavík fährt, den erwarten im Tal Þjórsárdalur (S. 136) die nächsten interessanten Sehenswürdigkeiten.

Reykholt

Die ländliche Gemeinde Reykholt – es gibt mehrere mit gleichem Namen im Land – liegt an der heißen Quelle Reykjahver und hat das übliche Thermalbad vorzuweisen. Interessanter dürfte sein, dass der Fluss **Hvítá** nahebei Südislands Zentrum für Wildwasserrafting ist.

Geführte Touren

Arctic Rafting RAFTING
(☎571 2200; www.arcticrafting.com; ⏲Mitte April–Sept.) Umfassendes Angebot für Raftingtouren auf der Hvítá sowie Kombitouren mit Reiten, Quad- und Schneemobilfahren. Drei- bis vierstündige Ausflüge kosten ab 11 990 ISK pro Person, mit Abholung in Reykjavík 16 990 bis 18 490 ISK. Die Niederlassung des Anbieters ist in Drumboddsstaðir bei Reykholt, ein zweite gibt es in Reykjavík bei Arctic Adventures (S. 72). Beim hiesigen Stützpunkt gibt's ein Restaurant und in der Nähe Unterkünfte.

Iceland Riverjet JETBOOTTOUREN
(☎863 4506; www.icelandriverjet.com; Skólabraut 4; ⏲April–Mitte Okt.) Vierzigminütige Jetboottrips (Erw./Kind 13 900/8000 ISK) auf der Hvítá, auch mit Abholung oder als Kombitour mit Goldenem Kreis. Im selben Komplex wie das Café Mika.

Schlafen & Essen

Húsið B&B €
(☎486 8680; Bjarkarbraut 26; DZ ohne Bad mit Frühstück 12 300 ISK; 📶) Das freundliche Húsið ist eine kleine Pension in einer ruhigen Sackgasse in einem Wohngebiet. Es hat einen Hot Pot, einen Grillplatz und eine Küche.

★ **Fagrilundur Guesthouse** PENSION €€
(www.fagrilundur.is; Skólabraut 1; DZ mit/ohne Bad mit Frühstück 23 000/17 000 ISK; 📶) Ein von Blumentöpfen gesäumter Weg durch den Wald führt zu einem märchenhaften Holzhaus. Die behaglichen Zimmer sind mit gemusterten Steppdecken eingerichtet und die Gäste teilen sich eine Veranda. Die aufmerk-

samen Betreiber bereiten jedem einen herzlichen Empfang und bieten neben einem tollen Frühstück auch jede Menge Tipps für Ausflüge in der Gegend.

Café Mika INTERNATIONAL €€
(☎896 6450; Skólabraut 4; Hauptgerichte 1000–3900 ISK; ⏲10–21 Uhr; 📶) Beim Café Mika wird die Pizza draußen gebacken. Außerdem gibt's Sandwiches und isländische Speisen sowie selbstgemachte Schokolade.

An- & Weiterreise

Strætó (☎540 2700; www.bus.is):
- Bus 73 Selfoss–Flúðir–Reykholt–Laugarvatn–Selfoss (1750 ISK ab Selfoss, 45 Min., 1-mal tgl.).
- Bus 72 Selfoss–Flúðir–Reykholt–Laugarás–Selfoss (1750 ISK ab Selfoss, 45 Min., 2-mal tgl.).

Skálholt & Laugarás

Skálholt ist ein bedeutendes religiöses Zentrum und war einer von zwei Bischofssitzen (neben Hólar im Norden), von denen aus zwischen dem 11. und dem 18. Jh. die isländischen Schäfchen auf dem rechten Weg gehalten wurden. Seine Blütezeit erlebte Skálholt unter Gissur dem Weißen, der die Christianisierung Islands vorantrieb. Mit der Reformation kam das Ende des katholischen Bistums. 1550 wurden Bischof Jón Arason und seine beiden Söhne auf Befehl des dänischen Königs hingerichtet. Die Lutheraner regierten in Skálholt, bis sie 1791 nach Reykjavík umzogen.

Leider zerstörte ein starkes Erdbeben im 18. Jh. die große Kathedrale. An ihrer Stelle stehen heute ein modernes protestantisches **theologisches Zentrum** mit **Besucherzentrum** (☎486 8870; www.skalholt.is; 500 ISK; ⏲9–18 Uhr), das nachgebaute **Grassodenhaus** Þorlagsbúð und eine hübsche **Kirche**. In ihrem Keller befindet sich ein **Museum**, in dem der Steinsarkophag von Bischof Páll Jónsson (Bischof 1196–1211) aufbewahrt ist. Laut der *Páls saga* wurde die Erde bei seinem Tod von Unwettern und Erdbeben erschüttert. Als sein Sarg 1956 geöffnet wurde, brach genau in diesem Moment ein gewaltiges Unwetter aus. Das Zentrum bietet außerdem ruhige Unterkünfte und ein Restaurant und im Sommer finden Konzerte statt.

Das Nachbardorf Laugarás ist kaum mehr als eine Ansammlung von Bauernhöfen, von denen einige ihre Erzeugnisse direkt vom Hof verkaufen. **Engi** (☎486 8913; www.engi.is; Laugarás; ⏲12–18 Uhr) z. B. verkauft Obst und Gemüse aus dem Gewächshaus sowie hübsche Souvenirs. Wer von Skálholt kommt, folgt einfach den Schildern am Dorfeingang.

Nach Laugarás verkehren ab Selfoss (1750 ISK, 40 Min., 2-mal tgl.) die Strætó-Busse 72 und 73. Der Sterna-Bus 35A fährt auf der Rückfahrt von Akureyri nach Reykjavík über Laugarás.

Kerið

Rund 15,5 km nördlich von Selfoss führt die Straße 35 am **Kerið** (Erw./Kind 350 ISK/frei; ⏲Juni–Aug. 9–21 Uhr) vorbei, einem 6500 Jahre alten Explosionskrater mit roter und sienabrauner Erde und einem gespenstischen grünen Kratersee. Björk gab einst auf einem Floß auf dem See ein Konzert. Zum Zeitpunkt der Recherche verlangten örtliche Grundbesitzer Eintritt für den Kerið, was allerdings auf Protest stieß und sich wieder geändert haben kann.

Das **Hótel Grimsborgir** (☎555 7878; www.grimsborgir.com; DZ mit Frühstück 38 500 ISK, 2-Schlafzimmer-Apt. 60 000 ISK; 📶) 5 km weiter die Straße 36 entlang vermietet Luxushotelsuiten und vollständig ausgestattete Apartments.

Flúðir

Auf dem Weg ins agrarisch geprägte Flúðir erheben sich interessante Felstürme aus dem sanft gewellten grünen Umland. Das Dorf ist für seine geothermischen Gewächshäuser bekannt, die mit ihrer Pilzzucht fast ganz Island versorgen. Es ist auch ein beliebtes Wochenendziel für Reykjavíker, die hier Ferienhäuschen besitzen. In jüngster Zeit empfiehlt sich Flúðir außerdem mit gutem Essen und renovierten heißen Quellen als Ausflugsziel.

Aktivitäten

★ **Gamla Laugin** THERMALBAD
(Secret Lagoon; ☎555 3351; www.secretlagoon.is; Erw./Kind 2500 ISK/frei; ⏲13–22 Uhr) Dieses Thermalbad sollte man erleben, bevor die Massen es entdecken! Die 2014 eröffnete schöne Anlage ist eine modernisierte Version des Vorgängers, den die Anwohner viele Jahre lang nutzten, ohne großes Aufheben darum zu machen. Aus dem breiten, stillen Thermalbecken, umgeben von natürlichem Fels und mit Kiesgrund, steigt Dampf auf. Ein Spazierweg führt an einem Fluss und einigen zischenden Spalten und Geysiren vorbei. Die umliegenden Wiesen stehen

im Sommer voller Wildblumen. Mit etwas Glück hat man das alles außerhalb der Stoßzeiten sogar ganz für sich allein!

Das Bad ist ab einer von Spurrillen zerfurchten Straße am Nordufer des Flusses Litla-Laxá in Flúðir ausgeschildert (hier ist auch ein Schild nach Hvammar).

Schlafen & Essen

Der örtliche Campingplatz am Litla-Laxá ist besonders am Wochenende sehr voll. In Melar, am Westrand des Dorfes, gibt's an der Straße 311 einen **Verkaufsstand von einem Bauernhof** und einen Supermarkt **Samkaup-Strax** (Mo–Fr 9–22, Sa & So 10–22 Uhr).

Icelandair Hótel Flúðir HOTEL €€
(486 6630; www.hotelfludir.is; Vesturbrún 1; DZ 23 000 ISK;) Die motelähnlichen, gemütlichen Zimmer haben Parkettboden und eigene Bäder. Außerdem führt das Hotel ein Restaurant.

Grund PENSION €€
(Gistiheimilið Flúðum; 565 9196; www.gistingfludir.is; EZ/DZ ohne Bad mit Frühstück 13 000/21 000 ISK, Hauptgerichte 1750–4900 ISK;) Die zauberhafte, von der netten Dagný geführte Pension vermietet eine Handvoll behagliche Zimmer voller Antiquitäten. Das beliebte Restaurant wird für seine frischen Gerichte geschätzt.

Bauernmarkt Efra Sel MARKT
(820 7590; Juni–Aug. 11–18 Uhr, Mai Sa & So) Auf dem Bauernmarkt rund 3 km nordwestlich des Orts beim Golfplatz an der Straße 359 werden erstklassige Erzeugnisse aus der Region verkauft: Gemüse, Fleisch, Erdbeeren, Rhabarberkuchen und Brot. Vorne stehen ein paar Picknicktische.

★ **Minilik Ethiopian Restaurant** ÄTHIOPISCH €€
(846 9798; www.minilik.is; Hauptgerichte 1850–3000 ISK; Juni–6. Sept. 12–20 Uhr;) In dem einladenden, unprätentiösen Lokal kommen traditionelle äthiopische Spezialitäten auf den Tisch. Neben zahlreichen vegetarischen Gerichten gibt's auch Lamm wie *awaze tibs* und Huhn *(doro kitfo)*. Der Laden ist wahrscheinlich das einzige äthiopische Restaurant in Island – ein Muss für Fans würziger Speisen.

An- & Weiterreise

Die Busse 72 und 73 von **Strætó** (540 2700; www.bus.is) ab Selfoss (1750 ISK, 40–60 Min., 2- bis 3-mal tgl.) halten in Flúðir.

DER SÜDEN

Auf der Straße 1 (Ringstraße) von Reykjavík Richtung Osten gelangt man durch eine karge vulkanische Berglandschaft mit surrealen Dampfschloten um Hveragerði herum zu einem breiten, flachen Küstenstreifen mit Pferdehöfen und Gewächshäusern. Hinter Hella und Hvolsvöllur wird die Landschaft plötzlich schroff. Entlang der landwärts gelegenen Straßenseite türmen sich steile Berge – einige der Vulkane, wie der Eyjafjallajökull, der 2010 ausbrach, hüllen sich in Dunst – und bald zeigt sich auch schon der erste, atemberaubende Gletscher. Gewaltige Flüsse wie die Þjórsá bahnen sich ihren Weg zu den schwarzsandigen Stränden am Atlantik.

Auf der ganzen Strecke führen Nebenstraßen tief ins Inselinnere, in eine Welt mit üppigen Tälern wie Þjórsádalur und Fljótshlíð, in die sich Wasserfälle ergießen, und mit Ehrfurcht gebietenden Vulkanen wie der Hekla. Zwei der bekanntesten Gebiete im Landesinneren sind Landmannalaugar, wo bunte Rhyolithgipfel und blubbernde heiße Quellen nebeneinander liegen, und Þórsmörk, ein bewaldetes Gletschertal, das mächtige Eiskappen vor den brutalen Naturgewalten des Nordens schützen. Zwischen beiden verläuft der berühmte Wanderweg Laugavegurinn, Islands beliebteste Trekkingroute. Diese Gebiete liegen an Straßen, die mit normalen Fahrzeugen manchmal nicht befahrbar sind. Die meisten Besucher kommen mit organisierten Touren oder mit Amphibienbussen von der südlichen Ringstraße her. Þórsmörk, eines der beliebtesten Wandergebiete Islands, ist gut im Rahmen eines Tagesausflugs zu erkunden.

Die von öffentlichen Verkehrsmitteln vielbefahrene Ringstraße führt durch eine Reihe interessanter Ortschaften: Hveragerði mit seinen Geothermalfeldern und heißen Quellen, Skógar, die Pforte zum Wandergebiet Þórsmörk, und das von schwarzen Stränden, hohen Klippen und Gletschern umschlossene Vík. Südlich der Ringstraße verströmen winzige Fischerdörfer wie Stokkseyri und Eyrarbakki erfrischendes isländisches Flair. Zahlreiche Bauernhöfe, deren Existenz teils bis in die Sagazeit zurückgeht, bieten hübsche ländliche Unterkünfte.

Die Erschließung von Islands Südwesten (www.south.is) schreitet in rasantem Tempo voran und die Infrastruktur wird immer besser. Doch in der Hochsaison wird es sehr voll, weshalb Unterkünfte auf jeden Fall im Voraus gebucht werden sollten.

Hveragerði & Umgebung

Hveragerði ist eine Siedlung in Schuhkartongröße, eingebettet zwischen Lavafelder und Berge mit dampfenden Schloten – eine surreale, außerirdisch anmutende Kulisse. Nicht der Ort selbst ist interessant, sondern sein hochaktives geothermisches Feld, das Wärme für Hunderte Gewächshäuser liefert. Für seine Gartenbauschule und die naturheilkundliche Klinik am Ort ist Hveragerði in ganz Island berühmt. In der Umgebung gibt es einige phantastische Wanderwege.

Die praktische Karte *Hveragerði, The Capital of Hot Springs and Flowers* verzeichnet alle Sehenswürdigkeiten, Aktivitäten und Restaurants in der Gegend.

Sehenswertes & Aktivitäten

★Hverasvæðið THERMALBAD

(☎483 4601; Hveramörk 13; Erw./Kind 200 ISK/frei; ⏲Mo–Sa 9–18, So 10–16 Uhr) Im geothermischen Park Hverasvæðið im Ortszentrum gibt es Schlammtümpel und dampfende Wasserbecken, in denen Besucher ihre Füße (jedoch nicht mehr) wärmen können. Es werden auch vorauszubuchende Führungen um die Quelle angeboten, bei denen die einzigartige Geologie und die daraus gewonnene Treibhausenergie erläutert werden. Oder man lässt sich ein Ei und eine entsprechende Apparatur (100 ISK) geben, mit der sich das Ei in den dampfenden Spalten kochen lässt. In einem kleinen Café wird Brot angeboten, das mit Erdwärme gebacken wurde.

★Reykjadalur THERMALBAD

(Heißer-Fluss-Tal) Reykjadalur ist ein reizvolles geothermisches Tal mit einem heißen Fluss, in dem gebadet werden kann – Badeanzug nicht vergessen! In der Touristeninformation sind Karten erhältlich, auf denen der 3 km lange Weg vom Parkplatz zur Badestelle verzeichnet ist. Er führt durch Felder, die Schwefel speien. Wer nicht auf dem markierten Pfad bleibt, läuft Gefahr, sich die Schuhe wegschmelzen zu lassen. Keinen Müll zurücklassen – in letzter Zeit hat die Natur unter der Gedankenlosigkeit von Besuchern sichtbar gelitten.

★Listasafn Árnesinga KUNSTMUSEUM

(☎483 1727; www.listasafnarnesinga.is; Austurmörk 21; ⏲Mai–Sept. 12–18 Uhr, Okt.–April Do–So 12–18 Uhr) GRATIS Die lichtdurchflutete Galerie für zeitgenössische Kunst zeigt tolle Wechselausstellungen und hat ein gutes Café.

Raufarhólshellir LAVARÖHRE

Die im 11. Jh. entstandene Lavaröhre ist 1360 m lang – es ist die drittlängste in Island – und enthält mehrere wunderschöne Lavasäulen. Wer rein will, braucht festes Schuhwerk und eine Taschenlampe, denn der Untergrund ist wegen früherer Einstürze ganz schön tückisch. Im Winter wird kalte Luft von außen angezogen und staut sich im Inneren. Dadurch entstehen bizarre Eisgebilde. Die Höhle liegt südwestlich von Hveragerði an der Straße 39, die direkt über sie hinwegführt. Parken kann man auf der Südseite. Anbieter der Gegend veranstalten Führungen.

Orkusýn AUSSTELLUNG

(Geothermiekraftwerk Hellisheiði; ☎412 5800; www.orkusyn.is; Erw./Kind 900 ISK/frei; ⏲9–17 Uhr) 17 Kilometer westlich von Hveragerði steht unmittelbar nördlich der Ringstraße das schicke Geothermiekraftwerk Hellisheiði, das zusammen mit anderen Erdwärmekraftwerken ein Viertel des isländischen Stroms erzeugt. Die Multimediaausstellung Orkusýn informiert über die Nutzung von Erdwärme als Energiequelle.

HNLFÍ-Kurklinik SPA

(Heilsustofnun Náttúrulækningafélags Íslands; ☎483 0300; www.hnlfi.is; Grænumörk 10) Islands berühmteste Klinik behandelt nicht nur Patienten mit ärztlicher Überweisung, sondern heißt auch Besucher willkommen, die Lust auf eine entspannende Massage (7500–12 000 ISK) oder ein Moorbad mit Tiefenwärme (6400 ISK) haben. Zur Top-Ausstat-

SÜDISLAND-INFOS

Touristeninformation Südisland

(Upplýsingamiðstöð Suðurlands; ☎483 4601; www.southiceland.is; Sunnumörk 2–4; ⏲Juni–Aug. Mo–Fr 8.30–18, Sa 9–15, So 9–13 Uhr, sonst kürzere Öffnungszeiten) Hveragerði ist Sitz der Haupttouristeninformation für Südisland. Hier kann man sich mit kostenlosen Karten und Broschüren zu den einzelnen Regionen eindecken. Im gleichen Gebäude befinden sich das Postamt und eine kleine Ausstellung zum Erdbeben, das die Gegend 2008 erschütterte, mitsamt einem irren Erdbebensimulator (200 ISK).

Hveragerði

tung gehören Innen- und Außenbecken, Hot Pots, Sauna und Dampfbad. Es gibt einfache Unterkünfte (DZ mit/ohne Bad mit Frühstück 24 000/16 500 ISK).

Geführte Touren

Iceland Activities ABENTEUERTOUREN
(☎777 6263; www.icelandactivities.is; Mánamörk 3–5; ⏲Mo–Fr 8–17, Sa 9–16 Uhr) Das familiengeführte Unternehmen ist auf Fahrradtouren, Surfen und Wanderungen (ab 11 900 ISK) im Südwesten spezialisiert.

Sólhestar REITEN
(☎892 3066; www.solhestar.is; Borgargerði, Ölfus) Verschiedene Halb- oder Ganztagesritte durch die vulkanische Wildnis oder am Strand entlang (3 Std. ab 9000 ISK). Um zum Gestüt zu kommen, 8 km südlich von Hveragerði von der Ringstraße auf die Straße 374 abzweigen; von hier sind es noch 500 m Richtung Norden.

Hveragerði

Highlights
1 Hverasvæðið A3
2 Listasafn Árnesinga A4

Aktivitäten & Touren
3 HNLFÍ-Kurklinik B4
4 Iceland Activities A4

Schlafen
5 Frost & Fire Hotel A2
6 Gistiheimilið Frumskógar A3
7 Hótel Örk A4

Essen
8 Almar A4
9 Hverabakarí A3
10 Kjöt og Kúnst A3
11 Varma B2

Schlafen

★ **Hjarðarból Guesthouse** PENSION €
(☎567 0045; www.hjardarbol.is; EZ/DZ/4BZ 12 500/15 420/22 400 ISK; 📶) Die butterblumengelbe Ansammlung von Häuschen und Pensionsgebäude inmitten sanft gewellter Felder 8 km südöstlich von Hveragerði, nicht weit von der Ringstraße, präsentiert sich ländlich und einladend. Die Gastgeber sind ausgesprochen freundlich. Auch ein historisches Haus ist zu vermieten.

Gistiheimilið Frumskógar PENSION €
(☎896 2780; www.frumskogar.is; Frumskógar 3; EZ/DZ/Apt. ohne Bad mit Frühstück ab 9400/15 000/20 000 ISK; 📶) Die behagliche Pension bietet neben Unterkünften im Apartmentstil auch einen Hot Pot sowie ein Dampfbad.

★ **Frost & Fire Hotel** BOUTIQUEHOTEL €€
(Frost og Funi; ☎483 4959; www.frostandfire.is; Hverhamar; EZ/DZ mit Frühstück 20 500/27 000 ISK; P@📶) Das hübsche kleine Hotel liegt an einem blubbernden Flüsschen und im Schatten zischender geothermischer Fontänen. Die gemütlichen Zimmer blicken auf die Flussklamm, die Einrichtung ist skandinavisch schick und an den Wänden hängen originale Kunstwerke. Ein Erlebnis sind die Sauna und die siedenden Hot Pots, die beide durch das hoteleigene Bohrloch erhitzt werden.

Hótel Örk HOTEL €€
(☎483 4700; www.hotel-ork.is; Breiðamörk 1c; DZ mit Frühstück 22 500–30 500 ISK; @📶) Die Zimmer in dem großen, bei Reisegruppen

beliebten Hotel sind ziemlich altmodisch eingerichtet, aber eine Menge familienfreundlicher Einrichtungen wie eine Sauna, ein 9-Loch-Golfplatz, Billardtische und ein exzellenter Swimmingpool mit Rutsche und Hot Pots machen einiges wett. Das hauseigene Restaurant ist auf jeden Fall von gehobener Qualität.

Essen

Im Ort gibt's mehrere geschäftige Bäckereien wie die **Hverabakarí** (☎483 4879; Breiðamörk 10; ⏱8.30–18 Uhr) und **Almar** (Sunnumörk 2; Suppe 820 ISK; ⏱Mo–Fr 7–18, Sa 8–17, So 9–17 Uhr; 📶) sowie Imbisse und Supermärkte. Mehrere Restaurants servieren mit Erdwärme gebackenes Brot.

Varma ISLÄNDISCH €€
(Hauptgerichte mittags 1670–3700 ISK, Hauptgerichte abends 3750–5000 ISK; ⏱8–22 Uhr) In dem wunderbar gelegenen Restaurant im Hotel Frost & Fire blicken die Gäste durch raumhohe Fenster auf den Fluss und die Schlucht. Frische Zutaten aus der Region werden zu heimatlichen Gerichten verarbeitet, die zum Teil wird mit Erdwärme gekocht werden.

Kjöt og Kúnst INTERNATIONAL €€
(☎483 5010; www.kjotogkunst.com; Breiðamörk 21; Hauptgerichte 2000–4400 ISK; ⏱Juni–Aug. Mo–Sa 12–21 Uhr, Sept.–Mai kürzere Öffnungszeiten) Etwas touristisch, aber neben Sandwiches und Pizza stehen auch isländische Gerichte (Suppe, Fisch und Lamm) auf der Speisekarte. Außerdem gibt's Kuchen und mit Erdwärme gebackenes Brot.

An- & Weiterreise

Die Busse halten bei den Tankstellen an der Hauptstraße, die in den Ort führt. Vorher nachfragen, ob der gewünschte Bus an der Shell- oder an der N1-Tankstelle hält.

Strætó (☎540 2700; www.straeto.is):
➜ Busse 51 & 52 Reykjavík–Vík/Höfn & Reykjavík–Landeyjahöfn (1050 ISK nach/von Reykjavík, 35 Min., Mo–Fr 11-mal tgl., Sa & So 8-mal tgl.).

Sterna (☎551 1166; www.sterna.is):
➜ Bei Vorausbuchung hält Bus F35A auf der Rückfahrt von Akureyri nach Reykjavík im Ort.

Reykjavík Excursions (☎580 5400; www.re.is):
➜ Die Busse 9/9A Reykjavík–Þórsmörk, 11/11A Reykjavík–Landmannalaugar, 17/17A Reykjavík–Mývatn, 18 Reykjavík–Álftavatn–Emstrur, 20/20A Reykjavík–Skaftafell, 21/21A Reykjavík–Skógar, 610/610A Reykjavík–Kjölur–Akureyri halten alle in Hveragerði.

Trex (☎587 6000; www.trex.is):
➜ Busse T21/T22 & T23/T24 Reykjavík–Landmannalaugar und T11/T12 Reykjavík–Þórsmörk halten bei Vorausbuchung im Ort.

Þorlákshöfn

Früher kamen viele Leute in das 20 km südlich von Hveragerði gelegene Fischerdorf Þorlákshöfn, um die Fähre zu den Vestmannaeyjar zu nehmen. Inzwischen legt die Fähre jedoch in Landeyjahöfn bei Hvolsvöllur an der Südwestküste ab. Nur wenn es stürmisch ist und sich der neue Anleger mit Sand füllt, fährt das Schiff noch von hier. Ansonsten gibt's eigentlich keinen Grund, her zu kommen. Der Ort wird vom Bus 53 von **Strætó** (☎540 2700; www.bus.is) ab Busbahnhof Mjódd in Reykjavík (1050 ISK, 45 Min., Mo–Fr 2-mal tgl.) und vom Bus 74 ab Selfoss (700 ISK, 45 Min., Mo–Fr 3-mal tgl.) angesteuert.

Eyrarbakki

Kaum zu glauben, aber das winzige Eyrarbakki war bis ins 20. Jh. hinein Islands wichtigster Hafen und eine bedeutende Handelsstadt. Bauern aus dem ganzen Süden der Insel kamen hierher, um ihre Erzeugnisse gegen andere Waren im Laden einzutauschen – der Andrang war so groß, dass es mitunter drei Tage dauerte, bis sie drankamen. Außerdem ist Eyrarbakki stolz darauf, der Geburtsort von Bjarni Herjólfsson zu sein. Er brach 985 n. Chr. zu einer längeren Schiffsreise auf und setzte wahrscheinlich als erster Europäer seinen Fuß auf amerikanischen Boden. Leider verkaufte der gute Mann sein Boot nach seiner Rückkehr an Leif Eriksson, der damit seinerseits Vínland (wie er Amerika nannte) entdeckte und den ganzen Ruhm einheimste. Heute ist der Ort für sein Gefängnis bekannt – das größte in ganz Island.

Sehenswertes

Húsið á Eyrarbakka MUSEUM
(Haus in Eyrarbakki; ☎483 1504; www.husid.com; Hafnarbrú 3; Erw./Kind inkl. Sjóminjasafnið á Eyrarbakka 800 ISK/frei; ⏱Mai–Sept. 11–18 Uhr) Das Húsið á Eyrarbakka wurde 1765 von dänischen Kaufleuten gebaut und ist eines der ältesten Häuser Islands. In Glasvitrinen wird die Geschichte des Orts dokumentiert und die Zimmer sind mit den originalen Möbeln eingerichtet. Außerdem sind hier ausgestopfte Vögel ausgestellt. Interessant

sind Ólöf Sveinsdóttirs Schal, Mütze und Pulswärmer, die aus ihrem eigenen Haar gestrickt sind.

Sjöminjasafnið á Eyrarbakka MUSEUM
(☎ 483 1082; Túngata 59; Erw./Kind inkl. Húsið á Eyrarbakka 800 ISK/frei; ⏲ Mai–Sept. 11–18 Uhr) Gleich hinter dem Húsið á Eyrarbakka liegt das kleine Museum zur einheimischen Fischerei. Im Mittelpunkt der Ausstellung steht das schöne Fischerboot *Farsæll* mit zwölf Rudern.

★ **Naturschutzgebiet Flói** NATURSCHUTZGEBIET
Vogelfans kommen im Naturschutzgebiet Flói 3 km nordwestlich von Eyrarbakki auf ihre Kosten. Der breite Marschlandstreifen am Ostufer der Ölfusá ist ein bevorzugtes Revier vieler Wattvögel, darunter Sterntaucher und verschiedene Gänse- und Entenarten. In der Brutzeit (Mai–Juli) ist am meisten los. Ein 2 km langer Rundweg führt durch das Gelände. Wer Einzelheiten wissen will, wendet sich an den **Isländischen Vogelschutzbund** (☎ 562 0477; www.fuglavernd.is).

Schlafen & Essen

Rein PENSION €€
(☎ 777 5677; www.rein-guesthouse.is; Þykkvaflöt 4; DZ mit Frühstück 21 500 ISK) Das ruhige Haus verfügt über drei holzvertäfelte Gästezimmer unterm Dach. Knarzendes Holz und Möbel im Vintage-Stil verleihen dem Haus eine nettes Atmosphäre und historisches Flair, obwohl es erst 1997 gebaut wurde.

Sea Side Cottages COTTAGES €€€
(☎ 898 1197; www.seasidecottages.is; Eyrargata 37a; Hütte ab 60 000 ISK) Was der Namen verspricht, halten die beiden urigen Cottages, die nur ein paar Schritte vom tosenden Atlantik entfernt stehen. Jedes Häuschen ist mit Antiquitäten, Flachbild-TV, vollständig ausgestatteter Küche und Sitzbereich draußen edel eingerichtet.

★ **Rauða Húsið** FISCH & MEERESFRÜCHTE €€
(☎ 486 8701; www.raudahusid.is; Búðarstígur 4; Hauptgerichte 1900–3500 ISK; ⏲ Mo–Do 11.30–21, Fr–So bis 22 Uhr; 📶) In dem eleganten Restaurant in einem „roten Haus" tischt freundliches Personal leckere Meeresfrüchte auf. Auf der Karte stehen aber auch viele andere Gerichte.

★ **Hafið Bláa** FISCH & MEERESFRÜCHTE €€
(☎ 483 1000; www.hafidblaa.is; Óseyri; Hauptgerichte 2000–4000 ISK; ⏲ Juni–Aug. Mo–Do 12–21, Fr–So 12–22 Uhr) Das Fischrestaurant 3 km westlich von Eyrarbakki an der Straße 34 liegt in einem eiförmigen Gebäude am Wasser und verfügt über eine schöne Holzeinrichtung. Wer keinen Tisch mit Meerblick bekommt, kann sich mit dem ebenfalls tollen Ausblick auf die Flussmündung auf der anderen Seite trösten.

An- & Weiterreise

Strætó (☎ 540 2700; www.bus.is):
- Bus 74 Selfoss–Stokkseyri–Eyrarbakki–Þorlákshöfn (350 ISK, 30 Min., Mo–Fr 3-mal tgl.).
- Bus 75 Selfoss–Eyrarbakki (350 ISK, 30 Min., Mo–Fr 8-mal tgl.).

Stokkseyri

Auf den ersten Blick sieht Stokkseyri wie ein Zwillingsort von Eyrarbakkisn aus, doch das täuscht. Es ist zwar ebenfalls ein kleines Fischerdorf, doch ein paar schräge Sehenswürdigkeiten und Kunstgalerien garantieren in der Hauptsaison einen vergnüglichen Zwischenstopp.

Sehenswertes & Aktivitäten

Die im Sommer geöffneten Kunstgalerien liegen am Hauptplatz und um ein restauriertes Lagerhaus herum auf der Südseite der Straße 33, die im Ort Hásteinsvegur/Eyrarbraut heißt.

Veiðisafnið MUSEUM
(☎ 483 1558; www.hunting.is; Eyrarbraut 49; Erw./Kind 1250/650 ISK; ⏲ April–Sept. 11–18 Uhr, Feb.–März & Okt.–Nov. Sa & So 11–18 Uhr) „Haben Sie heute schon eine Giraffe gesehen?" – das Schild an der Straße ist durchaus geeignet, Neugierige in dieses Museum locken. Hier zeigt ein ortsansässiger Jäger seine Beute aus aller Welt. Das Museum ist professionell aufgemacht: Zu den gut beleuchteten ausgestopften Tieren (u. a. Zebras, Wildschweine, zwei ausgewachsene Löwen und natürlich eine Giraffe) gibt's Informationen darüber, wo und wie sie zur Jagdbeute wurden. Der freundliche Besitzer unterhält die Besucher gerne mit seinen faszinierenden Geschichten. Wer allerdings ein grundsätzliches Problem mit dem Jagen hat, ist hier sicher falsch.

Draugasetrið AUSSTELLUNG
(www.draugasetrid.is; Hafnargata 9; Erw./Kind 2000/1000 ISK, inkl. Icelandic Wonders 3500/1500 ISK; ⏲ Juni–Aug. 13–18 Uhr) Das „Geister-

zentrum" im obersten Stock eines großen, weinrot-schwarz gestrichenen Lagerhauses im Dorfzentrum wird von einer Gruppe blutrünstiger Teenager geführt. Ein 50-minütiger iPod-Guide (in vielen Sprachen erhältlich) erzählt 24 Gruselgeschichten vor verschiedenen aus Trockeneis gestalteten Kulissen – für Kleinkinder nicht empfehlenswert. Außerdem gibt's ein Café mit Blick aufs Wasser. Auf der anderen Seite des Gebäudes führt **Icelandic Wonders** (☎483 1202; Erw./Kind 1500/990 ISK; ⌚Juni–Aug. 11–18 Uhr) durch die Welt der Trolle, Elfen und Nordlichter. Für die Kleinen auf jeden Fall die geeignetere Tour.

Orgelsmiðjan ORGELWERKSTATT
(☎566 8130; www.orgel.is; Hafnargata 9; Erw./Kind 700 ISK/frei; ⌚Mo–Fr 10–18 Uhr, Sa & So n. V.) Björgvin Tómasson, Islands einziger Orgelbauer, öffnet seine Werkstatt für Besucher. Er zeigt dort eine kleine Ausstellung und manchmal finden Konzerte statt. Die Werkstatt befindet sich an der Uferseite des Draugasetrið-Lagerhauses.

Rjómabúið á Baugsstöðum HISTORISCHES GEBÄUDE
(Molkerei Baugsstaðir; ☎483 1082; www.husid.com; Eintritt 500 ISK; ⌚Juli & Aug. Sa & So 13–18 Uhr oder n. V.) Die alte Molkerei rund 6 km östlich von Stokkseyri verfügt noch immer über den ursprünglichen Maschinenpark von 1905. Ihre Produkte verkaufte sie damals übrigens überwiegend nach England.

Sundlaug Stokkseyrar SCHWIMMBAD, HOT POT
(☎480 3260; Erw./Kind 600 ISK/frei; ⌚Juni–Mitte Aug. Mo–Fr 13–21, Sa & So 10–17 Uhr, sonst kürzere Öffnungszeiten) Das beliebte Schwimmbad im Ort verfügt über Hot Pots.

Geführte Touren

Kajakferðir Stokkseyri KAJAKFAHREN
(☎868 9046; www.kajak.is; Heiðarbrún 24; ⌚April–Okt.) Mit diesem Unternehmen kann man mit dem Kajak die nahe Lagune erkunden oder sich aufs Meer begeben (Touren 4950–7850 ISK). Büro im Schwimmbad Sundlaug Stokkseyrar.

Schlafen & Essen

Preiswertes Essen gibt's im Grillimbiss an der Shell-Tankstelle.

Art Hostel HOSTEL €
(☎854 4510; Hafnargata 9; DZ mit/ohne Bad 14 000/12 400 ISK; ⌚Café Juni–Aug. 13–17 Uhr) Das Hostel liegt im zweiten Stock des Kulturzentrums im alten Lagerhaus im Ortszentrum über Mosaik-, Bilder- und Fotogalerien. Die kürzlich modernisierten Zimmer reichen von kleinen Zweibettzimmern bis zu größeren Studios mit Mikrowelle und Bad. Außerdem verfügt das Hostel über eine Café-Bar. Buchen kann man über www.booking.com.

Kvöldstjarnan PENSION €
(☎483 1800; www.kvoldstjarnan.is; Stjörnusteinum 7; DZ ohne Bad mit Frühstück14 500 ISK, 3-Schlafzimmer-Apt. 34 700 ISK; WLAN) Die fünf hellen, weißen Zimmer im „Abendstern" haben Waschbecken und flauschige Bettdecken. Es gibt eine kleine Lounge, einen Grillplatz und eine blitzblanke Küche. Der Vater des Besitzers hat einen tollen Garten angelegt, trotz des salzigen Meerwinds. Auch ein Apartment wird vermietet.

★ **Við Fjöruborðið** FISCH & MEERESFRÜCHTE €€
(☎483 1550; www.fjorubordid.is; Eyrabraut 3a; Hauptgerichte 2600–5550 ISK; ⌚Juni–Aug. 12–21 Uhr, Sept.–Mai ab 17 Uhr; WLAN) Das große Fischrestaurant direkt an der Küste hat den Ruf, eine der besten Hummercremesuppe Islands zu kredenzen. Der Gastraum ist mit gläsernen Netzschwimmern und anderem maritimem Krimskrams dekoriert. Abends reservieren!

An- & Weiterreise

Strætó (☎540 2700; www.bus.is):
- Bus 74 Selfoss–Stokkseyri–Eyrarbakki–Þorlákshöfn (350 ISK, 20 Min., Mo–Fr 3-mal tgl.).
- Bus 75 Selfoss–Eyrarbakki (350 ISK, 20 Min., Mo–Fr 8-mal tgl.).

Flóahreppur

Der meistbefahrene Abschnitt der Ringstraße verläuft in unmittelbarer Nähe, trotzdem hat man das Gefühl, sich in einer ländlichen Region zu befinden. Die sanft hügeligen Felder erstrecken sich bis zum Ozean. In dem kleine Agrargebiet zwischen der Ringstraße im Norden, dem Fluss Þjórsá im Osten, dem Atlantik im Süden und der Straße 34 im Westen gibt es ein paar Bauernhöfe, die erholsame Unterkünfte vermieten.

Schlafen & Essen

Jugendherberge Gaulverjaskóli HOSTEL €
(☎551 0654; www.south-hostel.is; Gaulverjaskóli; Stellplatz 1000 ISK pro Erw., B/DZ 4500/13 500 ISK;

Feb.–Mitte Nov.;) Die netten Besitzer haben ihr ganzes Herz in die Renovierung der ehemaligen Schule gesteckt; heute ist es ein sauberes, ruhiges Hostel mit Campingplatz, einem einladenden Aufenthaltsraum unterm Dach und einer großen Küche. Das Haus liegt in einem winzigen Dörfchen, das wiederum mitten im weiten, flachen Agrarland liegt, und ist von Stokkseyri nach 9 km über die Küstenstraße Richtung Selfoss zu erreichen.

Frühstück und Lammeintopf zum Abendessen können im Voraus bestellt werden. HI-Mitglieder erhalten 600 ISK Rabatt.

Vatnsholt PENSION €€

(899 7748; www.stayiniceland.is; Vatnsholt 1–2; DZ mit/ohne Bad 23 000/19 000 ISK, FZ ab 33 000 ISK; Mitte Feb.–Mitte Dez.; @) Das Vatnsholt, etwa 16 km südöstlich von Selfoss und nur 8 km abseits der Ringstraße, ist für Leute mit Kindern ein Glücksfall. Es hat über 30 sonnige Zimmer in einem weitläufigen Gehöft mit Blick auf den Eyjafjallajökull, die Hekla, die Vestmannaeyjar und die dampfende Erde von Hveragerði. Dazu Leihfahrräder, ein Restaurant, eine ganzen Menagerie Bauernhoftiere (darunter auch Elvis, die tanzende Ziege) und einen tollen Spielplatz. So mancher könnte hier tagelang (oder gar wochenlang) bleiben.

Selfoss

Selfoss, die größte Stadt in Südisland, ist ein wichtiges kommerzielles Zentrum – und unglaublich hässlich. Die Hauptstraße des Orts ist die Ringstraße. Der einzige Grund für einen Aufenthalt in Selfoss ist, auf Busfahrten hier umzusteigen oder sich mit Proviant für die Weiterfahrt einzudecken. Wer Zeit überbrücken muss, kann selbige in Selfoss' schönem **Thermalbad** (480 1960; Bankavegur; Erw./Kind 600 ISK/frei; Mo–Fr 6.30–21.30, Sa & So 9–19 Uhr) in Hot Pots und auf Wasserrutschen verbringen.

Geführte Touren

Iceland South Coast Travel TOUREN

(777 0705; www.isct.is) Hat verschiedenste Touren im Angebot, z. B. zur Südküste (ab 19 900 ISK), zum Goldenen Kreis, zu den Vestmannaeyjar oder zum Jökulsárlón. Das Unternehmen ist zwar in Selfoss ansässig, kann aber auch die Abholung in Reykjavík oder in verschiedenen Orten an der Südküste arrangieren.

Schlafen

★ **Geirakot** PENSION €

(482 1020; geirakot@simnet.is; Gehöft Geirakot; EZ/DZ ohne Bad mit Frühstück 9500/15 000 ISK;) Eine schöne Alternative zum Ort Selfoss für Leute, die hier in der Gegend übernachten müssen. Die freundlichen Betreiber eines Milchviehhofs haben das kleine großelterliche Bauernhaus in eine heimelige Pension verwandelt. Das gute Frühstück mit regionalen Zutaten wird auf Porzellan serviert. Schlafsackbetten kosten 4800 ISK. Buchung über Icelandic Farm Holidays (www.farmholidays.is).

Gesthús CAMPINGPLATZ, PENSION €

(482 3585; www.gesthus.is; Engjavegur 56; Stellplatz 1000 ISK pro Pers., DZ ohne Bad 14 600 ISK;) Die freundliche Unterkunft beim Park bietet Campingmöglichkeiten, Doppelzimmer in 2-Zimmer-Hütten – Küche und Bad werden jeweils zusammen genutzt – sowie Sommerhäuschen mit Schreibtisch, Küche und TV. Camper zahlen für die Nutzung der Hot Pots 250 ISK, die anderen Gäste dürfen gratis hineinsteigen.

Selfoss HI Hostel HOSTEL €

(B&B Hostel; 482 1600; www.hostel.is; Austurvegur 28; B/DZ ohne Bad 5000/12 000 ISK;) Hier gibt's jede Menge Gemeinschaftsräume und bequeme Polstersessel, doch die Stimmung geht eher in Richtung Schlafen und Abhauen statt Bleiben und Relaxen. HI-Mitglieder erhalten 700 ISK Ermäßigung.

Hótel Selfoss HOTEL €€€

(480 2500; www.hotelselfoss.is; Eyravegur 2; EZ/DZ ab 31 900/37 500 ISK; @) Der 99-Zimmer-Koloss an der Brücke sieht von außen grausam aus, doch innen präsentiert er sich ganz anders, mit schicken, funktional eingerichteten Zimmern und tollen Extras, darunter eine große Wellnessanlage und ein exzellentes Restaurant (Hauptgerichte 3600–5900 ISK). Unbedingt auf einem Zimmer mit Blick auf den schönen Fluss statt auf den öden Parkplatz bestehen!

Essen

Selfoss ist der beste Ort im Süden, um sich mit Proviant einzudecken, bevor es tiefer in die Wildnis geht. Praktisch alle großen Supermärkte sind hier vertreten, auch **Bónus** (481 3710; Larsenstræti 5; Mo–Do 11–18.30, Fr 10–19.30, Sa 10–18, So 11–18 Uhr) und **Krónan** (585 7195; Austurvegur 3–5; Mo–Fr 10–20,

Selfoss

Sa & So bis 19 Uhr). Darüberhinaus gibt es jede Menge Imbisse sowie einen **Vínbúðin** (☎482 2011; Vallholt 19; ⌚Mo–Do 11–18, Fr bis 19 Uhr, Sa bis 16 Uhr).

Sunnlenska Bókakaffið CAFÉ €
(☎482 3079; http://bokakaffid.blog.is; Austurvegur 22; ⌚Mo–Sa 12–18 Uhr; 📶) In der Buchhandlung mit neuen und antiquarischen Büchern gibt es auch Kaffee und Kuchen.

★ **Tryggvaskála** ISLÄNDISCH €€
(☎482 1390; www.tryggvaskala.is; Austurvegur 1; Hauptgerichte 2460–5000 ISK; ⌚11.30–22 Uhr) Das Tryggvaskála lohnt einen Abstecher. Das neue Baby der Kaffi-Krús-Mannschaft residiert im ältesten Haus von Selfoss, 1890 für die Brückenbauarbeiter in romantischer Lage am Fluss erbaut, liebevoll restauriert und mit ein paar Antiquitäten eingerichtet. Auf der Karte stehen Gerichte der gehobenen isländischen Küche, zubereitet mit regionalen Zutaten.

Selfoss

Schlafen

1 Gesthús D4
2 Hótel Selfoss A3
3 Selfoss HI Hostel C3

Essen

4 Kaffi Krús B3
5 Krónan B3
6 Sunnlenska Bókakaffið C3
7 Tryggvaskála B3
8 Vínbúðin D3

Kaffi Krús INTERNATIONAL €€
(☎482 1266; www.kaffikrus.is; Austurvegur 7; Hauptgerichte 890–3000 ISK; ⌚Juni–Aug. 9.30–23 Uhr, sonst kürzere Öffnungszeiten) Der „Kaffeebecher" ist ein beliebtes Café in einem zauberhaften alten Haus an der Hauptstraße. Wer möchte, kann die große Auswahl an isländischen und internationalen Gerichten (von Nachos bis Pasta) auch draußen genießen.

(Fortsetzung auf Seite 136)

ELLI THOR MAGNUSSON/ GETTY IMAGES ©

1. Eishöhle, Vatnajökull **2.** Geothermalgebiet nahe der Hekla
3. Halbinsel Snæfellsnes **4.** Ausbruch des Eyjafjallajökull

2

ARCTIC-IMAGES/GETTY IMAGES ©

4

Feuer & Eis

„Land von Feuer und Eis" hört sich nach einem abgedroschenen Werbeslogan an, aber es ist wirklich nicht übertrieben. Unter den stillen, majestätischen Landschaften Islands verbirgt sich ein feuriger Kern – es gibt rund 30 aktive Vulkane, viele davon unter dickem Eis. Und wenn sie Feuer spucken, dann hält die Welt den Atem an – wie beim Ausbruch des Eyjafjallajökull.

Vatnajökull

Die Eiskönigin der Insel ist die größte Eiskappe Europas und Namensgeberin des größten Nationalparks (S. 317). Diese endlose weiße Weite lässt sich am besten auf einer Schneemobiltour erkunden.

Eyjafjallajökull

Jeder hat den Namen schon gehört (oder zumindest die Versuche der Leute, ihn richtig auszusprechen), nachdem der Übeltäter (S. 144) 2010 riesige Aschewolken spie, die den Flugverkehr in weiten Teilen Europas lahmlegten.

Hekla & Katla

Wie böse Stiefschwestern aus einem isländischen Gruselmärchen: Die ruhelosen Ungetüme Hekla (S. 138) und Katla (S. 162) in Südisland drohen immer wieder, Dampf, Rauch und Lavaströme auszuspucken, die Gletscher zum Schmelzen bringen und Überschwemmungen auslösen können.

Snæfellsjökull

Jules Verne verewigte ihn als Ausgangspunkt seiner Reise zum Mittelpunkt der Erde – der markante Eisbuckel der Halbinsel Snæfellsnes (S. 180) ist an klaren Tagen von Reykjavík sichtbar.

Magni & Móði

Islands jüngste Vulkankegel (S. 147) entstanden bei Ausbrüchen im Jahr 2010. Wer ein Päckchen *pýlsur* (Würstchen) mit auf den Magni bringt, kann sie in der noch dampfenden Erde ruckzuck garen.

1. Islandpferde **2.** Robbenjunges **3.** Polarfuchs
4. Papageitaucher

Islands Tierwelt

Islands märchenhafte Natur ist ein Tummelplatz für Wunderwesen wie Wale und Robben, scheue Polarfüchse und eine reiche Vogelwelt mit ihrem absoluten Topstar, dem putzigen Papageitaucher. Auch andere Tiere wie streunende Schafe und Pferde mit wilden Mähnen geben vor der Breitwand-Bergkulisse ein unglaublich malerisches Bild ab.

Besonders artenreich ist Islands Vogelwelt, vor allem wenn in den warmen Monaten die Zugvögel zum Brüten kommen. An den Küstenfelsen und auf den Inseln rund ums Land sind dann unvorstellbare Scharen von Meeresvögeln zu sehen. Organisierte Küstenwanderungen führen zu einigen der größten Vogelfelsen der Welt – besonders sehenswert sind die Papageitaucher (mehr Infos s. S. 40).

Zu den beliebtesten Aktivitäten in Island gehören Walbeobachtungstouren. Das ganze Jahr über (in den kälteren Monaten seltener) schippern Boote Besucher hinaus, um ihnen einen Blick auf die imposanten Meeressäuger zu verschaffen, wenn sie prustend aus der Tiefe auftauchen. Besonders viele Wale (vor allem Zwerg- und Finnwale) gehen in den nördlichen Gewässern bei Húsavík und Akureyri auf Futtersuche. Besucher mit wenig Zeit können auch direkt im Reykjavíker Zentrum aufs Boot klettern. Im Winter pflügen Schwertwale (Orcas) durch das eisige Meer – am besten auf Touren von der Halbinsel Snæfellsnes (S. 180) zu beobachten.

TOPSPOTS FÜR TIERBEOBACHTER

Vestmannaeyjar (S. 163) Die Vogelwelt dieser Inselchen könnte einen kompletten Vogelführer füllen.

Borgarfjörður Eystri (S. 291) Das Papageitaucher-Paradies verspricht ganz persönliche Begegnungen mit den drolligen Flattermännern.

Húsavík (S. 265) Von dem netten Fischerstädtchen, der traditionellen Hochburg der Walbeobachtungen, starten vor allem im Sommer jede Menge Touren.

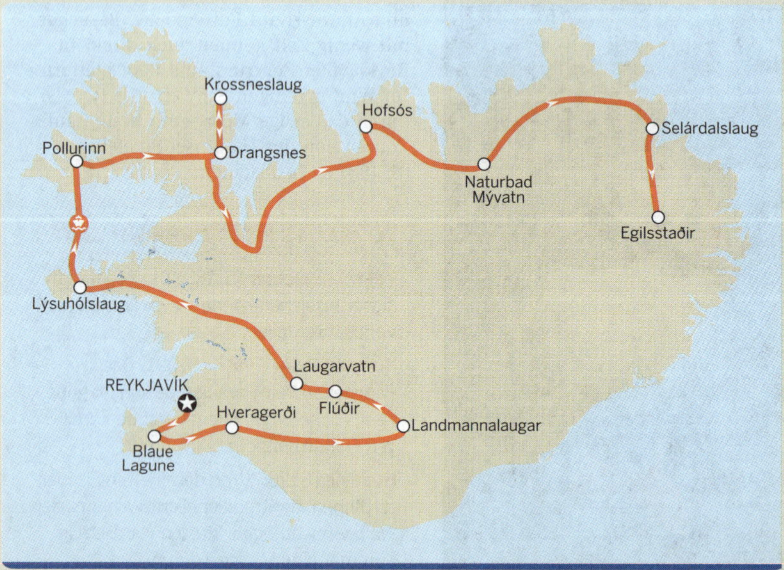
Krossneslaug
Hofsós
Pollurinn
Drangsnes
Selárdalslaug
Naturbad
Mývatn
Egilsstaðir
Lýsuhólslaug
Laugarvatn
REYKJAVÍK
Flúðir
Hveragerði
Landmannalaugar
Blaue
Lagune

2 WOCHEN Hot-Pot-Hopping

Rein in die Badesachen, um der Isländer liebstes Hobby zu genießen: Das Aalen im warmen, mineralreichen Wasser ist eine Wohltat für Körper und Seele. Auf dieser Geothermal-Wallfahrt kann man überall mal die Zehen eintunken.

➡ In **Reykjavík** (S. 68) nutzen die Einheimischen die öffentlichen Bäder zum entspannten Schwimmen und Plauschen.

➡ Von hier geht es weiter zur **Blauen Lagune** (S. 101), dem Disneyland der Badewelt, um sich das Gesicht mit wohltuender Kieselerde einzuschmieren.

➡ In **Hveragerði** (S. 121), einem der aktivsten Geothermalgebiete Islands, gibt's genug blubberndes Wasser für alle.

➡ In **Landmannalaugar** (S. 148) sorgt eine dampfende Quelle für perfekte Erholung nach einer strapaziösen Wanderung.

➡ In **Flúðir** (S. 119) lässt sich herausfinden, wer noch alles von diesem Geheimtipp weiß, einer natürlichen Lagune inmitten von Wiesen.

➡ Unbedingt lohnt ein Stopp beim Fontana in **Laugarvatn** (S. 115), um das natürliche Geysir-Dampfbad zu erleben.

➡ Ein ausgiebiges Bad in der Algenbrühe von **Lýsuhólslaug** (S. 194) macht die Haut delfinglatt.

➡ **Pollurinn** (S. 204) bei Tálknafjörður ist ein Lieblingstreff der Einheimischen.

➡ Leicht zu übersehen sind die warmen Pools von **Drangsnes** (S. 220), die gleich neben der Straße am Ufer liegen.

➡ Ein unwirklich schönes Badeerlebnis verspricht **Krossneslaug** (S. 221) am steinigen Meeresstrand.

➡ Das neue Schwimmbecken von **Hofsós** (S. 234) gibt Badegästen das Gefühl, direkt aufs Meer hinauszuschwimmen.

➡ Das nördliche Gegenstück zur Blauen Lagune ist das **Naturbad Mývatn** (S. 263).

➡ Als würdiger Abschluss lockt das zwischen grünen Hügeln eingebettete Selárdalslaug (S. 278) bei Vopnafjörður. Von **Egilsstaðir** (S. 285) geht der Flieger zurück Reykjavík.

Oben: Blaue Lagune
Unten: Reykjadalur (S. 121), Hveragerði

Isländische Kultur

Das Wetter vermiest einem das Wandern? Keine Angst – Island sorgt mit einer vielfältigen Kultur für Ersatz. Aus den Sagas hat sich ein reiches literarisches Erbe entwickelt, Musik und Design verarbeiten auf inspirierende Weise die Natur und es wird sowohl der Tradition als auch dem Experiment gefrönt. Und man scheut sich nicht, seine isländische Identität zur Schau zu stellen – vielleicht gar mit einem Pullover.

EGILL BJARNASON/ALAMY ©

CHRISTIAN KOBER/GETTY IMAGES

1. Reykjavíker Kulturnacht
Jedes Jahr feiern die Reykjavíker Mitte August die Kulturnacht (Menningarnótt; S. 26).

2. Lopapeysur
Einheimische wie Besucher tragen diese traditionellen Pullover (S. 92) aus isländischer Wolle.

3. Harpa
Reykjavíks glitzernde Konzerthalle (S. 64) wurde von Henning Larsen Architects, Batteríið Architects und dem Künstler Ólafur Elíasson entworfen.

4. Skyr
Diese dicke joghurtähnliche Nationalspeise (S. 385) muss man auf jeden Fall probieren.

BARA K KRISTINSDOTTIR/GETTY IMAGES ©

(Fortsetzung von Seite 127)

Praktische Informationen

Touristeninformation (☎ 480 1990; http://tourinfo.arborg.is; Eyravegur 2; ⏲ Mai–Aug. Mo 10–19, Di–Fr 9–19, Sa 10–16 Uhr) Im selben Gebäude wie das Hótel Selfoss; die Touristeninformation in Hveragerði ist besser.

An- & Weiterreise

Die meisten Busse zwischen Reykjavík und Höfn, Skaftafell, Fjallabak, Þórsmörk, Flúðir, Gullfoss, Laugarvatn und Vík halten an der N1-Tankstelle in Selfoss.

Strætó (☎ 540 2700; www.straeto.is):

- Busse 51 & 52 Reykjavík–Vík/Höfn & Reykjavík–Landeyjahöfn (1400 ISK, 50 Min., Mo–Fr 11-mal tgl., Sa & So 8-mal tgl.).
- Busse 72 & 73 Selfoss–Flúðir (1750 ISK, 40–60 Min., 2- bis 3-mal tgl.).
- Bus 74 Selfoss–Stokkseyri–Eyrarbakki–Þorlákshöfn (350–700 ISK, Mo–Fr 3-mal tgl.).
- Bus 75 Selfoss–Eyrarbakki (350 ISK, 20 Min., Mo–Fr 8-mal tgl.).

Sterna (☎ 551 1166; www.sterna.is):

- Bus 12/12A Reykjavík–Vík–Höfn (1400 ISK nach/von Reykjavík, 55 Min., Juni–Mitte Sept. 1-mal tgl.).

Reykjavík Excursions (☎ 580 5400; www.re.is):

- Die Busse 9/9A Reykjavík–Þórsmörk, 11/11A Reykjavík–Landmannalaugar, 17/17A Reykjavík–Mývatn, 18 Reykjavík–Álftavatn–Emstrur, 20/20A Reykjavík–Skaftafell, 21/21A Reykjavík–Skógar, 610/610A Reykjavík–Kjölur–Akureyri halten alle in Selfoss.

Trex (☎ 587 6000; www.trex.is):

- Busse T21/T22 und T23/T24 Reykjavík–Landmannalaugar (Selfoss–Landmannalaugar 6800 ISK, 3 Std., Mitte Juni–Mitte Sept. 2-mal tgl.).
- Busse T11/T12 Reykjavík–Þórsmörk (Selfoss–Þórsmörk 5800 ISK, 2¾ Std., Mitte Juni–Mitte Sept. 1-mal tgl.).

Westliches Þjórsárdalur

Die Þjórsá ist Islands längster Fluss, eine reißende, gischtende Masse aus milchigem Gletscherwasser, das 230 km vom Vatnajökull bis zum Atlantik fließt. Einschließlich ihrer Nebenflüsse erzeugt sie fast ein Drittel des hydroelektrischen Stroms in Island. Straße 32 folgt ihr am Westufer flussaufwärts ins Hochland, durch weite Ebenen, die der mächtige Fluss zerteilt, durch Vulkanfelder und schließlich in die Vorberge der fernen Gebirgszüge. Die Gegend mit Wikingerruinen, versteckten Wasserfällen und urzeitlichen Flusslandschaften ist touristisch wenig erschlossen.

Durchs Tal führt eine Autostrecke nach Landmannalaugar, zum Startpunkt des berühmten Wanderwegs Laugavegurinn. Für die Straße F26 ist jedoch ein Allradfahrzeug vonnöten. Wer keins hat, kann zumindest eine Tagesschleife fahren: auf der einen Seite des Tals auf der Straße 32 bis zum Wasserkraftwerk Búrfell, dort über den Fluss und auf der anderen Seite des Tals auf der Straße 26 nach Hella zurück. Öffentliche Verkehrsmittel sind hier nicht unterwegs.

Árnes & Umgebung

In der winzigen Siedlung Árnes steht an der Kreuzung der Straßen 30 und 32 ein großes weißes Gebäude. Es ist der Sitz des informativen Besucherzentrums **Þjórsárstofa** (☎ 486 6115; www.thjorsarstofa.is; ⏲ Juni–Aug. 10–18 Uhr) GRATIS. Hier wird ein ausgezeichneter zehnminütiger Surround-Sound-Film über das Flusstal und die umliegende Gegend gezeigt. Außerdem gibt's Multimedia-Exponate und ein gutes Restaurant.

Schlafen & Essen

Jugendherberge Árnes HOSTEL, CAMPINGPLATZ €
(☎ 486 6048; www.hostel.is; Stellplatz 1000 ISK pro Erw., B 3900 ISK; 📶) Das Hostel ist nicht besonders gemütlich, doch es bietet zweckmäßige Zweibettzimmer und Schlafsäle, eine Gästeküche und in der Nähe einen kleinen Pool (500 ISK; geöffnet Juni–Aug.).

Hótel Hekla HOTEL €€
(☎ 486 5540; www.hotelhekla.is; Brjánsstaðir; DZ/4BZ 30 000/46 200 ISK; @📶) Der Hotelkomplex liegt 17 km vor Árnes an der Straße 30 im Þjórsá-Tal. Die großen, modernen Doppelzimmer verfügen über Flachbild-TVs. Noch größer sind die Familienzimmer. Die Lounge hat etwas von einer gemütlichen Bibliothek. Das Restaurant serviert gute isländische Klassiker aus regionalen Zutaten. Ein Hot Pot und eine Sauna machen eine runde Sache aus dem Aufenthalt.

Þjórsárstofa Restaurant ISLÄNDISCH €€
(Matstofan; Hauptgerichte 950–3200 ISK; ⏲ Juni–Aug. 9–21 Uhr; 📶) Das gute Restaurant im Þjórsárstofa bietet eine häufig wechselnde Karte mit regionaler Kost sowie heimische Biere.

An- & Weiterreise

Von der Kreuzung der Straßen 30 und 32 fahren Bus 76 (Mo–Fr 2-mal tgl.) und die Busse 72 und

73 von **Strætó** (☎ 540 2700; www.straeto.is) nach Árnes. (Busse nach Landmannalaugar befahren eine weiter östlich gelegene Strecke.)

Stöng, Búrfell & Umgebung

Auf dem Weg ins Landesinnere wird das Þjórsá-Tal immer einsamer, die Natur wird dramatischer und die ungewöhnlichen Sehenswürdigkeiten nehmen zu. Hier gibt's keine Unterkünfte.

Sehenswertes

Folgende Sehenswürdigkeiten liegen an der Straße 32 Richtung Nordosten auf dem Weg.

Hjálparfoss WASSERFALL

Von der Straße 32 von Árnes Richtung Stöng und Þjóðveldisbær führt ein ausgeschilderter 1 km langer Abstecher zum Wasserfall Hjálparfoss. Er ergießt sich in zwei Fällen über bizarre Basaltsäulen in ein blaues Becken.

★ Stöng RUINE

GRATIS Beim Ausbruch der Hekla 1104 begrub weiße Vulkanasche das alte Gehöft, das im 10. Jh. dem draufgängerischen Wikinger Gaukur Trandilsson gehörte. Stöng wurde 1939 ausgegraben und war Islands erste echte archäologische Stätte. Mit ihrer Hilfe ließ sich das Alter weiterer Wikingerbehausungen feststellen. Die Ruine des Gehöfts ist von einem großen Holzschuppen überdeckt und liegt am Ende einer sehr holprigen Piste, die 20 km hinter Árnes von der Straße 32 abbiegt und am besten, besonders nach Regen, mit einem Allradfahrzeug zu befahren ist.

Wandmalereien aus dem 12. Jh. auf den Orkneyinseln, kurze Erwähnungen in der *Njáls saga* und ein zotiges Gedicht aus dem Mittelalter lassen darauf schließen, dass Trandilsson ein Verhältnis mit der Bäuerin des nahe gelegenen Hofs Steinastöðum hatte und in einem Axtduell mit ihrem Mann den Kürzeren zog. Zu sehen gibt's mit Steinen eingefasste Feuerstellen und Türstürze aus achteckigen Basaltsäulen inmitten einer beeindruckend trostlosen Lavalandschaft.

★ Gjáin SCHLUCHT

Ein Fußweg hinter dem Anwesen Stöng endet nach ein paar Kilometern in dem eigenartigen und hübschen kleinen Tal Gjáin mit merkwürdigen Lavaformationen, verträumten Höhlen und spektakulären Wasserfällen. Gjáin bedeutet Graben oder Spalte. Hier wurde für die Serie *Game of Thrones* gedreht.

Háifoss WASSERFALL

Wer von Stöng aus 10 km auf einer Buckelpiste nach Nordosten marschiert, kommt zu Islands zweithöchstem Wasserfall Háifoss. Er fällt über den Rand eines Plateaus 122 m in die Tiefe. Fußfaule können den größten Teil der Strecke auch im Allradfahrzeug zurücklegen.

Þjóðveldisbærinn SEHENSWERTES GEBÄUDE

(☎ 488 7713; www.thjodveldisbaer.is; Erw./Kind 700 ISK/frei; ⌚ Juni–Aug. 10–18 Uhr) Þjóðveldisbærinn ist ein Nachbau von Stöng mit genau dem gleichen Grundriss und samt benachbartem Kirchlein. Es liegt nicht weit vom Eingang zum Wasserkraftwerk Búrfell.

★ Wasserkraftwerk Búrfell AUSSTELLUNG

(www.landsvirkjun.com; ⌚ Juni–Aug. 10–17 Uhr) GRATIS Das hochtechnologische Wasserkraftwerk Búrfell an der Straße 32 kurz vor der Brücke über die Þjórsá schmückt eine der größten Skulpturen von Sigurjón Ólafsson. In einem spannenden Multimediazentrum können die Besucher interaktiv-spielerisch Strom aus Wasserkraft erzeugen und sich über Umkehrosmoseanlagen sowie Gezeiten-, Wind- und Solarkraftwerke informieren. In der gesamten Anlage dröhnen die Turbinen, die man sich auch anschauen kann. Für Kinder gibt's außerdem ein Feuerwehrfahrzeug. Das Ganze mutet vor dem Hintergrund der wilden Landschaft draußen recht bizarr an.

Östliches Þjórsárdalur

Zwischen der Gemeinde Hella im Süden und Landmannalaugar im Norden erstrecken sich vom Meer weg die endlosen Schwemmlandebenen der Þjórsá und gehen allmählich in eindrucksvolle Vulkanformationen und Lavafelder über, bis sich schließlich die Hekla, einer der unheilvollsten Vulkane Islands, zeigt.

Straße 26 (zur Hekla & nach Landmannalaugar)

Die Straße 26 zur Hekla führt an einigen Pferdehöfen vorbei, die diverse Reitausflüge anbieten, und stößt schließlich auf die Straße 32, auf der man die ebenso eindrucksvolle Westseite des Flusstals erkunden kann.

Die meisten Busse nach Landmannalaugar (S. 148) nehmen die Straße 26 über Leirubakki.

Sehenswertes & Aktivitäten

Heklusetrið AUSSTELLUNG
(Hekla-Zentrum; ☎487 8700; www.leirubakki.is; Leirubakki; Erw./Kind 800/400 ISK; ⏱Juni–Aug. 9–22 Uhr) Das Hekla-Zentrum gehört zur Leirubakki-Anlage (Campingplatz, Hotel, Restaurant und Tankstelle). Es erläutert in Räumen, die vorsätzlich schummrig gehalten sind, mit blitzenden Lichtern und Multimediaexponaten die explosive Geschichte der Hekla. Eine Eruption des Vulkans ist längst überfällig – auch das erfährt man hier. Das Zentrum hält außerdem Infos zur Region bereit und bietet **Ausritte** und **Wanderungen** in der Umgebung an.

Geführte Touren

Die vielen Pferdehöfe im östlichen Þjórsárdalur veranstalten vor allem Ausritte und haben zumeist auch Unterkünfte. Ein einstündiger Ritt kostet 6500 bis 9000 ISK, ein dreistündiger rund 13 000 ISK; Gruppen erhalten meistens einen Preisnachlass.

Hekluhestar REITEN
(☎487 6598; www.hekluhestar.is; Austvaðsholt) Der Hof liegt über die Straßen 271 und 272 9 km nordöstlich von Hella. Die Besitzer, eine freundliche französisch-isländische Familie, bieten sechs- bis achttägige Ausflüge durch das Hochland an. Schlafsackunterkünfte stehen zur Verfügung (4000 ISK, Bettwäsche 2000 ISK).

HEKLA

Der Name von Islands berühmtestem und aktivstem Vulkan bedeutet „Die Verhüllte", denn der 1491 m hohe Gipfel versteckt sich fast immer hinter bedrohlichen Wolken. In der Vergangenheit hat die Hekla schon mehrmals ihr Temperament bewiesen und galt im Mittelalter sogar als „Tor zur Hölle".

Schon zu Wikingerzeiten errichteten Siedler Höfe auf den fruchtbaren vulkanischen Böden rund um die Hekla. Der Ausbruch 1104 machte ihnen jedoch den Garaus: Im Umkreis von 50 km begrub die Lava alles. Seitdem gab es 15 weitere große Eruptionen – im Jahr 1300 verschwanden über 83 000 km² unter einem Ascheteppich.

In jüngerer Zeit ist die höllische Hekla in regelmäßigen Zehnjahresabständen ausgebrochen. Die größte Gefahr geht von der Asche aus, deren hoher Fluorgehalt schon Tausende von Schafen vergiftete. Der Ausbruch von 2000 erzeugte auch einen kleinen pyroklastischen Strom (eine tödliche Lawine aus Gas und Gesteinspartikeln, die sich mit über 130 km/h voranwälzt und bis zu 800 °C heiß sein kann). Der graue Bimsstein, der bei der Fahrt durch die Region zu sehen ist, stammt größtenteils aus der Hekla.

Die Isländer leben in ständiger Angst, dass der gewaltige Berg jeden Moment ausbrechen könnte – eine Eruption ist überfällig.

Mehr Infos zur Hekla gibt's im kleinen Museum in Leirubakki (S. 138).

Hekla-Besteigung

Es ist möglich, auf die Hekla zu kraxeln – man sollte nur wissen, dass der Vulkan seine Ausbrüche nicht groß ankündigt. Normalerweise gibt's eine halbe bis anderthalb Stunden vorher mehrere kleine Erdbeben. Wer es tatsächlich wagen will, sollte einen wolkenfreien Tag aussuchen und viel Wasser mitnehmen – Vulkanasche macht durstig. Die meisten Besteigungen werden von Juni bis September unternommen.

Am Abzweig der F225 von der Straße 26 liegt ein kleiner Parkplatz (rund 45 km nordöstlich von Hella) als Ausgangspunkt für Wanderer. Mit Mietwagen darf man in der Regel nicht auf F-Straßen fahren, sie sollten daher hier abgestellt werden. Allerdings sind es lange und staubige 16 km bis zum Fuß des Vulkans. Glückspilze ergattern eine Mitfahrgelegenheit.

Wer mit einem großen Allradfahrzeug unterwegs ist, kann auf der F225 bis an den Fuß des Vulkans weiterfahren (ca. 14,7 km); große Fahrzeuge können sogar noch ein paar Kilometer weiterfahren, für die meisten ist hier jedoch Schluss. Von diesem unteren Ausgangspunkt führt ein gut markierter Wanderweg beständig die Nordostflanke hoch zum Kamm und dann weiter bis zum Krater; oben ist mit Schnee zu rechnen. Auch wenn der Gipfel oft von Schnee bedeckt ist, bleibt der Kraterboden heiß. Vom Fuß des Vulkans dauert der Aufstieg rund 3½ Stunden.

Eine Möglichkeit ist auch, von jedem beliebigen Ort in der Region aus eine individuelle Superjeeptour zu buchen.

Herríðarhóll REITEN

(☎487 5252; www.herridarholl.is; Herríðarhóli) Der Hof hat mehrtägige Expeditionen zu Pferd wie auch kürzere Ausritte im Programm. Auch Gäste, die einfach nur auf einem Bauernhof übernachten wollen (DZ ohne Bad 16 900 ISK), sind herzlich willkommen. Der Hof liegt westlich von Hella an der Straße 284, 6 km nördlich der Ringstraße.

Hestheimar REITEN

(☎487 6666; www.hestheimar.is) Der oberhalb eines blubbernden Flüsschens gelegene, familiengeführte Hof organisiert Reitausflüge, verleiht Pferde und hat diverse gemütliche Unterkünfte zu vermieten. An der Straße 281, 7 km nordwestlich von Hella.

Kálfholt REITEN

(☎487 5176; www.kalfholt.is; Kálfholt 2, Ásahreppi) Der familiengeführte Hof hat ein sehr umfangreiches Angebot, z. B. einstündige Ausritte, Tagesausflüge und zwei- bis achttägige Exkursionen für Reiter aller Fertigkeitsniveaus. Der Hof liegt 17 km westlich von Hella, südlich der Ringstraße an der Straße 288. Gemütliche Unterkunft gibt's in zwei kleinen Hütten (mit Frühstück 7500 ISK pro Pers.).

Schlafen & Essen

Die meisten Pferdehöfe (S. 138) auf der Ebene um Hella können ihren Reitgästen Unterkunft bieten und stehen auch anderen Reisenden offen. Camper können ihr Zelt in **Laugaland** (☎895-6543; www.tjalda.is/en/laugaland; Stellplatz 900 ISK pro Erw.) oder beim Hótel Leirubakki aufschlagen.

Rjúpnavellir COTTAGES, CAMPINGPLATZ €

(☎892 0409; www.rjupnavellir.is; Landsveit; Stellplatz 900 ISK pro Pers.; WLAN) Am Ende einer asphaltierten Straße stehen zwei große Hütten mit Schlafsackunterkünften (3800 ISK) und Kocheinrichtungen sowie ein 6-Personen-Cottage (18 000 ISK). Duschen kostet 300 ISK, Bettwäsche 1750 ISK. Es ist die der Kreuzung der Straßen 26 und F225 am nächsten gelegene Unterkunft.

Hótel Leirubakki HOTEL €€

(☎487 8700; www.leirubakki.is; Leirubakki; Stellplatz 1000 ISK pro Erw., DZ mit/ohne Bad mit Frühstück 29 900/22 600 ISK, Hauptgerichte 1890–5690 ISK; @ WLAN) Der große Gutshof ist einer der letzten Außenposten der Zivilisation vor den Vulkanen und dem Hochland. Das gut geführte Haus und der modernere Hotelblock sind eine geeignete Basis für Leute, die die Hekla besteigen möchten. Das Restaurant serviert isländische Klassiker wie Lamm und Forelle (aus einem nahen Flüsschen). Im Lavafeld befindet sich ein toller Hot Pot. Außerdem gibt's hier eine N1-Zapfsäule und Schlafsackunterkünfte (5900 ISK).

An- & Weiterreise

Busse nach Landmannalaugar halten in Leirubakki.

Trex (☎587 6000; www.trex.is):

- Busse T21/T22 & T23/T24 Reykjavík–Landmannalaugar (Leirubakki–Landmannalaugar 4200 ISK, 1¾ Std., Mitte Juni–Mitte Sept. 2-mal tgl.).

Reykjavík Excursions (☎580 5400; www.re.is):

- Bus 11/11A Reykjavík–Landmannalaugar (Reykjavík–Leirubakki 5500 ISK, 2 Std., Mitte Juni–Mitte Sept. 1-mal tgl.).
- Bus 17/17A Reykjavík–Mývatn (Leirubakki–Mývatn 14 500 ISK, 9¼ Std., Ende Juni–Aug. 3-mal wöchentl.).

Hella & Umgebung

Die kleine, landwirtschaftlich geprägte Gemeinde am Ufer des malerischen Flüsschens Ytri-Rangá liegt im Herzen einer bedeutenden Pferdezuchtregion. Sie ist der dem 35 km nördlich gelegenen düsteren Vulkan Hekla am nächsten gelegene Ort. Von hier sind zahlreiche weitere interessante Orte zu erreichen. Hella wird daher als Zwischenstopp immer beliebter.

Sehenswertes & Aktivitäten

Hella hat nicht viel Interessantes zu bieten. Die meisten Touristen steuern von hier die Pferdehöfe und anderen Abenteuer in der Umgebung an. Die Kunsthandwerkskooperative **Hekla Handverkshús** (☎864 5531; Þrúðvangur 35; ⊙Mai–Sept. 13–17 Uhr, Okt.–April Sa & So) dient gleichzeitig als informelle Touristeninformation.

Sundlaugin Hellu THERMALBAD, HOT POT

(☎487 5334; Útskálum 4; Erw./Kind 600/250 ISK; ⊙Juni–Mitte Aug. Mo–Fr 6.30–21, Sa & So 12–18 Uhr, sonst kürzere Öffnungszeiten) Hellas Top-Attraktion ist vielleicht sein allerdings phantastisches Thermalbad mit Hot Pots, Sauna und toller Wasserrutsche (April–Okt.) für die Kinder.

Geführte Touren

Mud Shark ANGELN, SUPERJEEPTOUREN

(☎691 1849; www.mudshark.is) Strandangeln (60 000 ISK) und Superjeeptouren zum Þykkvibær-Strand (15 000 ISK) mit schwarzem Sand; günstigere Preise für Gruppen.

Schlafen & Essen

Den schlichten, praktischen Unterkünften und Esslokalen in Hella fehlt der ländliche Charme der Unterkünfte in der Umgebung. Neben dem **Kjarval-Supermarkt** (☎585 7585; Suðurlandsvegur 1) befindet sich eine kleine Bäckerei.

Árhús CAMPINGPLATZ €

(South Door; ☎487 5577; www.arhus.is; Rangárbakkar 6; Stellplatz 2500 ISK pro Zelt, Cottage mit/ohne Bad ab 16 500/12 400 ISK, Hauptgerichte 2000–5000 ISK; 📶) Zum unmittelbar südlich der Ringstraße an einem Fluss gelegene Árhús gehören eine Reihe feste Behausungen (von der Einraumhütte bis zum voll ausgestatteten Cottage mit kleiner Küche und Bad), reichlich Zeltstellplätzen, eine Gästeküche und ein Restaurant (geöffnet 12–22 Uhr) – mit dem besten Essen der Stadt.

Stracta Hótel HOTEL €€

(☎531 8010; www.stractahotels.is; Rangárflatir 4; DZ mit/ohne Bad mit Frühstück ab 26 500/17 000 ISK, 3-/6-Pers.-Studio mit Frühstück ab 33 000/43 200 ISK, Abendessen 5500 ISK; 📶) Das nagelneue Stracta ist das erste in einer Reihe gehobener Touristenhotels, die der isländische Fußballer Hermann Hreiðarsson betreibt. Die Zimmer reichen von modernen, gemütlichen Doppelzimmern bis zu Studios mit Mikrowelle und Kühlschrank sowie familienfreundlichen Apartments mit zwei Schlafzimmern. Vom Restaurant oben sind weite Ausblicke auf die Vestmannaeyjar und die Vulkane möglich, vom Bistro (geöffnet 10–1 Uhr) sieht man auf das Spa und den Hof.

Guesthouse Nonni PENSION €€

(☎894 9953; www.bbiceland.com; Arnarsandur 3; EZ/DZ ohne Bad mit Frühstück 16 200/17 700 ISK; 📶) Die an einer Wohnstraße gelegene kleine Pension wird vom freundlichen Nonni geführt, der seinen Gästen gerne ein Riesenfrühstück zubereitet (frisches Brot und Waffeln). Zu den fünf holzverkleideten Zimmern führt eine Treppe mit Korkstufen.

Guesthouse Brenna FERIENHAUS €€

(☎487 5532; http://guesthousebrenna.wordpress.com; Þrúðvangur 37; Haus 25 000 ISK) Das reizende Haus am Fluss hat Platz für acht Personen, eine kleine Küche, eine Waschmaschine und ein behagliches Wohnzimmer. Bettwäsche kostet 1000 ISK. Wenn man länger bleibt, wird's billiger. Die Zimmer werden nicht einzeln vermietet.

Hótel Rangá HOTEL €€€

(☎487 5700; www.hotelranga.is; Suðurlandsvegur; DZ/Suite mit Frühstück ab 48 400/89 400 ISK, Hauptgerichte mittags 2600–3700 ISK, Hauptgerichte abends 4400–9900 ISK; @📶) Das Hótel Rangá südlich der Ringstraße, 8 km östlich von Hella sieht aus wie ein einfaches Holzhaus, richtet sich jedoch an betuchte Islandreisende. Der Service ist spitzenmäßig und die holzgetäfelten Zimmer und luxuriösen Gemeinschaftsbereiche sind gemütlich. Durch die breiten Fenster des Restaurants blicken die Gäste auf das offene Weideland. Wer ordentlich Geld ausgeben will, sollte sich in einer Weltpavillon-Suite einquartieren, es sei denn, er zieht das Understatement der Asia-Suite, die wie ein traditionelles japanisches Ryokan gestaltet ist, vor.

Hellubió INTERNATIONAL €€

(☎853 7777; Þrúðvangur 32; Hauptgerichte 2000–5000 ISK) Das große Rasthaus mit silberner Blechfassade und bunten Topfpflanzen davor glänzt mit schnörkellosem isländischen Essen von Hummersuppe bis Hamburger. Dazu kommen Bier vom Fass, freundliches Personal und ein toller Schokoladenkuchen.

An- & Weiterreise

Busse halten an der Olís-Tankstelle.

Strætó (☎540 2700; www.straeto.is):

➡ Busse 51 & 52 Reykjavík–Vík–Höfn und Reykjavík–Landeyjahöfn (Reykjavík–Hella 2450 ISK, 1½ Std., 5-mal tgl.).

Sterna (☎551 1166; www.sterna.is):

➡ Bus 12/12A Reykjavík–Vík–Höfn (Reykjavík–Hella 2200 ISK, 1½ Std., Juni–Mitte Sept. 1-mal tgl.).

Reykjavík Excursions (☎580 5400; www.re.is):

➡ Busse 9/9A Reykjavík–Þórsmörk, 11/11A Reykjavík–Landmannalaugar, 17/17A Reykjavík–Mývatn, 18 Reykjavík–Álftavatn–Emstrur, 20/20A Reykjavík–Skaftafell, 21/21A Reykjavík–Skógar; alle halten in Hella (2500 ISK).

Trex (☎551 1166; www.trex.is):

➡ Busse T21/T22 und T23/T24 Reykjavík–Landmannalaugar (Hella–Landmannalaugar 5500 ISK, 2¼ Std., Mitte Juni–Mitte Sept. 2-mal tgl.).

DIE EDDAS

Im mittelalterlichen Kloster von **Oddi** in Rangárvellir, ungefähr 8 km südlich von Hella an der Straße 266, liegt der Ursprung der nordischen Eddas, der wichtigsten erhaltenen Bücher der Wikingerdichtkunst. Die *Prosa-Edda* verfasste der Dichter und Historiker Snorri Sturluson um 1222 als Dichterlehrbuch. Sie enthält detaillierte Beschreibungen der Sprache und Versmaße der Skalden (Hofdichter). Das Epos *Gylfaginning* schildert den Besuch des schwedischen Königs Gylfi im legendären Göttersitz Asgard und erzählt die altnordischen Schöpfungsmythen, Geschichten über einzelne Götter sowie deren Untergang, Ragnarök.

Etwas später im 13. Jh. entstand die *Lieder-Edda*, deren Aufzeichnung Sæmundur Sigfússon zugeschrieben wird. Es ist eine Zusammenfassung von Werken unbekannter Autoren, einige älter als die Besiedlung Islands. Das erste Gedicht, *Völuspá (Weissagung der Seherin)*, ist sozusagen die altnordische Version von Genesis und Offenbarung. Es beschreibt Erschaffung und Untergang der Welt. Spätere Gedichte erzählen u. a., wie Óðinn die Macht der Runen entdeckte, sowie die Sage von Siegfried und den Nibelungen, die Richard Wagner später in seinem *Ring der Nibelungen* nacherzählte. Am berühmtesten ist wahrscheinlich das Gedicht *Þrymskviða* über den Riesen Þrym, der Þórs Hammer klaute und ihn nur im Tausch gegen die Hand der Göttin Freyja zurückgeben wollte. Daraufhin verkleidete sich Þór als die zukünftige Braut und ging an ihrer Stelle zur Hochzeit. Lange Teile des Gedichts beschreiben seine ungehobelten Tischmanieren während des Hochzeitsmahls – er soll einen kompletten Ochsen sowie acht Lachse vertilgt und mit drei Schläuchen Met heruntergespült haben.

Heute besteht Oddi aus einer Kirche und ein paar Bauernhöfen.

➡ Busse T11/T12 Reykjavík–Þórsmörk (Hella–Þórsmörk 4200 ISK, 2 Std., Mitte Juni–Mitte Sept. 1-mal tgl.).

Hvolsvöllur & Umgebung

Auf den Höfen um Hvolsvöllur spielten sich die blutigen Episoden der bekannten und beliebten *Njáls saga* ab. Leider sind davon nur noch die Namen übrig geblieben. Über die Ruinen ist längst Gras gewachsen und auf vielen historischen Plätzen stehen moderne Landwirtschaftsgebäude. Hvolsvöllur selbst ist mehr oder weniger nur eine Raststation an der Straße mit zwei Tankstellen und ein paar Häusern.

Sehenswertes & Aktivitäten

★ Sögusetrið MUSEUM
(Saga-Zentrum; ☎487 8781; www.njala.is; Hliðarvegur 14; Erw./Kind 900 ISK/frei; ⊙Mitte Mai–Mitte Sept. 9–18 Uhr, Mitte Sept.–Mitte Mai Sa & So 10–17 Uhr) Hvolsvöllurs Saga-Zentrum beschäftigt sich mit den dramatischen Ereignissen der *Njáls saga,* die sich in den Bergen der Umgebung zugetragen haben. Interaktive Exponate erläutern die vielen Highlights der Geschichte. 2013 begann man mit der Herstellung des **Njáls-saga-Teppichs** (www.njalurefill.is; ⊙Juni–Aug. Di–Sa 10–18 Uhr, Sept.–Mai kürzere Öffnungszeiten), einer 90 m langen Stickarbeit. Besucher können ein Stückchen des Teppichs, der in einem großen Gemeinschaftsprojekt entsteht, sponsern (1000 ISK) oder einfach nur zuschauen. Außerdem gibt's in einem Langhaus ein **Café** und eine **Touristeninformation** mit Broschüren, Karten und hilfsbereitem Personal.

Keldur RUINE
(☎530 2200; www.thjodminjasafn.is; Eintritt 700 ISK; ⊙Mitte Juni–Mitte Aug. 10–17 Uhr) Etwa 5 km westlich von Hvolsvöllur führt die unbefestigte Straße 264 über etwa 8 km nordwärts durch das Tal Rangárvellir bis zum mittelalterlichen Grassodengehöft Keldur. Der historische Hof gehörte einst Ingjaldur Höskuldsson, einer Figur aus der *Njáls saga*. Das Gebäude wird von der Abteilung für historische Gebäude des Nationalmuseums verwaltet.

Geführte Touren

★ South Iceland Adventures WANDERN, ABENTEUER
(☎770 2030; www.siadv.is) Eines der besten Unternehmen in Südisland für individuelle Abenteuertouren. Der Gründer Siggi Bjarni kennt sich in der Gegend bestens aus: Wer

NJÁLS SAGA

Eine der beliebtesten (und längsten) Isländersagas ist gleichzeitig eine der kompliziertesten. Sie handelt von den Freunden und Nachbarn Gunnar Hámundarson und Njáll Þorgeirsson. Ein belangloses Gezänk zwischen ihren Frauen löst die blutigen Fehden aus, bis am Ende praktisch alle tot sind. Die Saga wurde im 13. Jh. niedergeschrieben, die Ereignisse trugen sich aber bereits im 10. Jh. in den Bergen um Hvolsvöllur zu.

Der tragische Held Gunnar von Hlíðarendi (im Fljótsdalur) verliebt sich in die schöne, temperamentvolle Hallgerður mit den langen Beinen und (man ahnt Böses!) den „Augen einer Diebin". Die beiden heiraten, und Hallgerður legt sich mit Bergþóra an, der Gemahlin von Njáll. Als Hallgerður und Bergþóra anfangen, sich gegenseitig die Diener abzumurksen, wird das Verhältnis zwischen Njáll und Gunnar zusehends gespannter.

Eine wichtige Episode beschreibt, wie Hallgerður einen Diener beauftragt, bei einem Mann namens Otkell Essen zu klauen. Als Gunnar seine Gemahlin beim gestohlenen Festmahl ertappt, sieht er rot. „Das wäre fürwahr furchtbar, würde ich nun zum Kumpan einer Diebin", sagt er und schlägt Hallgerður – eine Tat, die sich später rächen wird (die beiden vorherigen Ehemänner Hallgerðurs starben, nachdem sie sie geschlagen hatten).

Weitere unglückliche Umstände führten dazu, dass Gunnar Otkell umbringt und ins Exil geschickt wird. Als er fortreiten will, stolpert sein Pferd. Er dreht sich um, wirft einen letzten Blick auf seinen geliebten Hof Hlíðarendi und bringt es nicht über sich, das Tal zu verlassen. Seine Feinde schließen sich zusammen und belagern den Hof, aber Gunnar kann sie aufhalten – bis die Sehne seines Bogens reißt. Er bittet Hallgerður um eine Haarsträhne, um den Bogen zu reparieren. Sie weigert sich aus Rache für die Schläge, die er ihr vor Jahren verpasst hat, und Gunnar wird getötet.

Als Vergeltung für gefallene Sippenangehörige schlachten sich Gunnars und Njálls Familien nun gegenseitig ab. Njáll selbst versucht vergeblich, Frieden zu stiften. Sein Anwesen, wo er sich mit seiner Frau verschanzt hat, wird belagert. Die beiden verkriechen sich mit ihrem kleinen Enkel im Bett und gehen in den Flammen unter.

Einziger Überlebender des Feuers ist Njálls Schwiegersohn Kári. Er bringt die Brandstifter vor Gericht, mordet selbst aber fröhlich weiter und schließt letztlich mit seinem Erzfeind Flosi, der das Feuer angeordnet hatte, Frieden.

eine geführte Wanderung über den Fimmvörðuháls oder den Laugavegurinn machen will, ist bei Siggi in den besten Händen. Zu den zahlreichen angebotenen Tagesausflügen inklusive Abholung bei der Unterkunft zählen Superjeeptouren (Eyjafjallajökull 31 900 ISK; Landmannalaugar 37 900 ISK), Canyoning- und Eiskletterausflüge. Auch im Winter werden Touren angeboten.

Schlafen & Essen

Unterkünfte und Restaurants im Ort sind nicht gerade umwerfend – am besten kommt man außerhalb auf dem Land unter. Beide Tankstellen verkaufen Snacks. Auf dem **Bauernmarkt** (Sveitamarkaðurinn Hvolsvelli; ⌚Juni–Aug. 9–18 Uhr) gibt's kaum Essensstände, aber dafür hat der Ort einen Kjarval-Supermarkt.

Vestri-Garðsauki PENSION €
(☎487 8078; www.gardsauki.is; DZ ohne Bad 12 000 ISK; 📶) Die freundliche isländisch-deutsche Bauernfamilie an der Ringstraße vermietet vier saubere Zimmer. Die liegen zwar im Souterrain, sind aber im Sommer sehr sonnig. Die Besitzer bieten auch informelle Wander- und Autoausflüge in die Umgebung an und können Rundflüge arrangieren.

Bergþórshvoll PENSION €
(☎487 7715; www.bergthorshvoll.is; DZ/4BZ ohne Bad 12 000/16 000 ISK) Die Pension, die etwas an die 1970er-Jahre erinnert, befindet sich auf Bergþórshvoll, Njáls altem Hof, heute eine Schaffarm. Die Zimmer in einem Gemeinschaftshaus mit Küche, Waschküche und großem Wohnzimmer mit Vulkanblick sind gemütlich. Der Hof liegt 21 km südlich von Hvolsvöllur an der Küste, zu erreichen über die Straße 255 und dann die 252.

Hótel Hvolsvöllur HOTEL €€
(☎487 8050; www.hotelhvolsvollur.is; Hlíðarvegur 7; EZ/DZ mit Frühstück 23 500/28 300 ISK; @📶) Das große, gesichtslos wirkende Hotel ist besser, als es aussieht. Die 64 Zimmer werden nach und nach modernisiert – die

neuesten verfügen über Holzböden und glänzende Badezimmer – und das Personal ist freundlich.

Gallerí Pizza IMBISS €€

(☎ 487 8440; Hvolsvegur 29; Hauptgerichte 1600–2950 ISK; ⏲ So–Do 12.30–22, Fr & Sa 12–22 Uhr) Die Pizzeria, eine Straße hinter der Hauptstraße gelegen, ist ein quirliges Lokal mit Vinyl-Sitznischen und ohne Kitsch. Tipp: der Béarnaise-Hamburger.

Eldstó Art Café CAFÉ €€

(www.eldsto.is; Austurvegur 2; Hauptgerichte 1390–2700 ISK; ⏲ Juni–Aug. 8–22 Uhr; 📶) Das Eldstó bietet frisch gebrühten Kaffee, hausgemachte Tagesgerichte wie Kokos-Curry-Suppe und ein paar Tische draußen an der Ringstraße. Die Betreiber sind Keramiker; über dem Café werden auch Zimmer vermietet.

An- & Weiterreise

Busse ins Þórsmörk halten in Hvolsvöllur.

Strætó (☎ 540 2700; www.straeto.is):

- Busse 51 & 52 Reykjavík–Vík–Höfn & Reykjavík–Landeyjahöfn (Reykjavík–Hvolsvöllur 2800 ISK, 1½ Std., 5-mal tgl.).

Sterna (☎ 551 1166; www.sterna.is):

- Bus 12/12A Reykjavík–Vík–Höfn (Reykjavík–Hvolsvöllur 2500 ISK, 1¾ Std., Juni–Mitte Sept. 1-mal tgl.).

Reykjavík Excursions (☎ 580 5400; www.re.is):

- Busse 9/9A Reykjavík–Þórsmörk, 18 Álftavatn–Reykjavík, 20/20A Reykjavík–Skaftafell, 21/21A Reykjavík–Skógar (Reykjavík–Hvolsvöllur 3000 ISK); alle halten in Hella.

Trex (☎ 587 6000; www.trex.is):

- Busse T11/T12 Reykjavík–Þórsmörk (Hvolsvöllur–Þórsmörk 4200 ISK, 1½ Std., Mitte Juni–Mitte Sept. 1-mal tgl.).

Von Hvolsvöllur nach Skógar

Hinter Hvolsvöllur führt die Ringstraße weiter gen Osten Richtung Skógar. Drei wichtige Nebenstraßen zweigen von ihr ab. Die erste ist die zum Fljótshlíð (Straße 261) direkt am östlichen Stadtrand von Hvolsvöllur, die zweite die Straße 254, die über 12 km Richtung Süden nach Landeyjahöfn (S. 169) und zur Fähre zu den Vestmannaeyjar führt. Die dritte ist die Straße 249 Richtung Norden ins Þórsmörk-Tal. Weiter auf der Ringstraße geht es am massigen Eyjafjallajökull vorbei, der 2010 durch seine aschereiche Eruption berühmt wurde.

Fljótshlíð

Die Straße 261 führt am moosgrünen Rand der üppigen Fljótshlíð-Berge entlang und bietet großartige Ausblicke auf Wasserfälle wie den **Gluggafoss** auf der einen Seite sowie das Flussdelta des Markarfljót und den Eyjafjallajökull auf der anderen Seite.

Der asphaltierte Abschnitt der Straße endet bald hinter dem Gehöft und der Kirche in **Hlíðarendi**, wo einst Gunnar Hámundarson aus der *Njáls saga* lebte. Mit einem Allradfahrzeug ist es möglich, auf der Straße F261 Richtung Landmannalaugar und zu den **Tindfjöll** weiterzufahren – ein Paradies für Wanderer. Das Þórsmörk-Tal scheint zwar zum Greifen nahe, kann aber nur über die Straße F249 erreicht werden.

Geführte Touren

South Iceland Adventures (S. 141) organisiert Wandertouren und Schluchtenklettern in den Tindfjöll und in der Region.

Óbyggðaferðir QUADTOUREN

(☎ 661 2503; www.atvtravel.is; Lambalæk) Quadtouren um den Eyjafjallajökull, im Þórsmörk und anderswo. Ein drei- bis vierstündiger Trip kostet 18 000/25 000 ISK für einen/zwei Fahrer; Tagesausflüge kosten 46 000/58 000 ISK für einen/zwei Fahrer.

Schlafen & Essen

★ **Jugendherberge Fljótsdalur** HOSTEL €

(☎ 487 8498; www.hostel.is; Fljótshlíð; B 4100 ISK; ⏲ Mitte März–Okt.) Das Hostel ist sehr einfach und nicht jedermanns Geschmack, aber wer eine ruhige, abgeschiedene Basis für Wandertouren sucht, ist hier genau richtig: schöner Garten, behagliche Küche, gemütlicher Aufenthaltsraum und ein umwerfendes Bergpanorama. Es gibt nur sieben Matratzen unterm Dach und zwei Vierbettzimmer unten. Vorausbuchung ist erforderlich; HI-Mitglieder zahlen 700 ISK weniger.

Die Herberge liegt 27 km östlich von Hvolsvöllur; am Ende der Strecke wird die Straße recht unwegsam. Proviant mitbringen!

★ **Hótel Fljótshlíð** HOTEL €€

(Guesthouse Smáratún; ☎ 487 1416; www.smaratun.is; Smáratún; Stellplatz 1300 ISK pro Pers., DZ mit/ohne Bad 23 000/12 400 ISK, Cottage ab 23 700 ISK; 📶) Auf dem hübschen weißen Gehöft mit blauem Blechdach werden Sommerhäuser für vier bis sechs Personen

RESERVIEREN!

Auf dem Weg von Hvolsvöllur Richtung Osten nach Vík liegen viele Bauernhöfe mit hübschen Gästehäusern. Diese Unterkünfte sind unglaublich begehrt, sodass sie im Sommer vollständig ausgebucht sind und unbedingt reserviert werden müssen. Wir können hier nur eine kleine Auswahl vorstellen; weitere sind auf Icelandic Farm Holidays (www.farmholidays.is) und booking.com zu finden.

In den Touristeninformationen ist kostenlos die sehr detaillierte Regionalkarte *Rangárþing Mýrdalur* erhältlich.

vermietet. Es gibt auch schicke hotelähnliche Zimmer, billigere Pensionszimmer (mit Gemeinschaftsbad), Schlafsackunterkünfte (4400 ISK) und Zeltstellplätze. Die männliche Hälfte des Betreiberehepaars steht in der Restaurantküche hinter dem Herd und die liebenswürdige weibliche Hälfte nimmt ihre Gäste gerne auf einen Abendspaziergang durch das Schwemmland mit und erzählt vom Ausbruch des Eyjafjallajökull 2010. Der Hof liegt etwa 12,5 km östlich von Hvolsvöllur.

Straße 249/F249 (ins Þórsmörk)

Die Straße ins Þórsmörk (249/F249) zweigt östlich des Flusses Markarfljót von der Ringstraße nach Norden ab. Schon bald kommen nur Allradfahrzeuge weiter, aber einige interessante Sehenswürdigkeiten liegen gleich am Anfang der Strecke.

Der Seljalandsfoss ist die Haltestelle für Reisende auf der Ringstraße, die Þórsmörk mit dem Bus erreichen wollen (mit dem Privatauto ist die Strecke wegen der breiten Flüsse, die durchquert werden müssen, nicht befahrbar).

Sehenswertes & Aktivitäten

★ Seljalandsfoss & Gljúfurárbui WASSERFÄLLE

Von der Ringstraße ist schon der schöne, hohe Wasserfall Seljalandsfoss zu sehen. Sein Wasser stürzt über einen Felshang in einen tiefen, grünen Teich. Ein paar hundert Meter weiter über die Þórsmörk-Straße rauscht der Wasserfall Gljúfurárbui in eine verborgene Schlucht. Sterna- und Reykjavík-Excursions-Busse von Reykjavík nach Skógar halten am Seljalandsfoss.

Geführte Touren

★ Southcoast Adventure ABENTEUERTOUREN

(☎867 3535; www.southadventure.is) Den kleinen Tourenanbieter Southcoast Adventure leitet eine Gruppe enthusiastischer Einheimischer, die sich bestens auskennen, Erfahrung in der Bergrettung haben und einen ausgezeichneten Ruf genießen. Sie bieten individuelle Superjeeptouren (2-/5-stündige Touren ab 14 900/29 900 ISK) vom Þórsmörk nach Landmannalaugar sowie längere Wanderungen auf dem Fimmvörðuháls oder dem Laugavegurinn an. Außerdem stehen Schneemobiltouren, Vulkantouren und Gletscherwanderungen auf dem Programm, auch im Winter. Ein Infoschalter steht auf dem Campingplatz Hamragarðar an der mit normalen Pkws befahrbaren Straße 249.

Schlafen & Essen

Hamragarðar CAMPINGPLATZ €

(☎867 3535; Stellplatz 1200 ISK pro Pers.) Hier kann man direkt neben dem versteckt liegenden Wasserfall in Gljúfurárbui am Beginn der Straße 249 zelten. Das kleine Café (Juni–Aug. 9–23 Uhr) verkauft Kaffee und Kuchen, es gibt Waschmaschinen und eine Gästeküche sowie einen Infoschalter von Southcoast Adventure.

★ Stóra-Mörk III PENSION, COTTAGES €€

(☎487 8903; www.storamork.com; Schlafsackunterkunft 3900 ISK, DZ mit/ohne Bad 16 300/11 500 ISK) Etwa 5 km hinter den vielbesuchten Wasserfällen (an der Straße 249) führt ein Feldweg zum historischen Bauernhaus Stóra-Mörk III, das natürlich in *Njáls saga* erwähnt wird und große, heimelige Zimmer mit Gemeinschaftsbädern vermietet. Im Haupthaus gibt's ein paar Zimmer mit eigenem Bad, eine große Küche und einen Speiseraum mit tollem Berg- und Meerblick. Dazu kommen zwei neu errichtete Cottages.

Straße 1 (am Eyjafjallajökull)

Die Ringstraße (Straße 1) führt direkt durch das Gebiet, das während der berühmten Eruption des Eyjafjallajökull (sprich: *äi*-ja-*fjat*-la-jo-gutl) von 2010 von Ascheschlamm überflutet war. Hier findet man locker verteilt einige Pensionen und Höfe.

Sehenswertes

Eyjafjallajökull-Besucherzentrum AUSSTELLUNG

(Þorvaldseyri-Besucherzentrum – Iceland Erupts; ☎487 8815; www.icelanderupts.is; Þorvaldseyri;

Erw./Kind 750 ISK/frei; ⏲ Juni–Aug. 9–18 Uhr, Mai & Sept. 10–16 Uhr, Okt.–April 11–16 Uhr) Das Besucherzentrum etwa 7 km vor Skógar befindet sich auf einem ehemaligen Bauernhof an der Südflanke des Eyjafjallajökull, der beim Ausbruch 2010 in Mitleidenschaft gezogen wurde. Ein 20-minütiger Film erzählt (meist auf Englisch) die Geschichte der Bauernfamilie von den ersten unheilverkündenden Warnungen bis zur vernichtenden Aschenflut. Gezeigt werden kurze, liebevolle Familienmomente genauso wie die mutige Aktion einer Gruppe lokaler Retter, die den Bauernhof aus dem Aschenschlamm ausgruben.

Seljavallalaug THERMALBAD

GRATIS Das stille Freibad Seljavallalaug von 1923 wird von einer natürlichen heißen Quelle gespeist. Ab Edinborg (7 km westlich von Skógar) folgt man der Straße 242 und der Ausschilderung nach Seljavellir; vom Parkplatz am Bauernhof sind es noch zehn Minuten zu Fuß flussaufwärts.

Geführte Touren

Skálakot REITEN

(☎ 487 8953; www.skalakot.com) Der Pferdehof Skálakot (15 km westlich von Skógar an der Straße 246) bietet verschiedene kürzere Ausritte (1 Std. 6000 ISK) sowie längere Ausflüge (fünfstündiger Gletscher-und-Strand-Ritt 27 000 ISK) und Unterkünfte.

Schlafen & Essen

Skálakot PENSION, BAUERNHOF €

(☎ 487 8953; www.skalakot.com; B 3500 ISK, DZ ohne Bad 12 000 ISK, Farmstay mit VP 17 000 ISK) Die neu gebauten Unterkünfte auf dem Gestüt Skálakot umfassen Schlafsäle und Pensionszimmer mit Gemeinschaftsbad. Wer mag, bekommt einen Bauernhofaufenthalt mit allem Drum und Dran geboten. Der Hof liegt 15 km westlich von Skógar an der 246.

Country Hotel Anna LANDHOTEL €€

(☎ 487 8950; www.hotelanna.is; Moldnúpur; EZ/DZ mit Frühstück 19 800/26 900 ISK, Hauptgerichte 4200–5100 ISK; 📶) 🌿 Anna, die Namensgeberin des Hauses, schrieb Bücher über ihre Reisen durch die ganze Welt – und das Hotel ihrer Nachfahren ehrt ihre Leidenschaft fürs Reisen mit sieben nostalgischen Zimmern, die mit Antiquitäten und bestickten Bettüberwürfen eingerichtet sind. Das Hotel und sein kleines Restaurant (geöffnet Mai–Mitte Sept. 18–20 Uhr) befinden sich am Fuß des Vulkans an der Straße 246.

Guesthouse Edinborg PENSION €€

(☎ 566 7979; www.greatsouth.is; Lambafell; DZ mit Frühstück 21 500 ISK; @📶) Das frühere Hótel Edinborg (an der Hauptstraße noch immer so ausgeschildert) ist ein hohes, blechverkleidetes Bauernhaus mit einladenden Gästezimmern mit Bad, Holzböden und bequemen Betten sowie einem Wohnzimmer mit Gletscherblick unter dem Dach. Obwohl es nicht weit von der Ringstraße entfernt ist, hat man das Gefühl, weitab vom Schuss und mitten in der Natur zu sein. Unter gleicher Leitung ist auch das **Hótel Lambafell** (☎ 487 1212; www.lambafell.is; Lambafell; DZ/4BZ mit Frühstück ab 20 000/35 200 ISK; 📶) ganz in der Nähe.

Drangshlið HOTEL €€

(☎ 487 8868; Ringstraße; EZ/DZ mit Frühstück 17 000/24 600 ISK, Hauptgerichte 3600–4900 ISK; @📶) Auf dem 200 Jahre alten Hof Drangshlið 3 km westlich von Skógar ist in letzter Zeit einiges neu gebaut worden. Die besten der insgesamt gemütlichen, wenn auch ein wenig zweckmäßig eingerichteten Zimmer befinden sich im hinteren Gebäude – sie sind größer und haben teils einen Ausblick auf die Weiden. Das Restaurant (geöffnet 18–21 Uhr) wurde ebenfalls ausgebaut, um den Hunger von Bustouristen zu stillen. Buchung über Icelandic Farm Holidays (www.farmholidays.is).

★ Gamla Fjósið ISLÄNDISCH €€

(☎ 487 7788; www.gamlafjosid.is; Hvassafell; Hauptgerichte 1100–6500 ISK; ⏲ Juni–Aug. 11–21 Uhr, Sept.–Mai kürzere Öffnungszeiten; 📶) Das hübsche Restaurant im „alten Kuhhaus", in dem noch bis 1999 Kühe standen, serviert hauptsächlich Gerichte mit Fleisch von freilaufenden Tieren, von Hamburgern bis zur Vulkansuppe, einem pikanten Fleischeintopf. Der Raum mit Holzfußboden und niedrigen

RUNDFLÜGE ÜBER DIE VULKANE

Atlantsflug (☎ 854 4105; www.flightseeing.is) Ab dem Flughafen Bakki an der Küste 5 km nordwestlich von Landeyjahöfn bietet Atlantsflug 30- bis 75-minütige Rundflüge (22 300–44 000 ISK) über den Eyjafjallajökull, Gletscher und das Hochland. Außerdem gibt's Flüge nach Heimaey, eine der Westmänner-inseln (8000 ISK einfach), sowie Flüge ab Skaftafell und Reykjavík.

Balken ist mit glänzenden Tischen und großen Holzkisten aufgepeppt. Für gute Stimmung sorgt außerdem das fröhliche Personal.

Skógar

Skógar schmiegt sich nicht weit von der Ringstraße an den Fuß des Gletschers Eyjafjallajökull. Die kleine touristische Siedlung ist der Startpunkt (manchmal auch der Endpunkt) für Wanderungen über den Fimmvörðuháls-Pass ins Þórsmörk-Tal und eines der Aktivitätenzentren im Südwesten. Am westlichen Ortsrand stürzt sich der Skógafoss aus schwindelerregender Höhe in die Tiefe, im Ostteil steht ein Heimatmuseum, das den Besuch lohnt.

Sehenswertes

★ Heimatmuseum Skógar MUSEUM

(Skógasafn; ☎ 487 8845; www.skogasafn.is; Erw./Kind 1750 ISK/frei, nur Außengelände 800 ISK; ⌚ Museum Juni–Aug. 9–18 Uhr, Mai & Sept. 10–17 Uhr, Okt.–April 11–16 Uhr) Das wunderbare Heimatmuseum ist das Highlight im kleinen Skógar: Es beleuchtet alle Aspekte isländischen Lebens. Mehr als 75 Jahre lang hat der mittlerweile 91-jährige Þórður Tómasson Stück für Stück dieser riesigen Sammlung zusammengetragen. Die Anlage umfasst mehrere restaurierte Gebäude (Kirche, mit Grassoden gedecktes Bauernhaus, Ställe usw.) sowie ein großes modernes Gebäude mit einem interessanten Verkehrs- und Kommunikationsmuseum, dem Café Skogakaffi (geöffnet 10–17 Uhr) und einem Souvenirladen.

★ Skógafoss WASSERFALL

Sehr fotogen rauscht der 62 m hohe Wasserfall Skógafoss über die zerklüfteten Felsen am Westrand von Skógar hinweg. Wer die steilen Stufen hochklettert, wird mit einem Schwindel erregenden Blick nach unten belohnt. Bei Sonnenschein schillert der Gischtschleier in allen Regenbogenfarben. Der Legende nach soll ein Siedler namens Þrasi eine Kiste voll Gold hinter dem Skógafoss versteckt haben ...

Geführte Touren

Mehrere größere Tourenveranstalter haben ihren Sitz im winzigen Skógar oder in der Umgebung. Sie bieten Touren zu den Naturwundern wie etwa zu Gletschern und Vulkanen. Zu den herausragenden Anbietern um Skógar zählen Southcoast Adventure (S. 144) mit geführten Wanderungen über den Fimmvörðuháls sowie zahlreichen anderen Abenteuertouren und South Iceland Adventures (S. 141) in Hvolsvöllur mit tollen Trekking-, Superjeep- und Eisklettertouren. Beide Unternehmen bieten Abholung ab Skógar.

Icelandic Mountain Guides ABENTEUER

(☎ 587 9999, Büro Skógar 894 2956; www.mountainguide.is) Icelandic Mountain Guides ist einer der größten und besten Tourenanbieter des Landes mit einem Büro in Reykjavík und einem zweiten in Skógar. Hier werden u. a. Gletscherwanderungen und Eisklettern auf dem Sólheimajökull (8900–25 900 ISK) sowie Wanderungen über den Fimmvörðuháls (26 900 ISK) angeboten. Die hiesige Filiale fungiert außerdem als Informationszentrum und Buchungsbüro für Touren, Reitausflüge und Unterkünfte. Abholung in Reykjavík kann arrangiert werden.

Arcanum ABENTEUER

(☎ 487 1500; www.arcanum.is) Der beliebte Touranbieter veranstaltet Gletscherwanderungen auf dem Sólheimajökull (7000 ISK) sowie Eiskletter- (14 000 ISK), Superjeep-, Quad- und andere Touren für alle Altersgruppen. Er hat einen kleinen Buchungsstand beim Restaurant Fossbúð (S. 148), aber der Hauptsitz befindet sich auf dem Gehöft Ytri-Sólheimar I 11 km östlich von Skógar. Bietet auch die Abholung von Reykjavík und Unterkünfte in der Gegend.

Schlafen & Essen

In Skógar stehen die unterschiedlichste Unterkünfte zur Verfügung, aber einen Aufenthalt während der Hochsaison muss man weit im Voraus buchen.

★ Campingplatz Skógar CAMPINGPLATZ €

(Stellplatz 1200 ISK pro Pers.; ⌚ Juni–Aug.) Wegen der tollen Lage am Wasserfall wiegt einen das Rauschen des Wassers sanft in den Schlaf. Es gibt einen kleinen Toilettenblock mit frischem Wasser. Gezahlt wird in der Jugendherberge in der Nähe.

Hótel Edda Skógar HOTEL €

(☎ 444 4000; www.hoteledda.is; DZ ohne Bad 15 200 ISK; ⌚ Anfang Juni–Ende Aug.; 📶) Das Sommergasthaus ist völlig in Ordnung und empfehlenswerter als die anderen Edda-Hotels. Es liegt nicht weit vom Museum und besteht aus zwei Häusern. Alle Zimmer haben Gemeinschaftsbäder.

FIMMVÖRÐUHÁLS

Die Fimmvörðuháls-Wanderung – benannt nach einem Pass zwischen zwei düsteren Gletschern – betört das Auge mit dem Anblick wilder Landschaften. Der großartige Wanderweg zwischen Skógar und Þórsmörk ist 23,4 km lang und kann in drei Abschnitte von ungefähr gleicher Länge aufgeteilt werden. Die Wanderung dauert etwa zehn Stunden, einschließlich Pausen und Besichtigung der dampfenden Relikte des Eyjafjallajökull-Ausbruchs. Für die Wanderung ist die Zeit von Juli bis Mitte September am besten. Man sollte genau überlegen, was man unterwegs braucht: Auf dieser Wanderung sind alle vier Jahreszeiten auf einmal zu erleben. Wer sich nicht sicher ist, sollte lieber mit einem Führer gehen, da es zwei heikle Pässe zu überwinden gibt.

➡ **Teil 1: Wasserfallweg** Vom Skógafoss zur „Brücke". Der Pfad beginnt rechts des rauschenden Skógafoss und führt rasch hoch zum Fall und schließlich zu weiteren Wasserfällen gleich dahinter. Dicht am stürzenden Wasser geht es weiter über kleine Steine und verkrümmte Bäume – es sind insgesamt 22 Wasserfälle, jeder großartiger als der nächste. Der Pfad flacht ab und die Bäume werden zu windzerzausten Büschen. Schließlich kommt die „Brücke" in Sicht, ein grober Holzsteg über den sprudelnden Fluss. Wanderer müssen diesen Steg unbedingt nehmen, da der Fluss ansonsten nirgends für den Weitermarsch in das Þórsmörk überquerbar ist.

➡ **Teil 2: Der Aschenbecher** Von der „Brücke" zum Eruptionsort. Nach Überquerung des Stegs beginnt auf der linken Flussseite das düstere Herz des Passes zwischen zwei Gletschern: dem Eyjafjallajökull und dem Mýrdalsjökull. Das Wetter ist hier oft sehr unbeständig – es kann auf dem Pass regnen, während in Skógar die Sonne scheint. Es ist sinnvoll, sich dick einzupacken, da im Frühsommer der Weg durch eisige Gräben führt; ab August wirkt die Gegend wie ein riesiger Aschenbecher. Wer die Wanderung auf zwei Tagestouren verteilen will, kann in einer Hütte mit 20 Schlafplätzen übernachten. Sie liegt 600 m abseits des Hauptwegs etwa auf halber Strecke dieser Wanderung (nicht zu verwechseln mit der gut zu erkennenden Nothütte Baldvinsskáli). Sie heißt **Fimmvörðuskáli** (☎ 893 4910; www.utivist.is; N 63°37.320', W 19°27.093'; 4200 ISK pro Pers.) und wird vom Verband Útivist unterhalten, der die Hütte oft mit seiner Klientel füllt. Im Voraus buchen! Leider ist sie bei schlechtem Wetter schwer zu finden. Einen Campingplatz gibt es dort nicht. Ein Stück weiter kommt die Eruptionsstätte in Sicht, wo der berühmte Eyjafjallajökull-Ausbruch begann. Zeugen davon sind die dampfende Erde und die zwei jüngsten Berge der Welt – der Magni und der Móði. Auf der Spitze des Magni lassen sich prima Würstchen über den zischenden Dampflöchern braten.

➡ **Teil 3: Goðaland** Vom Eruptionsort ins Þórsmörk. Nach dem Abstieg vom Magni beginnt der letzte Teil der Wanderung. Die karge Aschenlandschaft setzt sich noch eine Weile fort, bis sich ein übernatürliches Reich eröffnet – ein Ort wie direkt einem Märchen entsprungen. Hier in Goðaland – dem treffend benannten „Götterland" – blühen wilde arktische Blumen und in der Ferne ragen Felsenkathedralen empor, deren Strebebögen ineinandergreifen wie eine Art himmlischer Reißverschluss. Eine Aussicht auf endloses Grün bietet sich beim Abstieg ins Þórsmörk, dem Ende der Wanderung.

Die Wanderung ist zwar relativ kurz im Vergleich zu den mehrtägigen Trecks für die Island so berühmt ist, aber es ist wichtig, ein Navi mitzunehmen – besonders für den zweiten Abschnitt der Wanderung, wo der Weg nicht immer sehr deutlich ist. Mit den folgenden neun GPS-Koordinaten bleiben Wanderer auf Kurs:

1. N 63°31.765, W 19°30.756 (Start)
2. N 63°32.693, W 19°30.015
3. N 63°33.741, W 19°29.223
4. N 63°34.623, W 19°26.794 (die „Brücke")
5. N 63°36.105, W 19°26.095
6. N 63°38.208, W 19°26.616 (Beginn der Eruptionsstätte)
7. N 63°39.118, W 19°25.747
8. N 63°40.561, W 19°27.631
9. N 63°40.721, W 19°28.323 (Ziel in Básar)

Jugendherberge Skógar HOSTEL €
(☎ 487 8801; www.hostel.is; B/DZ 4100/11 200 ISK; ⏲ Ende Mai–Mitte Sept.; 📶) Ein solides Hostel der HI-Kette, das nur einen Steinwurf vom Skógafoss in einer ehemaligen Schule untergebracht ist und zweckmäßige Zimmer bereithält. Eine Gästeküche und eine Waschküche (800 ISK) sind vorhanden.

★ **Skógar Guesthouse** PENSION €€
(☎ 894 5464; www.skogarguesthouse.is; EZ/DZ ohne Bad mit Frühstück 17 000/23 100 ISK; 📶) Das reizende weiße Bauernhaus liegt hinter dem Hótel Edda, versteckt inmitten von Bäumen und fast am Rand der Felsen. Die freundliche Familie bietet makellos gepflegte, urige Zimmer mit frischer Bettwäsche und kuscheligen Bettdecken, dazu eine große Küche und Badezimmer sowie auf einer Terrasse unter den Ahornbäumen einen Whirlpool. Obwohl die Pension mitten in Skógar liegt, fühlt man sich weit abseits des Touristentrubels.

Hótel Skógafoss HOTEL €€
(☎ 487 8780; www.hotelskogafoss.is; DZ mit/ohne Wasserfallblick 20 000/14 900 ISK, Hauptgerichte 1200–2300 ISK) Das nagelneue, 2014 eröffnete Hotel ist mit einfachen, modernen Zimmern mit erstklassigen Bädern ausgestattet. Die Hälfte hat Blick auf den Skógafoss. Die Bistro-Bar (geöffnet Juni–Sept. 11–21.30 Uhr) zählt zu den besten Ess- und Trinklokalen am Ort; durch die Fenster blickt man auf die Wasserfälle und es gibt heimisches Bier vom Fass.

Hótel Skógar HOTEL €€€
(☎ 487 4880; www.hotelskogar.is; EZ/DZ mit Frühstück 30 300/34 400 ISK, Hauptgerichte 3000–4900 ISK; 📶) Die kleinen Zimmer des architektonisch interessanten Hotels sind mit witzigen Antiquitäten eingerichtet und bieten teilweise Blick auf die Berge. Das „Deluxe"-Zimmer oben hat ein extrabreites Bett und Wasserfallblick. Ein Whirlpool und im Garten eine Sauna sowie das elegante, gute Restaurant (geöffnet 12–15 & 18–22 Uhr) runden das Ganze wunderbar ab. In der Nähe wird außerdem ein Haus vermietet.

Fossbúð IMBISS €€
(☎ 487 4880; Hauptgerichte 1200–3000 ISK; ⏲ Juni–Aug. 7–21 Uhr; 📶) Das Fossbúð nennt sich zwar Restaurant, ist aber eher ein Gemischtwarenladen und Schnellimbiss mit Suppen, Hamburgern, Sandwiches, Pommes in der Tüte und Schokolade. Arcanum (S. 146) hat hier einen kleinen Stand, an dem man Touren buchen kann.

ℹ An- & Weiterreise

Strætó (☎ 540 2700; www.bus.is):

- Bus 51 Reykjavík–Vík–Höfn (Reykjavík–Skógar 4200 ISK, 2½ Std., 2-mal tgl.).

Sterna (☎ 551 1166; www.sterna.is):

- Bus 12/12A Reykjavík–Vík–Höfn (Reykjavík–Skógar 3600 ISK, 2¼ Std., Juni–Mitte Sept. 1-mal tgl.).

Reykjavík Excursions (☎ 580 5400; www.re.is):

- Bus 20/20A Reykjavík–Skaftafell (Reykjavík–Skógar 6000 ISK, 3¼ Std., Mitte Juni–Anfang Sept. 1-mal tgl.).
- Bus 21/21A Reykjavík–Skógar (Reykjavík–Skógar 6000 ISK, 3 Std., Mitte Juni–Aug. 2-mal tgl.).

Landmannalaugar

Landmannalaugar ist mit Bergen in Wahnsinnsfarben, wohltuenden heißen Quellen, endlosen Lavaströmen und klaren blauen Seen eine einzigartige Landschaft und ein Muss für alle, die das Landesinnere erkunden. Sowohl Isländer als auch Besucher schätzen die Gegend – solange das Wetter mitspielt.

Zu Landmannalaugar (600 m ü. d. M.), das Teil des Naturschutzgebietes Fjallabak ist, gehört das größte geothermische Feld außerhalb des Grímsvötn-Kraters auf dem Vatnajökull. Die Berge bestehen aus Rhyolith, einer mineralreichen Lava, die ungewöhnlich langsam abkühlte und dadurch die phantastischen Farben hervorbrachte.

Das Gebiet ist der offizielle Startpunkt der berühmten Laugavegurinn-Wanderung (S. 151). Aber es gibt auch einige hervorragende Tageswanderungen durch die karamellfarbenen Berge.

Aktivitäten

In und um Landmannalaugar lässt sich viel unternehmen, aber viele Wanderer lassen die Besonderheiten der Gegend links liegen und machen sich direkt auf die mehrtägige Wanderschaft ins Þórsmörk. Wer etwas bleibt, wird erleichtert erleben, dass am Abend die Menschenmassen verschwinden und trotz des chaotischen Treibens auf dem Campingplatz in den Bergen Stille herrscht.

Heiße Quellen

Über Holzplanken geht es über 200 m von der Landmannalaugar-Hütte zu einem dampfenden Fluss voller Badender. Aus dem Boden des Lavafelds Laugahraun fließt sowohl heißes als auch kaltes Wasser, das sich in einem natürlichen Becken zur angenehmsten Badetemperatur vermischt.

Reiten

In Landmannalaugar werden von Juli bis Mitte August **Reitausflüge** (☎868 5577; www.hnakkur.com) angeboten. Ein einstündiger Ausritt kostet 7500 ISK pro Person, ein Tagesausflug 23 000 ISK. Die Pferdehöfe in der Ebene um Hella bieten ebenfalls Reittouren (meist längere Ausritte) in und um Landmannalaugar.

Wandern

Wer in Landmannalaugar Tageswanderungen unternehmen will, sollte sich im Haus der Hüttenwarte die hilfreiche Wanderkarte für Tagestouren kaufen (300 ISK), die die besten Wanderungen in der Gegend beschreibt.

An bewölkten Tagen lohnt sich die Tageswanderung zum Krater mit dem unzutreffenden Namen **Ljótipollur** („hässlicher Tümpel"), ein hinreißender roter Krater, der mit hellblauem Wasser gefüllt ist. Das tiefe Feuerrot wird durch Eisenerzablagerungen verursacht. Merkwürdigerweise hat der See einen reichen Forellenbestand, obwohl er durch eine Vulkaneruption entstand. Auf dem Weg zum Tümpel gibt es viele schöne Ansichten, von Tephra-Wüsten und Lavaströmen bis zu ineinander verflochtenen Gletschertälern. Zu erreichen ist die Straße zum Ljótipollur über den 786 m hohen Gipfel des **Norðurnámur** oder über den westlichen Fuß des Berges (ein Rundweg von 10 bis 13,3 km, je nach Strecke).

Bei klarem Wetter lohnt eine Wanderung mit spektakulären Aussichten auf die Gegend. Der Aufstieg auf den regenbogenfarbene **Brennisteinsalda**, der von dampfenden Schloten und Schwefelablagerungen überzogen ist, belohnt mit einem schönen Blick über die zerklüftete und vielfältige Landschaft (von Landmannalaugar und zurück sind es 6,5 km). Vom Brennisteinsalda sind es weitere 90 Minuten über die Þórsmörk-Route zum eindrucksvollen geothermischen Feld **Stórihver**.

Der blaue See **Frostastaðavatn** liegt hinter dem Rhyolithkamm direkt nördlich der Landmannalaugar-Hütte. Jenseits des Kamms erwartet die Wanderer eine Aussicht in die Ferne sowie auf die nahen interessanten Felsformationen und moosbedeckten Lavaströme um den See. Wer mindestens

DIE FJALLABAK-STRASSE

Im Sommer ist die Fjallabak-Straße (F208) eine spektakuläre Alternative zur Küstenstraße zwischen Hella im Südwesten Islands und Kirkjubæjarklaustur. Der Name bedeutet „hinter den Bergen" und genau dorthin führt sie auch. Voraussetzung ist ein großes Allradfahrzeug.

Von der Ringstraße von Hella zweigt die Straße 26 (am Ostufer der Þjórsá) ab, dann geht es in der Nähe des Kraftwerks Sigölduvirkjun auf die F208 bis nach Landmannalaugar. Von dort führt die F208 ostwärts an den **Kirkjufell**-Sümpfen und dem **Jökuldalur** vorbei und über 10 km über die eisigen Verästelungen eines Flussbetts. Schließlich steigt sie hoch zum **Aussichtspunkt Hörðubreið** und wieder hinab in die **Eldgjá**. Der 40 km lange Abschnitt von der Eldgjá nach **Búland** ist in halbwegs gutem Zustand, aber es sind einige Flüsse zu bewältigen, bevor die Straße in die Straße 208 abbiegt und südwestlich von Kirkjubæjarklaustur wieder auf der Ringstraße endet.

Ein Pkw hat keine Chance, auch nur einen kleinen Abschnitt der Strecke zu schaffen, und Mietwagenfirmen verbieten Pkw-Fahrten auf F-Straßen.

Die gesamte Strecke wird auch von Bussen befahren; Abfahrt ist in Reykjavík um 8 Uhr, dann umsteigen in Landmannalaugar in den Reykjavík-Excursions-Bus 10A nach Skaftafell. Die Fahrt dauert etwa zwölf Stunden. Möglich ist auch eine Unterbrechung der Reise für ein paar Nächte in Landmannalaugar, um die Gegend zu erkunden, bevor es mit dem Bus weitergeht.

Da ein großer Teil der Fjallabak-Straße an Flüssen entlang führt (oder eher durch Flüsse hindurch!), ist sie für Mountainbikes nicht geeignet. Viele Leute probieren es, aber mit lockerem Radeln hat das nichts mehr zu tun.

Der etablierte Wanderreisenanbieter **Fjallabak** (www.fjallabak.is) veranstaltet im gesamten südlichen Hinterland, besonders im Naturschutzgebiet Fjallabak, durch das die Fjallabak-Straße führt, mehrtägige geführte Wanderungen (ab 155 000 ISK).

eine Strecke über die Straße läuft und etwas Zeit rund um den See verbringt, braucht hin und zurück zwei bis drei Stunden.

Die Gegend lässt sich auch wunderbar auf geführten Wanderungen erkunden, die von Veranstaltern um Hvolsvöllur und Skógar angeboten werden.

Schlafen & Essen

Landmannalaugar hat ein großes Zeltlager mit Campingplatz und Hütten, das leider im Hochsommer mit Hunderten Zelten, mehreren Sanitärhütten, in denen sich Wanderer drängen, und zahllosen Wäscheleinen ziemlich chaotisch wirkt. Das Lager – schlicht **Landmannalaugar** (☎860 3335; N 63°59.600', W 19°03.660'; Hütte 6500 ISK pro Pers.) genannt, wird von dem isländischen Wanderverein Ferðafélag Íslands betrieben, ebenso wie die Hütten am Laugavegurinn. Auf der Website des Verbands finden sich zahlreiche Infos. In der Hütte kommen (dicht gedrängt) 75 Personen unter. Es gibt ein Küchenhaus, Duschen (500 ISK für fünf Minuten heißes Wasser) und mehrere Hüttenwarte auf dem Gelände. Camper, die ihr Zelt auf den ausgewiesenen Plätzen aufschlagen (1200 ISK pro Pers.), können ebenfalls die Toiletten und Duschen benutzen. Wildes Campen ist strikt verboten, da die gesamte Gegend im Naturschutzgebiet Fjallabak liegt.

Der Komplex öffnet seine Pforten sobald die Straßen frei sind, also Ende Mai oder im Juni. Spätestens Mitte Oktober schließt er wieder. Wenn viel Schnee fällt oder das Wasser abgestellt werden muss, kann das auch schon früher der Fall sein.

Zur Zeit der Recherche kursierte der Vorschlag, das Lager zu verkleinern oder ganz aufzulösen, jedoch scheint das eher unwahrscheinlich.

Auf dem Gelände verkauft die **Mountain Mall** (www.landmannalaugar.info) in zwei Bussen allerlei praktische Sachen wie Mützen, Landkarten, heißen Tee und frischen Fisch aus den Bergseen der Umgebung. Hier werden auch Angelgenehmigungen ausgestellt.

Praktische Informationen

Die Hüttenwarte im Lager Landmannalaugar können Wegbeschreibungen und Tipps zu Wanderrouten geben. Sie verkaufen Karten mit Infos zu Tageswanderungen (300 ISK) und zur Laugavegurinn-Wanderung (1700 ISK) sowie eine Broschüre zum Wanderweg auf Englisch und Isländisch (1900 ISK). Allerdings haben sie keine Ahnung, ob es regnen wird (auch wenn das hier die häufigste Frage ist).

Der Laugavegurinn-Wanderweg beginnt hinter der Landmannalaugar-Hütte und ist rot markiert.

An- & Weiterreise

AUTO

Von der Ringstraße führen drei Straßen nach Landmannalaugar. Wer ein kleines Allradfahrzeug fährt, muss das Auto etwa 1 km vor Landmannalaugar abstellen, da die Flussüberquerung zu riskant für kleine Fahrzeuge ist. Normale Mietwagen dürfen nicht auf F-Straßen fahren, allerdings wurden schon ein paar geparkte Privatautos (wir nehmen doch an, dass es keine Mietwagen waren) am Rand des rauschenden Flussübergangs gesehen.

Nur weil man auf den abgelegenen Straßen Busse fahren sieht, heißt das noch lange nicht, dass das eigene Fahrzeug dieser Herausforderung gewachsen ist. Die Busse sind mit einer robusten Federung und speziellen Reifen für raues Terrain und Flussdurchquerungen ausgestattet.

Ab Reykjavík und anderen Orten im Süden werden Superjeeptouren nach Landmannalaugar angeboten.

In Landmannalaugar gibt es kein Benzin. Die nächsten Tankstellen liegen 40 km nördlich in Hrauneyjar (www.hrauneyjar.is), nahe am Beginn der F208 und noch im Naturschutzgebiet Fjallabak, und 90 km südöstlich in Kirkjubæjarklaustur. Um sicher zu gehen, sollte bei Anfahrt von Westen oder Norden bereits an der Ringstraße aufgetankt werden.

F208 Nordwesten Die Strecke folgt dem Westufer der Þjórsá (Straße 32), an Árnes vorbei, dann von Norden über die Straße F208 nach Landmannalaugar. Es ist die einfachste Strecke für kleine Allradfahrzeuge. Die Straße von Hrauneyjar wird nach dem Kraftwerk furchtbar holprig und kurvt bis zum Ljótipollur zwischen den Stromleitungen hindurch.

F225 Am Ostufer der Þjórsá führt die Straße 26 landeinwärts über die Tiefebene hinter Hella und um die Hekla herum. Dann geht es weiter über die Straße F225 in westliche Richtung bis zum Basislager. Diese Strecke ist schwieriger zu bewältigen (schlechtere Straßen).

F208 Südosten Die schwierigste Straße zweigt zwischen Vík und Kirkjubæjarklaustur von der Ringstraße ab. Es ist die Strecke, die der Buss von Skaftafell nach Landmannalaugar nimmt.

Vom Mývatn Die Fahrt zwischen Landmannalaugar und dem Mývatn über die **Sprengisandur-Straße** (nur für Allradfahrzeuge) dauert einen ganzen Tag.

BUS

Landmannalaugar ist mit robusten, amphibischen Bussen aus drei Richtungen zu erreichen.

Von Reykjavík Die Busse fahren über den westlichen Abschnitt der Fjallabak-Straße, die zunächst über die Straße 26 östlich der Þjórsá zur F225 führt.

Von Skaftafell Die Busse folgen der Fjallabak-Straße (F208).

Vom Mývatn Die Busse fahren durch das Hochland und das Tal Nýidalur an der Sprengisandur-Straße (F26; S. 342).

Bei einem Tagesausflug ab Reykjavík hat man in Landmannalaugar zwei bis sechs Stunden Zeit; wer nach Skaftafell weiterfährt, hat etwa drei Stunden. Das reicht für ein Bad in den heißen Quellen und/oder eine kurze Wanderung. Die Fahrpläne wechseln, aber Busse, die morgens abfahren, sind ungefähr zur Mittagszeit in Landmannalaugar. Zum Zeitpunkt der Recherche war der letzte Bus zurück nach Reykjavík der von Trex um 18 Uhr (nur Juli & Aug.). Eine Alternative ist, in Landmannalaugar zu übernachten und am nächsten Tag mit irgendeinem Bus zurückfahren.

Trex (☎ 587 6000; www.trex.is):

- Bus T21/T22 Reykjavík–Landmannalaugar (8400 ISK, 3¼ Std., Mitte Juni–Anfang Sept. 1-mal tgl.).
- Bus T23/T24 Reykjavík–Landmannalaugar (Juli & Aug. 1-mal tgl.).

Reykjavík Excursions (☎ 580 5400; www.re.is):

- Bus 10/10A Skaftafell–Landmannalaugar (9000 ISK, 4 Std., Ende Juni–Anfang Sept. 1-mal tgl.).
- Bus 11/11A Reykjavík–Landmannalaugar (9000 ISK, 4¼ Std., Mitte Juni–Mitte Sept. 1- bis 2-mal tgl.).
- Bus 14/14A Mývatn–Landmannalaugar (16 500 ISK, 10 Std., Ende Juni–Ende Aug. 3-mal wöchentl.).

Laugavegurinn-Wanderung: Von Landmannalaugar ins Þórsmörk

Auf dem Wanderweg von Landmannalaugar ins Þórsmörk – Laugavegurinn genannt – verdienen sich Wanderer in Island ihre Sporen. Der Name bedeutet „Straße der heißen Quellen", was schnell einleuchtet. Die herbe, jenseitige Schönheit der Landschaft ändert auf dem Marsch durch das Landesinnere der Insel beständig ihr Gesicht. Der Weg windet sich durch Mondlandschaften, die zumeist durch die intensive Aktivität unter der Erdoberfläche dampfen und brodeln. Wanderer dürfen sich auf knallbunte Berghänge, Gletscherflüsse und Gletscher freuen, bis sie schließlich im Þórsmörk in einem üppigen Naturschutzgebiet ankommen. Die Infrastruktur entlang Islands beliebtestem Wanderweg ist ausgezeichnet – an der 55 km langen Strecke stehen an strategisch günstigen Stellen Hütten, die allerdings Monate im Voraus gebucht werden müssen. Camper müssen nicht vorab reservieren.

Schlafen & Essen

Da der Laugavegurinn viel bewandert ist, gibt es unterwegs einen ganzen Haufen günstig gelegener Hütten, die alle **Ferðafélag Íslands** (☎ 568 2533; www.fi.is) gehören. Die Hütten bieten Dutzenden Leuten Platz und müssen Monate im Voraus gebucht und bezahlt werden – die Hüttenwarte empfehlen eine Buchung im Frühjahr. Es kann nicht oft genug gesagt werden, dass die Betten ganz schnell ausgebucht sind. Auch sollte beachtet werden, dass die Etagenbetten in den meisten Hütten für jeweils vier Personen angelegt sind – jeweils zwei (nebeneinander) auf jeder Etage. Alleinreisende schlafen also wahrscheinlich neben einem Fremden.

Die Hütten sind gewöhnlich mit Solarzellen ausgestattet, damit die Hüttenwarte ihr Kommunikationsequipment aufladen können, für Wanderer steht jedoch kein Strom zur Verfügung. In allen Hütten gilt von Mitternacht bis 7 Uhr morgens strikte Nachtruhe.

Auf ausgewiesenen Plätzen um die Hütten darf auch gezeltet werden, allerdings sind diese Flächen oft dem Wind ausgesetzt. Am besten macht man es den anderen Camper nach, stellt das Zelt in Windrichtung auf und stabilisiert es mit Felsbrocken. Campen kostet 1200 ISK pro Person und muss nicht reserviert werden. Camper haben keinen Zugang zur Hüttenküche, können aber die Toiletten und das fließende Wasser benutzen. Die Hütten sind in der Regel je nach Wetter von Ende Juni bis Anfang September geöffnet. Am besten vorher nachfragen! Im Winter sind die Hütten zugesperrt. Wildes Zelten ist den ganzen Weg entlang streng verboten, da man sich in einem Naturschutzgebiet befindet.

Proviant ist unterwegs nicht erhältlich.

In einigen Hütten werden Kreditkarten akzeptiert. Die folgenden Hütten sind von Nord nach Süd aufgelistet:

Laugavegurinn-Wanderung

WANDERN AUF DEM LAUGAVEGURINN

Der Laugavegurinn in vier Tagen

Der Wanderverband Ferðafélag Íslands (S. 154) teilt den Laugavegurinn in vier Abschnitte auf – auf der Website gibt's eine detaillierte Beschreibung. Viele Wanderer ziehen es deswegen vor, jeweils einen Abschnitt pro Tag zu marschieren, da die Hütten (mit Campingplätzen) jeweils am Anfang und Ende eines jeden Abschnitts gelegen sind.

Teil 1: Von Landmannalaugar zur Hrafntinnusker-Hütte (12 km; 3–5 Std.) Der relativ einfache Start der Wanderung zur ersten Hütte führt an der heißen Erde von Stórihver und an glitzernden Obsidianflächen vorbei. Wer die Wanderung ausdehnen will, kann von Landmannalaugar über Skalli nach Hrafntinnusker laufen – das Haus des Hüttenwarts in Landmannalaugar hat ein Infoblatt zu der weniger besuchten Route (300 ISK). Es ist wichtig, genug Wasser mitzunehmen, da es bis zur ersten Hütte keine Quelle gibt. Etwa 2 km vor der Hrafntinnusker steht ein Denkmal für einen israelischen Wanderer, der 2005 starb, nachdem er die Warnung eines Hüttenwarts missachtet hatte – eine Mahnung an alle, sich gut vorzubereiten und Hinweise von Ortskundigen zu beachten.

Teil 2: Von Hrafntinnusker zum Álftavatn (12 km; 4–5 Std.) Von der Hrafntinnusker-Hütte sind ein paar kurze Abstecher in die Umgebung ohne Gepäck möglich – zum Södull (20 Min. hin & zurück) und zum Reykjafjöll (1 Std. hin & zurück) sowie zu einem geothermischen Feld hinter den Eishöhlen (3 Std. hin & zurück). Der Hüttenwart gibt Tipps. Der Weg zum Álftavatn bietet ebenfalls schöne Aussichten, wie der über den Gipfel des nördlichen Ausläufers des Gletschers Kaldaklofsfjöll. Auf dem Weg zum Álftavatn sind der Tindfjallajökull, der Mýrdalsjökull und der berüchtigte Eyjafjallajökull zu sehen. Endpunkt ist der stille und schöne See, wo die Nacht verbracht wird.

Teil 3: Vom Álftavatn zum Emstur (16 km; 6–7 Std.) Zum Emstur muss mindestens ein breiter Bach überquert werden – das geht entweder recht nass barfuß oder man wartet am Ufer, bis ein Allradfahrzeug kommt und einen mitnimmt. Unbedingt empfehlenswert ist ein Abstecher in die tiefe grüne Schlucht Markarfljótsgljúfur. Der Weg dorthin ist vom Emstur gut ausgeschildert und dauert etwa eine Stunde (der Rückweg ist der gleiche).

Teil 4: Vom Emstur ins Þórsmörk (15 km; 6–7 Std.) Die karge Landschaft geht schnell in ein leuchtend grünes Reich voller arktischer Blumen über. Wer nicht vorhat, im Þórsmörk zu übernachten, muss hier ankommen, bevor der letzte Bus abfährt.

Der Laugavegurinn in drei Tagen

Wer fit genug ist, schafft die Wanderung durchaus auch in drei Tagen. Der erste und zweite Teil sind an einem Tag zu bewältigen; der Álftavatn ist dann nach acht bis zehn Stunden Marsch erreicht. Am zweiten Tag geht es zum Emstur und am Abend des dritten Tages ist das Þórsmörk erreicht.

Der Laugavegurinn in zwei Tagen

Passionierte Wanderer können die 55 km in zwei langen Tagen schaffen. Am ersten Tag geht es direkt zum Álftavatn – oder noch besser weitere 5 km zur Hvanngil-Hütte. Es ist möglich, Teil 3 und 4 am zweiten Tag zu bewältigen, da die 30 km über relativ flaches Terrain führen – es geht insgesamt 100 m abwärts.

Der Laugavegurinn in fünf Stunden

Ganz Verrückte können am Ausdauerrennen **Laugavegur Ultra Marathon** (www.marathon.is; ⌚ Juli) teilnehmen: Die besten Läufer Islands schaffen den gesamten Weg in unter fünf Stunden. Den derzeitigen Rekord hält Þorbergur Ingi Jónsson mit 4:07:47 h.

Der Laugavegurinn mit Abstechern

Wer sich gerne in der freien Natur aufhält, muss die Gegend nicht im Eiltempo erkunden – vorausgesetzt das Wetter spielt mit. Jede Hütte dient als Ausgangspunkt für Wanderungen abseits des Laugavegurinn-Wanderwegs. Auch ist es machbar, ein paar Tage in Landmannalaugar zu verbringen, bevor es weitergeht. Schöner ist jedoch ein Aufenthalt im Þórsmörk.

Hrafntinnusker HÜTTE, CAMPINGPLATZ €
(Höskuldsskáli; N 63°93.326', W 19°16.808'; Hütte 6500 ISK pro Pers.) Die Hütte hat Platz für 52 Personen (davon 22 Schlafplätze auf Matratzen unter dem Dach). Sie liegt auf 1027 m Höhe – für Camper kann das Wetter dort sehr ungemütlich werden. Die Einrichtung ist extrem einfach: Es gibt ein Außenklo und eine Erdwärmeheizung, jedoch keine Müllentsorgung und keine Duschen – der Müll muss zur Álftavatn-Hütte mitgenommen werden.

Einige Camper kochen ihr Essen auf den natürlichen Dampfschloten in der Umgebung; der Hüttenwart, der nur im Juli und August anwesend ist, weist auf Anfrage den Weg dorthin. Wenn kein Hüttenwart da ist, muss man sich Wasser aus einem Bach holen oder Schnee schmelzen.

Álftavatn HÜTTE, CAMPINGPLATZ €
(N 63°51.470', W 19°13.640'; Hütte 6500 ISK pro Pers.) Die Öffnungszeiten sind die gleichen wie die der hiesigen F-Straßen, beginnen also irgendwann zwischen Anfang bis Ende Juni, je nach Wetter. Die Hütte schließt Mitte September. Es gibt zwei Hütten für insgesamt 72 Personen; beide haben Trinkwasser und Matratzen. Die Küche ist mit Gasöfen ausgestattet. Duschen kostet 500 ISK.

Hvanngil HÜTTE, CAMPINGPLATZ €
(N 64°50.026', W 19°12.507'; Hütte 6500 ISK pro Pers.) Die Hütte liegt 5 km südlich der Álftavatn-Hütte an einem Nebenweg. Sie hat Platz für 60 Personen, eine Küche und eine Dusche (500 ISK). Sie ist günstig für Leute, die den Laugavegurinn in zwei Tagen bewandern wollen. Hier ist meist weniger los als am Álftavatn.

Emstrur HÜTTE, CAMPINGPLATZ €
(Botnar; N 63°45.980', W 19°22.450'; Hütte 6500 ISK pro Pers.) Hier gibt es drei Hütten mit insgesamt 60 Betten. Es gibt zwei Duschen (500 ISK für fünf Minuten heißes Wasser), Toiletten und einen Gasherd. Müllentsorgung und Steckdosen gibt es nicht. Emstrur liegt zwar zu Füßen eines Gletschers, aber andere Hütten auf dem Weg sind schöner gelegen. Handyempfang ist hier übrigens sehr instabil.

ℹ Praktische Informationen

Ferðafélag Íslands (Isländischer Wanderverein; ☎ 568 2533; www.fi.is) betreibt die Einrichtungen in der Gegend und auf der Website des Verbands stehen jede Menge Informationen, darunter ist auch eine genaue Beschreibung der Wanderung. Der Verband hat auch eine kleine Broschüre zum Wanderweg auf Englisch und Isländisch (1900 ISK) herausgegeben sowie eine Karte (1700 ISK), die in Landmannalaugar erhältlich sind.

Die meisten Anbieter von Abenteueraktivitäten in Südisland haben geführte Wanderungen auf dem Laugavegurinn im Programm. Zusätzlich zur traditionellen Wanderung werden auch längere Exkursionen abseits des Weges angeboten. Sie führen über einsame Bergpässe, die parallel zum offiziellen Weg verlaufen.

Die meisten Leute wandern von Nord nach Süd, was wegen des Abflachens des Geländes bequemer ist, und um die Infrastruktur des Þórsmörk-Tals zu nutzen. Von dort kann man mit dem Bus weiterfahren oder auf dem Fimmvörðuháls-Weg (S. 147) nach Skógar wandern (22 km), was einen oder zwei Tage dauert.

ALTERNATIVE ZUGANGSPUNKTE

Der Reykjavík-Excursions-Bus 18 fährt von Ende Juni bis Ende August täglich von Reykjavík nach Álftavatn, Hvanngil und Emstrur (Reykjavík–Álftavatn 9000 ISK, 4 Std.) mit jeweils kurzen Stopps zum Aussteigen und Herumgehen.

GEPÄCKTRANSPORT

Man muss nicht unbedingt sein gesamtes Gepäck über den Laugavegurinn schleppen. Tourenveranstalter bieten an, nicht benötigtes Gepäck zum Ende des Wegs sowie z. T. auch von Hütte zu Hütte zu transportieren.

Für Leute mit einer Busfahrkarte nach Landmannalaugar befördert Trex (S. 151) Gepäck und Pakete kostenlos ins Þórsmörk-Tal. Ansonsten zahlt man nach Zahl der Gepäckstücke: 1/2/3 kosten 1700/2700/3400 ISK.

WETTER & AUSRÜSTUNG

Wer die Wanderung ohne Führer unternehmen will, sollte unbedingt eine Wanderkarte und ein GPS-Navi mitnehmen.

Der Weg ist von Anfang Juli bis Mitte September fast immer passierbar. Zu Beginn der Saison (Ende Juni bis Anfang Juli) kann es zu vereisten Flächen kommen, die schwer zu bewältigen sind – die angekündigten Hüttenöffnungszeiten sind ein guter Indikator für die Bedingungen. Außerhalb der Sommersaison sind die Hütten verschlossen – den Weg zu dieser Zeit zu begehen kann ziemlich gefährlich sein.

Die Wanderung von Landmannalaugar ins Þórsmörk sollte zu keiner Jahreszeit auf die leichte Schulter genommen werden. Wirklich wetterfeste und warme Kleidung und Ausrüstung ist unerlässlich, da das Wetter sich jeden Moment dramatisch ändern kann. Unterwegs sind Flüsse zu durchqueren und Nebel und

Regen können jederzeit aufziehen. Daher sollte man keine Jeans oder Baumwollkleidung direkt am Körper tragen. Unerfahrene Wanderer, die nicht wissen, was sie mitnehmen sollen, sollten sich umfassend informieren. Die Hüttenwarte berichten, dass immer häufiger schlecht vorbereitete Leute unterwegs sind, die die Wanderung abbrechen müssen. Das sollte man sich nicht antun.

Auch muss ausreichend Proviant und Wasser mitgeführt werden.

Þórsmörk

Im Þórsmörk („Thors Wald"), einem verborgenen Tal, in dem mehrere große Flusstäler zusammenlaufen, beginnt die isländische Wildnis. Das Naturschutzgebiet ist eine grüne Oase voller Schluchten, blumenbewachsener und bewaldeter Auen und eisiger Flüsse und bietet Aussichten auf drei gewaltige Gletscher (Tindfjallajökull, Eyjafjallajökull und Mýrdalsjökull), die das stille Fleckchen vor rauerem Wetter schützen – oft ist es im Þórsmörk wärmer und trockener als in der Umgebung. Aber Vorsicht: Wegen seiner Schönheit und der Nähe zu Reykjavík (130 km) ist das Þórsmörk im Sommer ein beliebtes Ausflugsziel.

Zwar sieht es so aus, als läge das Þórsmörk relativ dicht an der Ringstraße, aber tatsächlich müssen Besucher einen Bus nehmen oder auf einen Hochradjeep ausweichen – z. B. auf einer Superjeeptour –, um die Flüsse zu durchqueren, die ihren Weg zum Naturschutzgebiet kreuzen. Auf dem Weg von Süden muss der gefährliche Fluss Krossá durchfahren werden. Mit normalen Allradfahrzeugen kommt man hier nicht weiter. Oft sieht man solche am Weg geparkt. Hier haben die Fahrer wohl noch ein Plätzchen in einem Bus oder Superjeep ergattert.

Alternativ kann man von Skógar oder Landmannalaugar ins Þórsmörk wandern.

Das sogenannte **Goðaland** (Götterland) in den höheren, nordöstlichen Lagen des Tals ist, wie der Name schon sagt, einfach göttlich. Felsformationen winden und zwirbeln sich himmelwärts wie Steinbögen einer uralten Kathedrale. Leuchtende arktische Blumen treiben aus dem schwammigen Moos und sorgen für strahlende Farbflecken in der stillen Landschaft. In den Hochlagen herrscht in Goðaland oft ein raueres Wetter als im Þórsmörk.

Goðaland ist der Endpunkt des großartigen Fimmvörðuháls-Wanderwegs (S. 147), der in Skógar beginnt. Básar (S. 157) ist das größte Campingareal in Goðaland. Um es vom Þórsmörk zu erreichen, muss der bereits erwähnte Fluss Krossá überquert werden. Wanderer können Fußgängerbrücken benutzen.

Húsadalur (Volcano Huts Thorsmork) ist ganzjährig geöffnet. Busse fahren jedoch meist nur von Mai bis Mitte Oktober. Im restlichen Jahr benötigt man für die Fahrt ins Þórsmörk ein eigenes Transportmittel.

Aktivitäten

Das Þórsmörk ist der Endpunkt des sehr beliebten Wanderwegs Laugavegurinn. Viele müde Wanderer verlassen das Naturschutzgebiet sofort mit dem Bus und versäumen so einige spektakuläre Tageswanderungen (ohne Rucksack!) in der Gegend. Manche wandern weiter über den Fimmvörðuháls-Weg (S. 147) nach Skógar, eine tolle Wanderung, die aber besser in die entgegengesetzte Richtung unternommen werden sollte, mit Startpunkt in Skógar.

Auch eine Superjeeptour ins Þórsmörk kann ein tolles Erlebnis sein, bei dem man mehr sieht als auf eigene Faust.

Wer sich der Sache verbunden fühlt, kann den **Þórsmörk Trail Volunteers** (www.trailteam.is), einer Freiwilligeninitiative des Iceland Forest Service, bei der Unterhaltung des Wanderwegs unter die Arme greifen.

★Stakksholtsgjá WANDERN

In der felsigen und moosbewachsenen Schlucht Stakksholtsgjá liegt ein versteckter **Wasserfall**. Man geht am Fluss entlang, dann über ihn hinüber und wenn er sich gabelt nach links in eine schmale Schlucht hinab. Nach dem Überkraxeln einiger Felsbrocken kommt ein tosender Wasserfall in Sicht. Die Wanderung dauert rund 90 Minuten. Hier halten auch Busse von Reykjavík Excursions.

★Valahnúkur-Rundweg WANDERN

Der 2½-stündige Rundweg führt hinauf zum großartigen **Aussichtspunkt** auf dem Valahnúkur, mit Blick auf Schluchten, Gletscher und bis zum Meer, und wieder hinab ins Langidalur. Von dort geht es den Bergkamm zwischen den Tälern entlang zurück zum Startpunkt. Selbstverständlich kann man den Weg auch in umgekehrter Richtung gehen.

Außerdem ist es möglich, nur einen Teil der Strecke zu gehen und mit dem Bus weiterzufahren.

Tindfjöll-Umrundung WANDERN
Der längste und beliebteste „Kurzwanderweg" in der Gegend dauert etwa 4½ Stunden von Langidalur oder ungefähr sechs Stunden von Húsadalur und führt die Tindfjöll-Schlucht und den Tindfjöll-Bergkamm entlang. Húsadalur (Volcano Huts Thorsmork) verkauft Karten.

Durch das **Slyppugil-Tal** (oder über den gleichnamigen Bergkamm) geht es über Moränen neben einem zweiten Bergkamm und dann weiter durch die **Tröllakirkja** („Trollkirche") mit ihren beeindruckenden Steinbögen. Nach einem üppig grünen Feld eröffnet sich schließlich ein postkartenwürdiger **Blick** über das Þórsmörk-Tal. Ein Bergkamm aus Sandstein führt weiter bis zum tosenden Fluss Krossá, der den Weg zurück nach Langidalur oder weiter nach Húsadalur weist.

Yoga & Massagen YOGA, MASSAGEN
(www.volcanohuts.com) Zur Zeit der Recherche hielt die freundliche Emil, eine qualifizierte Masseurin und Yogalehrerin, bei den Volcano Huts Thorsmork täglich zwei Yogasessions (2500 ISK) ab und führte nach Vereinbarung Tiefengewebsmassagen (10 Min./1 Std. 2000/10 900 ISK) und Schwitzhüttenrituale (10 000 ISK) durch.

Geführte Touren

Die Guides von südisländischen Unternehmen wie Southcoast Adventure (S. 144), South Iceland Adventures (S. 141) und Icelandic Mountain Guides (S. 146) führen ihre Gäste auch zu versteckten Tälern, Wasserfällen und Gletschern, die mit dem Bus nicht erreichbar sind. Mit ihnen winken tolle Abenteuer, außerdem können sie geologisches und kulturelles Wissen vermitteln. Zum Beispiel kommt man so zur Gletscherzunge des **Gígjökull** mit ihrer einst gewaltigen Moräne. Beim Ausbruch des Eyjafjallajökull war dieses Gebiet eines der am stärksten von Überflutungen betroffenen. Mit einem Guide gelangt man hautnah an die Gletscherzunge heran.

Schlafen & Essen

In drei Gebieten im Þórsmörk gibt es Unterkünfte: Langidalur (manchmal Þórsmörk genannt) mit Slyppugil ganz in der Nähe, Básar (eigentlich in Goðaland) und Húsadalur (auch Volcano Huts Thorsmork genannt). Alle bestehen aus Hütten und Campingplätzen, haben Kochgelegenheiten und fließendes Wasser. Im Sommer sind sie gerammelt voll, es ist also wichtig, einen Platz in den Hütten im Voraus zu buchen. Wir empfehlen, einen Schlafsack und Proviant selbst mitzubringen. Wildes Campen ist in der Gegend verboten – Naturschutzgebiet!

Húsadalur HÜTTE, CAMPINGPLATZ €
(Volcano Huts Thorsmork; ☎552 8300; www.volcanohuts.com; Stellplatz 1600 ISK pro Pers., B/EZ/DZ & 3BZ/Cottage ohne Bad 6500/15 000/19 000/25 000 ISK; 📶) Die florierenden Volcano Huts Thorsmork im Húsadalur-Gebiet bieten Schlafsaalhütten, Zimmer, Cottages für vier bis fünf Personen (mit einfacher Küche), einen Campingplatz und ein Restaurant (Frühstück/Mittagessen/Abendessen 2000/2500/4500 ISK). Das Mittagessen besteht zumeist aus Suppe mit Brot, gefolgt von Kaffee und Kuchen, das Abendessen aus einem einfachen Buffet. Außerdem gibt's eine Gästeküche, Hot Pot und Sauna, eine Masseurin und Yogalehrerin und jede Menge Action. Bettwäsche kostet 3000 ISK.

Es werden auch Wanderkarten verkauft. Duschen ist inbegriffen.

Langidalur HÜTTE, CAMPINGPLATZ €
(Þórsmörk; Skagfjörðsskáli; ☎893 1191; www.fi.is; N 63°40.960', W 19°30.890'; Stellplatz 1200 ISK pro Pers., Hütte 6500 ISK pro Pers.; ⏲Mitte Mai–Sept.) Langidalur – auch schlichtweg nur Þórsmörk oder Skagfjörðsskáli genannt– ist die rustikalste der vier Hütten, aber gut in Schuss. Sie bietet Platz für 75 Personen und hat zudem einen gepflegten Campingplatz, eine extra Hütte, wo man essen kann, einen großen Duschblock und Gästeküchen. Betrieben wird Langidalur vom isländischen Wanderverein Ferðafélag Íslands, der auch die Hütten auf dem Laugavegurinn unterhält.

Ein kleiner Laden bietet von Mai bis September zu unterschiedlichen Öffnungszeiten heißen Kaffee und Tee sowie Basics wie Campinggas, Wollsocken (2500 ISK), Suppe (500 ISK), Marmelade und Leichtbier.

Slyppugil CAMPINGPLATZ €
(☎575 6700; www.hostel.is; Stellplatz 1000 ISK pro Pers.; ⏲Mitte Juni–Mitte Aug.) Der neue, vom internationalen Jugendherbergsverband Hostelling International betriebene Campingplatz liegt in Sichtweite (500 m) von Langidalur und verfügt über Duschen, Toiletten und Grillplätze. Der Platzwart gibt Auskünfte zu Tageswanderungen.

Básar HÜTTE, CAMPINGPLATZ €
(☎562 1000; www.utivist.is; Goðaland, N 63°40,559', W 19°29,014'; Stellplatz 1200 ISK pro Pers., Hütte 4200 ISK pro Pers.) Básar ist unter Isländern der beliebteste Platz, vor allem wegen der schönen Lage unter Bäumen. Viel Platz ist hier nicht, aber in der Hütte können 83 Personen übernachten; reserviert wird über Útivist. Der von Gras und Holzplanken umgebene Zeltplatz ist an Sommerwochenenden total überfüllt. Duschen kostet 400 ISK.

An- & Weiterreise

AUTO

Es ist nicht möglich, mit dem Pkw bis ganz ins Þórsmörk zu fahren. Keine Diskussion. Mit einem eigenen Allradfahrzeug mit hoher Radaufhängung geht es immerhin über die Straßen 249 und F249 bis zur Kreuzung nach Húsadalur und Básar am Fluss Krossá. Dort muss das Auto zurückgelassen werden – den rauschenden Fluss kann man nicht durchqueren, es sei denn, man ist mit einem Superjeep unterwegs und weiß, was man tut. Die Busse, die ins Þórsmörk fahren, sind spezielle Amphibienfahrzeuge, die so ausgestattet sind, dass sie den tiefen Fluss und Schluchten voller Felsbrocken durchfahren können. Wer an der Kreuzung parkt, kann mit dem Bus (2000 ISK pro Pers.) oder einem Superjeep weiterfahren.

BUS

Busse von Reykjavík ins Þórsmörk-Tal halten in Hveragerði, Selfoss, Hella, Hvolsvöllur und Seljalandsfoss. Mit den Reykjavík-Excursions-Bussen kommt man innerhalb des Þórsmörk besonders gut vorwärts. Die Busse sind speziell dafür ausgerüstet, Flüsse zu durchqueren.

Reykjavík Excursions (☎580 5400; www.re.is):

➡ Bus 9/9A Reykjavík–Þórsmörk (7500 ISK, 3¼–4 Std., Mai–Mitte Okt. 1-mal tgl., mit Halt in Húsadalur, Stakksholtsgjá, Básar, Langidalur; Mitte Juni–Aug. zwei zusätzliche Verbindungen). Auf der Rückfahrt nach Reykjavík fährt der Bus 9A eine leicht abgespeckte Route; wer auf der Strecke in Básar oder Langidalur aus- oder einsteigen will, muss das am Abend vorher mit dem Hüttenwart vereinbaren. Preisbeispiele: Hella oder Hvolsvöllur 5000 ISK, Seljalandsfoss 4000 ISK, ab der Kreuzung am unpassierbaren Fluss Krossá 2000 ISK. Man kann außerdem zwischen den Bussen umsteigen, um nach Skógar (Busse 9 und 20; 5000 ISK) oder Landmannalaugar (Busse 9 und 11; 11 000 ISK) zu gelangen.

Trex (☎587 6000; www.trex.is):

➡ Busse T11/T12 Reykjavík–Þórsmörk (6800 ISK, 4 Std., Mitte Juni–Anfang Sept. 1-mal tgl., mit Halt Gígjökull, Básar und Langidalur). Preisbeispiele: Hveragerði oder Selfoss 5800 ISK; Hella, Hvolsvöllur oder Seljalandsfoss 4200 ISK.

ZU FUSS

Das Þórsmörk ist gewöhnlich der Endpunkt des beliebten Wanderwegs Laugavegurinn (S. 151), der in Landmannalaugar beginnt; beliebt ist auch der Anmarsch über den schönen Fimmvörðuháls-Weg von Skógar (S. 147). Wer zu Fuß ins Þórsmörk will, sollte das über eine dieser beiden Strecken tun; der Marsch über die Straßen 249 und F249 ab Seljalandsfoss ist weit weniger malerisch.

Zwischen Langidalur und Húsadalur sind es auf dem kürzesten Weg rund 30 Minuten zu Fuß.

Von Skógar nach Vík

An der Ringstraße von Skógar Richtung Osten nach Vík strecken sich die Vorberge hinauf zu den Gletschern, Gipfeln und Vulkanen im Landesinneren und aus geheimnisvollen Schluchten ergießen sich Flüsse, die durch weite Weiden zu den schwarzen Stränden am tosenden Ozean strömen. Das ländliche Gebiet ist mit Bauernhöfen gespickt, von denen viele Zimmer für Gäste bereithalten. In der gleichermaßen atemberaubend und idyllisch anmutenden Gegend sind im Sommer viele Touristen unterwegs.

Sehenswertes

★Sólheimajökull GLETSCHER
Der Sólheimajökull gehört zu den einfach erreichbaren Gletschern. Die Eiszunge schiebt sich sanft vom Hauptgletscher Mýrdalsjökull weg und ist sehr beliebt für Gletscherwanderungen und zum Eisklettern. Eine 4,2 km lange Holperpiste (Straße 221) führt von der Ringstraße zu einem kleinen Parkplatz am **Cafe Solheimajökull** (☎852 2052; Snacks 820–1500 ISK; ⏲Mai–Sept. 10–18 Uhr, Okt.–April kürzere Öffnungszeiten); von dort sind es auf einem breiten Weg am Gletschersee entlang noch etwa 800 m bis zum Eis.

Niemand sollte auf eigene Faust auf dem Gletscher herumklettern. Oft bilden sich Gletscherspalten, weshalb der Gletscher nur im Rahmen einer geführten Wanderung von einem der Tourenanbieter der Region (S. 146) begangen werden sollte. Die Führungen beginnen am Café.

Mýrdalsjökull EISKAPPE
Der hinreißende Mýrdalsjökull ist Islands viertgrößter Gletscher und erstreckt sich über 700 km². An manchen Stellen ist die Eisdecke fast 750 m dick. Darunter schlummert der Vulkan Katla, der gelegentlich durch die Eisdecke bricht und dann die Ebene an der Südküste mit einer Flut aus

RESPEKT

Auch wenn die Gletscher noch so verlockend am Straßenrand glitzern, darf man sie auf keinen Fall ohne erfahrenen Führer betreten! Es können sich plötzlich Eisspalten auftun, die unter dem Schnee oft unsichtbar sind. Es können aufgrund vulkanischer Aktivitäten Gase austreten und von oben mitunter nicht sichtbare Überschwemmungen können das Eis weiter destabilisieren. Da Island für immer mehr Leute zum Reiseziel wird, häufen sich auch die Berichte über idiotisches Verhalten unerfahrener Besucher – ein Tourist fuhr seine Familie mit einem Mietwagen auf einen Gletscher. Man muss es im Urlaub nicht unbedingt in die Schlagzeilen schaffen!

Schmelzwasser, Sand und Tephra überzieht. Es gibt mehrere Touren über den Gletscher als Teil eines längeren Ausflugs. Die Gegend sollte nicht allein erkundet werden; das Eis ist instabil und der Weg zum Krater nicht immer zu begehen.

Sólheimasandur STRAND, SEHENSWÜRDIGKEIT

Am 21. November 1973 musste ein Flugzeug der US-Marine auf dem Sólheimasandur notlanden. Die Besatzung überlebte, doch das Wrack der fürs Militär umgebauten Douglas DC-3 blieb auf dem schwarzen Sandstrand zurück und da liegt es heute noch – eine vom Wind gepeitschte schlanke Hülle. Hierher gelangt man nur mit einem Allradfahrzeug und einem Führer, der sich auskennt (oder einem GPS: 63.459523, -19.364618). Der Strand liegt östlich von der Abzweigung Sólheimajökull/Straße 221; über einen Feldweg geht's Richtung Süden hinunter ans Wasser. Bitte Rücksicht auf die Natur nehmen!

★ **Dyrhólaey** NATURDENKMAL, NATURSCHUTZGEBIET

Zu den markantesten Naturschönheiten an der Südküste gehört das Felsplateau mit dem Brandungstor auf Dyrhólaey (sprich: *dier*-läi), das 10 km westlich von Vík am Ende der Straße 218 dramatisch aus der Ebene ragt. Die Landzunge ist ein Naturschutzgebiet mit einer vielfältigen Vogelpopulation, darunter Papageitaucher; während der Brutzeit (15. Mai bis 25. Juni) ist sie für Besucher tabu. Ansonsten lohnt sich der Ausflug zu den von Wellen gepeitschten, schwarzen Stränden und hoch auf das Felsentor mit seinen umwerfenden Aussichten.

Das Felsentor selbst ist von Reynisfjara aus am besten zu sehen.

In der *Njáls saga* heißt es, Kári – der einzige Überlebende des Brandes, der Njáls Clan auslöschte – hätte hier seinen Hof gehabt. Auch die Höhle **Loftsalahellir**, zu der kurz vor dem Damm von Dyrhólaey ein Fußweg abgeht, erinnert an Wikingerzeiten – hier wurden zu Sagazeiten Ratsversammlungen abgehalten.

★ **Reynisfjara** NATURDENKMAL, STRAND

Auf der Westseite des **Reynisfjall**, des hohen Kamms oberhalb von Vík, führt die Straße 215 hinunter an den schwarzen Sandstrand Reynisfjara, gesäumt von **Basaltsäulen**, die wie riesige Orgelpfeifen aussehen. Von hier eröffnen sich nach Westen großartige Ausblicke bis nach Dyrhólaey. Von den Klippen der Umgebung mit ihren zahlreichen aus dem Basaltgestein ausgewaschenen Höhlen stürzen sich im Sommer Papageitaucherküken erstmals ins Meer. Direkt vor der Küste ragen die Felsnadeln Reynisdrangur (S. 160) aus dem Wasser.

Bon-Iver-Fans kennen die Szenerie vielleicht aus dem Musikvideo *Holocene* von 2011, einer Hommage an Island.

Geführte Touren

Das Gehöft Ytri-Sólheimar I 11 km östlich von Skógar ist der Sitz vom Arcanum (S. 146). Das Unternehmen bietet zahlreiche Abenteuertouren in der Region wie Wanderungen, Schneemobilfahrten, Eisklettern, Gletscherbegehungen und Superjeeptouren – genauso wie alle Touranbieter von Hvolsvöllur bis Vík. Viele holen Teilnehmer auch in Reykjavík ab.

Mountain Excursions ABENTEUER

(☎897 7737; www.volcanohotel.is) Das kleine, von zwei Brüdern geführte Unternehmen bietet zweistündige Sólheimajökull-Gletscherwanderungen (9000 ISK) und Superjeeptouren an, die grob einem Teil der Fimmvörðuháls-Route folgen (ab 22 000 ISK). Sitz ist des Unternehmens ist das Volcano Hotel (S. 159).

Schlafen & Essen

Camping ist auf Dyrhólaey nicht gestattet.

★ **Garðar** PENSION €

(☎487 1260; http://reynisfjara-guesthouses.com; Reynisfjara; Cottages 12 000–17 000 ISK) Das Garðar am Ende der Straße 215 ist ein zauberhaftes Haus mit großartigen Aussichten.

Der freundliche Bauer Ragnar vermietet separate Hütten am Strand: eine kleine Steinhütte für zwei Personen (mit einem Etagenbett) und zwei größere Holzhütten für bis zu vier Personen. Bettwäsche kostet 1000 ISK pro Person.

Gistiheimilið Reynir PENSION €

(☎894 9788; www.reyni.is; Reynisfjara; DZ ohne Bad 14 000 ISK) Die familienbetriebenen Mini-Cottages haben alle einen Ausblick aufs Meer bei Dyrhólaey und jedes hat eine eigene Toilette. Die Gäste teilen sich Duschen und eine gut ausgestattete Küche. In einem neueren Gebäude gibt's zwei Zweibettzimmer sowie Familienzimmer für sechs Personen (27 000 ISK) mit Gemeinschaftsbad.

Mið-Hvoll Cottages COTTAGES €

(☎863 3238; www.hvoll.com; Cottages 19 000 ISK) Die vier neuen gemütlichen Cottages stehen in Sichtweite des Kaps Dyrhólaey auf einem idyllischen Streifen Land südlich der Ringstraße und bieten Berg- und Meerblicke. In jedem der mit einer Küche ausgestatteten Häuschen haben fünf Personen Platz. Bettwäsche und Handtücher kosten 1500 ISK pro Person. Es werden außerdem Ausritte auf nahen Stränden und Wiesen (ab 5000 ISK) für alle Altersgruppen und Fertigkeitsniveaus angeboten.

Die Cottages liegen rund 12 km westlich von Vík an der kleinen Straße 216, unmittelbar westlich der Abzweigung zum Kap Dyrhólaey (Straße 218).

★Vellir PENSION €€

(Ferðaþjónustan Vellir; ☎849 9204; http://f-vellir.123.is; DZ mit/ohne Bad mit Frühstück 24 700/20 300 ISK, Cottage ab 25 000 ISK; 📶) Die unbefestigte Straße 219 1,5 km hinunter liegt die freundliche Unterkunft auf einem Gehöft in Vellir ganz in der Nähe des Pétursey, einem gewaltigen Erdhügel, der vor Äonen eine Insel war. Die modernen Zimmer haben teils Meerblick. Außerdem werden zwei Cottages vermietet. An klaren Tagen kann man von hier sowohl das Eis auf dem Mýrdalsjökull als auch den Atlantik sehen. Auf Vorbestellung ist ein Abendessen (5900 ISK) erhältlich.

Giljur Gistihús PENSION €€

(☎866 0176; EZ/DZ ohne Bad mit Frühstück 11 700/18 400 ISK, DZ/3BZ mit Frühstück 23 100/34 600 ISK; ⏲Juni–Mitte Sept.) Diese kleine Hofpension nur 7 km westlich von Vík liegt abseits der Ringstraße am Fuß üppiger Klippen, über die sich ein Wasserfall ergießt und an denen Pferde weiden. Angeboten werden Zimmer mit und ohne Bad sowie ein herzhaftes Frühstück. Buchung über Icelandic Farm Holidays (www.farmholidays.is).

Guesthouse Steig PENSION €€

(☎487 1324; www.guesthousesteig.is; DZ mit/ohne Bad 28 800/20 100 ISK; @📶) Das nette Gästehaus Steig liegt 16 km westlich von Vík und 1,5 km nördlich der Ringstraße, zu erreichen über eine unbefestigte Straße. Es ist ein einfaches Bauernhofgebäude mit überraschend modernen, hellen Zimmern. Das Personal ist freundlich und das Ganze verströmt das entspannende Flair eines netten Aufenthalts auf dem Land.

Volcano Hotel HOTEL €€

(☎486 1200; www.volcanohotel.is; EZ/DZ mit Frühstück ab 26 400/28 900 ISK; 📶) Das 11,5 km westlich von Vík gelegene Hotel mit sieben Zimmern spielt bei der Einrichtung mit Vulkanmotiven. Die Böden sind mit Kieselsteinmosaiken belegt und im ganzen Haus leuchten Kerzen. Im Hotel hat auch der kleine Tourenanbieter Mountain Excursions sein Büro.

Hótel Dyrhólaey HOTEL €€

(☎487 1333; www.dyrholaey.is; DZ 28 400 ISK; @📶) Das 88-Zimmer-Hotel auf einem Landvorsprung 10 km westlich von Vík ist höchst beliebt bei Gruppen. Die großen Zimmer mit einfachem, aber modernem Komfort verteilen sich auf drei Flügel entlang der breiten Flure mit Teppichböden. Das hauseigene Restaurant ist von Mai bis Oktober von 11 bis 21 Uhr geöffnet.

Svarta Fjaran CAFÉ €€

(☎859 7141; Reynisfjara; Snacks 990 ISK, Hauptgerichte abends 2400–5200 ISK; ⏲11–21 Uhr) Spektakulär platzierte schwarze vulkanische Würfel, die dem „schwarzen Strand" Reynisfjara nahebei mit seinen berühmten Basaltsäulen nachempfunden sind, beherbergen das neue Café. Es serviert tagsüber hausgemachten Kuchen und kleine Speisen und bietet später eine umfassende Abendkarte. Durch die Fenster blicken die Gäste aufs Meer und Kap Dyrhólaey.

Vík (Vík í Mýrdal)

Die besucherfreundliche kleine Gemeinde Vík hat sich zu einem florierenden Zentrum eines sehr schönen Abschnitts an der Südküste Islands entwickelt. Die südlichste

Stadt des Landes ist auch die regnerischste, aber das tut der irrwitzigen Atmosphäre keinen Abbruch, die herrscht, wenn hier im Sommer sämtliche Zimmer im Umkreis von 100 km ausgebucht sind. Vík ist eine praktische Ausgangsbasis mit großem Serviceangebot zur Erkundung der Gegend, vom schönen Basaltstrand Reynisfjara (S. 158) und seinen Papageitaucherklippen und dem Felsplateau Dyrhólaey (S. 158), beides im Westen, bis zu den Vulkanen von Skógar und der Gletscherlagune Jökulsárlón. Weiß gischtende Wellen klatschen auf schwarzen Sand und die Klippen dahinter leuchten von all dem Regen in sattem Grün. Kurzum, es ist hier traumhaft schön.

Sehenswertes

Reynisdrangur NATURDENKMAL, STRAND

Víks berühmteste Sehenswürdigkeit sind die Felsnadeln Reynisdrangur, die am westlichen Ende des schwarzen Sandstrands von Vík wie Ebenholztürme aus dem Meer ragen. Im Volksglauben heißt es, sie seien unglücksselige Trolle, die von der Sonne ertappt wurden. Die Klippen in der Umgebung eignen sich prima, um Papageitaucher zu beobachten. Eine kurzweilige Wanderung führt vom westlichen Ortsrand von Vík hinauf auf den **Reynisfjall** (340 m) mit großartigem Blick. (Auf der anderen Seite der Landspitze ist Reynisfjara; S. 158.)

Brydebúð MUSEUM

(☎487 1395; http://brydebud.vik.is; Víkurbraut 28; Museum Erw./Kind 500 ISK/frei; ⏲Juni–Aug. 11–20 Uhr) Die blechverkleidete Brydebúð im Ort wurde 1831 auf den Vestmannaeyjar gebaut und 1895 nach Vík verfrachtet. Heute befinden sich darin die Touristeninformation, das Halldórskaffi und ein kleines Museum. Es beschäftigt sich mit der lokalen Fischerei und dem Leben im Schatten des Vulkans Katla.

Víkurkirkja KIRCHE

(Hátún) Víks Kirche aus den 1930er-Jahren hoch über dem Ort hat Buntglasfenster in spitzen geometrischen Formen, aber viel schöner ist von dort der Blick auf das Dorf.

Geführte Touren

Das Zentrum für Aktivitätentouren an der Südküste ist das 33 km westlich von Vík gelegene Skógar; siehe auch Hvolsvöllur. In Vík kann man sich in der Jugendherberge nach Touren zum Mýrdalsjökull erkundigen.

Katla Track SUPERJEEPTOUREN

(☎849 4404; www.katlatrack.is) Katla Track bietet drei- bis sechsstündige Touren „Unter dem Vulkan" an (24 900–29 900 ISK), die zu Sehenswürdigkeiten in der Region und zum Mýrdalsjökull führen.

Schlafen

Bauernhofpensionen außer den hier für Skógar und Vík aufgeführten sind auf Icelandic Farm Holidays (www.farmholidays.is) und booking.com zu finden. Erwägenswert sind außerdem die Pensionen auf dem Weg nach Kirkjubæjarklaustur (S. 149).

Jugendherberge Vík HOSTEL €

(Hostel Norður-Vík; ☎487 1106; www.hostel.is; Suðurvíkurvegur 5; B/DZ ohne Bad 4100/11 200 ISK; @📶) Víks kleines, heimeliges und ganzjährig geöffnetes Hostel befindet sich in dem beigefarbenen Haus auf dem Hügel hinter dem Dorf. Zu den Angeboten gehören Gästeküche und Fahrradverleih (halb-/ganztags 2000/3000 ISK). Die Mitarbeiter organisieren auch 2½-stündige Gletschertouren zum Mýrdalsjökull. HI-Mitglieder erhalten 700 ISK Ermäßigung.

Campingplatz Vík CAMPINGPLATZ €

(Tjaldsvæðið Vík; ☎487 1345; Austurvegur; Stellplatz 1300 ISK pro Erw.; ⏲Juni–Aug. oder Anfang Sept.) Der Campingplatz liegt unter einem grasbewachsenen Bergkamm am Ostrand des Orts gleich hinter dem Hótel Edda. In einem achteckigen Bau sind Kochgelegenheit, Waschmaschine, Toiletten und kostenlose Duschen untergebracht. Außerdem werden zwei kleine Häuschen (10 000 ISK) vermietet.

★ **Icelandair Hótel Vík** HOTEL €€

(☎487 1480, Buchung 444 4000; www.icelandairhotels.com; Klettsvegur 1–5; DZ ab 24 500 ISK; 📶) Das schicke neue Hotel ganz in Schwarz versteckt sich hinter dem Hótel Edda am östlichen Ortsrand beim Campingplatz. Die beiden Hotels teilen sich eine Lobby und haben dieselben freundlichen Betreiber, aber da hören die Gemeinsamkeiten auch schon auf. Das Icelandair-Hotel beeindruckt mit eleganten Zimmern, einige mit Blick auf die Klippen hinterm Haus oder aufs Meer. Die helle, natürliche Einrichtung ist an die umliegende Landschaft angelehnt.

Heimagisting Erika B&B €€

(☎487 1117; www.erika.is; Sigtún 5; B&B ohne Bad 9900 ISK pro Pers.; 📶) Das reizende Haus mit Panoramablick und zwei Gästezimmern hat seinen Namen von der herzlichen Gastgeberin Erika, die aus Deutschland kommt. Zu ihrem hochgelobten Frühstück gehören hausgemachte Konfitüren, Sirups und Kräutertees (vieles auch zu kaufen). Reservierung ist notwendig; nur Barzahlung.

Hótel Edda Vík HOTEL €€
(☎ 444 4840; www.hoteledda.is; DZ mit/ohne Bad 24 500/21 700 ISK; ⏲ Mai–Sept.; @ 📶) Das moderne Haus beim Icelandair-Hotel und der N1-Tankstelle hat eine längere Saison als die meisten Edda-Hotels. Die Zimmer sind nicht bemerkenswert, aber in Ordnung und 31 von ihnen haben Telefon, TV und Bad. Außerdem gibt es noch zehn Cottages mit Bad.

Puffin Hostel HOSTEL €€
(☎ 487 1212; www.vikhotel.is; Víkurbraut 24a; DZ/4BZ ohne Bad 21 600/29 200 ISK) Das Hostel ist für das, was geboten wird, zwar teuer, doch es eignet sich als letzte Zufluchtsstätte, falls man nichts anderes findet, und liegt sehr zentral. Die Wände sind dünn, alles ist klein und die Sauberkeit lässt teils zu wünschen übrig. Es gibt eine Gästeküche und Handtücher und Bettwäsche sind im Preis inbegriffen, eine Decke kostet jedoch 800 ISK.

Welcome Hotel Vík HOTEL €€€
(☎ 487 1212; www.vikhotel.is; Víkurbraut 24–26; DZ/4BZ mit Frühstück 32 300/44 500 ISK; @ 📶) Die geschäftige Hotelanlage mit einfachen Zimmern mit Kieselboden ist in der Hochsaison oft bis zum Rand mit Reisegruppen gefüllt. Die Preise sind ein wenig hoch, wenn man sich auch auf allen Zimmern selbst Kaffee und Tee kochen kann. Manchmal gibt's auf booking.com günstige Angebote. Das Restaurant Lundi (S. 161) ist bei Touristen beliebt.

Essen

Víkurskáli INTERNATIONAL, IMBISS €
(☎ 487 1230; Austurvegur 18; Hauptgerichte 1120–2990 ISK; ⏲ 11–21 Uhr) Der altmodische Imbiss in der N1-Tankstelle serviert Hamburger mit Blick auf Reynisdrangur.

★ **Suður-Vík** ISLÄNDISCH, ASIATISCH €€
(☎ 487 1515; Suðurvíkurvegur 1; Hauptgerichte 1750–4950 ISK; ⏲ 12–22 Uhr) Durch sein nettes Ambiente mit Holzboden und interessanter Kunst sowie freundlichem Personal setzt sich das neue Restaurant von der Konkurrenz ab. Das Essen ist isländisch herzhaft, von großen Steak-Sandwiches mit Schinken und Sauce béarnaise bis zu asiatischen Gerichten wie Thai-Satay mit Reis. In einem warm beleuchteten silberfarbenem Gebäude oberhalb des Orts. Im Sommer reservieren!

Halldórskaffi INTERNATIONAL €€
(☎ 487 1202; www.halldorskaffi.is; Víkurbraut 28; Hauptgerichte 3000–5500 ISK; ⏲ Juni–Aug. 11–21 Uhr, Sept.–Mai kürzere Öffnungszeiten) Das muntere, holzgetäfelte Lokal in der Brydebúð erfreut sich dank einem klassischen Angebot, das von Burgern und Pizza bis zum Lammfilet reicht, in der Hochsaison großer Beliebtheit. Außerdem gibt's guten Kaffee (Lavazza). Wer im Sommer nicht warten möchte, sollte im Voraus buchen. Am Wochenende ist das Restaurant länger geöffnet und wird dann auch als Bar genutzt.

Ströndin Bistro INTERNATIONAL €€
(☎ 487 1230; www.strondin.is; Austurvegur 18; Hauptgerichte 1950–4200 ISK; ⏲ 18–22 Uhr) Das lässig-schicke, holzvertäfelte Bistro mit Blick auf die Felsnadeln liegt hinter der N1-Tankstelle. Einheimische Gerichte sind Lammsuppe oder Fischeintopf, internationale sind Pizza und Hamburger.

Restaurant Lundi ISLÄNDISCH €€
(Hauptgerichte abends 2400–3100 ISK; ⏲ 11–21 Uhr) Das Restaurant des Welcome Hotel Vík ist bei Touristen wegen seiner isländischen Klassiker von Frikadellen bis Lamm beliebt.

Selbstversorger

Kjarval SUPERMARKT
(☎ 487 1325; Víkurbraut 4; ⏲ Mo–Fr 10–18, Sa 10–14 Uhr) Lebensmittel.

Vínbúðin ALKOHOLISCHE GETRÄNKE
(Ránarbraut 1; ⏲ Mo–Do 17–18, Fr 14–18 Uhr) Die Filiale des staatlichen Alkoholladens hat nur eingeschränkte Öffnungszeiten.

Shoppen

Víkurprjón SOUVENIRS
(Austurvegur 20; ⏲ 24 Std.) Der große, rund um die Uhr geöffnete Souvenir- und Strickwarenladen neben der N1-Tanke ist ein Hit bei Reisebustouristen – sie können zuschauen, wie die Wollpullis gestrickt werden.

Praktische Informationen

Touristeninformation (☎ 487 1395; www.visitvik.is; Víkurbraut 28; ⏲ Juni–Aug. Mo–Fr 11–20, Sa & So 13–20 Uhr, Mai & Sept. kürzere Öffnungszeiten; 📶) In der Brydebúð; kostenloses WLAN.

An- & Weiterreise

In Vík halten alle Busse von Reykjavík nach Höfn; Haltestelle ist die N1-Tankstelle.

Strætó (☎ 540 2700; www.straeto.is):

➜ Bus 51 Reykjavík–Vík–Höfn (Reykjavík–Vík 4900 ISK, 2¾ Std., 2-mal tgl.) Wer mit dem frühen Bus unterwegs ist, kann in Vík aussteigen und später mit dem anderen Bus nach Höfn weiterfahren. Von September bis Mai kann man auf diese Möglichkeit allerdings nicht vertrauen.

Sterna (☎ 551 1166; www.sterna.is):

➜ Bus 12/12A Reykjavík–Vík–Höfn (Reykjavík–Vík 4300 ISK, 4 Std., Juni–Mitte Sept. 1-mal tgl.).

Reykjavík Excursions (☎ 580 5400; www.re.is):

➜ Bus 20/20A Reykjavík–Skaftafell (Reykjavík–Skógar 7500 ISK, 4 Std., Mitte Juni–Anfang Sept. 1-mal tgl.).

➜ Bus 21/21A Reykjavík–Skógar (Reykjavík–Skógar 6000 ISK, 3½ Std., Mitte Juni–Aug. 1-mal tgl.) Zur Zeit der Recherche fuhr täglich einer der beiden Busse nach Skógar weiter nach Vík.

Östlich von Vík

Mælifell

Für den 642 m hohen **Grat** Mælifell am Rand des Mýrdalsjökull und die umgebende Landschaft gibt es nur einen Ausdruck: spektakulär! Der einfache, idyllische Campingplatz von **Þakgil** (☎ 893 4889; www.thakgil.is; Höfðarbrekkuafrétti; Stellplatz 1500 ISK pro Pers., Hütten 20 000 ISK; ⏲ Juni–Aug.), ein grünes Fleckchen inmitten schroffer Berge, ist für Ausflüge in die Umgebung ideal; er bietet neben Duschen auch Häuschen mit Bad und kleiner Küche. Wer mag, wandert auf den Mælifell oder bis hoch zum Gletscher. Ein Weg führt bis zum Nunatak (ein aus einem Gletscher aufragender Berggipfel) Huldufjöll. Þakgil selbst ist per Pkw (14 km auf der Schotterstraße 214, die 5 km östlich von Vík von der Ringstraße abzweigt) oder zu Fuß über einen Wanderweg ab Vík erreichbar.

Das **Hótel Katla-Höfðabrekka** (☎ 487 1208; www.hofdabrekka.is; Höfðabrekka; DZ mit Frühstück ab 20 000 ISK; ⏲ März–Okt.; @📶) zu

GEOPARK KATLA

Im Jahr 2011 gründete Island den ersten „Geopark“ des Landes, um eine Region von großer geologischer Bedeutung zu schützen, die heimische Kultur und eine nachhaltige Entwicklung zu fördern und interessierte Besucher aufzuklären. Der **Geopark Katla** (☎ 560 2043; www.katlageopark.is) erstreckt sich von Hvolsvöllur nach Nordosten zum großen Vatnajökull und hinunter bis zu den schwarzen Sandstränden; zum Areal gehören der namensgebende Vulkan Katla, der berühmte Eyjafjallajökull und die schroffe Landschaft von Lakagígar – insgesamt sind das 9 % der Fläche Islands.

Von allen isländischen Vulkanen wird aller Voraussicht nach die Katla in den nächsten Jahren die meisten Probleme bereiten. Dieser hochgradig aktive, 30 km lange Vulkan tief unter dem Mýrdalsjökull-Gletscher ist in der Vergangenheit etwa zweimal pro Jahrhundert ausgebrochen. Da der letzte Ausbruch 1918 stattfand, ist der nächste nun schon mehrere Jahrzehnte überfällig.

Man geht davon aus, dass der Ausbruch der Katla tagelang giftigen Ascheregen, Tephra-Wolken und Blitzeinschläge sowie durch das plötzliche Schmelzen des Gletschereises Sturzfluten verursachen wird. In der Vergangenheit haben Ausbrüche immer wieder auch Flutwellen ausgelöst, die von den Vestmannaeyjar zurückgeworfen wurden und das Gebiet der heutigen Stadt Vík überschwemmten.

Die Einheimischen werden für einen Ausbruch der Katla regelmäßig mit Evakuierungsübungen geschult. Im Falle einer Eruption wird an alle Handys, die sich in Reichweite eines Mobilfunksenders befinden, eine Warnung versendet – auch an die der Touristen. Nach der Warnung müssen die Bauern als Zeichen dafür, dass sie das Haus verlassen haben, ein Schild an ihre Haustür hängen, dann die Stromversorgung ihrer elektrischen Weidezäune kappen, ihre Ställe öffnen, damit das Vieh auf höher gelegenes Gelände flüchten kann, und sich in eines der Evakuierungszentren in Hella, Hvolsvöllur oder Skógar begeben.

Der Park hat kein Besucherzentrum, doch die Website bietet gute Informationen. Der staatliche Fernsehsender RÚV hat bei Vík eine Webcam installiert, mit der Flutwellen beim Ausbruch der Katla mitverfolgt werden können (www.ruv.is/katla).

Beginn der Straße 214, 5,5 km östlich von Vík, ist ein großes Landhaushotel mit 72 behaglichen, holzverkleideten Zimmern in Anbauten verschiedenen Alters, vier Hot Pots und einem Restaurant.

Mýrdalssandur

Mýrdalssandur, die weite Ebene aus schwarzem Lavasand östlich von Vík, entstand durch Ausschwemmungen aus dem Inneren des Mýrdalsjökull während der Katla-Ausbrüche. Die 700 km² große Wüste ist öde und trostlos (manche behaupten auch verwunschen), aber auf ihre Art verschlägt sie einem den Atem. Sie wirkt unbelebt, dennoch sind oft Polarfüchse und Seevögel zu sehen.

Südlich der Ringstraße ragt der kleine Berg **Hjörleifshöfði** 221 m aus der Sandfläche hoch und bietet einen guten Blick auf die Vestmannaeyjar. Der grüne Berg **Hafursey** (582 m) auf der anderen Seite der Ringstraße ist ebenfalls ein schönes Wanderziel von Vík aus.

VESTMANNAEYJAR

Schwarz und bedrohlich ragen die bizarren Silhouetten der 15 Westmännerinseln vor der Südküste aus dem Meer. Sie wurden vor 11 000 Jahren von unterirdischen Vulkanen geschaffen – mit einer Ausnahme: Surtsey erblickte erst 1963 das Licht der Welt. Die Insel wurde 2008 zum Unesco-Welterbe erklärt und darf wegen ihrer wissenschaftlichen Bedeutung außer zu Forschungszwecken nicht betreten werden.

Nur Heimaey ist ständig bewohnt. Das Minidorf und sein geschützter Hafen liegen eingebettet zwischen schroffen *klettar* (Felsabbrüchen) und zwei Unheil verkündenden Vulkanen – dem blutroten Eldfell und dem kegelförmigen Helgafell. Heimaey ist berühmt für seine Papageitaucher – rund 10 Mio. Vögel brüten hier –, für die Þjóðhátíð, Islands größtes Open-Air-Fest (jeden August), und für sein neues Vulkanmuseum.

Heimaey

Der kleine Ort Heimaey (sprich: *hei*-mai) ist umhüllt von einer Festung aus zerklüfteter Lava; der Hafen liegt am Ende eines gewundenen Wasserlaufs, der sich zwischen hohen Klippen voller Vogelnester seinen Weg sucht. Heimaey liegt zwar nur ein paar Kilometer vom Festland entfernt, wirkt aber Welten entfernt, eine Insel einsam im eisigen Wasser des Nordatlantiks.

Jahrhundertelang wurde die Insel von Räubern und Plünderern heimgesucht. Im 15. Jh. fielen die Engländer in Heimaey ein und errichteten die Festung Skansinn als ihr Hauptquartier. 1627 wüteten algerische Piraten auf der Insel, metzelten 36 Einwohner nieder und nahmen weitere 242 gefangen (damals fast drei Viertel der Bevölkerung). Die restlichen Insulaner konnten flüchten, indem sie sich von den Klippen abseilten oder in den Höhlen an der Westküste versteckten. Die Gefangenen wurden als Sklaven nach Nordafrika gebracht. Jahre später wurden 27 von ihnen freigekauft … und konnten den langen Weg nach Hause antreten.

Die Vulkane, die Heimaey hervorgebracht haben, trieben die Insel schon mehrere Male an den Rand des Untergangs. Die berühmteste Eruption in jüngster Vergangenheit begann völlig überraschend um 1.45 Uhr am 23. Januar 1973. Eine lange Spalte tat sich auf, aus der der Vulkan Eldfell entstand. Die Insel musste evakuiert werden.

Sehenswertes & Aktivitäten

Die Sehenswürdigkeiten der Inseln sind v. a. im Hauptdorf und an der Landspitze um Skalinn zu finden, hinzukommen das faszinierende neue Lavafeld samt Vulkan sowie Klippen, auf denen Papageitaucher zu beobachten sind.

Am besten besorgt man sich die Broschüre *Hiking High in Vermannaeyjar* oder fragt in der Touristeninformation nach einer detaillierten Rad- und Wanderkarte von Heimaey. Am malerischsten sind Wanderungen über die Lavafelder, an den Nistplätzen der Papageitaucher entlang und an der Westküste der Insel. Die Touristeninformation verleiht Fahrräder (2 Std. 2700 ISK).

Es gibt ein Meerwasser-**Schwimmbad** (Sundlaug Vestmannaeyja; ☎ 488 2400; Brimhólabraut; Erw./Kind 500/180 ISK; ⏲ Mo–Fr 6.15–21, Sa & So 10–19 Uhr) mit Hot Pots, einer Wasserrutsche und einem Fitnessraum.

Im Ortszentrum

★ **Eldheimar** MUSEUM
(☎ 488 2000; www.eldheimar.is; Gerðisbraut 10; Erw./10–18 J./Kind 1900/1000 ISK/frei; ⏲ Juni–

Mitte Sept. 11–18 Uhr, sonst kürzere Öffnungszeiten) Mehr als 400 Gebäude liegen unter der Lava aus dem Ausbruch von 1973 begraben. Am Rand des Lavastroms erzählt das Museum „Pompeji des Nordens" die Geschichte eines Hauses, das aus 50 m Bimsstein am ehemaligen Suðurvegur ausgegraben wurde. In dem modernen Vulkangesteinbau sehen die Besucher das Haus mit seinen zerbröselnden Wänden und den umgestürzten, aber ansonsten intakten Einrichtungsgegenständen und die Geschichte der Hausbesitzer wird erzählt. Außerdem sind Multimedia-Exponate zur Eruption und ihren Folgen zu sehen, u. a. fesselnde Filmaufnahmen und Augenzeugenberichte.

Das Museum lässt sich mit einem Audioguide erkunden. Oben führt ein Steg über die Ruine. Außerdem gibt eine es Ausstellung zu Surtsey (S. 169) sowie ein Café mit weiten Ausblicken über den Ort.

★ Skansinn FESTUNGSANLAGE

In dem hübschen grüne Areal am Meer liegen mehrere historische Sehenswürdigkeiten. Skansinn, das älteste Bauwerk der Insel, wurde im 15. Jh. als Festung errichtet, um den Hafen und die Insel zu verteidigen (was aber nicht wirklich gelang – die algerischen Piraten gingen 1627 einfach auf der anderen Inselseite an Land). Seine Mauern fielen 1973 der Lava zum Opfer, aber Teile davon wurden wieder aufgebaut. Darüber sind die Überreste der **alten Wassertanks** von Heimaey zu erkennen, die der glühende Magmastrom ebenfalls unter sich begrub.

➡ Landlyst MUSEUM

(⏲ Mitte Mai–Mitte Sept. 11–17 Uhr) GRATIS Einst starben unfassbare 80 % der Babys auf Heimaey bei der Geburt, bis eine Frau namens Sólveig ins Ausland geschickt wurde, um sich als Hebamme ausbilden zu lassen. Das winzige Holzhaus Landlyst diente Sólveig als Entbindungsheim – es ist das zweitälteste Gebäude der Insel. Heute zeigt es eine kleine Ausstellung über ihre Aderlassinstrumente und andere medizinische Gegenstände aus dem 19. Jh.

➡ Stafkirkjan KIRCHE

(⏲ Mitte Mai–Mitte Sept. 11–17 Uhr) Die mit Bitumen-Dachschindeln gedeckte Stafkirkjan ist ein Nachbau einer hölzernen Stabkirche aus dem Mittelalter. Die norwegische Regierung stiftete sie im Jahr 2000 als Geschenk zur Feier von 1000 Jahren Christentum.

★ Sæheimar AQUARIUM, MUSEUM

(☎ 481 1997; www.saeheimar.is; Heiðarvegur 12; Erw./Kind 1000 ISK/frei; ⏲ Mitte Mai–Mitte Sept. 11–17 Uhr, Mitte Sept.–Mitte Mai Sa 13–16 Uhr) Das Aquarium und Naturkundemuseum zeigt eine interessante Sammlung ausgestopfter Vögel und Säugetiere, Filmmaterial zu Papageitauchern und Seewölfen sowie Aquarien mit isländischen Fischen. Für Familien ist es toll, nicht selten watschelt hier ein junger Papageitaucher herum – das Museum ist auch ein informelles Vogelkrankenhaus. Ein Kombiticket mit dem Sagnheimar Byggðasafn kostet 1500 ISK.

Sagnheimar Byggðasafn MUSEUM

(Heimatmuseum; ☎ 488 2045; www.sagnheimar.is; Raðhústræti; Erw./Kind 1000/600 ISK; ⏲ Mitte Mai–Mitte Sept. 11–17 Uhr, Mitte Sept.–Mitte Mai Sa 13–16 Uhr) Das interaktive Heimatmuseum in der Stadtbücherei erzählt die Geschichte Heimaeys seit der Zeit der plündernden Piraten bis zum Vulkanausbruch 1979 und darüber hinaus. Hinzu kommen Exponate über lokale Sporthelden und die einheimische Vogelwelt.

Stóraklif & Heimaklettur AUSSICHTSPUNKTE

Hinter der Tankstelle im Hafen führt ein nicht allzu gut gesicherter Kletterpfad in 30 Minuten auf die Spitze der schroffen Klippe Stóraklif. Am Anfang weisen die ausgefahrenen Spuren der Allradfahrzeuge den Weg. Sobald es steiler wird, leisten Seile und Ketten Kletterhilfe (sehen aber nicht sehr vertrauenerweckend aus). Die schweißtreibende Kraxelei lohnt sich wegen der tollen Aussicht. Gefährlicher ist der Aufstieg auf den Heimaklettur, der über wackelige Leitern führt. Beide Berge sind wunderbare Papageitaucher-Nistplätze. Bei Regen oder Nässe sollte man keinen der beiden Aufstiege in Angriff nehmen.

Häuserfriedhof SEHENSWÜRDIGKEIT

Am Ortsrand sind unter dem Lavastrom von 1973 mehr als 400 Gebäude begraben; Häuserteile lugen aus der Lava empor.

Außerhalb des Orts

★ Eldfellshraun LAVAFELD

Die durch den Lavafluss von 1973 entstandene neue Landschaft wurde Eldfellshraun getauft. Ein Labyrinth aus **Wanderwegen** führt hinunter zur Festung Skansinn und zum Häuserfriedhof sowie um die rote, schroffe Ausbuchtung der Ostküste he-

Heimaey

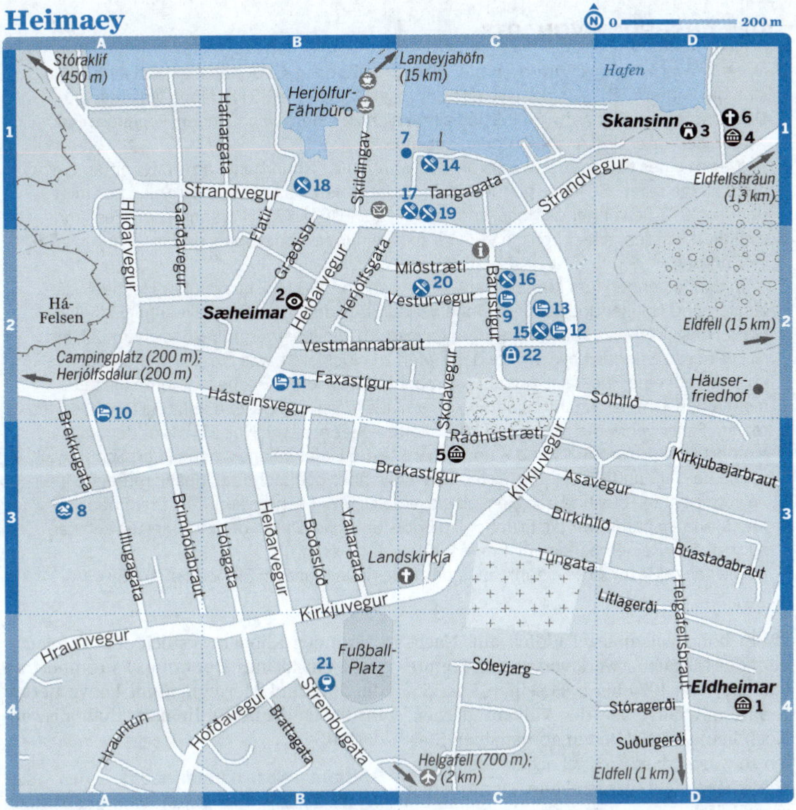

Heimaey

Highlights

1 Eldheimar D4
2 Sæheimar B2
3 Skansinn D1

Sehenswertes

4 Landlyst D1
5 Sagnheimar Byggðasafn C3
6 Stafkirkjan D1

Aktivitäten, Kurse & Touren

7 Ribsafari C1
8 Schwimmbad A3
Viking Tours .... (s. 14)

Schlafen

9 Aska Hostel C2
10 Gistiheimilið Árný A2
11 Gistiheimilið Hreiðrið B2
12 Hótel Vestmannaeyjar C2
13 Sunnuhöll HI Hostel C2

Essen

14 Café Kró C1
15 Einsi Kaldi C2
16 Gott C2
17 Krónan C1
18 Slippurinn B1
19 Vínbúðin C1
20 Vöruval C2

Ausgehen & Nachtleben

21 Höllin B4

Shoppen

22 Útgerðin C2

rum. Dort locken schmale, schwarze **Kiesstrände**, der **Lavagarten Gaujulundur** und ein **Leuchtturm**.

★ Eldfell
VULKAN

Wie aus dem Nichts tauchte in den frühen Morgenstunden des 23. Januar 1973 der

DER AUSBRUCH VON 1973

Ohne Vorwarnung erschütterte am 23. Januar 1973 um 1.45 Uhr eine gigantische Explosion die Winternacht. Auf der Ostseite der Insel klaffte eine 1,5 km lange Vulkanspalte. Das Eruptionsgebiet entwickelte sich allmählich zu einem wachsenden, kegelförmigen Krater, der Lava- und Aschefontänen ausstieß.

Wegen eines Sturms der Windstärke 12 waren die Fischerboote am Nachmittag zuvor nicht ausgelaufen. So lagen genügend Boote im Hafen, das Wetter hatte sich beruhigt und die 5273 Bewohner der Insel konnten bis auf 200 bis 300 Personen aufs Festland evakuiert werden. Wie durch ein Wunder gab es nur ein Todesopfer, und zwar durch giftige Dämpfe.

In den folgenden fünf Monaten ergossen sich über 30 Mio. t Lava über Heimaey, zerstörten 360 Häuser und schufen einen neuen Berg, den roten Schlackekegel Eldfell. Ein Drittel des Orts verbrannte unter dem Lavastrom, die Insel vergrößerte sich um 2,5 km².

Die ausströmende Lava drohte den Hafen zu blockieren, was die Aussichten der Evakuierten auf eine Rückkehr zunichte gemacht hätte – ohne Fischerei konnte die Insel nicht leben. Um den unaufhaltsamen Strom aus flüssigem Gestein aufzuhalten, bespritzten ihn Feuerwehrleute mit über 6 Mio. t kaltem Meerwasser. Nur 175 m vor der Hafeneinfahrt kam er zum Stillstand – und schenkte der Hafenanlage einen neuen Schutzwall!

Die bei Verwandten einquartierten Inselbewohner beobachteten das flammende Inferno vom Festland aus und bangten, ob sie jemals zurückkehren könnten. Erst Ende Juni, fünf Monate später, war die Eruption zu Ende, und zwei Drittel der Evakuierten kehrten zum großen Reinemachen auf ihre Insel zurück.

Die ganze Geschichte erzählt auch das tolle neue Museum Eldheimar (S. 163).

221 m hohe Vulkankegel Eldfell auf. Nachdem das Megafeuerwerk vorbei war, konnte Heimaey von 1976 bis 1985 seinen Energiebedarf mit der Hitze des Vulkans decken. Noch heute ist der Boden an manchen Stellen so warm, dass Brot gebacken oder Holzkohle hergestellt werden kann. Der Aufstieg zum Eldfell ist ein netter Spaziergang vom Dorf aus über die eingestürzte Nordwand des Kraters. Da die Einwohner ihren jüngsten Vulkan vor Erosionsschäden bewahren wollen, sind Besucher angehalten, auf dem Weg zu bleiben.

Helgafell — VULKAN

Der benachbarte Vulkan Helgafell (226 m) brach schon vor 5000 Jahren aus. Auf seinen Schlackehängen wächst mittlerweile Gras. Gipfelstürmer schaffen den Aufstieg problemlos vom Bolzplatz an der Straße zum Flughafen.

Herjólfsdalur — AUSGRABUNGEN

GRATIS Im Schutz eines erloschenen Vulkans lebte im grünen und grasreichen Herjólfsdalur Herjólfur Bárðarson, der erste Siedler der Vestmannaeyjar. Bei Ausgrabungen wurden Reste eines nordischen Hauses freigelegt; heute steht dort eine Replik. Der Campingplatz der Insel befindet sich ebenfalls hier.

Auf den Klippen westlich des Golfplatzes steht ein kleines **Denkmal**. Es erinnert an die 200 zum Mormonentum konvertierten Insulaner, die im 19. Jh. nach Utah auswanderten.

Golfplatz Westmännerinseln — GOLF

(☎ 481 2363; www.gvgolf.is) Wer auf diesem wilden, wunderbaren 18-Loch-Platz am Meer im Herjólfsdalur spielen möchte, kann Golfschläger ausleihen und muss 7000 ISK Platzgebühr zahlen.

Westküste — WANDERN, VOGELBEOBACHTUNG

Mehrere nicht ganz ungefährliche Pfade schlängeln sich an den steilen Berghängen des Herjólfsdalurs hoch und führen über den Grat Norðklettur nach **Stafsnes**, eines der wichtigsten Papageitaucher-Brutgebiete. Der Aufstieg ist aufregend, aber es gibt ein paar steile Abhänge. Wer es gemütlicher angehen will, nimmt die südliche Variante über die Westküste, an Lavahöhlen vorbei, wo sich die Insulaner 1627 vor den Piraten versteckten. In den Klippen von **Ofanleitishamar** nisten Hunderte Papageitaucher.

Stórhöfði — WANDERN, VOGELBEOBACHTUNG

Eine windige **meteorologische Station** steht auf Stórhöfði (122 m), der felsigen Halbinsel an der Südseite von Heimaey. Sie ist über eine schmale Landbrücke mit der

Hauptinsel verbunden, die durch Lava aus der Eruption des Helgafell vor 5000 Jahren entstand. Von dort oben eröffnen sich schöne Aussichten. Auf halber Strecke den Berg hinauf steht eine kleine **Vogelbeobachtungshütte**, auf der man Papageitaucher ins Visier nehmen kann. Von der ersten Haltebucht auf der rechten Seite führt ein mit einem Schild markierter Weg über eine Schafweide zu der Hütte.

Man kann hinunter zum Gesteinsstrand von **Brimurð** klettern, weiter über die Klippen der Ostküste laufen und kurz vorm Flughafen über die Hauptstraße zurückkehren. Zwischen Juni und August sind **Kervíkurfjall** und **Stakkabót** ideal, um Papageitaucher zu beobachten.

Geführte Touren

Ribsafari BOOTSTOUREN, WANDERN
(☎661 1810, 846 2798; www.ribsafari.is; Hafen; 1-stündige Tour Erw./Kind 8000/4500 ISK, Surtsey-Tour 16 500/9500 ISK; ⌚Mitte April–Mitte Okt.) Jeden Tag (11 & 14 Uhr sowie n. V.) geht es los zu einstündigen Touren im Schlauchboot, das zwischen den Inseln über die Wellen düst. Dank der geringen Größe des Boots kann es der Kapitän durch kleine Höhlen und zwischen die Felsen steuern, um die Vogelkolonien aus der Nähe zu beobachten. Charterausflüge nach Surtsey (an Land gehen ist nicht möglich!) erfordern mindestens zehn Teilnehmer.

Eine Umrundung der gesamten Inselgruppe kostet 11 500/6500 ISK (100 Min.)

Viking Tours BOOTS- & BUSTOUREN
(☎488 4884; www.vikingtours.is; Hafen; ⌚Mitte Mai–Mitte Sept.) Die netten Leute von Viking Tours nehmen im Café Kro (S. 168) Buchungen für Boots- (Erw./Kind 5900/4900 ISK) und Bustouren (Erw./Kind 4900/3900 ISK) an. Das Boot saust rund um die Insel, drosselt das Tempo an den großen Vogelnistplätzen an der Südküste und tuckert dann in die Meereshöhle Klettshellir. Die Touren sind auf die Abfahrtszeiten der Fähre aufs Festland abgestimmt, sind also günstig für Tagesausflügler.

Lyngfell REITEN
(☎898 1809; www.lyngfell.123.is) Lyngfell an der Straße zur Halbinsel Stórhöfði bietet Ausritte (1 Std. 6000 ISK).

Lukku REITEN
(☎481 1478; lukkan@hestaleigave.com) Reiten entlang der Küste und über Lavafelder.

Segway Tours SEGWAYTOUR
(☎891 6818; www.segwaytours.is) Segwaytouren durch den Ort.

Festivals & Events

★ **Þjóðhátíð** MUSIK
(www.dalurinn.is; Eintritt 18 900 ISK) Das größte Open-Air-Fest des Landes ist das dreitätige „Nationalfestival" am letzten Juli- oder ersten Augustwochenende auf dem Festplatz im Herjólfsdalur. Bis zu 17 000 Besucher genießen Musik, Tanz, Feuerwerk, ein riesiges Freudenfeuer, hektoliterweise Alkohol und mit fortschreitender Nacht reichlich Sex im Suff (eine Art Initiationsritus für Teenager). Für jede Festivalausgabe wird extra ein Song geschrieben.

Ab Reykjavík starten Sonderflüge; Fahrt und Übernachtung müssen Monate im Voraus gebucht werden.

Das Fest wurde erstmals gefeiert, als die Bewohner der Vestmannaeyjar wegen schlechten Wetters nicht zu den Feierlichkeiten anlässlich der ersten Verfassung Islands (1. Juli 1874) aufs Festland reisen konnten. Also feierten sie einen Monat später ihr eigenes Fest, das seither zur alljährlichen Tradition gehört.

Schlafen

Die Fähre vom Festland braucht nur 30 Minuten, ein Besuch der Vestmannaeyjar ist also gut als Tagesausflug zu machen. Wer dort lieber übernachten will (was höchst empfehlenswert ist), hat außerhalb der Festivalzeit eigentlich keine Probleme, eine Unterkunft zu finden. Ein komplettes Unterkunftsverzeichnis steht auf www.vestmannaeyjar.is.

Gistiheimilið Hreiðrið PENSION €
(☎481 1045; http://tourist.eyjar.is; Faxastígur 33; EZ/DZ/4BZ ohne Bad 7500/12 000/18 000 ISK; 📶) Das einladende, von der hilfsbereiten Ruth geführte Gästehaus verströmt familiäres Flair. Zur Einrichtung gehören eine gut ausgestattete Küche und ein gemütliches Fernsehzimmer. Im Sommer werden geführte Wanderungen angeboten. Schlafsackbetten kosten 4200 ISK.

Aska Hostel HOSTEL €
(☎662 7266; Bárustigur 11; B/DZ/4BZ ohne Bad 4400/13 900/21 300 ISK; 📶) Das fröhlichgelbe historische Haus beherbergt heute ein neues Hostel im Ortszentrum.

Gistiheimilið Árný PENSION €
(☎899 2582; www.arny.is; Illugagata 7; DZ ohne Bad 12 500 ISK; 📶) Das hübsche Haus am Ortsrand gehört einem reizenden Ehepaar, das seinen Gästen auch eine Küche und eine Waschmaschine zur Verfügung stellt. Die Aussicht aus den Zimmern im Obergeschoss ist traumhaft; besonders gelungen ist auch der Essbereich in der Glasveranda.

Sunnuhöll HI Hostel HOSTEL €
(☎481 2900; www.hotelvestmannaeyjar.is; Vestmannabraut 28; B 4500 ISK; 📶) Das behagliche Hostel Sunnuhöll mit seinen adretten Zimmern ist durchaus liebenswert. Da sich in jüngster Zeit immer mehr Besucher für Tagesausflüge entscheiden, sind die Schlafsäle selten voll, zudem herrscht meist eine ruhige und ungezwungene Atmosphäre. Die Rezeption ist im Hótel Vestmannaeyjar. HI-Mitglieder zahlen 700 ISK weniger.

Campingplatz CAMPING €
(Tjaldsvæði; Stellplatz 1300 ISK pro Pers.; ⏲Juni–Aug.) Der Campingplatz im Herjólfsdalur im Kessel eines erloschenen Vulkans hat heiße Duschen, eine Waschküche und Kochgelegenheiten. Auf der anderen Straßenseite, neben dem Fußballplatz von Þórsheimili, ist noch ein Zeltplatz, auf dem es etwas weniger windig ist.

Hótel Vestmannaeyjar HOTEL €€
(☎481 2900; www.hotelvestmannaeyjar.is; Vestmannabraut 28; DZ/4BZ mit Frühstück 24 700/30 500 ISK; @📶) Islands erstes Kino ist heute ein nettes Hotel mit modernen Zimmern, teils mit guten Blicken auf den Hafen und den Ort, freundlichem Personal und dem Top-Restaurant Einsi Kaldi.

Essen & Ausgehen

Für eine so abgeschiedene Insel wartet Heimaey mit einer überraschenden Gastroszene auf. Zusätzlich zu den unten aufgeführten Lokalen gibt's am und um den Bárustigur noch weitere nette Cafés und Speiselokale. An mehreren Tankstellenimbissen ist Fastfood erhältlich.

Café Kró CAFÉ €
(Hafen; Snacks 200–1200 ISK; ⏲Mitte Mai–Mitte Sept. 10–18 Uhr; 📶) Das touristische Café Kro wird von Viking Tours geführt und bietet Kaffee, Tee, Kuchen und Suppen.

★ **Slippurinn** ISLÄNDISCH €€
(☎481 1515; www.slippurinn.com; Strandvegur 76; Hauptgerichte 2000–3900 ISK; ⏲So–Do 17.30–23, Fr & Sa bis 1 Uhr; 📶) Das quirlige Slippurinn befindet sich im Obergeschoss einer schön umgebauten alten Maschinenwerkstatt, die einst die Schiffe im Hafen wartete und von der sich heute schöne Ausblicke aufs Wasser bieten. Die Werkzeugregale sind noch an ihrem angestammten Platz und die Tische sind aus dem Schrott alter Boote gefertigt. Das Essen ist isländisch mit einem Touch Mittelmeer.

★ **Gott** BIOKOST €€
(☎431 3060; Bárustigur 11; Hauptgerichte 1290–2650 ISK; 🖉) In diesem fröhlichen Ecklokal wird aus gesunden Biozutaten sorgfältig Fusionskost zubereitet wie Kabeljaufilet mit Blumenkohlpüree oder Brathühnchen im Dinkelmantel. Es stehen auch vegetarische Gerichte auf der Karte.

★ **Einsi Kaldi** FISCH & MEERESFRÜCHTE €€€
(☎481 1415; www.einsikaldi.is; Vestmannabraut 28; Hauptgerichte 2700–6000 ISK; ⏲Mitte Mai–Mitte Aug. 11.30–15.30 & 17–22 Uhr, Mitte Aug.– Mitte Mai 17–22 Uhr) Das Einsi Kaldi im Erdgeschoss des Hótel Vestmannaeyjar ist das edelste Restaurant auf der Insel und serviert in modern beleuchteten Räumlichkeiten gut zubereitete Meeresfrüchte.

Höllin BAR
(☎896 6818; Strembugata 13) Im Theater des Orts befindet sich oben eine Bar namens Háaloftð (geöffnet Fr & Sa 12 Uhr bis spät sowie manchmal donnerstags). Hier treffen sich die Insulaner und spielen ab und zu Bands – das steht dann auf der Facebook-Seite der Bar (Háaloftið Vestmannaeyjum).

Selbstversorger

Vöruval SUPERMARKT
(Vesturvegur 18; ⏲9–19 Uhr) Lebensmittel unter einer geodätischen Kuppel.

Krónan SUPERMARKT
(Strandvegur 48; ⏲Mo–Fr 11–19, Sa & So bis 18 Uhr) Für Selbstversorger gibt's den Krónan.

Vínbúðin ALKOHOLISCHE GETRÄNKE
(☎481 1301; Strandvegur 50; ⏲Mo–Do 11–18 , Fr bis 19, Sa bis 16 Uhr) Staatlicher Alkoholladen.

Shoppen

Útgerðin BEKLEIDUNG, KUNSTHANDWERK
(☎481 1062; Vestmannabraut 37; ⏲10–19 Uhr) In diesem großen, modernen Geschäft wird Kunsthandwerk und Design aus Island verkauft.

SURTSEY

Im November 1963 machte die Besatzung der *Ísleifi II* eine seltsame Beobachtung: Das Meer südlich von Heimaey schien in Flammen zu stehen. Anstatt sich in Sicherheit zu bringen, fuhr das Fischerboot näher ran und so erlebte die Crew die Geburt der jüngsten Insel der Welt.

Die unterseeische Eruption dauerte 4½ Jahre. Aus der emporgeschleuderten Schlacke und Asche bildete sich ein 2,7 km² großes Stück Land (das erosionsbedingt heute nur noch 1,4 km² groß ist). Die Insel bekam den Namen Surtsey (Surturs Insel) – nach dem altnordischen Feuerriesen, der an Ragnarök die Welt in Brand stecken wird.

Man beschloss, die jungfräuliche Insel als Versuchslabor zu nutzen, denn sie versprach einmalige Erkenntnisse über die Entwicklung von Pflanzen und Tieren in einem neuen Territorium. Deshalb ist **Surtsey** (www.surtsey.is) für Besucher tabu (Wissenschaftler mit Fachgebiet Inselbiogeographie ausgenommen). Interessant zu wissen: Das Rennen um die Ehre als erste Spezies machte die blaugrüne Alge *Anabaena variabilis*. Eine weitere Entdeckung: Während der Eruption gelangten mit der Lava auch Fossilien an die Erdoberfläche und sind heute Teil der Insel.

Eine filmische Nachstellung der donnernden Geburt Surtseys wird im Museum Eldheimar (S. 163) gezeigt. Bei genügend Teilnehmern unternehmen Ribsafari und Viking Tours Bootsrundfahrten um die Insel.

ℹ Praktische Informationen

Touristeninformation (www.vestmannaeyjar.is; Strandvegur; ⌚Juni–Aug. Mo–Fr 9–18, Sa 10–17, So 13–17 Uhr; 📶) Die nur im Sommer geöffnete Touristeninformationen in einem Café-Buchladen ist mit Teenagern besetzt. Hier gibt's Broschüren und Karten.

ℹ Anreise & Unterwegs vor Ort

FLUGZEUG

Der **Flughafen der Vestmannaeyjar** (Vestmannaeyjaflugvöllur; VEY) liegt etwa 3 km vom Ort Heimaey entfernt. Ein **Taxi** (☎897 1190) kostet um 2500 ISK, oder man geht zu Fuß. Zur Zeit der Recherche gab es keine Linienflüge von Bakki (nahe dem Fährhafen in Landeyjahöfn), aber man kann bei einem Rundflug mit Atlantsflug (S. 145) auf Heimaey aussteigen.

Zweimal täglich verkehren Flugzeuge von **Eagle Air** (☎562 4200; www.eagleair.is) zwischen dem Inlandsflughafen von Reykjavík und den Vestmannaeyjar; ein einfacher Flug kostet etwa 20 000 ISK.

SCHIFF/FÄHRE

Die Eimskip-Fähre **Herjólfur** (☎481 2800; www.eimskip.is; Erw./Kind/Auto/Fahrrad 1260/630/2030/630 ISK) verkehrt ganzjährig zwischen Landeyjahöfn (etwa 12 km von der Ringstraße zwischen Hvolsvöllur und Skógar) und Heimaey. Die Fahrt dauert etwa 30 Minuten. Autofahrer müssen grundsätzlich vorab buchen, andere Fahrgäste sollten es in der Hochsaison tun, besonders für die Stoßzeiten, zu denen die Tagesausflügler unterwegs sind: morgens auf die Insel und nachmittags zurück. Man muss eine halbe Stunde vor Abfahrt der Fähre am Anleger sein. Am Fährhafen Landeyjahöfn gibt's Verkaufsautomaten, Toiletten und Wasser, aber sonst keine weiteren Einrichtungen.

Von den Vestmannaeyjar legen die Boote vom 15. Mai bis 14. September täglich um 8.30, 11.30, 14.30, 17.30 und 20.30 Uhr ab (dienstags keine Abfahrt um 14.30 Uhr), von Landeyjahöfn um 10, 13, 16, 19 und 22 Uhr (dienstags keine Abfahrt um 16 Uhr). In der Nebensaison verkehren die Boote ab den Vestmannaeyjar nach einem ausgedünnten Fahrplan.

Bei sehr schlechtem Wetter kann sich der Hafen in Landeyjahöfn sommers wie winters mit Sand auffüllen. In dem Fall legt die Fähre in Þorlákshöfn (S. 123) ab bzw. an, und zwar nur zweimal am Tag. Von hier dauert die Überfahrt 2¾ Stunden und ist erheblich teurer. Die Änderung der Route wird auf der Website und der Facebook-Seite der Reederei bekanntgegeben und man muss sich um eine Umbuchung kümmern. Die Autofahrt von Landeyjahöfn westwärts nach Þorlákshöfn dauert ungefähr zwei Stunden.

Nach Landeyjahöfn fährt der Bus 52 von **Strætó** (☎540 2700; www.bus.is) die Strecke Reykjavík (Busbahnhof Mjódd)–Hveragerði–Selfoss–Hella–Hvolsvöllur–Landeyjahöfn (3500 ISK, 2¼ Std., im Sommer 3-mal tgl.). In Landeyjahöfn gibt's ein **Taxi** (☎862 1864).

Westisland

Inhalt ➜

Gut essen

- ➜ Narfeyrarstofa (S. 185)
- ➜ Restaurant im Landnahmezentrum (S. 176)
- ➜ Fjöruhúsið (S. 192)
- ➜ Plássið (S. 185)
- ➜ Gamla Rif (S. 189)

Schön übernachten

- ➜ Hótel Egilsen (S. 185)
- ➜ Hótel Flatey (S. 184)
- ➜ Fljótstunga (S. 180)
- ➜ Lýsuhóll (S. 194)
- ➜ Bænir og Brauð (S. 185)

Auf nach Westisland

Geografisch nahe bei Reykjavík, aber gefühlt Lichtjahre davon entfernt ist Westisland (Vesturland; www.west.is) ein spektakulärer Mikrokosmos dessen, was das Land zu bieten hat. Doch überraschenderweise steht die Region auf der touristischen Hitliste ziemlich weit unten. Das hat den Vorteil, dass man Westisland oft so gut wie für sich allein hat.

Bei Touristen ist der Landfinger der Halbinsel Snæfellsnes mit dem Gletscher Snæfellsjökull besonders beliebt. Das Gebiet rund um den Nationalpark herum ist ideal zur Vogel- und Walbeobachtung, für Wanderungen über Lavafelder und zum Reiten. Landeinwärts findet man hinter Reykholt Lavaröhren und Hochlandgletscher, darunter den riesigen Langjökull mit seiner neuen Eishöhle. Die Isländer schätzen Westisland wegen des reichen Sagenschatzes. Die Schauplätze zweier der bekanntesten isländischen Sagas, der *Laxdæla saga* und der *Egils saga*, sind an den düsteren Gewässern der Region zu finden, zu deren größten Attraktionen heute gespenstische Steingräber und ein tolles Museum im quirligen Städtchen Borgarnes gehören. Von windgepeitschten Stränden bis zu historischen Dörfern und atemberaubenden Landschaften hat Westisland auf kleiner Fläche alles zu bieten.

Entfernungen (km)

	Borgarnes	Húsafell	Stykkishólmur	Hellnar	Búðardalur
Húsafell	65				
Stykkishólmur	99	158			
Hellnar	122	179	90		
Búðardalur	79	103	86	145	
Reykjavík	74	129	173	194	152

HVALFJÖRÐUR

Obwohl er nur eine halbe Autostunde vom Großraum Reykjavík entfernt liegt, sind der Hvalfjörður und seine Umgebung ein durch und durch pastoraler Anblick. Der Fjord kann es zwar nicht mit der Erhabenheit der Halbinsel Snæfellsnes weiter nördlich aufnehmen, ist aber ein gutes Ziel für Leute, die Tagesausflüge in die Natur unternehmen möchten. Wer auf möglichst kurzem Weg nach Borgarnes kommen möchte, nimmt den 5,7 km langen **Tunnel** (1000 ISK) unter dem Fjord hindurch. Für Radfahrer ist die Tunnelbenutzung verboten.

Im Zweiten Weltkrieg befand sich im Fjord ein U-Boot-Stützpunkt, dem im Laufe der Jahre über 20 000 amerikanische und britische Soldaten einen Besuch abstatteten.

Das dramatisch aufragende Gebirgsmassiv **Esja** (914 m) auf der Südseite des Hvalfjörður eignet sich toll für Wanderungen. Der Weg zum Gipfel beginnt in Esjuberg nördlich von Mosfellsbær und führt über den Bergrücken **Krehólakambur** (850 m) und den **Kistufell** (830 m).

Der **Glymur**, mit 198 m der höchste Wasserfall Islands, liegt am Ende des Abzweigs ins Botnsdalur. Von dort sind es zwei Stunden Fußmarsch zum Wasserfall. Am beeindruckendsten ist er nach heftigen Regenfällen und der Schneeschmelze.

Die **Kirche** des Gehöfts Saurbær schmücken beeindruckende Buntglasfenster von Gerður Helgadóttir. Sie ist nach dem Dichter und Geistlichen Hallgrímur Pétursson benannt, der Islands bekanntestes sakrales Werk, die *Passíusálmar* (Passionspsalmen), komponierte und von 1651 bis 1669 hier tätig war.

Am Hvalfjörður stehen mehrere Unterkünfte zur Wahl, z. B. das **Hótel Glymur** (☎430 3100; www.hotelglymur.is; DZ ab 44 300 ISK; @📶) mit vielen modernen Annehmlichkeiten in noblen Doppelzimmern über zwei Etagen oder Häuschen mit eigenen Badebecken. Und es gibt ein gutes **Restaurant**.

Akranes

6744 EW.

Zu Füßen des beeindruckenden Akrafjall (572 m) liegt an der Spitze der Halbinsel, die den Hvalfjörður und den Borgarfjörður trennt, das Städtchen Akranes, vorwiegend ein Verwaltungs- und Industrieort. Die Hauptattraktion vor Ort ist das große **Museumszentrum** (☎431 5566; www.museum.is; Erw./Kind 500 ISK/frei; ⏰Juni–Aug. 10–17 Uhr, Sept.–Mai 13–17 Uhr) mit Heimatmuseum, restauriertem Bootshaus, Trockenschuppen, Kirche und Fischerbooten.

BORGARBYGGÐ

Im munteren Borgarnes und am breiten Borgarfjörður gingen viele berühmte Siedler an Land. Fruchtbare Höfe säumen das Flusstal landeinwärts auf seinem Weg hoch zu den steinigen Lavaröhren und ins Hochland – dies ist das Tor zu den Eisschilden weiter im Landesinneren.

Borgarnes

1824 EW.

Borgarnes fährt einiges auf: Für so einen kleinen Ort ist hier jede Menge los. Die reizvolle Landspitze am Borgarfjörður war eines der ersten Siedlungsgebiete. Es gibt daher reichlich Geschichte zu erleben. Wer die Tankstellen hinter sich lässt, findet im alten Ortskern nette Kleinstadtatmosphäre und eines der besten Museen Islands vor.

Sehenswertes

★**Landnahmezentrum** MUSEUM
(Landnámssetur Íslands; ☎437 1600; www.settlementcentre.is; Brákarbraut 13–15; 1 Ausstellung Erw./Kind 1900/1500 ISK, 2 Ausstellungen Erw./Kind 2500/1900 ISK; ⏰Juni–Sept. 10–21 Uhr, Okt.–Mai 11–17 Uhr; 📶) Das unbedingt sehenswerte Landnahmezentrum in einem mit Phantasie restaurierten Lagerhaus am Hafen bietet einen faszinierenden Einblick in die Ge-

BIER UND WODKA AUS BORGARNES

Steðji Brugghús (☎896 5001; www.stedji.com; Führungen 1500 ISK; ⏰Führungen n. V.) Die kleine familienbetriebene Brauerei 25 km nördlich von Borgarnes abseits der Straße 50 stellt ein kleine Palette von Bieren her, von Erdbeerbier bis zu Lager und saisonalen Gebräuen. Touren inklusive Verkostung werden nach Vereinbarung angeboten.

Reyka Vodka (www.reyka.com) Die erste Destillerie Islands steht in Borgarnes und produziert kristallklaren Wodka.

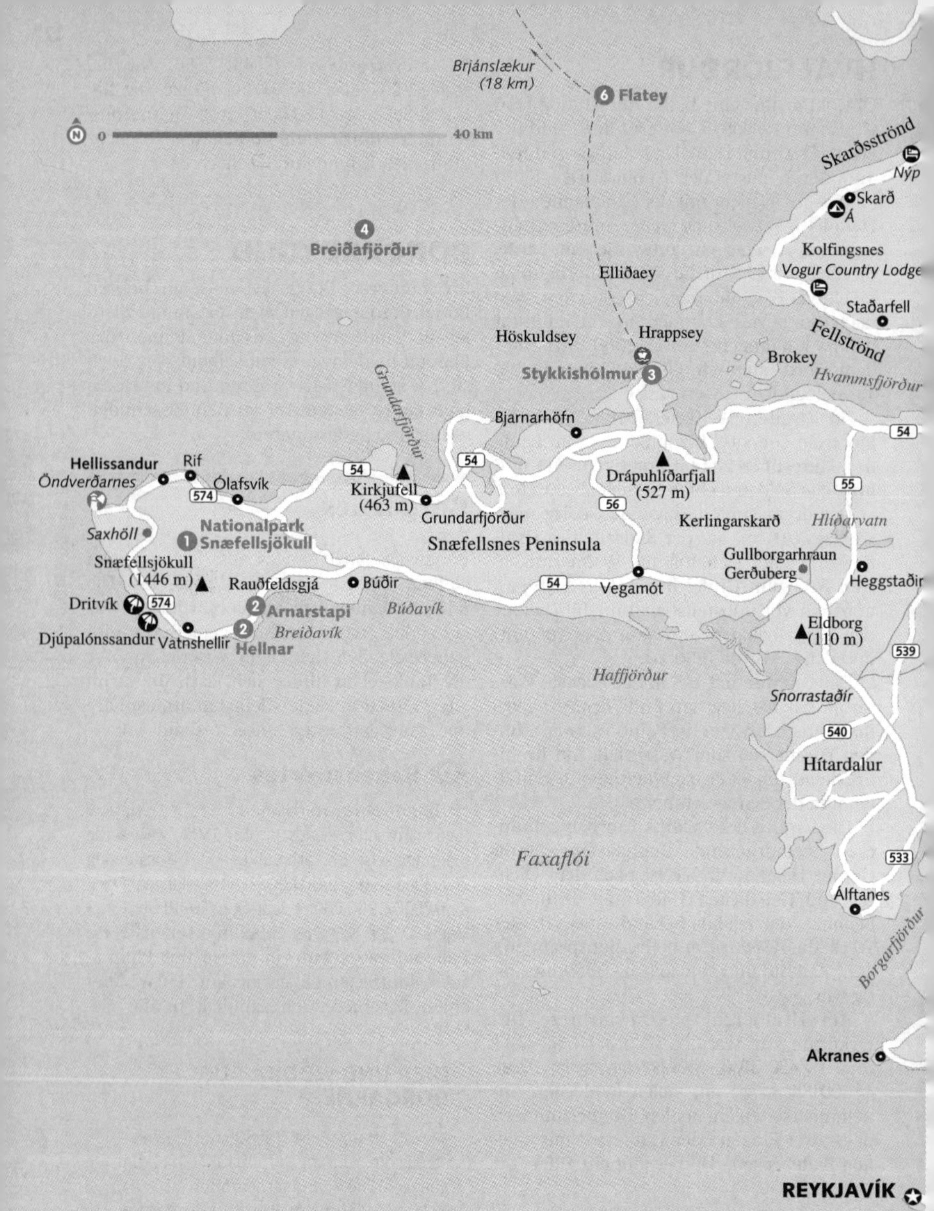

Highlights

1 Über Lavafelder stapfen, die windgepeitschte Küste entlang und den Snæfellsjökull hinauf, das eisige Herz des magischen **Nationalparks Snæfellsjökull** (S. 190)

2 Auf dem samtweichen Moosteppich in der Felslandschaft zwischen **Hellnar** (S. 192) und **Arnarstapi** (S. 192) den Seevögeln mit den Augen folgen

3 Durch die Straßen der Hafenstadt **Stykkishólmur** (S. 182) mit ihren bunten Häuschen stromern

4 Im **Breiðafjörður** (S. 182) schippern, segelnde

Papageitaucher beobachten und nach Walen Ausschau halten

5 Im Landnahmezentrum im munteren **Borgarnes** (S. 171) eine Reise zurück in die Sagazeit unternehmen

6 Eine Nacht fernab vom Rest der Welt auf der Insel **Flatey** (S. 184) verbringen

7 Die unterirdischen Spuren eines infernalischen Vulkanausbruchs in **Viðgelmir** (S. 180) erkunden

8 Durch den **Kaldidalur-Korridor** (S. 180) die rauen Kanten des Langjökull-Gletschers abfahren

Borgarnes

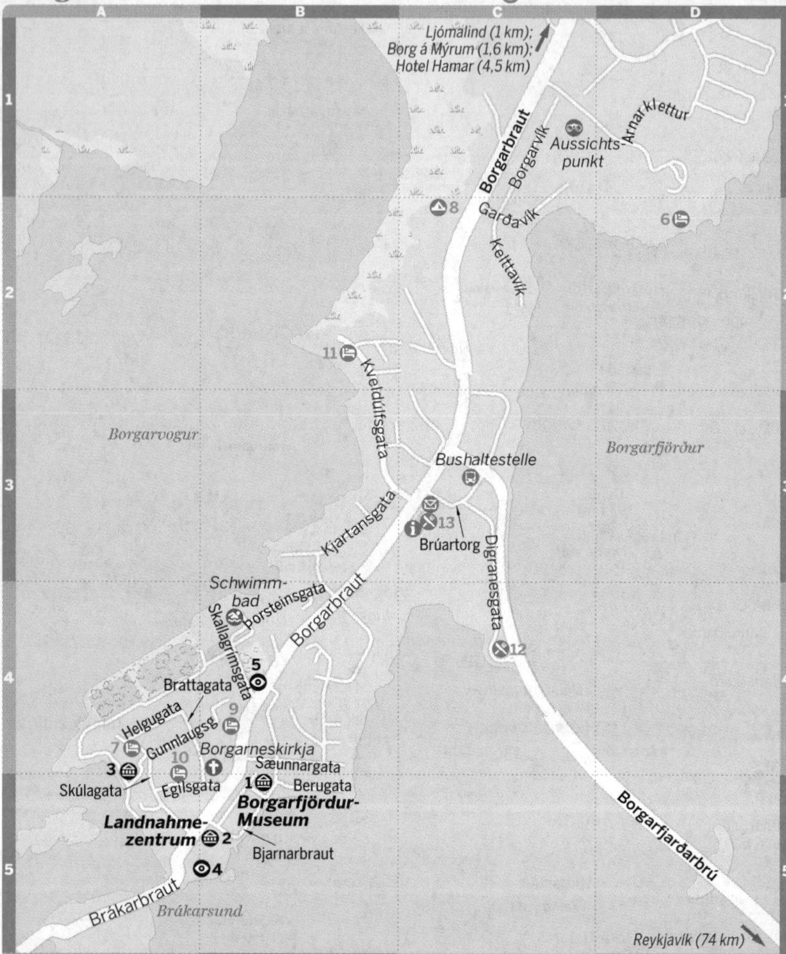

schichte der Besiedlung Islands und die Sagazeit. Das Museum ist in zwei Ausstellungen unterteilt, für die man jeweils rund eine halbe Stunde Zeit braucht. Die Landnahme-Ausstellung behandelt die Entdeckung und Besiedlung Islands. Die *Egils-saga*-Ausstellung erzählt von den einzigartigen Abenteuern von Egil Skallagrímsson, dem Helden der gleichnamigen Saga, und seiner Familie. Ein ausführlicher mehrsprachiger Audioguide ist im Eintritt inbegriffen.

Dies ist kein Nullachtfünfzehn-Heimatmuseum: Es bietet einen tollen Einstieg in die isländische Geschichte sowie in Flora und Fauna des Landes. Die *Egils saga* ist eine der am besten ausgearbeiteten und spannendsten Sagas von allen. Das Museum hat an mehreren Orten in der Stadt **Steinmale** (S. 176) errichtet, wie sie schon früher als Wegmarkierungen dienten. Sie weisen auf wichtige Schauplätze der *Egils saga* hin. Außerdem gibt es im gleichen Haus ein erstklassiges Restaurant.

★Borgarfjördur-Museum MUSEUM

(Safnahús; ☎430 7200; www.safnahus.is; Bjarnarbraut 4–6; Erw./Kind 900/600 ISK; ⏲Juni–Aug. 13–17 Uhr, Sept.–Mai kürzere Öffnungszeiten) Das kleine kommunale Museum beschäftigt sich mit nur einer Sache, nämlich mit der

Borgarnes

Highlights
1 Borgarfjördur-Museum B5
2 Landnahmezentrum B5

Sehenswertes
3 Galerienkomplex A4
4 Brákin B5
5 Skallagrímsgarður B4

Schlafen
6 Bjarg D2
7 Borgarnes B&B A4
8 Campingplatz Borgarnes C2
9 Jugendherberge Borgarnes B4
10 Hótel Borgarnes A4
11 Kría Guesthouse B2

Essen
12 Bónus C4
Edduveröld .... (s. 3)
Restaurant im Landnahmezentrum .... (s. 2)
13 Vínbúðin C3

Geschichte der Kinder in Island, die mit unzähligen Fotos und Fundstücken erzählt wird. Zwar ist die Ausstellung auch auf Englisch beschriftet, aber es lohnt sich, einen Museumsmitarbeiter um eine Führung zu bitten – hinter jedem Bild oder Gegenstand verbirgt sich eine faszinierende Geschichte. Jeder wird garantiert noch lange Zeit an diese Ausstellung denken.

★ Borg á Mýrum HISTORISCHES GEBÄUDE

Beim „Fels in den Marschen", ein wenig nordwestlich von Borgarnes an der Straße 54, ließ sich Skallagrímur Kveldúlfsson, Egils Vater, zur Zeit der Landnahme nieder. Das Gehöft (Privateigentum) ist nach dem großen **Fels** *(borg)* dahinter benannt. Wer das **Steinmal** besteigt, hat einen weiten Ausblick. Auf einem kleinen **Friedhof** steht ein uralter Grabstein mit Runeninschrift.

Die große abstrakte Skulptur von Ásmundur Sveinsson zeigt eine Szene aus der *Egils saga*: Egil betrauert den Tod seiner Söhne und verarbeitet seinen Schmerz, indem er ein Gedicht verfasst.

Brákin SKULPTUR

Þorgerður Brák war Egils Amme, wahrscheinlich eine keltische Sklavin. In einer der dramatischsten Szenen der *Egils saga* rettet sie Egils Leben, indem sie seinen Vater, der ihn aus Zorn töten will, ablenkt und danach, nun selbst auf der Flucht vor dem wütenden Skallagrímur, ins Meer springt. Skallagrímur warf einen Stein nach ihr und sie tauchte nie mehr aus dem Fluten auf. An der Stelle, wo sie den Tod fand, steht eine Skulptur.

Die Meerenge zwischen Borgarnes und einem Inselchen vor der Küste heißt ihr zu Ehren Brákarsund. Außerdem feiert der Ort jedes Jahr für sie das Fest Brákarhátíð.

Galerienkomplex GALERIEN

(Skúlagata 17; Di, Do & Fr 16–18, Sa 13–16 Uhr) Der moderne Gebäudekomplex im alten Ortskern am Wasser beherbergt im oberen Stockwerk Ateliers und Galerien heimischer Künstler: Gallerý Júlí, Gló und Sóla. Hier kann man sich Kunsthandwerk aus Lava und Knochen, Glasarbeiten, Schmuck, Gemälde u. v. m. anschauen und anschließend das Restaurant Edduveröld (S. 177) besuchen.

Festivals & Events

Brákarhátíð KULTURFEST

(www.brakarhatid.is; Ende Juni) Ein Fest zu Ehren von Þorgerður Brák, einer Heldin aus der *Egils saga*, mit Umzügen und einem Konzert in der geschmückten Stadt und einem witzigen Schlammfußballspiel an der Küste.

Schlafen

★ Bjarg PENSION €

(437 1925; bjarg@simnet.is; DZ ohne Bad mit Frühstück 14 500 ISK;) Mit Blick auf den Fjord und die Berge auf der anderen Seite zählen netten Häuschen 1,5 km nördlich vom Ortszentrum zu den am schönsten gelegenen Unterkünften in der Gegend. Hier gibt's gemütliche holzgetäfelte Zimmer mit frischer weißer Bettwäsche, außerdem Gästeküchen, ein gutes Frühstücksbuffet, eine Grillmöglichkeit, makellos saubere Bäder und eine Hütte mit Grassodendach für vier Personen.

Jugendherberge Borgarnes HOSTEL €

(695 3366; www.hostel.is; Borgarbraut 11–13; B 4100 ISK, DZ mit/ohne Bad 15 500/11 200 ISK; @) Das schlichte Hostel erfüllt seinen Zweck; trotz der Wandbilder und der afrikanischen Masken an den Wänden aus Betonstein wirkt es wie ein Studentenwohnheim. HI-Mitglieder erhalten 700 ISK Ermäßigung.

Campingplatz Borgarnes CAMPINGPLATZ €

(Borgarbraut; Stellplatz 750/100 ISK pro Pers./Zelt) An der Hauptstraße, die die Halbinsel entlang führt, liegt am Fjord ein Campingplatz. Um 9 und 21 Uhr kommt der Platzwart vorbei, um die Gebühren zu kassieren.

Kría Guesthouse PENSION €€
(☎845 4126; www.kriaguesthouse.is; Kveldúlfsgata 27; EZ/DZ ohne Bad mit Frühstück 12 000/16 000 ISK; 📶) Die zwei Zimmer in einem Haus an einer stillen Wohnstraße haben einen tollen Blick aufs Wasser. Dazu gibt's eine nette Gemeinschaftsküche und ein großes, rollstuhltaugliches Bad, eine Terrasse mit Ausblick und einen Hot Pot.

Borgarnes B&B B&B €€
(☎842 5866; www.borgarnesbb.is; Skúlagata 21; EZ/DZ ohne Bad mit Frühstück 11 300/16 000 ISK, DZ mit Bad mit Frühstück 18 600 ISK; @📶) Am schönsten sind die beiden Zimmer im Erdgeschoss mit alten Holztüren und moderner Ausstattung (alle übrigen liegen im Untergeschoss) – sie bieten tolle Ausblicke auf die Bucht. Im Preis inbegriffen ist ein erstklassiges Frühstücksbuffet.

Icelandair Hotel Hamar HOTEL, PENSION €€
(☎433 6600; www.icehotels.is; Golfvöllurinn; Hotel DZ 28 400 ISK, Pension DZ ohne Bad 10 500 ISK; @📶) Das Hotel Hamar liegt an einem beliebten Golfplatz 4 km nördlich des Orts. Das silbrige Äußere des Hotels ist etwas abschreckend, aber im Inneren sorgen eine schicke Einrichtung und jede Menge moderne Annehmlichkeiten für eine angenehme Überraschung. Noch besser sind die rustikalen Pensionszimmer im Clubhaus den Berg hinauf mit Blick auf die Berge und den Fjord. Mit Restaurants.

Hótel Borgarnes HOTEL €€
(☎437 1119; www.hotelborgarnes.is; Egilsgata 12–14; EZ/DZ mit Frühstück 21 000/24 700 ISK; ⏲April–Nov.; @📶) Das große, wenig charaktervolle Hótel Borgarnes vermietet langweilige und nüchterne Zimmer, in denen hauptsächlich Pauschaltouristen unterkommen.

Essen

Borgarnes hat tolle Restaurants. Das übliche Angebot an Hamburgern und Pizza gibt's an der Imbissbude der N1-Tankstelle.

Bónus SUPERMARKT €
(Digranesgata 6; ⏲Mo–Do 11–18.30, Fr 10–19.30, Sa 10–18, So 12–18 Uhr) An der Fjordbrücke auf dem Weg in die Stadt.

Vínbúðin ALKOHOLISCHE GETRÄNKE €
(Borgarbraut 58–60, Hyrnu Torg Center; ⏲Juni–Aug. Mo–Do 11–18, Fr bis 19, Sa bis 16 Uhr, sonst kürzere Öffnungszeiten) Staatlicher Alkoholladen.

★ **Restaurant im Landnahmezentrum** INTERNATIONAL €€
(☎437 1600; Brákarbraut 13; Hauptgerichte 2400–5600 ISK; ⏲10–21 Uhr; 📶) Das helle und peppige Restaurant im Landnahmezentrum befindet sich in Räumlichkeiten, die in den Fels hineingebaut sind. Es zählt zu den besten Speiselokalen der Region. Zur Auswahl stehen traditionelle isländische und internationale Gerichte (Lamm, Fischtopf usw.). Sehr beliebt ist das Mittagsbuffet (12–15 Uhr; 2100 ISK). Fürs Abendessen reservieren!

EGILS SAGA

Die *Egils saga* beginnt mit der Lebensgeschichte von Kveldúlfur, dem Großvater des Kriegers und Skalden Egil Skallagrímsson, der im 9. Jh. nach einem Zerwürfnis mit dem norwegischen König nach Island floh. Kveldúlfur wurde auf der Überfahrt schwer krank und beauftragte seinen Sohn, Skallagrímur Kveldúlfsson, nach seinem Tod seinen Sarg über Bord zu werfen und das Familiengehöft dort zu errichten, wo der Sarg an Land gespült würde – was bei Borg á Mýrum (S. 175) geschah. Hier wuchs Egil Skallagrímsson zu einem wilden und phantasiebegabten Individuum heran, das seinen ersten Widersacher im Alter von sieben Jahren tötete und später zahllose Überfälle auf die irische, englische und dänische Küste unternahm. Wiederholt rettete er seine Haut durch das Verfassen von Gedichten. Mehr darüber erfährt man im ausgezeichneten Landnahmezentrum (S. 171) in Borgarnes.

Wer genauer wissen möchte, wo in der Landschaft um Borgarnes weitere Schauplätze der Saga zu finden sind, kann sich die umfangreiche App **Locatify SmartGuide** (www.locatify.com; im Eintritt zum Landnahmezentrum inbegriffen, sonst 15 €) herunterladen. Sie erzählt, was sich an den einzelnen Orten zugetragen hat, die das Landnahmezentrum mit **Steinmalen** versehen hat, darunter Borg á Mýrum, Brákin (S. 175) und der **Skallagrímsgarður** mit dem Grabhügel von Vater und Sohn des Sagahelden Egil Skallagrímsson.

Beim Warten aufs Essen ist auf der Rückseite der Speisekarte die Geschichte der ältesten Gebäude der Stadt nachzulesen (auch die des Hauses, in dem man gerade sitzt).

★ **Edduveröld** CAFÉ €€
(☎437 1455; www.edduverold.is; Skúlgata 17; Hauptgerichte 700–4200 ISK; ⌚Sa–Do 10–21, Fr bis 1 Uhr; 📶🌶) Das relaxte und freundliche Edduveröld, mit wunderbarer Terrasse am Wasser, begeistert mit köstlichen Speisen, vom tollen Kuchen bis zu Lammbraten und frischem Fisch.

Shoppen

★ **Ljómalind** MARKT
(Bauernmarkt; ☎437 1400; www.ljomalind.is; Sólbakka 2; ⌚Juni–Aug. 11–18 Uhr, sonst kürzere Öffnungszeiten) Der Bauernmarkt, den örtliche Erzeuger auf die Beine gestellt haben, befindet sich beim Kreisverkehr am Ortsrand. Hier gibt's alles von frischen Milchprodukten vom Hof Erpsstaðir (S. 196) und Biofleisch bis zu Badeartikeln, handgestrickten Pullovern und Schmuck aus der Region sowie allerhand Sammelkrimskrams.

Praktische Informationen

Touristeninformation (☎437 2214; www.west.is; Borgarbraut 58–60; ⌚Juni–Aug. Mo–Fr 9–18, Sa 10–16, So 12–16 Uhr, Sept.–Mai Mo–Fr 9–17 Uhr; 📶) Die Haupttouristeninformation für Westisland befindet sich im großen Einkaufszentrum.

An- & Weiterreise

Borgarnes ist der wichtigste Umsteigeort zwischen Reykjavík und Akureyri, Snæfellsnes und den Westfjorden. Die **Bushaltestellen** (Borgarbraut) befindet sich bei den Tankstellen (N1, Orkan).

Strætó (☎540 2700; www.bus.is):

- Bus 57 nach Reykjavík (1400 ISK, 1½ Std., 2-mal tgl.)
- Bus 57 nach Akureyri (6650 ISK, 5 Std., 2-mall tgl.)
- Bus 58 nach Stykkishólmur (1750 ISK, 1½ Std., 2-mal tgl., in Vatnaleið umsteigen in den Bus 82 nach Hellissandur und Arnarstapi)
- Bus 59 nach Holmavík (3850 ISK, 2¼ Std., Mo, Mi & Fr–So 1-mal tgl.)
- Bus 81 nach Reykholt (700 ISK, 1 Std. 20 Min., Mo–Fr 1-mal tgl.).

Sterna (☎551 1166; www.sterna.is):

- Bus 60a nach Reykjavík (1400 ISK, 1 Std., Mitte Juni–Aug. Mo–Fr 1-mal tgl.)
- Bus 60 nach Akureyri (5700 ISK, 4 Std., Mitte Juni–Aug. Mo–Fr 1-mal tgl.).

Rund um Borgarnes

In der Umgebung von Borgarnes gibt's jede Menge preisgünstige Unterkünfte. Infos dazu bei der Touristeninformation Borgarnes und bei Icelandic Farm Holidays (www.farmholidays.is).

Schlafen

★ **Fossatún** HOTEL, CAMPINGPLATZ €
(☎433 5800; www.fossatun.is; Straße 50; Stellplatz 1200 ISK pro Pers., DZ Pension/Cottage 13 900/20 500 ISK; ⌚Camping Mitte Mai–Mitte Sept., Pension ganzjährig; @📶👪) Die familienfreundliche Anlage hat ein Gästehaus, Cottages und einen Campingplatz neben einem schönen, tosenden Wasserfall. Vom angeschlossenen, geräumigen Restaurant (Hauptgerichte 2000–2900 ISK; 12–14 & 18–20.30 Uhr) blicken die Gäste auf den Wasserfall und Themenspazierwege. Auf dem südlichen Abschnitt der Straße 50, etwa 23 km östlich von Borgarnes und 18 km südwestlich von Reykholt.

Der freundliche Besitzer ist ein bekannter Kinderbuchautor – Minigolf und ein Spielplatz beschäftigen die Kinder – und ehemaliger Schallplattenproduzent; daher gibt's auch eine tolle Schallplattensammlung (über 3000; und sie dürfen auch gespielt werden).

Ensku Húsin PENSION €€
(☎437 1826; www.enskuhusin.is; Straße 54; DZ mit/ohne Bad 22 000/17 900 ISK; 📶) Das alte Fischerhaus in toller Lage am Fluss 8 km nordwestlich von Borgarnes an der Straße 54 wurde wunderschön mit viel traditionellem Charme umgebaut. Die Zimmer oben haben noch immer ein altmodisches Ambiente, während der neue Motelanbau eher 1970er-Flair besitzt. Zusätzliche Zimmer betreuen die netten Besitzer in einem restaurierten Bauernhaus etwa 2 km weiter.

Shoppen

★ **Ullarselið** BEKLEIDUNG, KUNSTHANDWERK
(☎437 0077; www.ull.is; Hvanneyri; ⌚Juni–Aug. 12–18 Uhr, Sept.–Mai Do–Sa 13–17 Uhr) Im abgelegenen Dorf Hvanneyri 12 km östlich von Borgarnes residiert in einem Haus am Fjord ein phantastisches Woll- und Handarbeitsgeschäft. Handgefertigte Pullover, Schals, Hüte und Decken teilen sich die Regale mit handgesponnener Wolle und interessanten Knochen- und Muschelknöpfen. Außerdem gibt's Nadeln und Strickmuster.

Besonders interessant sind die heimischen Borgarfjörður-Motive mit Gänsen, Schneehühnern oder Lachsen. Außerdem wird hier auf Bestellung gestrickt!

Oberer Borgarfjörður

Reykholt

Das unscheinbare Reykholt ist ein verschlafener Ort, der eigentlich nur aus ein paar Höfen besteht und auf den ersten Blick wenig von seiner Vergangenheit als eine der wichtigsten mittelalterlichen Siedlungen Islands verrät. Hier lebte und starb (ein Auftragsmord) einer der bedeutendsten Häuptlinge und Gelehrten des Mittelalters, Snorri Sturluson. Die wichtigsten Sehenswürdigkeiten des Orts haben mit ihm zu tun.

Sehenswertes

Snorrastofa MUSEUM

(☎433 8000; www.snorrastofa.is; Eintritt 1200 ISK; ⌚Mai–Aug. 10–18 Uhr, Sept.–April Mo–Fr bis 17 Uhr) Das Mittelalterstudienzentrum ist dem gefeierten Dichter, Historiker und Staatsmann Snorri Sturluson gewidmet. Es befindet sich auf seinem alten Hof, auf dem er auch umgebracht wurde. Das Museum erzählt von Snorris Leben und Werk, es besitzt eine Ausgabe der *Heimskringla* (Sagas der norwegischen Könige) von 1599. Außerdem gibt es Abteilungen zu Gesetzgebung, Literatur und Gesellschaft im Island des Mittelalters sowie zu den Ausgrabungen vor Ort. Wer Interesse hat, kann sich die Kirche und die schönen Lesesäle im oberen Stock zeigen lassen.

Snorralaug QUELLE

GRATIS Der wichtigste Überrest von Snorris Gehöft ist das Snorralaug (Snorris Becken), ein rundes, steingefasstes Becken, das von einer heißen Quelle gespeist wird. Die Steine auf dem Grund des Beckens sind noch die Originalsteine aus dem 10. Jh. – hier soll Snorri gebadet haben. Der öffentlich nicht zugängliche holzvertäfelte Tunnel neben der Quelle führt zu dem alten Bauernhaus, in dem Snorri auf grausame Weise ermordet wurde. Das Becken ist vielleicht das älteste Bauwerk in Island.

Kirche KIRCHE

Eines der neueren Gebäude auf Snorris Gehöft ist eine Kirche von 1896, die offen zugänglich ist. Im Jahr 2001 wurde unter der Kirche eine aus der Zeit von 1040 bis 1260 stammende Zisterne für eine Schmiede gefunden, sichtbar durch eine in den Boden eingelassenes Glasscheibe.

Deildartunguhver QUELLE

(Straße 518) Etwa 5 km westlich von Reykholt an der Straße 518 produziert Deildartunguhver, Europas größte heiße Quelle, wabernde Dampfwolken. Jede Sekunde brodeln 180 l kochend heißes Wasser (100 °C) aus der Erde herauf. Auf dem Parkplatz steht meist ein Tomatenstand zur Selbstbedienung und -bezahlung – die Tomaten stammen aus einem Gewächshaus in der Nähe, das sich die Energie der Quelle zunutze macht.

Islandziegenzentrum GEHÖFT

(☎435 1448; www.geitur.is; Straße 523, Háafell; Führung 1000 ISK pro Pers.; ⌚Juni–Aug. 13–18 Uhr) Bei den Führungen geleiten Hofmitarbeiter die Besucher über hübsche Felder zu den vom Aussterben bedrohten Islandziegen; Kaffee oder Tee ist inbegriffen. Der berühmteste Bewohner des Hofs ist Casanova, ein putzmunterer Ziegenbock, der in *Game of Thrones* einen Auftritt hatte: Er flüchtete vor einem Drachen. Zur Zeit der Recherche stand die Zukunft des Ziegenhofs allerdings in den Sternen. Also erst anrufen, bevor man sich auf den Weg dorthin macht. Der Hof liegt nordöstlich von Reykholt an der unbefestigten Straße 523.

Schlafen & Essen

Steindórsstaðir PENSION €

(☎435 1227; www.steindorsstadir.is; Straße 517, Reykholtsdalur; DZ ohne Bad 13 600 ISK; 📶) Das nette Gästehaus auf einem Hof in den sanft gewellten Feldern rund 2 km von Reykholt hat behagliche, saubere Zimmer mit Blick aufs Land. Dazu stellen die freundlichen Besitzer eine Gemeinschaftsküche und einen Whirlpool mit Ausblick sowie ein paar Schlafsackbetten zur Verfügung.

Fosshótel Reykholt HOTEL €€

(☎435 1260, 562 4000; www.fosshotel.is; DZ mit Frühstück ab 24 600 ISK; @📶) Das Fosshótel, die einzige Unterkunft direkt in Reykholt, ist ein modernes Gebäude und bietet einfache, motelähnliche Zimmer, zwei Hot Pots und ein Restaurant.

Hverinn Restaurant INTERNATIONAL €

(☎571 4433; www.hverinn.is; Kleppjámsreykir; Hauptgerichte 1350–2500 ISK; ⌚Mai–Mitte Sept. 10.30–20 Uhr) In dem großen Restaurant an der Straße serviert freundliches Personal einfache Gerichten von Tagessuppen bis

SNORRI STURLUSON

Der Häuptling und Historiker Snorri Sturluson (1179–1241) ist eine wichtige Figur der mittelalterlichen isländischen Geschichte. Er war einer der bedeutendsten Chronisten und Verfasser altnordischer Sagas und Erzählungen. Snorri wurde in Hvammur in der Nähe von Búðardalur geboren, aber im theologischen Zentrum Oddi bei Hella aufgezogen und ausgebildet. Später heiratete er die Erbin des geschichtsträchtigen Hofs Borg á Mýrum (S. 175) bei Borgarnes, verließ jedoch seine Familie und zog sich auf das reiche Kirchengut in Reykholt zurück. Reykholt war damals eine bedeutende Handelsstadt an der Kreuzung wichtiger Handelsrouten mit 60 000 bis 80 000 Einwohnern. Dort verfasste Snorri viele seiner wichtigsten Werke, u. a. die *Prosa-Edda* (ein Lehrbuch für Skalden) und die *Heimskringla* (eine Geschichte der norwegischen Könige). Snorri gilt außerdem als der Verfasser der *Egils saga*, einer Familiengeschichte des Wikinger-Hofdichters Egil Skallagrímsson.

Mit 36 Jahren wurde Snorri zum *lögsögumaður* (Gesetzessprecher) des Alþing (isländisches Parlament) ernannt, aber der norwegische König wollte seine privaten Interessen durchsetzen und übte im Parlament starken Druck auf ihn aus. Also widmete sich Snorri verstärkt seinem Schreiben und der unzufriedene König Hákon erließ einen Befehl zu seiner Ergreifung – tot oder lebendig. Snorris politischer Rivale und ehemaliger Schwiegersohn Gissur Þorvaldsson sah seine Chance gekommen, den König zu beeindrucken und für seine Dienste vielleicht das Amt des Gouverneurs von Island zu erhalten. Er tauchte in der Nacht vom 22. auf den 23. September 1241 mit 70 bewaffneten Männern in Reykholt auf und erschlug Snorri im Keller seines Hauses.

zu Hamburgern. Es werden auch ein paar Lebensmittel verkauft. Rund 5 km westlich von Reykholt nahe der Kreuzung der Straßen 518 und 50.

An- & Weiterreise

Strætó (☎540 2700; www.bus.is):

- Bus 81 nach Borgarnes (700 ISK, 1 Std. 20 Min., Mo–Fr 1-mal tgl.).

Húsafell

Húsafell liegt in einem smaragdgrünen Tal zwischen dem Fluss Kaldá und einem eindrucksvollen Lavafeld. Mit seinen Sommerhütten ist es ein beliebter Erholungsort für die Bewohner von Reykjavík sowie das Tor zum nahen Langjökull-Gletscher. Nach Húsafell fahren keine öffentlichen Verkehrsmittel.

Geführte Touren

Ice Explorer ABENTEUERTOUREN
(☎588 5555; www.adventure.is; Touren ab Húsafell 15 000 ISK) Monstertruck-Touren (8x8) auf dem Langjökull-Gletscher; Abholung von Reykjavík möglich. Hat auch andere Touren im Angebot wie z. B. den Goldenen Kreis.

Dog Sledding ABENTEUERTOUREN
(☎863 6733; www.dogsledding.is; Touren mit Abholung in Húsafell ab 22 900 ISK) Hundeschlittentouren auf dem nahen Langjökull; die Teilnehmer sind nur Mitfahrer und führen das Hundeteam nicht selbst. Abholung in Reykjavík oder Húsafell oder Treffpunkt am Gletscher. Im Winter werden auch anderswo Touren angeboten.

Schlafen

Húsafell CAMPINGPLATZ €
(Ferðaþjónustan Húsafelli; ☎435 1550, Campingplatz 435 1551; www.husafell.is; Stellplatz/Hütte 1300/3500 ISK pro Pers., Hauptgerichte im Restaurant 1790–2490 ISK; ⊙Restaurant 11.30–20 Uhr) Das Ferienzentrum Húsafell umfasst Campingplätze, Hütten und Sommerhäuser sowie einen **Minimarkt**, ein **Restaurant** und ein Freiluft-**Thermalbad** (Erw./Kind 700/400 ISK, ⊙Juni–Sept. tgl. 10–20 Uhr, in der Nebensaison kürzere Öffnungszeiten).

Gamli Bær PENSION €
(☎895 1342; sveitasetrid@simnet.is; Straße 518; DZ mit/ohne Bad mit Frühstück ab 14 000/11 000 ISK) Zimmer mit und ohne Bad in einem renovierten Bauernhaus von 1908 unmittelbar östlich von Húsafell an der Straße 518.

Hallmundarhraun

Östlich von Húsafell liegen an der Straße 518 die riesigen, kargen Lavaströme Hallmundarhraun, eine unheimliche Landschaft mit gigantischen Lavaröhren. Diese langen, tunnelähnlichen Höhlen entstehen, wenn geschmolzene Lava unter einer festen Lavakruste entlangströmt. Mehrere von ihnen können besichtigt werden.

Mit einem Allradfahrzeug kann man auf der Straße F578 hinter Surtshellir weiter ins Landesinnere vordringen, vorbei am Seengebiet **Arnarvatnsheiði** und weiter nach **Hvammstangi**. Die F578 ist jedes Jahr gewöhnlich nur etwa sieben Wochen geöffnet – Näheres auf www.vegagerdin.is.

Sehenswertes

★ Viðgelmir LAVARÖHRE

(☎435 1198; www.fljotstunga.is; Touren 3000 ISK; ⊙Mai–Sept.) Die am einfachsten zugängliche Lavaröhre und gleichzeitig die größte Islands ist die 1100 Jahre alte, 1,5 km lange Röhre Viðgelmir auf privatem Gelände beim Gehöft Fljótstunga. In ihr glitzern sich stets wandelnde Eisformationen. Auf eigene Faust ist die Röhre nicht zu besichtigen, aber die freundliche Fljótstunga-Familie bietet von Mai bis August um 10, 12, 15 und 17 Uhr sowie von September bis April nach Vereinbarung 90-minütige Führungen an. Helme und Taschenlampen werden gestellt.

Surtshellir LAVARÖHRE

Ein Stückchen südöstlich von Fljótstunga markiert an der Straße 518 ein hellgelbes Schild den Abzweig auf die F578 (keine Mietwagen!) zur **Arnarvatnsheiði**. Die holprige Piste führt nach 7 km zur Surtshellir, einer spektakulären, 2 km langen Lavaröhre, die mit der Höhle **Stefánshellir** verbunden ist, einem zweiten, halb so großen Tunnel. Wer die Höhle Surtshellir auf eigene Faust erkunden möchte, braucht eine Ausrüstung zum Höhlenklettern.

Schlafen

★ Fljótstunga COTTAGES €

(☎435 1198; www.fljotstunga.is; Stellplatz 1000 ISK pro Pers., Cottages ab 8000 ISK; 📶) Der schön gelegene Hof bietet hübsche kleine Hütten mit Talblick. In Anbetracht der Lage und ihres rustikalen Charmes sind sie außerordentlich preisgünstig. Sehr viel billiger sind die Schlafsackunterkünfte. Auch zelten ist möglich und Camper können Duschen benutzen. Außerdem gibt's ein Artist-in-Residence-Programm.

Langjökull & Kaldidalur-Korridor

Südöstlich von Húsafell zieht sich das unglaublich schöne Tal Kaldidalur am Rand einiger Gletscher entlang. Es bieten sich phantastische Ausblicke auf die Eiskappe des Langjökull und an klaren Tagen auf Eiríksjökull, Okjökull und Þórisjökull. Auf dem Kaldidalur-Korridor, der unbefestigten Straße 550, kommt man nur langsam voran, aber das Eis auf den Bergen und der karge Fels machen die Strecke, die im Sommer oft in Nebel gehüllt ist, zu einem Erlebnis. Im Süden schließt sie an den Goldenen Kreis an und bietet damit die Möglichkeit, von Reykjavík aus eine verlängerte Schleife zu fahren. Die Straße 550 darf nur von genehmigten Fahrzeugen befahren werden – vor der Tour sollte die Mietwagenfirma gefragt werden.

Am besten erkundet man den Kaldidalur-Korridor mit einem eigenen Fahrzeug. Von Reykjavík und Húsafell werden jedoch auch Touren auf den Langjökull und zu seiner neuen Eishöhle angeboten. Auf keinen Fall sollte man versuchen, auf den Gletscher zu fahren!

Langjökull-Eishöhle HÖHLE

(www.icecave.is; ⊙März–Okt.) Zur Zeit der Recherche wurden auf 1260 m Höhe gerade ein großer, 300 m langer Tunnel und eine Reihe von Höhlen in den Langjökull-Gletscher gegraben. Ab Mitte 2015 sollen Ausstellungen, ein Café und eine kleine Kapelle diese Hohlräume beziehen – für Leute, die hier im Gletscher den Bund der Ehe schließen wollen. Touren werden von März bis Oktober ab Húsafell oder vom Gletscherrand (17 900 ISK) angeboten, oder ab Reykjavík (29 900 ISK) mit der Möglichkeit, den Goldenen Kreis mit einzubeziehen.

In Monstertrucks werden höchstens 80 Besucher gleichzeitig auf den Gletscher gekarrt. Die haben oben dann rund 45 Minuten Zeit zur Erkundung der Eismasse, die sich in den nächsten Jahren weiter den Berg hinunter arbeiten wird.

HALBINSEL SNÆFELLSNES

Fjorde, vulkanische Gipfel und steile Meeresklippen, goldene Strände und krustige Lavaströme bilden die vielfältige, faszinierende Landschaft der 100 km langen Halbinsel Snæfellsnes. Das Gebiet wird vom glitzernden Gletscher Snæfellsjökull gekrönt, den Jules Vernes in seinem Phantasieroman *Reise zum Mittelpunkt der Erde* verewigt hat. Gute Straßen und regelmäßige Busverbindungen machen die Halbinsel zu einem praktischen

Halbinsel Snæfellsnes

00354-7800010
22 Arb
18-19 Tour 20 105

Ausflugsziel von Reykjavík. Sie bietet in einer kompakten Region einen Querschnitt vom Besten, was Island zu bieten hat.

Das Zentrum der stärker besiedelten Nordküste bildet Stykkishólmur, die größte Stadt der Region und eine gute Basis für die Erkundung der Halbinsel. Westlich davon säumen mehrere kleinere Orte die Küste. Der Nationalpark Snæfellsjökull im Westen umfasst nicht nur einen Gletscher, sondern auch Vogelschutzgebiete und Lavafelder. An der ruhigeren Südküste befinden sich im Schatten hochaufragender Felsen mehrere gute Pferdehöfe.

Stykkishólmur

1091 EW.

Das charmante Stykkishólmur ist der größte Ort auf der Halbinsel Snæfellsnes. Er liegt an einem Naturhafen, der durch eine eindrucksvolle Basaltinsel geschützt wird. Zahlreiche bunte Häuser aus dem späten 19. Jh. tragen zur entspannten Atmosphäre des malerischen Ortes bei. Mit schönen Unterkünften und Restaurants und einer guten Anbindung an das öffentliche Verkehrsnetz ist Stykkishólmur eine hervorragende Basis für die Erkundung der Region.

In Stykkishólmur fanden Dreharbeiten zu Ben Stillers Film *Das erstaunliche Leben des Walter Mitty* (2013) statt.

Sehenswertes & Aktivitäten

★ Breiðafjörður FJORD

Die zerklüftete Halbinsel, an deren Spitze Stykkishólmur liegt, schiebt sich Richtung Norden in den atemberaubenden Breiðafjörður, einen riesigen Fjord zwischen der Halbinsel Snæfellsnes und den steil aufragenden Klippen der fernen Westfjorde. Der lokalen Überlieferung zufolge gibt es nur zwei Dinge, die nicht gezählt werden können: die Sterne am Nachthimmel und die felsigen Inselchen in dieser Bucht. Besucher des wunderschönen Breiðafjörður können sich auf tolle Ausblicke und eine reiche Vogelwelt freuen (Papageitaucher, Adler, Trottellummen usw.). Ab Stykkishólmur, Grundarfjörður und Ólafsvík werden **Bootstouren** zur Beobachtung von Walen und Papageitauchern angeboten.

★ Norska Húsið MUSEUM

(Norwegisches Haus; ☎433 8114; www.norskahusid.is; Hafnargata 5; Eintritt 800 ISK; ⏲ Juni–Aug. 12–17 Uhr; 📶) Einen großen Teil des maritimen Charmes von Stykkishólmur machen die hölzernen Lagerhäuser, Geschäfte und Wohnhäuser um den Hafen herum aus. Die meisten sind etwa 150 Jahre alt. Eines der interessantesten (und das älteste) ist das Norska Húsið, heute das Regionalmuseum. Es wurde 1832 von dem Händler und Amateurastronomen Árni Thorlacius errichtet und inzwischen sorgfältig restauriert. Es enthält eine wunderbar bunte Sammlung alter Gegenstände aus dem Ort. In der ersten Etage ist die typische Aufteilung eines Wohnhauses der Oberschicht aus dem Island des 19. Jhs. zu sehen – es war Árnis Wohnhaus und ist mit seinem Besitz ausgestattet. Im Museum finden ab und zu auch **Kunstausstellungen** statt.

★ Súgandisey LEUCHTTURM

Auf der Basaltinsel Súgandisey steht ein malerischer **Leuchtturm** mit großartigem Blick über den Breiðafjörður. Die Insel ist vom Hafen von Stykkishólmur aus über einen Steindamm zu erreichen.

Vulkanmuseum MUSEUM

(Eldfjallasafn; ☎433 8154; www.eldfjallasafn.is; Aðalgata 8; Erw./Kind 800 ISK/frei; ⏲ Mai–Sept. 11–17 Uhr) Das Vulkanmuseum geht auf die Initiative des Vulkanologen Haraldur Sigurdsson zurück und zeigt Kunst, auf der Vulkane zu sehen sind, sowie eine kleine Sammlung an Lavastücken („Magmabomben"!) und anderen Funden nach Ausbrüchen. Oben können sich Besucher einen Film anschauen. Und wer noch mehr wissen möchte, kann bei Haraldur eine ganztägige Geologietour (17 000 ISK) über die Halbinsel Snæfellsnes buchen.

Library of Water KUNSTMUSEUM

(Vatnasafn; ☎857 1221; www.libraryofwater.is; Bókhlöðustígur 17; Erw./Kind 500 ISK/frei; ⏲ Juni–Aug. 13–18 Uhr, Sept.–Mai n. V.) Entspannende Ausblicke auf die Stadt und die Bucht bieten sich von der „Wasserbibliothek" auf dem Hügel. Der von natürlichem Licht durchflutete Raum birgt eine Installation der amerikanischen Künstlerin Roni Horn (geb. 1955). In 24 Glassäulen, die mit isländischem Gletscherwasser gefüllt sind, bricht sich das Licht. Für den Fall, dass jemand eine Partie Schach spielen möchte, steht ein Brett bereit.

Stykkishólmskirkja KIRCHE

(☎438 1288; www.stykkisholmskirkja.is; ⏲10–17 Uhr) Stykkishólmurs futuristische Kirche, erbaut nach einem Entwurf von Jón Ha-

Stykkishólmur

Stykkishólmur

Highlights
1 Norska Húsið C2
2 Súgandisey D1

Sehenswertes
3 Library of Water C2
4 Stykkishólmskirkja D3
5 Vulkanmuseum C2

Aktivitäten & Touren
Gordon .... (s. 6)
6 Iceland Ocean Tours C2
7 Seatours D2
8 Sundlaug Stykkishóms C4

Schlafen
9 Bænir og Brauð C3
10 Campingplatz B4
11 Harbour Hostel C2
12 Hótel Breiðafjörður C2
13 Hótel Egilsen C2
14 Hótel Stykkishólmur C4

Essen
15 Bónus C3
16 Meistarinn B3
17 Narfeyrarstofa C2
18 Nesbrauð B4
19 Plássið C2
20 Sjávarpakkhúsið C2
21 Vínbúðin B3

Shoppen
22 Gallerí Lundi C2
23 Leir 7 .... C3

raldsson, krönt ein geschwungener Glockenturm, der wie der Rückenwirbel eines Wals aussieht. Innen hängen Hunderte Lampen von der Decke und es gibt ein großes Gemälde, auf dem die Jungfrau Maria und Jesus im Nachthimmel schweben.

FLATEY

Von den zahllosen Inseln im Breiðafjörður ist das kleine Flatey („flache Insel") die einzige, die das ganze Jahr über bewohnt ist. Im 11. Jh. beherbergte Flatey ein Kloster. Heute ist die Insel ein beliebter Zwischenstopp auf dem Weg in die Westfjorde. Hier geht alles einen etwas gemächlicheren Gang. Bestens lässt sich auf Flatey ein windiger Nachmittag inmitten bunter Häuschen und im Sturzflug herabschießender Küstenseeschwalben verbringen.

Schlafen

Hótel Flatey (☎555 7788; www.hotelflatey.is; EZ/DZ mit Frühstück 21 500/24 500 ISK; ⏲Juni–Ende Aug.) Die kuscheligen Zimmer im Hótel Flatey gehören zu den zauberhaftesten in ganz Island. Auch das hauseigene **Restaurant** (Hauptgerichte mittags 1900–3200 ISK, 3-Gänge-Menü abends 8100–8500 ISK; ⏲12–21 Uhr) ist phantastisch. An Wochenenden gibt's abends im Keller Jamsessions mit lokalen Musikern.

Krákuvör (☎438 1451; Stellplatz 1000 ISK pro Pers.; ⏲Juni–Aug.) Krákuvör bietet auf einem der Inselhöfe rund 300 m vom Schiffsanleger entfernt bescheidene Unterkünfte und Zeltstellplätze.

Læknishús (☎438 1476; DZ ohne Bad 11 000 ISK; ⏲Juni–Aug.) Das Læknishús bietet im Sommer 400 m vom Pier einfache Bauernhofunterkünfte.

An- & Weiterreise

Wer den Breiðafjörður mit der Fähre *Baldur* (S. 186) überquert und auf Flatey an Land gehen möchte, muss die erste Fähre des Tages nehmen und später von Flatey die zweite Fähre zum eigentlichen Ziel. Die Schiffe halten allerdings nur etwa fünf Minuten an der Insel. (Es gibt auch die Möglichkeit, auf der Insel zu übernachten.) Auf Flatey sind Autos nicht zugelassen. Wer mit dem Auto unterwegs ist, kann aber sein Fahrzeug ohne Zusatzkosten über den Fjord vorausschicken und auf Flatey einen Zwischenstopp einlegen.

Tagesausflügler können im Sommer eine der beiden Fähren von Stykkishólmur nehmen, auf Flatey aussteigen und mit der von den Westfjorden zurückkehrenden Fähre wieder zurück nach Stykkishólmur fahren. Man beachte, dass die Fähre nur im Sommer zweimal täglich verkehrt. Es werden auch organisierte Flatey-Touren angeboten.

Sundlaug Stykkishóms THERMALBAD, HOT POT
(☎433 8150; Borgarbraut 4; Erw./Kind 600/200 ISK; ⏲Juni–Aug. Mo–Do 7.05–22, Fr bis 19, Sa & So 10–18 Uhr, Sept.–Mai kürzere Öffnungszeiten) Wasserrutschen und Hot Pots sind die Highlights des Thermalbads in den städtischen Sportanlagen.

Geführte Touren

Seatours BOOTSTOUREN
(Sæferðir; ☎433 2254; www.seatours.is; Smiðjustígur 3; ⏲Mitte Mai–Mitte Sept. 8–20 Uhr, Mitte Sept.–Mitte Mai 9–17 Uhr) Bietet verschiedene Bootstouren wie die stark beworbene Tour „Viking Sushi", ein 1½-/2¼-stündiger Bootsausflug (5250/7090 ISK) zu Inseln, Vogelkolonien (Papageitaucher bis August) und Basaltformationen. Mit einem Netz werden Schalentiere gefangen, die dann roh verzehrt werden können. Auf dem Programm stehen auch Dinnerfahrten und die Gesellschaft betreibt die Fähre *Baldur* nach Flatey. Für Abholung ab Reykjavík sorgt Reykjavík Excursions. Mit Laden und Café.

Iceland Ocean Tours BOOTS- & VOGELBEOBACHTUNGSTOUREN
(☎517 5555; www.icelandoceantours.is; Hafnargata 4; Touren ab 5200 ISK, Leihräder 3000 ISK pro Tag; ⏲April–Sept.) Auf den Touren durch den herrlichen Fjord können die Festrumpf-Schlauchboote ganz dicht an die Inselchen mit den Vogelkolonien (Papageitaucher!) und Robben heranfahren. Die Angebotspalette umfasst Touren zur Mitternachtssonne und zur Insel Flatey.

Gordon WANDER- & ABENTEUERTOUREN
(☎517 5555; www.gordon.is; Hafnargata 4) Der Ableger von Iceland Ocean Tours veranstaltet Rundgänge durch Stykkishólmur (1200 ISK) und Superjeeptouren über die Halbinsel Snæfellsnes und den Gletscher (29 000 ISK); Abholung möglich.

Schlafen

Weitere Unterkünfte findet man über Buchungsportale, die Touristeninformation und die vor Ort erhältliche Broschüre *Styk-*

kishólmur: Town of a Thousand Islands (z. B. eine Privatunterkunft im Gästehaus Langey).

Harbour Hostel HOSTEL €
(☎517 5353; www.harbourhostel.is; Hafnargata 4; B/DZ ohne Bad ab 3400/12 900 ISK;) Das neue Hostel am Hafen gehört zu Iceland Ocean Tours und bietet mit die besten billigen Unterkünfte der Stadt: Schlafsäle, Doppelzimmer und Familienzimmer.

Campingplatz CAMPING €
(mostri@stykk.is; Aðalgata 27; Stellplatz 1000 ISK pro Pers.; ⌚Mitte Mai–Aug.;) Einfacher, vom nahen Golfplatz gemanagter Campingplatz.

★**Hótel Egilsen** BOUTIQUEHOTEL €€
(☎554 7700; www.egilsen.is; Aðalgata 2; EZ/DZ 22 000/28 500 ISK; @) Das Boutiquehotel ist eines der allernettesten Gasthäuser in ganz Island. Es residiert in einem liebevoll restaurierten Holzhaus, das zauberhaft knarzt, wenn der Wind aus dem Fjord bläst. Der freundliche Betreiber hat die gemütlichen (winzigen!) Zimmer mit traditionellen Wolldecken, Originalkunst und Biomatratzen eingerichtet. Kostenlose iPad-Benutzung und ein Frühstück aus regionalen Zutaten sind das Sahnehäubchen.

Bænir og Brauð PENSION €€
(☎820 5408; www.baenirogbraud.is; Laufásvegur 1; DZ 15 900–17 900 ISK;) Das behagliche Haus ist ein schönes Beispiel für die hervorragenden B&Bs in Stykkishólmur. Es liegt direkt am Fjord und von einigen Zimmern genießen die Gäste einen schönen Blick auf die Bucht. Die zuvorkommende Besitzerin Greta betreibt auch das Hótel Egilsen.

Hótel Stykkishólmur HOTEL €€
(☎430 2100; www.hringhotels.is; Borgarbraut 8; EZ/DZ mit Frühstück 23 000/26 300 ISK; ⌚April–Sept.; @) Die besten Zimmer in diesem auffallenden Silberkasten auf einem Hügel haben einen tollen Ausblick auf die Bucht und die Inseln. Allesamt sind sie modern und komfortabel. Außerdem gibt's im Hotel ein Restaurant (Hauptgerichte 2800–4800 ISK).

Hótel Breiðafjörður HOTEL €€
(☎433 2200; www.hotelbreidafjordur.is; Aðalgata 8; Pension B/DZ ohne Bad 3500/9800 ISK, Hotel DZ mit Frühstück 21 700 ISK; ⌚Mai–Sept.; @) Die Zimmer des Hotels, das insgesamt einen sehr nüchternen Eindruck macht, sind sauber und mit Holzimitat eingerichtet. Das Hotel führt ein paar Straßen weiter auch ein karges Gästehaus mit Schlafsälen, Doppelzimmern mit Gemeinschaftsbad und einer Gemeinschaftsküche.

Essen

Nesbrauð BÄCKEREI €
(☎438 1830; Nesvegur 1; Snacks 355–1200 ISK; ⌚8–17 Uhr) Die kleine Bäckerei an der Straße, die aus dem Ort hinausführt, ist eine gute Option für ein schnelles Frühstück und Mittagessen. Es gibt Zuckergebäck wie *kleinur* (traditionelle Schmalzkringel) und *ástar pungur* (wörtlich „Liebeskugeln", frittierte Kugeln aus Teig und Rosinen).

Meistarinn IMBISS €
(Aðalgata; Hotdogs 490 ISK, belegte Baguettes 750–1490 ISK; ⌚Juni–Aug. 12–20 Uhr) Der *pýlsuvagninn* (rollender Hotdog-Stand) bietet die besten Hotdogs in der Stadt. Jede Variante ist nach einer Person benannt, die aus Stykkishólmur stammt.

★**Narfeyrarstofa** ISLÄNDISCH €€
(☎438 1119; www.narfeyrarstofa.is; Aðalgata 3; Hauptgerichte 3600–5100 ISK; ⌚April–Mitte Okt. 12–22 Uhr, Mitte Okt.–März Sa & So 18–22 Uhr;) Das zauberhafte Restaurant wird von einem preisgekrönten Koch geführt, der für seine spitzenmäßigen Nachspeisen berühmt ist. Es ist das populärste Edelrestaurant auf Snæfellsnes. Serviert wird oben in einem Raum unterm Schrägdach, den alte Lampen mit romantischem Licht erhellen (Reservierung ist ratsam). Das Gebäude hat eine ziemlich interessante Geschichte – der Kellner erläutert auf Nachfrage gerne die Porträts an der Wand.

★**Plássið** ISLÄNDISCH, BISTRO €€
(☎436 1600; www.plassid.is; Frúarstígur 1; Hauptgerichte 1400–4200 ISK; ⌚11.30–15 & 18–22 Uhr;) Die neueste Schöpfung der Eigentümer des Narfeyrarstofa: Das bistroähnliche Lokal in der Altstadt präsentiert sich familienfreundlich und setzt bei den Weingläsern und der modernen Ausstattung elegante Akzente, begleitet von einem freundlichen Service. Aus Zutaten aus der Umgebung werden regionale Spezialitäten gezaubert. Köstlich ist gewöhnlich der Tagesfang, kombiniert mit Salat oder Gerstenrisotto. Dazu werden regionale Biere ausgeschenkt.

Sjávarpakkhúsið ISLÄNDISCH €€
(☎438 1800; Hafnargata 2; Hauptgerichte 2750–5000 ISK; ⌚Juni–Aug. So–Do 12–22, Fr & Sa bis 3 Uhr, Sept.–Mai kürzere Öffnungszeiten;) Aus

der alten Fischpackerei am Hafen wurde eine Café-Bar mit Holzeinrichtung und schöner Terrasse. Die Spezialität des Hauses sind Miesmuscheln frisch aus dem Fjord, aber auch wenn man nichts essen möchte, kann man hier tagsüber prima abhängen. Abends wird aus dem Ganzen eine gutbesuchte Bar, in der sich die Einheimischen gerne zu Musiksessions treffen.

Selbstversorger

Bónus SUPERMARKT €
(Borgarbraut 1; ⌚Mo–Do 11–18.30, Fr 10–19.30, Sa 10–18, So 12–18 Uhr) Beim Schwimmbad.

Vínbúðin ALKOHOLISCHE GETRÄNKE €
(Aðalgata 24; ⌚Juni–Aug. Mo–Do 14–18, Fr 13–19, Sa 11–14 Uhr, sonst kürzere Öffnungszeiten) Gegenüber vom Bónus an der Hauptstraße.

Shoppen

Mehrere Künstler betreiben in den Straßen um den Hafen herum kleine Galerien.

Leir 7 KUNSTHANDWERK
(www.leir7.is; Aðalgata 20; ⌚14–17 Uhr) In dieser Töpferei mitten im Ort stellt die Künstlerin Sigriður Erla aus dem dunklen Lehm des Fjords Geschirr her.

Gallerí Lundi KUNSTHANDWERK
(Aðalgata 4a; ⌚Mai–Sept. 12.30–18 Uhr) Herzliche Einheimische verkaufen Kunsthandwerk aus der Region und schenken Kaffee aus.

Praktische Informationen

Touristeninformation (☎433 8120; www.west.is; Borgarbraut 4; ⌚Juni–Aug. Mo–Fr 9–17 Uhr; 📶) Im Freizeitkomplex mit Schwimmbad. Wenn die Touristeninformation geschlossen ist, hilft das freundliche Personal der Anlage mit Tipps weiter.

An- & Weiterreise

BUS

Nach Reykjavík (2½ Std.) steigt man in Borgarnes um. Im Winter verkehren weit weniger Busse und Bus 82 fährt manchmal nur auf Bestellung.

Strætó (☎540 2700; www.bus.is):
- Bus 58 nach Borgarnes (1750 ISK, 1½ Std., 2-mal tgl.)
- Bus 82 nach Arnarstapi über Ólafsvík und Hellissandur (1750 ISK, 1¼ Std., 2-mal tgl.).

SCHIFF/FÄHRE

Fähre Baldur (☎433 2254; www.seatours.is) Die Autofähre verkehrt von Stykkishólmur über Flatey (1½ Std.) nach Brjánslækur in den Westfjorden (2½ Std.). Von Anfang Juni bis Ende August legt sie in Stykkishólmur täglich um 9 und 15.45 Uhr ab und fährt um 12.15 und 19 Uhr von Brjánslækur zurück. Im restlichen Jahr gibt es nur eine Fährverbindung pro Tag, nämlich um 15 Uhr ab Stykkishólmur (außer samstags) und zurück um 18 Uhr.

Erwachsene bezahlen 5250 ISK für die Fahrt nach Brjánslækur; Plätze für Fahrzeuge (5250 ISK zusätzlich) sollten reserviert werden. Die Hin- und Rückfahrt von Stykkishólmur nach Flatey kostet 7160 ISK. Ermäßigungen und Winterpreise sind auf der Website nachzulesen.

Von Stykkishólmur nach Grundarfjörður

Die wunderschöne Landschaft zwischen Stykkishólmur und Grundarfjörður steckt voller Geheimnisse, mit Bergen von spiritueller Dimension und aus den Sagas bekannten Lavafeldern am hellen Wasser des Fjords.

Helgafell BERG
Etwa 5 km südlich von Stykkishólmur erhebt sich der heilige Berg Helgafell (73 m). Er wurde einst von den Anhängern des Gottes Þór verehrt. Der recht kleine Hügel war in Sagazeiten so heilig, dass ältere Isländer ihn vor ihrem Tod aufsuchten. Heute glauben die Einheimischen, dass Leuten, die den Hügel besteigen, Wünsche erfüllt werden.

Im späten 10. Jh. errichtete Snorri Goði, ein Þór-Anbeter, der zum Christentum konvertiert war, auf dem Hügel eine christliche Kirche, deren Ruinen auch heute noch zu sehen sind. Auf dem nahe gelegenen Hof verbrachte die intrigante Guðrún Ósvífursdóttir aus der *Laxdæla saga* ihren einsamen Lebensabend. Ihr Grab liegt am Fuße des Hügels.

Berserkjahraun LAVAFELD
Etwa 15 km westlich der Kreuzung der Straßen 54 und 56 erstreckt sich das tief zerfurchte Lavafeld Berserkjahraun (Berserkerlava). Die von hohen Bergen umgebene Mondlandschaft ist nach einer Geschichte aus der *Eyrbyggja saga* (S. 188) benannt.

Bjarnarhöfn Shark Museum MUSEUM
(☎438 1581; www.bjarnarhofn.is; Eintritt 1000 ISK; ⌚Juni–Aug. 9–20 Uhr, Sept.–Mai kürzere Öffnungszeiten) Der Bauernhof Bjarnarhöfn ist der führende Produzent von *hákarl* (fermentiertes Haifleisch, eine traditionellen isländischen Speise) in der Region. Das Museum

erhellt die Geschichte dieser geruchsintensiven kulinarischen Kuriosität. Es zeigt Fischerboote der Familie sowie Verarbeitungsgeräte. Ein Film klärt über die Schlachtung der Haifische und den Fermentierungsprozess auf. Wenn es frisch gegessen wird, ist das Fleisch von Grönlandhaien giftig. Durch die Fermentierung wird das Gift neutralisiert. Der Grönlandhai steht übrigens auf der Roten Liste der gefährdeten Arten.

Das Museum liegt am nordöstlichen Rand des Berserkjahraun abseits der Straße 54 auf der dem Fjord zugewandten Seite.

Jeder Museumsbesucher erhält eine Kostprobe der Spezialität dazu gibt's einen *brennivín*, einen isländischen Schnaps, der auch „Schwarzer Tod" genannt wird. Im Trockenhaus hinter dem Museum hängen oft Hunderte von Haifischstücken – das Trocknen ist der letzte Schritt der Verarbeitung.

Grundarfjörður

826 EW.

Der kleine Ort Grundarfjörður liegt spektakulär an einer dramatischen Bucht im Schatten von Wasserfällen und eisbedeckten Gipfeln, die oft von Wattenebel eingehüllt sind. Mit seinen Fertighäusern anstelle von Holzhäusern sieht der Ort wie eine typische isländische Fischersiedlung aus, aber die touristischen Einrichtungen sind gut und die Umgebung ist unschlagbar.

Sehenswertes

★ Kirkjufell BERG

Es heißt, der Kirkjufell (463 m), der im Norden über den Ort wacht, sei eines der beliebtesten Fotomotive in Island. In *Das erstaunliche Leben des Walter Mitty* (2013) sieht man Ben Stiller vorbeiskateboarden. Reisende, die an einer Besteigung des Berges interessiert sind (ein Führer kostet etwa 40 €), können sich im Sagazentrum melden. An zwei Stellen sind Seile erforderlich, sodass das Besteigen des Bergs bei Nässe oder ohne Hilfe gefährlich ist.

Hinter dem Kirkjufell ergießt sich der tosende **Kirkjufellsfoss** – nicht weniger fotogen.

Sagazentrum MUSEUM

(Eyrbyggja Heritage Center; ☎438 1881; www.grundarfjordur.is; Grundargata 35; ⏲Mitte Mai–Mitte Sept. 9–17 Uhr; @📶) Das Sagazentrum umfasst eine Touristeninformation, ein Café (Emil's Café), eine Bücherei, ein Internetcafé und ein kleines Museum. Im Museum sind alte Fischerboote mitsamt Ausrüstung zu sehen und es eine Spielzeugsammlung. WLAN kostet 500 ISK pro Gerät und Stunde. Hier sind auch Karten vom Nationalpark erhältlich.

Geführte Touren

★ Láki Tours WAL- & TIERBEOBACHTUNG

(☎546 6808; www.lakitours.com) Láki Tours bietet ausgezeichnete Angel- sowie Papageitaucher- und Walbeobachtungstouren ab Grundarfjörður und Ólafsvík. Die Papageitaucher-Tour (5000 ISK) ab Grundarfjörður führt zur wundervollen Basaltinsel **Melrakkaey** mit Kolonien von Papageitauchern, Dreizehenmöwen und anderen Meeresvögeln und tollem Ausblick auf den Kirkjufell. Walbeobachtungstouren (7900–8900 ISK) werden je nach Saison angeboten, führen aber ins beste Walrevier der Region – möglicherweise bekommt man Schwert-, Finn-, Blau, Minke- und Buckelwale zu Gesicht. Touren und Abfahrtspunkte sind auf der Website verzeichnet. Mit Laden und Café.

Snæfellsnes Excursions BUSTOUREN

(☎616 9090; www.sfn.is; Touren ab 10 000 ISK) Tagesausflüge zu den wichtigsten Sehenswürdigkeiten auf der Halbinsel Snæfellsnes ab Stykkishólmur, Grundarfjörður und Ólafsvík.

Schlafen

Unterkünfte auf den Landspitzen der Umgebung findet man bei **Icelandic Farm Holidays** (www.farmholidays.is).

Jugendherberge Grundarfjörður HOSTEL €

(☎562 6533; www.hostel.is; Hlíðarvegur 15; B ab 4100 ISK, DZ mit/ohne Bad ab 15 500/11 200 ISK; @📶) Hier gibt's alles von sauberen Schlafsälen bis zu schicken, apartmentartigen Zimmern. Die Rezeption befindet sich im roten Haus unter obiger Adresse, die Unterkünfte verteilen sich auf mehrere Häuser im Ort. HI-Mitglieder erhalten 700 ISK Ermäßigung.

Hótel Framnes HOTEL €€

(☎438 6893; www.hotelframnes.is; Nesvegur 8; DZ/4BZ mit Frühstück 23 220/34 110 ISK; @📶👪) Das behagliche Hafenhotel hat eine große Lobby sowie Zimmer und Apartments mit See- oder Bergblick. Das hauseigene **Restaurant** (Hauptgerichte 4000–5000 ISK; geöffnet 18.30–21.30 Uhr) ist jeden Abend geöffnet und serviert fangfrischen Fisch.

WIE EIN BERSERKER

Der *Eyrbyggja saga* zufolge hatte vor langer Zeit ein Bauer aus Hraun die Nase voll davon, dass er, um seinen Bruder auf Bjarnarhöfn zu besuchen, um die zerklüfteten Lavaströme herumgehen musste. Auf dem Rückweg von einer Reise nach Norwegen brachte er zwei Berserker mit, um sie auf seinem Hof zu beschäftigen – gewalttätige Kämpfer, die in Wikingerzeiten als bezahlte Schläger angeheuert wurden. Zu seiner Bestürzung fand einer der Berserker Gefallen an seiner Tochter. Er ging zum örtlichen Häuptling, Snorri Goði, und bat ihn um Rat, aber Snorri hatte selbst ein Auge auf die Bauerntochter geworfen. Er empfahl, dem Berserker eine unerfüllbare Aufgabe zu stellen. Der Bauer beschloss, dem verliebten Berserker die Hand seiner Tochter zu versprechen, wenn er in der Lage wäre, eine Passage durch das hinderliche Lavafeld zu schaffen – unmöglich für einen normalen Mann.

Zum Schrecken beider machten sich die Berserker an die Arbeit und räumten mitten durch die tückische Mondlandschaft eine Passage frei. Statt sein Versprechen einzulösen, setzte der Bauer die zwei in einer Sauna fest und ermordete sie. Seine Tochter gab er Snorri zur Frau. Die Passage durch das Berserkjahraun (S. 186) ist immer noch zu sehen. In einem Grab, das in der Gegend entdeckt wurde, fand man die sterblichen Überreste von zwei großen Männern.

Essen

Emil's Cafe CAFÉ €
(Grundargata 35, Sagazentrum; Hauptgerichte 1190–1690 ISK; 9–22 Uhr; WLAN) Das muntere Café im Sagazentrum ist die beste Adresse für Cappuccinos, heiße Suppe und Sandwiches.

Meistarinn IMBISS €
(Hotdogs 490–540 ISK, Sandwiches 650–1490 ISK; Juni–Sept.) Die Speisen auf der Karte der rollenden Wurstbude sind nach Mitgliedern des dänischen Königshauses benannt.

Supermarkt LEBENSMITTEL €
(Grundargata 38; Juni–Aug. 9–22 Uhr, Sept.–Mai kürzere Öffnungszeiten) Nicht weit vom Sagazentrum befinden sich ein kleiner Supermarkt und eine Tankstelle mit Imbiss.

RúBen INTERNATIONAL €€
(438 6446; Grundargata 59; Hauptgerichte 2100–4900 ISK; Juni–Aug. So–Do 10–23, Fr & Sa bis 1 Uhr, Sept.–Mai kürzere Öffnungszeiten) Mit seinem freundlichen Personal, der unkomplizierten Atmosphäre und einem breiten Angebot von Pasta über Burgern bis zu Fish & Chips und Lamm steht das RúBen bei den Einheimischen hoch im Kurs. Das opulente Frühstück (1200–2500 ISK) wird bis 14 Uhr serviert.

An- & Weiterreise

Strætó (540 2700; www.bus.is):
- Bus 82 Stykkishólmur–Arnarstapi (700 ISK nach Stykkishólmur, Juni–Aug. 2-mal tgl., Sept.–Mai 3-mal wöchentl.; verkehrt über Ólafsvík und Hellissandur; hält in Grundarfjörður an der N1-Tankstelle).

Ólafsvík

981 EW.

Der starke Fischgeruch, der von der Fischfabrik ausgeht, macht das ruhige Örtchen nicht gerade attraktiv. Ólafsvík ist zwar die älteste Handelsstadt im Land (die Handelserlaubnis stammt aus dem Jahr 1687), aber nur wenige Originalbauten blieben erhalten. Für Reisende ist der Ort am ehesten als Ausgangsbasis für Walbeobachtungstouren und ein Essen im Hraun interessant.

Sehenswertes

Pakkhúsið MUSEUM
(433 6930; Ólafsbraut; Erw./Kind 500 ISK/frei; Juni–Aug. 12–17 Uhr) Das „Packhaus" ist ein mäßig interessantes Heimatmuseum, das die Entwicklung der Stadt zum Handelszentrum erzählt.

Ólafsvíkurkirkja KIRCHE
(http://kirkjanokkar.is; Juni–Aug. 8–18 Uhr) Ólafsvíks moderne Kirche besteht vollständig aus dreieckigen Elementen.

Geführte Touren

Einige Walbeobachtungstouren von Láki Tours (S. 187) beginnen hier. Die hiesigen Gewässer und das Gebiet westlich von der Spitze der Halbinsel sind die besten Walsichtungsreviere der Region.

Schlafen & Essen

Campingplatz CAMPING €
(Dalbraut; Stellplatz 500/500/1000 ISK pro Pers./Zelt/Wohnmobil; ⌚ Juni–Aug.) Zelten auf dem hiesigen Campingplatz ist möglich, aber besser ist der Campingplatz im benachbarten Hellissandur.

Hringhótel Ólafsvík HOTEL €€
(☎436 1650; www.hringhotels.is; Ólafsbraut 20; DZ & Studio 19 300 ISK; @ 📶) Das große Hotel hat im Hauptgebäude rein funktionale Zimmer, aber im gegenüberliegenden Nebengebäude gibt's gute Studios mit kleiner Küche und teils mit Seeblick. Bei Reisegruppen beliebt.

Hraun INTERNATIONAL €€
(☎431 1030; Grundarbraut 2; Hauptgerichte 2000–5000 ISK; ⌚ Juni–Aug. tgl. 12–24 Uhr, Sept.–Mai Mo–Do 12–14, Fr–So 12–24 Uhr; 📶) Das neu eröffnete Restaurant residiert in einem Gebäude aus hellem Holz mit breiter Terrasse davor, das sofort gute Laune macht. Es ist das einzige echte Restaurant am Ort und erfreut seine Gäste mit ausgezeichneten frischen Muscheln, Hamburgern und Fisch sowie Bier vom Fass.

Praktische Informationen

Touristeninformation (☎433 6929; Kirkjutún 2; ⌚ Juni–Aug. Mo–Fr 9–12 & 12.30–17, Sa & So 10–16 Uhr, Sept.–Mai kürzere Öffnungszeiten) Die Touristeninformation der Region Snæfellsbær befindet sich in einem weißen Gebäude hinter dem Pakkhúsið.

An- & Weiterreise

Strætó (☎540 2700; www.bus.is) – im Winter telefonisch vorab buchen:

- Bus 82 Stykkishólmur–Arnarstapi (1050 ISK nach Stykkishólmur, Hochsaison 2-mal tgl., Nebensaison 3-mal wöchentl.; hält an der Tankstelle).
- Nach Reykjavík (3850 ISK, 3½ Std.) muss man in Vatnaleið in den Bus 58 umsteigen und danach noch einmal in Borgarnes.

Rif

161 EW.

Rif ist ein Mini-Hafendorf, im Vergleich zu dem Ólafsvík wie eine Großstadt aussieht. In der Ferne ist der tief stürzende Wasserfall **Svödufoss** mit Kaskaden und spektakulären Basaltsäulen zu sehen.

Zwischen Rif und Hellissandur steht in **Ingjaldshóll** einsam eine **Kirche** von 1903. Ingjaldshóll ist der Schauplatz der *Víglundar saga*. Wenn die Kirche geöffnet ist, kann man drinnen ein **Gemälde** sehen, auf dem Christoph Kolumbus bei seinem (mutmaßlichen) Besuch in Island 1477 dargestellt ist. Manche Leute glauben, dass er mit der Handelsmarine nach Island kam und sich nach den Wikingerfahrten nach Vínland erkundigte.

Schlafen & Essen

Frystiklefinn HOSTEL €
(☎865 9432; www.frystiklefinn.is; Hafnargata 16; B 4600 ISK) Diese urige neue Herberge vereint karge 6-Betten-Schlafsäle mit einem coolen Laden für Theater und Konzerte unter einem Dach. Im Sommer wird ein umfassendes Programm mit Theateraufführungen, Geschichtenerzählen und Musik geboten – Näheres auf der Website. Dort findet man auch die aktuellen Öffnungszeiten für den Winter.

★ **Gamla Rif** CAFÉ €
(☎436 1001; Háarifi 3; Kuchen ab 850 ISK, Fischsuppe 1900 ISK; ⌚ Juni–Aug. 12–20 Uhr) Das Gamla Rif wird von zwei Fischerfrauen betrieben, die verfeinerte traditionelle Snacks verkaufen, freundlich Reisetipps für die Umgebung parat haben und leckeren Kaffee und Kuchen servieren. Für sehr Hungrige gibt es auch eine klasse Fischsuppe (aus dem Tagesfang ihrer Männer) mit frischem Brot.

Hellissandur

396 EW.

Hellissandur ist das älteste Fischerdorf der Gegend. Heute ist hier nicht mehr viel los – von den tollen Ausblicken auf den Gletscher und den Fjord abgesehen.

Sehenswertes

Sjómannagarður MUSEUM
(Schifffahrtsmuseum; ☎436 6619; Útnesvegur; Erw./Kind 500 ISK/frei; ⌚ Juni–Mitte Aug. Di–Fr 9.30–12 & 13–18, Sa & So 13–18 Uhr, Mitte Aug.–Mitte Sept. Di–So 13–18 Uhr) Das kleine Schifffahrtsmuseum beherbergt neben der *Bliki*, dem ältesten Fischerboot Islands, und dem tollen Nachbau eines Grassodenhauses eines Fischers viele alte Fotos und lauter Krimskrams, darunter **Hebesteine**, mit denen angehende Fischer ihre Kraft unter Beweis stellten.

Schlafen & Essen

Campingplatz CAMPING €
(Stellplatz 500/500 ISK pro Pers./Zelt) Der voll ausgestattete Campingplatz ist einer der besten. Er liegt direkt auf einem rissigen Lavafeld.

★ **Hótel Hellissandur** HOTEL €€
(☎430 8600; www.hotelhellissandur.is; Klettsbuð 7; DZ mit Frühstück 16 250 ISK; 📶) Das solide Hotel mag von außen nichtssagend aussehen, wartet aber mit guten, sauberen Zimmern mit modernen Bädern auf. Von einigen Zimmern im obersten Geschoss bieten sich Blicke auf den Gletscher. Mit seinem freundlichen Personal und vielen modernen Annehmlichkeiten bietet das Hotel ein tolles Preis-Leistungsverhältnis. In dem überraschend guten **Restaurant** (Hauptgerichte 1790–4900 ISK) stehen isländische Klassiker sowie Hamburger u. Ä. auf der Speisekarte.

An- & Weiterreise

Strætó (☎540 2700; www.bus.is):
➡ Bus 82 Stykkishólmur–Arnarstapi (1400 ISK nach Stykkishólmur, hält an der N1-Tankstelle).

Nationalpark Snæfellsjökull

Der **Nationalpark Snæfellsjökull** (☎436 6860; www.snaefellsjokull.is) umfasst einen großen Teil der Halbinsel Snæfellsnes mitsamt den zerklüfteten Hängen des Snæfellsjökull. An den Flanken des Gletschers am Ende der Halbinsel liegen Lavaröhren. Die geschützten Lavafelder sind die Heimat isländischer Fauna und in Küstennähe erstklassige Vogel- und Walbeobachtungsposten.

Wenn sich der Nebel um den Gletscher herum lichtet, tritt dessen riesiger Eisschild zutage. Seine Berühmtheit verdankt der Gletscher Jules Verne, der ihn als Schauplatz für seinen Roman *Reise zum Mittelpunkt der Erde* nutzte. In dem Roman begeben sich ein deutscher Geologe und sein Neffe auf die Reise in den Krater Snæfell, wobei sie sich von einem isländischen Text aus dem 16. Jh. mit folgendem Ratschlag leiten lassen:

> *Steig hinab in den Krater Sneffels Yocul, welchen der Schatten des Scartaris vor dem ersten Juli liebkoset, kühner Wanderer, und du wirst zum Mittelpunkt der Erde gelangen. Das habe ich vollbracht.*
>
> *Arne Saknussemm*

Der Nationalpark ist von **Wanderwegen** durchzogen und bei gutem Wetter lässt sich der Gletscher im Rahmen einer Tour oder mit einem Führer besuchen. Das Besucherzentrum des Nationalparks (S. 192) befindet sich in Hellnar und auch in den anderen Touristeninformationen der Gegend sind Karten und Auskünfte erhältlich. Sehr gut ist auch die Online-Karte des Parks. Die Ranger bieten ein tolles Sommerprogramm mit **kostenlosen geführten Touren**; Näheres im Internet.

Snæfellsjökull

Es ist leicht nachzuvollziehen, warum Jules Verne den Snæfell für seinen Abenteuerroman auswählte – der Gipfel wurde auseinandergerissen, als der Vulkan explodierte und in seine eigene Magmakammer hineinstürzte, sodass eine riesige Caldera entstand. Unter bestimmten New-Age-Gruppen gilt der Snæfellsjökull als eines der großen „Kraftzentren" der Welt.

Heute ist der an der höchsten Stelle 1446 m hohe Krater mit Eis aufgefüllt und im Sommer ein beliebtes Wanderziel. Am besten gelangt man im Rahmen einer Tour ab Hellnar oder Arnarstapi (S. 193) hinauf zum Gipfel. Diese Touren führen über die Piste F570 auf der Südseite des Gletschers. Der nördliche Zugang über die F570 ab Ólafsvík ist extrem holprig (nur per Allradfahrzeug zu bewältigen) und oft wegen Wetterschäden geschlossen. Selbst die fittesten und bestens ausgestatteten Wanderer dürfen den Gletscher nicht ohne örtlichen Guide besteigen; mehr Infos gibt's im Besucherzentrum des Nationalparks in Hellnar.

Öndverðarnes

Dort, wo an der Westspitze von Snæfellsnes die Straße 574 nach Süden führt, verläuft ein winziges Sträßchen (579), das nur teilweise asphaltiert ist, über einen alten Lavastrom nach Westen zur Spitze der Halbinsel Öndverðarnes, die sich ausgezeichnet zur **Walbeobachtung** eignet.

An dieser Strecke durch schwarze Lavaklippen hindurch liegt **Skarðsvík**, ein goldener Strand mit Basaltwürfeln. In den 1960er-Jahren wurde hier ein Wikingergrab entdeckt und es ist gut nachzuvollziehen, warum diese atemberaubende Stelle als letzte Ruhestätte auserkoren wurde.

Hinter Skarðsvík wird der Weg erheblich holpriger, ist aber weiter mit einem Pkw befahrbar. Links zweigt ein Fußweg über zerklüftete Lava zum imposanten Vulkankrater **Vatnsborg** ab. Geradeaus geht's weiter zu einer T-Kreuzung. Links liegen die spektakulären **Vogelfelsen Svörtuloft** (Saxhólsbjarg) sowie ein hoher oranger **Leuchtturm**. Rechts verläuft parallel zum Meer ein holpriger Weg zu einem gedrungenen, ebenfalls orangen **Leuchtturm**. Vom Parkplatz beim Leuchtturm kann man bis zur Spitze der Halbinsel gehen, um nach **Walen** Ausschau zu halten, oder 200 m Richtung Nordosten bis zum alten Steinbrunnen **Fálkí**, von dem es früher hieß, dass er drei Arten Wasser enthält: frisches, heiliges und Bier!

Saxhöll

Südöstlich der Halbinsel Öndverðarnes zweigt von der Straße 574 eine gekennzeichnete Piste zum Schlackekrater Saxhöll ab, von dem ein Teil der Lava der Gegend stammt. Ein befahrbarer Weg führt zum Fuß des Kraters, der auf einem holprigen, 300 m langen Weg bestiegen werden kann; von oben bieten sich Ausblicke über die gewaltigen Lavaströme **Neshraun**.

Djúpalón & Dritvík

An der Südwestküste zweigt die Straße 572 von der 574 ab und führt hinunter zum wilden schwarzsandigen Strand **Djúpalónssandur**. Hier lohnt sich ein Spaziergang, vorbei an Felsformationen (einer Elfenkirche und dem Felsen **Kerling**, einer Trollfrau), zwei brackigen Becken, denen der Strand seinen Namen verdankt, und dem Felstor **Gatklettur**. Ein asphaltierter Parkplatz mit öffentlichen Toiletten macht die Gegend auch für Reisebusse zugänglich.

Unten am Strand liegen vier **Hebesteine**, mit denen die Besatzungen von Fischerbooten die Kräfte potenzieller Fischer prüften. Der kleinste Stein ist Amloði (Versager) mit 23 kg, gefolgt von Hálfdrættingur (halbe Portion) mit 54 kg sowie Hálfsterkur (halbstark) mit 100 kg und der größte ist Fullsterkur (volle Stärke) mit 154 kg. Hálfdrættingur markierte die Grenze zur Schwächlichkeit – wer diesen Stein nicht heben konnte, galt als ungeeignet für ein Leben auf See. Außerdem ist der schwarze Sand mit verrostetem Metall von dem englischen Trawler *Eding* übersät, der 1948 hier zerschellte.

Auf dem Weg Richtung Norden über das zerklüftete Kap zum schwarzen Sandstrand von **Dritvík** erhebt sich an der Küste eine Reihe von **Felstürmen** aus dem Ozean, von denen einige zu einer Trollkirche gehören sollen. Vom 16. bis zum 19. Jh. war Dritvík mit bis zu 60 Booten die größte Fischfangstation Islands, heute sind davon jedoch nur noch Ruinen am Rand des Lavafeldes übrig.

Vatnshellir

Die 8000 Jahre alte Lavaröhre mit zahlreichen Höhlen liegt 1 km nördlich von Malariff 32 m unter der Erdoberfläche. An der Straße 574 befindet sich eine Haltebucht, aber die Röhre kann nur im Rahmen von Führungen besichtigt werden.

Cave Vatnshellir LAVARÖHRENTOUR, FÜHRUNG
(☎ 665 2818; www.vatnshellir.is; Touren Erw./Kind 2500/1000 ISK) Bietet beliebte 45-minütige Führungen durch die Lavaröhre Vatnshellir. Die Führer erläutern die faszinierenden geologischen Phänomene und erzählen auch etwas über die Trolllegenden der Region. Helme und Taschenlampen werden gestellt. Teilnehmer sollten sich warm anziehen, Wanderstiefel und am besten auch Handschuhe tragen. Die Touren beginnen von Mitte Mai bis September von 10 bis 18 Uhr jeweils zur vollen Stunde. Außerdem bietet Cave Vatnshellir auch Gletschertouren.

Malariff & Lóndrangar

Etwa 2 km südlich des Djúpalónssandur führt eine geteerte Straße hinunter zum raketenförmigen Leuchtturm von **Malariff**. Von dort kann man in östlicher Richtung 1 km an der Steilküste entlang zu den Gesteinssäulen von **Lóndrangar** gehen, die sich in überraschenden Formationen in die Höhe recken. Den Einheimischen zufolge benutzen Elfen sie als Kirche. Ein Stück weiter östlich liegen die **Vogelfelsen Þúfubjarg**, die auch von der Straße 574 aus zu erreichen sind.

Südliches Snæfellsnes

Östlich des Nationalparks führt die Küstenstraße 574 an den Örtchen Hellnar und Arnarstapi (hier sind Anbieter von Gletschertouren vor Ort) und interessanten, vom Meer geschaffenen Felsformationen vorbei. Weiter geht's auf dem breiten Küstenstreifen Richtung Osten, vorbei an riesigen Sandbuchten wie Breiðavík auf der einen Seite und hohen Gipfeln mit Wasserfällen auf der anderen Seite. In dieser Gegend bieten sich tolle Möglichkeiten zum Reiten.

Der Strætó-Bus 82 fährt von Stykkishólmur im Nordosten um die Westspitze der Halbinsel herum und dann Richtung Osten bis Arnarstapi. Auf der Südseite der Halbinsel fahren östlich von Arnarstapi keine öffentlichen Verkehrsmittel; hier ist ein eigenes Fahrzeug hilfreich.

Hellnar

8 EW.

Bárður, von dem die *Bárðar saga Snæfellsáss* handelt, war teils Riese, teils Troll und teils Mensch. Er lebte in einem Gebiet namens **Laugarbrekka** bei Hellnar, einem idyllischen Ort an einer felsigen Bucht. Gegen Ende der turbulenten Saga wird Bárður zum Schutzgeist des Snæfell. Hellnar ist ein winziges Fischerdorf, wo Seevögel kreischen und man regelmäßig Wale sehen kann.

Sehenswertes

Die **Bárðarlaug** oben an der Hauptstraße soll Bárðurs Badebecken gewesen sein – leider ist das Wasser im Becken heute nicht mehr warm. An der Küste liegt die Höhle **Baðstofa**, in der eine Menge Vögel nisten. Ganz in der Nähe nimmt der **Küstenpfad nach Arnarstapi** seinen Anfang. Uralte Lavaströme ziehen sich mit einem Samtmantel aus Moos bedeckt durch das **Hellnahraun** Richtung Osten.

★ Besucherzentrum Hellnar – Gestastofa PARK, MUSEUM

(Besucherzentrum des Nationalparks Snæfellsjökull; ☎ 591 2000, 436 6888; www.snaefellsjokull.is; ⌚20. Mai–10. Sept. 10–17 Uhr, sonst kürzere Öffnungszeiten; 📶) GRATIS Das Zentrum ist neben einem Informationsbüro mit Karten (2000 ISK) und Broschüren (300 ISK) zum Nationalpark Snæfellsjökull auch ein Museum zu Geologie, Geschichte, Flora und Fauna sowie dem Brauchtum in der Region. Im Sommer werden **kostenlose geführte Touren** angeboten; Näheres auf der Website oder per E-Mail. Ebenfalls im Gebäude befindet sich das Primus Café. Das Parkbüro in Hellissandur dient Verwaltungszwecken und ist nicht öffentlich zugänglich.

Schlafen & Essen

★ Hótel Hellnar HOTEL €€

(☎ 435 6820; www.hellnar.is; EZ/DZ mit Frühstück ab 22 800/26 200 ISK; ⌚Mai–Sept.; 📶) Mit seinen sonnendurchfluteten, komfortablen Zimmer ist das Hótel Hellnar die beste Unterkunft in der Gegend und daher oft ausgebucht. Selbst wenn keine Übernachtung geplant ist, lohnt sich unbedingt ein Abendessen im hauseigenen **Restaurant** (Hauptgerichte abends 3450–4950 ISK; ⌚Mai–Sept. 18–21.30 Uhr). Hier werden isländischen Gerichte aus regionalen Biozutaten zubereitet und zum Nachtisch gibt's himmlischen *skyr*-Kuchen. Reservieren!

Primus Café CAFÉ €

(☎ 865 6740; Besucherzentrum Hellnar; Hauptgerichte 1390–1980 ISK; ⌚10–21 Uhr) Einladendes Café für Kuchen, Suppen und einfache Gerichte.

★ Fjöruhúsið FISCH & MEERESFRÜCHTE, CAFÉ €€

(☎ 435 6844; Hauptgerichte 2300–2800 ISK, Kuchen 950 ISK; ⌚Juni–Aug. 10–22 Uhr, April–Mai & Sept.–Okt. kürzere Öffnungszeiten) Das idyllische Fjöruhúsið und seine berühmte Fischsuppe lohnen den Abstieg zum Meeresufer über einen Steinweg. Das Lokal liegt bei den Vogelklippen am Startpunkt eines entzückenden Weges von Hellnar nach Arnarstapi. Außerdem wird hier der Kaffee in nettem altmodischem Porzellan serviert.

Arnarstapi

Die Ansammlung von Sommerhäuschen ist mit Hellnar durch die Hauptstraße und einen wundervollen Küstenpfad verbunden. Sie schmiegt sich zwischen die unruhigen arktischen Gewässer und die verwitterten Säulen zweier aneinandergrenzender Lavafelder. Ein **Denkmal** erinnert an Jules Verne und auf einem witzigen Schild sind die Entfernungen zu wichtigen Städten auf der Welt durch den Mittelpunkt der Erde hindurch angegeben. Ein zweites, riesiges trollartiges **Denkmal** würdigt Bárður, den Schutzgeist der Region und die Hauptfigur einer örtlichen Saga.

KÜSTENWANDERUNG

Auf Regionalkarten sind zwischen den Sehenswürdigkeiten auf der Halbinsel Snæfellsnes zahllose Wege verzeichnet. Einer der beliebtesten und schönsten ist der 2,5 km lange Küstenpfad (ca. 40 Min.) von Hellnar nach Arnarstapi. Der schmale Weg folgt der zerklüfteten Küste durch ein Naturschutzgebiet und führt an Lavaströmen und erodierten Steinhöhlen vorbei.

VON ARNARSTAPI RICHTUNG GLETSCHER

Wer von Arnarstapi die F570 hochfährt, kommt am 526 m hohen Berg **Stapafell** vorbei, wo angeblich das kleine Volk (die Elfen) wohnt. Zu ihren Ehren sind Miniaturhäusergiebel auf die Felsen gemalt. Weiter geht's vorbei an einem eingebrochenen Krater mit Lavahöhlen etwa 1,5 km abseits der Hauptstraße. Die größte Höhle ist **Sönghellir** (Liederhöhle) mit Graffiti aus dem 18. Jh. – hier sollen Zwergenlieder widerhallen.

Arnarstapi ist der beste Ausgangspunkt für den Aufstieg auf die Gletscherkrone des Snæfellsjökull; es werden aber auch Touren ab Reykjavík angeboten, z. B. von Arctic Adventures (S. 72).

Geführte Touren

Cave Vatnshellir (S. 191) und Gordon (S. 184) bieten Touren zum Snæfellsjökull.

★ Go West! ABENTEUER- & RADTOUREN
(☎695 9995; www.gowest.is) Das freundliche Paar Jon Joel und Maggy bietet umweltfreundliche Rad-, Wander-, Boots- und Gletschertouren sowie Touren zu heißen Quellen. Die Snæfellsjökull-Gletschertouren (9000–22 000 ISK) sind Wanderungen; Steigeisen und Eisäxte werden gestellt. Go West! bietet außerdem Touren in Südisland sowie Touren ab Reykjavík.

Snæfellsjökull Glacier Tours SCHNEEMOBILTOUREN
(☎663 3371; www.theglacier.is; Pistenraupen-/Schneemobiltouren 11 000/25 000 ISK; ⏲März–Juli) Von März bis Juli finden sechsmal täglich 1½-stündige Touren mit Pistenraupen statt, die den Gletscher bis auf 1410 m Höhe befahren. Bis Mitte Juni sind auch Schneemobiltouren im Programm.

Schlafen

Snjófell PENSION, CAMPINGPLATZ €
(☎435 6783; www.snjofell.is; Stellplatz 1500 ISK pro Zelt, DZ/4BZ 14 500/19 100 ISK; ⏲Mai–Sept.;) Snjófell bietet einfache Unterkünfte und Verpflegung. Gäste können draußen auf einem Rasen ihr Zelt aufbauen (keine Duschen!) oder im Gästehaus nächtigen. Auf der Karte im Restaurant mit Grassodendach (Hauptgerichte 2000–4500 ISK) steht vor allem Fisch.

An- & Weiterreise

Richtung Osten verkehren keine öffentlichen Verkehrsmittel. Wer nach Reykjavík möchte, nimmt den Bus 82 bis nach Vatnaleið (an der Kreuzung der Straßen 56 und 55) und steigt dort in den Bus 58 nach Borgarnes um, wo man ein weiteres Mal umsteigen muss.

Strætó (☎540 2700; www.bus.is):
➡ Bus 82 Stykkishólmur–Arnarstapi (Sommer 2-mal tgl., Winter 3-mal wöchentl.).

Rauðfeldsgjá

Unmittelbar nördlich von Arnarstapi und dem Berg Stapafell zweigt ein kleiner Weg von der 574 zur atemberaubenden Rauðfeldsgjá ab, einer steilen, engen Spalte, die in der Klippenwand verschwindet. Vögel kreisen durch die Lüfte, durch die Schlucht rauscht ein Bach und man kann zwischen den steilen Felswänden recht weit herumkraxeln. Wie ein Schild am Parkplatz erläutert, taucht die Schlucht in einer dramatischen Szene der örtlichen Saga von Bárður auf.

Breiðavík

Östlich der Rauðfeldsgjá führt die Straße 574 an der langen Sandbucht Breiðavík vorbei. Die windgepeitschte Küste mit ihrem gelben Sandstrand ist wunderbar ruhig, jedoch schwer zu erreichen. Das Küstenweideland entlang der Berge von hier Richtung Osten nach Vegamót zählt zu den besten Reitrevieren Islands. Hier sind mehrere Pferdehöfe ansässig, die international einen Namen haben.

Am Ostrand der Breiðavík wird auf einer Tafel die grausame Geschichte von Axlar-Björn erzählt, einem berüchtigten isländischen Serienmörder des 16. Jhs.: In mageren Zeiten hielt er sich mit dem Meucheln von Reisenden über Wasser.

Geführte Touren

Stóri Kambur REITEN
(☎852 7028; www.storikambur.is) Der familienbetriebene Reiterhof bietet 1½- bis dreistündige Ausritte am Strand, an klaren Tagen mit Gletscherblick.

Búðir & Búðahraun

In **Búðir** stehen eine einsame Kirche und ein Hotel, aber vom alten Fischerdorf ist an den zerklüfteten, moosigen kleinen Buchten

ABSTECHER

EXTRATOUR: STRASSE 590

Die 100 km lange Piste, die im normalen Pkw befahrbar ist, folgt der spektakulären Küste der oft vergessenen Halbinsel zwischen der Halbinsel Snæfellsnes und den Westfjorden (Abzweig von Straße 60 bei Fellströnd). Windgepeitschte Gehöfte scheinen fest in der Vergangenheit zu verharren und felsige Berge ziehen sich gen Himmel bis hoch zu ihren flachen Granitgipfeln.

Der Hof **Hvammur** am Beginn der Straße hat eine ganze Reihe prominenter Isländer hervorgebracht, darunter Snorri Sturluson, den Verfasser der *Prosa-Edda*. Der Hof wurde etwa 895 von Auður djúpúðga (Auður der Tiefgründigen) besiedelt. Sie war die Frau des irischen Königs Olaf Godfraidh, der eine kleine Rolle in der *Laxdæla saga* spielte. Zufälligerweise wuchs auch der Gelehrte Árni Magnússon in Hvammur auf, der bei einem Großbrand 1728 in Kopenhagen die wichtigsten Handschriften der Isländersagas vor dem Feuer rettete.

Übernachten können Reisende in der kürzlich renovierten **Vogur Country Lodge** (☎894 4396; www.vogur.org; EZ/DZ/4BZ 19 200/22 800/28 500 ISK;) oder in der abgeschiedenen, aber gemütlichen Pension **Nýp** (☎896 1930; www.nyp.is; Skarðsströnd; DZ mit Frühstück 15 500 ISK;). Kurz vor **Skarð**, einem Gehöft, das seit über 1000 Jahren derselben Familie gehört, gibt es auch einen Campingplatz.

nichts mehr zu sehen. Ein Weg führt über das angeblich von Elfen bewohnte, uralte Lavafeld **Buðahraun**, das unter Naturschutz steht. In seinen Kuhlen und Spalten gedeihen Blumen und Farne, viele davon wiederum selbst geschützte isländische Arten. Über den Weg kommt man zum Krater **Búðaklettur**. Die Wanderung zum Krater und zurück dauert etwa drei Stunden. Der Überlieferung zufolge führt eine mit Gold und Edelsteinen gepflasterte Lavaröhre unter der Búðahraun bis nach Surtshellir im oberen Borgarfjörður.

Schlafen

Hótel Buðir HOTEL €€€

(☎435 6700; www.hotelbudir.is; Buðir; DZ mit Frühstück 34 900–49 900 ISK;) Das windgepeitschte, an einem romantisch-einsamen Küstenabschnitt gelegene Hótel Buðir versucht sich stilvoll zu geben, wird aber von Reisegruppen überschwemmt. Den besten Ausblick und einen winzigen Balkon genießen die Gäste in Zimmer 28. Das Restaurant (Hauptgerichte 4700–5700 ISK) ist manchmal nur für die Reisegruppen geöffnet.

Von Lýsuhóll nach Gerðuberg

In dieser Gegend gibt's einige Pferdehöfe, teils mit Unterkünften. Wiesen und Sandstrände vor der Kulisse von Lavafeldern und Bergen sind ein tolles Reitrevier.

Sehenswertes & Aktivitäten

Gerðuberg NATURDENKMAL

Wo sich die Straße 54 zwischen der Halbinsel Snæfellsnes und dem Festland in eine Kurve legt, erheben sich aus der Ebene die dramatischen Basalttürme der Klippe Gerðuberg.

Ytri-Tunga ROBBEN

An der Küste bei dem verlassenen Gehöft Ytri-Tunga unmittelbar östlich von Hof ist manchmal eine Robbenkolonie zu Gast.

★ **Lýsuhólslaug** THERMALBAD

(Eintritt 550 ISK; Juni–Mitte Aug. 13–20 Uhr) Die Thermalquelle der Lýsuhólslaug speist das Bad mit kohlensäurehaltigem, mineralreichem Wasser mit einer idealen Temperatur von 37 bis 39 °C. Das trübe Grün im Becken ist kein Grund zu erschrecken – in dem eisenreichen Wasser bilden sich reichlich Algen. Die Quelle liegt gleich hinter dem Gestüt Lýsuhóll.

Geführte Touren

★ **Lýsuhóll** REITEN

(☎435 6716; www.lysuholl.is; DZ/4BZ mit Frühstück 18 500/30 000 ISK, Ferienhäuser 20 000 ISK;) Pferdefreunde werden sich hier wohlfühlen: Die sympathische Besitzerin präsentiert am Frühstückstisch stolz ihre Auszeichnungen. Selbst wer nicht an einer Reittour teilnimmt, wird eine Übernachtung in einem Häuschen auf dem Hof genießen.

Die Reitführer zeigen Gästen gerne die Stallungen. Er werden sowohl kurze Ausflüge (1 Std. 5000 ISK) als auch mehrtägige Reitexkursionen angeboten.

Schlafen

Gistiheimilið Hof APARTMENTS, HÜTTEN €
(☎435 6802; www.gistihof.is; DZ mit/ohne Bad 15 600/12 480 ISK, 2-Schlafzimmer-Hütten 26 000 ISK;) Das freundliche Gästehaus Hof bietet verschiedene einfache Unterkünfte im Apartmentstil, jede mit eigenem Whirlpool, sowie freistehende Häuschen mit eigenem Bad und Gemeinschafts-Kochhütte. Außerdem gibt's Schlafsackunterkünfte, Ferienhäuser und schöne Ausblicke.

Gistihúsið Langaholt PENSION €€
(☎435 6789; www.langaholt.is; Görðum; Stellplatz 1000 ISK pro Pers., DZ 24 000 ISK; Restaurant 8–21 Uhr;) Das Langaholt ist zugleich Golferparadies, Pension, Campingplatz und Restaurant. Es wird geführt von einem leutseligen Vater und seinen zwei Söhnen. Von den modernen, einfachen Zimmern bieten sich schöne Ausblicke und das Restaurant serviert leckere Meeresfrüchte (1900–3900 ISK). Eine Runde auf dem 9-Loch-Golfplatz kostet 2500 ISK (Schläger werden verliehen).

Hotel Rjúkandi HOTEL €€
(☎435 6690; www.rjukandi.com; Vegamót; DZ ab 19 300 ISK, Snacks 350–890 ISK; Café 10–21 Uhr;) Vegamót bedeutet Kreuzung und genau an einer solchen befindet sich das Hotel, Café und Restaurant. Das Rjúkandi Kaffi neben der Tankstelle fällt wahrscheinlich als Erstes ins Auge. Fröhliche Einheimische genießen hier Kuchen und Tagessuppen. Wer übernachten möchte, bekommt hier ein einfaches, sauberes Zimmer mit Bad, 2013 gebaut.

Im kürzlich eröffneten **Restaurant** werden perfekt präsentierte isländische Speisen serviert.

DALIR

Der landschaftlich schöne Korridor mit sanft gewellten Feldern und von Flüssen ausgewaschenen und zerklüfteten Felsen zwischen Westisland und den Westfjorden war Schauplatz der *Laxdæla saga*, der beliebtesten isländischen Saga. Sie handelt vom Liebesdreieck zwischen Guðrún Ósvífursdóttir, die als schönste Frau Islands galt, und den Pflegebrüdern Kjartan Ólafsson und Bolli Þorleiksson. Im Verlauf der typischen Sagageschichte wickelte Guðrún beide Männer um den Finger, schmiedete Ränke und intrigierte, bis beide am Ende tot waren – Kjartan wurde von Bolli getötet und Bolli von Kjartans Brüdern. Die meisten Isländer kennen diese Geschichte auswendig und schätzen die Gegend, in der sie spielt, als historisch bedeutsam.

Eiríksstaðir

Gehöft (Nachbau) HISTORISCHES GEBÄUDE
(☎434 1118; www.leif.is; Erw./Kind 1250 ISK/frei; Juni–Aug. Mo–Fr 9–18 Uhr) Auf dem Hof Eiríksstaðir lebte Eiríkur Rauði (Erik der Rote), Vater von Leifur Eiríksson, der als der erste Europäer gilt, der Amerika einen Besuch abstattete. Von dem ursprünglichen Gehöft sind nur noch vage Umrisse vorhanden, aber mit Materialien und Werkzeugen, die zur Zeit Eriks zur Verfügung standen, wurde das Grassodenhaus nachgebaut. Führer in historischer Kleidung erzählen den Besuchern die Geschichte von Erik dem Roten, der später die erste europäische Siedlung auf Grönland gründete. Eiríksstaðir liegt 8 km landeinwärts östlich der Kirche von Stóra-Vatnshorn am Fluss Haukadalsá und ist über die teils asphaltierte Straße 586 zu erreichen.

Búðardalur

171 EW.

Sehenswertes

Leifsbúð MUSEUM
(☎434 1441; www.dalir.is; Juni–Aug. Mo–Fr 10.30–18, Sa & So 11–16 Uhr;) Unten am Hafen befinden sich unter einem Dach ein Heimatmuseum, eine Touristeninformation und ein Café. Interessant ist die Wikingerausstellung über Leif Eriksson und Erik den Roten.

Schlafen

Dalakot PENSION €€
(☎434 1644; www.dalakot.is; Dalbraut 2; EZ/DZ/3BZ ohne Bad 11 900/15 900/20 900 ISK, DZ/3BZ mit Bad 18 900/23 900 ISK; Restaurant 12–22 Uhr;) Das Dalakot bietet blitzsaubere, einfache Zimmer und ein Restaurant mit einem breiten Angebot an Speisen und zusätzlich täglich wechselnden isländischen Spezialitäten (Hauptgerichte 1500–2800 ISK).

ABSTECHER

ERPSSTAÐIR

Der Milchbauernhof **Erpsstaðir** (☎843 0357; www.erpsstadir.is; Eintritt zum Kuhstall Erw./Kind 600 ISK/frei; ⌚Juni–Mitte Sept. 13–17 Uhr;) ist bestens geeignet, um sich bei einem Zwischenstopp die Beine zu vertreten. Der Hof an der wunderschönen Straße 60 zwischen Búðardalur und Ringstraße ist stellt köstliche Eiscreme (400 ISK) her. Der Bauernhof mit den Kühen, Hühnern, Hasen und Meerschweinchen kann besichtigt werden; zum Schluss gibt's zur Belohnung ein Eis. Der Hof verkauft auch *skyr* und Käse. Der reine Gaumenkitzel ist das raketenförmige *skyr-konfekt* – mit weißer Schokolade überzogenes, dickes *skyr*. Wer schon zum Frühstück Eis essen will, kann auf Erpsstaðir auch nächtigen (ab 13 000 ISK).

Shoppen

Bolli Craft KUNSTHANDWERK
(☎434 1410; www.facebook.com/bollicraft; Vesterbraut 12) Cooles Kunsthandwerk aus der Region wie handgestrickte Pullover und charmante Elfen.

An- & Weiterreise

Strætó (☎540 2700; www.bus.is):
➡ Bus 59 Borgarnes–Holmavík (Mo, Mi & Fr–So 1-mal tgl.; hält in Búðardalur an der N1-Tankstelle).

Hjarðarholt & Umgebung

Die Region Dalir spielt zwar in vielen bekannten isländischen Sagas eine zentrale Rolle, aber von den Gehöften aus der Sagazeit ist kaum noch etwas erhalten. Nichts ist mehr zu sehen von **Hjarðarholt**, dem Gehöft von Kjartan Ólafsson und seinem Vater Ólaf dem Pfau. Ihr Hof mit Sagaszenen an den Wänden und einem riesigen Speisesaal für bis 1100 Gäste galt als eines der Wunderwerke der nordischen Welt. An seiner Stelle steht heute eine schöne **Kirche** mit tollem Blick auf das Tal. Auf **Höskuldsstaðir**, ganz in der Nähe und wie Hjarðarholt an der Laxá gelegen, wurde Hallgerður die Langbeinige (auch die Langhaarige genannt) geboren, die Frau von Gunnar aus Hlíðarendi aus der *Njáls saga*. Zu den anderen wichtigen Bewohnern des Hofs gehörten Bolli und sein Ziehbruder Kjartan aus der *Laxdæla saga*.

Laugar & Umgebung

Unmittelbar nördlich der Stelle, an der die Straße 590 von der Straße 60 nach Westen abzweigt, befindet sich **Laugar**, der Geburtsort der schönen Guðrun Ósvífursdóttir aus der *Laxdæla saga*. Historiker gehen davon aus, dass sie **Guðruns Bad** gefunden haben: Das heiße Becken ist oberhalb des Eingangs zum Hótel Edda ausgeschildert und verfügt über eine kleine Umkleidehütte. **Tungustapi** in der Ferne ist eine große Elfenkathedrale.

Das freundliche **Hótel Edda** (☎444 4930; www.hoteledda.is; Sælingsdalur; Stellplatz 1000 ISK pro Pers., DZ mit/ohne Bad 22 000/11 000 ISK; ⌚6. Juni–Ende Aug.;) hat einen neueren Flügel mit modernen Zimmern, ein älteres Nebengebäude mit Schlafsaalflair und Gemeinschaftsbädern sowie Schlafsackunterkünfte. Das **Restaurant** (Hauptgerichte 2600–4100 ISK; ⌚6. Juni–Ende Aug. 18–21 Uhr) wird für sein mit Engelwurz gefüttertes Lamm hoch gelobt.

Interessant ist das gepflegte **Dalir-Heimatmuseum** (☎434 1328; ⌚Juni–Aug. 13–18 Uhr) GRATIS unter dem Restaurant. Der Kurator ist ein origineller Zeitgenosse, der eine Menge über die großartige Geschichte der Region Dalir weiß. Wer sich seinen Weg durch zahllose Ausstellungsstücke gebahnt hat, gelangt ganz am Ende zu einem an dieser Stelle unerwarteten Nachbau einer traditionellen *baðstofa* (Wohn-/Schlafstube).

Die Westfjorde

Inhalt ➡

Gut essen

- Heimsendi Bistro (S. 204)
- Simbahöllin (S. 206)
- Húsið (S. 211)
- Tjöruhúsið (S. 211)
- Stúkuhúsið (S. 203)

Schön übernachten

- Hótel Djúpavík (S. 221)
- Hótel Laugarhóll (S. 220)
- Jugendherberge Bíldudalur (S. 205)
- Einarshúsið (S. 213)
- Camping im Naturschutzgebiet Hornstrandir (S. 217)

Auf an die Westfjorde

Die Westfjorde sind landschaftlich wohl das Schönste, was Island zu bieten hat – und hier gibt's keine Spur von Massentourismus: Nur 14 % der Besucher kommen her. Im Süden ziehen sich zerklüftete Vogelfelsen und breite, farbenreiche Strände die Küste entlang. Ausgefahrene Straßen folgen atemberaubenden Fjorden, die von winzigen Fischerdörfern gesäumt sind, deren Bewohner hartnäckig an der traditionellen Lebensweise festhalten, und führen über gewaltige Berge Richtung Norden. Die Krönung dieser stillen Region ist das Wanderparadies Hornstrandir. Noch einsamer ist nur die Küste von Strandir mit heißen Quellen und winzigen Weilern am Meer. Hier scheint man am Ende der Welt angelangt zu sein.

Für eine Fahrt zu den Westfjorden sollte genügend Zeit eingeplant werden. Die unbefestigten Straßen winden sich kurvenreich die Fjorde entlang und die Passstraßen sind mit Schlaglöchern übersät. Manchmal kommt man kaum voran, aber die Landschaft ist ergreifend und das Leben hier oben faszinierend.

Entfernungen (km)

	Patreksfjörður	Þingeyri	Ísafjörður	Hólmavík	Norðurfjörður
Þingeyri	129				
Ísafjörður	175	47			
Hólmavík	234	265	221		
Norðurfjörður	333	348	303	105	
Reykjavík	397	405	450	230	334

Highlights

1 An den Klippen von **Látrabjarg** (S. 201) Papageitaucher beobachten und den rosafarbenen Strand **Rauðasandur** (S. 202) erkunden

2 Im **Naturschutzgebiet** **Hornstrandir** (S. 215) auf zerklüfteten Felsen nach Polarfüchsen Ausschau halten

3 Die unberührte Wildheit der **Strandir-Küste** (S. 218) genießen, im charmanten Djúpavík pausieren und in die Krossneslaug eintauchen

4 Im Kajak die Fjorde erkunden und in **Ísafjörður** (S. 208), der Hauptstadt der Westfjorde, ein heimisches Bier zischen

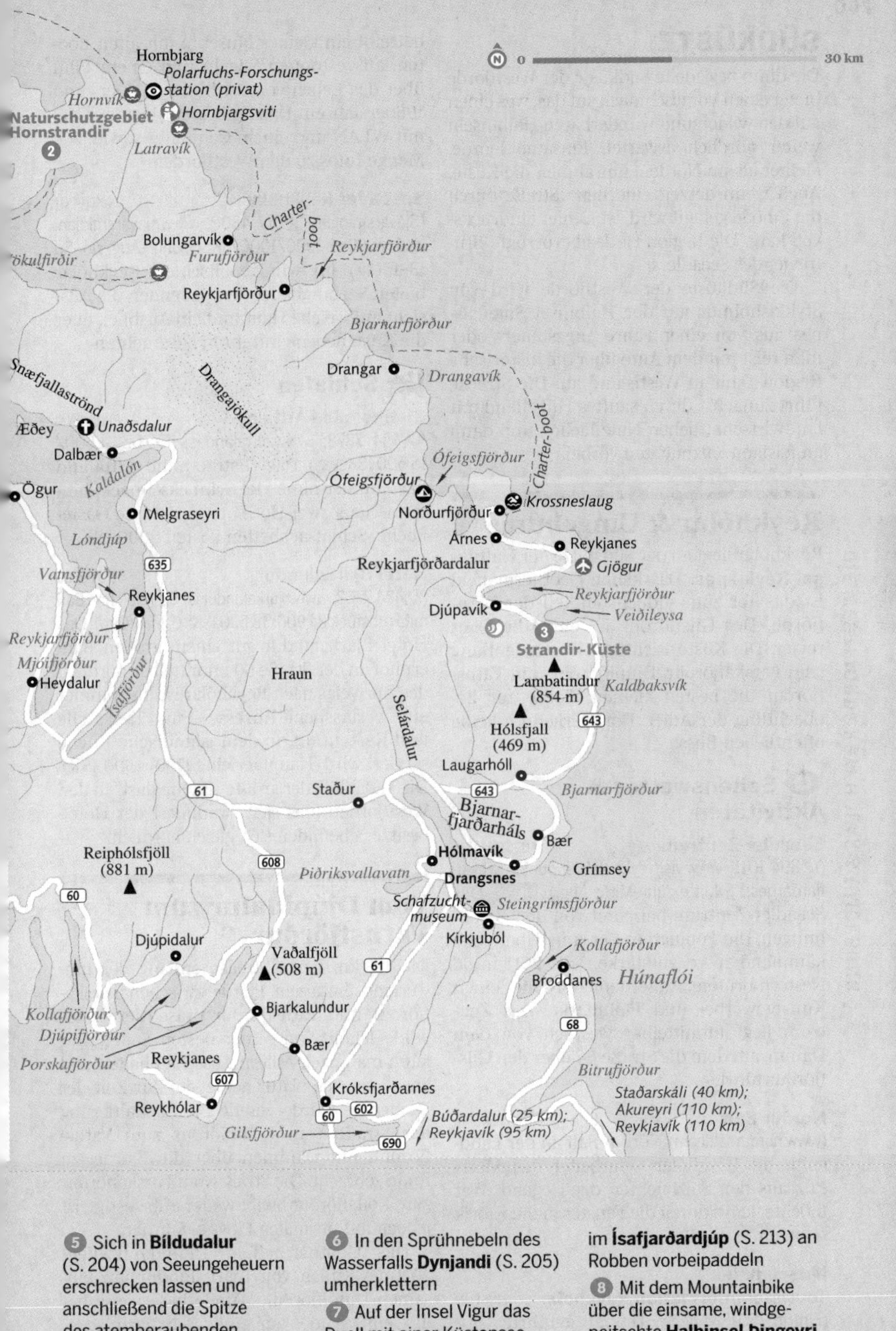

5 Sich in **Bíldudalur** (S. 204) von Seeungeheuern erschrecken lassen und anschließend die Spitze des atemberaubenden Arnarfjörður ansteuern

6 In den Sprühnebeln des Wasserfalls **Dynjandi** (S. 205) umherklettern

7 Auf der Insel Vigur das Duell mit einer Küstenseeschwalbe annehmen oder im **Ísafjarðardjúp** (S. 213) an Robben vorbeipaddeln

8 Mit dem Mountainbike über die einsame, windgepeitschte **Halbinsel Þingeyri** (S. 206) kurven

SÜDKÜSTE

Die dünn besiedelte Südküste der Westfjorde bietet einen Vorgeschmack auf das, was einen auf den wilden und wunderbaren Halbinseln weiter nördlich erwartet. Einsame Fjorde, kleiner als im Norden, umrahmen die Küste. Auch wenn derzeit eine neue Straße durch die Einöde gebaut wird, ist es hier eindrucksvoll karg. Die Region ist das bevorzugte Brutrevier des Seeadlers.

Die Südküste der Westfjorde wird von Stykkishólmur auf der Halbinsel Snæfellsnes aus von einer Fähre angesteuert oder man reist mit dem Auto über die historische Region Dalir in Westisland an. Die Strecke führt zunächst durch sanftes Hügelland mit landwirtschaftlichen Nutzflächen und dann an felsigen Salzbuchten vorbei.

Reykhólar & Umgebung

Reykhólar liegt an der Südspitze der **Halbinsel Reykjanes**. Das kleine Geothermalfeld ist das Tor zum südlichsten Teil der Westfjorde. Der Gilsfjörður ist ein Adlerbrutrevier. Die Küste Richtung Westen entlang sind Þorskafjörður, Djúpifjörður und Vatnsfjörður die besten kleinen Fjorde zur Beobachtung der Adler. Dort verkehren keine öffentlichen Busse.

Sehenswertes & Aktivitäten

Seeadler-Zentrum AUSSTELLUNG
(☎894 1011; www.visitreykholahreppur.is; Króksifjarðarnes; ⌚Mitte Juni–Mitte Aug.) GRATIS Das Seeadler-Zentrum berichtet von den Bemühungen, die Population der ums Überleben kämpfenden Art zu stärken, die 2011 in 66 Nestern brütete. Außerdem gibt's hier einen Kunstgewerbe- und Flohmarkt. Das Zentrum liegt unmittelbar westlich von dem Damm, auf dem die Straße 66 über den Gilsfjörður führt.

Norður Salt SALZFABRIK
(www.nordursalt.com) Norður Salt an der Landspitze in Reykhólar verarbeitet das Meersalz aus den Salzbuchten der Gegend. Wer möchte, kann durch die Fenster in die Fabrik schauen.

Museum der Touristeninformation Reykhólar MUSEUM
(Eintritt 750 ISK; @📶) Die gut geführte **Touristeninformation** (www.visitreykholahreppur.is; Snacks 400–1000 ISK; ⌚Juni–Aug. 11–17 Uhr) betreibt ein kleines Museum mit alten Booten, ausgestopften Vögeln und einem Film über das Leben vor Ort in den 1950er- und 1960er-Jahren. Dazu gibt's ein kleines Café mit WLAN und einem Computer sowie jede Menge Infos zu den Westfjorden.

Seebäder Reykhólar HOT POT
(Sjávarsmiðjan; ☎577 4800; www.sjavarsmidjan.is; Erw./Kind 2900/1000 ISK; ⌚Juni–Aug. Do–So 13–17 Uhr) Im windgepeitschten Reykhólar bieten Seetangbäder den Badenden die Aussicht auf weiche Haut und ein Ausblick über die Küstenebene mit ihren Salzbuchten.

Schlafen

Gistiheimilið Álftaland PENSION €
(☎434 7878; www.alftaland.is; EZ/DZ 11 500/15 500 ISK; 📶) Das Gistiheimilið Álftaland hat Zimmer ohne viel Schnickschnack, hinterm Haus zwei Hot Pots sowie eine Gästeküche. Schlafsackbetten kosten 6000 ISK.

Hótel Bjarkalundur HOTEL €€
(☎434 7762; www.bjarkalundur.is; DZ mit/ohne Bad mit Frühstück 24 900/18 500 ISK; ⌚Mai–Okt.) Das Hótel Bjarkalundur auf einem großen Bauernhof an der Straße 60 unmittelbar nördlich des Abzweigs nach Reykhólar ist im Sommer eine verlässliche Adresse – mit Tankstelle und Restaurant, in dem isländische Küche serviert wird (Hauptgerichte 1700–4500 ISK). Die Vaðalfjöll, der größte „Elfenpalast" in den Westfjorden (das sagt zumindest der Hotelbesitzer), befinden sich gleich nördlich.

Vom Djúpidalur zum Vatnsfjörður

Die 128 km lange Strecke entlang der umwerfend einsamen Fjorde zwischen Þorskafjörður und Vatnsfjörður präsentieren das wilde Island von seiner besten Seite. Hier kann man nach Adlern Ausschau halten und ansonsten die Natur genießen. Zur Zeit der Recherche wurde gerade die Asphaltierung der Straße vom Kollafjörður zum Vatnsfjörður, mit Dämmen über die Fjorde, zu Ende gebracht. Die Straße vom Þorskafjörður zum Kollafjörður bleibt weiter unbefestigt, ist jedoch mit normalen Pkws befahrbar.

Das Geothermalfeld Djúpidalur liegt 20 km westlich von Bjarkalundur am einsamen Djúpifjörður. Wunderbarerweise hat das einladende, auf einer Schaffarm gelegene **Gästehaus Djúpidalur** (☎434 7853; djupidal@simnet.is; B 6000 ISK; ⌚ganzjährig) den

Fjord ganz für sich allein und bietet neben Unterkünften ein **Geothermalbad** (Erw./Kind 400/100 ISK; ⌚8–23 Uhr), das auch Tagesgästen offensteht. Schlafsackunterkunft kostet 4000 ISK.

Flókalundur

Flókalundur liegt am Ende des Vatnsfjörður an der Stelle, wo die Straße zu Arnarfjörður und Ísafjörður abzweigt und es geradeaus weiter zu den südwestlichen Halbinseln geht. Flókalundur ist nach dem Wikinger Hrafna-Flóki Vilgerðarson benannt, der Island 860 seinen Namen gab.

Heute ist das Interessanteste in der Gegend das **Naturschutzgebiet Vatnsfjörður**. Es wurde zum Schutz des Gebietes rund um den See Vatnsdalsvatn eingerichtet, der eine Niststätte für Kragenenten und Eistaucher ist. Um den See herum und in die Berge dahinter führen mehrere **Wanderwege**.

Wanderbroschüren für den Vatnsfjörður gibt es im **Hótel Flókalundur** (☎456 2011; www.flokalundur.is; Stellplatz 1200 ISK pro Pers., EZ/DZ mit Frühstück 16 700/21 600 ISK; ⌚Mitte Mai–Mitte Sept.; 📶), einem kürzlich modernisierten Gebäude im Bungalowstil. Die kleinen, sauberen Zimmer mit renovierten Bädern sind mit Holz vertäfelt. In dem verlässlich guten **Restaurant** (Hauptgerichte 1690–4800 ISK; ⌚11–14 & 18–22 Uhr) werden isländische Standardgerichte und Hamburger aufgetischt und die Gäste blicken auf den Fjord. Außerdem kann hier gezeltet werden.

Abseits der Straße 62 liegt 500 m vom Hótel Flókalundur inmitten der Felsen an der Küste der natürliche Hot Pot **Hellulaug**. Bei Flut springen die Einheimischen ins eisige Meer und rennen dann zurück zum Schwimmbad, um sich im 38 °C warmen Wasser wieder aufzuwärmen – Nachahmen erlaubt!

Von Brjánslækur nach Patreksfjörður

Brjánslækur ist nichts weiter als die Anlaufstelle der Fähre *Baldur* (S. 186) von Stykkishólmur und Flatey. 2014 fuhren hier keine Busse mehr, doch sollte der Betrieb 2015 wieder aufgenommen werden. Ein Bus soll im Sommer nach Ísafjörður fahren, ein weiterer ganzjährig nach Patreksfjörður (im Winter im Voraus buchen!). Über Stykkishólmur soll eine Busverbindung nach Reykjavík bestehen. Vielleicht gibt's auch Verbindungen nach Látrabjarg. Über den Stand der Dinge informiert www.westfjords.is.

Hinter dem Fähranleger verläuft die ausgefahrene Straße 62 entlang der sandigen Küste bis zur Spitze des malerischen Patreksfjörður, des ersten Fjords der südwestlichen Halbinseln.

BENZIN & STRASSEN

In den Westfjorden sollte man bei jeder sich bietenden Gelegenheit nachtanken, da es hier nur wenige Tankstellen gibt.

➡ Auf der offiziellen Touristenkarte der Westfjorde sind die N1-Tankstellen verzeichnet.

➡ An vielen Tankstellen gibt's kein Personal. Zum Tanken braucht man eine Kreditkarte mit PIN.

➡ An Tankstellen mit Personal sind N1-Karten erhältlich, auf die man ein Guthaben laden kann. Das empfiehlt sich für den Fall, dass die Kreditkarte mal nicht angenommen wird.

➡ Die Straßen sind oft nicht asphaltiert und mitunter richtige Buckelpisten, dafür ist die Landschaft immer sehr schön. Die meisten Straßen sind mit einem normalen Pkw befahrbar.

SÜDWESTLICHE HALBINSELN

Die dreizackförmigen Halbinseln im Südwesten der Westfjorde haben eine spektakuläre Landschaft. Sie ist eine echte Wildnis: Glitzerndes, blaues Wasser schlägt an weiße, schwarze, rote und rosa Strände und steil aufragende Felsen und imposante Berge ziehen sich die Fjorde entlang. Das beliebteste Reiseziel in der Region ist Látrabjarg, eine 12 km lange Steilküste, auf der im Sommer Abertausende nistender Seevögel zu Hause sind. Auf den holprigen Straßen in dieser so gut wie unbewohnten Gegend ist langsames Fahren angezeigt – einmal tief durchatmen, alle kommen an!

Halbinsel Látrabjarg

Die abgeschiedene Halbinsel Látrabjarg ist für ihre dramatische Steilküste und ihre reiche Vogelwelt bekannt, aber sie bietet auch einsame Strände in verschiedenen Farbtönen und jede Menge Gelegenheiten für ausgedehnte Spaziergänge. Die Straßen hier sind sandig und uneben.

Sehenswertes & Aktivitäten

Nach dem Wechsel von Straße 62 auf Straße 612 kommt man am Ende des Fjordes zu dem vor sich hin rostenden Rumpf des Fischerbootes *Garðar*. Von dort führt die Straße an leeren goldenen Stränden, dem kleinen Flugplatz von Sauðlauksdalur und mehreren Sehenswürdigkeiten auf der Halbinsel vorbei.

★ Rauðasandur STRAND

Am Südrand der Halbinsel erstreckt sich in Schattierungen von tiefem Rosa und Rot der atemberaubende Strand Rauðisandur. Hinter dem von der Brandung bestürmten Strand liegt eine große azurblaue Lagune – ein außergewöhnlich schöner und ruhiger Ort. Der Strand ist von den Vogelfelsen von Látrabjarg aus zu Fuß über einen Küstenwanderweg (ca. 20 km) zu erreichen. Mit dem Auto zweigt man von der Straße 612 auf die Buckelpiste 614 ab und folgt dieser etwa 10 km.

★ Breiðavík STRAND

Bei Breiðavík wird ein großer, umwerfend schöner Sandstrand von felsigen Klippen und türkisfarbenem Wasser eingerahmt. Das idyllische Plätzchen ist sicher einer der besten Strände Islands und normalerweise menschenleer. Hier befindet sich das große Gästehaus Breiðavík.

Minjasafn Egils Ólafssonar MUSEUM

(Hnjótur-Museum; ☎456 1511; www.hnjotur.is; Hnjótur; Erw./Kind 1000 ISK/frei; ⏲Mai–Aug. 10–18 Uhr) In Hnjótur, etwa 10 km westlich von Sauðlauksdalur, lohnt sich ein Besuch des Museums Minjasafn Egils Ólafssonar. Die zusammengewürfelte Sammlung enthält abgewrackte Fischerboote und eine Darstellung der Geschichte dieser Region, in der Walfang und Landwirtschaft eine entscheidende Rolle spielen. Es sind Filmaufnahmen eines Schiffsunglücks von 1947 zu sehen. Es gibt ein einfaches Café (Snacks ab 450 ISK).

Hvallátur STRAND

Der winzige Weiler Hvallátur etwa 8 km westlich von Breiðavík liegt an einem wunderbaren weißen Sandstrand. Service-Einrichtungen gibt's hier keine.

★ Vogelfelsen Látrabjarg VOGELBEOBACHTUNG

An der Spitze der Halbinsel kommt der **Leuchtturm von Bjargtangar** an Europas westlichstem Punkt (die Azoren nicht mitgerechnet) in Sicht. Gleich daneben beginnen die bekannten Klippen von Látrabjarg. Die spektakuläre, zwischen 40 und 400 m hohe Steilküste erstreckt sich über eine Länge von 12 km. Im Frühsommer wird sie von nistenden Vögeln belagert und ist selbst für den widerstrebendsten Vogelverächter ein Erlebnis. Von Juni bis Mitte August nisten hier Papageitaucher, Tordalken, Trottellummen, Kormorane, Eissturmvögel, Seemöwen und Dreizehenmöwen.

An klaren Tagen liegen auf den Schären um den Leuchtturm herum sonnenbadende Seehunde. Die Vögel sind am besten abends zu beobachten, wenn sie in ihre Nester zurückkehren. Bei starkem Wind in der Nähe der Steilküste Vorsicht geboten: Hier gibt's keinerlei Sicherung!

Geführte Touren

Tourenveranstalter in Patreksfjörður bieten geführte Vogelbeobachtungs- und Wandertouren an. Dazu wird ein Treffpunkt auf der Halbinsel verabredet.

Festivals & Events

Rauðasandur-Festival MUSIK

(www.raudasandurfestival.is) Beliebtes dreitägiges Musikfestival Anfang Juli mit Zelten am Strand bei Melanes.

Schlafen & Essen

Campingplatz Brunnar CAMPING €

Zelten kann man in Brunnar, etwa 2 km vor den Vogelklippen von Látrabjarg (nordöstlich). Plumpsklos stehen zur Verfügung, es gibt aber kein fließendes Wasser. An den Klippen zu zelten, ist verboten.

Campingplatz Melanes CAMPING €

(☎565 1041; Stellplatz 800 ISK pro Pers.; ⏲Juni–Mitte Sept.) Der einfache Campingplatz befindet sich auf der Grasfläche hinter der Bucht von Rauðasandur, 4 km von der Abzweigung von der Straße 614 nach Rauðasandur entfernt. Es gibt fließendes Wasser und zwei Spülklosetts. Hier findet jedes Jahr das Rauðasandur-Festival (S. 202) statt.

Breiðavík PENSION €€

(☎456 1575; www.breidavik.is; Stellplatz 1900 ISK pro Pers., DZ mit/ohne Bad mit Frühstück 27 000/18 500 ISK; ⏲Mitte Mai–Mitte Sept.; 📶) Das

Gästehaus Breiðavík am herrlichen cremefarbenen Sandstrand gleichen Namens ist für das, was es bietet – einfache Zimmer, Schlafsackunterkünfte (10 000 ISK) und Camping – recht teuer. Doch die Lage ist einmalig und eine Übernachtung auf der Halbinsel ist auf jeden Fall ein besonderes Erlebnis. Es gibt eine Waschküche, ein Restaurant, eine Gästeküche und einen Grillplatz.

Hótel Látrabjarg HOTEL €€
(☎456 1500; www.latrabjarg.com; Örlygshöfn; DZ mit/ohne Bad ab 27 000/21 500 ISK; ⊙Mitte Mai–Mitte Sept.) Aus einem ehemaligen Internat wurde ein komfortables Hotel mit einfachen, geschmackvollen Zimmern und einem Restaurant. Um zum Hotel zu gelangen, biegt man kurz hinter dem Museum in Hnjótur rechts auf die Straße 615 ab und folgt dieser rund 3 km.

Kirkjuhvammur CAFÉ
(☎866 8129; Rauðasandur; Snacks 1000–2500 ISK; ⊙Mitte Juni–Aug. 13–18 Uhr) Auf einem Bauernhof namens Kirkjuhvammur hinter Rauðasandur befindet sich ein kleines Café. Bei Ebbe kann man bis hinunter zum Riff gehen.

An- & Weiterreise

Ab 2015 fahren vielleicht wieder Busse zwischen Brjánslækur, Látrabjarg und Rauðasandur – Infos auf www.westfjords.is. Ansonsten ist die Gegend mit einem eigenen Auto oder auf einer geführten Tour zu erreichen.

Patreksfjörður

662 EW.

Das kleine Patreksfjörður ist das größte Dorf in diesem Teil der Westfjorde und ein günstiger Ausgangspunkt für Ausflüge auf die Halbinsel Látrabjarg. Vom Ort bieten sich tolle Ausblicke auf die Felsen und es gibt gute Versorgungsmöglichkeiten für Reisende, die auf dem Weg in noch einsamere Fjorde sind. Patreksfjörður ist nach dem hl. Patrick von Irland benannt, dem geistlichen Vorbild des ersten Siedlers in der Gegend, Örlygur Hrappson.

Geführte Touren

★ Westfjords Adventures WANDERTOUREN, JEEPTOUREN
(☎456 5006; www.westfjordsadventures.is; Aðalstræti 62) Der wichtigste Tourenanbieter der Gegend veranstaltet alles von Vogelbeobachtung und Wanderungen auf der Halbinsel Látrabjarg (ab 12 900 ISK für 8 Std.) bis zu ganztägigen Jeeptouren an den Fjorden entlang (ab 19 900 ISK) oder auf der abgeschiedenen „Kjaran's Avenue", einer rauen Piste durch die Berge (28 900 ISK). Außerdem werden verschiedene Boots-, Walbeobachtungs- und Angeltouren (ab 6000 ISK) auf dem Patreksfjörður sowie Ausflüge zu entfernteren Zielen geboten. Es gibt einen Fahrradverleih (2 Std./pro Tag 2500/6000 ISK).

Das Büro verkauft Karten, gibt Tipps und hilft bei der Buchung von Unterkünften.

Umfar WANDERTOUREN
(☎892 9227; www.umfar.is) Der Wanderspezialist Umfar kooperiert bei Wanderungen auf der Halbinsel Látrabjarg mit Westfjords Adventures.

Schlafen

Campingplatz Patreksfjörður CAMPING €
(Aðalstræti 107; Stellplatz 1300 ISK pro Pers.; ⊙Juni–Mitte Sept.) Kommunaler Campingplatz auf einer Wiese an der Hauptstraße am Fjord mit Duschen und Küche.

Fox Hostel HOTEL €
(☎892 3414; www.foxhostel.is; Aðalstræti 62; EZ/DZ 11 600/15 600 ISK; 📶) Das 2014 eröffnete Hostel bietet sonnige Zimmer mit Bad in einem renovierten Haus, teils mit Fjordblick.

Fosshótel Westfjorde HOTEL €€
(Fosshótel Vestfirðir; ☎456 2004; www.fosshotel.is; Aðalstræti 100; EZ/DZ mit Frühstück ab 26 200/29 400 ISK; 📶) Ein historisches Gebäude im Ort wurde zu diesem Hotel mit modernen Zimmern mit Bad, Flachbild-TVs und Fjord- oder Bergblick umgebaut.

Essen

In Patreksfjörður können sich Reisende vor der Fahrt in die abgeschiedeneren Fjorde bestens mit Proviant versorgen oder auch essen gehen.

★ Stúkuhúsið CAFÉ €€
(☎456 1404; www.stukuhusid.is; Aðalstræti 50; Hauptgerichte 1630–4690 ISK; ⊙Juni–Aug. 11–23 Uhr, Sept.–Mai Mi–Sa 12–16 Uhr; 📶✍) Das coole Café befindet sich in einem reizenden, kleinen Haus mit Fjordblick und in sonniger Lage an der Straße, die am Wasser entlang verläuft. Neben Tagesgerichten, Suppen, Sandwiches und ausgezeichneten Backwaren wird hier ein kräftiger Cappuccino kredenzt.

★ Heimsendi Bistro INTERNATIONAL €€
(☎456 5150; Eyrargata 5; Hauptgerichte 1590–4900 ISK; ⏲Juni–Mitte Sept. So–Mi 16–21, Do & Fr bis 1, Sa bis 3 Uhr;) Das nagelneue Esslokal in einem modernen, umgebauten roten Gebäude unten am Hafen zaubert mit unerwarteten Gewürzen und Kochtechniken phantasievolle isländische Gerichte. Das Ambiente ist frisch und locker; die Treppe besteht aus Paletten, die Deko aus gefundenen Gegenständen. Das Essen ist außergewöhnlich gut. An Sommerabenden kann es hier munter zugehen und bei gutem Wetter füllt sich die Terrasse.

Vínbúðin ALKOHOLISCHE GETRÄNKE €
(☎456 2244; Þórsgata 10; ⏲Juni–Aug. Mo–Do 14–18, Fr bis 19, Sa 11–14 Uhr, Sept.–Mai kürzere Öffnungszeiten) Staatlicher Alkoholladen.

An- & Weiterreise

Ganzjährig fahren Busse von Patreksfjörður nach Brjánslækur (45 Min., 3800 ISK), mit Anschlüssen über Stykkishólmur nach Reykjavík. Auf Bestellung befördert ein Flybus Fluggäste zwischen Patreksfjörður und dem Flughafen Bíldudalur. Aktuelle Infos auf www.westfjords.is.

Westfjords Adventures betreibt eine Niederlassung des Autoverleihers Europcar.

Tálknafjörður

278 EW.

Das von grünen Hügeln, felsigen Gipfeln und einem weiten Fjord umgebene verschlafene Tálknafjörður selbst ist eher blass, liegt jedoch in einer wunderschönen Landschaft.

Aktivitäten

★ Pollurinn THERMALBAD
Die zementgefassten natürlichen Hot Pots (46 °C) in Pollurin („Die Pfütze") liegen 3,8 km hinter dem Schwimmbad von Tálknafjörður an der Straße 617 – ein winziges weißes Schild mit schwarzer Schrift weist den Weg. Von den flachen Becken vor der Bergkulisse genießen die Badenden weite Ausblicke auf den Fjord.

Schwimmbad Tálknafjörður THERMALBAD, HOT POT
(☎456 2639; www.talknafjordur.is; Erw./Kind 370/250 ISK; ⏲Juni–Aug. 10–21 Uhr, Sept.–Mai Mo–Fr 16–20, Sa & So 13–15 Uhr) Das Schwimmbad von Tálknafjörður wird von einem Geothermalfeld in der Umgebung gespeist und ist *der* Treffpunkt im Ort. Im Sommer hält das Personal Infos für Reisende bereit. Hier ist u. a. die detaillierte Wanderkarte *Vestfirðir & Dalir 4* erhältlich (der 10 km lange, mit Steinmännchen markierte Wanderweg nach Bíldudalur ist großartig). Außerdem verwaltet das Personal des Schwimmbads den örtlichen Campingplatz.

Schlafen

Campingplatz Tálknafjörður CAMPING €
(Stellplatz 1000 ISK pro Pers.; ⏲Juni–Aug.) Campingplatz neben dem Schwimmbad mit Waschmaschinen, Kochmöglichkeiten und Duschen.

Guesthouse Bjarmaland PENSION €
(☎891 8038; www.guesthousebjarmaland.is; Bugatún 8; DZ mit/ohne Bad 15 600/13 000 ISK;) Das Guesthouse Bjarmaland bietet blitzsaubere Unterkünfte sowie Übernachtung im eigenen Schlafsack für 3700 ISK.

Essen

Hópið INTERNATIONAL €
(☎456 2777; Hrafnardalsvegur; Hauptgerichte 1200–1400 ISK; ⏲Juni–Aug. Mo–Fr 11–23, Sa bis 1 Uhr, Sept.–Mai kürzere Öffnungszeiten) Ein einfaches Lokal mit einem Billardtisch, das seine Gäste mit Hamburgern und isländischen Standardgerichten verköstigt.

An- & Weiterreise

Der Flybus zwischen Patreksfjörður und Bíldudalur hält in Tálknafjörður – Näheres beim Schwimmbad. Der Bus verkehrt nur zu abgehenden bzw. eintreffenden Flügen.

Bíldudalur

171 EW.

Das hübsche Fischerdorf Bíldudalur (www.bildudalur.is) ist mit einer besonders malerischen Fjordlage gesegnet. Die wunderschöne stille Bucht wird von hohen Gipfeln überragt. Egal, aus welcher Richtung man

NICHT VERSÄUMEN

NATÜRLICHE QUELLEN

Am Kopf des Reykjarfjörður, 23 km südöstlich von Bíldudalur (Richtung Straße 60), lohnt sich ein Halt beim **Reykjarfjarðarlaug**. Vorne gibt's ein Betonbecken (32 °C), hinten ein natürliches Steinbecken (45 °C), und drum herum Meeresvögel, Berge und Ausblicke auf den Fjord.

ABSTECHER

ARNARFJÖRÐUR & SELÁRDALUR

Die Fahrt auf der Straße 619 hinter Bíldudalur zur Spitze des Arnarfjörður ist ein großartiges Erlebnis. Die kleine Straße führt an hoch aufragenden Bergen, Tälern mit saftigen Weiden und unberührten Stränden vorbei, mit Blick auf den Fjord und die unglaubliche Landschaft auf der Nordseite. Kurz vor Sonnenuntergang und an Tagen mit ein paar Wolken am Himmel ändert sich das Licht ständig und oft bilden sich Regenbogen.

An der Spitze des Fjords (24 km) verbrachte der Künstler Samúel Jónsson seine letzten Lebensjahre. Auf einem entlegenen Hof in Selárdalur schuf er eine Reihe „naiver" comicartiger Skulpturen. Besucher können sich die surreal anmutenden Überreste der Anlage anschauen, die inzwischen als **Samúel Jónssons Kunstmuseum** (Eintritt per Spende von 500 ISK) firmiert. Zu sehen sind ein extravagantes Haus, einen Kreis mit Löwen (inspiriert von einer Postkarte der Alhambra), eine reich verzierte Kirche und Samúels Wohnhaus.

anreist, die Szenerie ist atemberaubend. Bíldudalur wurde im 16. Jh. gegründet und ist heute ein wichtiger Garnelenlieferant.

Das **Isländische Seeungeheuermuseum Skrímslasetur** (☎456 6666; www.skrimsli.is; Strandgata 7; Erw./Kind 1000 ISK/frei; ⏲11–18 Uhr) gegenüber der Kirche zeigt unterhaltsame und unerwartet innovative Multimedia-Exponate zu heimischen und internationalen Seeungeheuerlegenden. Ein interaktiver Multimediatisch erzählt 180 Geschichten von Sichtungen im Arnarfjörður. Eine tolle Sache für ältere Kinder, aber für die ganz Kleinen vielleicht eher furchteinflößend, vor allem die riesigen Modelle. Mit kleinem Café.

Die am Hafen gelegene **Jugendherberge Bíldudalur** (Gistiheimilið Kaupfélagið; ☎456 2100; www.hostel.is; Hafnarbraut 2; B/EZ/DZ mit Gemeinschaftsbad 4100/6900/12 140 ISK) in einem Gebäude, das in den 1950ern noch als Supermarkt diente, ist eine erstklassige Unterkunft. Das anheimelnde, kleine Hostel wartet mit einfachen, aber blitzsauberen Zimmern und einer netten Küche auf. HI-Mitglieder erhalten 700 ISK Rabatt.

Bei der Tankstelle gibt's einen kleinen Lebensmittel- und Imbisskiosk.

Eagle Air (☎562 4200; www.ernir.is) fliegt vom **Flughafen Bíldudalur** (BIU), 8 km südlich des Ortes, nach Reykjavík (ca. 25 800 ISK, 45 Min., 1-mal tgl.). Auf Bestellung haben die Flüge Anschluss an **Flybusse** (☎893 2636) von/nach Patreksfjörður mit Halt in Tálknafjörður. Die nächsten Autovermietungen sind in Patreksfjörður und Ísafjörður zu finden.

MITTLERE HALBINSELN

Dynjandi

★Dynjandi WASSERFALL

Über eine 100 m hohe, breite Gesteinskante am Ende der Bucht von Dynjandivogur stürzt sich der Dynjandi (Fjallfoss), der gewaltigste Wasserfall in den Westfjorden. Die aus beiden Richtungen holprige Piste nach Dynjandi ist wegen des unglaublichen Panoramas in ganz Island bekannt. Unterwegs kann man beobachten, wie sich das Wasser aus den Bergen und Tälern ringsum sammelt und in dem Wasserfall zusammenfließt.

Vom Parkplatz aus gelangt man an kleineren Fällen vorbei schließlich zum donnernden Hauptfall, der sich über den Berghang ergießt. Die Aussicht auf den breiten Fjord ist spektakulär.

Das umliegende Gebiet steht unter Naturschutz. Direkt bei den Fällen gibt es einen kostenlosen (aber lauten) Zeltplatz mit Plumpsklos und fließendem Wasser.

Ab 2015 soll im Sommer ein Bus zwischen Ísafjörður und Brjánslækur fahren, der auch in Dynjandi hält, aktuelle Informationen unter www.westfjords.is.

Von Hrafnseyri nach Þingeyri

Dort wo die ausgefahrene Straße 60 die südlichen Ausläufer der Halbinsel Þingeyri erreicht, liegt das Gehöft **Hrafnseyri**. Hier wurde am 17. Juni 1811 Jón Sigurðsson, der Vorkämpfer für Islands Unabhängigkeit, geboren. Das interessante moderne **Jón-Sigurðsson-Museum** (☎456 8260; www.hrafnseyri.is; Erw./Kind 800 ISK/frei; ⏲Juni–Anfang Sept. 10–18 Uhr) erzählt seine Lebensgeschichte. Ein Nachbau seines Grassodenhauses, eine Kirche aus dem 19. Jh. und ein kleines Café gehören dazu. Das Museum befindet sich in schöner Lage am Fjord.

Im Winter ist die Straße 60 zwischen Hrafnseyri und Þingeyri sechs bis acht Monate lang gesperrt – Genaueres auf www.vegagerdin.is.

Þingeyri

247 EW.

Das winzige Dorf im Norden der Halbinsel war der erste Handelsstützpunkt in den Westfjorden, doch heute scheint Þingeyri von der Welt völlig vergessen zu sein. Richtig viel zu sehen gibt es nicht, aber auf der Halbinsel Þingeyri gibt es Möglichkeiten zum Wandern, Radfahren und Reiten.

Sehenswertes

Alte Schmiede MUSEUM
(Erw./Kind 800 ISK/frei; Mitte Mai–Mitte Sept. 9–18 Uhr) Die alte Schmiede in Þingeyri gehört zum Heimatmuseum der Westfjorde in Ísafjörður (S. 208). Das Ticket gilt für beide Stätten.

Geführte Touren

Eagle Fjord Tours GEFÜHRTE TOUREN
(894 1684; www.eaglefjord.is; Juni–Sept.) Das kleine Unternehmen bietet Touren in der Umgebung von Þingeyri (2900 ISK), Ausflüge zum Meeresangeln (11 500 ISK) und Bootstouren.

Schlafen

Campingplatz Þingeyri CAMPING €
(Stellplatz 1200 ISK pro Zelt; Mitte Mai–Mitte Sept.) Der Campingplatz von Þingeyri liegt hinter dem Schwimmbad.

Við Fjörðinn PENSION €
(456 8172; www.vidfjordinn.is; Aðalstræti 26; EZ/DZ ohne Bad 9500/13 000 ISK) Das freundliche Gästehaus quartiert seine Gäste in hellen, freundlichen Zimmern mit einfacher Einrichtung ein. Die blitzblanken Badezimmer teilen sich die Gäste; außerdem gibt's eine gute Gästeküche und ein Fernsehzimmer.

Sandafell HOTEL €€
(456 1600; http://hotelsandafell.com; Hafnarstræti 7; DZ mit/ohne Bad mit Frühstück 24 500/16 100 ISK; Ende Mai–Anfang Sept.) Das unkomplizierte Hotel mit Restaurant liegt im Dorfzentrum.

Essen

★ **Simbahöllin** CAFÉ €
(899 6659; www.simbahollin.is; Fjarðargata 5; Snacks & Hauptgerichte 600–2900 ISK; Mitte Juni–Mitte Aug. 10–22 Uhr, Anfang Juni & Ende Aug. 12–18 Uhr) Das Simbahöllin ist ein unprätentiöses Café mit nettem Personal, das tagsüber belgische Waffeln und abends bodenständige Lamm-Tajines serviert. Ein einladender Unterschlupf, der außerdem hochwertige Mountainbikes (10 000 ISK pro Tag) verleiht und Ausritte (ab 9500 ISK für 2 Std.) arrangiert.

Praktische Informationen

Touristeninformation (456 8304; www.thingeyri.is; Hafnarstræti 6; Juni–Aug. Mo–Fr 10–18, Sa & So 11–18 Uhr;) An der Hauptstraße.

An- & Weiterreise

Stadtbus (456 5518; www.isafjordur.is):
- Flateyri (350 ISK, 30 Min., Mo–Fr 3-mal tgl.).
- Ísafjörður (350 ISK, 30 Min., Mo–Fr 3-mal tgl.).

Ab 2015 soll täglich (Juni–Aug.) ein Bus zwischen Ísafjörður und Brjánslækur (wo die Fähre aus Stykkishólmur anlegt) verkehren und auch in Þingeyri halten. Siehe www.westfjords.is.

Halbinsel Þingeyri

Auf der Halbinsel Þingeyri mit ihren majestätischen Gipfeln bestehen phantastische Möglichkeiten zum Wandern und Mountainbiken. Mountainbikes kann man im Café Simbahöllin (S. 206) in Þingeyri leihen und dann der Piste folgen, die Richtung Nordwesten die Ostseite der Halbinsel am Dýrafjörður entlang nach **Haukadalur** führt, einer bedeutenden Wikingerstätte. Wenn die Straße nicht durch Erdrutsche blockiert ist, kann man um die Spitze der Halbinsel herumfahren, vorbei an Vogelfelsen und dem einsamen Leuchtturm von **Svalvogar**. Mit einem normalen Pkw ist die Strecke auf keinen Fall zu schaffen!

Landeinwärts bietet der höchste Gipfel der Westfjorde, der **Kaldbakur** (998 m), gute Wandermöglichkeiten. Der steile Pfad zum Gipfel beginnt etwa 2 km westlich vom Ort Þingeyri an der Straße.

Dýrafjörður & Önundarfjörður

Am Nordufer des Dýrafjörður liegen ein paar wunderschöne breite Täler. Passiert man sie über die holprige Straße 624, kommt man am Fjord an eine hübsche **Holzkirche**. Hier ist auch einer der ältesten botanischen Gärten Islands zu finden, der **Skrúður** (24 Std.) GRATIS, der 1905 als Lehrgarten angelegt wurde; seinen Eingang bildet ein Bogen aus Walknochen.

Hinter Skúður, etwa 7 km von Straße 60 entfernt an Straße 624, liegt das **Núpur Guesthouse** (456 8235; www.hotelnupur.is; Stellplatz 2500 ISK pro Zelt, DZ mit/ohne Bad mit Frühstück 23 600/17 000 ISK; Mitte Mai–Mitte Sept.). Die Brüder Siggi und Gummi haben sich mächtig ins Zeug gelegt, um den früheren Schulkomplex in eine schöne Unterkunft zu verwandeln. Eine Nacht im Schlafsack kostet 4500 ISK pro Person und es gibt eine kleine Gästeküche. Ab 2015 soll zwischen Ísafjörður und Brjánslækur, wo die Fähre aus Stykkishólmur anlegt, täglich (Juni–Aug.) ein Bus verkehren, der auf Anfrage an der Abzweigung nach Núpur hält. Aktuelle Infos auf www.westfjords.is.

Hinter dem Núpur Guesthouse führt die Straße 624 an einem verlassenen Bauernhof vorbei und weiter über die zerklüftete Halbinsel. Zum **Ingjaldsandur** am Ende des Önundarfjörður dauert es mit dem Auto etwa 20 Minuten. Dieser isolierte Strand liegt inmitten eines hübschen Tals und ist der ideale Ort, um der Mitternachtssonne zuzusehen, wie sie am Horizont kurz mit dem Meer flirtet, um sich dann wieder nach oben zum Himmel zu bewegen.

Zurück auf Straße 60 geht's am oberen Ende des Önundarfjörður den Schildern folgend zum hübschen Gasthaus **Kirkjuból** (456 7679; www.kirkjubol.is; DZ mit/ohne Bad mit Frühstück 20 000/14 300 ISK; Juni–Aug.;). Der abgeschiedene Hof ist drinnen tadellos sauber und bietet Zimmer mit Antiquitäten, eine Gästeküche und ein Wohnzimmer.

Ein weiterer Abzweig weiter nördlich (auch mit Kirkjuból ausgeschildert!) führt zur beliebten **Jugendherberge Korpudalur** (Korpudalur Kirkjuból; 456 7808; www.korpudalur.is; Stellplatz 1300 ISK pro Zelt, B/DZ mit Gemeinschaftsbad ab 4800/12 400 ISK; Mitte Mai–Mitte Sept.;). Die tolle Lage am Ende des Fjords, selbst gebackenes Brot zum Frühstück und die Hütten hinterm Haus sprechen für diesen 100 Jahre alten Bauernhof. HI-Mitglieder zahlen pro Nacht 700 ISK weniger. Für 1500 ISK kann man sich von Ísafjörður abholen lassen.

Ab 2015 soll zwischen Ísafjörður und Brjánslækur, wo die Fähre aus Stykkishólmur anlegt, täglich (Juni–Aug.) ein Bus verkehren, der auf Anfrage an der Kreuzung Kirkjuból hält. Aktuelle Infos auf www.westfjords.is.

Flateyri

204 EW.

Einst eine riesige Versorgungsstation für norwegische Walfänger, ist Flateyri heute ein verschlafenes kleines Nest auf einer Kieslandzunge, die sich in den breiten Önundarfjörður hinauszieht. Für Touristen hat es wenig zu bieten außer natürlich der bildschönen Szenerie und dem **Unsinnsmuseum** (894 8836; Hafnarstræti 11; Eintritt 700 ISK; Juni–Aug. 12.30–17 Uhr), das die Privatsammlungen mehrerer Einheimischer beherbergt. Zu sehen sind Hunderte von Stiften, Streichholzschachteln und Modellschiffen – schräg!

Iceland ProFishing (456 6667; www.icelandprofishing.com; Hafnarstræti 9; April–Sept.) verleiht Boote für Angeltrips in den Fjorden, vermittelt Guides und bietet mehrtägige Ausflüge mit Unterkunft in Suðureyri.

Zwischen Ísafjörður, Flateyri und Þingeyri (350 ISK, 30 Min., Mo–Fr 3-mal tgl.) verkehren **Busse** (456 5518; www.isafjordur.is). Wer in Flateyri zusteigen möchte, muss vorher anrufen, sonst fährt der Bus unter Umständen nicht ins Dorf. Ab 2015 soll zwischen Ísafjörður und Brjánslækur, wo die Fähre aus Stykkishólmur anlegt, täglich (Juni–Aug.) ein Bus verkehren, der auf Anfrage in Flateyri hält. Aktuelle Infos auf www.westfjords.is.

Suðureyri

271 EW.

Das am Eingang zum 13 km langen Súgandafjörður gelegene Fischerdorf Suðureyri (www.sudureyri.is) war wegen der abschreckenden Berge lange Zeit isoliert. Jetzt ist das Dorf durch ein 9 km langes Tunnelnetz (S. 208) mit Ísafjörður und Flateyri verbunden. Der Ort ist ein wahres Anglerparadies; nirgendwo sonst in Island ist es so einfach, einen Heilbutt zu fangen. Die Einheimischen nutzen das örtliche **Bad mit Hot Pots** (450 8490; Túngata 8; Erw./Kind 600/300 ISK; Juni–Aug. Mo–Fr 10–20, Sa & So bis 18 Uhr, Sept.–Mai kürzere Öffnungszeiten) als Treffpunkt.

Geführte Touren

Iceland ProFishing (S. 207) in Flateyri bietet auch Angeltrips ab Suðureyri an.

Fisherman ANGELTOUREN
(☎ 450 9000; www.fisherman.is) Das Hotel-Restaurant Fisherman bietet Angelrutenverleih, Besuche in der örtlichen Fischfabrik (1500 ISK) und die Möglichkeit, auf einem echten Trawler (22 900 ISK) mitzufahren.

Schlafen

Fisherman Hotel HOTEL €€
(☎ 450 9000; www.fisherman.is; Aðalgata 14; Stellplatz 1500 ISK pro Pers., DZ mit/ohne Bad mit Frühstück 21 900/16 500 ISK; @) Das freundliche Hotel hat helle Zimmer mit frischer Bettwäsche und Kiefernmobiliar sowie ein Top-Fischrestaurant, das **Talisman** (Hauptgerichte 3700–4900 ISK; ⏲ 18–21 Uhr).

Shoppen

Á Milli Fjalla KUNSTHANDWERK
(☎ 456 6163; Aðalgata; ⏲ Juli & Aug. Mo–Fr 13–18, Sa & So 13–16 Uhr) Das Sortiment in diesem faszinierenden Laden umfasst allerlei in der Gegend Hergestelltes wie Strickwaren, Keramiken und einzigartige Schmuckstücke. Angeblich ist Björk Stammkundin.

An- & Weiterreise

Stadtbusse (www.isafjordur.is):
➡ Suðureyri (350 ISK, 20 Min., Mo–Fr 3-mal tgl.).

Ísafjörður

2527 EW.

Ísafjörður (www.isafjordur.is), Drehscheibe der Westfjorde in Sachen Abenteuertourismus und bei Weitem der größte Ort der Region, ist ein angenehmes, florierendes Städtchen und eine gute Ausgangsstation für Reisende. Es liegt auf einer gebogenen Landzunge, die in den Skutulsfjörður hinausragt, und ist von steilen Gipfeln und den dunklen Gewässern des Fjords umgeben.

Im Zentrum stehen zahlreiche alte Holz- und blechverkleidete Häuser. Viele sind seit dem 18. Jh. unverändert, als es im Hafen von großen Schiffen und norwegischen Walfängern nur so wimmelte. Auch heute ist Ísafjörður ein überraschend bunter Ort mit Menschen verschiedenster Herkunft. Wenn man einige Zeit in den Westfjorden umhergereist ist, hat man in dem Städtchen mit seinen einladenden Cafés und abwechslungsreichen Restaurants den Eindruck, in einer geschäftigen Metropole zu sein.

In den Bergen um den Ort gibt's Wandermöglichkeiten, im Winter kann man Ski fahren und im Sommer bringen Boote regelmäßig Wanderer zur abgelegenen Halbinsel Hornstrandir.

Sehenswertes & Aktivitäten

Von den üblichen Sehenswürdigkeiten hat Ísafjörður nur wenige zu bieten. Der **Walknochenbogen** aus dem Kieferknochen eines Wals im Park in der Ortsmitte und das nahe **Seefahrerdenkmal** sind nur bedingt interessant, wie auch die moderne **Kirche**. Das Altarbild zieren mehr als 100 Tauben; eine jede geht auf das Konto eines Einheimischen und entstand im Rahmen eines gemeinschaftlichen Kunstprojekts.

★ **Heimatmuseum der Westfjorde** MUSEUM
(Byggðasafn Vestfjarða; ☎ 456 3293; www.nedsti.is; Neðstíkaupstaður; Erw./Kind 800 ISK/frei; ⏲ Mitte Mai–Mitte Sept. 9–18 Uhr) Das Heimatmuseum der Westfjorde ist im **Turnhús** (1784) untergebracht, einem alten Lagerhaus, das zu einem Komplex historischer Holzhäuser am Hafen gehört. Das Museum ist mit Fischerei- und Seefahrtobjekten vollgestopft, darunter Werkzeug aus Walfangtagen, faszinierende alte Fotos vom Leben im Ort in den vergangenen 100 Jahren und Akkordeons. Rechts von dem Gebäude befindet sich das **Tjöruhús** (1781), das heute ein nettes Fischrestaurant beherbergt. Das **Faktorhús** von 1765, in dem einst der Betreiber des Dorfladens wohnte, und die **Krambúd** (1757), ursprünglich auch ein Lagerhaus, sind heute private Wohnhäuser.

Das Museumsticket gilt auch für die alte Schmiede (S. 206) in Þingeyri.

★ **Ísafjörður-Suðureyri-Flateyri-Tunnel** BAUWERK
(Vestfjarðagöng) GRATIS Das 9 km lange Tunnelbauwerk wurde 1996 fertiggestellt. Auf der 6 km langen Strecke zwischen Ísafjörður und Flateyri wird es abschnittweise einspurig! Mittendrin zweigt der 3 km lange Teil ab, der nach Suðureyri führt. Keine Sorge – überall in den feuchten Röhren gibt es Haltebuchten, damit man eventuellen Gegenverkehr passieren lassen kann.

Pfad nach Óshlíð WANDERN, RADFAHREN
Von Ísafjörður führt ein kaum befestigter Pfad um die Landzunge herum Richtung Bolungarvík und zum Berg Óshlíð. Der gefährliche, schmale Weg, auf den des Öfteren Steinschläge und Lawinen niedergehen, war einst der einzige Weg nach Bolungarvík. Mit

entsprechender Vorsicht kann man auf dem Abschnitt beim Tunnel nach Bolungarvík wandern oder Mountainbikefahren und in der Ferne Hornstrandir und den Snafjallaströnd sehen.

☞ Geführte Touren

West Tours und Borea bieten regelmäßige Fährverbindungen in das Naturschutzgebiet Hornstrandir (S. 215).

Ísafjörður

Ísafjörður

Sehenswertes

1 Ísafjarðarkirkja B1
2 Seefahrerdenkmal B1

Aktivitäten & Touren

3 Borea C3
4 West Tours C3

Schlafen

5 Gamla Gistihúsið C1
6 Hótel Edda A2
7 Hótel Horn C2
8 Hótel Ísafjörður C3
9 Litla Guesthouse D2
10 Mánagisting Guesthouse C1

Essen

11 Bræðraborg C3
12 Edinborg C3
13 Gamla Bakaríð C3
14 Hamraborg C2
15 Húsið B1
16 Samkaup C2
17 Thai Koon C2
Við Pollinn .... (s. 8)
18 Vínbúðin C3

Shoppen

19 Rammagerð Ísafjarðar C3

ABSTECHER

VIGUR

Ein Bauernhof und Myriaden von Papageitauchern machen Vigur zu einem beliebten Ziel für Tagesausflügler, die von Ísafjörður herüberkommen. Die winzige Insel liegt in der Mündung des Hestfjöður und bietet ein herrliches Panorama. Die Attraktionen der Insel sind schnell aufgezählt: einen Spaziergang machen (am besten bei der Windmühle einen Stock mitnehmen und über den Kopf halten – die Küstenseeschwalben sind wild!), Eiderenten treffen und im Café Kuchen genießen. Es gibt dort eine interessante Eiersammlung zu bewundern.

West Tours in Ísafjörður sowie Ögur Travel (S. 214) in Ögur organisieren Touren auf die Insel.

★ West Tours ABENTEUERTOUREN
(Vesturferðir; ☎456 5111; www.vesturferdir.is; Aðalstræti 7; ⌚Juni–Aug. Mo–Fr 8–18, Sa 8.30–16.30, So 10–15 Uhr, Sept.–Mai 9–17 Uhr) Das Programm des beliebten und professionellen Tourenveranstalters West Tours ist unglaublich breit gefächert und deckt die gesamten Westfjorde ab. Angeboten werden u. a. Touren nach Vigur (8900 ISK), Wandertouren auf Hornstrandir (9600–37 900 ISK) und Kajakausflüge (9900–25 900 ISK). Fahrradfahren, Reiten, Boots- und Angeltrips, Vögel beobachten und kulturelle Angebote sind nur ein paar von vielen weiteren Optionen.

West Tours befindet sich im selben Gebäude wie die Touristeninformation. Der Veranstalter betreibt auch Fähren nach Hornstrandir und verleiht Motorroller (2 Std./pro Tag 4000/8000 ISK) und Fahrräder (4 Std./pro Tag 3000/5000 ISK).

★ Borea KAJAK- & WANDERTOUREN
(☎456 3322; www.borea.is; Aðalstræti 22b; ⌚8–22 Uhr) Borea ist ein Ausrüster für Abenteuertouren und bietet Kajaktouren im Fjord (ab 9900 ISK) sowie ausgezeichnete Wandertouren auf Hornstrandir (ab 16 900 ISK). Außerdem betreibt das Unternehmen eine Fähre von Bolungarvík nach Hornstrandir sowie Kviar, eine private Hütte im Naturreservat. Seinen Sitz hat Borea im Café Bræðraborg.

Schlafen

Litla Guesthouse PENSION €
(☎893 6993; www.guesthouselitla.is; Sundstræti 43; EZ/DZ ohne Bad 14 000/15 000 ISK; 📶) Die exzellenten Zimmer des Litla – eines gemütlichen Gästehauses mit geschmackvoller Einrichtung – warten mit Holzböden, frischer weißer Bettwäsche, kuscheligen Handtüchern und Fernsehern auf. Je zwei Zimmer teilen sich ein Bad und es gibt eine Gästeküche.

Mánagisting Guesthouse PENSION, APARTMENTS €
(Gistiheimilið Mánagisting; ☎615 2014; www.simnet.is/managisting; Mánagata 4; DZ ohne Bad 11 200 ISK, Studio 15 000 ISK; 📶) Einfache Mehrbettzimmer säumen die Flure des schmucklosen Gästehauses, Küchen und Wohnzimmer. Am besten sind die Studios mit Bad und Küche.

Campingplatz Tungudalur CAMPING €
(☎864 8592; www.gih.is; Stellplatz 1300 ISK pro Pers.; ⌚Mitte Juni–Mitte Sept.; 📶) Der Campingplatz liegt sehr malerisch fast 5 km außerhalb der Stadt im Tungudalur an einem hübschen Wasserfall, dem Bunarfoss. Die letzte Haltestelle des Stadtbusses liegt 1 km vom Platz entfernt. Mit Münzwaschmaschinen.

★ Gamla Gistihúsið PENSION €€
(☎456 4146; www.gistihus.is; Mánagata 5; B 5100 ISK, EZ/DZ ohne Bad mit Frühstück 16 000/20 000 ISK; 📶) Das ausgezeichnete helle, freundliche und gepflegte Gästehaus bietet einfache, aber gemütliche Zimmer mit anheimelndem Flair. Die Doppelzimmer haben keine eigenen Bäder, aber Telefon und Waschbecken. Außerdem gibt es Bademäntel. In einem Nebengebäude ein kurzes Stück die Straße hinunter gibt's eine Gästeküche und modernere Zimmer.

Hótel Horn HOTEL €€
(☎456 4611; www.hotelhorn.is; Austurvegi 2; EZ/DZ/FZ 20 000/23 000/30 500 ISK; 📶👪) Das große neue Hotel im Zentrum wartet mit einfachen Zimmern mit Bad auf. In den Familienzimmern finden fünf Personen Platz und verfügen über eine kleine Küche.

Hótel Edda HOTEL, CAMPINGPLATZ €€
(☎444 4960; www.hoteledda.is; Mantaskólinn; DZ mit/ohne Bad 21 700/15 200 ISK; ⌚Mitte Juni–Mitte Aug.) Sommerunterkünfte ohne Extras

stellt die örtliche Schule zur Verfügung. Gäste haben die Wahl zwischen einfachen Schlafsackunterkünften (5000 ISK) in den Klassenräumen und Zimmern mit oder ohne Bad.

Gentle Space APARTMENTS €€
(☎892 9282; www.gentlespace.is; Apt. 21 500–24 900 ISK) Vermietet saubere und voll ausgestattete Apartments im Stadtzentrum.

Hótel Ísafjörður BUSINESSHOTEL €€€
(☎456 4111; www.hotelisafjordur.is; Silfurtorg 2; EZ/DZ ab 25 000/30 500 ISK; @) Die Zimmer in den oberen Etagen des zentral gelegenen klassischen Businesshotels gewähren einen netten Blick auf die Blechdächer der Stadt und das Wasser dahinter.

Essen & Ausgehen

Bræðraborg CAFÉ €
(www.borea.is; Aðalstræti 22b; Hauptgerichte 1190–1590 ISK; ⊙Juni–Aug. Mo–Sa 9–19, So 10–17 Uhr, Sept.–Mai kürzere Öffnungszeiten;) Das Bræðraborg ist ein gemütliches, geselliges Traveller-Café, in dem sich die Gäste an gesunden kleinen Speisen laben. Hier befindet sich auch der Hauptsitz des Tourenanbieters Borea.

★**Húsið** INTERNATIONAL €€
(☎456 5555; Hrannargata 2; Hauptgerichte 1290–2990 ISK; ⊙So–Do 11–22, Fr & Sa bis 1 Uhr;) Die opulenten Mahlzeiten und das heimische Bier vom Fass lassen sich ganz entspannt an den lackierten rauen Holztischen oder auf der Sonnenterrasse genießen. Zu groovigen Sounds serviert hippes Personal Suppen, Sandwiches, Hamburger, Pizza und isländische Klassiker wie Lamm. Ein toller Laden, und manchmal legen DJs auf oder es gibt Livemusik.

★**Tjöruhúsið** FISCH & MEERESFRÜCHTE €€
(☎456 4419; Neðstakaupstaður 1; Hauptgerichte 2500–5000 ISK; ⊙Juni–Sept. 12–14 & 18.30–22 Uhr, Okt.–Mai kürzere Öffnungszeiten) Das auf rustikal getrimmte Restaurant am Heimatmuseum bietet einige der besten Fisch- und Meeresfrüchtegerichte der Stadt. Wir empfehlen den *plokkfiskur* (Fischstückchen, Kartoffeln und Zwiebeln) und den Tagesfang, frisch vom Kutter (der Hafen liegt gleich die Straße hinunter).

Edinborg CAFÉ €€
(☎456 8335; Aðalstræti 7; Hauptgerichte 2000–3500 ISK; ⊙Juni–Aug. 11.30–22 Uhr, Sept.–Mai 12–21 Uhr;) Im selben Gebäude wie die Touristeninformation befindet sich dieses gesellige Lokal, eine praktische Anlaufstelle für Reisende, die sich auf der sonnigen Terrasse ein Bier oder einen Kaffee gönnen. Das hausgebackene Brot wird nach einem besonderen Rezept mit Bier hergestellt. Den Besitzern gehört übrigens auch das Núpur Guesthouse (S. 207) zwei Fjorde weiter südlich.

Thai Koon THAILÄNDISCH €€
(Hafnarstræti 9, Neisti Centre; Hauptgerichte 1690–1890 ISK; ⊙Mo–Fr 11.30–22, Sa 12–22, So 17–22 Uhr) Nach ein paar Wochen Einheitskost kommt einem das kleine Thai-Lokal echt exotisch vor. Zwar hat es kein bisschen Flair, aber die Curry- und Nudelgerichte sind köstlich und die Portionen sind riesig.

Við Pollinn ISLÄNDISCH, FISCH & MEERESFRÜCHTE €€
(☎456 3360; www.vidpollinn.is; Silfurtorg 2; Hauptgerichte 3300–4900 ISK; ⊙7–10, 11.30–14 & 18–21 oder 22.30 Uhr) Auch wenn die Einrichtung hier etwas eintönig wirkt, bietet das Restaurant des Hotels Ísafjörður eine exzellente lokale Küche. Durch die Fenster haben die Gäste einen tollen Blick auf den Fjord und können vielleicht beobachten, wie gerade ihr nächstes Essen in den Hafen einfährt.

Hamraborg IMBISS €€
(Hafnarstraeti 7; Hauptgerichte 1000–2790 ISK; ⊙9–23.30 Uhr;) Bei einer nationalen Radioumfrage wurde das Hamraborg zur besten Imbissbude des Landes gewählt. Der Fastfood-Außenposten mit Burgern und Pizza ist ein beliebter Treffpunkt der Einheimischen. Hier wird bei einem Béarnaise-Burger der neueste Tratsch diskutiert und im Fernsehen läuft häufig Sport.

Selbstversorger

Bevor man sich in noch einsamere Gegenden begibt, kann man sich in Ísafjörður bestens mit Proviant eindecken.

Gamla Bakaríð BÄCKEREI €
(Aðalstræti 24; ⊙Mo–Fr 7–18, Sa bis 17, So 8–17 Uhr) Fürs Frühstück, Mittagessen oder eine süße Sünde am Vormittag steht im Ort eine Reihe von Bäckereien zur Wahl. Die Gamla Bakaríð bietet neben allerhand süßem Gebäck auch frisches Brot.

Bónus SUPERMARKT €
(⊙Mo–Do 11–18.30, Fr 10–19.30, Sa 10–18, So 12–18 Uhr) Der preisgünstige Supermarkt Bónus liegt an der Hauptstraße, die in die Stadt führt.

Samkaup SUPERMARKT €
(Hafnarstræti; Mo–Sa 10–20, So 12–20 Uhr) Im Neisti Center in der Hafnarstræti.

Vínbúðin ALKOHOLISCHE GETRÄNKE €
(456 3455; Aðalstræti 20; Juni–Aug. Mo–Do 11–18, Fr bis 19, Sa bis 16 Uhr, Sept.–Mai kürzere Öffnungszeiten) Staatlicher Alkoholladen.

Shoppen

Rammagerð Ísafjarðar KUNSTHANDWERK
(456 3041; Aðalstræti 16; 13–17 Uhr) Verkauft Strickwaren von guter Qualität sowie Kunsthandwerk aus der Region.

Praktische Informationen

Regionale Touristeninformation Westfjorde (450 8060; www.isafjordur.is; Aðalstræti 7, Edinborgarhús; Juni–Aug. Mo–Fr 8–18, Sa 8.30–14, So 10–14 Uhr, Sept.–Mai kürzere Öffnungszeiten; @) Am Hafen im **Edinborgarhús** (1907). Das hilfsbereite Personal hält jede Menge Infos zu den Westfjorden und zum Naturschutzgebiet Hornstrandir bereit. Ein Computer mit Internetanschluss kann zehn Minuten umsonst genutzt werden. Gepäckaufbewahrung kostet 200 ISK pro Tag.

An- & Weiterreise

AUTO

Mitfahrgelegenheiten vermittelt www.bilfar.is.

Avis (591 4000; www.avis.is; Flughafen Ísafjörður)

Europcar (840 6074; www.holdur.is; Flughafen Ísafjörður)

Hertz (522 4490; www.hertz.is; Flughafen Ísafjörður)

BUS

Ísafjörður ist der wichtigste Busknotenpunkt in den Westfjorden. Der **Busbahnhof für Fernbusse** (www.westfjords.is) befindet sich bei der N1-Tankstelle in der Hafnarstræti. Nach Hólmavík fahren ganzjährig Busse. Ab 2015 sollen im Sommer auch wieder Busse über Þingeyri und Dynjandi nach Brjánslækur (Anleger der Fähre nach Stykkishólmur) fahren. Sowohl von Hólmavík als auch von Brjánslækur bestehen Busverbindungen nach Reykjavík. Eventuell wird es ab 2105 auch einen Bus von Hólmavík nach Akureyri geben.

Die **Stadtbusse** (456 5518; www.isafjordur.is) halten alle am Wasser.

- Ísafjörður, Flateyri und Þingeyri (350 ISK, Mo–Fr 3-mal tgl.).
- Suðureyri (350 ISK, 20 Min., Mo–Fr 3-mal tgl.).
- Súðavík (1000 ISK, 20 Min., Mo–Fr; am Tag vorher reservieren!).
- Bolungarvík (1000 ISK, 15 Min., Mo–Fr 3-mal tgl.).

Die **Flybusse** (Flughafen–Ísafjörður 1000 ISK; Ísafjörður–Bolungarvík 1000 ISK; Flughafen–Bolungarvík 1500 ISK) sind auf die Icelandair-Flüge abgestimmt, können aber von jedem benutzt werden. Sie befahren die Strecke Bolungarvík–Ísafjörður–Flughafen–Ísafjörður–Bolungarvík. In Ísafjörður halten sie in der Nähe des Hótel Ísafjörður.

Da sich die Verbindungen ständig ändern, sollten alle Busverbindungen in der Touristeninformation oder auf www.westfjords.is überprüft werden.

FLUGZEUG

Air Iceland (456 3000; www.airiceland.is) bietet zweimal täglich Flüge vom **Flughafen Ísafjörður** (IFJ; 570 3000), 5 km südlich der Stadt am Fjord, nach Reykjavík. Es werden auch Tagestouren angeboten.

Ein auf den Flugplan abgestimmter Flybus (siehe S. 212) verkehrt zwischen dem Flughafen und Bolungarvík (1500 ISK) und hält beim Hótel Ísafjörður (1000 ISK).

SCHIFF/FÄHRE

Im Sommer legen an den Kais in Sundahöfn an der Ostseite der Landenge Fähren von West Tours nach Hornstrandir (S. 215) ab.
Die Borea-Fähren nach Hornstrandir fahren vom Árbæjarkantur-Anleger in Bolungarvík.

Unterwegs vor Ort

Die Stadtbusse (350 ISK) fahren an Werktagen von 7.30 bis 18.30 Uhr (im Winter bis 22.30 Uhr) und verbinden das Stadtzentrum mit Hnífsdalur und Tungudalur. Sie halten entlang des Fjordufers.

West Tours (S. 210) verleiht Fahrräder und Motorroller.

Bolungarvík

933 EW.

Bolungarvík hat eine traumhafte Lage an der Spitze des Fjords, ist selbst allerdings ein ziemlich ödes Nest. Es ist ein guter Ausgangspunkt für Exkursionen in das Naturschutzgebiet Hornstrandir und hat außerdem immerhin ein cooles Museum. Einst war Bolungarvík mit Ísafjörður nur über einen gefährlichen Weg (S. 208) verbunden, heute gibt's hier einen 5,4 km langen Tunnel.

Sehenswertes

★ **Schifffahrtsmuseum Ósvör** MUSEUM
(Ósvör Sjóminjasafn; 892 5744; www.osvor.is; Erw./Kind 950 ISK/frei; Juni–Aug. Mo–Fr 9–17, Sa & So 10–17 Uhr, Sept.–Mai n. V.) Das in alten Fischerschuppen aus Torf und Stein unter-

gebrachte Schifffahrtsmuseum Ósvör liegt an einer Abzweigung gleich hinter dem Tunnel am Ortseingang. Ein Besuch des Freilichtmuseums lohnt sich. Ein Führer in typischer Fischerkluft aus Lammfell leitet durch das Museum, erklärt die Geschichte der Region und das traditionelle Leben als Fischer von der Ära der Landnahme bis in die Plastik-Ära (sein Englisch ist ein bisschen holprig). Die enge Fischerhütte beherbergt interessante alte Gerätschaften und ein traditionelles Ruderboot.

Naturkundemuseum MUSEUM
(☎456 7507; www.nabo.is; Vitastígur 3; Erw./Kind 950 ISK/frei; ⏲Juni–Mitte Aug. Mo–Fr 9–17, Sa & So 10–17 Uhr, Mitte Aug.–Mai Mo–Fr 9–17 Uhr) Das Naturkundemuseum in der Einkaufspassage im Ortszentrum bietet eine große Sammlung ausgestopfter Tiere und Mineralien sowie Braunkohle aus der Zeit, als Island von Wald bedeckt war. Zu sehen sind außerdem riesige, mehr als hundert Jahre alte Walknochen und ein Eisbär, den Fischer aus dem Ort erlegten, als er vor der Küste von Hornstrandir umherschwamm.

Schlafen

★Einarshúsið PENSION €€
(☎456 7901; www.einarshusid.is; Hafnargata 41; DZ mit Gemeinschaftsbad mit Frühstück 16 900 ISK; ⏲Mai–Sept., Restaurant 11–22 Uhr) Das Einarshúsið am Hafen ist die beste Unterkunft mit Restaurant der Stadt. Die Besitzer sind unheimlich nett und kümmern sich rührend um ihre Gäste. Die stürzen sich förmlich auf die Gerichte mit Fisch und Meeresfrüchten (Hauptgerichte 1500–4200 ISK) oder nächtigen in einem von fünf niedlichen Zimmern treppauf. Deren Dekor erinnert an die Zeit der Jahrhundertwende, in der das Haus gebaut wurde (1902), die Bäder sind aber modern.

An- & Weiterreise

BUS

Busse (www.bolungarvik.is):
➡ Ísafjörður (1000 ISK, Mo–Fr 3-mal tgl.).

Flybus (Ísafjörður–Bolungarvík 1000 ISK; Flughafen–Bolungarvík 1500 ISK) Der Fahrplan des Flybusses zum Flughafen Ísafjörður ist auf den Flugplan abgestimmt.

SCHIFF/FÄHRE

Die Borea-Fähre (S. 210) nach Hornstrandir fährt vom Árbæjarkantur-Anleger in Bolungarvík.

Vaxon (☎862 2221; www.vaxon.is) Bei Vaxon können Boote nach Hornstrandir oder für Fjordtrips gechartert werden.

Ísafjarðardjúp

Der größte Fjord in der Region, der 75 km lange Ísafjarðardjúp, hat aus der Landmasse der Westfjorde ein großes Stück herausgeschnitten. Die kurvenreiche Straße 61 windet sich auf der Südseite des Fjords an einer Serie kleinerer Fjorde, die sich wie die Zähne eines feinen Kamms aneinanderreihen, entlang von Ísafjörður bis Hólmavík.

Súðavík

171 EW.

Östlich von Ísafjörður liegt das kleine Fischerdorf Súðavík, von dem sich beeindruckende Ausblicke über den Fjord auf die Halbinsel Snæfjallaströnd bieten. Der Ort selbst besteht aus nicht mehr als einer Reihe heller, kastenartiger Gebäude; dennoch lohnt der Halt für einen Besuch im **Polarfuchszentrum** (Melrakkasetur; ☎456 4922; www.arcticfoxcenter.com; Erw./Kind 900 ISK/frei; ⏲Juni–Aug. 9–20 Uhr, Mai & Sept. 10–17 Uhr, Okt.–April kürzere Öffnungszeiten; 📶). Im nahe gelegenen Hornstrandir wird der Polarfuchs schon seit Jahren unter die Lupe genommen. Das anerkannte Zentrum zeigt, wie der Polarfuchs hier in der Gegend mit den Menschen und in der Natur lebt. Nicht vergessen, mit den Füchsen (Waisenkinder!) in dem Pferch draußen zu spielen.

Das Zentrum liegt auf dem renovierten Bauernhof Eyrardalur, einem der ältesten Gebäude der Gegend. Und auch wenn Füchse nicht zu den persönlichen Lieblingstieren gehören, bietet das von Freiwilligen betriebene **Fox Cafe** (Suppe 1400–1800 ISK) zumindest eine gute Gelegenheit für eine Pause in Gesellschaft freundlicher Einheimischer. Wir empfehlen die sättigende Tagessuppe mit selbstgebackenem Brot.

Der **Bus** von Ísafjörður nach Hólmavík hält in Súðavík (Ísafjörður–Súðavík 1000 ISK, 20 Min., Mo–Fr); siehe www.westfjords.is.

Skötufjörður

★Litlibær CAFÉ €
(☎456 4809; Skötufjörður; Waffeln & Kaffee 1000 ISK; ⏲Juni–Aug. 10–17 Uhr) Das Litlibær ist ein Café mit interessanten Erinnerungsstücken in einem alten Bauernhof

ALS FREIWILLIGER IN DER POLARFUCHS-FORSCHUNGSSTATION

Auf der Suche nach einem Grund, den Aufenthalt auf Island etwas auszudehnen? Schon gefunden: die Polarfuchs-Forschungsstation in den nördlichen Klippen auf der atemberaubenden Halbinsel Hornstrandir – ein Paradies für Fotografen und der Traum eines jeden Naturfreunds.

Auf der Forschungsstation in Hornbjarg geht es ziemlich formlos zu – sie besteht aus ein paar Zelten und einer Latrine. Von Juni bis August begeben sich Forscher und Freiwillige jeden Tag auf eine sechsstündige Beobachtungstour, während der sie das Verhalten der Füchse, ihre Interaktionen und Ortswechsel festhalten. Die meiste Zeit sitzt und schaut man herum, aber es gibt wohl keine faszinierendere Umgebung, um Natur und Landschaften in sich aufzusaugen.

Es gibt keine Aufnahmebedingungen für das begehrte Freiwilligenprogramm. Bewerber, die Biologie, Umweltschutz oder Fotografie studieren, werden aber vorgezogen. Freiwillige sollten mindestens eine Woche bleiben und müssen für ihre An- und Abreise selbst aufkommen. Auch ist eine für Outdoorabenteuer übliche Ausstattung nötig: ein Zelt, Wanderstiefel, Thermoschlafsack und Klamotten, die für Minusgrade geeignet sind. Die Forschungsstation sorgt für Proviant und Kochausrüstung.

Freiwilligeneinsätze könne auch im Hauptquartier des Polarfuchszentrums im behaglichen Suðavík in der Nähe von Ísafjörður geleistet werden. Hier müssen die Helfer mindestens zwei Wochen bleiben, das Café führen und sich um die verwaisten Füchse vor Ort kümmern. Dafür gibt's kostenlose Lebensmittel und Zeltplätze, eine Gemeinschaftsküche und ein Bad stehen zur Verfügung.

des 19. Jhs. am Skötufjörður. Der Besitzer ist hier geboren und aufgewachsen. Heute umsorgt seine Familie erschöpfte Touristen mit herzförmigen Waffeln und Kaffee und erklärt ihnen, wo die keltischen Ruinen zu finden sind und wo in der Nähe die Robben faulenzen. Wenn man sich den Magen vollgeschlagen hat, geht's beim Verdauungsspaziergang zum Picknicktisch 200 m nördlich. Dort liegt in einer kleinen Kiste ein Fernglas, mit dem man die speckigen Viecher beobachten kann.

Ögur

Ögur Travel ABENTEUERTOUREN

(☎857 1840; www.ogurtravel.com; ⏰Mai–Sept.) Das von sieben Geschwistern geführte Reiseunternehmen Ögur Travel bietet mehrstündige bis mehrtägige Kajak- und Wandertouren (ab 5000 ISK), die im Voraus gebucht werden müssen. Eine beliebte Kajaktour ist der sechs- bis siebenstündige Ausflug zur Insel Vigur (22 000 ISK). Die Landschaft ist unglaublich und man bekommt die lokale Vogelfauna zu Gesicht. Ausgangspunkt ist das einladende **Café** (Snacks 800–1900 ISK; ⏰Juni–Aug. 10–18 Uhr) an der Landspitze östlich des Skötufjörður – wer aus Ísafjörður kommend ein Feld voller verlassener Autos erreicht, ist schon vorbeigefahren!

Mjóifjörður

Heydalur PENSION €€

(☎456 4824; www.heydalur.is; Mjóifjörður; Stellplatz 1200 ISK pro Pers., EZ/DZ ab 11 050/15 100 ISK, Hütten ab 19 500 ISK; 📶) Das Heydalur eignet sich gut für eine Unterbrechung der Fahrt auf der Straße 61, die der gewellten Küste folgt. Am Ende des Mjóifjörður, 11 km abseits der Hauptstraße, gelangt man zu dem Hof, dessen herzensgute Besitzerin im **Restaurant** (Hauptgerichte 1800–4000 ISK; Juni–Aug. 8–22 Uhr) in einer umgebauten Scheune allerlei Leckerbissen auf die Teller zaubert.

Niemand, der sich hier an ausgezeichneten Suppen, selbst gebackenem Brot, Biogemüse und guten Lammcurrys erfreut, sollte vergessen, dem Papagei Hallo zu sagen – er antwortet!

Reykjarfjörður

Am Ende des winzigen Reykjarfjörður liegt im großen weißen Komplex der ehemaligen Bezirksschule das **Hótel Reykjanes** (☎456 4844; www.hotelreykjanes.is; Stellplatz 2400 ISK pro Zelt, EZ/DZ mit Gemeinschaftsbad 9900/13 800 ISK; @📶), das allerdings nur dann die beste Wahl ist, wenn man auf keinen Fall weiterfahren möchte. Die Zimmer sind einfach und die meisten Bäder werden von mehreren Gästen zusammen genutzt. Draußen gibt es ein riesiges **50-m-Thermalbecken** (Erw./Kind 400/250 ISK), das von einer dampfenden Quelle gespeist wird. Schlafsackbetten kosten 4600 ISK, einfache Mahlzeiten 1100 bis 4000 ISK. Ein interessanter Abstecher führt zum **Saltverk Reykjanes** (www.saltverk.com), einem Salzwerk 200 m weiter. Ein weiterer mächtiger Pool, das **alte Becken von Reykjanes** von 1889, liegt versteckt auf einem Hügel.

Snæfjallaströnd

An der Ostküste des Ísafjarðardjúp führt die unbefestigte Straße 635 Richtung Norden nach **Kaldalón**. Das schöne grüne Tal erstreckt sich bis zum zurückweichenden Gletscher **Drangajökull**. Bis zur Schneegrenze kann man leicht spazieren, aber aufs Eis sollte man sich wegen der gefährlichen Gletscherspalten, die unter dem Schnee oft nicht zu sehen sind, nur mit einem ortskundigen Führer wagen.

Weiter nördlich liegt das 1995 verlassene **Snæfjallaströnd**. Abenteuerlustige Wanderer können auf der „Poststraße" von der Kirche in Unaðsdalur an der Küste entlang zur Hütte in **Grunnavík** gehen. Von dort fahren Boote nach Ísafjörður und Hesteyri.

Kurz vor der Kirche von Unaðsdalur liegt **Dalbær** (☎ 898 9300; www.snjafjallasetur.is/tourism.html; ⏲ Mitte Juni–Aug.), ein toller Außenposten in der Wildnis am Rande von Hornstrandir mit Schlafsackunterkünften und Campingmöglichkeiten.

HORNSTRANDIR

Schroffe Berge, steile Klippen und in die Tiefe stürzende Wasserfälle säumen die wunderschöne fast unbewohnte Halbinsel Hornstrandir am nördlichen Ende der Westfjorde – eines der letzten echten europäischen Wildnisgebiete im unwirtlichsten Teil Islands. Mit ihrem anspruchsvollen Terrain ist die Halbinsel ein phantastisches Ziel für Wanderer. Die Chancen stehen gut, Polarfüchse, Seehunde, Wale und massenhaft Vögel zu entdecken.

Bis in die 1950er-Jahre hinein lebte noch eine Handvoll hartgesottener Bauern in Hornstrandir, aber seit 1975 stehen die 580 km² Tundra, Fjorde, Gletscher und alpines Hochland als **Naturschutzgebiet Hornstrandir** (☎591 2000; www.ust.is/hornstrandir) und Nationaldenkmal unter Schutz Dank seiner unglaublich reichen, aber fragilen Vegetation gelten für das Gebiet mit die strengsten Umweltschutzvorschriften Islands. In letzter Zeit sind Nachfahren der alten Bauern hierher zurückgekehrt und haben die alten Häuser ihrer Familie wieder aufgebaut. Ein großer Teil des Landes befindet sich in Privatbesitz – wer angeln oder zelten möchte, sollte also immer zuerst um Erlaubnis fragen, falls die Gegend bewohnt aussieht.

Wetter & Ausrüstung

In Hornstrandir gibt es keine Versorgungsmöglichkeiten. Wanderer müssen auf alle Eventualitäten eingestellt sein. Die Pässe sind steil, die Flüsse sind nach schweren Regenfällen unpassierbar, es kann dichter Nebel aufziehen und man muss die gesamte Ausrüstung mitschleppen. Das Vorwärtskommen kann deshalb mühsamer sein als erwartet. Außerdem sind die meisten Wege nicht markiert, dafür aber rau und felsig – eine gute Karte *(Vestfirðir & Dalir: 1)* und GPS sind überlebensnotwendig. Die Parkaufseher weisen immer wieder darauf hin, dass die Ausrüstung erstklassig und komplett wasserdicht sein muss, da man oft im Regen wandert und nasse Sachen nicht trocknen können. Auf keinen Fall sollte man durch schlechte Vorbereitung eine Rettungsaktion auslösen!

Die beste Reisezeit für Hornstrandir ist im Juli. Außerhalb des Sommers (Ende Juni–Mitte Aug., die Fähren fahren von Juni bis August) sind hier kaum Menschen unterwegs und das Wetter ist noch wechselhafter. Wanderer müssen ihr Vorhaben genau planen und sich bei den Einheimischen informieren, da sich auf den Pässen riesige Schneeverwehungen mit fast senkrechten Stirnflächen bilden können, Flüsse nicht immer durchquerbar sind usw. Wer vor dem 15. Juni wandert, muss sich bei einem **Parkaufseher** (☎591 2000) registrieren.

An verschiedenen Stellen im Park stehen Nothütten mit Funk- und Heizgeräten für Wanderer, die in plötzlich auftretende Schneestürme oder Stürme geraten.

Die Fähre zurück muss grundsätzlich im Voraus gebucht werden; dies ist eine Sicherheitsmaßnahme – wer nicht auftaucht, wird gesucht. Bevor man loszieht, sollte man sich bei einem Reiseveranstalter der Region nach den aktuellen Bedingungen erkundigen. Geführte Touren ab Ísafjörður sind natürlich auch eine Option.

Hornstrandir

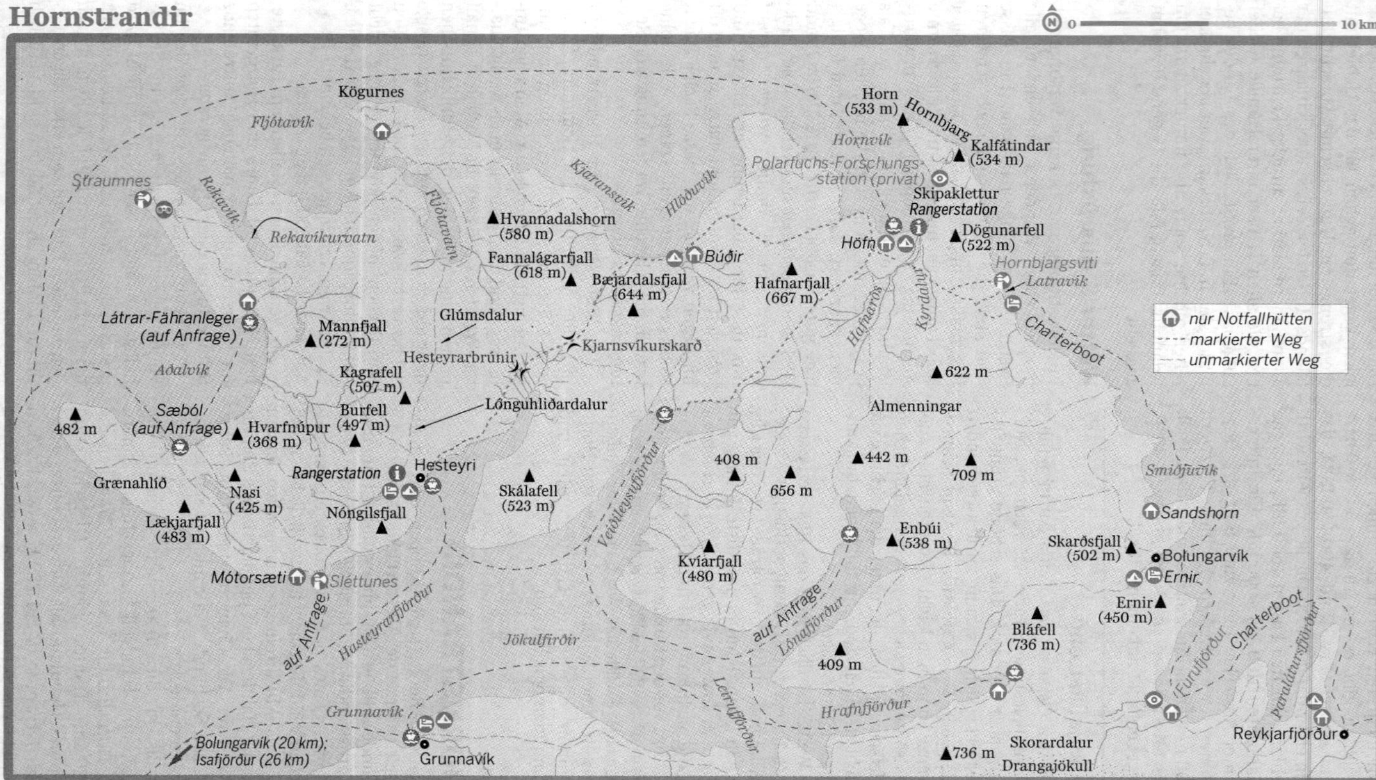

Geführte Touren

Die beiden wichtigsten Veranstalter von Touren (zu Fuß und auf Skiern, im Boot oder Kajak etc.) auf der Halbinsel Hornstrandir sind West Tours (S. 210) und Borea (S. 210) in Ísafjörður.

Schlafen

Auf Hornstrandir ist wild Campen kostenlos (den Müll wieder mitnehmen!). Auf Privatgrundstücken mit sanitären Anlagen zahlt man um die 1000 ISK, in Unterkünften ab 6500 ISK aufwärts für eine Nacht im Schlafsack. Es ist nötig, weit im Voraus zu reservieren, besonders in Hesteyri.

Im Kernbereich des Naturschutzgebiets gibt es drei solcher Schlafgelegenheiten: Hesteyri, Hornbjargsviti und Grunnavík (das 2015 vielleicht schließt). Zwei weitere Möglichkeiten sind im östlichsten Teil von Hornstrandir zu finden: Reykjarfjörður und Bolungarvík.

Arzthaus in Hesteyri HOSTEL €

(☎845 5075, Hesteyri 899 7661; www.hesteyri.net; B 8000 ISK; ⏱Mitte Juni–Ende Aug.) Dies ist bei weitem die komfortabelste Unterkunft in Hornstrandir: In einem früheren Arzthaus finden 16 Personen Platz, die tagsüber auch mit Kaffee und Pfannkuchen versorgt werden. Außerdem gibt's eine Gästeküche. Weit im Voraus buchen!

Hornbjargsviti HOSTEL €

(☎FI 568 2533; www.fi.is; Stellplatz 1200 ISK pro Pers., B 6500 ISK; ⏱Mitte Juni–Ende Aug.) Das an den gleichnamigen Leuchtturm angeschlossene Hostel an der Ostküste wird von Ferðafélag Íslands (FI) betrieben und bietet Platz für 50 Personen, eine Küche und münzbetriebene Duschen (500 ISK).

Grunnavík HOSTEL €

(☎848 0511, 456 4664; www.grunnavik.is; B 6000 ISK) Grunnavík hat etwa 20 Schlafplätze. Zur Zeit der Recherche wurde über eine eventuelle Schließung der Hütte nachgedacht.

Bolungarvík HÜTTE €

(☎893 6926, 456 7192; Hütte 4000 ISK pro Pers.) Die einfache Hütte steht an der Südostküste von Hornstrandir. Hier nächtigen Wanderer auf dem Weg tiefer ins Naturschutzgebiet hinein.

Reykjarfjörður HÜTTE, COTTAGE €

(☎896 1715, 456 7215; www.reykjarfjordur.is; Stellplatz 1000 ISK pro Pers., B 4000 ISK, Cottage ab 15 000 ISK) Hier gibt's Zeltstellplätze, Schlafsackbetten (keinen Strom) und ein kleines Häuschen für fünf Personen sowie ein Thermalbecken und einen Hot Pot.

An- & Weiterreise

SCHIFF/FÄHRE

Von Juni bis August verkehren Fähren von Ísafjörður, Bolungarvík und Norðurfjörður (an der Strandir-Küste) nach Hornstrandir. Die einfache Fahrt kostet je nach Ziel 7200 bis 13 500 ISK. Aus Sicherheitsgründen wird dringend geraten, die Rückfahrt gleich mitzubuchen. Alle Fähre können direkt oder über West Tours (S. 210) gebucht werden.

Von Ísafjörður betreibt West Tours (S. 210) die Fähre **Sjóferðir** (West Tours; ☎456 5111; www.sjoferdir.is) u. a. nach:

- Aðalvík (8300 ISK, 2-mal wöchentl.)
- Grunnavík (7400 ISK, 1-mal wöchentl.)
- Hesteyri (7600 ISK, 5-mal wöchentl.)
- Hornvík (13 200 ISK, 1-mal wöchentl.)
- Hrafnfjörður (11 300 ISK, 1-mal wöchentl.)
- Veiðileysufjörður (9800 ISK, 2-mal wöchentl.).

Von Bolungarvík betreibt Borea (S. 210) die Fähre **Bjarnarnes** (Borea; ☎456 3322; www.boreaadventures.com) nach:

- Aðalvík (8500 ISK, 2-mal wöchentl.)
- Grunnavík (7200 ISK, 4-mal wöchentl.)
- Hesteyri (7500 ISK, 4-mal wöchentl.)
- Hornvík (13 500 ISK, 1-mal wöchentl.)
- Veiðileysufjörður (9600 ISK, 3-mal wöchentl.).

Hrafnfjörður, Lónafjörður und Slétta (Sléttunes) werden nur auf Anfrage angesteuert. Anfang Juni und Ende August legen die Fähren erst ab einer Mindestpassagierzahl von acht Personen ab.

Urðartindur (☎843 1880; www.urdartindur.is; bei Norðurfjörður an der Strandir-Küste) Mit Vorausbuchung kann man bei Urðartindur ein Boot von Norðurfjörður nach Drangar, Reykjarfjörður, Þaralátursfjörður/Furufjörður, Bolungarvík (auf Hornstrandir, nicht westlich von Ísafjörður) und Látravík/Hornbjargsviti chartern.

WANDERN

Es besteht die Möglichkeit von Norðurfjörður an der Strandir-Küste aus in das Naturschutzgebiet hineinzuwandern. Bis zur Reykjarfjörður-Hütte benötigt man drei Tage, bis zur Bolungarvík-Hütte einen weiteren Tag. Am ersten und zweiten Tag kann man am Ófeigsfjörður und in Drangar wild zelten.

Auch von Grunnavík gibt es einen Wanderweg.

WANDERN IN HORNSTRANDIR

Wie soll man sich unter all den tollen Wegen, die sich über die Halbinsel Hornstrandir ziehen, für eine Tour entscheiden? Einheimische und Touristen sind sich einig: Das „königliche Horn" (Hornsleið) umfasst die schönsten Ecken des Wanderreservats. Die Etappen der vier- bis fünftägige Wanderung vom Veiðileysufjörður nach Hesteyri können bei schlechtem Wetter problemlos verändert werden. Die Wege sind gut markiert, aber meist sind nur ganz wenige Touristen unterwegs, sodass man die verlassene Landschaft ganz für sich hat.

Das königliche Horn

Tag 1 Der erste Tag beginnt mit der Überfahrt von Bolungarvík oder Ísafjörður in den Veiðileysufjöður, einen der örtlichen *jökulfirðir* (Gletscherfjorde). Die Wanderung startet auf einer Straße am unteren Ende des Fjords und folgt einem mit Steinhaufen markierten Pfad den Berg hinauf über die Passstraße. Von dort kann man auf beiden Seiten wieder vom Berg bis zum Campingplatz von Höfn in Hornvík absteigen. Die Wanderung vom Veiðileysufjörður nach Hornvik kann zwischen vier und acht Stunden dauern. Am Campingplatz ist eine Parkstation, in der Wanderer herzlich willkommen sind und nach den aktuellen Wetter- und Wanderbedingungen fragen können.

Tag 2 Die zweite Nacht verbringt man ebenfalls in Hornvík und besucht tagsüber **Hornbjarg**, einen der schönsten Vogelfelsen Islands mit einer artenreichen Flora und Fauna. Alternativ kann man sich den Leuchtturm **Hornbjargsviti** und Umgebung ansehen.

Tag 3 Am dritten Tag geht die Wanderung weiter von Hornvík nach Hlöðuvík. Die Strecke ist nur zum Teil markiert; sie führt über einen Gebirgspass und ist relativ leicht zu finden. In Hlöðuvík schlägt man sein Zelt am besten auf dem neuen Campingplatz am **Hlöðuvíkurós** (der Mündung des Flusses Hlöðuvík) auf. Wie schon nach Hornvík führt auch der Weg nach Hlöðuvík gen Norden – perfekt, um die spektakuläre Mitternachtssonne zu beobachten. Nach Hlöðuvík ist man etwa sechs Stunden unterwegs.

Tag 4 Am vierten Tag geht's dann über den Gebirgspass **Kjarnsvíkurskarð** und **Hesteyrarbrúnir** nach Hesteyri (Dauer etwa 8 Std.). **Hesteyri** ist ein altes Dorf, das Mitte des 20. Jhs. verlassen wurde. Mitten in den Engelwurzwiesen liegen noch immer einige gut erhaltene Häuser. In der Nähe des Dorfs stehen die Ruinen einer Walfangstation (erb. um 1900). In dem Café in Hesteyri kann man auf die Fähre zurück nach Bolungarvík oder Ísafjörður warten.

Tag 5 Sollte am letzten Tag der Wanderung keine Fähre fahren, kann man eine weitere Nacht in Hesteyri verbringen und noch einen Tag wandern gehen. Südlich des Dorfs befindet sich ein Zeltplatz. Wer reserviert hat, kann auch im alten Arzthaus (S. 217) in Hesteyri nächtigen.

Die Kurzversion

Man nimmt die Fähre zum Veiðileysufjörður, wandert nach Hornvík, verbringt dort ein oder zwei Nächte und läuft dann zum Lónafjörður hinunter, um dort ein Boot zu nehmen – aber nur, wenn man vorab einen Platz gebucht hat! Die Wanderung von Hornvík zum Lónafjörður dauert sechs bis sieben Stunden. Andernfalls geht zum Veiðileysufjörður zurück.

Es gibt auch die Möglichkeit, mit dem Boot direkt nach Hesteyri zu fahren und den Ort als Ausgangsstation für Tageswanderungen zu nutzen – Schlafsackbetten müssen reserviert werden.

STRANDIR-KÜSTE

Die Ostküste der Westfjorde ist dünn besiedelt und friedlich, von Reisenden selten besucht und eine der eindrucksvollsten Regionen Islands. Die Fahrt von der einzigen etwas größeren Ansiedlung Hólmavík an Fjorden und hohen Bergen vorbei Richtung Norden ist rau, wild und absolut lohnenswert. Strandir galt als das Ende der Welt und man nahm an, dass hier Islands Magier lebten. Südlich von Hólmavík erstrecken sich an der abgeschiedenen Küste bis nach Staðarskáli hinunter sanfte wellige Hügel. Hier lässt der plötzlich stärker werdende Verkehr erkennen, dass man wieder auf der Ringstraße mit ihrem Reiseverkehr angekommen ist.

Bis nach Hólmavík verkehren Busse, aber wer weiter fahren möchte, braucht ein eigenes Fahrzeug und eine gewisse Abenteuerlust.

Von Staðarskáli nach Hólmavík

Die Natur ist weniger spektakulär als auf der Fortsetzung der Strecke weiter oben im Norden, aber das lange Stück auf der Straße 68 von Staðarskáli (ehemals Brú) nach Hólmavík über wellige Hügel mit kleinen Bauernhöfen und einsamen Kirchen an den weiten Fjorden ist eine ländliche Idylle.

Das kleine **Schafzuchtmuseum** (Sauðfjársetur á Ströndum; ☎ 451 3324; www.strandir.is/saudfjarsetur; Erw./Kind 800 ISK/frei; ⌚ Juni–Aug. 10–18 Uhr) 12 km südlich von Hólmavík zeigt anhand von Fotos und Gebrauchsgegenständen die regionale Bauerngeschichte und bietet mit Schachbrettern und selbstgemachtem Rhabarberkuchen im angeschlossenen **Café** (Snacks 700–1200 ISK) weitere Gründe zum Verweilen.

Unterkunft bieten das **Kirkjuból** (☎ 451 3474; www.strandir.is/kirkjubol; EZ/DZ mit Gemeinschaftsbad 8300/13 200 ISK) unmittelbar südlich des Museums mit einfachen Zimmern und einer Gästeküche sowie die **Jugendherberge Broddanes** (☎ 618 1830; www.broddanes.is; B/DZ mit Gemeinschaftsbad 4400/13 900 ISK; ⌚ Mitte Mai–Mitte Sept.; WLAN) in einem modernen Gebäude an einer Landspitze südlich des Kollafjörður.

Strætó (☎ 540 2700; www.bus.is):
➡ Bus 57 Staðarskáli–Reykjavík (3500 ISK, 2-mal tgl.) und Staðarskáli–Akureyri (3700 ISK, 2-mal tgl.).

Hólmavík

373 EW.

Vom Fischerdorf Hólmavík bieten sich weite Ausblicke über die stillen Gewässer des Steingrímsfjörður und dann wäre da noch ein skurriles Hexereimuseum. Der ansonsten schmucklose Ort eignet sich prima, um die Vorräte aufzufüllen, bevor es in rauere Gefilde weiter nördlich geht.

Sehenswertes & Aktivitäten

★ Museum für Hexerei und Magie in Island MUSEUM
(Strandagaldur; ☎ 451 3525; www.galdrasyning.is; Höfðagata 8–10; Erw./Kind 900 ISK/frei; ⌚ 9–18 Uhr) Das preisgekrönte Museum für Hexerei liegt unten am Hafen. Anders als bei den berühmten Hexenprozessen von Salem in den USA handelte es sich bei den auf Island verurteilten Hexen vor allem um Männer. Hinter den meisten ihrer okkulten Praktiken steckten einfach nur alte Wikingertraditionen und alter Aberglaube. Aber versteckte *grimoires* (Zauberbücher) und rätselhafte Runenzeichen genügten den Hexenjägern, die der örtlichen Oberschicht angehörten, häufig schon als Beweis für die Schuld ihrer Opfer. 20 Seelen (meist Bauern) schickten sie auf den Scheiterhaufen. Erklärungen in mehreren Sprachen erläutern Zaubersprüche und grausige Exponate wie die „Leichenhose". Die Touristeninformation ist im gleichen Haus ansässig.

Ein weiterer Teil des Museums ist in dem Torfhaus eines „Zauberers" (S. 221) im Bjarnarfjörður untergebracht.

Strandahestar REITEN
(☎ 451 3262; www.strandahestar.is; Víðidalsá) Ausritte für alle Könnensstufen, zu buchen in der Touristeninformation.

Schlafen & Essen

Es gibt einen kleinen Lebensmittelladen, einen Zeltplatz (Stellplatz 1000 ISK pro Pers.) und einen günstigen Imbiss an der Tankstelle. Wer tanken möchte, benötigt eine N1-Karte (hier nicht erhältlich) oder eine Kreditkarte mit Chip oder PIN.

Finna Hótel HOTEL €
(☎ 451 3136; www.finnahotel.is; Borgarbraut 4; EZ/DZ mit Frühstück 10 600/15 700 ISK; @ WLAN) Das angenehme Hotel auf einem Hügel hat einfache, aber saubere und gemütliche Zimmer und serviert ein gutes Frühstück. Übernachtungen im Schlafsack kosten 5000 bis 6800 ISK pro Person.

Steinhúsið PENSION, APARTMENT €
(☎ 856 1911; www.steinhusid.is; Höfðagata 1; EZ/DZ mit Gemeinschaftsbad 9000/12 500 ISK, Apt. 19 000 ISK; WLAN) Die nette Unterkunft liegt gegenüber vom Hexereimuseum und vermietet ein paar pieksaubere Zimmer mit Wohnbereich und Küche sowie eine Wohnung im Untergeschoss.

Sorcery Cafe CAFÉ €€
(www.galdrasyning.is; Höfðagata 10; Hauptgerichte 1300–2400 ISK; ⌚ 9–18 Uhr) Die Speisekarte des hübschen Museumscafés ändert sich täglich. Die Muscheln kommen frisch aus dem Fjord und zum Nachtisch werden wilde Beeren serviert.

Café Riis INTERNATIONAL €€
(☎451 3567; Hafnarbraut 39; Hauptgerichte 1500–3900 ISK; ⌚Juni–Aug. 11.30–21 Uhr) Das beliebte Pub-Restaurant liegt in einem historischen Holzgebäude mit geschnitzten magischen Symbolen an der Bar. Gebratene Hühnchenbrust und Forelle sind die größten Renner auf der Karte.

Praktische Informationen

Touristeninformation (☎451 3111; www.holmavik.is/info; Höfðagata 8–10; ⌚9–18 Uhr; @ 📶) Im Hexereimuseum, mit Internetzugang und viel Infomaterial sowie Wanderkarten (1300 ISK).

An- & Weiterreise

Busse halten an der N1-Tankstelle.

Strætó (☎540 2700; www.bus.is):

➡ Bus 59 Hólmavík–Búðardalur–Borgarnes (3850 ISK, Mitte Mai–Mitte Sept. 5-mal wöchentl., Mitte Sept.–Mitte Mai 2-mal wöchentl.) mit Anschluss nach Reykjavík (5250 ISK, 4½ Std.). Nach Akureyri muss man in Bifröst in den Bus 57 umsteigen.

Ab 2015 verkehren zwischen Ísafjörður und Hólmavík wieder Busse; siehe www.westfjords.is.

Drangsnes

71 EW.

Auf der anderen Seite des Steingrímsfjörður, gegenüber von Hólmavík, liegen Drangsnes (sprich: *draungs*-ness), ein kleines, entlegenes Dorf mit Ausblick nach Nordisland, und die kleine unbewohnte Insel **Grímsey**, eine von mehreren Inseln dieses Namens in Island. Der Felsen **Kerling** am Ufer in Drangsnes ist angeblich der Rest einer versteinerten **Trolldame**. Die Felsen in der Bucht neben Grímsey sollen ihren Bullen **Uxi** darstellen.

Eine der größten Attraktionen von Drangsnes sind die geothermal beheizten **Hot Pots** GRATIS, die entlang der Hauptstraße in die Küstenbefestigung hineingebaut wurden. Nur Adleraugen können das kleine Schild und das weiße Gebäude mit den Duschen und Toiletten ausmachen. Nicht vergessen, nach isländischer Sitte vor der Nutzung der Becken zu duschen! Die drei kleinen Becken liegen direkt gegenüber auf der anderen Straßenseite. Auch das städtische Schwimmbad **Drangsnes Sundlaug** (☎451 3201; www.drangnes.is; Grundargata 15; Erw./Kind 600 ISK/frei; ⌚Juni–Aug. 11–18 Uhr, Sept.–Mai kürzere Öffnungszeiten) hat zwei Hot Pots für den Fall, dass das Wetter an der Küste zu ungemütlich ist.

Neben dem Kerling bietet **Malarhorn** (☎451 3238; www.malarhorn.is; Grundargata 17; DZ mit/ohne Bad 18 000/12 000 ISK, Apt. ab 32 000 ISK; 📶 ♿) verschiedene Schlafmöglichkeiten an, z. B. in ein paar Kiefernhütten, die modern und ausgesprochen gemütlich sind, oder in Apartments. Das Personal organisiert dreistündige **Bootstouren** nach Grímsey (7000 ISK) und zu den Papageitaucher-Brutplätzen auf der Insel. Das angeschlossene Café **Malarkaffi** (Hauptgerichte 1600–3800 ISK; ⌚ Juni–Aug. 8–21 Uhr, Sept.–Mai n. V.), serviert auf seiner Veranda mit Blick auf den Fjord tolle Fischgerichte.

In Drangsnes gibt's eine Tankstelle.

Bjarnarfjörður & Kaldbaksvík

Nördlich von Drangsnes windet sich eine raue Straße um bröckelige Klippen und winzige Buchten voller Treibholz. Hier gibt es keine Versorgungsmöglichkeiten, aber wer mit dem eigenen Fahrzeug hierherkommt, wird mit unglaublicher Stille, großartigen Ausblicken und dem Gefühl absoluter Abgeschiedenheit belohnt. Für alle, die sich für die isländische Sagenwelt interessieren: *Njáls saga* beginnt hier.

Das **Hótel Laugarhóll** (☎451 3380; www.laugarholl.is; DZ mit/ohne Bad mit Frühstück 20 600/16 000 ISK; @📶) am Bjarnarfjörður wird von freundlichen ehemaligen Lehrern geführt: Sie haben einst in eben diesem Gebäude unterrichtet, das zu einem einladenden Hotel umgebaut wurde. Die frischen, weißen Decken liegen fein säuberlich gefaltet auf den Betten und in manchen Zimmern hängt auch das eine oder andere Kunstwerk an der Wand. Ein gutes **Restaurant** serviert mittags Suppen (1200 ISK) und abends ein umfangreiches Buffet (5900 ISK; 18.30–20.30 Uhr). Es gibt eine kleine **Kunstgalerie** zu entdecken sowie ein **Thermalbecken** (Eintritt 400 ISK; ⌚Juni–Aug. 8–22 Uhr., Sept.–Mai 24 Std.) und einen Hot Pot in schöner Lage zum Reinhüpfen und Entspannen.

Das Becken des Hótel Laugarhóll wird von der **Gvenderlaug** gespeist, einer 42 °C heißen heiligen Quelle (Baden verboten!), die im 13. Jh. von Bischof Gvendur dem Guten gesegnet wurde und heute unter Denkmalschutz steht. Hinter dem Hotel weist ein Schild den Weg zur Quelle.

Hinter dem Hotel ist auch das aus Torf gebaute **Magierhaus** (⌚ Juni–Aug. 8–22 Uhr) GRATIS ausgeschildert, das zum Hexereimuseum (S. 219) in Hólmavík gehört und zeigt, wie die vermeintlichen Zauberer damals hier lebten.

Nördlich des Bjarnafjörður beginnt die Landschaft immer felsiger zu werden und es eröffnen sich tolle Aussichten rüber zur Halbinsel Skagi in Nordisland. Mit dem ersten Schnee im Herbst wird die Straße oft gesperrt und dann bis zum Frühjahr unter Umständen nicht mehr geöffnet – vor Ort die aktuellen Bedingungen erfragen!

Bei der Bucht **Kaldbaksvík** ziehen sich die steilen Hänge eines breiten Fjords hinunter zu einem kleinen Anglersee, der die umliegenden Berge still widerspiegelt. Gleich hinter dem See führt ein 4 km langer Pfad zum Gipfel des felsigen **Lambatindur** (854 m). An dieser Straße fällt das viele Treibholz auf, das sich am Ufer auftürmt – das meiste ist über das Nordpolarmeer von Sibirien angeschwemmt worden.

Reykjarfjörður

Unter einer steilen Felswand und einem großen Wasserfall am Reykjarfjörður eingezwängt liegt die Fabrik von **Djúpavík**, von der ein seltsamer Zauber ausgeht. Zu erreichen ist sie über unglaubliche Bergstraßen mit tollem Fjordblick. Die Gegend war einst ein florierendes Zentrum der Heringsverarbeitung, wurde aber praktisch aufgegeben, als die Fabrik 1950 schloss. Noch heute wird das Dorf, in dem es eine Reihe uriger schlafsaalartiger Behausungen gibt, von der verlassenen Fabrik und von einem gestrandeten Trawler beherrscht und eine märchenhafte Stimmung liegt über der Szenerie an diesem breiten, tiefen Fjord.

Schlafen

★ **Hótel Djúpavík** GASTHOF €
(☎451 4037; www.djupavik.com; DZ im Gasthof/Häuschen mit Gemeinschaftsbad 12 500/11 800 ISK; 📶) Der Gasthof im ehemaligen Wohnhaus der Arbeiterinnen der Heringsfabrik ist mit Antiquitäten eingerichtet und vom ersten Augenblick an sehr einladend, auch wegen des quirligen **Restaurants** (Hauptgerichte 1800–4000 ISK) im Erdgeschoss. Sein dezenter Charme erstreckt sich auch auf die bei den dazugehörigen Häuschen – eines mit Schlafsackbetten für 3800 ISK – mit kleinen Küchen. Das Hotel liegt an einer der atemberaubendsten Buchten in ganz Island. Im Sommer müssen Hotelzimmer auf jeden Fall vorgebucht werden.

Lohnend ist eine **Führung durch die verlassene Fabrik** (1000 ISK), die das freundliche Hotelpersonal gibt. Ein Teil der Fabrik wird vom Eigentümer als Werkstatt genutzt, ein anderer Teil ist wunderbar fotogen abgewrackt und ein dritter Teil beherbergt im Sommer die **Steypa-Fotoausstellung** (www.claus-in-iceland.com; ⌚ Juni–Aug.) GRATIS. Die Fabrik ist übrigens in dem Musik-Dokumentarfilm *Heima* („daheim") von der Band Sigur Rós von 2007 zu sehen.

Norðurfjörður & Umgebung

Nördlich von Djúpavík gibt es in **Árnes** zwei interessante Kirchen – eine in traditioneller Holzbauweise und die andere (ziemlich genau gegenüber) mit futuristischen Zügen. Das kleine Museum **Kört** (☎451 4025; www.trekyllisvik.is; Árnes 2; Erw./Kind 800 ISK/frei; ⌚ Juni–Aug. 10–18 Uhr) zeigt Ausstellungsstücke aus Fischerei und Landwirtschaft und verkauft Kunsthandwerk.

Der **Kistan** („Sarg") ist ein Gebiet voll schroffer Felsen, die Haupthinrichtungsstätte von Zauberern und Hexen in der Region. Die letzte dokumentierte Verbrennung Islands fand hier statt. Der Kistan ist an der Hauptstraße ausgeschildert, am einfachsten ist es aber, jemanden nach dem Weg zu fragen.

Am Ende einer holprigen Straße entlang der Strandir-Küste klammert sich das winzige Fischernest **Norðurfjörður** ans Ufer. Es hat ein Café, eine Tankstelle und ein paar Pensionen und ist die letzte Versorgungsmöglichkeit vor Hornstrandir.

Das sehr schöne Thermalbecken **Krossneslaug** (Erw./Kind 450/200 ISK) mit Hot Pot liegt an einer unbefestigten Piste ca. 3 km hinter Norðurfjörður, gleichsam am Rande des Universums an einem wilden Strand mit schwarzen Kieseln. Der Anblick der Mitternachtssonne über den Wellen am Ufer ist unglaublich.

Schlafen & Essen

★ **Urðartindur** PENSION €
(☎843 8110; www.urdartindur.is; Stellplatz 1100 ISK pro Pers., DZ 14 000 ISK; ⌚Mai–Sept.) Von den

einfachen, modernen Zimmern mit Bad, Kühlschrank und Balkon dieser Pension an einem schwarzen Sandstrand genießt man einen ungehinderten Blick auf den Fjord. Zwei Hütten (17 000 ISK) bieten jeweils Platz für bis zu vier Personen. Arinbjörn, der liebenswerte Besitzer, verrät bereitwillig einen „geheimen" Spazierweg zu einem versteckt gelegenen See. Eine Nacht im Schlafsack kostet 5000 ISK pro Person. Arinbjörn bietet außerdem Bootsfahrten nach Hornstrandir.

Bergistangi HOSTEL €
(☎451 4003; www.bergistangi.is; DZ 8600 ISK) Prima für Gäste mit Schlafsack (3000 ISK pro Pers.) ist dieses nette Hostel auf dem Hügel, das auch normale Zimmer bietet. Man blickt auf den Hafen und kann eine Gästeküche nutzen.

Kaffi Norðurfjörður INTERNATIONAL €€
(☎692 6096; www.nordurfjordur.is; Hauptgerichte 1950–3500 ISK; ⏲Ende Mai–Ende Aug. 11–21 Uhr; 📶) Das Essen wird einem nicht auf ewig im Gedächtnis bleiben, doch der Blick auf den Fjord ist großartig und man kann in einer Ecke alte Schallplatten auflegen.

ℹ An- & Weiterreise

FLUGZEUG

Eagle Air (☎562 4200; www.eagleair.is) fliegt zweimal pro Woche von Reykjavík nach Gjögur, 16 km südöstlich von Norðurfjörður. Der Preis für die einfache Strecke liegt im Internet bei 168 €. Der Flug dauert 50 Minuten.

SCHIFF/FÄHRE

Arinbjörn vom Gästehaus Urðartindur (S. 221) bietet Chartertrips ins Naturschutzgebiet Hornstrandir ab Norðurfjörður.

Nordisland

Inhalt ➡

Auf nach Nordisland

Der faszinierende Norden ist ein Paradies für Geologen. An Mondlandschaften erinnernde Lavafelder, blubbernde Schlammtöpfe, tosende Wasserfälle, Schneegipfel und Buchten voller Wale – hier zeigt Island, was es zu bieten hat. Unter der Erdoberfläche brodelt es, und diese vulkanische Aktivität hat bei fast allen touristischen Highlights mitgemischt.

Hier warten zahllose Attraktionen: das kleine Akureyri mit erstaunlich großstädtischem Flair, windgepeitschte Fjordufer, an denen stämmige Islandpferde grasen, Fischerdörfer, die sich abseits jeder Teerstraße beharrlich durchkämpfen.

Vor der Küste bezaubern die von Vogelkolonien (und einigen zähen Isländern) bevölkerten Inseln, ein paar Halbinseln strecken ihre Finger in Richtung Polarkreis aus, Wildwasserläufe versprechen den ultimativen Adrenalinkick und die Wanderwege des Nationalparks führen zu unvergleichlichen Aussichtspunkten. Wintersportler können sich auf unbekannten und entsprechend leeren Skipisten austoben und angesichts der Unterwasserschätze nehmen Taucher die eisigen Temperaturen gerne in Kauf.

Gut essen

- ➡ Geitafell (S. 227)
- ➡ Hannes Boy (S. 236)
- ➡ Vogafjós (S.258)
- ➡ Lónkot (S. 234)
- ➡ Kaffihús Bakkabræðra (S. 239)

Schön übernachten

- ➡ Skjaldarvík (S. 246)
- ➡ Dalvík HI Hostel (S. 239)
- ➡ Kaldbaks-Kot (S. 268)
- ➡ Sæluhús (S. 248)
- ➡ Gamla Posthúsið (S. 231)

Entfernungen (km)

	Reykjavík	Akureyri	Siglufjörður	Húsavík	Reykjahlíð (Mývatn)
Akureyri	389				
Siglufjörður	384	76			
Húsavík	476	92	168		
Reykjahlíð (Mývatn)	478	100	176	54	
Þórshöfn	613	235	311	142	172

Highlights

1 In **Akureyri** (S. 240) nordisländische Stadtluft schnuppern

2 Das einzige Stück Island jenseits des Polarkreises erkunden: die von Seeschwalben und Trollen bevölkerte Insel **Grímsey** (S. 244)

3 Am herrlichen **Mývatn** (S. 255) zwischen Lavaburgen und heimtückischen Erdspalten umherklettern

4 Auf einer Walbeobachtungstour ab **Húsavík** (S. 265) die sanften Riesen aus den Wellen auftauchen sehen

5 Sich vorsichtig durch die rostrote Wüste in **Hverir**

(S. 263) tasten und in der **Krafla** (S. 263) die Lavasplitter unter den Schuhsohlen knirschen lassen

6 Steile Schächte, bizarre Felsformationen und einen mehrstöckigen Canyon im Nationalpark **Jökulsárgljúfur** (S. 271) bestaunen

7 Über die Halbinsel **Tröllaskagi** (S. 233) stromern und tolle Panoramablicke, schroffe Bergformationen und schöne Rastplätze genießen

8 Auf der Aussichtsplattform auf **Langanes** (S. 277) die Vogelwelt an den Klippen bewundern

ÖSTLICHER HÚNAFLÓI

Die dünn besiedelte Gegend rund um die Húnaflói-Bucht glänzt mit einer äußerst reichen Fauna. Wegen der zahlreichen grönländischen Bären, die auf Eisschollen hier an Land gekommen sind, wird die Gegend auch Bärenbucht genannt. Die Landschaft ist sanfter als in den Westfjorden und die niedrigen, baumlosen Berge bieten zahlreichen Vogelarten Nistmöglichkeiten. Gepflegte Orte, eine Handvoll Museen, Seehunde und Reitmöglichkeiten sorgen auf dem Weg nach Akureyri für genügend Abwechslung.

Ausführliche Infos über Hvammstangi und Umgebung bietet die Broschüre *Húnaþing vestra* (online unter www.visit hunathing.is). Der Führer *Discover Rural Iceland* (www.farmholidays.is) nennt jede Menge gastlicher Bauernhöfe in dieser Gegend. Die Website www.northwest.is hilft bei der Reiseplanung.

Hrútafjörður

Die kleine Bucht des Hrútafjörður markiert die Grenze zwischen Nordwestisland und den Westfjorden.

Die Straße 1 (Ringstraße) führt durch **Staðarskáli** (das ehemalige Brú). Der Ort besteht eigentlich nur aus einer Straßenkreuzung und einer geschäftigen N1-Tankstelle mit Cafeteria, wo Motorradfahrer gerne Rast machen.

Das friedliche, kleine **Sæberg HI Hostel** (☎894 5504; www.hostel.is; B/DZ ohne Bad 3700/9200 ISK; ⊙März–Okt.; 📶) liegt 13 km nördlich von Staðarskáli im winzigen Reykir und bietet Hot Pots, Hütten und endloses Panorama. Da der nächste Laden 15 km entfernt liegt, empfiehlt es sich, die Vorräte vor der Anreise aufzustocken. Auch Camper sind willkommen.

Hvammstangi

560 EW.

Sechs Kilometer nördlich der Ringstraße liegt das angenehm verschlafene Hvammstangi. Die Robbenkolonien, die ganz in der Nähe leben, sind ein Anreiz für einen Abstecher.

Sehenswertes

Isländisches Robbenzentrum MUSEUM
(Selasetur Íslands ☎451 2345; www.selasetur.is; Brekkugat; Erw./Kind 950 ISK/frei; ⊙Juni–Aug. 9–19 Uhr, Sept.–Mai kürzere Öffnungszeiten) Hauptattraktion der Stadt ist das an der Strandpromenade gelegene Isländische Robbenzentrum. Themenschwerpunkte sind Robbenschutz, traditionelle, aus Robben gewonnene Produkte und Legenden, die sich um die Meeressäuger ranken. Hier gibt es außerdem eine hilfsbereite Touristeninformation, die gerne erklärt, wo man in der Gegend am besten hinfährt, um Robben zu beobachten.

Geführte Touren

Selasigling BOOTSTOUR
(☎897 9900; www.sealwatching.is; 1¾-std. Tour Erw./Kind 7900/3900 ISK) Organisiert Robben- und Naturkundeausflüge im traditionellen hölzernen Fischerboot. Abfahrt der 1¾-stündigen Fahrten ist (bei entsprechendem Wetter) täglich von Juni bis August um 10, 13 und 16 Uhr jeweils am Hafen. Nach Vereinbarung werden auch Angel- und Mitternacht-Segeltörns organisiert.

Schlafen & Essen

Der Hafen ist die Drehscheibe für alle touristischen Aktivitäten in der Stadt. Bis dieser Reiseführer gedruckt ist, wird im Obergeschoss des Isländischen Robbenzentrums das neue Fischrestaurant Sjávarborg (www.sjavarborg-restaurant.is; Öffnungszeiten etc. auf der Website) eröffnet sein. Die Inhaber betreiben auch die erstklassige Gauksmýri-Lodge (S. 228) – wahrscheinlich ist es durchaus einen Besuch wert.

Pension Hanna Sigga PENSION €
(☎451 2407; www.simnet.is/gistihs; Garðavegur 26; EZ/DZ ohne Bad 8900/13 500 ISK; 📶) Die gemütliche, einladende Pension in einer Wohnstraße im Zentrum ist eine ganz prima Adresse. Die Zimmer sind gut in Schuss, es gibt eine Gästeküche und vor allem ein richtig leckeres, hausgemachtes Frühstück (1600 ISK), das in einer gemütlichen Ecke mit Meerblick serviert wird. Eine Schlafsackunterkunft kostet 4300 ISK.

Hvammstangi Cottages HÜTTEN €
(☎860 7700; http://hvammstangichalets.webs.com; Hütten ab 15 000 ISK; 📶) Gleich neben dem Campingplatz stehen neun niedliche Hütten nah beieinander. Sie sind nicht groß, aber voll ausgestattet mit Bad, Küchenzeile und TV und bieten Schlafplätze für bis zu fünf Gäste (drei Betten, ein Klappsofa).

ABSEITS DER ÜBLICHEN PFADE

HALBINSEL VATNSNES

Die kurze Halbinsel Vatnsnes, die in die Bucht Húnaflói hineinragt, ist ein betörend schönes Stück Land mit einer Kette schroffer Berge als Rückgrat. Die Straße 711, eine holprige Schotterpiste, die an ihrer Küste entlang führt, ist ein toller Abstecher von der Ringstraße (insgesamt sind es etwa 82 km von der Ringstraße nach Hvammstangi und auf der Straße 711 um die Halbinsel).

An der Westküste gibt's auf dem Gehöft **Illugastaðir** (Stellplatz pro Pers. 1000 ISK; ⌚20. Juni–Aug.) einen einfachen Campingplatz mit wunderbarem Ausblick auf die Gipfel der Strandirküste in den Westfjorden. Wunderschöne Wanderwege schlängeln sich durch Felder voller Vögel zu einem bei Robben sehr beliebten Platz zum Sonnenbaden. Vom 1. Mai bis zum 20. Juni ist der Hof wegen der Brutzeit der Eiderenten geschlossen.

Illugastaðir war Schauplatz des Verbrechens, für das in Island zum letzten Mal die Todesstrafe verhängt wurde (1830). Agnes Magnúsdóttir und ihr Komplize Friðrik Sigurðsson wurden wegen Mordes verurteilt und in Þrístapar (südlich von Blönduós) enthauptet. Ihre sterblichen Überreste liegen auf dem Friedhof in Tjörn, etwas weiter im Norden der Insel.

Verbrechen und Hinrichtung waren die Grundlage für den isländischen Film *Agnes* (1995) und den hoch gelobten Roman *Das Seelenhaus* (2013) von der australischen Schriftstellerin Hannah Kent.

Drei Kilometer hinter Illugastaðir (ungefähr 25 km von Hvammstangi entfernt) bietet das einzigartige Restaurant **Geitafell** (www.geitafell.is; Fischsuppe 2950 ISK; ⌚Juni–Aug. 11–22 Uhr) unter anderem seine legendäre Fischsuppe an. Ein weiteres Glanzlicht auf der knappen Karte ist das *skyr*-Dessert (*skyr* ist ein joghurtähnliches Milchprodukt). Die Besitzer Sigrún und Robert leben seit ewigen Zeiten hier und können unglaubliche Geschichten erzählen. Roberts Vater war ein schottischer Priester, der den Isländern Gott (und Fußball) näherbringen wollte. In seinem „schottischen Schloss" nebenan hat Robert ein kleines Geschichtsmuseum eingerichtet.

An der Ostküste führt ein markierter Fußweg zur 15 m hohen Felsnadel **Hvítserkur**, die ein tolles Fotomotiv ist. Hvítserkur ist angeblich ein Troll, der bei dem Versuch, das Kloster von Þingeyrar zu zerstören, vom Sonnenaufgang überrascht wurde. Uns erinnerte der Felsen an ein riesiges Tier, das zum Trinken ans Wasser gekommen ist.

Gleich südlich von Hvítserkur (bzw. 30 km nördlich der Ringstraße) zweigt ein Wanderweg Richtung Osten zu einem Robbenbeobachtungsplatz ab. Landeinwärts liegt das **Ósar HI Hostel** (☎862 2778; www.hostel.is; B/DZ ohne Bad 4000/11 300 ISK; ⌚Mai–Sept.; 📶), das wegen seines freundlichen Inhabers Knútur, der schönen Aussicht und der tierreichen Umgebung zu den beliebtesten Hostels in Island zählt. Es gehört zu einem Milchwirtschaftsbetrieb, der auch Zimmer und Hütten vermietet, und wo das Frühstück in einer mongolischen Jurte aufgetischt wird. Da es weit und breit kein Geschäft gibt, sollte ausreichend Proviant mitgebracht werden. HI-Mitglieder bekommen einen Rabatt von 700 ISK, Leihbettwäsche kostet 1500 ISK. Auf dem Gelände gibt es öffentliche Toiletten und eine Bar (im Rezeptionsbereich), die Bier, Kaffee und Snacks serviert.

Campingplatz Kirkjuhvammur CAMPING €
(Stellplätze pro Pers. 1000 ISK; ⌚Mitte Mai–Mitte Sept.) Der große, gepflegte Campingplatz Kirkjuhvammur liegt am Berg, nicht weit von der hübschen, alten Kirche (beim kommunalen Schwimmbad abbiegen).

Hlaðan Kaffihús CAFÉ €
(Brekkugata 2; Gerichte 1500–2700 ISK; ⌚Mitte Mai–Sept. Mo–Sa 9–21, So 10–21 Uhr; 📶) Das schnuckelige Café am Hafen lockt seine Kundschaft mit der üblichen Trias aus Suppen, Sandwiches und Kuchen an.

ℹ An- & Weiterreise

Die Sterna-Busse (Linie 60 und 60a), die im Sommer die Ringstraße (Straße 1) zwischen Reykjavík und Akureyri befahren, halten an der Kreuzung nach Hvammstangi 6 km außerhalb des Orts.

Die Buslinie 57 von Strætó pendelt ganzjährig zwischen Reykjavík und Akureyri und hält ebenfalls an der Kreuzung. Strætó betreibt eine Verbindung zu dieser Linie, die an der Kreuzung hält, Plätze müssen jedoch mindestens zwei Stunden vorab reserviert werden (Linie 83; 350 ISK).

Strætó (☎ 540 2700; www.straeto.is):

- Bus 57 nach Reykjavík (4550 ISK, 3½ Std., 2x tgl.).
- Bus 57 nach Akureyri (3500 ISK, 2 Std., 2x tgl.).

Von Hvammstangi nach Blönduós

Islands Nordwesten ist das Reich der Pferde. In Ekstase geraten Reiterherzen auf der viel besuchten Pferdefarm mit Pension **Gauksmýri** (☎ 451 2927; www.gauksmyri.is; DZ mit/ohne Bad inkl. Frühstück 21 600/14 800 ISK; @ 📶), die an der Ringstraße östlich der Abzweigung nach Hvammstangi liegt. Im Sommer werden viermal täglich zweistündige Ausritte (10 000 ISK) angeboten.

Das **Restaurant** verwöhnt mit einem üppigen Buffet (5200 ISK, Mitte Mai bis Mitte September, Reservierung empfohlen), dessen Fleisch- und Fischauswahl empfindliche Seelen schaudern lässt, aber neben Walfisch- und Fohlenfleisch gibt's auch Lachs, Lamm und Forelle). Mittags gibt es ein Buffet mit Suppe und Salaten, nachmittags Snacks und Kaffee.

Passionierte Pferdefreunde können bei **Brekkulækur** (☎ 451 2938; www.abbi-island.is), abenteuerliche Mehrtagesausflüge buchen (1340–3190 € für acht bis 15 Tage), die äußerst beliebt sind. Die Farm mit Pension liegt 8 km südlich der Abzweigung nach Hvammstangi an der Straße 704.

Weiter östlich führt kurz nach Gauksmýri die Straße 715 auf 6 km nach Süden zum malerischen Wasserfall von **Kolugljúfur**. In dieser geheimnisvollen Schlucht soll einstmals eine wunderschöne Trollfrau gehaust haben.

19 km vor Blönduós bietet sich ein weiterer, 6 km langer Abstecher an (dieses Mal auf der Straße 721): Die schmucke Steinkirche **Þingeyrar** (Erw./Kind 500 ISK/frei; ⏰ 10–17 Uhr) thront einsam und sehr fotogen über der Hóp-Bucht. Der heutige Bau stammt aus den 1860er-Jahren, aber schon 800 Jahre zuvor gab es hier ein *þing* (Versammlungsstätte) und ein Benediktinerkloster. Ein kleines Museum gibt es auch (Eintritt frei).

Blönduós

810 EW.

Ein paar Museen und eine ziemlich ungewöhnliche, moderne Kirche – das war's auch schon in Blönduós. Es gibt nicht viele Gründe, hier anzuhalten; der Ort ist allenfalls eine gute Gelegenheit, um eine Pause einzulegen und zu tanken. Die Übernachtungsmöglichkeiten sind wenig einladend.

Der reißende Fluss Blanda teilt das Städtchen in zwei Teile. Am nördlichen Eingang gibt es eine N1-Tankstelle (deren Grill-Bar das lebhafteste Lokal der Stadt ist).

Sehenswertes & Aktivitäten

Textilmuseum MUSEUM
(Heimilisiðnaðarsafnið; www.textile.is; Árbraut 29; Erw./Kind 900 ISK/frei; ⏰ Juni–Aug. 10–17 Uhr) In einem auffälligen modernen Gebäude am Nordufer der Blanda ist das kleine Museum untergebracht, das vor allem örtliche Handwerkskunst – z. B. unglaublich komplizierte Stickereien – und frühe isländische Trachten zeigt.

Meereis-Ausstellungszentrum MUSEUM
(Hafíssetrið; www.blonduos.is/hafis; Blöndubyggð 2; Erw./Kind 500 ISK/frei; ⏰ Juni–Aug. 11–17 Uhr) Das Museum in einem Handelshaus von 1733 beschäftigt sich mit der Entstehung der verschiedenen Arten von Meereis, dem Wettergeschehen und den frühen isländischen Siedlern. Star der Sammlung ist die Eisbärdame, die im Sommer 2008 in dieser Region unterwegs war und wie alle der Eisbär-Ankömmlinge, die sich hin und wieder nach Island vorwagen, erschossen wurde.

Schlafen & Essen

Glaðheimar CAMPINGPLATZ, HÜTTEN €
(☎ 820 1300; www.gladheimar.is; Stellplatz pro Pers. 1200 ISK, Hütten 21 000 ISK) In ansprechender Umgebung am Fluss bietet Glaðheimar Campingmöglichkeiten und Hütten für Selbstversorger mit bis zu sechs Schlafplätzen (die größeren haben auch einen Whirlpool oder sogar eine Sauna). Bettwäsche kostet extra, Pritschen für Übernachtungen im eigenen Schlafsack ab 6000 ISK. Die Rezeption fungiert gleichzeitig als örtliche **Touristeninformation**.

Potturinn INTERNATIONAL €€
(www.pot.is; Nordurlandsvegur 4; Hauptgerichte 1500–4000 ISK; ⏰ 11–22 Uhr) Das angenehme Lokal nahe der N1 überrascht mit einer er-

staunlich vielseitigen Speisekarte. Suppe und Salate sind den ganzen Tag zu haben. Daneben gibt's noch gute Burger und Pizza sowie ein paar echte Überraschungen wie Tandoori-Hühnchen und mexikanische Tortilla.

Samkaup-Úrval SUPERMARKT
(Húnabraut 4; ⏲ Mo–Fr 10–19, Sa 10–18, So 13–17 Uhr) Vorräte für Selbstversorger.

An- & Weiterreise

Sterna (☎ 551 1166; www.sterna.is):
- Bus 60a nach Reykjavík (4500 ISK, 3½ Std., Mitte Juni–Aug. Mo–Fr 1x tgl.).
- Bus 60 nach Akureyri (2700 ISK, 1¾ Std., Mitte Juni–Anfang Sept. 1x tgl.).

Strætó (☎ 540 2700; www.straeto.is):
- Bus 57 nach Reykjavík (5600 ISK, 4 Std., 2x tgl.).
- Bus 57 nach Akureyri (2450 ISK, 2¼ Std., 2x tgl.).

WESTLICHE SKAGAFJÖRÐUR

Die Halbinsel Skagafjörður ist bekannt für Pferdezucht und ungebändigte Natur. Auch wegen ihren historischen Stätten und adrenalinfördernden Aktivitäten ist das Gebiet für Reisende auf alle Fälle ein lohnendes Ziel. Zumal es in letzter Zeit immer mehr kulinarische Anreize gibt: Rote Kennzeichnung auf den Speisekarten weist auf lokale Produkte hin. Nähere Informationen gibt's auf www.visitskagafjordur.is.

Varmahlíð

120 EW.

Die Versorgungsstation an der Ringstraße ist kaum mehr als eine Wegkreuzung, also kein richtiger Ort, aber eine ideale Basis für Aktivitäten wie Wildwasserrafting und Reiten.

Geführte Touren

Neben tollen Reitwegen hat die Gegend um Varmahlíð auch Nordislands beste Wildwasserstrecken zu bieten. Von Mai bis September können Raftingausflüge gebucht werden.

Beide hier aufgeführten Anbieter fahren sowohl zur relativ zahmen Vestari-Jökulsá (westlicher Gletscherfluss; Klasse 2+) als auch zur anspruchsvolleren Austari-Jökulsá (östlicher Gletscherfluss; Klasse 4+).

Alle Angaben und Preise in diesem Abschnitt sind Stand Sommer 2014. Aktuelle Preise stehen auf den jeweiligen Websites.

Viking Rafting RAFTING
(☎ 823 8300; www.vikingrafting.com) Zur Auswahl stehen u. a. ein familiengeeigneter Vier-Stunden-Trip auf der Vestari-Jökulsá (11 900 ISK; Mindestalter 6 J.), ein anspruchsvolles sechsstündiges Abenteuer auf der Austari-Jökulsá (21 990 ISK) sowie die ultimative Raftingexpedition: ein dreitägiger Ausflug, der im Hochland von Sprengisandur beginnt (109 000 ISK).

Der Anbieter hat sein Basecamp in Hafgrímsstaðir, 15 km südlich von Varmahlíð an der Straße 752 (geteert). Für die längeren Touren ist eine Abholung in Akureyri möglich.

Bakkaflöt RAFTING
(☎ 453 8245; www.bakkaflot.com) 11 km südlich der Ringstraße an der Straße 752 bietet die Farm Bakkaflöt Ausflüge an: Drei Stunden auf der Vestari-Jökulsá kosten 10 900 ISK, sechs Stunden auf der Austari-Jökulsá 18 900 ISK. Weiteres Plus: gute Übernachtungsmöglichkeiten auf der Farm.

Hestasport REITEN
(☎ 453 8383; www.riding.is) Als eines der bekanntesten isländischen Reitsportzentren, das praktischerweise ein Büro an der Straße 752, nicht weit von der Ringstraße, betreibt, bietet Hestasport ein- und zweistündige Ausritte am Fluss Svartá (65000/10 000 ISK) und Tagesausflüge (19 000 ISK) an. Wer sich früh genug erkundigt, kann auch längere Touren buchen, z. B. einen achttägigen Trip durch das Hochland (304 000 ISK).

Lýtingsstaðir REITEN
(☎ 453 8064; www.lythorse.com) 20 km südlich von Varmahlíð an der Straße 752 hält diese hübsche Farm ein tolles Spektrum an Ausritten bereit, von der einstündigen bis zur mehrtägigen Tour. Das großartige Angebot „Stop and Ride" beinhaltet eine Übernachtung in einer Selbstversorgerhütte und einen zweistündigen Ausritt (31 000 ISK für zwei Personen, inkl. Bettwäsche). Längere Touren (ab sechs Tage für 170 500 ISK) gehören auch zum Angebot.

Pferdeshows

Die Pferdehöfe in der Gegend veranstalten mehrstündige Pferdeshows. Dabei werden die fünf Gangarten des Islandpferds vorgeführt und die Zuchtgeschichte der Rasse erläutert. Die Vorführungen werden generell für Gruppen organisiert; Individualreisende können aber gerne dazu stoßen. Bei Interesse bei der Touristeninformation oder bei den Pferdehöfen direkt nachfragen.

Flugumýri (☎453 8814; www.flugumyri.is) hat solche Shows regelmäßig im Angebot. Attraktiv ist auch das wöchentliche Abendprogramm „Horse & Heritage" („Pferd und Geschichte") bei Lýtingsstaðir (S. 229). Fakten und Geschichten werden auf lockere Art präsentiert, dazu gibt es Häppchen (2500 ISK).

Schlafen & Essen

Rustikale Unterkünfte gibt's in der Gegend mehr als genug; nähere Informationen hat die Touristeninformation. Wer bei Bakkaflöt oder Lýtingsstaðir eine Rafting- oder Reittour plant, sollte wissen, dass beide Anbieter auch hervorragende Unterkünfte bieten. Sie können auch ohne Touren gebucht werden. Details auf der jeweiligen Website.

Campingplatz CAMPING €
(http://tjoldumiskagafirdi.is; Stellplatz pro Pers. 1100 ISK; ⏲Mitte Mai–Mitte Sept.) Das abgeschiedene Plätzchen ist vom Hotel aus ausgeschildert.

★ **Hestasport Cottages** HÜTTEN €€
(☎453 8383; www.riding.is/cottages; Hütten für 2/4/6 Pers. 23 100/32 400/38 500 ISK; 📶) Sieben attraktive, freistehende Holzhütten schmiegen sich an den Hügel über Varmahlíð (wohin die Straße hinter dem Hotel der Stadt führt). Sie bieten bequeme Zimmer, herrliche Ausblicke und einen einladenden Hot Pot im Steinbecken. Auf der Website von Hestasport sind Fotos von der Inneneinrichtung aller Hütten zu sehen (in manchen ist Platz für sechs Personen).

Hótel Varmahlíð HOTEL €€
(☎453 8170; www.hotelvarmahlid.is; EZ/DZ inkl. Frühstück 20 900/26 800 ISK; @📶) Das freundliche, kleine Hotel hat frisch modernisierte Zimmer und ein hervorragendes **Restaurant** (Hauptgerichte 3100–4800; Mitte Mai–Mitte Sept. 11.30–21 Uhr). Es ist eine der besten Adressen für Küche aus regionalen Erzeugnissen, darunter Lamm (aus eigener Aufzucht), Kabeljau und die hiesige Delikatesse: Fohlen. Es gibt eine Café-Speisekarte mit einfacheren Gerichten.

KS Supermarket SUPERMARKT
(⏲Juni–Aug. 9–23.30 Uhr, Sept.–Mai kürzere Öffnungszeiten) Der Supermarkt an der N1 hat bis spät geöffnet. Im Laden nebenan wird erstklassiges Kunsthandwerk verkauft.

Praktische Informationen

Touristeninformation (☎455, 6161 462286; www.visitskagafjordur.is; ⏲ganzjährig tgl.) Das Büro in der Raststätte an der N1 hat viele Broschüren und Landkarten und das Personal am Infotresen ist auf Draht. Hier kann man sich nach dem Weg zum verborgen liegenden Wasserfall Reykjafoss erkundigen.

An- & Weiterreise

Alle Busse halten an der N1.

SBA-Norðurleið (☎550 0700; www.sba.is):
- Bus 610a nach Reykjavík über die Kjölur-Route (11 400 ISK, 9 Std., Mitte Juni–Mitte Sept. 1x tgl.).

Sterna (☎551 1166; www.sterna.is):
- Bus 60a nach Reykjavík (5300 ISK, 4 Std., Mitte Juni–Aug. Mo–Fr 1x tgl.).
- Bus 60 nach Akureyri (1800 ISK, 1 Std., Mitte Juni–Anfang Sept. 1x tgl.).
- Bus F35a nach Reykjavík über die Kjölur-Route (11 000 ISK, 12 Std., Mitte Juni–Anfang Sept. 1x tgl.).

Strætó (☎540 2700; www.straeto.is):
- Bus 57 nach Reykjavík (5950 ISK, 5 Std., 2x tgl.).
- Bus 57 nach Akureyri (2100 ISK, 1¼ Std., 2x tgl.).
- Bus 57 nach Sauðárkrókur (700 ISK, 20 Min., 2x tgl.).

Öxnadalur

Wer keine Zeit hat, um die malerischen Landschaften des Skagafjörður oder der Halbinsel Tröllaskagi zu erforschen, kann sich mit den fast genauso spektakulären Panoramen im Öxnadalur trösten. Das enge, 30 km lange Tal an der Ringstraße zwischen Varmahlíð und Akureyri bietet Blicke auf steile Bergrücken und schlanke Felsnadeln, die die Passstraße säumen. Der imposante, 1075 m hohe Gipfel des **Hraundrangi** und die umliegenden Berge des **Háafjall** gehören zu den schönsten Fotomotiven Islands.

Schlafen

Pension Engimýri PENSION €€
(☎462 7518; www.engimyri.is; DZ mit/ohne Bad 18 900/15 900 ISK; @📶) Die Pension Engimýri liegt mitten in der grandiosen Berg-

landschaft des Öxnadalur, rund 35 km westlich von Akureyri. Vor Ort gibt's ein Restaurant, einen Hot Pot, Wanderwege und die Möglichkeit, auf einem Quad durch das Tal zu knattern (eine/zwei Std. 17 400/ 29 000 ISK; Touren tgl. um 14 Uhr).

Glaumbær

Nördlich von Varmahlíð führt die Straße 75 durch das sumpfige Skagafjörður-Delta nach **Glaumbær** mit einem zum Museum umfunktionierten Torfgehöft (www.glaumbaer.is; Erw./Kind 1200 ISK/frei; Mitte Mai–Sept. 9–18 Uhr) aus dem 18. Jh. Unter den Museen dieser Art ist es in Nordisland das attraktivste und deshalb den 8 km langen Abstecher von der Ringstraße unbedingt wert.

Traditionell bestanden die isländischen Torfgehöfte aus mehreren Gebäuden, zu denen ein zentraler Verbindungsweg führte. Diesem Muster folgt auch die Anlage von Glaumbær. Einige Räume quellen über vor Möbeln, Haushaltsgegenständen und Arbeitsgeräten von anno dazumal und geben einen faszinierenden Einblick in die beengten Wohnverhältnisse der damaligen Zeit.

Zum Museum gehören auch zwei Häuser aus dem 19. Jh. und in einem davon ist das **Áskaffi** (Kuchen 390–950 ISK; 9–18 Uhr) untergebracht. Mit seiner nostalgischen Atmosphäre und dem zierlichen Porzellan wirkt es wie eine gemütliche Puppenstube. Die Geschichte der hier servierten isländischen Torten, Kuchen und Pfannkuchen wird in einem Prospekt ausführlich erklärt.

Snorri Þorfinnsson, der erste in Nordamerika geborene Europäer (im Jahr 1004), hat sein Grab in der Nähe der **Kirche** von Glaumbær

Sauðárkrókur

2570 EW.

Dort, wo sich der Fluss Jókulsá durch das sumpfige Delta am oberen Skagafjörður windet, hat das malerische Städtchen Sauðárkrókur einen ruhigen Platz am Ufer.

Wirtschaftlich betrachtet kann sich Sauðárkrókur nicht beklagen: Fischerei, Gerberei und Handel bieten die solide Basis für eine dynamische Bevölkerung. Daher gibt es hier auch für Traveller alle notwendigen Dienstleistungen, insbesondere was Essen und Schlafen angeht. Die Aufgaben einer Touristeninformation hat das Stadtmuseum übernommen.

Sehenswertes

Minjahúsið MUSEUM
(Aðalgata 16b; Erw./Kind 900 ISK/frei; Juni–Aug. 12–19 Uhr) Zu dem bunten Sammelsurium des ausgezeichneten Heimatmuseums gehören restaurierte Werkstätten verschiedener Handwerksberufe sowie ein wie neu aussehender Ford Model A von 1930 und ein ausgestopfter Eisbär, der 2008 von Einheimischen erlegt wurde.

Tannery Visitor Centre GERBEREI
(Gestastofa Sútarans; www.sutarinn.is; Borgamýri 5; Juni–Mitte Sept. Mo–Fr 9–18, Sa 11–15 Uhr, Mitte Sept.–Mai Mi & Fr 13–17 Uhr) An Werktagen kann die einzige Gerberei Islands um 10 und 14 Uhr besichtigt werden (500 ISK). Als Alternative bietet sich das Besucherzentrum an, um die hergestellten Produkte zu bewundern (und zu kaufen): kuschelige Schaffelle, bunte Lederwaren und einzigartige Objekte aus gegerbter Fischhaut.

Schlafen

Micro Bar & Bed PENSION €
(467 3133; microbar2@outlook.com; Aðalgata 19) Die großartige neueröffnete Micro Bar an der Hauptstraße hat im Stockwerk drüber auch zehn günstige Betten, verteilt auf fünf Zimmer. Keine optimale Wahl für Menschen mit einem leichten Schlaf, aber ganz sicher der Hit für Bierliebhaber. Zum Zeitpunkt der Recherche war die Pension noch nicht fertig – Details auf der Facebook-Seite der Micro Bar.

Campingplatz CAMPING €
(http://tjoldumiskagafirdi.is; Stellplätze pro Pers. 1100 ISK; Mitte Mai–Mitte Sept.) Der Campingplatz neben dem Schwimmbad ist etwas karg und baumlos, aber die Ausstattung ist gut.

★ **Gamla Posthúsið** APARTMENT €€
(892 3375; www.ausis.is; Kirkjutorg 5; Apt. ab 22 400 ISK;) 2010 zog die Australierin Vicki hierher und beschloss, das alte Postamt gegenüber der Kirche zu renovieren. Herausgekommen sind zwei unheimlich gemütliche, kleine Ferienwohnungen mit jeweils einem Schlafzimmer, komplett eingerichteter, moderner Küche, viel Platz, skandinavischem Schick und einem Care-Paket als Willkommensgruß. Im Winter, wenn die Preise auf fast die Hälfte fallen, sind sie ein echtes Schnäppchen!

DRANGEY

Das winzige, felsige Inselchen Drangey (gesprochen: *draun*-gaei) in der Mitte des Skagafjörður besteht aus einer flachen Tuffsteinmasse und 180 m hohen Steilklippen, die fast senkrecht aus dem Wasser ragen. An den Klippen nistet eine gute Million Seevögel (darunter viele Papageitaucher), aus deren Nestern sich die Menschen seit der Besiedlung Islands nach Gutdünken bedienten. *Grettirs saga* erzählt, dass Grettir und sein Bruder Illugi drei Jahre auf der Insel lebten, bis sie dort getötet wurden. Mutige (oder eher tollkühne) Fans der Sage kommen hierher, um Grettir nachzueifern und die 7 km von Drangey nach Reykir zu schwimmen.

Drangeyjarferðir (☎ 821 0090; www.drangey.net; Bootstour Erw./Kind 9800/500 ISK) bietet von Juni bis Mitte August vierstündige Bootstouren nach Drangey an; Abfahrt täglich um 11 Uhr in Reykir. Reservierung am Vortag empfohlen. Hier können auch Hochseeangeltrips gebucht werden.

Guesthouse Mikligarður PENSION €€
(☎ 453 6880; www.arctichotels.is; Kirkjutorg 3; EZ/DZ ohne Bad inkl. Frühstück 10 200/17 100 ISK; WLAN) Die heimelige Pension nicht weit von der Kirche hat komfortable, modern eingerichtete Zimmer mit TV (die meisten mit Gemeinschaftsbad), eine geräumige Gästeküche und einen Fernsehraum.

Hótel Tindastóll HOTEL €€€
(☎ 453 5002; www.arctichotels.is; Lindargata 3; Zi. inkl. Frühstück ab 27 900 ISK; WLAN) Angeblich soll schon Marlene Dietrich in diesem bezaubernden Boutiquehotel von 1884 gewohnt haben. In den individuell eingerichteten Zimmern treffen Stilmöbel auf zeitgenössischen Schick. Draußen lockt ein Hot Pot aus Stein, im Untergeschoss eine gemütliche Bar. In einem Anbau sind mehrere moderne Zimmer, aber die Unterkünfte im Nostalgielook haben viel mehr Atmosphäre.

Essen & Ausgehen

Ólafshús ISLÄNDISCH €€
(www.olafshus.is; Aðalgata 15; mittags 1590–1890, Hauptgerichte abends 1500–500 ISK; ⏲ 11–22.30 Uhr; WLAN, kinderfreundlich) Leuchtend blaue Wandfarbe wirbt für dieses ganzjährig geöffnete Lokal. Neben spannenden Gourmetexperimenten wie gebratenem Fohlenfleisch oder Luxusschlemmereien wie Hummerschwänzen stehen auch Pizza- und Pastaklassiker auf der Karte. Der Fokus liegt auf regionalen Produkten – das passende Getränk ist das lokal gebraute Mikrobier Gæðingur.

Kaffi Krókur ISLÄNDISCH €€
(www.kaffikrokur.is; Aðalgata 16; Hauptgerichte 1490–2990 ISK; ⏲ Juni–Aug. So–Mi 11.30–23, Do bis 1, Fr & Sa bis 3 Uhr; WLAN) Das Café gibt sich eher unauffällig in Beige, punktet aber mit einer ansprechenden Speisekarte. Beliebt sind das Hummer-Krabben-Sandwich, gefüllte Crêpes und warmer Rhabarberkuchen. Im Winter fungiert das Café als Kneipentreffpunkt mit Livemusik und ist dann nur am Donnerstag-, Freitag- und Samstagabend geöffnet.

Skagfirðingabúð SUPERMARKT
(Ástorg; ⏲ Mo–Fr 9–19, Sa 10–16 Uhr) Südlich der Stadt, nicht weit von der N1-Tankstelle.

Micro Bar & Bed BAR
(☎ 467 3133; Aðalgata 19) Coole Bergbilder und alte Sofas sorgen in diesem tollen Neuzugang an der Hauptstraße von Sauðárkrókur für Stimmung. Der Laden wird von den gleichen Inhabern betrieben wie die heiß geliebte Schwesterbar in Reykjavík. Auf der Karte stehen lokale Biere vom Fass und viele weitere Sorten in der Flasche. Das beste Fassbier ist Gæðingur – egal, ob als Helles, Weizenbier oder Starkbier. Skál!

An- & Weiterreise

Die Bushaltestelle liegt an der N1 südlich vom Zentrum.

Strætó (☎ 540 2700; www.straeto.is):

- Bus 57 nach Reykjavík (5950 ISK, 4½ Std., 2x tgl.).
- Bus 57 nach Akureyri (2100 ISK, 1½ Std., 2x tgl.).
- Bus 57 nach Varmahlíð (700 ISK, 20 Min., 2x tgl.).
- Bus 85 nach Hólar und Hofsós (beide Ziele 700 ISK, Mi, Fr & So 2x tgl.). Nur mit Vorausbuchung. Spätestens zwei Stunden vor Abfahrt bei Strætó anrufen.

Rund um Sauðárkrókur

Nördlich von Sauðárkrókur beginnt die Westküste des Skagafjörður, ein herrlich ruhiges Fleckchen Erde, umringt von malerischen Bergen. An der Skagafjörður-Mündung halten die beiden unbewohnten Inseln Drangey und Málmey Wache, auf denen Seevögel ungestört brüten können.

Der 989 m hohe **Tindastóll** ragt als Wahrzeichen über dem Skagafjörður auf und erstreckt sich über 18 km entlang der Küste. Der Berg und seine Höhlen waren angeblich einst von Seemonstern, Trollen und Riesen bewohnt. Von seinem Gipfel aus bieten sich herrliche Ausblicke auf den gesamten Skagafjörður. Der einfachste Weg hinauf ist ein markierter Weg, der an der Hochfläche an der Straße 745 auf der Westseite des Bergs beginnt (es ist eine anstrengende Wanderung). Im Winter kann man hier auch skifahren.

Am Nordende des Tindastóll liegt das geothermische Feld **Reykir**, das in *Grettirs saga* erwähnt wird. Es heißt, Grettir sei von der Insel Drangey aus an Land geschwommen und hätte sich hier in einer wohltuenden Quelle von den Strapazen erholt. Heute sind **Grettislaug** (☎ 821 0090; www.drangey.net; Erw./Kind 750/350 ISK; ⏲ morgens–Mitternacht) und der daneben liegende Hot Pot beliebte Badestellen.

In unmittelbarer Umgebung liegen ein kleines Café, ein gut ausgestatteter **Campingplatz** (pro Pers. 1000 ISK) und eine **Pension** (pro Pers. 7500 ISK) mit Schlafsackunterkünften für 4800 ISK. Hier legen auch die Boote nach Drangey ab und für Wanderer gibt's mehrere attraktive Wege.

Autofahrer aufgepasst: Die 15 km lange Schotterpiste von Sauðárkrókur zum Naturbad Grettislaug ist ziemlich rutschig.

TRÖLLASKAGI

Die Halbinsel Tröllaskagi (Halbinsel „der Trolle") macht sich mit ihren bergigen Landmassen zwischen dem Skagafjörður und dem Eyjafjörður breit. Die zerklüfteten Berge, tiefen und reißenden Flüsse erinnern schon eher an die Westfjorde als die sanften Hügel, die Nordisland ansonsten prägen. Für motorisierte Traveller, die spektakuläre Strecken suchen, sind die Tunnel zwischen den Orten Siglufjörður und Olafsfjörður eine spannende Neuheit. Früher, als die Städtchen noch am Ende einzelner Straßen lagen, verirrte sich kaum ein Tourist hierher.

Die Fahrt auf der Ringstraße (Straße 1) von Varmahlið nach Akureyri verspricht 95 äußerst malerische Kilometer. Wer nicht in Zeitdruck ist und gerne eigene Wege geht, kann auch die 186 km lange Strecke entlang der Tröllaskagi-Küste wählen (Straße 76 und 82). Sie führt ebenfalls von Varmahlið nach Akureyri und passiert magische Landschaften, die einen geradezu zwingen, am Straßenrand zu parken und auf Entdeckungstour zu gehen.

Hólar í Hjaltadalur

Mit der auffälligen Kirche vor den hoch aufragenden Tröllskagi-Gipfeln ist das kleine, geschichtsträchtige Hólar (www.holar.is) ein interessantes Ziel für einen Abstecher von der Ringstraße. Der Bischofssitz war zwischen 1106 und der Reformation der theologische und kulturelle Mittelpunkt Nordislands. Bis zur Verlegung des Bischofssitzes 1798 war es ein religiöses Zentrum und Sitz der Bischöfe des Nordens.

Bis 1861 war Hólar Pfarrei. Dann wurde das Pfarramt Richtung Westen nach Viðvík verlegt. 1882 wurde die Landwirtschaftsschule gegründet, heute bekannt als Hólar University College, mit den Spezialgebieten Pferdewissenschaften, Aquakultur und Agrartourismus. 1952 kehrte die Pfarrei nach Hólar zurück.

Sehenswertes

Am Infoschalter für Unterkünfte gibt's auch eine Broschüre über einen Geschichtswanderweg, der zu diversen Gebäuden in Hólar führt. Das historische Torfgehöft **Nýibær** aus der Mitte des 19. Jhs. war bis 1945 bewohnt. Sehenswert ist auch **Auðunarstofa**, ein Nachbau der bischöflichen Residenz aus dem 14. Jh., für den traditionelle Methoden und Werkzeuge eingesetzt wurden.

Dom KIRCHE

(⏲ Juni–Mitte Sept. 10–18 Uhr) Der 1763 fertiggestellte rote Sandsteindom von Hólar ist die älteste Steinkirche Islands und strotzt vor historischen Kunstwerken wie dem Taufbecken von 1674, das aus einem auf einer Eisscholle aus Grönland angeschwemmten Stück Speckstein gemeißelt ist.

Der außergewöhnliche geschnitzte Altaraufsatz wurde vom letzten katholischen Bischof von Hólar, Jón Arason, um 1520 gestiftet. Nachdem er und seine Söhne wegen ihres Widerstands gegen die dänische Reformation in Skálholt hingerichtet worden waren, wurden seine sterblichen Überreste nach Hólar überführt und im Glockenturm beigesetzt. Der heutige Kirchturm wurde 1950 als Denkmal für ihn errichtet.

Zentrum für die Geschichte des Islandpferds MUSEUM
(www.sogusetur.is; Erw./Kind 900/450 ISK; ⌚ Juni–Aug. Di–Fr 10–18, Sa 13–17 Uhr) Der Eintrittspreis beinhaltet eine individuelle Führung durch die umfangreiche Ausstellung rund um die einzige isländische Pferderasse und ihre Rolle in der Landesgeschichte. Passend zum Thema ist das Museum in einem alten Stallgebäude im Herzen des Hólar-Anwesens untergebracht.

Schlafen & Essen

Hólar Tourism Service GÄSTEHAUS, HÜTTEN €€
(☎455 6333; www.holar.is; DZ mit/ohne Bad 19 800/16 700 ISK, Apt. mit DZ 21 300 ISK; @ 📶 🐾) Das Wohnheim der Hochschule bietet die im Sommer leerstehenden Zimmer und Apartments der Studenten als Unterkünfte an. Zusätzlich stehen auf dem Gelände Ferienhäuschen aus Holz mit je sechs Schlafplätzen, die ganzjährig vermietet werden. Ein Restaurant, ein Swimmingpool und ein nahe gelegener Campingbereich komplettieren das Angebot.

Hofsós

180 EW.

Das Fischerdörfchen Hofsós war seit dem 16. Jh. ein Handelsplatz. Inzwischen hat es sich mit einem neuen Designer-Schwimmbad richtig schick gemacht.

Sehenswertes & Aktivitäten

Isländisches Auswanderungszentrum MUSEUM
(Vesturfarasetrið; ☎453 7935; www.hofsos.is; Erw. 700–1500 ISK, Kinder frei; ⌚ Juni–Aug. 11–18 Uhr) Mehrere restaurierte Gebäude am Hafen wurden zu einem Museum umfunktioniert, das erklärt, was die Isländer bewog, nach Nordamerika auszuwandern, was sie sich vom Leben dort erhofften und wie die Wirklichkeit in der neuen Heimat aussah. Es ist schon verblüffend, dass dieses kleine Land zwischen 1870 und 1914 rund 16 000 Einwohner verlor und die Bevölkerung dann nur noch 88 000 Seelen zählte.

Die Hauptausstellung „Neues Land, neues Leben" zeichnet das Leben der Auswanderer anhand sorgfältig zusammengestellter Fotos, Briefe und Objekte nach.

Das Zentrum erteilt eine faszinierende Geschichtsstunde auch für Nicht-Isländer und ist ein idealer Fundus für alle, die Ahnenforschung betreiben wollen. Der Eintrittspreis variiert je nachdem, wie viele Bereiche man besuchen möchte.

★ **Sundlaugin á Hofsós** SCHWIMMBAD
(Erw./Kind 550/220 ISK; ⌚ Juni–Aug. 9–21 Uhr, Sept.–Mai Mo–Fr 7–13 & 17–20, Sa & So 11–15 Uhr) Das herrliche Freibad mit Hot Pot nebenan wurde 2010 eröffnet und machte Hofsós zu einer landesweiten Attraktion. Die Finanzierung sicherten zwei hier ansässige Frauen durch großzügige Spenden. Die in die Fjordlandschaft integrierte Anlage mit prächtigen, schier unendlichen Ausblicken und das Design sind kaum zu toppen.

Geführte Touren

Haf og Land BOOTSFAHRTEN
(☎849 2409; www.hafogland.is; Touren Erw./Kind 7500/3500 ISK) Der neue Anbieter organisiert Bootsfahrten vom kleinen Hafen am Museum. Zu erleben sind Landschaft und Vögel rund um das Inselchen Málmey sowie die bizarre Landzunge Þórðarhöfði, die nur über einen hauchdünnen Streifen mit dem Festland verbunden ist. Die Boote legen meist um 9.30 und 17 Uhr ab, die Fahrt muss aber vorher gebucht werden.

Schlafen & Essen

Das Einwanderungszentrum kann Schlafsackunterkünfte in der einfachen Hütte Prestbakki vermitteln (4900 ISK).

Sunnuberg PENSION €€
(☎893 0220, 861 3474; gisting@hofsos.is; Suðurbraut 8; EZ/DZ 10 000/14 500 ISK) Die heimelige Pension 200 m hinter dem Schwimmbad und gegenüber von Zapfsäule und Lebensmittelladen hat gemütliche Zimmer mit Bad.

Sólvík ISLÄNDISCH €€
(Hauptgerichte 980–3300 ISK; ⌚ Juni–Aug. 10–21 Uhr) Das nette, ländliche Restaurant zwischen den Museumsgebäuden am kleinen Hafen wartet mit einem kleinen, einfachen Angebot an lokalen Klassikern wie Kabeljau, Lamm und Burgern auf hungrige Gäste.

Von Hofsós bis Siglufjörður

Lónkot (☎453 7432; www.lonkot.com; DZ mit/ohne Bad inkl. Frühstück 25 900/20 900 ISK; ⌚ Juni–Aug.; 📶) liegt 13 km nördlich von Hofsós an der windgepeitschten, zerklüfteten Küste und ist ein echter Gourmettreff. Inhaberin Pálína preist es als „bukolischen Zufluchtsort" an und zaubert in der Küche aus lokalen Produkten und mit sanften Garmethoden wunderbare Dinge (12–21.30 Uhr geöffnet; Hauptgerichte abends 3950–5000 ISK). Lónkot bietet außerdem Unterkünfte in der Qualität eines Boutiquehotels (auch große Familiensuiten) und mit einem wunderbaren Meerblick und einen großartigen überdachten Hot Pot.

In einem malerischen Tal auf halbem Weg zwischen Lónkot (24 km) und Siglufjörður (25 km) liegt der gemütliche Bauernhof **Bjarnagil** (☎467 1030; www.bjarnargil.is/en; pro Pers. ohne Bad inkl. Frühstück 7500 ISK; ⏲Juni–Mitte Sept.). Das freundliche ältere Ehepaar Sibba und Trausti plaudert gerne ausführlich über lokale Sehenswürdigkeiten. Nach vorheriger Absprache werden die Gäste auch bekocht und auf geführte Wanderungen mitgenommen; Schlafsackpritschen kosten 5000 ISK.

Gleich nördlich von Bjarnagil in **Brúnastaðir** (☎467 1020; bruna@simnet.is; ab 22 000 ISK) steht eine nagelneue Hütte mit drei Schlafräumen und voller Ausstattung für 11 Personen. Der Ausblick ist umwerfend und der Garten voller Blumen – aber auch voller Tiere. Kinder werden ihn lieben! Bettwäsche ist im Preis nicht inbegriffen, kann aber ausgeliehen werden (genauso wie auch ein kleines Boot und Kajaks).

Siglufjörður

1190 EW.

Sigló (wie die Einheimischen sagen) liegt spektakulär am Fuß eines steilen Berghangs mit Blick auf einen herrlichen Fjord. Zu seinen Glanzzeiten wohnten 10 000 Arbeiter in Siglufjörður. Fischerboote drängten sich im kleinen Hafen, um ihren Fang zu löschen, den die wartenden Frauen dann ausnahmen und einsalzten.

Als der Hering Ende der 1960er-Jahre plötzlich von der isländischen Nordküste verschwand, ging es mit Siglufjörður rapide bergab.

Inzwischen verbinden Tunnel die Stadt mit Olafsfjörður und anderen Zielen weiter im Süden, sodass Sigló heute gebührende Aufmerksamkeit von Urlaubern erhält, die seine Wanderwege, seinen Jachthafen und sein tolles Freizeitangebot schätzen. Allein schon die Hinfahrt (aus beiden Richtungen) ist wahrhaftig atemberaubend.

Sehenswertes

★ **Museum der Hering-Ära** MUSEUM

(Síldarminjasafnið; www.sild.is; Snorragata 10; Erw./Kind 1400 ISK/frei; ⏲Juni–Aug. 10–18 Uhr, Mai & Sept. 13–17 Uhr, Okt.–April nach Vereinbarung) Über 16 Jahre hinweg mit Liebe aufgebaut, tut dieses preisverdächtige Museum sein Bestes, um die goldene Jahre zwischen 1903 und 1968 wieder aufleben zu lassen, als Siglufjörðurs die „Hering-Hauptstadt" am Nordatlantik war. Die drei Gebäude gehörten damals zu einer norwegischen Heringsfangstation; heute werden darin Arbeit und Leben der Stadtbewohner nacherzählt. Der Rundgang beginnt im roten Gebäude links und geht rechts weiter.

Im ersten Gebäude zeigen Fotos, Objekte und ein englischer Film aus den 1930er-Jahren, wie die Fische gefangen und eingesalzen wurden. Der Serviceblock in der Etage darüber wirkt, als hätten die Handwerker gerade erst zusammengepackt. Nebenan wartet die Reproduktion einer Verarbeitungsanlage, in der die Heringe in Öl eingelegt (ein lukratives Geschäft) oder zu Fischmehl vermahlen wurden (als Düngemittel). Im dritten Gebäude erhält man einen Einblick in das Hafenleben, mit Fischtrawlern und anderen Ausrüstungsgegenständen, die in der Blütezeit des Ortes eine Rolle spielten.

Zentrum für isländische Volksmusik MUSEUM

(www.siglo.is/setur; Norðurgata 1; Erw./Kind 800 ISK/frei; ⏲Juni–Aug. 12–18 Uhr) Wer für traditionelle Musik schwärmt, wird von diesem netten, kleinen Museum begeistert sein. Neben Musikinstrumenten aus dem 19. Jh. werden Aufnahmen von isländischen Volks- und Kirchenliedern präsentiert. Mit einem Ticket für das Museum der Hering-Ära ist der Eintritt frei.

Aktivitäten

Siglufjörður ist die perfekte Ausgangsbasis für Wanderer. Eine ganze Reihe von interessanten **Wanderungen** beginnt hier. Mehrere Zugänge führen zu den rund 19 km markierter Wege hinter dem Lawinenzaun rund um den Ort. Eine übersichtliche Informationstafel neben dem Parkplatz am Nordrand von Siglufjörður verschafft den Durchblick.

Sehr beliebt ist auch ein Abstecher über die Pässe Hólsskarð und Hestsskarð zum wunderschönen unbewohnten **Héðins-**

fjörður. In dem östlichen Nachbarfjord kommt die neue Verbindung zwischen Siglufjörður und Olafsfjörður, die hauptsächlich aus zwei großen Tunneln besteht, ein Stück ans Licht.

Oberhalb des Fjordanfangs laufen in **Skarðsdalur** (☎ 878 3399; www.skardsdalur.is/) im Winter die Liftanlagen eines erweiterten und aufgerüsteten Skigebiets. In Tröllaskagi steht im Winter eine wachsende Zahl von Heliski-Veranstaltern zur Auswahl. Infos dazu hat **Viking Heliskiing** (☎ 846 1674; www.vikingheliskiing.com).

Im Sommer spricht ein großartiger Ausblick für eine Runde **Golf** auf dem neuen 9-Loch-Platz.

Festivals & Events

Folk Music Festival MUSIK
(www.siglo.is/setur) Fans der Folkmusic werden das entspannte, fünftägige Festival Anfang Juli lieben.

Heringsfest KULTUR
Das größte Fest der Stadt findet am Feiertagswochenende Anfang August statt und ist eine Wiederbelebung der goldenen Zeiten von Siglufjörður. Bereits in der Woche davor wird in der ganzen Stadt nur noch gesungen, getanzt und Fisch geschlemmt.

Schlafen

Siglufjörður HI Hostel HOSTEL €
(Gistihhúsið Hvanneyri; ☎ 467 1506; www.hvanneyri.com; Aðalgata 10; B/DZ ohne Bad 4100/11 200 ISK; WLAN) Verblasstes Gold und leicht angeschlagene Engelchen verschönern dieses schräge Hotel aus den 1930er-Jahren, dessen Dimensionen darauf hinweisen, dass es schon bessere Zeiten gesehen hat. Neben 19 mit Kitsch vollgestopften Zimmern stehen den Gästen mehrere TV-Lounges, ein riesiger Speisesaal und eine Küche zur Verfügung. HI-Mitglieder bekommen 700 ISK Ermäßigung, Bettwäsche schlägt mit 1500 ISK zu Buche.

Campingplatz CAMPING €
(Stellplatz pro Pers. 800 ISK; ⏲ Juni–Aug.) Nicht jeder findet die Lage des städtischen Campingplatzes mitten im Zentrum und nicht weit vom Hafen, ideal. Ein kleiner Block beherbergt Duschen und Wäscherei. Als Alternative gibt's einen zweiten Grünstreifen außerhalb der Stadt in Richtung Suðurgata (oder Norðurtún und dann der Beschilderung nach Sorragata folgen).

★ **Herring Guesthouse** PENSION €€
(☎ 868 4200; www.theherringhouse.com; Hávegur 5; EZ/DZ ohne Bad 11 900/15 900 ISK, 4-Pers.-Apt. 39 900 ISK; WLAN) Die zuvorkommenden, gut informierten Gastgeber Þorir und Erla (er ist ehemaliger Bürgermeister) bieten persönlichen Service in der stilvollen Pension mit Postkartenausblick. Inzwischen gibt es hinter der Kirche ein zweites Haus (Hlíðarvegur 1). Im Haupthaus ist eine Gästeküche. Auf Bestellung wird ein wunderbares Frühstück serviert (1750 ISK). Familien werden das Zweizimmer-Apartment lieben.

★ **Siglunes Guesthouse** PENSION €€
(☎ 467 1222; www.hotelsiglunes.is; Lækjargata 10; DZ mit/ohne Bad inkl. Frühstück 21 900/15 900 ISK; WLAN) Dieses Gästehaus hat Persönlichkeit: In den Zimmern mit Hotelstandard sind alte Möbel mit moderner Kunst und ultramodernen Bädern kombiniert. Die Pensionszimmer sind genauso attraktiv, wie auch das große Esszimmer, in dem das Frühstück serviert wird (im Sommer im Preis enthalten), und die gemütliche Bar mit Happy Hour von 17 bis 19 Uhr.

Hótel Sígló HOTEL €€€
(☎ 467 1550; www.siglohotel.is) Hinter der Runderneuerung des Jachthafens steckt der „Patron" der Stadt, ein Einheimischer, der in den USA ein Vermögen gemacht hat und derzeit ein vornehmes Hafenhotel mit 68 Zimmern, Restaurant und Bar baut. Zum Zeitpunkt der Recherche waren die Arbeiten noch im Gange, aber bis der Reiseführer gedruckt wird, dürfte es eröffnet sein. Weitere Details online.

Essen

In der Aðalgata, der kleinen Straße gegenüber dem Supermarkt, sind eine stark frequentierte Bäckerei und eine gute Pizzeria zu finden. Aber zu den Essenszeiten strömt alles in Richtung Hafen, wo bunt gestrichene Lagerhäuser ein zweites Leben als malerische Restaurants begonnen haben.

★ **Hannes Boy** ISLÄNDISCH €€
(☎ 461 7730; www.raudka.is; Hauptgerichte 3290–5990 ISK; ⏲ Juni–Aug. 12–14 & 18–22 Uhr, Sept.–Mai kürzere Öffnungszeiten) Ausrangierte Heringsfässer wurden in dem schicken, sonnengelben Lokal zu originellen Sitzgelegenheiten umfunktioniert. Die Karte konzentriert sich in der Hauptsache auf (nicht ganz billige) Fischgerichte aus dem frisch angelieferten Tagesfang; Hummersuppe ist ein Standard. Reservierung empfohlen.

WINTERZAUBER

Seit einigen Jahren explodieren die Touristenzahlen in Island und manch einer fragt sich, ob es überhaupt noch möglich ist, die atemberaubende Natur ohne Horden von Artgenossen zu erleben. Und ob das möglich ist! Man muss nur im Winter kommen. Das Nordlicht ist in dieser Jahreszeit eine Riesenattraktion – aber bei Weitem nicht die einzige. Es muss sich auch niemand auf Reykjavík und Umgebung beschränken, Inlandsflüge nach Akureyri gibt es das ganze Jahr über. Außerdem wächst die Zahl der Anbieter von Winteraktivitäten und -touren im Norden des Landes, die ihren Gästen die Magie der verschneiten Bergwelt nahebringen.

Akureyri, Tröllaskagi und Mývatn sind im Winter zauberhaft: In Akureyri werden traditionelle und neue Winterfeste begangen und es ist nur ein Katzensprung in Islands größtes Skigebiet am Hlíðarfjall (S. 245). Tröllaskagi bietet kleinere Skihänge (in Dalvík, Ólafsfjörður und Siglufjörður) sowie tolle Heliski-Möglichkeiten, während die Mývatn-Region ein Paradies für Schneeschuh- und Langlauffreunde ist. Außerdem kann man mit dem Schneemobil über den zugefrorenen See fahren. Eine gute Reisezeit ist der Februar, wenn die Tage wieder etwas länger sind, aber auch die festlichen Tage zwischen Weihnachten und Neujahr haben ihren Reiz!

Wer wenig Erfahrung mit dem Autofahren bei winterlichen Verhältnissen hat, kann das getrost gut ausgerüsteten Profis mit Superjeep und Ortskenntnissen überlassen. Anbieter wie Saga Travel (S. 245) in Akureyri sind eine verlässliche Adresse. Ein Blick auf die Websites von Unternehmen wie Bergmenn Mountain Guides (S. 239), Hike & Bike (S. 255) und Sel-Hótel (S. 261), die noch ganz andere Ideen auf Lager haben, weckt die Unternehmungslust.

Kaffi Rauðka ISLÄNDISCH €€
(www.raudka.is; Hauptgerichte 890–2990 ISK; ⏲Juni–Aug. 11–22 Uhr, Sept.–Mai kürzere Öffnungszeiten; 📶) Als Kontrastprogramm zum noblen Hannes Boy nebenan bietet das rubinrote Rauðka eine relaxte Atmosphäre, durchgehend Sandwiches, Salate und herzhafte Hauptgerichte (z. B. Spareribs) sowie unter der Woche eine preisgünstiges Tagessuppe oder ein Tagesgericht (1190/1590 ISK). An Wochenenden gibt es oft Livemusik.

Samkaup-Úrval SUPERMARKT
(Aðalgata; ⏲Mo–Fr 10–19, Sa 11–19, So 13–17 Uhr) Gute Quelle für Selbstversorger. Innen ist auch ein Geldautomat.

Vínbúðin ALOHOLISCHE GETRÄNKE
(Eyrargata 25; ⏲Juni–Aug. Mo–Do 14–18, Fr 13–19, Sa 11–14 Uhr, Sept.–Mai Sa geschl.) Staatlicher Alkoholladen.

ℹ Praktische Informationen

Der Ort verfügt über Serviceeinrichtungen wie Bank, Apotheke, Postamt usw. Wissenswertes über Siglufjörður verraten das Museum der Hering-Ära und eine **Touristeninformation** (⏲Juni–Aug. Mo–Fr 13–17, Sa & So 11–15 Uhr) im Ráðhús (Rathaus) in der Gránugata.

Etwas Information findet sich auch auf der Website www.fjallabyggd.is (Fjallabyggð ist die Gemeinde, zu der sowohl Siglufjörður als auch Ólafsfjörður gehören). Auch auf der Website www.trollaskagi.com soll bald mehr über Siglufjörður stehen.

ℹ An- & Weiterreise

AUTO

Vor der Eröffnung der Tunnel 2010 sorgte die 62 km lange Bergstraße über Lagheiði (die alte Straße 82) für die Verbindung zwischen Siglufjörður und Ólafsfjörður. Sie war nur im Sommer passierbar; im Winter verlängerte sich die Fahrt auf 234 km. Heute liegen nur noch 16 km zwischen den beiden Orten.

Richtung Osten führt der erste, 4 km lange Tunnel zum wunderschönen Héðinsfjörður. Von dort führt ein zweiter Tunnel die verbleibenden 7 km bis Ólafsfjörður.

BUS

Strætó (☎540 2700; www.straeto.is):
- Bus 78 nach Ólafsfjörður (700 ISK, 15 Min., Mo–Fr 3x tgl., So 1x tgl.).
- Bus 78 nach Akureyri (2100 ISK, 70 Min., Mo–Fr 3x tgl., So 1x tgl.). Fährt über Dalvík.

Ólafsfjörður

785 EW.

Malerisch zwischen schroffe Bergrücken und dunkle Fjordgewässer gebettet liegt das Fischerdorf Ólafsfjörður. Trotz der neuen Tunnelverbindung nach Siglufjörður im Norden hat es sich seine abgeschiedene Idylle erhalten.

Von Akureyri kommend führt die Straße durch einen schmalen, 3 km langen Tunnel, hinter dem sich Ólafsfjörður wie eine attraktive Filmkulisse präsentiert.

Sehenswertes & Aktivitäten

Im Winter ist Ólafsfjörður relativ schneesicher, was für Betrieb auf den umliegenden **Skipisten** sorgt. Es gibt außerdem ein attraktives **Schwimmbad** und einen **Golfplatz** mit neun Löchern. Das Hotel Brimnes verleiht Boote und Kajaks und gibt auf seiner Website Tipps für Outdooraktivitäten in der Gegend.

Náttúrugripasafnið MUSEUM
(Aðalgata 14; Erw./Kind 600 ISK/frei; ⌚Di–So Juni–Aug. 10–14 Uhr) Das kleine, auf Vögel spezialisierte Museum ist Ólafsfjörðurs einzige „städtische“ Sehenswürdigkeit.

Schlafen & Essen

Zu Essenszeiten lohnt sich ein kleiner Ausflug nach Siglufjöður.

Campingplatz CAMPING €
(pro Pers. 800 ISK) Mit Toiletten, Wasser- und Stromanschluss; zum Duschen werden die Camper in das benachbarte Schwimmbad geschickt.

Gistihús Jóa PENSION €€
(☎847 4331; http://joesguesthouse.is; Strandgata 2; DZ ohne Bad inkl. Frühstück 14 000–16 000 ISK; 📶) „Joes Gästehaus“ im ehemaligen Postamt neben dem Supermarkt hat sechs Zimmer, ein hübsches Café und ein Informationszentrum im Erdgeschoss (in dem auch das Frühstück serviert wird). Die kompakten Zimmer haben Waschbecken, originelle Böden und eine moderne Einrichtung in Schokobraun.

Brimnes Hotel & Cabins HOTEL, HÜTTEN €€
(☎466 2400; www.brimnes.is; Bylgjubyggð 2; EZ/DZ inkl. Frühstück 13 400/19 000 ISK, Hütten ab 27 000 ISK; 📶) Die eigentliche Attraktion des größten Hotels am Platz sind die phantastischen Holzhütten am Seeufer (in verschiedenen Größen und mit bis zu sieben Schlafplätzen) mit einem in die Veranda integrierten Whirlpool und Blick aufs Wasser. Zur Auswahl stehen weiter elf helle, frisch renovierte Zimmer mit Bad. Das sehr ordentliche Restaurant (Hauptgerichte 1450–3800 ISK) hat die übliche Speisekarte (Suppe, Fisch, Burger).

Kaffi Klara CAFÉ €
(www.kaffiklara.is; Strandgata 2; mittags 900–1400 ISK; ⌚Juni–Aug. 11–19 Uhr, Sept.–Mai kürzere Öffnungszeiten) Das liebevoll geführte Café hält neben einer Auswahl an Suppen, Sandwiches und Kuchen umfassende Infos zur Gegend bereit. Regentage bringt man hier bestens mit Büchern und Brettspielen herum, das ultimative Einrichtungsdetail sind die alten Telefonnischen (das Gebäude war früher ein Postamt).

Samkaup-Úrval SUPERMARKT
(Aðalgata; ⌚Mo–Fr 9–19, Sa 11–18, So 13–17 Uhr) Für Selbstversorger.

An- & Weiterreise

Strætó (☎540 2700; www.straeto.is):

- Bus 78 nach Siglufjörður (700 ISK, 15 Min., Mo–Fr 3x tgl., So 1x tgl.).
- Bus 78 nach Akureyri (1750 ISK, 55 Min., Mo–Fr 3x tgl., So 1x tgl.). Fährt über Dalvík.

Dalvík

1365 EW.

Das verträumte Dalvík hat sich ein gemütliches, malerisches Plätzchen zwischen dem rauen Eyjafjörður und den sanften Hügeln von Svarfaðardalur gesucht. Die meisten Besucher kommen hierher, um die Fähre nach Grímsey zu nehmen. Aber wer Zeit und Lust hat, findet genügend Abwechslung für einen Aufenthalt: tolle Outdooraktivitäten, interessante Museen und erstklassige Unterkünfte.

Die hilfsbereite **Touristeninformation** (☎460 4000; www.dalvikurbyggd.is; Goðabraut; ⌚Mo–Fr 11–18, Sa & So 12–17 Uhr) teilt sich den Platz im modernen Kulturzentrum Menningarhúsið Berg mit einer Bibliothek und einem Café. Das Personal hat Informationen über Aktivitäten in der Region, darunter Reiten, Skifahren, Golf, Kanufahren, geführte Wanderungen und Vogelbeobachtung.

Sehenswertes & Aktivitäten

Byggðasafnið Hvoll MUSEUM
(www.dalvik.is/byggdasafn; Karlsbraut; Erw./Kind 700 ISK/frei; ⌚Juni–Aug. 11–18 Uhr) Neben den üblichen ausgestopften Tieren (klar, auch ein Eisbär ist mit von der Partie) hält das tolle Heimatmuseum eine skurrile Überraschung parat: Mehrere Räume widmen sich der ergreifenden Geschichte des von hier stammenden „Riesen“ Jóhan Pétursson, mit 2,34 m war er der größte Mann Islands

Birdland Exhibition MUSEUM
(www.birdland.is; Erw./Kind 800/400 ISK; ⌚ Juni–Aug. 12–17 Uhr;) 5 km außerhalb des Städtchens an der Straße 805 zeigt das nette, kinderfreundliche Museum vogelkundliche Besonderheiten. Das danebenliegende Sumpfgebiet ist bei Ornithologen sehr beliebt. Ganz in der Nähe befinden sich ein Campingplatz und ein gut beleumundetes Hostel, das eine Menge Outdooraktivitäten anbietet. Näheres auf der Website www.husabakki.is.

Geführte Touren

Arctic Sea Tours WALBEOBACHTUNG
(☎771 7600; www.arcticseatours.is; 3-std. Tour Erw./Kind 9000/4500 ISK; ⌚ganzjährig) Der professionelle Anbieter organisiert im Hochsommer mehrmals am Tag dreistündige Touren – und fährt sogar im Winter raus! Alle Ausflüge umfassen eine kurze Hochseeangel-Einlage; sobald das Boot wieder anlegt, landet der Fang auf dem Grill.

Weitere Optionen: eine sechsstündige Blauwal-Safari (Mitte Mai–Juni), eine Mitternachtssonnenfahrt (Abfahrt Juni–Mitte Juli 23 Uhr) und Hochseeangeln. Abholung in Akureyri möglich (2000 ISK).

Bergmenn Mountain Guides ABENTEUERTOUR
(☎698 9870; www.bergmenn.com) Der angesehene Anbieter ist auf Langlauf, Hochgebirgs-Skitouren, Eisklettern, Klettern und andere Bergsportarten spezialisiert. Sieht so aus, als habe Inhaber Jökull Bergmann, dessen Name wörtlich übersetzt „Gletscher Bergmann" heißt, seine Bestimmung gefunden. Das Büro ist außerhalb von Dalvík. Arctic Heli Skiing (www.arcticheliskiing.com) ist ein Subunternehmen von Bergmenn.

Schlafen & Essen

★ **Dalvík HI Hostel** HOSTEL €
(Vegamót; ☎865 8391, 466 1060; www.vegamot.net; Hafnarbraut 4; B/DZ ohne Bad 4500/11 100 ISK;) Unserer Ansicht nach ist dieses Hostel das beste von ganz Island, sowohl was das Preis-Leistungs-Verhältnis betrifft als auch das Aussehen. Es wirkt überhaupt nicht wie eine Absteige für sparsame Backpacker, sondern eher wie ein Boutiquehotel. Heiða, die freundliche Besitzerin, hat ihre kreative Ader in der originellen, mit Flohmarktfunden durchsetzten Einrichtung voll ausgelebt. Die sieben Zimmer sind in einem zentral gelegenen, weißen Gebäude namens Gimli.

Wer eigene vier Wände vorzieht, kann eine der drei Holzhütten (14 700 ISK) neben dem Haus der Inhaberfamilie (in der Nähe des Schwimmbads) mieten. Aber am schönsten fanden wir das Gamli Bærinn. Das „alte Bauernhaus" ist eine superromantische, separat stehende Hütte (21 800 ISK).

Im Hostel bekommen HI-Mitglieder 700 ISK Rabatt, Bettwäsche ist in der Regel nicht im Preis enthalten und kostet pro Person 1500 ISK extra. Das leckere Frühstück (1400 ISK) wird im nahe gelegenen Café (Kaffihús Bakkabræðra) mit den gleichen Inhabern serviert.

Campingplatz CAMPING €
(pro Wohnwagen/Zelt 2100/1600 ISK) Großer Campingplatz am städtischen Schwimmbad.

★ **Kaffihús Bakkabræðra** ISLÄNDISCH €
(Grundargata 1; Suppe & Salatbuffet 1790 ISK; ⌚Mo–Fr 8–23, Sa & So 10–23 Uhr) Hinter einem Schild mit der Aufschrift „Gísli Eiríkur Helgi" (die Namen dreier Brüder aus einem Volksmärchen) verbirgt sich das möglicherweise perfekte Kleinstadtcafé. Die Inhaber sind auch die des retroschicken Hostels in der Nachbarschaft. Zur Einrichtung gehören viel Holz, haufenweise alter Krimskrams und zusammengewürfeltes Geschirr. Auf der Karte stehen eine tolle Fischsuppe und Waffeln mit selbstgemachter Marmelade.

Es gibt einen Barbereich und hinten ein kleines Theater. Die Einheimischen lieben den Laden – kein Wunder eigentlich.

Samkaup-Úrval SUPERMARKT
(⌚Mo–Fr 10–19, Sa bis 18, So 13–16 Uhr) Zentraler Supermarkt neben der N1.

An- & Weiterreise

In Dalvík laufen die Fähren nach Grímsey aus (S. 244).

Strætó (☎540 2700; www.straeto.is):

- Bus 78 nach Siglufjörður (1050 ISK, 30 Min., Mo–Fr 3x tgl., So 1x tgl.).
- Bus 78 nach Akureyri (1400 ISK, 45 Min., Mo–Fr 3x tgl., So 1x tgl.).

Árskógsströnd

Die reiche Agrarregion Árskógsströnd erstreckt sich am Westufer des Eyjafjörður in Richtung Norden. Der Ausblick übers Wasser auf die gegenüberliegenden Berge ist absolut beeindruckend. Die meisten Reisenden, die zur kleinen vorgelagerten Insel Hrísey wollen, springen hier ins Boot.

Sehenswertes & Aktivitäten

Bruggsmiðjan – Kaldi BRAUEREI

(☎ 466 2505; www.bruggsmidjan.is; Öldugötu 22, Árskógssandur; Führung 1500 ISK; ⌚ Führung nach Vereinbarung) In Árskógsströnd ist die Mikrobrauerei Bruggsmiðjan zuhause, die nach tschechischen Methoden das erstklassige, gefragte Kaldi-Bier braut. Man kann zwar jederzeit hereinschauen, es empfiehlt sich aber, vorher anzurufen und eine Führung zu vereinbaren (bei Gruppen unerlässlich!). Als Alternative bietet Saga Travel in Akureyri eine kulinarische Tour an, auf der neben dieser Brauerei auch andere Lebensmittelproduzenten besucht werden.

Níels Jónsson WALBEOBACHTUNG

(☎ 867 0000; www.whales.is; 3-std. Tour Erw./Kind 7800 ISK/frei; ⌚ Mitte Mai–Mitte Sept.) Von Árskógsströnd empfiehlt sich ein Ausflug nach Hauganes, um auf dem ehemaligen Fischerboot *Níels Jónsson* einen spannenden Törn mit Angeln und Walbeobachtung zu erleben (das Boot ist das älteste Whale-Watching-Unternehmen Islands). Das Dorf liegt 11 km südlich von Dalvík (bzw. 30 km nördlich von Akureyri) und 2 km von der Straße 82.

AKUREYRI

17 930 EW.

Akureyri will Islands zweite große Metropole sein, doch mit Melbourne, Manchester oder Montreal ist es wahrlich nicht zu vergleichen. Wie auch, mit nur 18 000 Einwohnern? Da grenzt es schon an ein Wunder, dass in dieser „Stadt" überhaupt so viel los ist! Es gibt coole Cafés, gute Restaurants und ein Nachtleben – und damit bietet Akureyri eine willkommene Abwechslung zu den meisten anderen Orten im ländlichen Island.

Hinter dem an Islands längsten (60 km) Fjord geschmiegten Städtchen erheben sich schneebedeckte Berge. Im Sommer täuschen Bäume, Blumenkästen und gepflegte Gärten über die Lage nur einen Katzensprung vom Polarkreis entfernt hinweg. Lebhafte Winterfeste und die besten Skiabfahrten des Landes machen Akureyri auch in der Nebensaison attraktiv. Die entspannte Atmosphäre zusammen mit der großen Auswahl an Unterkünften und Restaurants machen den Ort zur idealen Ausgangsbasis für Touren zum Eyjafjörður oder darüber hinaus.

Geschichte

Der erste dauerhafte Anwohner am Eyjafjörður war der norwegisch-irische Siedler Helgi Magri (Helgi der Magere), der um 890 hier ankam. Die Existenz eines Handelspostens an der Stelle des heutigen Akureyri ist 1602 erstmals belegt. Es gab aber immer noch keine dauerhaften Behausungen, da alle Siedler auf Höfen auf dem Land wohnten. Gegen Ende des 18. Jhs. hatte der Ort beachtliche zehn Einwohner, alles dänische Kaufleute, und ihm wurde das Stadtrecht verliehen. Der Ort blühte auf und um 1900 hatte er schon 1370 Einwohner.

Heute floriert Akureyri. Seine Fischfabriken und seine Werft sind die größten im Land. Die 1987 gegründete Universität verleiht der Stadt eine jugendliche Dynamik.

Sehenswertes

Es ist durchaus verständlich, dass Akureyri seine Künstler mit diversen Museen ehrt, aber die meisten sind relativ nichtssagend für Besucher, die nicht gerade ein großer Fan des betreffenden Sohns der Stadt sind. Alternativ gibt's Museen, die sich mit Luftfahrt, mit der lokalen Industrie, mit antikem Spielzeug und mit Motorrädern beschäftigen.

Wer ein eigenes Auto hat, kann sich auch ein paar von den größeren Museen am Ost- und Westufer des Eyjafjörður ansehen.

★ Akureyrarkirkja KIRCHE

(www.akirkja.is; Eyrarlandsvegur; ⌚ meist Mo–Fr 10–16 Uhr) Die hoch über der Stadt auf einem Hügel thronende Kirche ist das Wahrzeichen von Akureyri. Sie wurde von Guðjón Samúelsson entworfen, der auch die Hallgrímskirkja in Reykjavík baute. Beide Kirchen sind aus dem gleichen Naturstein, Basalt, aber dieses Exemplar hier wirkt wie ein stilisierter Wolkenkratzer aus den USA der 1920er-Jahre.

Die 1940 erbaute Akureyrarkirkja beherbergt eine große, schöne Orgel mit 3200 Pfeifen sowie eine Reihe ungewöhnlicher Reliefs mit Szenen aus dem Leben Christi. Ein von der Decke hängendes Schiff repräsentiert die alte nordische Tradition von Votivgaben zum Schutz Angehöriger auf See. Das auffälligste Merkmal ist das schöne Mittelfenster im Chor. Es schmückte ursprünglich die Kathedrale von Coventry in England.

Besucher sind zwar an den meisten Tagen willkommen, sollten aber vorher einen Blick auf die Tafel mit den Öffnungszeiten am Eingang werfen, die sich ständig ändern.

Akureyri-Museum MUSEUM

(Minjasafnið á Akureyri; www.akmus.is; Aðalstræti 58; Erw./Kind 1000 ISK/frei; ⌚Juni–Mitte Sept. 10–17 Uhr, Mitte Sept.–Mai Do–So) Das hübsche, gut kuratierte Museum ist mit historischen und kunsthandwerklichen Objekten aus dem städtischen Leben bestückt, darunter Stadtpläne, Fotos und rekonstruierte Wohnungseinrichtungen von anno dazumal. Der **Museumsgarten** wurde 1899 als erste Baumschule Islands angelegt.

Nonnahús MUSEUM

(www.nonni.is; Aðalstræti 54; Erw./Kind 1000 ISK/frei; ⌚Juni–Aug. 10–17 Uhr) Die interessanteste Hommage an einen der Söhne der Stadt ist das Nonnahús, wo der berühmte Kinderbuchautor Reverend Jón Sveinsson (1857–1944), alias Nonni, aufgewachsen ist. Seine altmodischen Abenteuergeschichten stecken voller Lokalkolorit. Das Haus von 1850 und seine mit einfachen Möbeln vollgestopften Zimmer geben einen beeindruckenden Einblick in das isländische Alltagsleben im 19. Jh.

Das Kombiticket für Nonnahús und Akureyri-Museum nebenan kostet 1400 ISK.

Zentrum für visuelle Kunst MUSEUM

(Sjónlistamiðstöðin; www.sjonlist.is; Kaupvangsstræti 8–12; ⌚Juni–Aug. Di–So 10–17 Uhr, Sept.–

EIN LANGES WOCHENENDE IN ISLAND: DER DIAMANTKREIS

Die Lage zwischen Nordamerika und Europa hat Island zur Insider-Adresse für einen spannenden Wochenendausflug werden lassen. Dabei hat sich der beständige Touristenstrom ganz auf die dreitägige Tour von Reykjavík über den Goldenen Kreis zur Blauen Lagune eingeschossen. Warum nicht eine andere Runde ausprobieren und das nordisländische Dreieck – Mývatn, Húsavík und Akureyri – mit seinen Juwelen ansteuern? Nur Mut, die Tour ist unkomplizierter als viele glauben. Nach der Landung auf dem Internationalen Flughafen Keflavík gibt's einen Anschlussflug (eventuell mit vorherigem Transfer zum Inlandsterminal von Reykjavík) nach Akureyri. Und um es noch einfacher zu machen, hier unser Vorschlag:

1. Tag: Akureyri

Die Tour startet am besten mit einem landestypischen Vergnügen: Reiten auf einem Islandpferd. Diese Tiere sind wirklich etwas Besonderes! Danach ist ein halber Tag ausreichend, um durch die hübschen Straßen im Stadtzentrum zu schlendern. Wer nichts dagegen hat, erneut ins Flugzeug zu steigen, sollte am Nachmittag Grímsey ansteuern, ein Stück Island in der Polarregion. Zum Abendessen steht isländische Küche im Strikið oder Rub23 auf dem Programm. Der Tag endet mit einer feuchtfröhlichen Tour durch das Nachtleben von Akureyri.

2. Tag: Húsavík & Umgebung

Der Wecker klingelt: Auf nach Húsavík! Dort geht es zunächst ins Walmuseum als Vorbereitung für die anschließende Walbeobachtungstour. Am Nachmittag geht die Fahrt weiter Richtung Osten, um in der Schlucht von Ásbyrgi die abschüssigen Felswände dieses Canyons und später die tosenden Wassermassen am Dettifoss zu bewundern, bevor man beim Abendessen im Naustið in Húsavík sein Walabenteuer-Seemannsgarn zum Besten gibt.

3. Tag: Mývatn

Wen Fotos von Islands verführerischen türkis-blauen Spa-Quellen in Verzückung versetzen, der kommt heute auf seine Kosten. Der See Mývatn verfügt über seine eigene Version der Blauen Lagune: das Naturbad Mývatn. Nach einem entspannenden Bad kommt der Kreislauf bei einer dreistündigen Wanderung am Ostufer des Sees wieder auf Touren. Sie fürht vorbei an einem einzigartigen Ensemble geologischer Besonderheiten. Der Halt an den stinkenden, blubbernden Schlammlöchern von Hverir ist ein Muss und wenn die Zeit noch reicht, sollte auch noch ein Spaziergang zwischen den Dampffontänen der Krafla drin sein. Auf dem Rückweg nach Akureyri wartet noch ein letztes Highlight – der himmlischen Wasserfall Goðafoss.

Akureyri

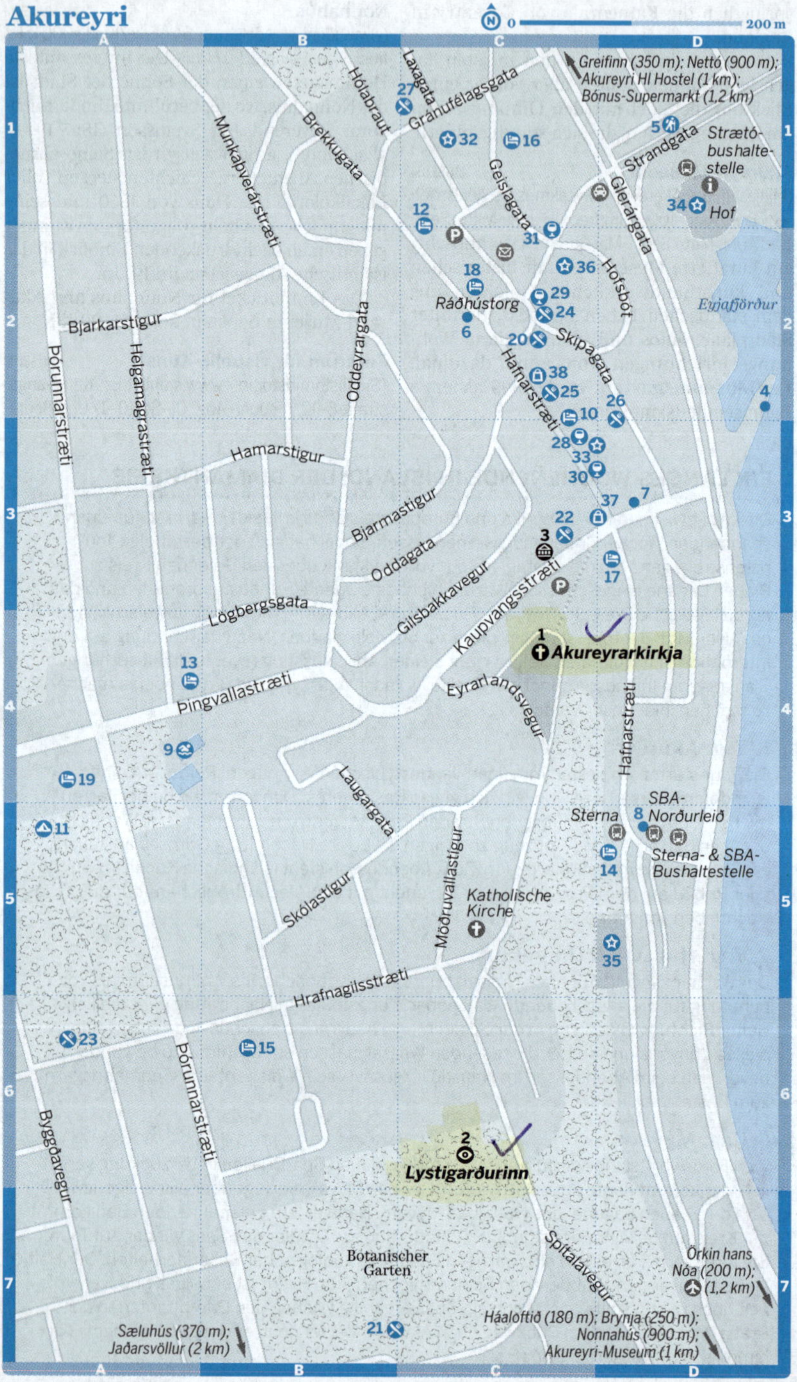

0
200 m
Greifinn (350 m); Nettó (900 m); Akureyri HI Hostel (1 km); Bónus-Supermarkt (1,2 km)
Laxagata
Hólabraut
Gránufélagsgata
Brekkugata
Munkaþverárstræti
Geislagata
Strandgata
Strætó-bushaltestelle
Hof
Glerárgata
Hofsbót
Eyjafjörður
Ráðhústorg
Skipagata
Hafnarstræti
Bjarkarstígur
Oddeyrargata
Helgamagrastræti
Þórunnarstræti
Hamarstígur
Bjarmastígur
Oddagata
Gilsbakkavegur
Kaupvangsstræti
Lögbergsgata
Akureyrarkirkja
Þingvallastræti
Eyrarlandsvegur
Laugargata
Sterna
SBA-Norðurleið
Sterna- & SBA-Bushaltestelle
Skólastígur
Möðruvallastígur
Katholische Kirche
Hrafnagilsstræti
Byggðavegur
Lystigarðurinn
Botanischer Garten
Spítalavegur
Örkin hans Nóa (200 m); (1,2 km)
Háaloftið (180 m); Brynja (250 m); Nonnahús (900 m); Akureyri-Museum (1 km)
Sæluhús (370 m); Jaðarsvöllur (2 km)

Akureyri

Highlights
1 Akureyrarkirkja C4
2 Lystigarðurinn C6

Sehenswertes
3 Zentrum für visuelle Kunst C3

Aktivitäten & Touren
4 Ambassador D2
5 Ferðafélag Akureyrar D1
6 Nonni Travel C2
7 Saga Travel D3
8 SBA-Norðurleið D5
9 Sundlaug Akureyrar A4

Schlafen
10 Akureyri Backpackers C2
11 Campingplatz A5
12 Gula Villan C1
13 Gula Villan II A4
14 Hótel Akureyri D5
15 Hótel Edda B6
16 Hótel Íbúðir C1
17 Hótel Kea D3
18 Hrafninn C2
19 Icelandair Hotel Akureyri A4

Essen
20 Alaska-Minimarkt C2
Bláá Kannan .... (s. 30)
21 Café Laut B7
Hamborgarafabrikkan .... (s. 17)
Icelandair Hotel Akureyri .... (s. 19)
Indian Curry Hut .... (s. 25)
22 Rub23 .... C3
23 Samkaup-Strax A6
24 Serrano C2
25 Símstöðin C2
26 Strikið D2
27 Vínbúðin C1

Ausgehen & Nachtleben
28 Akureyri Backpackers C3
29 Café Amour C2
30 Götubarinn C3
31 Kaffi Akureyri C2

Unterhaltung
32 Borgarbíó C1
33 Græni Hatturinn C3
34 Hof D1
35 Leikfélag Akureyrar D5
36 Nyja-Bíó C2

Shoppen
37 Eymundsson D3
Fold-Anna .... (s. 10)
Geysir .... (s. 28)
38 The Viking C2

Mai ab 12 Uhr) GRATIS Das kostenlose Kunstzentrum ist ein Fest für die Sinne! Das Kunstmuseum Akureyri und diverse private Galerien machen gemeinsam Ausstellungen, die mit innovativen Ideen und unkonventionellen Kombinationen überzeugen – von Grafikdesign bis Porträtmalerei.

★ Lystigarðurinn GÄRTEN
(www.lystigardur.akureyri.is; Eyrarlandsholt; ⌚ Juni–Sept. Mo–Fr 8–22, Sa & So 9–22 Uhr) GRATIS Der weltweit am nördlichsten gelegene botanische Garten bietet sich an sonnigen Tagen als perfekter Picknickplatz an. In Anbetracht der Nähe zum Polarkreis ist seine Pflanzenvielfalt wirklich erstaunlich. Jede in Island heimische Art ist hier vertreten, dazu kommen Exemplare aus aller Welt, die in nördlichen Breitengraden oder extremen Höhen wachsen. Ein wunderschön gelegenes Café rundet das Erlebnis ab.

Kjarnaskógur OUTDOORAKTIVITÄTEN
3 km südlich der Stadt liegt der beliebteste „Wald" Islands, der Kjarnaskógur. In dem Naherholungsgebiet gibt es Wander- und Mountainbikewege, Picknick- und Grillstellen sowie Kinderspielplätze. Im Winter bestehen tolle Langlaufmöglichkeiten. Der Campingplatz hat einen direkten Zugang zum Wald.

Aktivitäten

Im Winter ziehen die Pisten Skifahrer aus ganz Island an, während Sommer-Besucher zwischen Wandern, Radfahren, Golfen und isländischer Badekultur wählen können.

Akureryi ist außerdem die Drehscheibe für unzählige Touren und geführte Aktivitäten in ganz Nordisland (S. 245).

Sundlaug Akureyrar SCHWIMMBAD
(Þingvallastræti 21; Erw./Kind 550/200 ISK; ⌚ Mo–Fr 6.45–9, Sa & So 8–19.30 Uhr; 👪) Akureyris Freibad ist eines der schönsten in Island und Zentrum des gesellschaftlichen Lebens. Es gibt drei beheizte Becken, Hot Pots, Wasserrutschen, Saunen und Dampfbäder.

Ferðafélag Akureyrar WANDERN
(Wanderverein Akureyri; ☎ 462 2720; www.ffa.is; Strandgata 23; ⌚ Juni–Aug. Mo–Fr 15–18 Uhr) Auskunft über die Wandermöglichkeiten in der Gegend erteilt der Ferðafélag Akureyrar. Auf der sehr nützlichen Website (auf Englisch) sind alle Hütten des Vereins in Nordisland

ABSTECHER

GRÍMSEY

Die abgelegene Insel Grímsey (77 Einwohner), die als einziger Teil Islands den Polarkreis berührt, ist 40 km vom Festland entfernt. Auf diesem einsamen Fleckchen Erde sind die Vögel deutlich in der Überzahl, auf 10 000 von ihnen kommt ein menschlicher Inselbewohner.

Seine Popularität verdankt Grímseys weniger seiner Flora und Fauna als seiner geografischen Lage: Die Touristen kommen in Scharen nach Grímsey, um ihr „I visited the Arctic Circle"-Zertifikat zu kassieren und ein Foto an einem Monument mit der Aufschrift „You're standing on the Arctic Circle" zu schießen (das eigentlich 20 km südlich vom Polarkreis steht). Anschließend bleibt noch reichlich Zeit, die windumtoste Landschaft zu betrachten. Malerische Küstenklippen und dramatische Basaltformationen bieten Dutzenden von Seevogelarten eine Heimat, darunter scharenweise Papageitaucher und die kamikazeartig veranlagte Küstenseeschwalbe. Es heißt, die Rollbahn am Flughafen müsse ein paar Minuten vor der Landung eines Flugzeugs jedesmal von Küstenseeschwalben befreit werden!

Wer es sich nicht nehmen lassen will, einmal jenseits des Polarkreises zu schlafen, hat die Wahl zwischen zwei Unterkünften. Im heimeligen **Gullsól** (☎467 3190; gullsol@visir.is; Zi. ohne Bad pro Pers. 5500 ISK) führt eine Treppe mit Falltür zu ein paar winzigen Zimmerchen über dem Souvenirshop der Insel (der jeweils zu Anlegezeiten der Fähre geöffnet ist und auch Kaffee, Tee und Waffeln verkauft). Selbstversorger freuen sich über die gut eingerichtete Gästeküche. Wer seinen Schlafsack mitbringt, bezahlt für ein Bett nur 4000 ISK.

Etwas gehobenere Bedingungen bietet das **Básar** (☎467 3103; www.gistiheimilidbasar.is; EZ/DZ ohne Bad inkl. Frühstück 11 000/16 000) am Flughafen. Hier kostet eine Schlafsackunterkunft 6000 ISK. Wer sich nicht in die Gästeküche stellen will, kann Mahlzeiten bestellen. Auf Anfrage können Segel- und Angeltörns organisiert werden.

Beim Gemeindezentrum gibt's einen kleinen Campingplatz. **Krían** ist das einzige Restaurant vor Ort, es hat im Sommer täglich geöffnet und betreibt auch ein kleiner Laden.

An- & Weiterreise

Für die Anreise nach Grímsey gibt es verschiedene Möglichkeiten.

Flugzeug Von Mitte Juni bis Mitte August fliegt Norlandair (www.norlandair.is) täglich von/nach Akureyri, in der übrigen Zeit dreimal wöchentlich. Auf dem 25-minütigen, ziemlich ruckeligen Flug bietet sich der Eyjafjörður in seiner vollen Länge dar – allein schon ein Erlebnis für sich. Der Ticketverkauf läuft über **Air Iceland** (☎570 3030; www.airiceland.is); der einfache Flug ist ab 10 000 ISK zu haben.

Charterflug mit Ausflug Von Mitte Juni bis Mitte August bietet Air Iceland Ausflüge ab Akureyri (28 200 ISK) an, die einen mehrstündigen Aufenthalt auf der Insel (mit geführter Wanderung) beinhalten. Man kann die Tour auch ab Reykjavík machen, mit einem kurzen Inlandsflug nach Akureyri.

Fähre Von Mitte Mai bis August startet die **Fähre Sæfari** (☎458 8970; www.saefari.is) montags, mittwochs und freitags um 9 Uhr in Dalvík und legt um 16 Uhr wieder in Grímsey ab. So ergibt sich ein Zeitfenster von vier Stunden auf der Insel, sofern keine Übernachtung geplant ist. Die dreistündige Überfahrt kostet einfach 4830 ISK, Kinder bezahlen nichts.

Wer morgens mit der Strætó-Buslinie 78 aus Akureyri anreist, kommt leider nicht rechtzeitig zur Abfahrt des Boots in Dalvík an.

Arctic Sea Tours (www.arcticseatours.is) in Dalvík bietet eine zehnstündige Tour (15 000 ISK) an, die mit der Sæfari-Fähre übersetzt und die Zeit auf der Insel mit einer geführten Wanderung, einem Mittagessen und einer Begegnung mit Einheimischen füllt. Eine Abholung in Akureyri ist gegen Gebühr möglich.

Im Winter legt die Fähre ebenfalls um 9 Uhr in Dalvík ab, fährt aber sofort nach Ent- und Beladen wieder zurück.

Segelausflug Einen zweitägigen Segeltörn mit Walbeobachtung ab Húsavík organisiert bei **North Sailing** (☎464 7272; www.northsailing.is). Über Nacht wird vor Grímsey geankert. Die Tour findet in der Zeit von Mai bis Mitte Juli einmal pro Woche statt und kostet 115 000 ISK. **Gentle Giants** (☎464 1500; www.gentlegiants.is), ebenfalls in Húsavík, hat einen sechsstündigen Ausflug nach Grímsey im Angebot. Mit einem schnellen Feststrumpfschlauchboot wird die Insel in etwa einer Stunde erreicht. Die Tour steht im Sommer bei ausreichender Nachfrage zweimal die Woche auf dem Programm (63 550 ISK).

und den Bergen aufgelistet; dazu kommen Infos zum Askja-Weg und der Terminkalender des Vereins (auf Isländisch) mit geführten Wanderungen und Skitouren, an denen auch Besucher teilnehmen können.

Ebenfalls eine wertvolle Hilfe sind die Wanderkarten von Útivist & afþreying (insgesamt sieben, Nr. 1 und 2 decken die Gegend um den Eyjafjörður ab); sie werden in der Touristeninformation verkauft.

Jaðarsvöllur GOLF
(☎462 2974; www.golficeland.org; Runde 5300–6400 ISK) Wie wär's mit einer Runde Golf zu nächtlicher Stunde? Auf dem Jaðarsvöllur, dem Par71-Golfplatz von Akureyri, geht das, denn er liegt nur wenige Grad südlich vom Polarkreis und bietet von Juni bis Anfang August rund um die Uhr genügend Licht. Für den Abschlag um Mitternacht muss allerdings reserviert werden.

Auf dem Golfplatz wird in zwei Nächten Ende Juni das **Arctic Open** (www.arcticopen.is) ausgetragen.

Hlíðarfjall Ski Centre SKIFAHREN
(☎462 2280; www.hlidarfjall.is; Tageskarte Erw./Kind 3000/1200 ISK; 👪) Westlich der Stadt, das Tal Glerárdalur 5 km hinauf, liegt Islands Vorzeigeskigebiet mit Pistenspaß für alle Könnensstufen. Das Gebiet hat einen Höhenunterschied von 455 m, die längste der insgesamt 24 Pisten ist über 2,5 km lang. Das Loipennetz umfasst 20 km.

Die Saison dauert normalerweise von Dezember bis Ende April, die besten Bedingungen herrschen im Februar und März (vor allem an Ostern ist hier viel los). Während der dunklen Winterzeit werden viele Pisten mit Flutlicht bestrahlt.

Neben Ski- und Snowboardverleih gibt's zwei Restaurants und eine Skischule. Während die Lifte in Betrieb sind, sorgt ein Pendelbus für die Anbindung nach Akureyri; Näheres dazu auf der Website.

Súlur WANDERN
Eine schöne, aber anstrengende Tageswanderung führt durch das Tal Glerárdalur hinauf auf den 1213 m hohen Berg Súlur. Der Aufstieg beginnt am Súluvegur, der kurz vor der Glerá-Brücke links von der Þingvallastræti abbiegt. Für die gesamte Tour sollten mindestens sechs Stunden eingeplant werden.

☞ Geführte Touren

Die meisten Touren können online gebucht werden; auf den Websites stehen auch die neuesten Angebote und Preise. Die Touristeninformation hilft ebenfalls gerne weiter und in der ganzen Stadt sind weitere Veranstalter zu finden.

Manche Tourenanbieter außerhalb von Akureyri bieten gegen Gebühr einen Transfer zu ihrem Hauptquartier an (z. B. bei Walbeobachtungstouren nördlich von Akureyri oder Wildwasserrafting in Varmahlíð).

★ **Saga Travel** ABENTEUERTOUR
(☎558 888; www.sagatravel.is; Kaupvangsstræti 4) Die Agentur bietet ganzjährig ein umfangreiches Ausflugs- und Aktivitätsprogramm für den gesamten Norden des Landes an. Neben den klassischen Zielen Mývatn, Húsavík (für Walbeobachtung) und Askja im Hochland gibt es auch innovative Thementouren in Bereichen wie Gastronomie, Kunst und Design. Um das gesamte Angebot durchzuchecken, lohnt sich ein Besuch auf der Website oder direkt in der Agentur (im Sommer von 7.30 bis 22 Uhr geöffnet).

Die originellen „Mitternachtssonnen-Touren" im Juni beginnen um 22 Uhr und steuern in den frühen Morgenstunden Attraktionen wie Dettifoss und Mývatn an. Im Winter ist das Angebot breit gefächert und umfasst z. B. Schneemobilfahren, Schneeschuhwandern und Nordlichttouren (abhängig vom Wetter). Es besteht auch die Möglichkeit, die Route selbst festzulegen. Die Guides sind Einheimische mit guten Verbindungen. Maximale Teilnehmerzahl: 16.

SBA-Norðurleið BUSTOUREN
(☎550 0700; www.sba.is; Hafnarstræti 82) Das Busunternehmen hat eine ganze Reihe Sightseeing-Touren in Nordisland im Programm, darunter die beliebten Ziele Mývatn, Dettifoss, Húsavík und Askja.

Nonni Travel REISEBÜRO
(☎461 1841; www.nonnitravel.is; Brekkugata 5) Das Reisebüro kann so gut wie jede Tour buchen – sowohl in der Gegend als auch weiter weg (Grönland und die Färöern).

Ambassador WALBEOBACHTUNG
(www.ambassador.is; Erw./Kind 9990/4995 ISK; ⏲Mitte Mai–Mitte Okt.) Eine Handvoll Anbieter am Eyjafjörður haben Walbeobachtungstouren im Programm; inzwischen auch einer in Akureyri. Die Bootsfahrt dauert drei Stunden; böse Zungen bemängeln, dass es ein reichlich langer Weg zum nördlichen Ende des Fjords ist (wo man die Wale am häufigsten sieht). Wer den Ausflug aber als Sightseeing-Wal-Kombi betrachtet, ist angesichts der herrlichen Landschaft sicher mehr als zufrieden.

The Traveling Viking ABENTEUERTOUR

(☎ 896 3569; www.ttv.is) Ein Anbieter mit haufenweise regionalen Touren im Programm, vom Üblichen (Mývatn, Dettifoss, Húsavík) bis zum eher Ungewöhnlichen (z. B. einem familiengeeigneten Vier-Stunden-Trip mit Fokus auf das „verborgene Volk" oder Eisfischen im Winter). Bekannt ist das Unternehmen für die *Game-of-Thrones*-Mottotour der Region Mývatn.

Skjaldarvík REITEN

(☎ 552 5200; www.skjaldarvik.is; 90-min. Ausritt 7900 ISK) 6 km nördlich der Stadt wartet Skjaldarvík mit einer wunderschönen Pension, einem Restaurant und Reitmöglichkeiten auf. Im Programm stehen 1½-stündige Ausritte am Fjord entlang und in die Berge der Umgebung für 6900 ISK (Beginn im Sommer täglich um 10, 14 und 17 Uhr). Ein preislich attraktives Angebot ist „Ride & Bite" („Reiten und Essen"): Für 11 900 ISK hüpfen die Reiter nach dem Ausflug um 17 Uhr noch in den Hot Pot im Freien und lassen sich dann mit einem Abendessen (zwei Gänge) verwöhnen.

Kátur REITEN

(☎ 695 7218; www.hestaleiga.is; Kaupangur; Ausritt 1½ Std./2 Std. 6000/8000 ISK; ⏲ Juni–Mitte Sept.) Ein paar Fahrminuten südöstlich von Akureyri an der Straße 829 bietet der ebenfalls gut etablierte Reitstall Kátur kurze Ausritte an.

Festivals & Events

Unter der Rubrik „Events & Festivals" sind auf der Website www.visitakureyri.is alle größeren Festivitäten und Gedenktage im Jahr aufgeführt. Besondere Aufmerksamkeit genießen momentan die Winterfeste.

Iceland Winter Games WINTERSPORT

(www.icelandwintergames.com) Im Februar/März veranstaltet Akureyri einen internationalen Freeski- und Slopestyle-Wettbewerb und festigt damit seine Stellung als Islands Hauptstadt des Wintersports. Der Termin ist mit dem des Éljagangur-Festivals („Schneesturm") abgestimmt, das sich ebenfalls um wunderbare Winteraktivitäten dreht (Ski, Schneemobil, Hundeschlitten usw.). Warm anziehen – es wird kalt!

Stadtfest Akureyri KULTUR

Akureyris größtes Sommerfest findet am letzten Wochenende im August mit diversen Konzerten, Ausstellungen und Events statt.

Schlafen

In den letzten Jahren hat sich das Angebot an Unterkünften in Akureyri stetig verbessert und es gibt mittlerweile eine ganze Reihe neuer, qualitätsbewusster Einrichtungen. Trotzdem kann es im Sommer zu Engpässen kommen und eine rechtzeitige Buchung ist ratsam. Auch im Umland der Stadt liegen viele Farmen, die attraktive Übernachtungsmöglichkeiten bieten, allerdings meist nur mit eigenem Pkw erreichbar sind. Näheres steht in der Broschüre *Icelandic Farm Holidays* (www.farmholidays.is), die speziell auf Urlaub auf dem Bauernhof ausgerichtet ist.

Wer nicht vorab gebucht hat, findet meist in der Touristeninformation Hilfe (gegen eine Reservierungsgebühr von 500 ISK). Allerdings wird die Auswahl dann nicht mehr so groß sein, vor allem im Sommer.

Die meisten Unterkünfte sind ganzjährig geöffnet (im Winter sind die Betten wegen des Skibetriebs besonders knapp). Die Website der Touristeninformation (S. 253) führt fast alle Unterkünfte der Gegend auf, eine weitere gute Quelle ist AirBnB (www.airbnb.com), vor allem für Privatzimmer, Hütten, Apartments und Ferienhäuser, davon viele in Akureyri.

Ein Blick auf die Websites lohnt sich auch wegen der aktuellen Preise und Rabatten in der Nebensaison – auch die Sonderangebote sollte man prüfen. Die nachstehenden Preise gelten für die Hochsaison im Sommer und sind Stand 2014.

Akureyri Backpackers HOSTEL €

(☎ 571 9050; www.akureyribackpackers.com; Hafnarstræti 67; B/DZ ohne Bad 4500–5500/18 000 ISK; @📶) Neben der Toplage im Zentrum machen gechillte Vibes, ein Buchungsservice für Ausflüge und eine beliebte Bar Laune. Die Zimmer verteilen sich auf drei Stockwerke; die Einzel- und Doppelzimmer mit gemachten Betten liegen ganz oben, die übrigen Räumen haben je vier bis acht Schlafplätze. Kleiner Punktabzug: Es gibt zwar auf jeder Etage Toiletten und Waschbecken, aber die Duschen liegen (zusammen mit einer Sauna) alle im Untergeschoss.

Bettwäsche (in Mehrbettzimmern) und Frühstück kosten jeweils 990 ISK.

Gula Villan PENSION €

(☎ 896 8464; www.gulavillan.is; brekkugata 8; EZ/DZ ohne Bad 10 500/14 700 ISK) Die Besitzerin Sigriður war selbst viel unterwegs und hat

ABSTECHER

HRÍSEY

Das friedliche, relativ flache Hrísey hat 166 Einwohner und ist nach Heimaey Islands zweitgrößte, der Küste vorgelagerte Insel. Vom Festland leicht zu erreichen, liegt sie vor einem spektakulärem Panorama mitten im Eyjafjörður und ist als Brutstätte und Schutzgebiet für Schneehühner bekannt. Außerdem sind hier Eiderenten und eine riesige Küstenseeschwalbenkolonie zu Hause.

Eine kleine **Touristeninformation** (☎695 0077; ⊙Juni–Aug. 13–17 Uhr) befindet sich im Hús Hákarla-Jörundur, einem kleinen Museum zum Haifischfang (Eintritt 500 ISK), das neben der Kirche des hübschen Dorfes bei der Anlegestelle liegt. Wie eine Informationsbroschüre, die auf Hrísey und in Akureyri ausgegeben wird, verraten auch die beiden konkurrierenden Websites www.hrisey.net und www.visithrisey.is alles Wissenswerte über die Insel (Letztere listet auch Ferienhäuser auf).

Auf den Dorfstraßen tummeln sich unglaublich zahme Schneehühner. Drei markierte **Naturpfade** schlängeln sich durch den südöstlichen Teil der Insel und passieren diverse gute Aussichtspunkte auf den Klippen. Ein Muss mit hohem Spaßfaktor sind die 40-minütigen **Traktorfahrten** (☎695 0077; Erw./Kind 1200 ISK/frei) quer über die Insel, auf denen alle Attraktionen abgeklappert werden. Sie beginnen im Sommer täglich um 10, 12, 14 und 16 Uhr an der Bootsanlegestelle.

Um die Insel gemütlich zu erforschen, genügt eigentlich ein halber Tag. Wer tiefer in das Inselleben eindringen will, gönnt sich eine Übernachtung im **Brekka** (☎466 1751; www.brekkahrisey.is; EZ/DZ ohne Bad ab 9000/12 000 ISK; ⊙Mitte Mai–Mitte Sept.), zu dem auch ein kleines Lokal gehört. Auf der Karte stehen die üblichen Verdächtigen (Burger, Pizza) sowie Leckerbissen wie Hummersuppe und Galloway-Steak aus regionaler Zucht.

Beim modernen Schwimmbadkomplex ist ein **Campingplatz** (Stellplatz pro Pers. 1100 ISK) mit Rezeption und sanitären Einrichtungen. Im Dorfladen **Júllabúð** (⊙Juni–Aug. Mo–Do 10–17, Fr bis 20, Sa & So 12–17 Uhr, Sept.–Mai kürzere Öffnungszeiten) kann man seine Vorräte aufstocken und Pizza kaufen.

Die Personenfähre **Sævar** (☎695 5544; ⊙Erw./Kind 1500/750 ISK) pendelt ganzjährig mindestens siebenmal täglich zwischen Árskógssandur und Hrísey (15 Min.). Der Fahrplan steht auf www.hrisey.net. Bus 78 fährt ab Akureyri und hält in Litli Árskógur. Von dort sind es 20 Minuten zu Fuß zum Fähranleger.

Dienstags und donnerstags tuckert ganzjährig die **Autofähre Sæfari** (☎458 8970; www.saefari.is; Erw./Kind 1230 ISK/frei) um 13.15 Uhr von Dalvík nach Hrísey (30 Min.) und wieder zurück, sobald sie Passagiere und Fracht aus- und wieder eingeladen hat.

ihre freundliche, gelb-weiße Villa in zentraler Lage mit viel Liebe eingerichtet. Die Zimmer sind hell und gut in Schuss. Im Sommer hält sie noch ein zweites Gebäude bereit, das **Gula Villan II** (Þingvallastræti 14). In beiden gibt's Gästeküchen und auf Wunsch auch Frühstück (mit 2000 ISK nicht ganz billig). Wer seinen Schlafsack mitbringt, bezahlt weniger.

Akureyri HI Hostel HOSTEL €
(Stórholt; ☎462 3657; www.hostel.is; Stórholt 1; B 4100 ISK DZ mit/ohne Bad 11 200/15 500 ISK; @📶) 15 Gehminuten nördlich vom Zentrum, aber immer noch im Kernstadtgebiet, liegt dieses gut geführte, gemütliche Hostel mit zwei Gästeküchen und TV-Lounge im Haupthaus (auch die Zimmer haben alle TV), einer Grillterrasse und zwei Hütten mit je acht Schlafplätzen. Der Besitzer versorgt seine Gäste gern mit Tipps und Infos, beharrt aber streng auf der Eincheckzeit (ab 15 Uhr).

HI-Mitglieder bekommen 700 ISK Ermäßigung, Bettwäsche kostet 1250 ISK.

Städtischer Campingplatz CAMPING €
(Þórunnarstræti; Stellplätze pro Pers. 1100 ISK, zzgl. 100 ISK Ortstaxe pro Stellplatz; ⊙Mitte Juni–Mitte Sept.) Der zentral gelegene Campingplatz hat eine Waschmaschine, einen Essbereich und kostenlose Duschen. Autos sind (außer zum Be- und Entladen) auf dem Campingplatz nicht erlaubt. Achtung: Es gibt keine Küche! Als Entschädigung liegt er gleich neben einem Schwimmbad und einem Supermarkt.

Campingplatz Hamrar CAMPINGPLATZ €
(www.hamrar.is; Stellplätze pro Pers. 1100 ISK, zzgl. 100 ISK Ortstaxe pro Stellplatz; ⊙Mitte Mai–Mitte

Sept.) Das riesige Gelände 1,5 km südlich der Stadt im Kjarnaskógur bietet neuere sanitäre Einrichtungen und einen schönen Ausblick auf die Berge.

★ Skjaldarvík PENSION €€
(☎ 552 5200; www.skjaldarvik.is; EZ/DZ ohne Bad inkl. Frühstück 14 500/19 900 ISK; @📶) Wahrhaft paradiesische Verhältnisse bietet diese Unterkunft in ländlicher Idylle, 6 km nördlich der Stadt. Sie gehört einer jungen Familie, die bei der Einrichtung viele originelle Ideen hatte (Schuhe fungieren als Blumenübertöpfe, ausrangierte Schreibmaschinen als Wanddeko). Das unglaublich reichhaltige Frühstücksbuffet, der Hot Pot, Ausritte, Büchertausch und die Bar mit Selbstbedienung und gemütlicher Lounge sind weitere nette Extras.

Im bildhübschen **Restaurant** (Hauptgerichte 3700–5900 ISK; Juni–Mitte Sept. abends geöffnet) wird ein kleines, aber feines Menü angeboten, allerdings muss reserviert werden. Auch wer hier nicht übernachtet, ist willkommen. Das hervorragende „Ride & Bite"-Angebot (S. 246) kombiniert Reiten und Essen.

★ Sæluhús APARTMENTS €€
(☎ 412 0800; www.saeluhus.is; Sunnutröð; Studio/Haus 23 700/42 500 ISK; 📶) Das tolle Minidorf aus modernen Studios und Ferienhäusern ist perfekt für alle, die ein paar Tage ausspannen wollen. Die Häuser sind wahrscheinlich besser ausgestattet als die eigene Wohnung zu Hause: drei Schlafzimmer (insgesamt sieben Schlafplätze), voll eingerichtete Küche, Waschmaschine, Veranda mit Whirlpool und Grill. Die etwas kleineren Studios haben eine Küche, Zugang zu einer Waschküche, z. T. einen Whirlpool (der kostet jedoch extra) und sind ideal für Pärchen.

★ Icelandair Hotel Akureyri HOTEL €€
(☎ 518 1000; www.icelandairhotels.com; Þingvallastræti 23; DZ inkl. Frühstück ab 28 800 ISK; @📶)

TAUCHEN IM EYJAFJÖRÐUR

Wenn es um Sporttauchen geht, denkt man in der Regel an sonnige Strände und bunte Tropenfische. Deshalb mag es manch einen überraschen, dass einige der aufregendsten Tauchplätze der Welt im eisigen Wasser Islands zu finden sind. Die meisten Hobbytaucher zieht es in die kristallklare Silfra, aber die echte Herausforderung wartet unter den Wellen des Eyjafjörður. Der Geothermalschlot **Strýtan** ist ein gigantischer Kegel (50 m), der sich vom Meeresboden erhebt und dessen Spitze nur 15 m unter der Wasseroberfläche liegt. Er besteht aus Magnesiumsilikat-Ablagerungen und ist an diesem Ort ein extrem ungewöhnliches Naturphänomen. Die einzigen Gebilde, die mit ihm vergleichbar sind, wurden bisher in einer Tiefe von 3000 m und mehr entdeckt. Der Tauchplatz ist nur für erfahrene Taucher geeignet, da Strýtan ständig heißes Wasser ausspeit.

Bei einem gemeinsamen Essen hat uns Erlendur Bogason (der Entdecker des Schlots, der heute offiziell für dessen Schutz zuständig ist) noch ein paar andere Tauchplätze am Eyjafjörður genannt.

Neben dem mächtigen Strýtan gibt es ein paar kleinere und weniger spektakuläre Vulkankegel auf der anderen Seite des Fjords. Das Alter des Wassers, das aus den Hydrothermalquellen der **Artnanesstrýtur** blubbert, wird auf 11 000 Jahre geschätzt. Das kochende Wasser ist komplett salzfrei, sodass man es mit einer Thermoskanne auffangen und nach der Rückkehr an die Wasseroberfläche damit eine heiße Schokolade zubereiten könnte.

Auch das Tauchen rund um die Insel **Grímsey** ist ein Erlebnis, das in Erinnerung bleibt. Das Wasser ist erstaunlich klar, aber die Hauptattraktion sind – die Vögel. Unmengen von Lummen tauchen bei der Jagd nach Essbarem tief ins Wasser ein. Mit Vögeln zu schwimmen ist schon etwas merkwürdig. Bei guter Sicht ist es ein bisschen wie Fliegen!

Wer Interesse hat, diese Wunder zu bestaunen, sollte über den Tauchausrüster **Strytan Divecentre** (☎ 862 2949; www.strytan.is; 2-tägige Tauchtrips ab 35 000 ISK) Kontakt zu Erlendur aufnehmen. Der Laden befindet sich in Hjalteyri, etwa 20 km nördlich von Akureyri.

Veranstalter in Reykjavík haben ebenfalls mehrtägige Ausflüge in dieser Gegend im Programm; mehr darüber verraten die Websites von Dive.is (www.dive.is), DiveIceland.com (www.diveiceland.com) und Scuba Iceland (www.scuba.is).

Brandon Presser

Icelandair hat sich 2011 in Akureyri niedergelassen – und zwar mit Stil. Bei der in Weiß und Karamell gehaltenen Einrichtung dieses Top-Hotels haben isländische Künstler und Designer Hand angelegt. Die Zimmer sind kompakt, aber gut geschnitten. Zu den besonderen Extras gehören eine Terrasse und eine Lounge, die nachmittags Tee und zur Happy Hour am frühen Abend Cocktails serviert.

Hrafninn PENSION €€

(☎ 462 2300; www.hrafninn.is; brekkugata 4; EZ/DZ 12 900/19 900 ISK; 📶) Was das Preis-Leistungs-Verhältnis angeht, ist der „Rabe" unschlagbar! Die Pension wirkt wie ein elegantes Landhaus, ist aber überhaupt nicht vornehm oder gar steif. Alle Zimmer haben Bad und TV. Die Zimmer in der dritten Etage wurden kürzlich renoviert und im zweien Stock gibt's neuerdings eine geräumige Gästeküche.

Hotel Natur HOTEL €€

(☎ 467 1070; www.hotelnatur.com; Þórisstaðir; EZ/DZ inkl. Frühstück 16 800/24 000 ISK; 📶) An der Straße 1, rund 15 km östlich von Akureyri, bietet dieser Familienbetrieb nordische Einfachheit mit minimalistisch eingerichteten Zimmern, einem riesigen Esszimmer und atemberaubendem Fjordblick. Die meisten Unterkünfte liegen im ehemaligen Kuhstall (dem sein Vorleben nicht mehr anzusehen ist).

Hótel Íbúðir APARTMENTS €€

(☎ 892 9838; www.hotelibudir.is; Geislagata 10; Apt. mit DZ ab 23 900 ISK; 📶) Im Íbúðir stehen fünf ziemlich luxuriöse Apartments verschiedener Größe zur Auswahl (mit maximal acht Schlafplätzen). Vor allem Familien und Gruppen werden sich in der zentral gelegenen Unterkunft mit Balkonen und hübschen Blicken auf die Stadt wohlfühlen.

Hótel Akureyri HOTEL €€

(☎ 462 5600; www.hotelakureyri.is; Hafnarstræti 67; EZ/DZ inkl. Frühstück ab 10 600/17 100 ISK; 📶) Das Hotel im Boutiquestil hat kompakte, gut ausgestattete Zimmer, freundliche, neue Inhaber, einen guten Service und eine günstige Lage zum Busbahnhof. Die vorderen Zimmer blicken aufs Wasser, die hinteren auf üppiges Grün. Fjordblick kostet extra, ist es aber auch wert.

Hótel Edda HOTEL €€

(☎ 444 4900; www.hoteledda.is; Eingang in der Þórunnarstræti 14; DZ ohne/mit Bad 15 200/24 700 ISK; ⏲ Mitte Juni–Mitte Aug.; P @ 📶) Mit über 200 Zimmern ist diese riesige Sommerunterkunft im örtlichen Internat alles andere als individuell. Der neue Flügel mit hellen, gut eingerichteten Zimmern (Bad, TV) wurde sehr modern gestaltet. Im alten Flügel müssen sich die Gäste der altmodischen Zimmer die Bäder teilen, bezahlen aber auch erheblich weniger. Die gemeinsamen Lounge-Bereiche sind sehr schön. Das Schwimmbad und der botanische Garten liegen nur ein paar Gehminuten entfernt. Das Frühstück kostet 1750 ISK.

Hótel Kea HOTEL €€€

(☎ 460 2000; www.keahotels.is; Hafnarstræti 87; EZ/DZ inkl. Frühstück 29 200/36 500 ISK; @ 📶) Akureyris größtes ganzjährig geöffnetes Hotel (104 Zimmer) ist bei Reisegruppen sehr beliebt. Die schicken Zimmer im Business-Stil mit Minibar und Wasserkocher haben wenig Isländisches, manche dafür aber einen Balkon mit schönem Blick auf den Fjord. Das Kea liegt superzentral und das Restaurant Múlaberg sowie eine gemütliche Lounge runden das Angebot ab, aber für unseren Geschmack ist das Hotel von Icelandair sympathischer (und billiger).

✖ Essen

Hamborgarafabrikkan FASTFOOD €

(www.fabrikkan.is; Ecke Hafnarstræti/Kaupvangsstræti; Burger mit Pommes 1695–2395 ISK; ⏲ So–Do 11–22, Fr & Sa bis 24 Uhr; 📶 👪) Island ist eines der wenigen Länder ohne McDonald's – und niemand vermisst die goldenen Bögen. Die Hamburger Factory gehört zu einer kleinen Kette und hat eine Auswahl von 16 Füllungen auf quadratischen Brötchen (hauptsächlich Rind, aber auch Lamm und Huhn). Daneben stehen Salate, Spareribs und klassische Nachtische (Bananensplit!) auf der Speisekarte.

Serrano FASTFOOD €

(www.serrano.is; Ráðhústorg 7; Gerichte 1200–1700 ISK; ⏲ Mo–Sa 11–21, So ab 12 Uhr) Wer es eilig hat, es aber gerne etwas frischer hätte als in den N1-Grill-Bars, ist im Serrano richtig. Die Burritos sind eine Wucht, aber auch Nachos und Quesadillas sind lecker – und zum Grasen gibt's Salate.

Brynja EISCREME €

(Aðalstræti 3; Eiscreme ab 350 ISK; ⏲ Mai 9–23 Uhr, Juni–Aug. 9–23.30 Uhr, Sept.–April 11–23 Uhr; 👪) Ganz Island ist sich einig: Die legendäre Eisdiele ist die beste auf der Insel, obwohl sie ihre kalten Köstlichkeiten aus

Milch, nicht aus Sahne zusammenrührt. Sie liegt ein paar Schritte bergab vom botanischen Garten.

Blaá Kannan CAFÉ €
(Hafnarstræti 96; Mittagsbuffet 1490 ISK; ⏲ Mo–Fr 9–11.30, Sa & So ab 10 Uhr) Leutegucken ist das Hauptargument für eine Pause in der „blauen Teekanne" (die in einem dunkelblau gestrichenen Gebäude namens Café Paris untergebracht ist) im Zentrum. Die Holzeinrichtung lassen Kronleuchter festlich wirken, auf der Karte stehen Panini und Bagels, die Kuchentheke steht voller süßer Sünden.

Indian Curry Hut INDISCH €
(Hafnarstræti 100b; Gerichte 1795–2295 ISK; ⏲ Di–Fr 11.30–13.30, Di–So 17.30–21 Uhr) An kühlen Abenden kann einem beim Verzehr die feurigen Currys dieses Takeaways ganz schön warm werden.

Café Laut CAFÉ €
(Eyrarlandsvegur 30; Mittagsbuffet 1490 ISK; ⏲ 10–22 Uhr) Ein Designer-Café im botanischen Garten – kann es überhaupt noch etwas Schöneres geben? Das Café hat wunderbare Panoramafenster, guten Kaffee, eine große Sonnenterrasse und ein Mittagsbuffet mit Suppe und Salat sowie Bagels und Panini.

Icelandair Hotel Akureyri SÜSSSPEISEN €€
(www.icelandairhotels.com; Þingvallastræti 23; Nachmittagstee 2300 ISK) Kleines Biotief am Nachmittag? Dagegen hilft eine gezielte Hebung des Blutzuckerspiegels beim supergünstigen Nachmittagstee, der täglich von 14 bis 17.30 Uhr in der schicken Lounge des Icelandair Hotels serviert wird. Das dreiteilige Entzücken reicht von herzhaft über süß bis noch süßer (Kaffee/Tee inklusive, Champagner auf Wunsch). Schon geht's wieder besser.

Strikið INTERNATIONAL €€
(☎ 462 7100; www.strikid.is; Skipagata 14; kleine Gerichte 2400–3500 ISK, Hauptgerichte 3800–5000 ISK; ⏲ Mo–Sa ab 11.30, So ab 18 Uhr) Riesige Fenster mit Fjordblick verleihen dem Restaurant im 5. Stock das gewisse Etwas. Auf der Karte gibt's für jeden etwas, vom Burger bis zur Hauptspeise aus erstklassigen isländischen Lebensmitteln (z. B. ultrafrische Sushi, Hummersuppe, Tenderloin-Steak, langsam gegarte Entenbrust). Die Erdbeer-*skyr*-Mousse sorgt für ein süßes Finale.

Örkin hans Nóa MEERESFRÜCHTE €€
(www.noa.is; Hafnarstræti 22; Hauptgerichte 3000–5000 ISK; ⏲ 12–14 & 16–22 Uhr) Die „Arche Noah" ist Kunstgalerie, Möbelladen und Restaurant in Personalunion und wirklich einzigartig. Das liegt am einfachen, aber erfolgreichen Konzept: frischer Fisch, kurz gebraten und mit Gemüsebeilage in der Pfanne an den Tisch gebracht. Klassisch, einfach, gut.

Greifinn INTERNATIONAL €€
(☎ 460 1600; www.greifinn.is; Glerárgata 20; Hauptgerichte 1690–4990 ISK; ⏲ 11.15–22.30 Uhr; 👪) Das familienfreundliche Greifinn gehört zu den beliebtesten Essadressen der Stadt und ist *immer* brechend voll. Es konzentriert sich auf klassische Gaumenschmeichler wie saftige Burger, lecker-scharfe Tex-Mex-Gerichte, Pizzas, Salate und teuflisch gute Eiscreme zum Dessert. Auch zum Mitnehmen.

Símstöðin CAFÉ €€
(Hafnarstræti 102; Gerichte 1695–1995 ISK; ⏲ 9–23.30 Uhr; 📶🌿👪) Fröhliches Dekor in Zitrustönen passen zum frischen Konzept in diesem neuen Tagescafé im Herzen der Stadt: Smoothies, frisch gepresste Säfte und Salate – da fällt es doch ganz leicht, nicht zu sündigen. Naja, fast. Kuchen gibt's nämlich auch, und zwar nicht zu knapp.

Rub23 INTERNATIONAL €€€
(☎ 462 2223; www.rub23.is; Kaupvangsstræti 6–12; mittags 2190–2590 ISK, Hauptgerichte abends 4190–6290 ISK; ⏲ Mo–Fr 11.30–14, tgl. ab 17.30 Uhr) Ein schickes Restaurant, das eine innovative Idee verwirklicht: Die Gäste wählen den Fisch oder das Fleisch für den Hauptgang und dazu eine von elf Marinaden für die Zubereitung. Wer sich nicht entscheiden kann, hält sich an die Empfehlung des Küchenchefs: Kabeljau mit asiatischer Fusion- oder Lammfilet mit Zitrus-Rosmarin-Marinade. Es gibt auch eine Sushikarte. Mittags läuft der Restaurantbetrieb in konventionelleren Bahnen.

Selbstversorger

Akureyri hat eine ganze Reihe von Supermärkten, aber keiner davon liegt im Stadtzentrum.

Alaska-Minimarkt LEBENSMITTEL
(Ráðhústorg 3; ⏲ 8–22 Uhr) Ein Nachbarschaftsladen mit kleiner Lebensmittelauswahl (praktisch für alle, die im Zentrum wohnen) sowie Säften, Smoothies und Sandwiches.

Nettó SUPERMARKT
(Glerárgata 20; ⏲ Mo–Fr 10–19, Sa bis 18, So 12–18 Uhr) Im Einkaufszentrum Glerártorg.

ABSEITS DER ÜBLICHEN PFADE

RUND UM AKUREYRI

Wer Zeit und ein entsprechendes Auto zur Verfügung hat, sollte die Ringstraße unbedingt verlassen, um die Umgebung des Eyjafjörður (der Fjord, an dem Akureyri liegt) zu erkunden.

Zwischen den Straßen 821 und 829 liegt südlich von Akureyri das Tal **Eyjafjarðarsveit**. Der zugehörige Fluss, die Eyjafjarðará, fließt durch fruchtbares Ackerland. Hier gibt es jede Menge ländliche Unterkünfte mit Postkartenausblick auf die Berge. Das **Kaffi Kú** (www.kaffiku.is; ⌚ Mitte Juni–Aug. 13–21 Uhr) eignet sich hervorragend für einen Boxenstopp. Die Gäste sitzen oberhalb einer hochtechnisierten Molkerei und essen Gulaschsuppe, Waffeln oder Pfannkuchen – zu allem passt hervorragend die frische Sahne. Das Café liegt etwa 11 km von Akureyri entfernt an der Straße 829.

Das **Ostufer** des Fjords ist viel ruhiger und bietet hin und wieder Gelegenheit zu einer Pause mit bezauberndem Ausblick.

Das **Museum für isländische Volks- und Außenseiterkunst** (Safnasafnið; www.safnasafnid.is; Erw./Kind 1000 ISK/frei; ⌚ Mitte Mai–Aug. 10–17 Uhr) liegt 12 km östlich von Akureyri an der Straße 1 (erkennbar an der blauen Männerskulptur). Die überraschend vielseitigen Exponate sind in wunderschönen, lichtdurchfluteten Räumen mit Pflanzen untergebracht. Der isländische Name bedeutet übrigens wörtlich übersetzt „Museums-Museum".

Weiter nördlich zweigt von der Ringstraße die Straße 83 ab und führt in das 20 km entfernte Fischerdörfchen **Grenivík**. An der Strecke liegen die malerischen traditionellen Häuser mit Torfdächern von **Laufás** (Erw./Kind 1000 ISK/frei; ⌚ Juni–Aug. 9–17 Uhr), ein restauriertes bäuerliches Anwesen und der renommierte Pferdehof **Pólar Hestar** (☎ 463 3179; www.polarhestar.is). Hier kann man einen kurzen Ausritt (aber auch anspruchsvolle einwöchige Reitexkursionen) durch die traumhafte Landschaft machen.

Ganz in der Nähe liegen die Architektenhäuser **Nollur** (www.nollur.is). Die wunderschönen Feriendomizile sind in der Hochsaison wochenweise zu mieten (von Sept.–Mai: 2 Nächte Mindestaufenthalt; online buchen), ihre Ausstattung bietet jeden Komfort sowie Hot Pots mit phantastischem Ausblick.

Samkaup-Strax SUPERMARKT
(Byggðavegur 98; ⌚ Mo–Fr 9–23, Sa & So 10–23 Uhr) Nicht weit vom Campingplatz westlich des Stadtzentrums.

Bónus SUPERMARKT
(Langholt; ⌚ Mo–Do 11–18.30, Fr 10–19.30, Sa 10–18, So 12–18 Uhr) Discounter.

Vínbúðin ALKOHOLISCHE GETRÄNKE
(Hólabraut 16; ⌚ Mo–Do & Sa 11–18, Fr bis 19 Uhr) Staatlicher Alkoholladen.

🍷 Ausgehen & Nachtleben

Akureyri Backpackers BAR
(www.akureyribackpackers.com; Hafnarstræti 67; ⌚ So–Do 7.30–23, Fr & Sa bis 1 Uhr) Die holzgetäfelte Bar bei Akureyri Backpackers ist der Mittelpunkt des Geschehens an der Hauptstraße. Sie ist bei Reisenden und Einheimischen gleichermaßen beliebt und die Stimmung ist immer gut. Kein Wunder: Neben günstigen Burgern (und Brunch am Wochenende) gibt es hin und wieder Livemusik und vor allem eine riesige Bierauswahl. Ein guter Ort, um die regionalen Mikrobiere Kaldi und Einstök zu probieren.

Götubarinn BAR
(Hafnarstræti 95; ⌚ Do 17–1, Fr & Sa bis 4 Uhr) Die zentral gelegene „Straßenbar" ist der Liebling der Einheimischen und verströmt erstaunlich viel Gemütlichkeit und Charme für ein Lokal, das erst um 4 Uhr schließt. Die Einrichtung besteht aus Holz, Spiegeln, Sofas und im Untergeschoss steht sogar ein Klavier, an das sich Gäste setzen können, die zu fortgeschrittener Stunde musikalische Anwandlungen bekommen.

Café Amour CAFÉ, BAR
(Ráðhústorg 9; ⌚ So–Do 11–1, Fr & Sa bis 4 Uhr) Mit einer langen Cocktailkarte und Weinen aus der Neuen Welt lockt das Café die Yuppies der Stadt an. In der Etage darüber gibt's einen kleinen und ziemlich geschmacklos gestylten Club, der am Wochenende trotzdem immer proppenvoll ist.

Kaffi Akureyri CAFÉ, BAR
(Strandgata 7; ⌚ So–Do 15–1, Fr & Sa bis 4 Uhr) Die Café-Bar ist freitags und samstags gut besucht, wenn Bands auftreten. Ob Livemusik oder Nachtclub, der Schuppen zieht das Jungvolk an.

Unterhaltung

★ Græni Hatturinn LIVEMUSIK

(Hafnarstræti 96) Die kleine Musikbühne versteckt sich in einer Gasse neben dem Blaá Kannan, ist aber in Sachen Livemusik eine der besten Adressen der Stadt – ja eine der besten in ganz Island. Wer die Chance hat, ein Ticket zu bekommen: Zugreifen! Es lohnt sich immer.

Hof KULTURZENTRUM

(www.menningarhus.is; Strandgata 12) Das moderne Kulturzentrum steht ganz im Dienst der Musik und der darstellenden Künste. Neben Konferenz- und Ausstellungsräumen gibt es hier ein hervorragendes Restaurant (1862 Nordic Bistro). Auch Akureyris Touristeninformation ist hier untergebracht und kennt den Veranstaltungskalender.

Borgarbíó KINO

(www.borgarbio.is; Hólabraut 12) Hier gibt's Filme in Originalversion mit Untertiteln.

Nyja-Bíó KINO

(www.sambio.is; Ráðhústorg) Das Kino zeigt Mainstream-Streifen in Originalversion mit Untertiteln.

Leikfélag Akureyrar THEATER

(www.leikfelag.is; Hafnarstræti 57) In Akureyris größtem Theater stehen Schauspiel, Musical, Tanz und Oper auf dem Programm. Die Spielzeit läuft von September bis Mai. Spielplan auf der Website.

Shoppen

Diverse Läden in der Hafnarstræti verkaufen traditionelle Islandpullover (*lopapeysur*), Bücher, Krimskrams und Souvenirs. Nicht vergessen, nach Duty-Free-Angeboten zu fragen.

★ Geysir BEKLEIDUNG, SOUVENIRS

(www.geysir.com; Hafnarstræti 98; ⏲ Juli 11–21 Uhr, Juni & Aug. bis 19 Uhr, Sept.–Mai Mo–Fr bis 18 Uhr) Am liebsten hätten wir in diesem originellen Laden alles gekauft – von den Capes im *lopapeysa*-Look über Rentierhäute und alte Islandkarten bis hin zu den mit Papageitaucher-Motiv bestickten Pantoffeln.

Eymundsson BÜCHER, SOUVENIRS

(www.eymundsson.is; Hafnarstræti 91–93; ⏲ Mo–Fr 9–22, Sa 10–22, So 12–22 Uhr) Der erstklassige Buchladen mit integriertem Café verkauft Karten, Scrapbooks und internationale Zeitschriften in großer Auswahl.

Christmas Garden SOUVENIRS

(Jólagarðurinn; ⏲ Juni–Aug. 10–22 Uhr, Sept.–Dez. 14–21 Uhr, Jan.–Mai 14–18 Uhr) Wer das ganze Weihnachtsbrimborium auch außerhalb der Saison erträgt, kann sich in diesem mehrstöckigen Lebkuchenhaus durch eine ganze Kollektion äußerst festlicher, handgefertigter Dekoartikel wühlen und sich von traditionellen isländischen Weihnachtsleckereien in Versuchung führen lassen. Der Laden liegt 10 km südlich von Akureyri an der Straße 821.

The Viking SOUVENIRS

(www.theviking.is; Hafnarstræti 104; ⏲ 8–22 Uhr) Der Laden ist nicht zu übersehen: Ein überlebensgroßer Eisbär am Eingang lockt die Passanten ins Innere, wo eine gute Auswahl an *lopapeysur* und alle möglichen Souvenirs warten.

Fold-Anna BEKLEIDUNG

(Hafnarstræti 100; ⏲ Mo–Fr 9.30–18.30, Sa & So 10–16 Uhr) Während die Kunden das mit *lopapeysur* und Kunsthandwerk vollgestopfte Outlet durchforsten, strickt das Personal hinter dem Tresen gelassen weiter.

Háaloftið ANTIQUITÄTEN

(Hafnarstræti 19; ⏲ Mo–Fr 13–18, Sa bis 16 Uhr) Das Paradies für Trödelliebhaber liegt in der Nähe der Eisdiele Brynja. Seinen Namen – „Dachboden" – entsprechend, findet man jede Menge Antiquitäten und Vintage-Fundstücke. Zwischen Büchern, Platten, Porzellan und Nippes findet sich ganz sicher das perfekte Souvenir. Wenn man jetzt nur wüsste, wie man das antike Paar Schneeschuhe noch im Koffer unterbringt ...

Praktische Informationen

GELD

Die Banken konzentrieren sich um den Ráðhústorg und sind von 9 bis 16 Uhr geöffnet. Alle wechseln Devisen und haben 24-Stunden-Geldautomaten.

INTERNETZUGANG

Die meisten Unterkünfte sowie einige Cafés und Museen bieten kostenloses WLAN an. Auch in der Touristeninformation und in der **Bücherei** (Amtsbókasafnið á Akureyri; www.amtsbok.is; brekkugata 17; ⏲ Mo–Fr ganzjährig 10–19 Uhr, Mitte Sept.–Mitte Mai zusätzlich Sa 11–16 Uhr; 📶) können Besucher gegen eine kleine Gebühr online gehen.

MEDIZINISCHE VERSORGUNG

Akureyri Hospital (☎ 463 0100; www.fsa.is; Eyrarlandsvegur) Direkt südlich des botanischen Gartens.

Bereitschaftsärzte (☎848 2600) 24-Stunden-Hotline, nur Notfälle.

Apótekarinn (Hafnarstræti 95; ⏲Mo–Fr 9–17.30 Uhr) Zentrale Apotheke.

Heilsugæslustöðin (Gesundheitszentrum; ☎460 4600; Hafnarstræti 99 3. OG; ⏲Mo–Fr 8–16 Uhr)

NOTFALL

Notfall (☎112)

Polizei (☎464 7700 (keine Notfälle); Þórunnarstræti 138)

POST

Hauptpostamt (Strandgata 3; ⏲Mo–Fr 9–18 Uhr)

TOURISTENINFORMATION

Tourist Office (☎450-1050; www.visitakureyri.is; Hof, Strandgata 12; ⏲Mitte Mai–Sept. 8–18 Uhr, Okt.–Mitte Mai Mo–Fr 8–16, Sa 12–17, So 12–15 Uhr; 📶) Die Touristeninformation ist im Kulturzentrum Hof untergebracht. Hier gibt's stapelweise Prospekte und Karten, Internetzugang und einen tollen Designerladen. Die gut geschulten, hilfsbereiten Mitarbeiter buchen Ausflüge und Verkehrsmittel und vermitteln Unterkünfte in der Gegend (500 ISK).

An- & Weiterreise

AUTO

Nach Reykjavík ist Akureyri der zweitwichtigste Verkehrsknotenpunkt Islands. Es gibt mehrere Mietwagenfirmen; am Flughafen sind alle großen Anbieter vertreten. Gegen eine Gebühr sind die meisten Firmen mit der Übernahme in Akureyri und der Rückgabe in Reykjavík (oder umgekehrt) einverstanden. Auf S. 404 sind sämtliche in Island operierenden Autoverleihe aufgelistet.

Informationen über Car-Sharing stehen auf der Website www.samferda.is und sind an den Schwarzen Brettern in den Hostels ausgehängt.

BUS

Wegen der ständig wechselnden Busverbindungen, -fahrpläne und Preise ist es immer eine gute Idee, sich entweder bei den Busunternehmen selbst (dabei sind die Websites sehr nützlich) oder bei der Touristeninformation zu informieren. Die hier aufgeführten Routen und Preise sind Stand Sommer 2014.

Akureyris **Busbahnhof** ist für SBA-Norðurleið und Sterna die Drehscheibe für alle Busreisen im Norden. Strætó fährt von einer Haltestelle vor dem Kulturzentrum Hof ab. Es gibt Pläne für den Bau eines zentralen Busbahnhofs für alle Busunternehmen, also unbedingt prüfen, wo die Busse tatsächlich abfahren!

Wer nach Reykjavík will, sollte zusätzlich zu den Routen entlang der Straße 1 auch solche, die durch das Hochland im Landesinneren fahren, in Erwägung ziehen. Informationen zu Verbindungen entlang der Kjölur-Route stehen auf S. 341.

SBA-Norðurleið (☎550 0700; www.sba.is; Hafnarstræti 82) – Abfahrt am Busbahnhof Hafnarstræti:

- Bus 62 zum Mývatn (3700 ISK, 2 Std., Juni–Mitte Sept. 1x tgl.).
- Bus 62 nach Egilsstaðir (9000 ISK, 4 Std., Juni–Mitte Sept. 1x tgl.).
- Bus 62 nach Höfn (17 800 ISK, 9½ Std., Juni–Mitte Sept. 1x tgl.).
- Bus 610a nach Reykjavík über die Kjölur-Route (15 000 ISK, 10½ Std., Mitte Juni–Mitte Sept. 1x tgl.).
- Bus 641 nach Húsavík (3700 ISK, 1½ Std., Mitte Juni–Aug. 2x tgl.).
- Bus 641 nach Ásbyrgi (6200 ISK, 3 Std., Mitte Juni–Aug. 1x tgl.).
- Bus 641 zum Dettifoss (Ik8900 ISK, 4½ Std., Mitte Juni–Aug. 1x tgl.).

Sterna (☎551 1166; www.sterna.is; Hafnarstræti 77) – Abfahrt am Busbahnhof Hafnarstræti:

- Bus 60a nach Reykjavík (6900 ISK, 5½ Std., Mitte Juni–Aug. Mo–Fr 1x tgl.).
- Bus F35a nach Reykjavík über die Kjölur-Route (13 900 ISK, 13 Std., Mitte Juni–Anfang Sept. 1x tgl).

Strætó (☎540 2700; www.straeto.is), meist ganzjährig – Abfahrt vor dem Kulturzentrum Hof:

- Bus 56 zum Mývatn (2100 ISK, 1½ Std., 2x tgl., im Winter nur 4x wöchentl.).
- Bus 56 nach Egilsstaðir (6300 ISK, 3½ Std., 1x tgl., im Winter nur 4x wöchentl.).
- Bus 57 nach Reykjavík über Straße 1 (7700 ISK, 6½ Std., 2x tgl.).
- Bus 78 nach Siglufjörður (2100 ISK, 70 Min., Mo–Fr 3x tgl., So 1x tgl.). Fährt über Dalvík und Ólafsfjörður.
- Bus 79 nach Húsavík (2100 ISK, 1¼ Std., 3x tgl., im Winter nur Mo–Fr und So nur 2x).

> **NEUER TUNNEL**
>
> Am Ostufer des Eyjafjörður wird ein 7,5 km langer Straßentunnel gebaut, der die Fahrt nach Húsavík auf der Straße 1 um etwa 16 km verkürzen soll. Autofahrer können sich dann den Víkurskarð-Pass sparen, der im Winter oft wegen Schnee gesperrt ist. Außerdem wird der Tunnel Einwohnern, die östlich von Akureyri leben, im Winter den Zugang zur Stadt erleichtern. Er wird unter dem Berg Vaðlaheiði gegraben und soll 2016 fertig werden.

➜ Bus 79 nach Þórshöfn (5950 ISK, 4 Std., im Sommer So–Fr 1x tgl., im Winter 3x wöchentl.). Fährt nur bei Vorausbuchung ab Húsavík weiter nach Þórshöfn (über Ásbyrgi, Kópasker und Raufarhöfn). Spätestens vier Stunden vor Abfahrt bei Strætó anrufen.

FLUGZEUG

Der **Flughafen Akureyri** (www.akureyriairport.is) liegt 3 km südlich vom Stadtzentrum.

Air Iceland (☎ 460 7000; www.airiceland.is) Bis zu acht Flugverbindungen täglich zwischen Akureyri und Reykjavík (45 Min.). Fliegt im Sommer einmal täglich sowie im Winter dreimal wöchentlich von Akureyri nach Grímsey (30 Min.). An Wochentagen gibt es noch einen Flug nach Vopnafjörður und Þórshöfn in Nordostisland. Alle übrigen In- und Auslandsflüge gehen über Reykjavík.

Icelandair (www.icelandair.com) Von Juni bis September starten Flieger der Airline zweimal wöchentlich in Keflavík, was ausländischen Besuchern, die nach Akureyri wollen, den Transfer zum Inlandsflughafen von Reykjavík erspart. Diese Flüge können nur als Teil einer internationalen Flugverbindung von/nach Island mit Icelandair gebucht werden.

ℹ Unterwegs vor Ort

Das Stadtzentrum von Akureyri ist relativ kompakt und leicht zu Fuß zu bewältigen. Wer seinen Wagen dort stehen lassen will, sollte sich mit der Parkordnung vertraut machen.

AUTO

Akureyri hat ein in Island einmaliges Parksystem, das jedoch in Deutschland (und vielen anderen nordeuropäischen Ländern) gang und gäbe ist: Wer im Stadtzentrum parkt, muss die Ankunftszeit auf seiner Parkscheibe einstellen und sie gut sichtbar auf dem Armaturenbrett deponieren. Das Parken ist kostenlos, aber an manchen Straßen zeitlich begrenzt; Schilder geben die maximale Parkzeit an (zwischen 15 Minuten und zwei Stunden in der Zeit zwischen 10 und 16 Uhr). Wer seinen Wagen länger stehen lässt, riskiert einen Strafzettel. Plätze mit unbegrenzter Parkdauer gibt es beim Kulturzentrum Hof.

BUS

Kostenlose Stadtbusse verkehren auf vier Linien regelmäßig an Werktagen zwischen 7 und 19 Uhr (eine Linie fährt sogar bis 22 Uhr) und sind an ihrer gelben Farbe zu erkennen. Nicht alle Linien fahren auch am Wochenende. Leider fährt keine zum Flughafen.

FAHRRAD

Ein paar Tourenanbieter vermieten Fahrräder, darunter **Bike Akureyri** (☎ 840 9850; www.bikeakureyri.is) im Haus von Akureyri Backpackers. Hier gibt es hochwertige Bikes (halber/ganzer Tag 3500/4900 ISK) und geführte Fahrradtouren.

TAXI

BSO-Taxistand (☎ 461 1010; www.bso.is; Strandgata) Der BSO-Taxistand liegt gegenüber dem Kulturzentrum Hof. Taxis können bereits 24 Stunden vorab bestellt werden.

Auf der Website von BSO sowie einer Tafel am Taxistand sind die Tarife für Leihwagen mit Fahrer zu den Sehenswürdigkeiten in der Nähe aufgelistet.

Von Akureyri zum Mývatn (Goðafoss)

Reisende, die von Akureyri zum Mývatn fahren (oder einen Abstecher nach Húsavík machen), kommen am himmlischen Wasserfall Goðafoss vorbei.

Goðafoss — WASSERFALL

Der Goðafoss (Wasserfall der Götter) schäumt an der Straße 1 (Ringstraße) durch das Lavafeld Bárðardalur. Er ist zwar kleiner und weniger kraftvoll als andere Sturzbäche auf Island, gehört aber garantiert zu den schönsten. Der Pfad hinter dem Wasserfall führt zu einem weniger überlaufenen Aussichtspunkt.

Der Wasserfall spielte eine wichtige Rolle in der isländischen Geschichte. Beim Alþing des Jahres 1000 war der *lögsögumaður* (Gesetzessprecher) Þorgeir gezwungen, eine Entscheidung über die Religion der Inselbewohner zu fällen. Er ging 24 Stunden in Klausur und erklärte danach Island zu einer christlichen Nation. Auf dem Heimweg kam er am Wasserfall in der Nähe seines Hofs vorbei und warf seine heidnischen, altnordischen Götterbilder ins Wasser. So erhielt der Wasserfall seinen Namen.

Fosshóll — PENSION, CAMPINGPLATZ €€

(☎ 464 3108; www.godafoss.is; Stellplatz pro Pers. 1000 ISK, DZ mit/ohne Bad, inkl. Frühstück 25 935/19 950 ISK; ⏲ Mitte Mai–Mitte Sept.; 📶) Für diejenigen, auf die Wasserrauschen wie ein Schlaflied wirkt, empfiehlt sich eine (überteuerte) Übernachtung in einem der sonnengelben Zimmer von Fosshóll gleich neben dem Wasserfall. Es gibt dort auch ein Restaurant (abends geöffnet) und in nächster Nähe eine Tankstelle mit kleiner Touristeninformation, Cafeteria und Souvenirladen.

MÝVATN & UMGEBUNG

Die schroffe Schönheit der mondartigen Landschaft mit gurgelnden Schlammtöpfen, bizarren Lavaformen, dampfenden Fumarolen und gähnenden Kraterschlünden macht die Gegend rund um den See Mývatn (gesprochen: *mi*-waht) unbestritten zum größten Schmuckstück der Region.

Sein Becken liegt direkt auf dem Mittelatlantischen Rücken, dessen erbarmungslose vulkanische Aktivität eine erstaunliche Landschaft hervorgebracht hat, die in ganz Island konkurrenzlos ist. Hier entspricht die Natur vollkommen dem Bild, das man von Island hat.

Geschichte & Geologie

Vor 10 000 Jahren lag das Mývatn-Becken unter einer dicken Eiskappe. Rege Vulkantätigkeit brachte sie zum Schmelzen und ließ auch den darunterliegenden See verschwinden. Durch die Ausbrüche bildeten sich südlich des heutigen Sees die symmetrischen *móberg*-Hügel (abgeflachte Bergkegel, die durch subglaziale Vulkaneruptionen entstehen). Östlich davon entstanden durch Tephra (Lockermaterialien, die bei Vulkanausbrüchen in die Luft geschleudert werden) die Lúdent-Krater.

Über 6000 Jahre später schuf eine neue, heftige Eruptionsphase den Vulkan Ketildyngja 25 km südöstlich des Mývatn. Seine Lava wälzte sich in Richtung Nordwesten durch das Tal Laxárdalur und erstarrte zu einer Art Damm, hinter dem sich ein neuer, größerer See staute. Nach weiteren rund 1000 Jahren spuckte an derselben Stelle ein erneuter Vulkanausbruch den Hverfell aus, einen klassischen Tephra-Krater, der die heutige Umgebung des Sees dominiert. Während der darauffolgenden 200 Jahre verlagerte sich die Vulkantätigkeit ans Ostufer und überzog ein weites Gebiet mit zahllosen Kratern. Ihre Magmaauswürfe flossen in beständigen Strömen Richtung Öxarfjörður. Der Lavawall, der sich gegen Ende dieses Eruptionszyklus formierte, bildet das heutige Seeufer.

Zwischen 1724 und 1729 sorgten die Mývatnseldar („Mývatn-Feuer") für Wirbel: Als Erster meldete sich der Leirhnjúkur nordöstlich des Sees unweit der Krafla. Die bisher letzte Ausbruchsserie der latent aktiven Spalte war das Kröflueldar („Krafla-Feuer"). Es begann 1975 und dauerte neun Jahre.

1974 wurde die Gegend rund um den Mývatn als Naturschutzgebiet Mývatn-Laxá ausgewiesen. Das Pseudokraterfeld bei Skútustaðir am Südende des Sees gilt als nationales Naturdenkmal.

Geführte Touren

Tourismus wird in Reykjahlíð großgeschrieben. Besucher ohne eigenes Fahrzeug haben die Wahl zwischen zahlreichen Sightseeingtouren rund um den See (darunter einige ab Akureyri). Im Sommer sind die Touren schnell ausgebucht, deshalb ist es ratsam, spätestens einen Tag vorher zu reservieren. Die Touristeninformation ist gern behilflich.

Zahlreiche Veranstalter bieten Superjeeptouren mit Ziel **Askja und Umgebung** im Hochland an. Sie finden ab Mitte Juni statt (sobald die Straße geöffnet ist) und können – je nach Wetterverhältnissen – bis Ende September durchgeführt werden. Ab Akureyri ist das ein langer Tagesausflug von ca. 15 Stunden, ab Reykjahlíð dauert die Tour etwa 12 Stunden.

SBA-Norðurleið BUSTOUR
(☎ 550 0700; www.sba.is) Wer sich mit einer etwas kürzeren Bustour zu den Hauptattraktionen begnügen will, kann sich einem von SBA-Norðurleið organisierten Ausflug anschließen. Sie beginnen in Akureyri, aber meist ist der Zustieg in Reykjahlíð möglich (Abfahrt im Sommer in Reykjahlíð um 12.30 Uhr; 3¾ Std., 7700 ISK). Es gibt auch eine Wintertour.

Saga Travel ABENTEUERTOUR
(☎ 558 888; www.sagatravel.is) Saga Travel in Akureyri bietet ganzjährig eine Reihe phantastischer Touren rund um den Mývatn an (die vollständige Liste steht auf der Website). Treffpunkt für die Touren ist entweder in Akureyri oder in Reykjahlíð.

Hike & Bike WANDERN, RADTOUREN
(☎ 899 4845; www.hikeandbike.is; ⏲ Juni–Aug. 9–17 Uhr) Hike & Bike hat einen Schalter in der Kneipe Gamli Bærinn in Reykjahlíð. Hier können Touren gebucht und Mountainbikes ausgeliehen werden (pro Tag 4000 ISK).

Das Sommerprogramm umfasst eine vierstündige geführte Wanderung zum Hverfell und zum Dimmuborgir-Becken (7900 ISK), eine dreistündige Radtour durchs Hinterland (8900 ISK) sowie eine Sightseeingtour mit anschließendem Weichspülgang im Naturbad (9900 ISK, Eintritt inklusive).

Mývatn & Krafla

Auf der Website werden auch spannende Mehrtagesausflüge angeboten, darunter eine fünftägige Wander- und Radtour in der Umgebung des Mývatn oder fünf Tage Mountainbiken im Jökulsárgljúfur sowie Wintertouren mit Schneeschuhen oder auf Langlaufskiern.

Saltvík REITEN
(☎847 6515; www.saltvik.is; 1-/2-std. Tour 6000/8500 ISK) Gleich südlich von Reykjahlíð bietet Saltvík Sightseeing-Ausritte an (Juni–Aug. meist tgl. um 10, 13 und 16 Uhr). Eine größere Niederlassung ist in Húsavík.

Safarí Hestar REITEN
(☎464 4203; www.safarihorserental.com; 1-/2-std. Tour 5500/9000 ISK) Die landschaftlich reizvollen Touren starten auf dem Hof Álftagerði III am Südufer des Sees (400 m westlich vom Sel-Hótel) und führen am Seeufer und an den Pseudokratern entlang.

Mýflug Air CHARTERRUNDFLÜGE
(☎464 4400; www.myflug.is; Flughafen Reykjahlíð) Der Flieger dieser Firma hebt täglich ab (wenn es das Wetter zulässt). Ein 20-Minuten-Trip über Mývatn und Krafla kostet 13 900 ISK. Die zweistündige Super-Tour (45 400 ISK) überfliegt auch Dettifoss, Ásbyrgi, Kverkfjöll, Herðubreið und Askja.

An- & Weiterreise

Alle Busse halten an der Touristeninformation in Reykjahlíð. Die Buslinien 62/62a, 56, 14/14a und 17/17a halten auch in Skútustaðir am Sel-Hótel.

SBA-Norðurleið (☎550 0700; www.sba.is):

- Bus 62a nach Akureyri (3700 ISK, 1¾ Std., Juni–Mitte Sept. 1x tgl.).
- Bus 62 nach Egilsstaðir (5700 ISK, 2 Std., Juni–Mitte Sept. 1x tgl.).
- Bus 62 nach Höfn (14 400 ISK, 7½ Std., Juni–Mitte Sept. 1x tgl.).
- Bus 650 nach Húsavík (3100 ISK, 40 Min., Mitte Juni–Aug. 2x tgl.).

- Bus 661 zur Krafla (1700 ISK, 15 Min., Mitte Juni–Aug. 2x tgl.).
- Bus 661 zum Dettifoss (3700 ISK, 1 Std., 1x tgl. Mitte Juni–Aug). Am Dettifoss kann man in den Bus 641a nach Ásbyrgi, Húsavík oder weiter nach Akureyri umsteigen.

Strætó (☎ 540 2700; www.straeto.is):

- Bus 56 nach Akureryi (2100 ISK, 1½ Std., 2x tgl., im Winter nur 4x wöchentl.).
- Bus 56 nach Egilsstaðir (4550 ISK, 2 Std., 1x tgl., im Winter nur 4x wöchentl.).

Reykjavík Excursions (☎ 580 5400; www.re.is):

- Bus 14a nach Landmannalaugar fährt die Sprengisandur-Route durch das Hochland (16 500 ISK, 10 Std., Juli–Aug. 3x wöchentl.).
- Bus 17a nach Reykjavík fährt die Sprengisandur-Route durch das Hochland (20 500 ISK, 11½ Std., Juli–Aug. 3x wöchentl.).

Unterwegs vor Ort

Es gibt herrliche Wanderwege rund um den Mývatn, allerdings sind nicht alle miteinander verbunden. Ohne eigenes Auto verbringt man sehr viel Zeit zu Fuß auf der Uferstraße (obwohl man natürlich auch den Daumen raushalten kann).

In Akureyri gibt es die Möglichkeit, Autos zu mieten. Bei angenehmem Wetter ist das Mountainbike eine gute Alternative; Hike & Bike hat einen Fahrradverleih. Die 36 km rund um den See sind leicht an einem Tag zu schaffen.

Reykjahlíð

140 EW.

Reykjahlíð am nordöstlichen Seeufer ist der größere von zwei Orten am Mývatn und der beste Ausgangspunkt für Ausflüge rund um den See. Er besteht praktisch nur aus ein paar Pensionen und Hotels, einem Supermarkt, einer Tankstelle und einer Touristeninformation.

Sehenswertes & Aktivitäten

Dorfkirche KIRCHE

Der Zur Ausbruchsserie der Krafla im 18. Jh. gehörte auch eine zweijährige Aktivitätsphase des Kraters Leirhnjúkur 11 km nordöstlich von Reykjahlíð zu. Seine Lavaströme wälzten sich an einer alten Gletschermoräne entlang bis zum Seeufer. Am 27. August 1729 erreichten sie Reykjahlíð und zermalmten Häuser und Höfe – einzig eine Holzkirche blieb verschont, weil sich der Lavastrom teilte und die Kirche nur um Meter verfehlte. Trotzdem wurde sie 1876 und noch einmal 1962 auf den Grundfesten des Vorgängerbaus neu errichtet.

Sundlaug SCHWIMMBAD

(abseits des Hlíðavegur; Erw./Kind 600/250 ISK; ⌚Juni–Aug. 10–21 Uhr, Sept.–Mai kürzere Öffnungszeiten) Wer eine Runde planschen möchte und das Naturbad zu teuer findet, kann auf das örtliche Freibad ausweichen, das mit 25-m-Becken, Hot Pots und Fitnessgeräten ausgestattet ist.

Schlafen

Der Mývatn ist gerade sehr angesagt, sodass das Angebot an Schlafplätzen kaum hinter der Nachfrage herkommt. Also nicht lange überlegen und reservieren! Die meisten Preise sind stark überzogen: Der Standardpreis für ein normales Hoteldoppelzimmer liegt im Sommer bei 220 € (und der für Pensionszimmer nicht viel darunter). In der Nebensaison fallen sie um bis zu 50 %.

Die meisten Unterkünfte sind entweder direkt in Reykjahlíð oder in Vógar, einer kleinen Ansiedlung am östlichen Ufer (etwa 2,5 km südlich von Reykjahlíð). Außerdem gibt es noch Übernachtungsmöglichkeiten am Dimmuborgir und am Südufer bei Skútustaðir. Einen Überblick mit vielen Angeboten gibt die Website www.myvatn-hotels.com.

Über aktuelle Preise und Nebensaisonrabatte geben ebenfalls die entsprechenden Websites Auskunft. In vielen Pensionen kann man Geld sparen, wenn man seinen eigenen Schlafsack mitbringt (vor allem in der Nebensaison).

Bjarg CAMPINGPLATZ €

(☎ 464 4240; ferdabjarg@simnet.is; Stellplatz pro Pers. 1500 ISK, DZ ohne Bad 15 900 ISK; ⌚Mitte Mai–Sept.; @ᯤ) Der kleine Campingplatz liegt wunderschön am Seeufer und so gut wie gegenüber dem Supermarkt. Es gibt ein Küchenzelt, einen Wäscheservice, ein Tourenbuchungsbüro und im Sommer können Ruderboote und Fahrräder gemietet werden. Im Hauptgebäude sind ein paar Zimmer zu vermieten.

Hlíð CAMPINGPLATZ, PENSION €

(☎ 464 4103; www.myvatnaccommodation.is; Hraunbrún; Stellplatz pro Pers. 1400 ISK, DZ 4700 ISK, DZ inkl. Frühstück 24 000 ISK, Hütten 35 000 ISK; @ᯤ) 300 m über der Kirche von Reykjahlíð hält das umtriebige, gut geführte Hlíð ein breit gefächertes Angebot bereit: Campingplatz, Betten in Schlafsälen, Zimmer mit Küchenbenutzung, einfache sowie aufwendiger eingerichtete Hütten mit sechs Schlafplätzen und Zimmer mit Bad. Dazu gibt's einen Waschsalon, einen Spielplatz und einen Fahrradverleih.

Helluhraun 13 B&B €€

(☎464 4132; www.helluhraun13.blogspot.com; Helluhraun 13; EZ/DZ ohne Bad inkl. Frühstück 13 000/18 000 ISK; ⏲Juni–Sept.; 📶) Der freundliche Gastgeber dieser kleinen, gemütlichen Pension mit Blick auf die Lavafelder heißt Ásdis. Er vermietet nur drei Zimmer und ein Bad, die sind aber alle hell, makellos sauber und geschmackvoll eingerichtet.

Eldá PENSION €€

(☎464 4220; www.elda.is; Helluhraun 15; EZ/DZ ohne Bad inkl. Frühstück 14 000/19 700 ISK; @📶) Drei Gebäude mit schlichten, gemütlichen Unterkünften gehören zu dem Familienbetrieb. Es gibt Gästeküchen, TV-Lounges und ein Frühstücksbuffet. Die Rezeption ist in der Helluhraun Nr. 15.

Vógar PENSION, CAMPINGPLATZ €€

(☎464 4399; www.vogahraun.is; Vógar; Zelte pro Pers. 1500 ISK, DZ mit/ohne Bad 15 400/27 700 ISK) 2,5 km südlich von Reykjahlíð haben die Gäste die Wahl: Camping, Schlafplätze in einfachen Containerhütten oder Zimmer mit oder ohne Bad im neuen Gästehaus. Ein eigener Schlafsack lässt den Preis sinken, ebenso eine zweite Übernachtung.

Vogafjós Guesthouse PENSION €€€

(☎464 3800; www.vogafjos.net; Vógar; EZ/DZ inkl. Frühstück 28 600/30 000 ISK; 📶) Die Zimmer in dieser Blockhütte duften nach Kiefer und Zeder und sind Dank Fußbodenheizung kuschelig warm. Die Pension steht auf einem Lavafeld 2,5 km südlich von Reykjahlíð in unmittelbarer Nähe des gleichnamigen Restaurants, wo auch das Frühstück serviert wird. Die meisten Zimmer haben zwei Betten, es gibt auch Familienzimmer.

Hótel Reynihlíð HOTEL €€€

(☎464 4170; www.myvatnhotel.is; EZ/DZ inkl. Frühstück ab 25 400/32 300 ISK; @📶) Die Grande Dame der Hotelszene am Mývatn ist ein fein herausgeputztes Haus mit 40 Zimmern, von denen die teuren nicht unbedingt besser sind, nur etwas größer und mit schönerem Ausblick. Zum Hotel gehören ein Restaurant, eine Bar-Lounge und eine Sauna. Wir mochten vor allem die neun Zimmer im gemütlichen Erweiterungsbau, dem hübschen **Hótel Reykjahlíð** am Seeufer (die Preise sind die gleichen).

Essen & Ausgehen

Eine Spezialität der Gegend ist *hverabrauð*, ein feuchtes, schweres Roggenbrot, das übersetzt oft „Geysir-Brot" genannt wird. Es bäckt im geothermisch beheizten Erdofen stundenlang vor sich hin und wird hier in jedem Lokal serviert.

★ **Vogafjós** ISLÄNDISCH €€

(www.vogafjos.net; Hauptgerichte 2550–4700 ISK; ⏲7.30–23 Uhr; 📶🍃👪) Ein Essen im idyllisch gelegenen Restaurant „Kuhstall" 2,5 km südlich von Reykjahlíð bleibt garantiert in Erinnerung. Wem die schöne Aussicht alleine nicht genügt, der kann auch beim Melken zuschauen (Melkzeiten 7.30 und 17.30 Uhr). Die Küche zaubert Köstliches aus heimischen Produkten, z. B. geräuchertes Lamm, Mozzarella aus Eigenproduktion, mit Dill gebeizten Seesaibling, *hverabrauð*, selbst gebackene Kuchen und hausgemachtes Eis.

Gamli Bærinn ISLÄNDISCH €€

(www.myvatnhotel.is; Hauptgerichte 1900–4900 ISK; ⏲10–23 Uhr) Im quirligen „alten Bauernhof" neben dem Hótel Reynihlíð kommt einfache, leckere Kneipenkost auf den Tisch: mittags Suppen und Burger, abends Fisch und Steak. Zu spätere Stunde wird das Lokal zum Szenetreff und am Wo-

ORIENTIERUNG IN MÝVATN

Eine 36 km lange, befestigte Straße (am West- und Nordufer Straße 1, ansonsten Straße 848) führt rund um den See. Reykjahlíð am nordöstlichen Zipfel ist der größte Ort und bietet eine Touristeninformation sowie die Unterkünfte und Esslokale.

Die meisten Sehenswürdigkeiten liegen an der kurvigen Seestraße, so z. B. die Lavaformationen am östlichen Ufer, die Ansammlung von Pseudokratern im Süden und die von Vögeln bevölkerte Moorebene im Westen.

Im Norden führt die Ringstraße (Straße 1) von Reykjahlíð aus nach Osten weiter über den Pass Námaskarð zum Solfatarenfeld Hverir. Dort zweigt Straße 863 ab und führt weiter Richtung Norden bis zur Krafla (14 km ab Reykjahlíð).

Wer im eigenen Auto unterwegs ist, kann das gesamte Gebiet an einem Tag durchkämmen. Bus- und Fahrradfahrer sollten besser zwei Tage einkalkulieren. Wanderer, die auch abgelegenere Berge und Lavafelder erkunden wollen, brauchen mindestens drei Tage.

chenende kann die Party schon mal bis in die Puppen dauern. Die Küche schließt allerdings pünktlich um 22 Uhr.

Myllan ISLÄNDISCH €€
(☎464 4170; www.myvatnhotel.is; Hauptgerichte 2500–5850 ISK; ⊙18.30–21 Uhr) Das hauseigene Restaurant des Hótel Reynihlíð ist die nobelste Essadresse am Platz. Auf den Tisch kommen die üblichen regionalen Genüsse wie geräuchertes Lamm, gebratener Seesaibling und Ribeye-Steak vom Grill. Und natürlich steht auch ein Clubsandwich auf der Speisekarte, sonst wäre es kein Hotelrestaurant.

Daddi's Pizza PIZZERIA €€
(kleine Pizza 1300–2650 ISK; ⊙11.30–23 Uhr) Auf dem Campingplatz Vogár sorgt dieses kleine Lokal mit leckeren Pizzas (auch zum Mitnehmen) für volle Mägen und zufriedene Gesichter. Wir empfehlen die Pizza des Hauses mit geräucherter Forelle, Walnüssen und Frischkäse (schmeckt besser, als es klingt).

Samkaup-Strax SUPERMARKT
(⊙Mitte Juni–Aug. 9–22 Uhr, Sept.–Mitte Juni 10–18 Uhr) Der gut sortierte Supermarkt (mit Tankstelle) liegt neben der Touristeninformation und hat auch einen Burger-Grill.

ℹ Praktische Informationen

Postamt (Helluhraun; ⊙9–16 Uhr) Die Post in der Straße hinter dem Supermarkt hat einen Bankschalter und einen Geldautomat mit 24-Stunden-Service.

Touristeninformation (☎464 4390; www.visitmyvatn.is; Hraunvegur 8; ⊙Juni–Aug. 7.30–18 Uhr, Sept.–Mai kürzere Öffnungszeiten) Viele Infos, vor allem zu den geologischen Besonderheiten der Region. Die Mitarbeiter übernehmen Buchungen von Unterkünften, Ausflügen und Transportmitteln. Sehr nützlich sind der Prospekte *Visit Mývatn* und die Karte *Mývatn Lake*, die beide ausliegen.

Östlicher Mývatn

Wenn nur wenig Zeit zur Verfügung steht, sollte die in dieser Gegend verbracht werden. Die Sehenswürdigkeiten am Ostufer des Mývatn lassen sich auf einer lockeren, halbtägigen Wanderung bequem verbinden (s. Kasten).

Grjótagjá HÖHLE
Fans der Serie *Game of Thrones* erkennen die Höhle möglicherweise als den Ort, an dem Jon Snow – hüstel – seine Unschuld verliert. Grjótagjá ist eine riesige Felsspalte mit einer Höhle und einem kleinen See darin, dessen Wasser 45 °C warm ist. Sie befindet sich auf privatem Grund und Baden ist hier verboten, aber zum Besichtigen und Fotografieren ist das Gelände für die Öffentlichkeit zugänglich. Besonders schön ist der Anblick, wenn Sonnenstrahlen durch die Ritzen der Höhlendecke fallen und das Innere ausleuchten.

Hverfell KRATER
Wie ein Fels in der Brandung erhebt sich inmitten der Lavafelder am Ostrand des Mývatn dieser klassische, fast symmetrische Tephra-Krater. Der Hverfell (auch Hverfjall genannt) entstand vor 2700 Jahren, als die Lúdent-Krater von einer gewaltigen Eruption erschüttert wurden. Mit 463 m Höhe und einem Durchmesser von 1040 m ist er das Ehrfurcht gebietende Wahrzeichen der Mývatn-Region.

Der Krater besteht aus lockerem Geröll, kann aber über den an der Nordwestseite beginnenden Pfad leicht erklommen werden. Der Aufstieg lohnt sich, denn der Blick auf den Krater und die Sicht auf die Umgebung ist berauschend. Ein anderer Weg führt am Westrand des Kraters entlang zu einem Aussichtspunkt im Süden und fällt dann ziemlich steil ab Richtung Dimmuborgir.

WANDERUNG AM OSTUFER

Die Sehenswürdigkeiten am Ostufer des Mývatn lassen sich zwar auch gut mit dem Auto abklappern, aber bei gutem Wetter macht eine entspannte halbtägige Wanderung eindeutig mehr Spaß. Von Reykjalíð führt ein gut gekennzeichneter Wanderweg vorbei an der faszinierenden Grjótagjá-Spalte zum Hverfell (5 km). Danach geht's weiter zum Dimmuborgir-Becken (nochmal 3 km) und seinen ruinenartigen Lavaformationen. Wenn die Wanderung auf den späten Nachmittag gelegt und gut getimed wird, bietet sich zum Schluss beim Abendessen am Lavafeld ein toller Sonnenuntergang vor der außerirdisch erscheinenden Kulisse. Eine Alternative ist der 2,3 km lange Weg vom nordwestlichen Ende des Hverfell zum Naturbad Mývatn. Auch hier ist der Sonnenuntergang ein Erlebnis.

AUGEN ZU UND DURCH

Mývatn heißt übersetzt „Mückensee". Und es stimmt: Myriaden geflügelter Plagegeister hinterlassen im Hochsommer bei vielen Besuchern einen bleibenden Eindruck. Die lästigen Viecher haben aber ihre Daseinsberechtigung – als wichtige Nahrungsquelle für andere Tiere.

Wer sie nicht erträgt, kann sich in einem Supermarkt in Reykjahlíð ein Netz kaufen, das an der Kopfbedeckung befestigt wird, Mückenschutz auftragen und beten, dass ein kräftiger Windstoß die kleinen Vampire auf den See hinaus bläst.

Zu dem Rundwanderweg auf den Hverfell kommt man am nordwestlichen Ende über eine beschilderte Kiespiste. Von der Hauptstraße bis zum Parkplatz sind es etwa 3 km.

Lofthellir HÖHLE

Die phantastischen natürlichen Eisskulpturen (womöglich Eistrolle?) in der Lavahöhle Lofthellir sind ein surrealer Anblick.

Die Höhle gehört zu den Highlights in der Mývatn-Region. Sie befindet sich auf privatem Grund und ist nur im Rahmen einer Halbtagestour von Saga Travel (S. 245) zugänglich. Die Tour umfasst eine 45-minütige Geländefahrt und einen 20-minütigen Fußweg über ein Lavafeld zur Höhle. Dort bekommt man die passende Ausrüstung (Stirnlampe, Stiefel mit Beschlag etc.) und muss sich zunächst durch einige Engen quetschen, um das Ziel zu erreichen. Unbedingt warm anziehen!

Ab Akureyri/Reykjahlíð kostet die Tour 26 500/19 500 ISK. Saga Travel bietet die Tour auch im Winter an, dann mit einer Fahrt durch den Schnee und einer Schneeschuhwanderung zum Eingang (ab Akureyri/Reykjahlíð 34 500/27 500 ISK).

Dimmuborgir LAVAFELD

Das gigantische, schroffe Lavafeld Dimmuborgir (wörtlich „dunkle Burgen") gehört zu den faszinierendsten Lavaströmen Islands. Mehrere farbig markierte Wanderwege ziehen sich durch die anthropomorph anmutende Landschaft des Dimmuborgir-Feldes. Der beliebteste Pfad ist der – leichte – Kirchenrundweg (2,3 km). Im Sommer gibt es kostenlose Wanderungen mit Ranger. Auskunft dazu erteilt das Café vor Ort.

Die Säulen und Felsnadeln des Dimmuborgir sind vermutlich vor 2000 Jahren entstanden, als aus den Kraterketten von Þrengslaborgir und Lúdentarborgir ein Magmasee über einem Sumpfgebiet oder einem kleinen Gewässer zusammenfloss. Das Wasser im Sumpf begann zu kochen, worauf der Dampf durch die flüssige Lava schoss und sie abkühlte. Während die Lava weiter talabwärts floss, blieben die hohlen Lavasäulen stehen.

Höfði LAVAFORMATIONEN

Zu den lieblichsten Landstrichen der Gegend gehört der von Wildblumen, Birken und Fichten eroberte Lavastreifen von Höfði. Kleine Inseln ragen aus dem kristallklaren Wasser heraus und sind bevorzugte Brutgebiete von Zugvögeln.

Von den Fußwegen am Ufer sind kleine Höhlen und eindrucksvolle *klasar* (Lavasäulen) zu sehen. Die berühmtesten ragen in Kálfaströnd am Südende der Halbinsel Höfði aus dem Wasser.

Schlafen & Essen

★ **Dimmuborgir Guesthouse** PENSION €€

(☎464 4210; www.dimmuborgir.is; EZ/DZ 20 000/23 500 ISK, DZ-Hütte mit/ohne Bad 33 500/24 500 ISK, jeweils inkl. Frühstück; 📶) Die Pension am See beim Lavafeld Dimmuborgir hat verschiedene Unterkünfte. In einem Block liegen Zimmer mit Bad (und einem gemeinsamen Koch-Ess-Bereich). Über das ganze Gelände verteilt liegen hübsche Holzhütten. Das Frühstück wird im Haupthaus hinter großen Panoramafenstern mit Seeblick serviert.

Ein Knaller ist die große **Räucherstube** an der Rückseite des Haupthauses, in der leuchtende Lachsseiten hängen – der perfekte Grundstock für ein Picknick! Auch Nichtgäste sind hier willkommen.

Helgi, der Inhaber, bietet kurze, geführte **Bootsausflüge** auf dem See an – von da hat man einen ganz anderen Blick auf die Landschaft!

Kaffi Borgir ISLÄNDISCH €€

(www.kaffiborgir.is; Hauptgerichte 1800–4100 ISK; ⌚Juni–Aug. 9–22 Uhr, Sept.–Dez. & April–Mai kürzere Öffnungszeiten) Der Souvenirladen mit Café liegt direkt am Kraterrand mit Blick auf das Lavafeld Dimmuborgir. Am Tisch auf der Terrasse schmeckt die Spezialität des Hauses (gegrillte Forelle) besonders gut, wenn dazu die letzten Sonnenstrahlen des Tages über die bizarren Lavaformationen tanzen.

Südlicher Mývatn

Die Südseite des Sees säumt eine Kette von Pseudokratern, die **Skútustaðagígar**. Sie entstanden, als flüssige Lava in den See floss und eine Reihe von Gasexplosionen auslöste. Das eingeschlossene Wasser erhitzte sich, stieß explosionsartig durch die Kruste und hinterließ kleine Schlackekegel und Krater. Die am leichtesten zugängliche Gruppe liegt an dem kurzen Weg nach Skútustaðir. Dieser Weg streift auch den See **Stakhólstjörn**, ein kleines Paradies für nistende Wasservögel.

Abgesehen von Reykjahlíð ist **Skútustaðir** der einzige Ort am See. Mit ein paar Hotels und einer Pension hat er sich ganz dem Tourismus verschrieben.

Schlafen & Essen

Skútustaðir Farmhouse PENSION €€

(☎464 4212; www.skutustadir.com; DZ mit/ohne Bad inkl. Frühstück 28 350/21 250 ISK;) Vernünftige Preise, freundliche Besitzer und blitzsaubere Zimmer zeichnen die empfehlenswerte, ganzjährig geöffnete Unterkunft aus, die ständig wächst. Im gemütlichen Wohnhaus liegen Zimmer mit Gemeinschaftsbad, die fünf Zimmer im Anbau haben eigene Bäder. Zusätzlich stehen noch eine Hütte mit zwei Zimmern sowie ein neues Gebäude mit Zimmern und großer Gästeküche bereit.

★**Hótel Laxá** HOTEL €€€

(☎464 1900; www.hotellaxa.is; EZ/DZ inkl. Frühstück 31 000/37 000 ISK;) Das architektonisch aus der Rahmen fallende Hotel im Ecodesign wurde Mitte 2014 etwa 2 km östlich von Skútustaðir eröffnet und bringt frischen Wind in die Hotellandschaft in der Mývatn-Region. Die 80 modernen, schlichten Zimmer sind teuer, aber komfortabel und in Farben eingerichtet, die mit der Umgebung harmonieren. Große Fenster und grüne Sofas in der Bar-Lounge laden zum Hinsetzen und Entspannen ein. Zum Hotel gehört ein stilvolles **Restaurant** (Hauptgerichte 2500–5500 ISK).

Sel-Hótel Mývatn HOTEL €€€

(☎464 4164; www.myvatn.is; EZ/DZ inkl. Frühstück 28 100/33 800 ISK; @) Der Ausbau (22 neue Zimmer, die zum Sommer 2015 fertig sein sollen) dürfte eine willkommene Frischzellenkur für das Hotel direkt in Skútustaðir sein, wo die Ausstattung bisher gut ist, aber etwas abgenutzt. Hot Pot, Sauna und Lounge sowie der Souvenirladen mit **Cafeteria** (Juni–Aug. 8–22 Uhr) am Parkplatz tragen zu einem angenehmen Aufenthalt bei. Das schnörkellose **Restaurant** hat ein Buffet, das vor allem bei Reisegruppen auf Tour beliebt ist (mittags/abends 2700/5900 ISK).

Das Pfund, mit dem das Sel wuchert, sind **Winteraktivitäten**: Nordlichter, Superjeepausflüge, Schneemobiltouren auf dem gefrorenen See, Langlaufen, Reiten und ein paar witzige Aktionen wie Eiskartfahren. Die Zimmerpreise sind in der Nebensaison erheblich niedriger.

Hótel Gígur HOTEL €€€

(☎464 4455; www.keahotels.is; EZ/DZ inkl. Frühstück 29 200/36 500 ISK; @) Die Lage am Ufer in Skútustaðir vermag nicht ganz für die sehr kleinen, überteuerten Zimmer zu entschädigen. Das beste am Gígur ist das hübsche **Restaurant** (Hauptgerichte abends 3990–5600 ISK), das mit einem tollen Blick auf den See und guter Küche (gebratene Forelle, Crême Brulée mit langsam gegartem Rhabarber) punktet.

Westlicher Mývatn

Laxá FLUSS

Der glasklare und springende Laxá (Lachsfluss) ist einer von vielen Flüssen dieses Namens in Island. Er fließt durch den westlichen Teil des Mývatn und bahnt sich den Weg durch die Tundra nach Skjálfandi (die Walfischbucht von Húsavík). Er gehört zu den besten (und teuersten) Lachsfischgründen Islands, hat aber für sparsame Angler auch ein paar Bachforellen im Angebot.

Vindbelgjarfjall BERG

Der steile, aber nicht sehr anspruchsvolle Aufstieg zum 529 m hohen Vindbelgjarfjall am westlichen Seeufer lohnt sich wegen des überwältigenden Blicks auf den Mývatn und die bizarren Pseudokrater. Eine gute halbe Stunde Gehzeit bis zum Berg und eine weitere halbe Stunde bis zum Gipfel sind realistisch; der Fußweg zweigt südlich des Bergs nicht weit von der Vagnbrekka-Farm ab.

★**Sigurgeirs Vogelmuseum** MUSEUM

(Fuglasafn Sigurgeirs; ☎464 4477; www.fuglasafn.is; Erw./Kind1000/500 ISK; ⏲Juni–Aug. 10–18 Uhr, Sept.–Mai kürzere Öffnungszeiten) Ein Besuch in Sigurgeirs Vogelmuseum vermag Begeisterung für die Welt der Vögel zu wecken.

Es liegt direkt am See und vereint moderne Architektur mit der Bauweise des traditionellen isländischen Torfhofs. Gezeigt wird eine riesige Menge präparierter Vögel (über 180 Arten aus aller Welt), darunter jede Vogelart, die auf Island zu Hause ist – nur das Thorshühnchen fehlt. Eine gekonnt gesetzte Beleuchtung und ausführliche Informationstafeln tun das Übrige.

Grundlage der Ausstellung war die private Sammlung des Isländers Sigurgeir Stefansson. Tragischerweise ertrank Sigurgeir mit 37 Jahren im See, woraufhin das Museum zu seinen Ehren errichtet wurde. Es gibt ein kleines Café, wo sich begeisterte Hobbyornithologen hochwertige Teleskope ausleihen und Beobachtungsunterstände mieten können.

Unbedingt einen Blick in das kleine Wasserbecken in der Mitte des Ausstellungsraums werfen – darin schwimmt eine schwammiggrüne Überraschung: *Marimo*-Kugeln (kleine Algenbällchen).

Vogelbeobachtung WASSERVÖGEL

Fast nirgendwo sonst in Island kann man so gut Vögel beobachten wie am westlichen Mývatn. Die meisten isländischen Wasservogelarten leben hier in großer Anzahl. Mehr als 115 insgesamt, darunter 28 Entenarten, von denen wiederum 15 hier nisten. Drei – Spatel-, Trauer- und Schnatterenten – brüten sogar ausschließlich hier.

Weiteres ortsansässiges Federvieh sind Kragenenten, Reiherenten, Stockenten, Bergenten, Singschwäne, Eistaucher, Küstenseeschwalben und Goldregenpfeifer. Die Sümpfe, Teiche, Moraste und Feuchtwiesen in der Umgebung sind für sie ideale Brutgebiete. Zwischen dem 15. Mai und dem 20. Juli (wenn die Küken schlüpfen) sind Querfeldeinstreifzüge streng untersagt, aber das Terrain rund um das Museum bietet auch dann genug Beobachtungsmöglichkeiten.

MARIMO-KUGELN

Marimo-Kugeln sind Grünalgenkolonien, die sich zu witzigen grünen Bällen verdichten und weltweit nur an zwei Orten natürlich vorkommen (im Mývatn und im japanischen Akansee). *Marimo* bedeutet auf Japanisch „Algenball". Die Bewohner rund um den Mývatn nennen die Kugeln *kúluskítur*, was so viel heißt wie „Ball aus Scheiße". In Sigurgeirs Vogelmuseum (S. 261) kann man die seltsamen Wesen in einem kleinen Becken mitten im Ausstellungsraum bestaunen.

Nördlicher Mývatn

Auf der Uferstraße zurück Richtung Reykjahlíð wird das Moor trockener und die Landschaft verwandelt sich wieder in die typischen krustigen Lavaflächen.

Eldhraun LAVAFELD

Zum Lavafeld Eldhraun nördlich des Mývatn gehören die Gesteinsmassen, die die Kirche von Reykjahlíð nur knapp verfehlten. Das war 1729 während des Mývatn-Feuers, als auch der Leirhnjúkur ein kräftiges Bäuerchen machte. Wer sich das Lavafeld Eldhraun ansehen will, unternimmt von Reykjahlíð aus eine kleine Kraxelpartie.

Hlíðarfjall BERG

Auf dem Wanderweg von der Nordspitze des Mývatn zur Krafla beherrscht auf halber Strecke der 771 m hohe Rhyolithkegel Hlíðarfjall (auch Reykjahlíðarfjall genannt) das Landschaftsbild. Nur etwa 5 km von Reykjahlíð entfernt, kann er auf einer netten Tageswanderung erkundet werden – mit fotogenen Ausblicken auf den See und die Lavafelder der Krafla auf der anderen Seite.

Östlich von Reykjahlíð

Geologische Kostbarkeiten liegen entlang der Ringstraße (Straße 1), die sich von der Nordspitze des Sees bis zum Abzweig zur Krafla durch schroffes Gelände windet. Reisende ohne Auto können auf einer Vielzahl von Pfaden ihre Erkundungen zu Fuß vornehmen.

Bjarnarflag GEOTHERMALFELD

Bjarnarflag heißt das aktive Geothermalfeld 3 km östlich von Reykjahlíð: Hier faucht und brodelt der Boden und Dampfschleier ziehen über das Tal. In der Vergangenheit wurden viele Versuche unternommen, das geballte Energiereservoir ökonomisch zu nutzen. Ganz früher versuchten es Bauern mit Kartoffelanbau, allerdings war die Ernte allzu oft schon zu matschigem Püree verkocht.

Ende der 1960er-Jahre gab es Pläne für ein geothermisches Kraftwerk. Damals wurden in Bjarnarflag 25 Probebohrungen durchgeführt. Eine davon reichte bis in 2300 m Tiefe. Der Wasserdampf zischt noch immer mit einer Temperatur von kolossalen 200 °C aus der Röhre.

Die nächste Idee war ein Werk zum Abbau von Kieselgur. Von dieser Anlage ist nur noch ein türkiser See übrig geblieben, den die Einheimischen „Blaue Lagune" getauft haben. Das einladend aussehende Gewässer ist allerdings ziemlich giftig und sollte auf keinen Fall mit dem Naturbad Mývatn direkt um die Ecke verwechselt werden, das ebenfalls manchmal „Blaue Lagune des Nordens" genannt wird.

★ **Naturbad Mývatn** SPA

(Jarðböðin; www.jardbodin.is; Erw./Kind 3500 ISK/frei; ⏲ Juni–Aug. 9–24 Uhr, Sept.–Mai 12–22 Uhr) Nordislands Antwort auf die Blaue Lagune liegt 3 km östlich von Reykjahlíð. Die Becken sind zwar kleiner als bei der Konkurrenz im Süden und lange nicht so berühmt (was wahrscheinlich ein Vorteil ist), aber trotzdem ist es einfach ein himmlisches Gefühl, sich in das milchig-blaue, mineralreiche Wasser sinken zu lassen und das Panorama zu genießen. Nach einem entspannenden Bad kann man in einem der beiden natürlichen Dampfbäder und/oder mit einem köstlichen Dessert in der Cafeteria noch eins draufsetzen.

Námafjall BERG

Dampfende Spalten ziehen sich den rostroten Berggrat am Námafjall entlang, der etwa 3 km hinter dem Bjarnarflag auf der südlichen Seite der Ringstraße liegt. Die Erhebung ist durch eine Spalteneruption entstanden, denn sie sitzt mitten auf der Bruchlinie der auseinanderdriftenden Kontinentalplatten. Wer den Námaskarð-Pass überquert und auf der anderen Seite herabsteigt, betritt die ganz und gar fremde Welt von Hverir.

Hverir GEOTHERMALFELD

Die magische, ockerfarbene Welt von Hverir ist eine Mondlandschaft mit sumpfigen Erdkesseln, dampfenden Spalten, glänzenden Mineralvorkommen und rauchenden Fumarolen. Blubbernde Schlammpfützen, wabernde und stinkende Schwefelschwaden klingen vielleicht nicht gerade verführerisch, doch der ätherische Charme von Hverir hat noch jeden in seinen Bann gezogen.

Sichere Wege durch das Gelände sind abgesteckt. Um unnötige Risiken, gefährliche Verletzungen und Schäden der Natur zu vermeiden, ist es ratsam, die helleren Bodenflächen zu umgehen und sich hinter den Absperrungen zu halten.

Ein Wanderweg schlängelt sich von Hverir hinauf zum Scheitel des Námafjall. Der 30-minütige Aufstieg wird mit einem Rundumblick auf die dampfende Landschaft belohnt.

Krafla

Dampffontänen und Krater warten in der Krafla, einer aktiven Vulkanzone 7 km nördlich der Ringstraße. Ursprünglich war es nur der 818 m hohe Berg, der Krafla genannt wurde, heute bezeichnet der Name die ganze Region, inklusive eines geothermischen Kraftwerks und der Eruptionskegel, die das beeindruckendste Lavafeld Islands schufen. Während des so genannten Mývatn-Feuers (1724–1729) öffneten sich viele Schlote entlang der Eruptionsspalte. Das Krafla-Feuer (1975–1984) verlief ganz ähnlich: Über neun Jahre gab es immer wieder Spalteneruptionen und Magmabewegungen.

Von Reykjahlíð führt eine relativ leichte, 13 km lange **Wanderung** (3–4 Std.) zum Hlíðarfjall und zum Leirhnjúkur. Der markierte Weg beginnt beim nahegelegenen Flugplatz. Ein anspruchsvollerer Weg (3–5 Std.) schlängelt sich von Namaskarð über den Bergkamm des Dalfjall zum Leirhnjúkur.

Kraftwerk Krafla GEOTHERMISCHES KRAFTWERK

(⏲ Besucherzentrum Juni–Aug. 10–17 Uhr) Die Idee, an der Krafla ein geothermisches Kraftwerk zu bauen, wurde 1973 geboren und mit Probebohrungen auf ihre Durchführbarkeit getestet. Dann meldete sich die Krafla nach einer Ruhepause von mehreren hundert Jahren im Dezember 1975 mit einer Serie von neun Eruptionen zurück. Trotzdem wurde das Projekt fortgesetzt und die Anlage wurde seitdem erweitert. Im **Besucherzentrum** wird genau erklärt, wie das Kraftwerk Energie produziert.

Leirhnjúkur LAVAFELD

1727 entstand die wohl beeindruckendste und sehr wahrscheinlich auch gefährlichste Attraktion der Krafla, der Leirhnjúkur-Krater und seine Solfataren. Seine Karriere begann als einfacher Lava-Spucker, dann schleuderte er zwei Jahre lang Tephra in die Luft und ging anschließend in Rente.

1975 begann das Krafla-Feuer mit einem kleinen Lavaausbruch des Leirhnjúkur. Nach neun Jahren wiederholter Eruptionen wurde er damals zu dem ominösen, schwefelverkrusteten Schlammloch, das Touristen heute kennen und lieben. Hier ist die Erdkruste extrem dünn und an manchen

Stellen kann der Boden unter den Füßen verdammt heiß werden.

Ein gut erkennbarer Pfad beginnt am Krafla-Parkplatz und führt nach Nordwesten zum Leirhnjúkur und in die Lavafeld. Da alle Zeichen – zischende Fumarolen, brodelnder Schlamm, hohe Temperaturen – auf hohe vulkanische Aktivität schließen lassen, gilt auch hier: Immer brav auf dem Weg bleiben!

Víti KRATER

Der schmutzig braune Vulkankegel Víti hält eine hübsche Überraschung bereit: Wer oben am Rand ankommt, blickt auf einen grün glänzenden See im Kraterbecken. Der 320 m breite Explosionskrater entstand 1724 in der Anfangsphase des zerstörerischen Mývatn-Feuers. Ein Rundweg führt um den Rand des Víti zum Geothermalfeld im Osten.

Gjástykki LAVAFELD

In dem zerklüfteten Gebiet am nördlichsten Ausläufer der Krafla-Spalten begannen die Eruptionen von 1724. Als sich 1975 der Vulkan Leirhnjúkur zu Wort meldete, war auch hier einiges los. Zwischen 1981 und 1985 machten sich die Aktivitäten des Hauptvulkans Krafla bemerkbar und gaben den Lavafeldern von Gjástykki ihr aktuelles Aussehen.

Bis heute ist die Gegend potenziell gefährlich; Besichtigungen sind nur im Rahmen organisierter Touren möglich. **Saga Travel** (☎ 558 888; www.sagatravel.is) bietet Ausflüge in dieser Gegend an (vom Mývatn 19 500 ISK), auch im Kombipack mit einer Tour zur Lofthellir-Höhle.

An- & Weiterreise

SBA-Norðurleið (☎ 550 0700; www.sba.is):
➔ Bus 661 von Reykjahlíð nach Krafla (1700 ISK, 15 Min., Mitte Juni–Aug. 2x tgl.). Fährt um 8 und 11.30 Uhr, der zweite fährt weiter zum Dettifoss. Der Bus von Krafla zurück nach Reykjahlíð fährt um 14.30 Uhr.

ZWISCHEN MÝVATN UND EGILSSTAÐIR (RINGSTRASSE)

Wer zwischen Reykjahlíð und Egilsstaðir auf der Ringstraße unterwegs ist, hat es nicht weit zu den geologischen Sensationen von Námafjall und Krafla und wird sie ganz sicher auch verlassen wollen, um den Dettifoss zu sehen. Die Allradtrasse F88 Richtung Askja und Herðubreið im Hochland zweigt etwa 7 km nach der Teerstraße 862 zum Dettifoss von der Ringstraße ab. 3 km weiter Richtung Osten führt eine Brücke über den Gletscherfluss Jökulsá á Fjöllum.

Gleich östlich der Brücke ist die Straße 864 ausgeschildert. Die unebene Schotterpiste erreicht nach 28 km den Dettifoss (östlicher Zugang) und nach 56 km die Ásbyrgi-Schlucht. Ein Allradfahrzeug ist keine schlechte Idee für die Strecke.

Die Ringstraße nimmt hier eine Abkürzung und schlägt sich quer durch das unwirtliche Hochland im Nordosten der Insel. Wer das Hochland nicht auf seiner Reiseroute hat, bekommt hier zumindest eine Ahnung davon, wie es dort aussieht: unglaublich eintönig. Karge graue Landschaft, durchsetzt von kleinen Hügeln und Seen, in denen sich Schmelzwasser sammelt. Bäche und Flüsse, die vor sich hin gluckern, um irgendwo im Schotter zu versickern.

Möðrudalur & Umgebung

In dieser unwirtlichen Gegend zu überleben, war immer schwer. Die wenigen noch bewohnten Höfe liegen weit voneinander entfernt. Möðrudalur ist eine kleine Oase mitten in der Einöde und zugleich der am höchsten gelegene Bauernhof Islands (469 m). Die Abzweigung von der Ringstraße kommt etwa 63 km hinter Reykjahlíð; die Farm selbst liegt 8 km südlich an der Straße 901.

Möðrudalur ist eine Art Dörfchen, das vor allem im Sommer sehr belebt ist. Der Touristenservice heißt **Fjalladýrð** (☎ 471 1858; www.fjalladyrd.is; Stellplatz pro Pers. 1150 ISK, DZ ohne Bad 13 500 ISK, Hütte ohne Bettzeug 19 900 ISK) und bietet eine Auswahl an Unterkünften in verschiedenen Gebäuden und unter freiem Himmel an: Camping, Pensionszimmer, niedliche Hütten mit Grassodendach und Familiensuiten.

Für diejenigen, die das eisige Innere der Insel kennenlernen wollen, lohnt sich eine Übernachtung. Hof-Mitinhaberin Elisabet war früher Ranger im Hochland und bietet interessante Superjeepausflüge mit Ziel Askja, Herðubreið und Kverkfjöll an. Wer auf der Durchreise ist, sollte wenigstens die frischen Lammgerichte im **Fjallakaffi** (Hauptgerichte 1690–5500 ISK) probieren. Benzin gibt es ebenfalls – an der möglicherweise niedlichsten Tankstelle der ganzen Insel.

Nach einem Besuch in Möðrudalur fahren die meisten Besucher die 8 km nach Norden zurück auf die Ringstraße. Eine spannende Alternative ist jedoch die Schotterpiste 901 (die alte Straße 1), die im Sommer eine Schüttelpartie ist, aber immerhin mit einem normalen Pkw zu bewältigen.

Von der Straße 901 geht ausgeschildert die Straße 907 ab. An ihr liegt 5 km südlich **Sænautasel** (☎ 471 1086; Eintritt 500 ISK; ⌚ Juni–Mitte Sept.), ein rekonstruiertes Bauernhaus mit Grassodendach aus dem Jahr 1843. Hier wird die Vergangenheit lebendig – außerdem gibt's Pfannkuchen und Kaffee (1200 ISK). Das Haus liegt wunderbar malerisch am Seeufer und hat einen einfachen Campingplatz. Die Landschaft diente dem Literaturnobelpreisträger Halldór Laxness als Inspirationsquelle für sein Meisterwerk *Sein eigener Herr*.

HÚSAVÍK & UMGEBUNG

Húsavík

2205 EW.

Diese Hochburg der Walbeobachtung ist von den Reiserouten der Islandbesucher nicht mehr wegzudenken. Seine farbenfrohen Häuschen, einzigartige Museen und überwältigende Schneegipfel rund um die Bucht machen Húsavík außerdem zum schönsten Fischerdorf an der Nordostküste.

Sehenswertes & Aktivitäten

Es lohnt sich, nach einer Walbeobachtungstour noch ein wenig zu bleiben; Húsavík ist für einige Überraschungen gut. Leider ist die schrägste Attraktion, das berühmte Phallus-Museum, nach Reykjavík umgezogen.

★ Walmuseum Húsavík MUSEUM
(Hvalasafnið; www.whalemuseum.is; Hafnarstétt; Erw./Kind 1400/500 ISK; ⌚ Juni–Aug. 8.30–18.30 Uhr, April–Mai 9–16 Uhr, Okt.–März 10–15 Uhr) Das hervorragende Museum verrät seinen Besuchern alles, was sie jemals über die faszinierenden Gäste der Skjálfandi-Bucht wissen wollten. Das Museum im ehemaligen Schlachthaus am Hafen beleuchtet Lebensgewohnheiten und Lebensräume der Tiere, die Geschichte des Walfangs in Island, Schutzmaßnahmen usw. Unter den wunderschön präsentierten Exponaten finden sich mehrere riesige, von der Decke baumelnde Walskelette (die sind wirklich echt!).

Expeditionsmuseum MUSEUM
(www.explorationmuseum.com; Héðinsbraut 3; Erw./Kind 900/500 ISK; ⌚ 9–17 Uhr) Das 2014 eröffnete Museum ist dem menschlichen Entdeckerdrang und seiner Geschichte von den Wikingerreisen bis zur Polarexpedition gewidmet. Vor der Tür parkt eine coole Pistenwalze aus dem Jahr 1952. Das Museum beschäftigt sich auch mit den Apollo-Astronauten, die in den 1960er-Jahren nach Island kamen, um in der mondähnlichen Landschaft rund um den Askja-Krater für die Mondlandung zu üben. Aus dieser Zeit gibt es ein paar großartige Fotos.

Kulturhaus MUSEUM
(Safnahúsið; www.husmus.is; Stórigarður 17; Erw./Kind 800 ISK/frei; ⌚ Juni–Aug. 10–18 Uhr, Sept.–Mai Mo–Fr 10–16 Uhr) Ein Museumskomplex, der Heimat-, Meeres- und Naturkunde unter einem Dach vereint. Das Kulturhaus ist eines interessantesten Regionalmuseen in ganz Nordisland. Die Ausstellung „Mensch und Natur" zeichnet das Leben hier oben, wie es zwischen 1850 und 1950 war, mit viel Lokalkolorit nach. Hingucker unter den ausgestopften Tieren sind eine gruselig aussehende Mützenrobbe und ein Eisbär, der 1969 auf Grímsey mit einer doppelläufigen Flinte in Empfang genommen wurde.

Húsavíkurkirkja KIRCHE
(Garðarsbraut) Húsavíks ungewöhnliche Kirche ist selbst für Isländer etwas Besonderes. Obwohl sie 1907 aus norwegischen Hölzern gebaut wurde, hat die rot-weiße, zierliche Konstruktion irgendwie Alpenflair. Der kreuzförmige Grundriss wird erst im Inneren deutlich erkennbar. Im Mittelpunkt steht der Altaraufsatz (aus Lava!) mit der Darstellung der Auferweckung des Lazarus.

Skrúðgarður PARK
Die Uferpromenade ist malerisch, aber auch der von Enten bevölkerte Bach im Stadtpark ist ein friedlicher Ort, um ein wenig auszuspannen. Der Park ist über eine Fußgängerbrücke am Ásgarðsvegur oder durch den Eingang neben der Pension Ásgarðsvegur zu betreten.

Sundlaugin SCHWIMMBAD
(Laugarbrekka 2; Erw./Kind 600/300 ISK; ⌚ Juni–Aug. Mo–Fr 6.45–9, Sa & So 10–18 Uhr, Sept.–Mai

kürzere Öffnungszeiten; 👪) Das städtische Schwimmbad hat Hot Pots und Wasserrutschen für die Kids.

☞ Geführte Touren

Walbeobachtung

Die meisten Besucher kommen überhaupt nur zur Walbeobachtung nach Húsavík. Die Meeresriesen lassen sich zwar auch anderswo in Island beobachten (bei Reykjavík und am Eyjafjörður, nördlich von Akureyri), aber die Gegend hat sich zur Top-Location entwickelt, da im Sommer bis zu elf verschiedene Walarten herkommen, um sich in der Bucht den Bauch vollzuschlagen. Von Juni bis August ist die Zeit am günstigsten – das ist zwar auch der Höhepunkt der Touristensaison, aber die Chancen, einen Wal zu sehen, liegen dann bei fast 100 %.

Drei Agenturen bieten Walbeobachtungstouren an, die im Hafen von Húsavík ablegen. Bei der klassischen dreistündigen Tour liegen sie bei Preis und Leistung gleich auf (Führung, warme Overalls, heiße Getränke und Gebäck). Bei allen Touren, die darüber hinausgehen, gibt es deutliche Unterschiede. Wenn Papageitaucher zu sehen sind, bieten alle eine Walbeobachtungstour an, die auch an der Nistinsel Lundey vorbeiführt. Bei North Sailing ist das eine vierstündige Fahrt an Bord eines schönen, alten Schoners, bei Gentle Giants sind es 2½ Stunden mit einem schnellen Feststrumpfschlauchboot.

Von Juni bis August starten den ganzen Tag über (von ca. 8.30 bis 20 Uhr) regelmäßig Touren. Die nächsten Abfahrtszeiten stehen auf großen Schildern an den Ticketschaltern. Im April, Mai, September und Oktober fahren die Boote nicht so häufig raus. North Sailing bietet noch im November täglich eine Tour an. Die Buden direkt am Wasser sind leicht zu finden: North Sailing hat gelb geflaggt, Gentle Giants blau und der kleinste Anbieter Salka residiert im Café auf der anderen Straßenseite.

Wer spontan bucht, sollte sich vorher erkundigen, wie groß das Boot ist und wie viele Passagiere an Bord genommen werden. Meist ist es angenehmer, die Tour früh morgens oder abends zu machen (die Busgruppen kommen um die Mittagszeit).

Alle hier aufgeführten Preise sind Stand Sommer 2014, aktuelle Preisangaben findet man auf den Websites der Anbieter.

North Sailing WALBEOBACHTUNG
(☎464 7272; www.northsailing.is; Hafnarstétt; 3-std. Tour Erw./Kind 9280/4640 ISK) Der älteste Touranbieter kommandiert eine Flotte liebevoll restaurierter Boote, darunter die Eichenschoner *Haukur* und *Hildur*. Für die vierstündige Tour „Whales, Puffins & Sails" sticht einer der beiden alten Pötte in See. Passende Windbedingungen vorausgesetzt, wird ein Teil der Fahrt gesegelt. Im Sommer stehen auch Ausflüge nach Grímsey mit Übernachtung auf dem Programm.

Gentle Giants WALBEOBACHTUNG
(☎464 1500; www.gentlegiants.is; Hafnarstétt; 3-std. Tour Erw./Kind 9100/3900 ISK) Gentle Giants verfügt über eine Reihe alter Fischerboote sowie seit Neuestem auch über ein schnelle Feststrumpfschlauchboote und Zodiacs, in denen man mehr von der Bucht zu sehen bekommt. Der Anbieter hat spezielle Vogelbeobachtungstouren nach Flatey („flache Insel") sowie schnelle (und teure) Schlauchboottrips nach Grímsey. Ausflüge zum Hochseeangeln runden das Angebot ab.

Salka WALBEOBACHTUNG
(☎464 3999; www.salkawhalewatching.is; Garðarsbraut 6; 3-std. Tour Erw./Kind 8640/4000 ISK) Der Newcomer in der Bootstourenszene tritt mit einem einzigen Eichenboot für 42 Passagiere, (vorläufig) niedrigeren Preisen und einem kleineren Angebot gegen die etablierte Konkurrenz an. Hauptquartier ist ein lichtdurchflutetes Café an der Hauptstraße.

Sonstige Touren

Die beiden großen Anbieter organisieren auch Kombitouren: Walbeobachtung plus Ausritt auf dem Pferdehof Saltvík. Bei Gentle Giants stehen außerdem Angeln und eine zweitägige Wanderung auf dem Programm. Northern Sailing schnürt im April das einmalige, mehrtägige Paket „Ski to the Sea", das in Zusammenarbeit mit Ski-Guides durchgeführt wird. Details auf den Websites.

Pferdehof Saltvík REITEN
(☎847 9515; www.saltvik.is; 1/2 Std. Tour 6000/8500 ISK; ⊙Mitte April–Okt.) Der Pferdehof Saltvík 5 km südlich von Húsavík veranstaltet kurze Ausritte mit einem grandiosen Ausblick über die Bucht von Skjálfandi. Außerdem im Angebot: einwöchige Reitausflüge (um den Mývatn, in den entlegenen Nordosten oder auf der Sprengisandur-Route) sowie Unterkunft im Bauernhaus.

Fjallasýn ABENTEUERTOUR
(☎464 3941; www.fjallasyn.is) Der in Húsavík ansässige Anbieter hat viel Erfahrung und

Húsavík

Húsavík

Highlights
1 Walmuseum Húsavík C2

Sehenswertes
2 Kulturhaus D2
3 Expeditionsmuseum C2
4 Húsavíkurkirkja C3
5 Skrúðgarður D4

Aktivitäten & Touren
6 Gentle Giants C2
7 North Sailing C3
8 Salka C2
9 Sundlaugin B1

Schlafen
10 Árbót D4
11 Fosshótel Húsavík D3
12 Húsavík Cape Hotel A1
13 Húsavík Hostel C2
14 Sigtún C4

Essen
15 Fish & Chips C3
16 Gamli Baukur C3
17 Heimabakarí Konditori C3
Hvalbakur Café .... (s. 16)
18 Kasko C2
19 Naustið B2
20 Salka Restaurant C2
21 Vínbúðin D3

schlägt diverse Ausflüge in die nähere und weitere Umgebung vor (zu verschiedenen Orten im Nordosten und ins Hochland). Es gibt ein- und mehrtägige Touren, Trips im Allradwagen, Wanderungen, vogelkundliche Touren und vieles mehr.

Schlafen

Húsavík Hostel HOSTEL €
(463 3399; www.husavikhostel.com; Vallholtsvegur 9; B 5000 ISK, DZ ohne Bad 14 500 ISK;) Während unseres Besuchs bekam das Hostel gerade seinen letzten Schliff. Als einzige Budgetunterkunft in der Stadt kann es mit reißendem Absatz rechnen. Betreiber ist das Brüderpaar, das auch das Húsavík Cape Hotel führt. Zur Verfügung stehen Mehrbettzimmer mit Stockbetten sowie ein paar Privatzimmer (Bettwäsche eingeschlossen) und eine Küche.

Árbót HOSTEL €
(464 3677; www.hostel.is; B/DZ ohne Bad 4100/11 200 ISK; April–Sept.; @) Eines von zwei HI-Hostels in der Gegend. Beide werden von der gleichen Familie geführt und befinden sich etwa 20 km südlich von Húsavík abseits der Straße 85 in ruhiger, abgeschiedener Lage auf dem Land. Gäste brauchen ein eigenes Auto und müssen alle Lebensmittel selbst mitbringen.

Um nach Árbót zu gelangen, fährt man von Húsavík auf der Straße 85 14 km Richtung Süden. Dann der Beschilderung zur Rinderfarm folgen (weitere 4 km auf einer guten Schotterpiste). Die sanitären Anlagen sind erstklassig, die Gemeinschaftsbereiche gemütlich. HI-Mitglieder bekommen einen Rabatt; Bettwäsche kann ausgeliehen werden.

Campingplatz CAMPING €
(Stellplatz pro Pers. 1200 ISK; Mitte Mai–Mitte Sept.) Der gepflegte Campingplatz neben dem Sportplatz am nördlichen Ende der Stadt hat Waschmaschinen und Kochgelegenheiten (allerdings viel zu wenig für den Gästeandrang im Sommer). Zahlen kann man entweder im Walmuseum oder beim Aufseher, der jeden Abend vorbeikommt.

★ **Kaldbaks-Kot** HÜTTEN €€
(464 1504; www.cottages.is; Hütte für 2–4 Pers. ohne Bettwäsche 20 800–30 100 ISK; Mindestaufenthalt 2 Nächte; Mai–Sept.; @) 3 km südlich von Húsavík liegt eine Holzhäuschen-Siedlung, die an Waldhüttenträume aus Kinderzeiten erinnert (nur wesentlich komfortabler eingerichtet). Den Servicelevel wählt jeder selbst: Bettwäsche leihen oder mitbringen, Frühstück selbst machen oder im genial umgebauten Kuhstall vorgesetzt bekommen (1550 ISK) – ansonsten einfach die Stimmung, die Hot Pots, den Ausblick, die Ruhe und die reiche Vogelwelt genießen. Mindestaufenthalt: zwei Nächte. Es gibt auch größere Ferienhäuser für bis zu zehn Personen.

Sigtún PENSION €€
(864 0250; www.guesthousesigtun.is; Túngata 13; EZ/DZ ohne Bad inkl. Frühstück 10 500/17 500 ISK; @) Die Pluspunkte der kleinen, gemütlichen Pension: kostenlose Kaffeemaschine, kostenloser Wäscheservice, eine tolle Küche und ein Selbstbedienungsbuffet zum Frühstück.

Árból PENSION €€
(464 2220; www.arbol.is; Ásgarðsvegur 2; EZ/DZ ohne Bad, inkl. Frühstück 10 600/18 100 ISK) Das 1903 erbaute Haus hat einen hübschen Bach und den Stadtpark als Nachbarn. Die großzügigen, pieksauberen Zimmer verteilen sich auf drei Etagen – am schönsten sind die im Erdgeschoss und im obersten Stock (vor allem die mit Kiefernholz ausgekleideten Dachzimmer). Abends ist den Gästen eine eingeschränkte Küchenbenutzung erlaubt.

Fosshótel Húsavík HOTEL €€
(464 1220; www.fosshotel.is; Ketilsbraut 22; EZ/DZ inkl. Frühstück ab 23 600/28 500 ISK; @) Die wachsende Hotelkette Fosshótel möchte dieses Hotel 2015 ausbauen und renovieren. Davon werden vor allem die angestaubten Standardzimmer und das Restaurant profitieren. Auf das Ergebnis darf man gespannt sein: Bisherige Renovierungen isländischer Fosshótel-Häuser haben tolle Ergebnisse gebracht (allerdings könnten dadurch auch die Preise steigen). Das im Dekor subtil verfolgte Walfisch-Motiv sollte auf alle Fälle beibehalten werden.

Húsavík Cape Hotel HOTEL €€€
(463 3399; www.husavikhotel.com; Laugarbrekka 16; EZ/DZ inkl. Frühstück 28 500/31 350 ISK;) Das neue Boutiquehotel in einer ehemaligen Fischfabrik über dem Hafen hat frische, moderne Zimmer von komfortabler Größe (einige mit familiengeeigneten Stockbetten) und plant noch weitere Anbauten. Im Sommer sind die Preise allerdings gesalzen.

Essen

Fish & Chips FASTFOOD €
(Hafnarstétt; Fish & Chips 1500 ISK; Juni–Aug. 11.30–20 Uhr) Nomen est omen: In dem kleinen Kiosk am Hafen wandern guter Fisch (meist Kabeljau) und Pommes über den Tresen. Vor der Tür stehen ein paar Campingtische, im Obergeschoss ist ein schlichter

INSIDERWISSEN

DIE WALE VON HÚSAVÍK

Edda Elísabet Magnúsdóttir stammt von hier und arbeitet als Biologin im Húsavík Research Center (eine Abteilung der Universität von Island), ihr Forschungsschwerpunkt sind Meeressäugetiere.

Welche geologischen Besonderheiten ziehen die Wale in die Gegend von Húsavík?
Húsavik liegt an einer spektakulären Bucht, die wir Skjálfandi nennen, was so viel wie „die Zitternde" heißt. Das passt ganz gut, hier gibt es immer wieder kleine Erdbeben, die man kaum bemerkt. Das Zittern wird von einer Transversalverschiebung in der Erdkruste direkt unter der Bucht erzeugt. Die schüsselförmige Topografie von Skjálfandi und das Süßwasser, das zwei Flüssen spenden, bewirken eine Ansammlung vieler Mineralstoffe in der Bucht. Deren Ablagerungen kumulieren während der Wintermonate und wenn es Sommer wird – mit den langen, hellen Tagen – wird das kalte Wasser von Skjálfandi von einer Unzahl von Planktonblüten belebt. Diese reichhaltigen Ablagerungen sind für bestimmte Säugetiere, die vor allem in den kalten, subarktischen Gewässern leben, so etwas wie ein Signalfeuer.

Welche Walarten besuchen Húsavík?
Jeden Sommer können wir zwischen neun und elf Walarten in der Bucht ausmachen – von den kleinen Tümmlern *(Phocoena phocoena)* bis hin zum riesigen Blauwal *(Balaenoptera musculus)*, dem größten Tier, das wir auf der Erde kennen.

Die Planktonblüte eröffnet jedes Jahr die Futterzeit, dann kommen die Wale in großer Zahl in die Bucht. Die ersten sind die Buckelwale *(Megaptera novaeangliae)* und die Zwergwale *(Balaenoptera acutorostrata)*. Der Buckelwal gilt als besonders neugierig und gelassen und begeistert mit spektakulären Sprüngen aus dem Wasser, während der Zwergwal mit seinem stromlinienförmigen, schlanken, schwarzen Körper und der weiß gestreiften Brustflosse für seine Eleganz bewundert wird.

Obwohl der durchschnittliche Zwergwal etwa so viel wiegt wie zwei oder drei ausgewachsene Elefanten, nennt man ihn auch den „kleinen Cousin" der größeren Furchenwale. Der Zwergwal springt häufig mit dem ganzen Körper aus dem Wasser und ist damit wahrscheinlich der einzige Furchenwal, der das kann. Einige Zwerg- und Buckelwale bleiben das ganze Jahr über in der Bucht, aber die meisten ziehen im Winter nach Süden.

Der Blauwal ist zweifellos der aufregendste Besucher in Skjláfandi, er kommt erst seit Kurzem vorbei – die ersten tauchten vor etwa zehn Jahren auf. Meistens kommen sie ab Mitte Juni und bleiben bis Mitte Juli. Diese hoch entwickelten, hydrodynamischen Giganten in ihrer natürlichen Umgebung zuzusehen, ist einfach phantastisch.

Außerdem kann man noch große Schwertwale (*Orcinus orca,* auch Orca oder Killerwale genannt; einige suchen sich Fische als Futter, andere jagen Säugetiere), Nördliche Entenwale (*Hyperoodon ampullatus;* ein geheimnisvoller, tief tauchender Schnabelwal), Finnwale *(Balaenoptera physalus)*, Seiwale *(Balaenoptera borealis)*, Grindwale *(Globicephala melas)* und Pottwale *(Physeter macrocephalus)* in der Bucht entdecken.

Brandon Presser

Sitzbereich. Der Laden ist leicht zu finden: gegenüber der Kirche die Treppe herunter und dann nach links.

Heimabakarí Konditori BÄCKEREI, CAFÉ €
(Garðarsbraut 15; ⏲ Mo–Fr 7–18, Sa & So bis 16 Uhr) Verkauft frisches Brot, Sandwiches und süßes Gebäck.

★Naustið MEERESFRÜCHTE €€
(Naustagarði 4; Hauptgerichte 1700–3500 ISK; ⏲ 12–22 Uhr) Das ganz unauffällig in der hintersten Ecke des Hafens werkelnde Lokal wird hoch gelobt wegen seines ultrafrischen Fischs, der aufgespießt und nur kurz mit ein paar Gemüsebeilagen auf den Grill gelegt wird – einfach und köstlich! Es gibt auch Fischsuppe (logisch), Lachs und Kaisergranaten und zum Nachtisch hausgemachte Pastete.

Gamli Baukur ISLÄNDISCH €€
(www.gamlibaukur.is; Hafnarstétt; Hauptgerichte 3100–4990 ISK; ⏲ Juni–Aug. So–Mi 11.30–23, Do bis 1, Fr & Sa bis 3 Uhr, Sept.–Mai kürzere Öffnungszeiten) Das mit viel Holz und polierten nau-

tischen Objekten herausgeputzte Bar-Restaurant serviert saftige Burger, Spaghetti mit Meeresfrüchten, Bio-Lamm und zum Nachtisch ein ebenso köstliches wie kreativ benanntes *skyramisu*. Eine wunderschöne Terrasse und Livemusik machen es zu einem regelrechten In-Treffpunkt in Nordisland. Die Küche schließt um 21 Uhr.

Salka Restaurant ISLÄNDISCH €€
(www.salkarestaurant.is; Garðarsbraut 6; Hauptgerichte 1790–4150 ISK; ⌚11.30–22 Uhr) In historischen Gemäuern, in denen einst Islands erste Genossenschaft tagte, verwöhnt heute ein populäres Restaurant seine Gäste mit einem äußerst vielseitigen Angebot, das von Pizza und Kaisergranaten über Burger und gesalzenen Kabeljau bis hin zu geräuchertem Papageitaucher reicht. Gemütlich ist auch in dem im Sommer geöffneten Bistro mit Bar (ein kleines Stück bergab): ein lässiges Lokal im Kneipenstil.

Hvalbakur Café CAFÉ €€
(Hafnarstétt; Pizza 1950–2250 ISK; ⌚8–20 Uhr) Die Neuauflage des Ufercafés mit geschützter Sonnenterrasse serviert ganztägig Pizza sowie eine Auswahl an Sandwiches, Wraps, Muffins und Kuchen aus der großen Vitrine.

Kasko SUPERMARKT
(Garðarsbraut 5; ⌚Mo–Do 10–18.30, Fr bis 19, Sa bis 18 Uhr) In zentraler Lage.

Samkaup-Úrval SUPERMARKT
(Garðarsbraut 64; ⌚Mo–Sa 10–19, So 12–19 Uhr) Südlich der Stadt, bei der Olís-Tankstelle.

Vínbúðin ALKOHOLISCHE GETRÄNKE
(Garðarsbraut 21; ⌚Juni–Aug. Mo–Do 11–18, Fr bis 19, Sa bis 14 Uhr, Sept.–Mai kürzer) Staatlicher Alkoholladen.

ℹ Praktische Informationen

Touristeninformation (☎464, 4300 462286; www.visithusavik.is; Hafnarstétt; ⌚Juni–Aug. 8.30–18.30 Uhr, April–Mai & Sept. 9–16 Uhr, Okt.–März Mo–Fr 10–15.30 Uhr) Im Walmuseum. Hält kiloweise Karten und Prospekte bereit.

ℹ An- & Weiterreise

BUS

SBA-Norðurleið (☎550 0700; www.sba.is) – Abfahrt vor dem Restaurant Gamli Baukar an der Uferpromenade:

➡ Bus 641a nach Akureyri (3700 ISK, 1½ Std., Mitte Juni–Aug. 2x tgl.).

➡ Bus 641 nach Ásbyrgi (2200 ISK, 50 Min., Mitte Juni–Aug. 1x tgl.).

➡ Bus 641 nach Dettifoss (5800 ISK, 2¾ Std., 1x tgl. Mitte Jun–Aug). Am Dettifoss kann man in den Bus 661a zum Mývatn umsteigen.

➡ Bus 650a zum Mývatn (3100 ISK, 40 Min., Mitte Juni–Aug. 2x tgl.).

Strætó (☎540 2700; www.straeto.is) – Abfahrt an der N1-Raststation:

➡ Bus 79 nach Akureyri (2100 ISK, 1¼ Std., 3x tgl.).

➡ Bus 79 nach Ásbyrgi (1750 ISK, 1 Std., im Sommer So–Fr 1x tgl., im Winter 3x wöchentl.). Fährt nur bei Vorausbuchung von Húsavík weiter nach Þórshöfn (über Ásbyrgi, Kópasker und Raufarhöfn). Spätestens vier Stunden vor Abfahrt bei Strætó anrufen.

➡ Bus 79 nach Þórshöfn (4200 ISK, 2¾ Std., im Sommer So–Fr 1x tgl., im Winter 3x wöchentl.). Siehe Anmerkung oben.

FLUGZEUG

Der Flughafen von Húsavík liegt 12 km südlich der Stadt. **Eagle Air** (☎562 2640; www.eagleair.is) bietet ganzjährig Flüge von Reykjavík nach Húsavík an (einfach 27 100 ISK).

Von Húsavík zur Ásbyrgi-Schlucht

Nördlich von Húsavík folgt die Straße 85 der Küstenlinie der **Halbinsel Tjörnes**. Die Gegend ist berühmt für fossilienreiche Klippen (die ältesten Schichten sind rund zwei Millionen Jahre alt).

Am äußersten Ende der Halbinsel liegt das **Mánárbakki-Museum** (Erw./Kind 500 ISK/frei; ⌚Juni–Aug. 9–18 Uhr) mit der bunt zusammengewürfelten Sammlung des sympathischen Bauern Aðalgeir. Er führt Besucher gerne durch sein Torfdachhaus und zeigt ihnen seine Schätze (Fotos, Möbel, Geschirr usw.).

Abgründe, Spalten und tiefe Senken (typisch für Verwerfungsgebiete) massakrieren den geschundenen Boden von **Kelduhverfi** – an dieser Stelle erreicht der Mittelatlantische Rücken den Arktischen Ozean. Ähnlich wie in Þingvellir ist hier besonders deutlich zu erkennen, wie die Urgewalten Island innerlich zerreißen.

Schlafen & Essen

River Guesthouse PENSION €
(☎463 3390; www.skulagardur.com; EZ/DZ ohne Bad 5500/9000 ISK; 📶) Der riesige, blaue Wohncontainer hat 30 schlichte, günstige Zimmer mit Gemeinschaftsbad und Küche. Die aufgeführten Preise gelten für Übernachtungen im eigenen Schlafsack. Mit Bettwäsche kostet die Unterkunft 6500/13 000 ISK.

Hótel Skúlagarður LANDHOTEL €€
(☎465 2280; www.skulagardur.com; EZ/DZ inkl. Frühstück 16 600/23 000 ISK; 📶) Hinter der abweisenden Fassade eines ehemaligen Internats verbergen sich einladende (wenn auch kleine), moderne Zimmer mit Bad. Angeschlossen ist ein schlichtes Restaurant mit guter Hausmannskost (z. B. ofengegarter Seesaibling oder Lammfilet; Hauptgerichte 2800–4200 ISK). Das Hotel liegt 12 km westlich von der Ásbyrgi-Schlucht.

Keldunes PENSION €€
(☎465 2275; www.keldunes.is; EZ/DZ ohne Bad inkl. Frühstück 12 900/18 900 ISK, Cottages ab 18 900 ISK; 📶) Moderne Pension mit ansprechendem Koch- und Essbereich für Gäste, Hot Pot und breiten Balkonen (perfekt zur Vogelbeobachtung!) sowie auf Wunsch Abendessen. Es gibt auch tolle Cottages mit Bad und ein paar schlichte Holzhütten mit Schlafsackpritschen (4000 ISK). Die Pension liegt 11 km westlich von der Ásbyrgi-Schlucht.

JÖKULSÁRGLJÚFUR (NATIONALPARK VATNAJÖKULL – NORD)

Der Nationalpark Vatnajökull wurde 2008 gegründet. Durch die Vereinigung des ehemaligen Jökulsárgljúfur-Nationalparks im Norden mit dem Skaftafell-Nationalpark im Südwesten entstand das größte Naturschutzgebiet Europas. Ziel der Zusammenlegung war es, den Vatnajökull-Gletscher und seine eiszeitlichen Abflüsse in einem Gebiet gemeinsam zu schützen. Mehr zum Vatnajökull-Nationalpark auf S. 317.

Das Gebiet von Jökulsárgljúfur umfasst einen einzigartigen, subglazialen vulkanischen Berg und eine 30 km lange Schlucht, die der zweitlängste Fluss der Insel, die **Jökulsá á Fjöllum**, gegraben hat. Er entspringt unter der Eisdecke des Vatnajökull und mündet nach fast 200 km am Öxarfjörður in den Atlantik. Ein *jökulhlaup* (durch Vulkanausbrüche unter einem Gletscher entstandener Wasserlauf mit Flutwellen) hat hier eine 100 m tiefe und 500 m breite Rinne ausgefräst.

Der Norden des Vatnajökull-Nationalparks kann grob in drei Abschnitte eingeteilt werden.

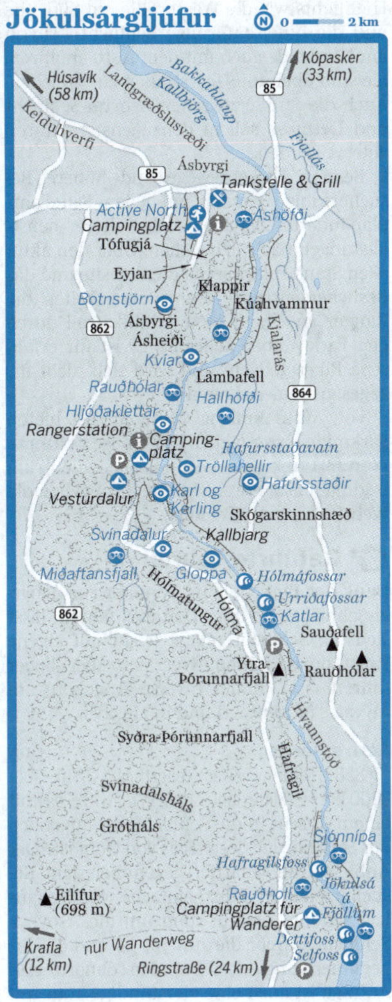

➡ **Ásbyrgi** Das nördliche Ende ist eine bewaldete, von senkrecht abfallenden Felsen umschlossene Ebene. Hier befindet sich das Besucherzentrum.

➡ **Vesturdalur** Der mittlere Teil hat Höhlen und faszinierende geologische Formationen zu bieten.

➡ **Dettifoss** Der mächtige Wasserfall markiert das südliche Ende.

Ein schöner Weg für eine zweitägige Wanderung schlängelt sich durch den Park und führt an allen Sehenswürdigkeiten vorbei. Wer nicht so scharf aufs Wandern ist, kann

Highlights wie die Wasserfälle am Südende und die hufeisenförmige Schlucht Ásbyrgi am Nordende auch mit dem Auto abfahren. Sie sind über gute Teerstraßen zu erreichen. Auch die Straße zwischen Ásbyrgi-Schlucht und Dettifoss soll in den nächsten Jahren geteert werden.

Bessere Verkehrswege und höhere Besucherzahlen werden auf jeden Fall Fahrplanänderungen, aber auch weitere Dienstleistungen nach sich ziehen. Über den aktuellen Stand informieren die Website und das Besucherzentrum. Momentan arbeiten die Ranger an einem Mountainbiketrail durch den Park – aber Achtung: Er ist für erfahrene Biker gedacht und wird sich nicht für Tagesausflügler eignen!

Von Mitte Juni bis Mitte August bieten Parkmitarbeiter täglich kostenlose **geführte Wanderungen** an, die am Besucherzentrum beginnen. Nähere Auskünfte dazu geben die Website oder das Personal.

Geführte Touren

Dank der Busse, die im Sommer zur Ásbyrgi-Schlucht und zum Dettifoss fahren, lässt sich die Schlucht relativ leicht auf eigene Faust durchstreifen. Wer sich aber lieber führen lässt, findet diverse Angebote am Mývatn, in Akureyri und in Húsavík.

Active North REITEN
(☎858 7080; www.activenorth.is; 2 Std. Tour 8900 ISK; ⊙Mitte Juni–Aug.) Wie wäre es mit einem Ausritt in die Schlucht, die angeblich der Hufabdruck des Pferds von Óðin ist? Der Anbieter mit Quartier gegenüber dem Besucherzentrum führt einfache, landschaftlich schöne Ausritte rund um die Ásbyrgi-Schlucht durch, die um 10, 14 und 17 Uhr beginnen und zwei Stunden dauern. Auf Anfrage ist auch eine vierstündige Tour mit Besichtigung einer Lavahöhle (15 900 ISK) möglich.

Schlafen & Essen

Zwischen Húsavík und Ásbyrgi-Schlucht finden Parkbesucher im Umkreis von 15 km mehrere Übernachtungsangebote.

Die **Raststation** (⊙Juni–Aug. 9–22 Uhr, Sept.–Mai 10–18 Uhr) an der Straße 85, nicht weit vom Besucherzentrum der Ásbyrgi-Schlucht entfernt, hat eine Grill-Bar mit einfachem Essen und verkauft ein paar Lebensmittel (eine Zapfsäule gibt's auch). Wanderer decken sich aber besser in Akureyri oder Húsavík mit Vorräten ein.

Campingplätze im Nationalpark CAMPING €
(☎470 7100; www.vjp.is; Stellplatz pro Pers. 1400 ISK plus 100 ISK pro Zelt; ⊙Mitte Mai–Sept.; 📶) Im Park ist Zelten ausschließlich auf den offiziellen Campingplätzen in der Ásbyrgi-Schlucht, in Vesturdalur und am Dettifoss erlaubt.

Der große, gut zugängliche Campingplatz in der **Ásbyrgi-Schlucht** hat gute Duschen (500 ISK) und Waschmaschinen.

Der **Campingplatz Vesturdalur** (Juni–Mitte Sept. geöffnet) liegt in der Nähe der Rangerstation, verfügt aber weder über heißes Wasser noch über Stromanschluss – Toiletten sind hier der einzige Luxus.

Der kostenlose **Campingplatz am Dettifoss** hat nur begrenzte Wasservorräte und ist *ausschließlich* für die Wanderer der beliebten Zweitagestour reserviert.

Praktische Informationen

Die Ranger haben mehrere ausgezeichnete Karten der Region erstellt. In der erstklassigen Park-Karte (350 ISK) im Maßstab 1:55 000 sind die Wanderwege eingezeichnet und nach Schwierigkeitsgrad gekennzeichnet. Ebenfalls nützlich ist die Wanderkarte von Útivist & afþreying Nr. 3 (650 ISK) mit der Ásbyrgi–Dettifoss-Route.

Im Vesturdalur ist eine Rangerstation.

Besucherzentrum (Gljúfrastofa; ☎470 7100; www.vjp.is; ⊙Juli–Mitte Aug. 9–21 Uhr, Juni & Ende Aug. bis 19 Uhr, Mai & Sept. 10–16 Uhr; 📶) Das Besucherzentrum in der Ásbyrgi-Schlucht hat eine Infotheke mit Karten und Broschüren, dazu informative Schautafeln und kompetentes und hilfsbereites Personal, das bei der Buchung von Unterkünften, Ausflügen und Transportmitteln hilft.

Anreise & Unterwegs vor Ort

AUTO

Die (geteerte) Straße 85 schlängelt sich gemütlich zum Nordende des Parks und zum Besucherzentrum in der Ásbyrgi-Schlucht (65 km ab Húsavík).

Es gibt beiderseits der Schlucht zwei Straßen, die parallel in Nord-Süd-Richtung verlaufen:

- **Straße 862 (Westseite)** Von der Ringstraße bis zum Dettifoss (24 km) ist sie geteert. Die restlichen 37 km bis zur Straße 85 und der Ásbyrgi-Schlucht, vorbei an Hólmatungur und Vesturdalur, haben Kiesbelag. Dieser Teil soll in den kommenden Jahren geteert werden (möglicherweise bis Ende 2015; vor Ort nachfragen).
- **Straße 864 (Ostseite)** Die 60 km lange Schotterpiste ist in schlechtem Zustand. Sie ist für normale Pkws zwar machbar, stellt aber den

Fahrer mit Schlaglöchern und ähnliche Schikanen auf eine harte Probe. Es gibt keine Pläne, am Zustand der Strecke etwas zu ändern.

Obwohl der Nationalpark ganzjährig geöffnet ist, dürfen die Schotterpisten je nach Wetter nur von Ende Mai/Ende Juni bis irgendwann zwischen Anfang Oktober und Anfang November befahren werden.

Es wird geraten, die Straßen und markierte Wegen nicht zu verlassen, denn das verursacht große Umweltschäden und ist zudem illegal.

BUS

Sobald die Straße 862 zwischen Ásbyrgi-Schlucht und Dettifoss vollständig geteert ist (was in den nächsten Jahren der Fall sein soll), könnten sich die Busrouten ändern. Neueste Informationen finden sich auf den Websites und/oder beim Besucherzentrum des Nationalparks.

SBA-Norðurleið (☎ 550 0700; www.sba.is) Verbindungen ab der Ásbyrgi-Schlucht:

- Bus 641a nach Húsavík (2200 ISK, 45 Min., Mitte Juni–Aug. 1x tgl.).
- Bus 641a nach Akureyri (6200 ISK, 2 Std., Mitte Juni–Aug. 1x tgl.).
- Bus 641 zu den Hljóðaklettar im Vesturdalur (1800 ISK, 20 Min., Mitte Juni–Aug. 1x tgl.).
- Bus 641 zum Dettifoss (3200 ISK, 1½ Std., Mitte Juni–Aug. 1x tgl.). Am Dettifoss kann man in den Bus 661a nach Krafla zum Mývatn umsteigen.

Strætó (☎ 540 2700; www.straeto.is) Verbindungen ab der Ásbyrgi-Schlucht:

Achtung! Bus 79 (im Sommer 1x tgl. außer Samstag, im Winter 3x wöchentl.) fährt nur bei Vorausbuchung ab Húsavík weiter nach Þórshöfn (über Ásbyrgi, Kópasker und Raufarhöfn). Spätestens vier Stunden vor Abfahrt bei Strætó anrufen.

- Bus 79 nach Húsavík (1750 ISK, 1 Std.).
- Bus 79 nach Kópasker (1050 ISK, 30 Min.).
- Bus 79 nach Þórshöfn (3500 ISK, 2 Std.).

Ásbyrgi-Schlucht

Wer von Straße 85 abbiegt und die flachen, grasbewachsenen Ebenen am Nordende des Parks vor sich sieht, kann sich kaum vorstellen, dass er am Rande eines gewaltigen, hufeisenförmigen Canyons steht. Die vegetationsreiche **Ásbyrgi-Schlucht** ist in Nord-Süd-Richtung 3,5 km lang und im Durchschnitt 1 km breit, sodass die gegenüberliegende Wand manchmal kaum noch erkennbar ist.

Im Süden sind die blanken, dunklen Felswände der Schlucht fast 100 m hoch. Sie schützen ein Birkenwäldchen vor rauen Winden und hungrigen Schafen, sodass manche Bäume bereits die stattliche Höhe von 8 m erreicht haben. Fast im Zentrum der Schlucht erhebt sich der Gesteinskeil Eyjan. Sein Gipfel (4,5 km hin und zurück) wartet auf Bezwinger, ebenso wie die Felsen der **Tófugjá**. Dort beginnt auch ein Weg,

WANDERUNG VON DER ÁSBYRGI-SCHLUCHT ZUM DETTIFOSS

Die beliebteste Wanderung im Jökulsárgljúfur ist die zweitägige Tour (ca. 30 km) von der Ásbyrgi-Schlucht zum Dettifoss. Sie führt durch Birkenwald und üppige Täler, zwischen markanten Gesteinsformationen und aufragenden Felswänden hindurch und an allen wichtigen Sehenswürdigkeiten in der Schlucht vorbei. Am Westrandrand des grandiosen Canyons oder dem Fluss folgend kommt man ins Vesturdalur (12 km bzw. drei bis vier Stunden), wo das Nachtlager aufgeschlagen werden sollte (überall sonst ist es verboten).

Am zweiten Tag geht's weiter zum schäumenden Dettifoss, wobei sich zwei Möglichkeiten bieten: Entweder die bei Weitem schwierigere, aber spektakuläre Route durch die Hafragil-Klamm (18 km) oder die einfachere Route weiter nördlich an der Hafragil vorbei (19 km, sechs bis acht Stunden). Die gesamte Wanderung wird als „anspruchsvoll" eingestuft.

Die Tour kann in beide Richtungen gemacht werden. Die Parkverwaltung empfiehlt aber, in der Ásbyrgi-Schlucht zu starten. Dort gibt es alle nötigen Karten und Broschüren. Außerdem ist der Ausblick wesentlich eindrucksvoller, wenn man sich gen Süden bewegt (in umgekehrter Richtung geht's konstant bergauf). Ständig wechselnde Busfahrpläne (und weitere Änderungen, sollte die geplante vollständige Teerung der Straße 862 einmal abgeschlossen sein) erfordern Rücksprache vor Ort. Aber die Ranger sind zuverlässige Auskunftsquellen, wenn es darum geht, herauszufinden, wo in der Ásbyrgi-Schlucht das Auto geparkt werden kann und wie man vom Dettifoss aus wieder dahin zurückkommt (oder umgekehrt).

der in einer großen Schleife um den Áshöfði hinter den Canyon führt.

Über die Entstehung der Ásbyrgi-Schlucht kursieren u. a. die folgenden beiden Geschichten. Die ersten Siedler glaubten, Óðins achtbeiniges, fliegendes Pferd Slættur (in der Literatur auch Sleipnir genannt) hätte hier aus Versehen fast eine Bauchlandung hingelegt und dabei einen kräftigen Hufabdruck hinterlassen. Die andere Version ist wissenschaftlicher Natur, klingt aber nicht weniger phantastisch. Die Geologen behaupten, der Canyon sei durch eine gigantische Eruption der Grímsvötn-Caldera unter dem recht weit entfernten Vatnajökull entstanden. Der Ausbruch habe einen gigantischen *jökulhlaup* (Gletscherlauf) provoziert, der sich durch das Flusstal der Jökulsá á Fjöllum nordwärts gewälzt und innerhalb weniger Tage den Canyon gegraben habe. Der Fluss soll dann rund 100 Jahre lang durch die Ásbyrgi-Schlucht geflossen sein, bevor er sich wieder in sein heutiges Bett zurückzwängte.

Kurz vor dem Ende der Straße liegt ein Parkplatz (3,5 km südlich vom Besucherzentrum), von dem mehrere leichte, **kurze Wanderwege** durch den Wald zu den Aussichtspunkten über der Schlucht führen. Der östliche Weg endet an einer Quelle nicht weit von der Felswand; der westliche steigt ziemlich an, bietet dafür aber einen tollen Blick auf den Talgrund. Der mittlere Weg führt geradeaus zum **Botnstjörn**, einem kleinen See am Rand der Schlucht.

Vesturdalur

Das Tal Vestadalur liegt abseits der ausgetretenen Pfade und ist wegen seiner abwechslungsreichen Landschaft ein beliebtes Wanderziel. Ein Wegenetz zieht sich durch das Strauchgebiet beim Campingplatz bis zu den von Höhlen durchsetzten Felsnadeln Hljóðaklettar, zur Kraterreihe Rauðhólar, zu den Seen von Eyjan (nicht zu verwechseln mit Eyjan in der Ásbyrgi-Schlucht) und zur eigentlichen Schlucht.

Hljóðaklettar — GESTEINSFORMATION

Die bizarren Wirbel, Spiralen, Rosetten, Waben und Basaltsäulen machen die Hljóðaklettar zum verblüffenden Studienobjekt für Hobbygeologen und zum Highlight jeder Wanderung durch das Vesturdalur. Schwer zu sagen, welche vulkanischen Phänomene diese steinernen Verwindungen hervorgebracht haben: Es gibt ziehharmonikaähnliche Faltungen und sich wiederholende Muster; die normalerweise vertikalen Basaltsäulen (die durch rasch abkühlende Lava entstehen) liegen hier quer.

Die seltsamen Formationen stellen die Akustik auf den Kopf, sodass nicht mehr erkennbar ist, aus welcher Richtung das Rauschen des Flusses kommt – diesem verwirrenden Effekt verdanken die Hljóðaklettar ihren Namen „Echofelsen".

Ein Rundwanderweg (3 km) kann vom Parkplatz in weniger als einer Stunde abgelaufen werden. Die bizarrsten Felsformationen und Lavahöhlen säumen das Flussufer nordöstlich vom Parkplatz.

Rauðhólar — KRATERREIHE

Die Kraterreihe Rauðhólar („rote Hügel") nördlich der Hljóðaklettar präsentiert sich als buntes Band, denn die Aschekegel leuchten in den verschiedensten Farben. Ein 5 km langer Rundweg zu den Kratern beginnt am Parkplatz Vesturdalur.

Karl og Kerling — GESTEINSFORMATION

Die urigen Felsnasen am steinigen Westufer des Flusses (1 km vom Parkplatz Vesturdalur entfernt) heißen Karl og Kerling („Alter Mann und alte Frau") und sollen zwei versteinerte Trolle sein. Auf der anderen Flussseite liegt die Tröllahellir, die größte Höhle der Schlucht, die nur von der Straße 864 aus durch einen 5 km langen Querfeldeinmarsch auf der Ostseite zu erreichen ist.

Eyjan — GESTEINSFORMATION

Wer Karl og Kerling besucht hat, kann auf dem Rückweg zum Vesturdalur einen 7 km langen Abstecher zur Felsinsel Eyjan einschieben, die wie ein Tafelberg aus der Schlucht aufragt und von buschigen Wäldchen und kleinen Teichen überzogen wird. Dafür erst dem Fluss in südlicher Richtung bis Kallbjörg folgen, dort westwärts gehen bis zum verlassenen Anwesen Svínadalur, wo sich die Schlucht zu einem breiten Tal öffnet, und dann unten auf der Westseite der Eyjan-Felsen entlang wieder zurück bis zum Vesturdalur-Parkplatz.

Hólmatungur — NATUR

Üppige Vegetation, rauschende Wasserfälle und die friedliche Atmosphäre machen das Gebiet Hólmatungur zu einer der schönsten Naturoasen im Park. Unterirdische Quellen sprudeln aus dem Boden und vereinigen sich zu kurzen Flüsschen, die sich in Kurven und Kaskaden ihren Weg bis zur Schlucht bahnen. Am beliebtesten ist die 4,5 km lange Rundwanderung vom Parkplatz in nördliche Richtung an der Hólmá entlang bis zum **Hólmáfossar**, wo die schroffen Konturen der Schlucht weicher werden und mehrere hübsche Wasserfälle über die Felsen hüpfen.

Dort geht's dann wieder südwärts, dieses Mal an der Jökulsá entlang, bis diese mit dem Flüsschen Melbugsá zusammenfließt und sie sich dann als **Urriðafossar** in die Tiefe stürzen. Um den Wasserfall in seiner ganzen Pracht zu sehen, am besten den (anspruchsvollen) Pfad nach Katlar gehen.

Der beste Panoramablick auf Hólmatungur bietet sich vom Hügel **Ytra-Þórunnarfjall** südlich des Parkplatzes.

Hómatungur kann nur mit Geländewagen erreicht werden. Ansonsten gibt es noch die Möglichkeit, das Auto im Vesturdalur abzustellen und sich auf eine ganztägige Rundwanderung zu begeben. Zelten ist verboten, aber ein Picknick im Hómatungur lohnt sich.

Dettifoss

Es gibt kaum ein beeindruckenderes Beispiel für die ungeheure Kraft der Natur als den Dettifoss, einen der mächtigsten Wasserfälle Islands.

Obwohl er nur 44 m hoch und 100 m beit ist, lässt er unglaubliche 193 m^3 Wasser pro Sekunde in die Tiefe donnern. Sein Gischtschleier ist noch aus 1 km Entfernung zu sehen. Was das Volumen angeht, ist der Dettifoss die Nummer eins in Europa und als Naturerlebnis einmalig. Wenn die Sonne scheint, spannen sich doppelte Regenbögen über die aufgewühlten, milchig weißen Wassermassen und die Besucher recken die Hälse, um auch wirklich die ganze Wucht mitzubekommen. Vorsicht auf den Pfaden – die Gischt macht sie ziemlich rutschig.

Der Wasserfall ist von beiden Seiten der Schlucht gut zu sehen. Die geteerte Straße 862 führt von der Ringstraße zum Westrand des Dettifoss, wo ein Parkplatz mit Toiletten liegt. Am Parkplatz beginnt ein 2,5 km langer Rundweg zum spektakulären Aussichtspunkt am Felsrand des Dettifoss mit Blick auf seinen kleinen Bruder, den **Selfoss**.

An- & Weiterreise

Im Auto hat man drei Möglichkeiten, zum Dettifoss zu gelangen.

- Die Straße 862 von der Ásbyrgi-Schlucht Richtung Süden: Zum Zeitpunkt der Recherche war sie noch eine Schotterpiste, die jedoch in den nächsten Jahren geteert werden soll. Achtung: Der Schotterabschnitt ist im Winter gesperrt.
- Die Straße 862 von der Ringstraße Richtung Norden: Die Abzweigung zum Dettifoss liegt 27 km östlich von Reykjahlíð (Mývatn). Von hier sind es 24 km auf einer guten Teerstraße bis zum Wasserfall. Im Winter ist die Straße hin und wieder wegen Schnee gesperrt.
- Die Straße 864 am Ostufer des Flusses: Von der Ringstraße bis zur Ásbyrgi-Schlucht ist sie über 60 km eine Schotterpiste. Sie ist zwar keine F-Straße, aber für einen normalen Pkw ohne Allrad trotzdem hart (und im Winter unmöglich).

Viele Touren fahren zum Wasserfall, im Sommer betreibt **SBA-Norðurleið** (☎ 550 0700; www.sba.is) sogar eine Buslinie dorthin. Mitte Juni bis Ende August fährt der Bus 641 täglich einmal von Akureyri nach Húsavík und weiter zur Ásbyrgi-Schlucht. Danach geht die Fahrt Richtung Süden auf der Straße 862 über die Hljóðaklettar im Vesturdalur zum Dettifoss. Der Bus macht eine Stunde Halt am Wasserfall. Danach kann man mit der Buslinie 641a den gleichen Weg zurück fahren oder in den Bus 661a Richtung Krafla und Mývatn umsteigen.

Es empfiehlt sich, Routen und Fahrpläne vor der Fahrt zu checken. Sie könnten sich ändern, sobald die Straße 862 vollständig geteert ist.

RUNDFAHRT IM NORDOSTEN

Die vielen Reisenden, die die Ringstraße nicht verlassen, verpassen den rauen, kaum bewohnten Küstenstreifen rund um die abgelegene Halbinsel im Nordosten. Die Route ist eine faszinierende Alternative zur Direktverbindung zwischen dem Mývatn und Egilsstaðir. Einsame Moore und die Schönheit ungezähmter Natur machen die Region, die bis auf wenige Kilometer an den Polarkreis heranreicht, einzigartig. Wer das ursprüngliche, unverdorbene Island jenseits des Tourismus sucht – hier ist es.

Anreise & Unterwegs vor Ort

BUS

Strætó (☎ 540 2700; www.straeto.is):

- Bus 79 von Akureyri nach Húsavík und weiter nach Þórshöfn auf der Straße 85 (und zurück; im Sommer tgl. außer Samstag, im Winter 3x wöchentl.). Achtung: Diese Linie fährt nur

STRASSEN IM NORDOSTEN

Im Binnenland wurde vor kurzem eine neue Straße gebaut: die geteerte Straße 85, die Kópasker mit dem Osten verbindet. Sie erreicht die Küste in der Nähe von Rauðanes. Davor biegt in nördlicher Richtung die Straße 874 nach Raufarhöfn ab.

Bis jetzt ist auf dem neuen Verkehrsweg wenig los. Trotzdem wird wohl nicht mehr viel getan werden, um die alte, ungeteerte Küstenstraße 85 (die jetzt Straße 870 heißt) in Schuss zu halten. Daher wird die landschaftlich schöne Fahrt über die wenig besuchte Halbinsel **Melrakkaslétta** („Polarfuchsebene") für Fahrzeuge ohne Allradantrieb in absehbarer Zeit zur Nagelprobe werden.

Auf den 55 km zwischen Kópasker und Raufarhöfn passiert die Straße 870 vogelreiche Tiefebenen, Seen und Sumpfgebiete. Von ihr zweigen Pisten und Wege ab, die zu einsamen Leuchttürmen auf abgelegenen Landzungen führen. Lange Zeit galt Hraunhafnartangi als nördlichster Punkt der isländischen Hauptinsel, aber neuesten Messungen zufolge gebührt dieser Titel der benachbarten Landzunge Rifstangi, die nur 2,5 km vom Polarkreis entfernt ist.

bei Vorausbuchung ab Húsavík weiter nach Þórshöfn (über Ásbyrgi, Kópasker und Raufarhöfn). Spätestens vier Stunden vor Abfahrt bei Strætó anrufen.

Es gibt keine Busverbindung von/nach Vopnafjörður.

FLUGZEUG

Air Iceland (☎ 570 3030; www.airiceland.is) bietet wochentags eine Flugverbindung von Akureyri nach Þórshöfn und Vopnafjörður.

Kópasker

120 EW.

35 km nördlich der Ásbyrgi-Schlucht, an der Ostküste des Öxarfjörður, ist Kópasker der erste Durchgangsort, bevor sich die Straße in der Wildnis des Nordostens verliert.

1976 wurde Kópasker von einem starken Erdbeben erschüttert. Das kleine **Erdbebenzentrum** (Skjálfta Setrið; Akurgerði; ⏱ Juni–Aug. 13–17 Uhr) GRATIS im Schulhaus befasst sich mit diesem Beben und anderen tektonischen Bewegungen auf Island. Südlich des Dorfs zeigt das **Byggðasafn** (⏱ Juni–Aug. 13–17 Uhr) GRATIS auf dem Hof Snartarstaðir traditionelle Handarbeiten und Kunsthandwerk. Die lustigen, voll eingekleideten Vogelscheuchen auf den umliegenden Feldern sind echte Hingucker.

Am Zufahrtsweg in den Ort liegt ein kostenloser **Campingplatz**. Eine bequemere Unterkunft bietet das heimelige, von Benni geführte **Kópasker Hostel** (☎ 465 2314; www.hostel.is; Akurgerði 7; B/DZ ohne Bad 4100/11 200 ISK; ⏱ Mai–Okt; 📶). Die Zimmer verteilen sich auf mehrere Gebäude und sind alle bestens in Schuss. In der Nähe liegen diverse Aussichtspunkte, um Vögel (und manchmal auch Robben) zu beobachten. HI-Mitglieder bekommen 600 ISK Rabatt, Leihbettwäsche kostet 1250 ISK. (Zahlung nur in bar.)

Im Ort gibt's einen kleinen Laden und eine Zapfsäule.

Raufarhöfn

165 EW.

Das abgelegene Raufarhöfn (gesprochen: *roy*-wer-hap) mutet ein wenig wie der Schauplatz eines Stephen-King-Romans an. Der unheimlich-ruhige Ort hat einen prominent platzierten Friedhof. Schon zu Sagazeiten war der Hafen ein wichtiger Anlaufpunkt. Aber erst zu Beginn des 20. Jhs. erlebte Raufarhöfn durch den Heringsfang einen echten Boom, der nur von Siglufjörður übertroffen wurde. Die eintönigen Fertighäuser unterbinden heute allerdings jegliche Erinnerung an eine glorreiche Vergangenheit.

Es gibt ehrgeizige Pläne, den Hügel nördlich des Ortes mit einem imposanten Steinkreis zu krönen. Der **Arctic Henge** (www.facebook.com/ArcticHenge) soll einen Durchmesser von 50 m und vier 7 m hohe Tore (für die vier Jahreszeiten) haben. Als exakt konstruierte Sonnenuhr soll er die Sonnwenden anzeigen, Aussichtspunkt für die Mitternachtssonne sein und den Glauben der Einheimischen an die *Völuspá* (Weissagung der Seherin) aus der Edda erklären. Im Hótel Norðurljós steht ein Modell.

Übernachtungsgästen steht ein kostenloser **Campingplatz** auf der Südseite des Ortes zur Verfügung. Dort ist auch die neue Pension **The Nest** (☎ 472 9930; www.nest

house.is; Aðalbraut 16; EZ/DZ ohne Bad ab 9200/13 800 ISK) mit hellen, attraktiven Zimmern und Küchenbenutzung.

Die Fassade des **Hótel Norðurljós** (☎465 1233; www.hotelnordurljos.is; Aðalbraut 2; EZ/DZ 12 600/21 000 ISK; 📶) scheint einen Sturm zu viel erlebt zu haben, aber im Inneren des „Nordlicht" ist es ganz gemütlich. Erlingur, der Besitzer, bietet in seinem **Restaurant** (3-Gänge-Menü 5700 ISK) leckere Hausmannskost an.

Rauðanes

Wanderer können sich südlich von Raufarhöfn auf Rauðanes austoben. Markierte Wege führen zu bizarren Felsformationen, Steintoren, Höhlen und abgeschiedenen Stränden. Die Stichstraße nach Rauðanes zweigt ungefähr auf halber Strecke zwischen Raufarhöfn und Þórshöfn ab (Achtung: Das Schild ist ziemlich klein.) und erfordert Allradantrieb. Ein Parkplatz kommt 1,5 km nach der Abzweigung von Straße 85. Von dort geht's dann auf eine 7 km lange Rundtour durch das absonderliche Gelände.

Þórshöfn & Umgebung

380 EW.

Þórshöfn hat seit Sagazeiten einen betriebsamen Hafen und erlebte seine goldene Ära Anfang des 20. Jhs., als hier eine Station zum Einsalzen von Heringen eingerichtet wurde. Heute gibt sich der Ort ganz bescheiden, ist aber der perfekte Ausgangspunkt für Ausflüge zur abgelegenen Halbinsel Langanes

Sauðaneshús (Erw./Kind 800 ISK/frei; ⌚Juni–Aug. 11–17 Uhr), das alte Pfarrhaus auf dem Kirchenanwesen 7 km nördlich der Stadt Richtung Langanes gibt einen Einblick in das Alltagsleben der Einheimischen vor 100 Jahren. Hier ist auch ein Café. Die Touristeninformation liegt im großen Schwimmbad-/Sportkomplex **Íþróttahús** (Langanesvegur 18; Erw./Kind 600/300 ISK; ⌚Juni–Aug. Mo–Fr 8–20, Sa & So 11–17 Uhr, Sept.–Mai kürzere Öffnungszeiten).

Þórshöfn hat einen **Campingplatz** (Stellplatz pro Pers. 1000 ISK). Dazu kommen die Pension **Lyngholt** (☎897 5064; www.lyngholt.is; Langanesvegur 12; EZ/DZ 9500/13 900 ISK) in einem hübschen Holzhaus nicht weit vom Schwimmbad und Zimmer auf dem Hof **Ytra-Aland** (☎468 1290; www.ytra-aland.is; DZ mit/ohne Bad 18 000/14 000 ISK), 18 km westlich des Ortes. Dort begrüßt die Gastgeberin Bjarnveig ihre Gäste morgens mit Pfannkuchen und einem herzlichen Lächeln. Schlafsackunterkünfte kosten 4500 ISK, auf Wunsch gibt's Abendessen. Küchenbenutzung und Infos zum Angeln und Wandern sind im Preis inbegriffen.

Essadressen sind in Þórshöfn dünn gesät. Am zuverlässigsten ist die glanzlose **N1-Grill-Bar** (Burger, Lammkotelett, usw.). Am Hafen (hinter der N1) gibt es noch ein Restaurant, das häufig Namen und Besitzer wechselt – vielleicht mal ausprobieren. Selbstversorger können sich im **Samkaup-Strax** (⌚Mo–Fr 9.30–18, Mo–Fr, Sa 10–14 Uhr) eindecken.

Langanes

Die neblige Landzunge Langanes erinnert der Form nach an eine Gans mit überdimensioniertem Kopf. Sie ist einer der einsamsten Flecken Islands, platt wie eine Flunder und übersät von Mooskissen und Geröll – ideal also, um die neuen Wanderschuhe einzulaufen.

Die Straße 869 endet nach 17 km auf der insgesamt 50 km langen Halbinsel. Theoretisch könnte der restliche Weg bis zum Leuchtturm Fontur an der Spitze im Allradwagen zurückgelegt werden, aber unterwegs gibt's einige recht schwierige Passagen.

Wer sich in der Gegend umsehen will, sollte sich im ausgezeichneten **Ytra Lón HI Hostel** (☎846 6448; www.hostel.is/ytralon; B/DZ ohne Bad 4300/11 200 ISK, DZ-Apt. ab 15 900 ISK) einquartieren. Es liegt 14 km nordöstlich von Þórshöfn, nicht weit von der Straße 869, und gehört zu einer Schaffarm, die von einer freundlichen niederländisch-isländischen Familie betrieben wird. Die Zimmer sind hell und sauber, es gibt einen gemütlichen Gemeinschaftsbereich und einen Hot Pot. Unter einer Art Gewächshausdach steht eine Reihe von Frachtcontainern, die sich als originelle Studio-Apartments mit Bad und Kochnische entpuppen. Frühstück 1600 ISK, Bettwäsche 1250 ISK, im Hostel bekommen HI-Mitglieder 700 ISK Rabatt. Zum Zeitpunkt der Recherche war unklar, ob die Apartments bleiben; hier sollte man vor der Reise den Stand der Dinge prüfen.

Wer kein eigenes Fahrzeug hat, kann im Ytra Lón anrufen und sich gegen Bezahlung in Þórshöfn abholen lassen.

ABSEITS DER ÜBLICHEN PFADE

ANS ENDE DER WELT FAHREN ODER WANDERN

Verlassene Höfe, einsame Leuchttürme, Robbenkolonien und windgepeitschte, von Vögeln bevölkerte Klippen – es gibt auf der Welt nur wenige Orte, die eine solche Aura der Abgeschiedenheit verströmen wie Langanes. Highlight der Gegend ist die neue Aussichtsplattform über den Vogelklippen von **Skoruvíkurbjarg**. Sie befindet sich oberhalb einer Gesteinssäule, an der Tausende von Basstölpeln nisten. In der Nähe gibt es auch Alkenkolonien, darunter Trottellummen und Papageitaucher.

Langanes ist zum Wandern ideal und es lohnt sich, im Ytra Lón oder bei einer der örtlichen Touristeninformationen die Karte Nr. 7 von *Útivist & afþreying* zu erwerben. Eine tolle Quelle ist auch die Karte *Birding Trail*, die Infos zur Vogelbeobachtung im Nordosten (von Mývatn bis Langanes) liefert, mit zusätzlichen Online-Informationen unter www.birdingtrail.is.

Wenn die Zeit drängt, ist auch eine Tour im Allradwagen möglich. Sie wird im Ytra Lón (S. 277) in Zusammenarbeit mit der in Húsavík ansässigen Agentur Fjallasýn (S. 266) angeboten. Los geht's wahlweise in Húsavík oder am Hostel. Die 2½-stündige Fahrt zu den Vogelklippen bei Skoruvík kostet 8600 ISK (mind. 2 Pers.). Eine fünfstündige Fahrt mit Stippvisite im Geisterdorf Skálar und beim Leuchtturm von Fontur kostet 14 400 ISK. Fjallasýn bietet auch eine geführte, viertägige Wanderung quer über Langanes an, die im Ytra Lón beginnt und endet. Alle Touren müssen vorab gebucht werden, Details stehen auf der Website.

Vopnafjörður & Umgebung

550 EW.

Der „Waffenfjord" war einst die Heimat eines furchteinflößenden Drachens, der den Nordosten Islands beschützte. Aber heute gibt's ja keine Drachen mehr; die Gegend wirkt total friedlich und ist hauptsächlich bekannt für seine überragenden Lachsreviere (sogar Prinz Charles hat hier schon gefischt).

Übrigens wird Vopnafjörður offiziell Ostisland zugerechnet und Online-Informationen sind unter www.east.is zu finden. Wir haben es in diesem Reiseführer unter Nordisland aufgeführt, weil es logistisch am besten im Zuge einer Rundfahrt im Nordosten, entlang der Straße 85, zu erreichen ist.

Sehenswertes & Aktivitäten

Kaupvangur HISTORISCHES GEBÄUDE

(Hafnarbyggð 4) Das auffälligste Gebäude im Städtchen ist das restaurierte Zollhaus mit einem tollen **Café** und einem **Informationszentrum** im Erdgeschoss. In der Etage darüber widmet sich eine gut gemachte Ausstellung zwei berühmten Söhnen von Vopnafjörður, sozusagen dem isländischen Gegenstück der Gebrüder Gershwin. Im 2. Stock wird über ostisländische Auswanderer berichtet – verzweifelte Einheimische buchten genau hier ihre Schiffspassage nach Amerika.

Bustarfell MUSEUM

(www.bustarfell.is; Erw./Kind 700/100 ISK; ⏲Mitte Juni–Mitte Sept. 10–17 Uhr) Das Volkskundemuseum, für das viel Werbung gemacht wird, ist in einem hübschen Herrenhaus mit Grassodendach aus dem 18. Jh. südwestlich der Stadt untergebracht. Sein idyllisches Café serviert hausgebackenen Kuchen und Kaffee. Es liegt 6 km abseits der Straße 85 und 19 km von Vopnafjörður entfernt. Man kann aber auch über die geteerte Straße 920 hinfahren.

Selárdalslaug SCHWIMMBAD

(Erw./Kind 500/200 ISK; ⏲10–18 Uhr) Das originelle Schwimmbad liegt mitten im Niemandsland 8 km nördlich von Vopnafjörður in der Nähe der Straße 85 auf der Südseite des Flusses Selá und ist ausgeschildert. Ein kurzer Halt, um sich in das geothermisch aufgeheizte Wasser des Hot Pots sinken zu lassen (und die von Kerzen beleuchteten Umkleideräume zu bewundern, denn es gibt hier keinen Strom) lohnt sich auf jeden Fall.

Schlafen & Essen

In den Tälern rund um Vopnafjörður sind ein paar hervorragende ländliche Pensionen.

Under the Mountain/ Refsstaður II PENSION €

(☎473 1562; undirfjoll@underthemountain.is; EZ/DZ ohne Bad 5000/8000 500 ISK; 📶) Cathy, eine Amerikanerin mit isländischen Wurzeln, ist die geborene Gastgeberin. Auf ihrem Hof, 9 km südlich der Stadt, fühlt sich jeder willkommen. Die Anfahrt erfolgt über die Straße 917 bis zur kleinen Rollbahn und dann etwa 4 km weiter auf der Straße 919. Schlafsackunterkünfte kosten 3500 ISK, wer länger bleibt, bekommt Rabatt (im Winter vorher anrufen). Selbstversorger dürfen die Küche benutzen.

Cathy betreut die Ausstellung im Kaupvangur und hat interessante Ansichten zum im Landleben in Island.

Campingplatz CAMPING €
(Stellplatz pro Pers. 1100 ISK) Wer die Miðbraut in nördlicher Richtung entlangfährt und an der Schule links abbiegt, landet auf einem guten Campingplatz mit Blick auf den Fjord und die Stadt.

Hvammsgerði PENSION €€
(☎588 1298; www.hvammsgerdi.is; EZ/DZ ohne Bad inkl. Frühstück 10 800/16 900 ISK; 📶) Gleich nördlich der Abzweigung nach Selárdalslaug (etwa 9 km nördlich des Ortes) steht dieser begrüßenswerte Neuzugang unter den Unterkünften: Die gemütliche, familienfreundliche Pension hat hübsche Zimmer, niedliche Haustiere zum Streicheln und legefrische Eier zum Frühstück. Schlafsackunterkünfte sind auch vorhanden (3300 ISK).

Kaupvangskaffi CAFÉ €
(Hafnarbyggð 4; Suppenbuffet 1250 ISK; ⌚10–22 Uhr; 📶) So ziemlich jeder, der durch den Ort kommt, macht hier einen Boxenstopp. Aus gutem Grund: Der Kaffee ist hervorragend und mittags gibt's ein riesiges Suppenbuffet und eine tolle Auswahl an süßen Sachen.

Kauptún SUPERMARKT
(Hafnarbyggð 4; ⌚Mo–Fr 9.30–18, Sa 12–16 Uhr) Der Supermarkt teilt sich den Parkplatz mit dem Kaupavangur.

ABSTECHER

STRASSE 917

Östlich von Vopnafjörður führt die größtenteils ungeteerte Straße 917 73 km weit durch spektakuläre Berglandschaften und über die 655 m hohe **Hellisheiði** hinunter zur Ostküste. Bei schlechtem Wetter wird sie manchmal unpassierbar, aber im Sommer dürften selbst Kleinwagen keine größeren Probleme haben. Die Straße klettert über diverse Haarnadelkurven stetig in die Höhe und stürzt sich dann todesmutig hinunter zu den eisigen Flussdeltas des **Héraðssandur**.

Vinbúðin ALKOHOLISCHE GETRÄNKE
(⌚Juni–Aug. Mo–Do 16–18 Uhr, Sept.–Mai kürzere Öffnungszeiten) Staatlicher Alkoholladen.

ℹ Praktische Informationen

Touristeninformation (☎473, 1331 462286; www.vopnafjordur.com; Hafnarbyggð 4; ⌚Mo–Fr 11–17 Uhr) Residiert im Kaupavangur und bietet gute Informationen. Broschüren sind auch außerhalb der Öffnungszeiten zu bekommen; besonders nützlich sind die kostenlosen Führer zu den örtlichen Wanderwegen.

ℹ An- & Weiterreise

Es gibt keine Busverbindungen nach Vopnafjörður.

Der Ort liegt 137 km von Reykjahlíð und 136 km von Egilsstaðir (via Straße 85 und Ringstraße) entfernt. Vor der Abfahrt Tankanzeige checken!

Kürzer (95 km), schöner und definitiv aufregender ist die Fahrt nach Egilsstaðir durch die Berge auf der Schotterpiste 917.

Ostisland

Inhalt ➡

Gut essen

- Skaftfell Bistro (S. 297)
- Randulffssjóhus (S. 301)
- Egilsstaðir Guesthouse (S. 286)
- Klausturkaffi (S. 289)
- Kaupfélagsbarinn (S. 302)

Schön übernachten

- Ferðaþjónustan Mjóeyri (S. 300)
- Skálanes (S. 298)
- Hótel Aldan (S. 296)
- Fosshotel Ostfjorde (S. 303)
- Silfurberg (S. 304)

Auf nach Ostisland

Der vielfältige, nur spärlich besiedelte Osten Islands, rund 650 km von der Hauptstadt entfernt, präsentiert sich leiser als andere Landesteile. Er zeichnet sich mehr durch subtilen Charme als durch massentaugliche Attraktionen aus. Die reizvollsten Ziele sind hier die Ostfjorde. Besonders dramatisch ist die Landschaft rund um die nördlichen Fjorddörfer zu Füßen der kargen Berge, von denen zahllose Wasserfälle hinabstürzen. An schönen Tagen gehören Wanderungen und Kajaktouren zu den unvergesslichen Erlebnissen der Reise.

Landeinwärts, südwestlich von Egilsstaðir, erstreckt sich der längste See Islands. Seine Ufer bieten viel Abwechslung. Tiefer im Landesinneren locken verlassene Höfe, kahle Berge und von Rentieren bevölkerte, einsame Heideflächen und natürlich der Snæfell, einer der berühmtesten Gipfel Islands.

Reisende auf Ringstraßen-Tour übernachten oft einfach nur in Egilsstaðir und düsen dann weiter – sie verpassen etwas! Die spektakulären Fjorde, wunderschönen Wanderwege, faszinierende Geologie und freundlichen Dörfer des Ostens gehören zu den versteckten Schätzen des Landes.

Entfernungen (km)

	Djúpivogur	Reykjavík	Egilsstaðir	Borgarfjörður Eystri	Seyðisfjörður	Neskaupstaður
Reykjavík	552					
Egilsstaðir	85	698				
Borgarfjörður Eystri	155	702	70			
Seyðisfjörður	111	660	27	92		
Neskaupstaður	164	703	72	140	96	
Breiðdalsvík	64	612	84	153	109	100

An- & Weiterreise

Auf der Website des ostisländischen Tourismusportals (www.east.is) erfährt man unter der Rubrik „Travel", wie man in diese Region kommt, welche Reisemöglichkeiten es vor Ort gibt und wohin man weiterreisen kann. Auch die Fahrpläne der Busse, die zwischen den Fjorden verkehren, werden hier veröffentlicht.

BUS

Von/nach Ostisland Egilsstaðir ist ein wichtiger Knotenpunkt an der Ringstraße.

Im Winter gibt's keine Busverbindung zwischen Egilsstaðir und Höfn.

SBA-Norðurleið (☎550 0720; www.sba.is; die Busse halten am Campingplatz; keine Busse im Winter):

- Bus 62 nach Höfn (8800 ISK, 4½ Std., Juni–Mitte Sept. 1-mal tgl.)
- Bus 62a nach Reykjahlíð, Mývatn (5700 ISK, 2½ Std., Juni–Mitte Sept. 1-mal tgl.)
- Bus 62a nach Akureyri (9000 ISK, 4 Std., Juni–Mitte Sept. 1-mal tgl.)

Strætó (☎540 2700; www.straeto.is; die Busse halten an der N1-Tankstelle, Ecke Miðvangur):

- Bus 56 nach Reykjahlíð, Mývatn (4550 ISK, 2 Std., Juni–Mitte Sept. 1-mal tgl., sonst 4-mal wöchentl.)
- Bus 56 nach Akureyri (6300 ISK, 3½ Std., Juni–Mitte Sept. 1-mal tgl., sonst 4-mal wöchentl.)

FLUGZEUG

Der Flughafen liegt 1 km nördlich von Egilsstaðir. **Air Iceland** (Flugfélag Íslands; ☎570 3030; www.airiceland.is) fliegt ganzjährig bis zu 5-mal täglich von Reykjavík nach Egilsstaðir. Diese Flüge sind sehr begehrt und stellen im Winter teils die einzige Verbindung in den Osten dar.

Unterwegs vor Ort

AUTO

Egilsstaðir liegt an der Ringstraße, die jedoch nicht zu den Ostfjorden führt. Wer dorthin fahren will, hat folgende Möglichkeiten:

- Straße 92 in Richtung Süden zum Reyðarfjörður und zu anderen Fjorden in der Nähe
- Straße 93 in Richtung Osten nach Seyðisfjörður
- Straße 94 in Richtung Norden zum Borgarfjörður Eystri

Leihwagen Wer mit dem Flieger oder der Fähre nach Ostisland kommt, findet bei den großen Autoverleihern (Avis, Budget, Hertz und Europcar) in Egilsstaðir einen fahrbaren Untersatz.

BUS

Innerhalb von Ostisland bietet der täglich verkehrende SBA-Norðurleið-Bus 62/62a Verbindungen zwischen den Fjorden. Der Bus von Egilsstaðir nach Höfn hält in Reyðarfjörður, Fáskrúðsfjörður, Stöðvarfjörður, Breiðdalsvík, an der Jugendherberge Berunes und in Djúpivogur.

Nahverkehrsbusse von **SVAust** (☎471 2320; www.east.is) fahren von Egilsstaðir zu den Dörfern an den Fjorden. Diese Busse befördern keine Fahrräder!

Neben direkten Verbindungen nach Borgarfjörður Eystri (im Sommer) und Seyðisfjörður bedient SVAust ganzjährig die folgenden beiden Strecken, v. a. für Pendler zur Alcoa-Aluminiumfabrik. Die Busse verkehren täglich (am Wochenende seltener); der Fahrpreis hängt von der Entfernung ab. Näheres dazu im Internet oder in den Touristeninformationen.

- Linie 1 Egilsstaðir–Reyðarfjörður–Eskifjörður–Neskaupstaður (Nordfjörður)
- Linie 2 Reyðarfjörður–Fáskrúðsfjörður–Stöðvarfjörður–Breiðdalsvík

DAS LANDESINNERE

Egilsstaðir

2330 EW.

Egal, wie viel Mühe man sich gibt, etwas versteckten Charme zu entdecken – Egilsstaðir ist nicht wirklich schön. Die Stadt ist regionaler Verkehrsknotenpunkt sowie regionales Gewerbezentrum, sodass das Dienstleistungsangebot recht gut ist – das gilt auch für Unterkünfte und Restaurants. Der Ort wächst schnell, aber eher planlos und hat im Grunde kein richtiges Zentrum.

Etwas Positives kann Egilsstaðir dann aber doch vorweisen: Es liegt am Ufer des wunderbaren Lagarfljót, Islands drittgrößtem See. Seit Sagazeiten erzählt man sich Geschichten von einem Ungeheuer, das tief im See hausen soll. Wer ein bisschen auf Monsterjagd gehen oder den Wald am Ostufer des Sees erkunden will, für den ist Egilsstaðir ein sehr guter Ausgangspunkt.

Übrigens: Im Sommer sollte man, wenn möglich, nicht die Nacht von Mittwoch auf Donnerstag für eine Übernachtung in Egilsstaðir wählen, da am Donnerstagmorgen vom 27 km entfernten Seyðisfjörður die Fähre nach Dänemark bzw. zu den Färöern ablegt und Betten, Restauranttische

Highlights

1. Anreise mit Stil: auf der Fähre einen herrlichen, langen Fjord entlanggleiten und im Künstlerdorf **Seyðisfjörður** (S. 293) anlanden
2. Am wunderschönen **Borgarfjörður Eystri** (Bakkagerði; S. 291) mit dem „versteckten Volk" plaudern und spaßige Papageitaucher knipsen
3. An den bewaldeten Ufern des **Lagarfljót** (S. 288) nach Seeungeheuern Ausschau halten
4. Am **Mjóifjörður** (S. 298) mit seinen Wasserfällen, im grünen **Skálanes** (S. 298) oder im pferdebegeisterten **Húsey** (S. 286) stille Abgeschiedenheit erleben
5. Eine überwältigende Mineraliensammlung in **Stöðvarfjörður** (S. 303) bestaunen
6. Von Eskifjörður über den haarsträubenden Straßenpass bei Oddsskarð nach **Neskaupstaður** (S. 301) fahren

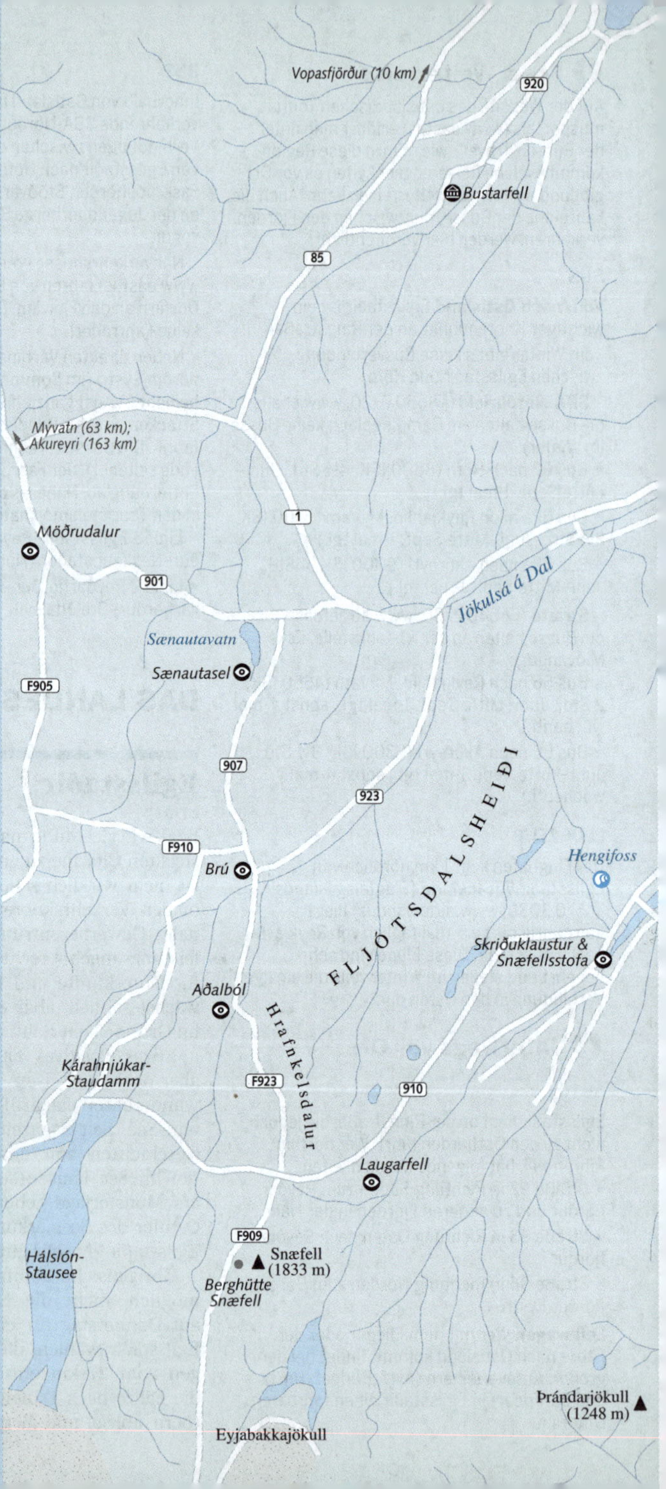

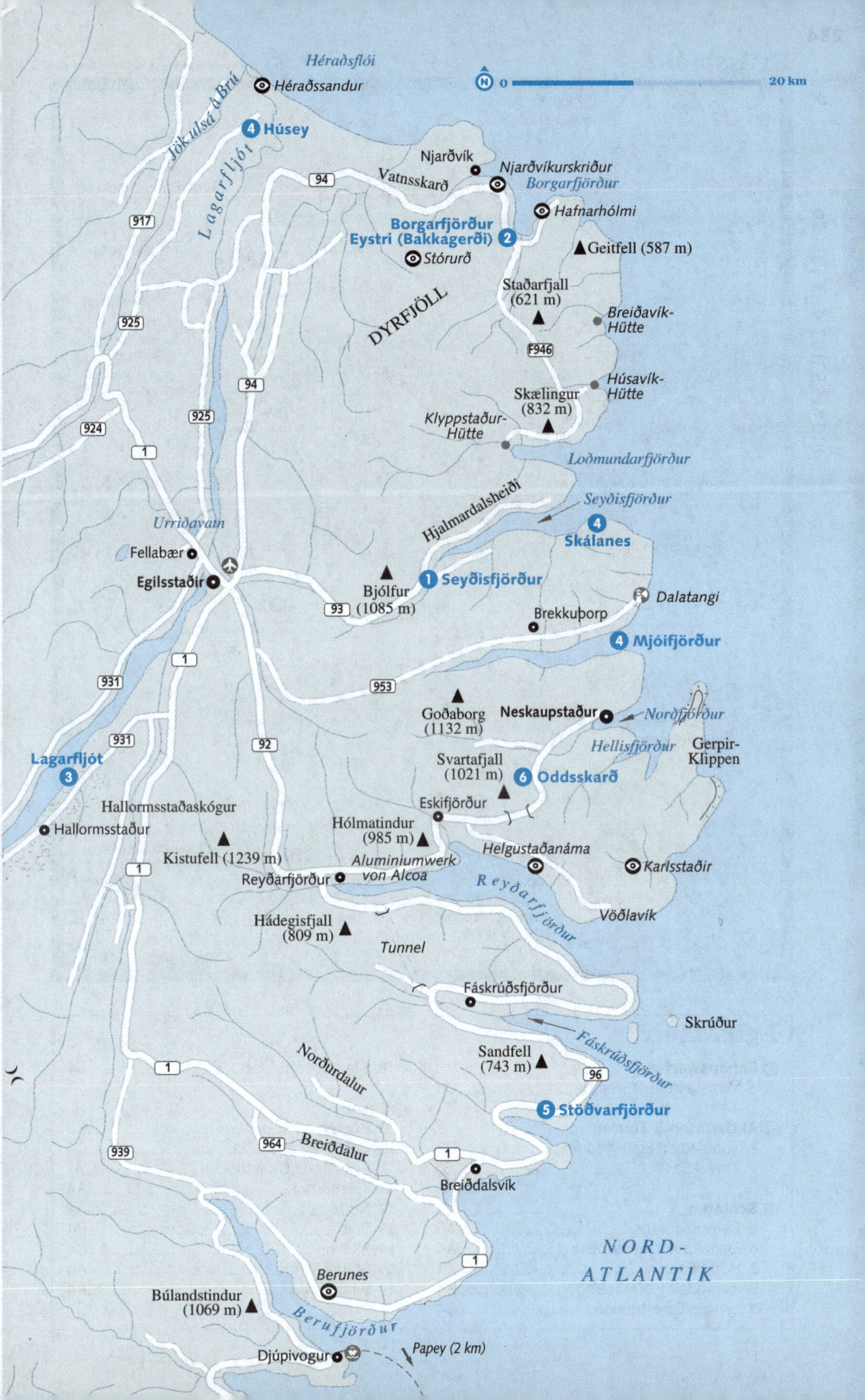

Héraðsflói
Héraðssandur
0
20 km
Jökulsá á Brú
4 Húsey
Lagarfljót
Njarðvík
Njarðvíkurskriður
94
Vatnsskarð
Borgarfjörður
Hafnarhólmi
917
Borgarfjörður Eystri (Bakkagerði) 2
Stórurð
Geitfell (587 m)
Staðarfjall (621 m)
Breiðavík-Hütte
925
DYRFJÖLL
F946
94
Húsavík-Hütte
Skælingur (832 m)
925
924
Klyppstaður-Hütte
1
Loðmundarfjörður
Hjalmardalsheiði
Seyðisfjörður
4 Skálanes
Urriðavatn
Fellabær
Egilsstaðir
Bjólfur (1085 m)
1 Seyðisfjörður
93
Dalatangi
Brekkuþorp
4 Mjóifjörður
1
931
953
Goðaborg (1132 m)
Neskaupstaður
Norðfjörður
931
92
Hellisfjörður
Gerpir-Klippen
Lagarfljót 3
Svartafjall (1021 m)
6 Oddsskarð
Hallormsstaðaskógur
Eskifjörður
Hallormsstaður
Hólmatindur (985 m)
Kistufell (1239 m)
Aluminiumwerk von Alcoa
Helgustaðanáma
Karlsstaðir
1
Reyðarfjörður
Reyðarfjörður
Vöðlavík
Hádegisfjall (809 m)
Tunnel
Fáskrúðsfjörður
Skrúður
Fáskrúðsfjörður
Norðurdalur
Sandfell (743 m)
1
96
5 Stöðvarfjörður
964
Breiðdalur
939
1
Breiðdalsvík
NORD-ATLANTIK
1
Berunes
Búlandstindur (1069 m)
Berufjörður
Djúpivogur
Papey (2 km)

Egilsstaðir

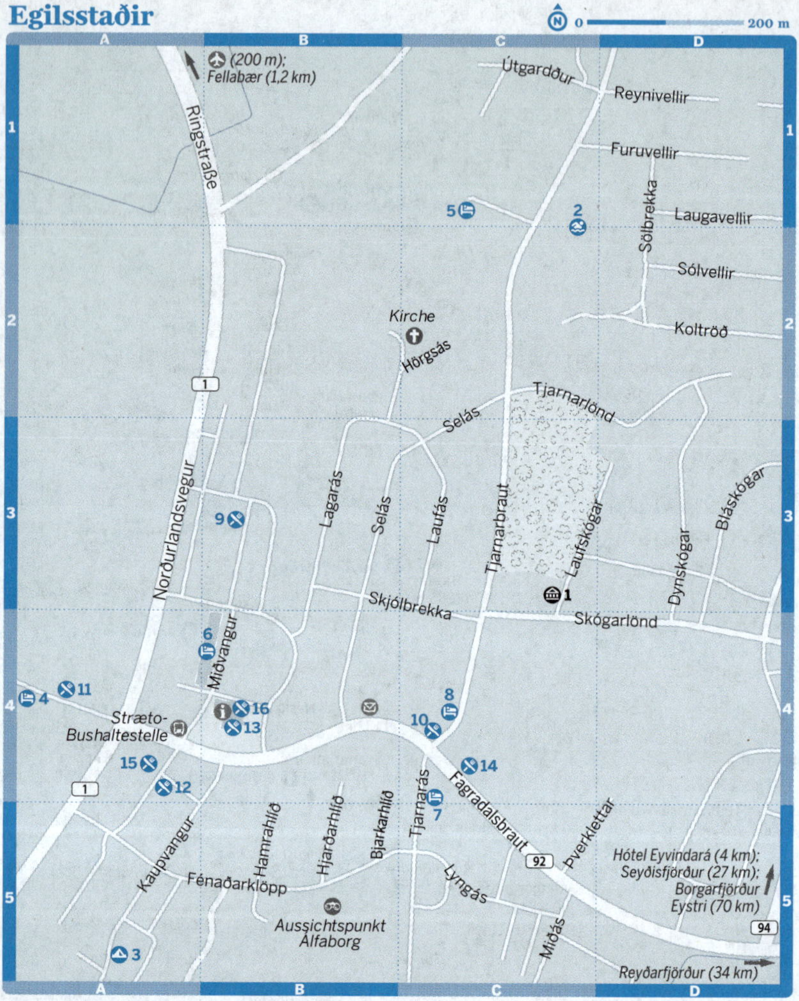

Egilsstaðir

Sehenswertes

1 Minjasafn Austurlands C3

Aktivitäten & Touren

2 Sundlaugin Egilsstöðum C2
Travel East .... (s. 3)

Schlafen

3 Campingplatz A5
4 Egilsstaðir Guesthouse A4
5 Hótel Edda C1
6 Icelandair Hótel Hérað B4
7 Lyngás Guesthouse C4
8 Olga Guesthouse C4

Essen

9 Bónus B3
10 Café Nielsen C4
Egilsstaðir Guesthouse .... (s. 4)
11 Fjóshornið A4
12 Nettó A4
13 Salt B4
14 Skálinn C4
15 Söluskálinn A4
16 Vínbúðin B4

und Zeltplätze dann Mangelware sind. Wer selbst die Fähre nehmen will, sollte die Übernachtung weit im Voraus buchen.

Sehenswertes & Aktivitäten

Mehrere ambitionierte Industrieprojekte, die in letzter Zeit verwirklicht wurden (Kárahnjúkar-Staudamm, Aluminiumfabrik Alcoa) haben Egilsstaðir in Schwung gebracht. Umweltschützer waren zwar nicht begeistert, aber für die Einheimischen bedeutete das neue Jobs.

Eine fieberhafte Bautätigkeit brach aus, um für die neu zugezogenen Arbeiter Wohnungen zu schaffen. Das wird sich mit der Zeit sicherlich auch auf das Kultur- und Unterhaltungsangebot der Stadt auswirken, aber momentan sieht's damit noch eher mau aus.

Minjasafn Austurlands MUSEUM
(Ostisländisches Heimatmuseum; www.minjasafn.is; Laufskógar 1; Erw./Kind 800 ISK/frei; ⏲ Juni–Aug. 13–17 Uhr) Ein nettes Museum mit Schwerpunkt Kulturgeschichte der Region.

Sundlaugin Egilsstöðum SCHWIMMBAD, HOT POT
(Tjarnarbraut 26; Erw./Kind 550/250 ISK; ⏲ Juni–Aug. Mo–Fr 6.30–21.30, Sa & So 10–18 Uhr, Sept.–Mai Schließzeit 1 Std. früher) Saunen, Hot Pots und Fitnessraum gehören zum Angebot des beliebten Schwimmbads nördlich des Ortskerns.

Geführte Touren

Jeep Tours JEEPTOUREN
(☎898 2798; www.jeeptours.is) Agnar, der sich sehr gut auskennt, bietet von Egilsstaðir ausgezeichnete Tagesausflüge im Geländewagen ins Hochland an, z. B. zur Askja und zur Herðubreið (38 000 ISK), zum Snæfell (34 000 ISK) oder als Rentiersafari. Die Agentur gehört zu den wenigen Anbietern, die eine Tagestour zur Kverkfjöll-Bergkette im Programm haben (38 000 ISK; erst auf der geteerten Straße 910 bis zum Kárahnjúkar-Staudamm, dann über einsame Allradpisten). Welche Touren im Winter angeboten werden, steht auf der Website.

Travel East REITEN, JEEPTOUREN
(☎471 3060; www.traveleast.is; Kaupvangur 17) Travel East hat einen Buchungsschalter am Campingplatz und bietet verschiedene Aktivitätentouren in der Region an: Reiten, Wandern, Superjeeptouren, Skifahren, Hochseeangeln usw.

Wild Boys WANDERTOUREN
(☎864 7393, 896 4334; www.wildboys.is) Der kleine Anbieter arrangiert geführte Wanderungen in der Region, u. a. Tageswanderungen zum Snæfell oder Dyrfjöll und Stórurð beim Borgarfjörður Eystri sowie mehrtägige Wanderungen im östlichen Hochland.

Festivals & Events

Ein Veranstaltungskalender wird unter der Rubrik „What to See and Do" auf www.east.is veröffentlicht.

JEA Jazzfestival MUSIK
(www.jea.is) Ende Juni steigt in Egilsstaðir Islands ältestes Jazzfestival.

Ormsteiti KULTUR
(www.ormsteiti.is) Die mögliche Existenz eines Seemonsters ist ein guter Vorwand, um Ende August ein zehntägiges Kulturfestival zu veranstalten.

Dagar Myrkurs KULTUR
Während der „Tage der Dunkelheit" Anfang November feiert Egilsstaðir zehn Tage lang das abnehmende Tageslicht und den Wintereinzug mit Geistergeschichten, Fackelumzügen und Public Viewing von Polarlicht.

Schlafen

Die Preise in diesem Kapitel beziehen sich gewöhnlich auf das Jahr 2014; aktuelle Preise sind auf den jeweiligen Websites zu finden.

Lyngás Guesthouse PENSION €
(☎471 1310; www.lyngas.is; Lyngási 5–7; DZ ohne Bad 14 900 ISK; 📶) Hinter einer nichtssagenden Fassade verbergen sich sechs frische Zimmer mit Aussicht, mehrere größere Familienzimmer und eine Gästeküche. Wer den eigenen Schlafsack mitbringt, kann ein paar Kronen sparen.

Olga Guesthouse PENSION €
(☎860 2999; www.gistihusolgu.com; Tjarnabraut 3; EZ/DZ ohne Bad ab 12 400/14 700 ISK) In guter Lage im Zentrum bietet die in Rot gehaltene Pension Olga fünf Zimmer, die sich drei Bäder und eine Küche teilen. Alle Zimmer sind mit Einrichtungen zum Tee- und Kaffeekochen, TV und Kühlschrank ausgestattet. Zwei Häuser weiter befindet sich die Schwesterpension, das gelbe Birta Guesthouse, geführt von denselben freundlichen Betreibern und mit ähnlich guten Einrichtungen. Frühstück kostet 1550 ISK.

ABSTECHER

HÚSEY

Der Weg nach Húsey ist zwar malerisch, aber mühsam: Nach ca. 30 km auf der Ringstraße geht es weitere 30 km auf den ungeteerten Straßen 925 und 926 am Fluss Jökulsá á Dal entlang. Allerdings gibt's einen guten Grund, zu diesem abgelegenen Hof hinauszufahren: die einfache, rustikale **Jugendherberge Húsey** (☎ 471 3010; www.husey.de; B/DZ ohne Bad 4030/9600 ISK).

Dort stehen Pferde für Ausritte bereit (der zweistündige Reitausflug mit Robbenbeobachtung beginnt täglich um 10 und 17 Uhr und kostet 6200 ISK), verschiedene Fußwege führen zu wahren Vogelparadiesen und in Flussnähe aalen sich die Robben in der Sonne. Die familiäre Atmosphäre des Hostels macht Lust, mehrere Tage zu bleiben. Auf Wunsch werden gern längere Reitausflüge arrangiert. Es gibt zwar eine Gästeküche, aber keinen Laden in der Nähe, deshalb sollten Vorräte mitgebracht werden (Frühstück kann bestellt werden). Leihbettwäsche kostet 1100 ISK. Eine rechtzeitige Buchung ist empfehlenswert. Wer keinen fahrbaren Untersatz hat, sollte sich nach Abholmöglichkeiten erkundigen.

Campingplatz CAMPING €
(Kaupvangur 17; Stellplatz 1200 ISK pro Pers.; ⌚ Juni–Sept.; @ 📶) Die Parzellen sind zwar in sehr zweckmäßigen Reihen abgesteckt, aber der Platz liegt zentral und die Serviceeinrichtungen sind okay – es gibt Waschmaschinen und ein Café, aber keine Küche für die Camper. An der Rezeption werden Fahrräder verliehen (3900 ISK für 24 Std.) und bei Travel East kann man hier Touren buchen.

Hótel Eyvindará HOTEL, COTTAGES €€
(☎ 471 1200; www.eyvindara.is; Eyvindará II; EZ/DZ mit Frühstück ab 18 600/23 000 ISK; ⌚ April–Okt.; 📶) Das 4 km außerhalb des Ortes an der Straße 94 gelegene, familiengeführte Eyvindará bietet hübsche neue Hotelzimmer sowie gute Zimmer im Motelstil und Holzhäuschen. Letzte stehen versteckt unter Tannen; die Motelzimmer verfügen über Veranden und haben schöne Ausblicke. Außerdem gibt's ein recht gutes Restaurant.

Hótel Edda HOTEL €€
(☎ 444 4880; www.hoteledda.is; Tjarnarbraut 25; EZ/DZ 19 200/21 700 ISK; ⌚ Juni–Mitte Aug.; @ 📶) Ein typisches gut geführtes Edda-Hotel, das für die Ferienzeit in das Schulgebäude gegenüber dem Schwimmbad einzieht. Die sauberen, schnörkellosen Zimmer haben eigene kleine Bäder. Vom Restaurant eröffnen sich Panoramablicke.

Egilsstaðir Guesthouse LANDHOTEL €€€
(☎ 471 1114; www.lakehotel.is; EZ/DZ mit Frühstück 22 520/30 100 ISK; @ 📶) Das alte Gehöft am Ufer des Lagarfljót, 300 m westlich der Kreuzung, gab der Stadt Egilsstaðir ihren Namen. Hier ist ein Gästehaus eingezogen, das mittlerweile so groß ist, dass es auch als Hotel durchgehen kann. Die Zimmer im alten Flügel wurden behutsam renoviert, ohne ihnen ihren Charakter zu nehmen. Die 30 modernen Zimmer im Neubau sind eher neutral. Außerdem gibt's ein ausgezeichnetes Restaurant.

Icelandair Hótel Hérað HOTEL €€€
(☎ 471 1500; www.icelandairhotels.is; Miðvangur 5–7; Zi. ab 30 000 ISK; @ 📶) Das im Businessstil eingerichtete, freundliche Hotel hat den erwarteten Komfort mit allem Pipapo und setzt schöne farbliche Akzente. Ein Restaurant (Hauptgerichte 2700–7250 ISK) lädt zum Schlemmen ein; Spezialität: Rentier.

✕ Essen

Wer gerade einen Tankstopp einlegen muss, kann seinen knurrenden Magen im geschäftigen **Söluskálinn** (⌚ 8–23.30 Uhr) in der N1-Tankstelle an der Ringstraße besänftigen oder in Richtung Fjorde weiterfahren und im **Skálinn** (Fagradalsbraut; ⌚ Mo–Fr 8–22, Sa & So 9–22 Uhr) bei der Shell-Tankstelle einkehren.

Bókakaffi Hlöðum CAFÉ €
(www.bokakaffi.is; Helgafelli 2; Suppenbuffet 1590 ISK; ⌚ Mo–Fr 10–17 Uhr; 📶) In Fellabær, auf der Westseite der Brücke von Egilsstaðir, verwöhnt das nette, ruhige Café mit hochwertigem Kaffee, leckerem Gebäck, Retromöbeln, Vinylplatten und Second-Hand-Büchern.

Fjóshornið CAFÉ €
(⌚ Juni–Aug. Mo–Fr 14–18 Uhr) Regionale Produkte bester Qualität bietet die „Kuhstallecke" gleich neben dem Egilsstaðir Guesthouse: Hier werden Rindfleisch und Molkereiprodukte wie *skyr*, Joghurt und Feta direkt vom Erzeuger verkauft. Außerdem gibt's Kaffee und hausgemachten Kuchen.

Salt INTERNATIONAL €€
(www.saltbistro.is; Miðvangur 2; Mahlzeiten 1290–3000 ISK; ⌚10–23 Uhr; 📶🍃👶) Das coole Café-Bistro präsentiert eine der interessantesten und vielseitigsten Speisekarten im ländlichen Island. Nur leider kommt das Restaurant zuweilen mit den Gästemassen, die es anlockt, nicht zurecht. Doch das Essen ist ausgezeichnet. Tipp: die Gerstenpizza mit Gourmetbelag oder die Burger, Salate, Crêpes und indischen Tandoori-Gerichte.

Café Nielsen INTERNATIONAL €€
(Tjarnarbraut 1; Mahlzeiten 1600–7100 ISK; ⌚Mo–Fr 11.30–23.30, Sa & So 13–23.30 Uhr; 📶👶) Im ältesten Haus von Egilsstaðir serviert das heimelige Café Nielsen eine riesige Auswahl an Köstlichkeiten, die von Hummersuppe und Rentierfleisch über Nachos bis Barbecue-Sandwich reichen. Im Sommer sind die begrünte Terrasse und der Garten sehr verlockend. Das Mittagsbuffet mit Suppe, Salat und Pasta kostet 1850 ISK.

★ **Egilsstaðir Guesthouse** ISLÄNDISCH €€€
(☎471 1114; www.lakehotel.is; Mittagessen 1290–2590 ISK, Hauptgerichte abends 2790–5890 ISK; ⌚11.30–22 Uhr; 📶) Hier wird mit die kreativste Küche Ostislands geboten: Die Speisekarte ist ganz auf die Qualitätsprodukte der Region (Lamm, Fisch, Wild) ausgerichtet. Das Rindfleisch stammt sogar direkt von der Farm: Sehr empfehlenswert sind etwa das langsam gegarte Filet mit Béarnaise-Schaum und das Tenderloin mit Gänse-Confit. Die Nachspeisen werden hübsch präsentiert. Tischreservierung ratsam.

Nettó SUPERMARKT
(⌚Mo–Fr 9–20, Sa 9–18, So 12–18 Uhr) Hinter der N1-Tankstelle.

Bónus SUPERMARKT
(⌚Mo–Do 11–18.30, Fr 10–19.30, Sa 10–18, So 12–18 Uhr) Nördlich der N1-Tankstelle an der Ringstraße.

Vínbúðin ALKOHOLISCHE GETRÄNKE
(Miðvangi 2–4; ⌚Juni–Aug. Mo–Do 11–18, Fr bis 19, Sa bis 16 Uhr, Sept.–Mai kürzere Öffnungszeiten) Staatlicher Alkoholladen.

ℹ Praktische Informationen

Touristeninformation (☎471 2320; www.east.is; Miðvangur 2–4; ⌚Juni–Aug. Mo–Fr 8–18, Sa & So 10–16 Uhr, Sept.–Mai Mo–Fr 8–16 Uhr) Alles für die Erkundung der Ostfjorde, auch Karten.

ℹ Orientierung

Hinter dem Flughafen im Norden, auf der anderen Seite des Sees, liegt die Zwillingsstadt von Egilsstaðir: Fellabær. Dort gibt's zwar einige Unterkünfte, aber die meisten Läden und Dienstleistungsbetriebe sind in einem großen Gebäudeblock nicht weit von der Ringstraße in Egilsstaðir untergebracht. Das ist auch die beste Stelle, um zu trampen.

ℹ An- & Weiterreise

Als Verkehrsdrehscheibe Ostislands hat Egilsstaðir einen eigenen Flughafen. Alle Buslinien (S. 281) machen hier Halt.

ℹ STRECKENOPTIONEN

Wer von Egilsstaðir Richtung Süden unterwegs ist, hat mehrere Möglichkeiten (wer von Djúpivogur Richtung Norden fährt, liest diese Beschreibungen in umgekehrter Reihenfolge).

Straße 1 Von Egilsstaðir führt die **Ringstraße** nach Süden, dann nach Osten durch das Breiðdalur nach Breiðdalsvík und schließlich an der Küste entlang nach Djúpivogur. Die Strecke Egilsstaðir–Breiðdalsvík ist 82 km lang und durchgehend asphaltiert; s. S. 304.

Straße 939 Die raue, landschaftlich reizvolle Schotterstraße 939 bietet eine Abkürzung über den **Bergpass Öxi** (nicht bei schlechtem Wetter oder Nebel). Die Straße zweigt etwa 48 km südlich von Egilsstaðir von der Ringstraße ab und erreicht nach 19 km das Ende des Berufjörður.

Straße 92 & 96 Die dritte Möglichkeit ist die Fahrt von Egilsstaðir nach Breiðdalsvík über die Straßen 92 und 96, über die **Fjorde** Reyðarfjörður, Fáskrúðsfjörður und Stöðvarfjörður. Mit 92 km ist diese Möglichkeit nur etwas länger als die Ringstraße und sie ist durchgehend asphaltiert. Im Winter, wenn die Ringstraße im Bereich der Hochebene Breiðdalsheiði durch Schnee gesperrt ist, ist dies oft die einzig mögliche Strecke. Es wird sogar in Erwägung gezogen, die Ringstraße eines Tages offiziell über die Straßen 92 und 96 verlaufen zu lassen.

Lagarfljót

In den graubraunen Fluten des Flusses und Sees Lagarfljót soll seit Wikingerzeiten ein furchterregendes Ungeheuer hausen, der **Lagarfljótsormur**. Die letzte Sichtung dieses *wyrm* („Wurm") erregte einiges Aufsehen: Ein Bauer der Gegend machte 2012 Aufnahmen von einem riesigen Wesen, das sich im Fluss bewegte, und veröffentlichte sie. Sie wurden fast fünf Millionen Mal auf YouTube aufgerufen und sorgten international für Schlagzeilen. Mehr dazu steht auf www.ormur.com.

Ob imaginär oder real, jedenfalls muss das arme Monster ziemlich frieren, denn der Lagarfljót entspringt an der Eiskappe des Vatnajökull und fließt nordwärts zum Nordpolarmeer. Südlich von Egilsstaðir verbreitert sich der Fluss zu einem 38 km langen und 50 m tiefen See, der auch Lögurinn genannt wird.

Auch wenn sich das Monster nicht blicken lässt, ist der See ein hübsches Ausflugsziel. Die teils geteerte, am weniger befahrenen Westufer geschotterte Straße 931 zweigt etwa 10 km südlich von Egilsstaðir von der Ringstraße ab und führt um den See herum nach Fellabær – eine Schleife von rund 70 km.

Hallormsstaðaskógur

Islands größter **Wald**, der Hallormsstaðaskógur, hat auf der mit Bäumen nicht gerade reich gesegneten Insel quasi Kultstatus. Zwar würden wir das nicht unbedingt „Wald" nennen, doch angesichts der kahlen, abweisenden Bergrücken nördlich und südlich von Egilsstaðir ist der Hallormsstaðaskógur eine nette grüne Abwechslung. Hier wachsen heimische Zwergbirken und Ebereschen sowie rund 80 weitere, aus aller Welt importierte Baumarten.

Schlafen & Essen

Campingplatz Atlavík CAMPING €
(Stellplatz 1200 ISK pro Pers.) Auf dem in einer bewaldeten Bucht am Seeufer gelegenen, beliebten Campingplatz Atlavík werden an Sommerwochenenden oft feuchtfröhliche Partys gefeiert. Hier gibt es auch Tretboote, Ruderboote und Kanus zu leihen.

Campingplatz Höfðavík CAMPING €
(Stellplatz 1200 ISK pro Pers.) Der zweite Campingplatz am See liegt gleich nördlich der Tankstelle; er ist klein und ruhig.

INSIDERWISSEN

ISLAND MIT EINHEIMISCHEN

Aufgrund seiner geringen Besiedlung mit nur rund 11 000 Einwohnern, der Entfernung von der Hauptstadt und der Möglichkeit, auf der Ringstraße einfach durchzufahren, hat Ostisland Mühe, sich die Aufmerksamkeit zu verschaffen, die es verdient. **Tanni Travel** (☎476 1399; www.meetthelocals.is) hofft, das zu ändern, und arbeitet mit Einheimischen daran, Reisenden einzigartige Erlebnisse zu verschaffen. Das Unternehmen ist zwar in Eskifjörður ansässig, ist aber in ganz Ostisland aktiv. Es bietet verschiedenste geführte Dorfspaziergänge (Juni–Mitte Sept. tgl.) und kann auch Reiserouten ausarbeiten und Führer und Aktivitäten arrangieren, was besonders im Winter praktisch ist. Einzigartig in Island ist die Möglichkeit, bei Einheimischen zu Hause zu Abend zu essen (13 000 ISK pro Pers.).

Hótel Hallormsstaður HOTEL €€
(☎471 2400; www.hotel701.is; Hotel EZ/DZ 23 900/30 700 ISK, Pension EZ/DZ ohne Bad 14 250/19 400 ISK, jeweils mit Frühstück; @ᯤ) Der hinter Bäumen versteckte, große Gebäudekomplex bietet ländlich-idyllische Unterkünfte, von modernen Hotelzimmern bis hin zu Häuschen und Zimmern im Gästehaus **Grái Hundurinn**, dazu zwei Restaurants (mit beliebtem Abendbuffet im Sommer) und schöne Außenanlagen.

Außerdem werden jede Menge Aktivitäten angeboten, z. B. Reiten und Quadtouren, und es werden Fahrräder verliehen.

Hengifoss

Hengifoss WASSERFALL
Hinter der Brücke über den Lagarfljót liegt an der Straße 931 der Parkplatz für die Besucher des zweithöchsten Wasserfalls Islands, des Hengifoss. Das Wasser stürzt 118 m tief in eine braun-rot gestreifte, felsige Schlucht.

Der Hengifoss ist nur zu Fuß zu erreichen (hin und zurück 1–2 Std., 2,5 km je Strecke). Vom Parkplatz führt ein langer Treppenaufgang den Berg hinauf – der Hengifoss ist dann schon bald in der Ferne zu sehen. Der Aufstieg ist stellenweise recht steil, aber flacht dann in der Schlucht wieder ab.

Auf halber Strecke befindet sich der kleinere Wasserfall **Lítlanesfoss**, der von senkrechten Basaltsäulen umgeben ist.

Skriðuklaustur

Skriðuklaustur MUSEUM

(www.skriduklaustur.is; Erw./Kind 1000 ISK/frei; ⌚Juni–Aug. 10–18 Uhr, Mai & Sept. 12–17 Uhr) Etwa 5 km südlich des Hengifoss liegt das fotogene Skriðuklaustur, wo im 16. Jh. ein Kloster errichtet wurde. Später hat sich der bei den Nationalsozialisten beliebte isländische Schriftsteller Gunnar Gunnarsson (1889–1975) daneben häuslich eingerichtet. Das auffällige, schwarz-weiße Gebäude mit Grassodendach von 1939 beherbergt nun ein ihm gewidmetes Kulturzentrum. Gunnarsson war sehr produktiv und vor allem in Dänemark und Deutschland populär – in seinen besten Zeiten erreichte er Auflagen, die nur von Goethe übertroffen wurden.

Das Haus zeigt auch eine Ausstellung über das frühere Augustinerkloster, das 1550 während der Reformation zerstört wurde. Zu den archäologischen Fundstücken gehören Knochen, die vermuten lassen, dass Skriðuklaustur als Hospiz genutzt wurde.

★ **Klausturkaffi** CAFÉ €€

(www.skriduklaustur.is; Skriðuklaustur; Mittagsbuffet Erw./Kind 2800/1400 ISK; ⌚Juni–Aug. 10–18 Uhr, Mai & Sept. 12–17 Uhr) Das Klausturkaffi bietet ein tolles Mittagsbuffet aus lokalen Zutaten (Fischsuppe, Rentierpastete, Brombeer-*skyr*-Kuchen) an. Noch verlockender ist das Kuchenbuffet (Erw./Kind 1850/925 ISK) von 15 bis 17.30 Uhr.

Snæfellsstofa

Nationalpark-Besucherzentrum BESUCHERZENTRUM

(☎470 0840; www.vjp.is; ⌚Juni–Aug. Mo–Fr 9–18, Sa & So 10–18 Uhr, Mai & Sept. Mo–Fr 10–16, Sa & So 13–17 Uhr) Das Besucherzentrum konzentriert sich auf den östlichen Teil des Nationalparks Vatnajökull. Perfekt gemachte Dokumentationen zeigen die Naturschätze des östlichen Hochlands, es gibt Karten zu kaufen und die Angestellten beraten Besucher zu Wanderungen und anderen Aktivitäten im Park.

Snæfell-Region

Niemand scheint zu wissen, ob der 1833 m hohe Snæfell ein erloschener oder ein noch aktiver Vulkan ist, der sich gerade nur eine Ruhepause gönnt. Islands höchster Berg außerhalb des Vatnajökull-Massivs ist relativ gut zugänglich und deswegen bei Wanderern und Bergsteigern beliebt.

Der Snæfell erhebt sich über dem Südteil der Fljótsdalsheiði, einem Gebiet mit sumpfiger Tundra, Geröllhalden, ewigen Schneefeldern und Bergseen, das sich vom Lagarfljót nach Westen ins Hochland erstreckt. Er gehört zum weitläufigen Vatnajökull-Nationalpark, auf dessen Website www.vjp.is viele nützliche Infos stehen. Auch das Besucherzentrum des Parks, Snæfellsstofa, ist eine gute Quelle für Wissenswertes, Tipps und Kartenmaterial. Wer sich durch die Gegend chauffieren lassen will, sollte sich in Egilsstaðir die Angebote von Jeep Tours (S. 285) anschauen.

Kárahnjúkar

Die Arbeiten am umstrittenen Wasserkraftwerk Kárahnjúkar brachten einen Ausbau der Straßen rund um den Snæfell mit sich, darunter die geteerte Straße 910 ab Fljótsdalur, die gleich nördlich von Skriðuklaustur abbiegt. Sie ist die beste Zufahrt, aber immer noch ziemlich steil, bis sie schließlich abflacht. Sie ist mit einem normalen Pkw zu befahren.

Eine schöne, 60 km lange Strecke führt von der Abzweigung zum Staudamm und Stausee. Hier kann man sich an Infotafeln und Aussichtspunkten ein Bild von der ingenieurstechnischen Meisterleistung machen und einen Blick auf die unglaubliche Schlucht **Hafrahvammagljúfur** unterhalb

BOXENSTOPP

Auf halbem Weg zwischen Egilsstaðir und Borgarfjörður taucht eine der schrägsten Erscheinungen der Straßen Ostislands auf: eine pistaziengrüne Bude inmitten endloser Ödnis. Das kleine Gebilde wurde von einem einheimischen Exzentriker errichtet und ist nicht mehr und nicht weniger als ein solarbetriebener Kaltgetränkeautomat. Ist das Gerät gerade abgeschaltet, muss nur der Schalter auf „an" geknipst werden (kein Witz) und schwupps! gibt es nach zwei Minuten ein erfrischend kaltes Getränk oder einen Snack (in der Wartezeit kann man sich ins Gästebuch eintragen).

des Damms werfen. Von Juni bis August leitet ein Vertreter des Energieunternehmens mittwochs und samstags um 14 und 17 Uhr kostenlose Führungen am Damm (siehe www.landsvirkjun.com/company/visitus).

An der Straße 910 gibt's oft wilde Rentiere zu sehen. Wer seine Badehose eingepackt hat, kann an den heißen Quellen des **Laugarfell Highland Hostel** (☎773 3323; www.laugarfell.is; B/2BZ 5500/16 000 ISK) Halt machen, wo es auch komfortable Unterkünfte und warme Abendmahlzeiten sowie tagsüber kleine Speisen gibt. Das Hostel liegt 2 km abseits der Straße 910 und ist auch mit normalem Pkw zu erreichen.

Hinter dem Aussichtspunkt am Damm sind für die Weiterfahrt ein großer Geländewagen und ein GPS erforderlich – diese Gegend ist wirklich sehr abgeschieden.

Snæfell

Auf der Straße F909, die von der 910 abzweigt, ist ein Geländewagen erforderlich, z. B. um zur **Berghütte Snæfell** (☎842 4367; snaefellsstofa@vjp.is; N 64°48.250', W 15°38.600'; Stellplatz/B 1400/5600 ISK pro Pers.) unterhalb des Gipfels zu kommen. Die Hütte hat 50 Schlafplätze, eine Küche, Duschen und einen Zeltplatz.

Der Aufstieg als solcher ist für erfahrene, gut vorbereitete Wanderer zwar nicht schwierig, aber das Wetter kann problematisch werden und Steigeisen sind ratsam. Am beliebtesten ist die Westroute, die je nach Eisverhältnissen sechs bis neun Stunden dauert. Am besten beim Hüttenwirt erkundigen.

Eine der anspruchsvollsten und lohnenswertesten Trekkingtouren Islands führt vom **Snæfell zum Gebiet Lónsöræfi** im Südosten Islands. Die fünftägige, 45 km lange Wanderung beginnt an der Snæfell-Hütte und führt über den Gletscher Eyjabakkajökull (einen Arm des Vatnajökull) zu den Hütten Geldingafell, Egilssel und Múlaskáli, bevor die Route zur Küste nach Stafafell abfällt.

Diese Strecke sollte nicht leichtfertig angegangen werden – sie eignet sich nur für erfahrene Wanderer. Notwendig sind ein Satelliten-Navigationsgerät und zur Gletscherüberquerung Erfahrung im Umgang mit Seil, Steigeisen und Eispickel. Wer es sich nicht allein zutraut, sollte die Tour besser im Rahmen einer organisierten Wanderung, z. B. mit Icelandic Mountain Guides (S. 146), machen. Die angebotene fünftägige Rucksacktour (50 km) durch das Lónsöræfi-Gebiet (ab 119 000 ISK) heißt „Im Schatten des Vatnajökull" und beginnt im Feuchtgebiet Eyjabakkar östlich des Snæfell. Sie lässt die Gletscherüberquerung aus.

Hrafnkelsdalur

Die Straße F923, die von der Straße 910 abzweigt und nur mit Geländewagen befahrbar ist, führt in das Tal Hrafnkelsdalur, wo sich viele Schauplätze aus der *Hrafnkells saga* finden. Das einsame Gehöft **Aðalból** (☎471 2788; www.simnet.is/samur; Stellplatz 1700 ISK pro Pers., EZ/DZ ohne Bad 9900/14 800 ISK; ⏱Juni–Aug.) war die Heimat des Sagahelden Hrafnkell Freysgoði, dessen Grabhügel hier besichtigt werden kann. Ein markierter Sagaweg führt zu den verschiedenen Plätzen, die in der Geschichte erwähnt werden (siehe Kasten S. 291). Das Gehöft umfasst eine Pension, einen Campingplatz sowie eine Tanksäule, außerdem gibt's auf Vorbestellung Mahlzeiten.

Aðalból ist auch von der Ringstraße aus zu erreichen, und zwar nach 43 km auf der unbefestigten Straße 923, die südlich des Hofs zur F-Straße wird.

DIE OSTFJORDE

Die Fjorde sind das eigentliche Highlight Ostislands. Trotz (meist) guter Asphaltstraßen und der Aktivitäten rund um das Aluminiumwerk Alcoa wirken die Ostfjorde noch immer recht abgeschieden – ein Eindruck, der durch die gewaltigen, dramatischen Berge und die winzigen Fischerdörfer zu ihren Füßen noch verstärkt wird.

Sie bieten herrliche Wanderwege, Kajaktouren zu fernen Landspitzen und Abertausende von Seevögeln. Es ist gar nicht so einfach zu entscheiden, welcher der schönste Fjord ist: Am Borgarfjörður, an dem man sehr gut wandern kann, erheben sich Klippen aus Rhyolithgestein, der Seyðisfjörður verströmt eine fröhliche Atmosphäre, der Mjóifjörður ist durchsetzt von zahlreichen Wasserfällen und der Norðfjörður lockt mit einem schwindelerregenden Auf- bzw. Abstieg. Es bleibt also nur eins: Anschauen und den eigenen Favoriten wählen. Im Folgenden werden die Ostfjorde von Norden nach Süden beschrieben. Der Vopnafjörður wird im Kapitel Nordisland (S. 278) beschrieben.

HRAFNKELLS SAGA

Die Saga von Hrafnkell ist dank ihrer knappen Handlung und der einprägsamen Figuren eine der meistgelesenen Islandsagas. Die Geschichte ist deshalb so interessant, weil sich ihre Grundprämissen gegen alle modernen Ideen von Recht, Unrecht und Gerechtigkeit zu stellen scheinen. Die einzigen Schlussfolgerungen sind „Es ist besser zu leben als zu sterben" und „Es ist besser, die Unterstützung mächtiger Stammeshäuptlinge zu genießen, als sich auf irgendeinen Gott zu verlassen".

Die Hauptfigur, Hrafnkell, ist ein religiöser Fanatiker, der auf dem Hof Aðalból im Hrafnkelsdalur einen Tempel für den Gott Freyr baut. Hrafnkells geliebter Hengst Freyfaxi ist dem Gott geweiht und Hrafnkell leistet den Schwur, jeden zu töten, der das Pferd ohne Erlaubnis reitet. Wie zu erwarten, tut das aber jemand. Der Hengst bringt einen jungen Schäfer dazu, sich auf seinen Rücken zu schwingen und loszugaloppieren, um eine versprengte Herde Schafe zu finden. Als Hrafnkell entdeckt, was geschehen ist, erschlägt er den unfolgsamen Jugendlichen mit seiner Axt.

Als der Vater des Jungen, Þorbjörn, für den Tod seines Sohnes Entschädigung fordert, weigert sich Hrafnkell zu zahlen. Stattdessen bietet er an, für Þorbjörn zu sorgen, wenn dieser alt ist. Diesen Vorschlag weist der Vater stolz zurück. Die beiden werden in einen Rechtsstreit verwickelt, der zur Folge hat, dass Hrafnkell geächtet wird. Dieser ignoriert das Urteil und kehrt nach Hause zurück.

Kurze Zeit später taucht Þorbjörns Neffe Sámur Bjarnason auf, um die Familienehre wieder herzustellen. Er hängt Hrafnkell an seinen Achillessehnen auf, bis dieser zustimmt, ihm seinen Hof und seine Güter zu übergeben. Sámur lässt ihm dann die Wahl, ob er ein Dasein in Unterwürfigkeit und Unehre fristen oder auf der Stelle sterben möchte. Man könnte annehmen, dass sich ein Sagaheld für den Tod entscheiden würde, aber Hrafnkell wählt das Leben.

Sámur zieht nach Aðalból und richtet sich ein. Der heidnische Tempel wird zerstört und das Pferd Freyfaxi mit Steinen beschwert und über eine Klippe geworfen, sodass es ertrinkt. Hrafnkell ist mittlerweile davon überzeugt, dass er seinem Lieblingsgott egal ist. Er widerruft seine religiösen Glaubenssätze und lässt sich auf einem neuen Hof nieder, Hrafnkelsstaðir. Er schwört seiner Rachsucht ab und wird zu einem freundlichen, einfachen Bauern, der in seiner Umgebung so beliebt ist, dass er mehr Reichtum und Einfluss gewinnt als je zuvor.

Eines Tages kommen Sámur und sein Bruder Eyvindur auf dem Weg nach Aðalból an Hrafnkells Hof vorbei. Hrafnkells Magd sieht sie und stachelt ihren Herrn dazu an, für die erlittene Erniedrigung Rache zu nehmen. Hrafnkell vergisst seine Rolle als Gutmensch, heftet sich den lästigen Brüdern an die Fersen, tötet Eyvindur und bietet Sámur dieselbe Wahl, die ihm selbst vorher aufgezwungen worden war: Aðalból aufzugeben und in Schande zu leben oder zu sterben. Auch Sámur entscheidet sich für das Leben. Hrafnkell gewinnt seine alten Ländereien zurück und lebt danach glücklich auf Aðalból.

Borgarfjörður Eystri (Bakkagerði)

90 EW.

Umrahmt von schroffen Rhyolithzacken auf der einen und den spektakulären Dyrfjöll-Bergen auf der anderen Seite zeichnet sich das winzige Dorf Bakkagerði durch eine atemberaubende Lage aus. Die Gegend ist ein wahres Wanderparadies. Das Dorf selbst ist nichts Besonderes, auch wenn Treibholzskulpturen, unsichtbare Elfen und kreischende Seevögel einen zauberhaften Charme verströmen.

Information zu der Gegend gibt es auf www.borgarfjordureystri.is.

Sehenswertes & Aktivitäten

★ **Hafnarhólmi** INSEL

(www.puffins.is) Etwa fünf Kilometer hinter der kleinen Kirche liegt der malerische Hafen (für kleine Boote) mit der Miniatur-Insel Hafnarhólmi. Sie beherbergt eine große **Papageitaucher-Kolonie**. Auf der Aussichtsplattform können Besucher die rührend tapsigen Tiere wie auch andere Seevögel aus nächster Nähe erleben. Die Papageitaucher nisten hier von Mitte April bis Mitte August, andere Vogelarten wie Dreizehenmöwen und Eissturmvögel bleiben manchmal länger.

Lindarbakki HISTORISCHES GEBÄUDE

Das „grünste" Haus im Dorf ist nicht zu übersehen – das knallrote Lindarbakki (1899) ist fast völlig mit stoppeligem, grünem Gras bewachsen. Nur ein paar Fenster und ein gewaltiges Geweih lugen daraus hervor. Es ist ein privates Wohnhaus und nicht für die Öffentlichkeit zugänglich, aber die Infotafel davor erzählt seine Geschichte.

Álfaborg NATURSCHUTZGEBIET

Der Álfaborg (Elfenfelsen), ein kleiner, unter Naturschutz stehender Hügel nahe dem Campingplatz, ist der „borg", dem der Borgarfjörður Eystri seinen Namen verdankt. Manche Einheimische glauben, dass hier die isländische Elfenkönigin lebt. Von ganz oben bietet sich ein großartiger Blick über die umliegenden Felder.

Bakkagerðiskirkja KIRCHE

Jóhannes Sveinsson Kjarval (1885–1972), Islands bekanntester Maler, wuchs ganz in der Nähe auf und bezog einen Großteil seiner Inspiration vom Borgarfjörður Eystri und seiner Umgebung. Sein ungewöhnliches Altarbild in der kleinen Kirche zeigt die Bergpredigt und richtet sich direkt an dieses Dorf: Jesus predigt vor dem Hintergrund des Bergs Dyrfjöll auf dem Álfaborg.

Musteri Spa SPA

(☎861 1791; www.blabjorg.is; Erw./Kind 2800/1000 ISK; ⏲14–22 Uhr oder n. V.) Das Spa unterhalb vom Blábjörg Guesthouse wartet mit wunderbaren Ausblicken sowie Whirlpools drinnen und draußen und Saunas auf – Abgehärtete können sich anschließend im Meer abkühlen.

Ævintýraland KINDERZENTRUM

(Abenteuerland; Eintritt 500 ISK; ⏲Juni–Aug. 13–17 Uhr; 👪) Im netten kleinen Ævintýraland können sich die Kids mit einem iPod auf ein Kissen kuscheln und sich Elfengeschichten erzählen lassen. Malen, Verkleiden und magische Steinsammlungen sind weitere Attraktionen, die angeboten werden.

Festivals & Events

Bræðslan MUSIK

(www.braedslan.is) Am dritten Juli-Wochenende findet in einer ehemaligen Heringsfabrik eines der besten Sommermusikfestivals der Insel statt. Es ist sowohl für die exzellenten Konzerte als auch für seine intime Atmosphäre berühmt. Auf der Playlist stehen große isländische und auch einige internationale Stars.

In der Vergangenheit sind hier schon Emiliana Torrini (die den Sommer oft in Borgarfjörður verbrachte), Damien Rice, Of Monsters and Men sowie Mugison aufgetreten.

Schlafen

★ **Blábjörg Guesthouse** PENSION €

(☎861 1792; www.blabjorg.is; EZ/DZ ohne Bad mit Frühstück 10 100/14 400 ISK; 📶) In einer clever umgebauten Fischfabrik hat diese gut geführte Pension elf frische, in Weiß gehaltene Zimmer, eine Gästeküche und eine Lounge eingerichtet. Dazu steht auch noch eine tolle Ferienwohnung zur Verfügung. Ein großes Plus ist das Spa Musterið Heilsulind im Untergeschoss; Pensionsgäste erhalten hier ermäßigten Eintritt.

Campingplatz CAMPING €

(Stellplatz 1000 ISK pro Pers.; ⏲Mitte Mai–Sept.) Der gepflegte Platz umfasst Küche, Waschmaschine und Duschen. Die dritte Nacht ist kostenlos.

Borg Guesthouse PENSION €

(☎472 9870, 894 4470; gistiheimilidborg.wordpress.com; EZ/DZ ohne Bad 8000/14 000 ISK; 📶) Wer ein Bett sucht (mit eigenem Schlafsack wird's billiger), ist bei Borg gut aufgehoben, denn dem Besitzer gehören mehrere Unterkünfte im Ort. Die Zimmer sind zwar etwas altmodisch, aber ganz okay, es gibt Gästeküchen und Aufenthaltsräume. Auf Wunsch werden Touren im Geländewagen, Wanderungen und geführte Ausflüge arrangiert.

Álfheimar Guesthouse LANDHOTEL €€

(☎471 2010; www.alfheimar.com; EZ/DZ mit Frühstück 20 000/23 100 ISK; ⏲Mai–Sept.; @📶) Das ist die mit Abstand schickste Pension am Ort (und die einzige, die Zimmer mit Bad anbietet). In langen Anbauten sind 30 motelähnliche Einheiten untergebracht, von denen die mit viel Holz ausgestatteten Zimmer im älteren Teil mehr Atmosphäre haben. Die netten Betreiber kennen sich in der Gegend bestens aus; es können geführte Wanderungen und Ausflüge in die Umgebung arrangiert werden.

Das ab 19 Uhr geöffnete Restaurant (2/3 Gänge 4900/5900 ISK) bietet ein Tagesgericht an; die Zutaten stammen von den örtlichen Bauern und Fischern.

Essen & Ausgehen

Álfacafé ISLÄNDISCH €€

(Fischsuppe 1900 ISK; ⏲Juni–Aug. 10–22 Uhr, Mai & Sept. bis 20 Uhr; 📶) Hierher gehen die meisten Touristen zum Essen und Trinken: An den breiten Tischen mit Steinplatten wird vor allem köstliche Fischsuppe serviert, außerdem z. B. Fladenbrot mit Forelle, Kuchen und Waffeln. Wer will, kann hier auch interessante Steine und andere Souvenirs erwerben.

Já Sæll Fjarðarborg ISLÄNDISCH €€
(Mahlzeiten 1400–3500 ISK; ⏲ Juni–Aug. 11.30–24 Uhr) Auf der Karte des simpel eingerichteten Lokals im Gemeindezentrum Fjarðarborg steht nicht viel, dafür kommt man bei Burgern oder Lammkoteletts und einem Bier schnell mit Einheimischen in Kontakt. Im Sommer finden jede Woche Konzerte statt.

Samkaup-Strax SUPERMARKT
(⏲ Juni–Aug. Mo–Fr 10–18, Sa & So 12–16 Uhr, Sept.–Mai Mo–Do 12.30–17.30, Fr bis 18 Uhr) Winziger Supermarkt am Kai.

ℹ An- & Weiterreise

AUTO

Das Dorf liegt an der Straße 94, 70 km von Egilsstaðir entfernt (die halbe Strecke ist geteert; im Sommer mit normalem Pkw befahrbar). Sie klettert steil bergauf in die Dyrfjöll-Berge und fällt dann zur Küste hin wieder ab. Beim Lebensmittelladen gibt es eine Zapfsäule.

BUS

Das einzige öffentliche Verkehrsmittel ist der Bus (1750 ISK einfach), der im Sommer an Werktagen zwischen dem Gemeindezentrum Fjarðarborg (Abfahrt 8 Uhr) und der Touristeninformation von Egilsstaðir (Abfahrt 12 Uhr) pendelt.

Rund um den Borgarfjörður Eystri

Die Gegend um den Borgarfjörður ist von zahlreichen gut markierten Wanderwegen durchzogen. Die Palette reicht von einfachen einstündigen Spaziergängen bis zu Bergwanderungen für Schwindelfreie. Ein guter Helfer ist die überall erhältliche Karte *Víknaslóðir – Trails of the Deserted Inlets* (1000 ISK).

Dyrfjöll

Die Dyrfjöll-Berge, eine der dramatischsten Gebirgsregionen Islands, erheben sich zwischen der sumpfigen Héraðssandur-Ebene und dem Borgarfjörður Eystri steil bis zu einer Höhe von 1136 m. Der Name Dyrfjöll bedeutet „Türberg" und erklärt sich aus der großen, auffälligen Kerbe im höchsten Gipfel – ein isländisches Pendant zum berühmten Lapporten in Schweden. Wanderwege führen durch das Gebirge, die sich sowohl für Tages- als auch Mehrtageswanderungen ab dem Borgarfjörður Eystri eignen.

Stórurð an der Westflanke des Dyrfjöll ist ein außergewöhnliches Wandergebiet mit riesigen Felsbrocken und kleinen Gletscherseen. An der Straße 94 sind einige Zugangswege ausgewiesen. Ein guter Weg ist Nr. 9, der am Parkplatz am Vatnsskarð-Pass beginnt. Zurück folgt man dem Weg Nr. 8 (deutlich auf der Karte *Víknaslóðir* gekennzeichnet). Die 15 km lange Tour dauert gut fünf Stunden.

Njarðvíkurskriður

Früher kam es auf dem Njarðvíkurskriður, einem gefährlichen Geröllhang an der Straße 94 bei Njarðvík, immer wieder zu Unfällen. Für all die Unglücksfälle wurde der Plagegeist Naddi (halb Mensch, halb Tier) verantwortlich gemacht, der unterhalb des Hangs in einer Höhle auf Meereshöhe hauste.

Anfang des 14. Jhs. wurde Naddi von der zuständigen religiösen Obrigkeit exorziert und 1306 errichtete man hier ein Kreuz mit der Inschrift *Effigiem Christi qui transis pronus honora, Anno MCCCVI* („Du, der du hier vorbeieilst, ehre das Bildnis Christi, AD 1306"). Reisende sollten so bei der Durchquerung der Gefahrenzone zum Gebet angehalten und vor den bösen Mächten geschützt werden. Das Kreuz wurde bereits mehrmals ersetzt, aber es trägt noch immer die Originalinschrift.

Seyðisfjörður

650 EW.

Wer nur Zeit für einen Ort in den Ostfjorden hat, sollte sich für das malerische, freundliche Seyðisfjörður entscheiden. Es ist der historisch und architektonisch interessanteste Ort in Ostisland, besteht aus bunten Holzhäusern und ist von schneebedeckten Bergen und Wasserfällen umgeben. Hier lebt eine gesellige und unkonventionelle Gemeinde aus Künstlern, Musikern und Kunsthandwerkern.

Im Sommer geht es am lebhaftesten zu, besonders wenn die Fähre *Norröna* der Smyril Line den Ort majestätisch über den

WANDERUNG VOM BORGARFJÖRÐUR ZUM SEYÐISFJÖRÐUR

Die zerklüftete Landschaft zwischen Borgarfjörður und Seyðisfjörður ist grandios, unerschlossen und eine der schönsten Gegenden für eine mehrtägige Sommerwanderung in dieser Region. Zur Streckenplanung eignet sich am besten die überall erhältliche Karte *Víknaslóðir – Trails of the Deserted Inlets* (1000 ISK). Wer mit einem Führer wandern möchte, kann sich an die Unterkünfte Álfheimar (S. 292) oder Borg (S. 292) in Borgarfjörður wenden. Informationen über Hütten entlang dieser Route stehen auf www.fljotsdalsherad.is/ferdafelag (unter „Houses").

Tag 1 Start: Kolbeinsfjöru, 4 km außerhalb der Gemeinde Borgarfjörður Eystri. Über den Brúnavíkurskarð-Pass geht es hinauf in die Berge (Weg 19 auf der Karte). An der Notfallhütte in Brúnavík führt ein Abzweig nach Süden (Weg 21), der ein Stück weiter den wunderschönen Gebirgszug Kerlingarfjöll passiert. Nach einem Marsch von sechs bis sieben Stunden (15 km) wird es Zeit für die Übernachtung in Zimmern oder auf dem Zeltplatz der Hütte in Breiðavík.

Tag 2 Am nächsten Tag steht nochmals eine atemberaubende Wanderung von sechs oder sieben Stunden (13,5 km auf dem Weg 30) auf dem Programm. Zunächst geht es durch die Auen unterhalb des Hvítafjall, dann weiter auf der Geländewagenpiste in Richtung Süden zur Húsavík-Hütte, wo man die zweite Nacht verbringt. Im Gebiet zwischen Breiðavík und Húsavík wimmelt es von „verstecktem Volk" – der Elfenschulze lebt in Sólarfjall und der Elfenbischof in Blábjörg, weiter südlich an der Küste.

Tag 3 Am dritten Tag sind nochmals 14 km auf dem Pfad zu bewältigen (sechs bis sieben Stunden auf dem Weg 37), der am stillen Loðmundarfjörður wieder ans Meer zurückführt. Die Geländewagenpiste endet an der neuen Klyppstaður-Hütte am Flussdelta des Norðdalsá am höchsten Punkt des Fjords.

Tag 4 Am letzten Tag geht es vom Loðmundarfjörður zum Seyðisfjörður (Weg 41). Am höchsten Punkt des Bergpasses gibt es ein Logbuch, in dem sich frühere Wandergruppen verewigt haben. Auf dem Weg nach unten zum Seyðisfjörður werden die müden Wanderer von rauschenden Stromschnellen begrüßt.

17 km langen Fjord ansteuert – die schönste Art, in Island anzukommen.

Bei gutem Wetter ist die Anfahrt von Egilsstaðir auf der landschaftlich schönen Straße 93 ein Vergnügen. Sie erklimmt einen hohen Pass und führt dann bergab am wasserfallreichen Fluss Fjarðará entlang.

Geschichte

Der Ort Seyðisfjörður begann sein Dasein im Jahr 1848 als Handelsposten, verdankte seinen späteren Reichtum aber dem „Silber des Meeres": dem Hering. Der lange, schützende Fjord verlieh Seyðisfjörður gegenüber anderen Fischerdörfern einen Vorteil und der Ort entwickelte sich zum größten und wohlhabendsten in Ostisland. Die meisten der schönen, eigenwilligen Holzhäuser wurden von norwegischen Kaufleuten erbaut, die von der Heringsindustrie angelockt wurden.

Im Zweiten Weltkrieg war Seyðisfjörður ein Truppenstützpunkt der Briten und Amerikaner. Die einzige Kriegshandlung, die hier stattfand, war ein Bombenangriff dreier deutscher Kampfflieger auf einen Öltanker *(El Grillo)*. Die Bomben verfehlten ihr Ziel, aber eine explodierte so nah am Schiff, dass es dann doch auf den Meeresboden sank, wo es noch heute liegt – ein guter Tauchspot.

Aufgrund der steilen Bergflanken rund um den Ort ist Seyðisfjörður lawinengefährdet. 1885 tötete eine Lawine vom Bjólfur 24 Menschen und schob mehrere Häuser in den Fjord. 1996 begrub eine Lawine eine Fabrik im Ort unter sich, es kam niemand zu Tode. Das **Lawinendenkmal** nahe der Kirche besteht aus den verdrehten Stahlträgern der Fabrik, die weiß gestrichen und so aufgestellt wurden, wie sie gefunden worden waren.

Sehenswertes

In Seyðisfjörður gibt es viele Holzhäuser aus dem 19. Jh., die als Bausätze aus Norwegen herangeschafft wurden. Etliche der historischen Gebäude sind heute kleine Werkstätten, in denen Kunsthandwerker die unterschiedlichsten Dinge herstellen. Einige Ateliers verkaufen Strickwaren, andere Kunst oder Kunsthandwerk. Bei einem schnellen Rundgang durch den Ort kann man ein halbes Dutzend Läden entdecken, in denen leicht eine Menge Krónur ausgeben werden können. Sehenswert ist auch die Galerie über dem Kulturzentrum Skaftfell.

★ Bláa Kirkjan KIRCHE
(www.blaakirkjan.is; Ránargata) Die „Blaue Kirche" sticht unter all den Holzhäusern am meisten ins Auge. Von Juli bis Mitte August gibt es mittwochabends eine beliebte Konzertreihe mit Jazz, Klassik und Folkmusik (Beginn 20.30 Uhr; Karten 2000 ISK). Das Programm wird auf der Website veröffentlicht. Wer mit der Donnerstagsfähre abfährt, kann sich hier einen schönen Abschiedsabend machen.

Tækniminjasafn Austurlands MUSEUM
(www.tekmus.is; Hafnargata 44; Erw./Kind 1000 ISK/frei; ⌚ Juni–Mitte Sept. Mo–Fr 11–17 Uhr) Einen Einblick in die Fischerei- und Telekommunikationsgeschichte des Ortes bietet das lohnenswerte technische Museum. Es ist in zwei Gebäuden in der Hafnargata untergebracht: im imposanten Haus des Reeders Otto Wathne von 1894, der alten Telegrafenstation, und in einer mechanischen Werkstatt von 1907.

Aktivitäten

Sundhöll Seyðisfjarðar SCHWIMMBAD, HOT POT
(Suðurgata 5; Erw./Kind 480 ISK/frei; ⌚ Juni–Aug. Mo–Fr 6.30–9 & 15–20, Sa 13–16 Uhr, Sept.–Mai kürzere Öffnungszeiten) Seyðisfjörðurs Hallenbad hat eine Sauna und Hot Pots.

Skigebiet Stafdalur SKIFAHREN
Von Dezember bis Mai können Besucher im Skigebiet Stafdalur die Hänge hinunterwedeln oder langlaufen. Die Pisten liegen 9 km von Seyðisfjörður entfernt an der Straße nach Egilsstaðir – Näheres weiß die Touristeninformation (S. 297).

Wandern

Vom Museum führen kurze Wanderwege bergan zu Wasserfällen und zur „Klangskulptur" **Tvísöngur** – fünf miteinander verbundenen Betonkuppeln. Ein weiterer kurzer Weg führt von der Straße am Nordufer des Fjords (ca. 6 km hinter der Blauen Kirche) zum ausgeschilderten **Dvergasteinn** (Zwergenstein): Der Überlieferung zufolge handelt es sich hierbei um eine Zwergenkirche.

Die Berge oberhalb von Seyðisfjörður sind ideal für längere Wanderungen. Das grasbewachsene Tal **Vestdalur** nördlich des Ortes (kurz vor den Langahlið-Cottages) ist für seine wundervollen Wasserfälle bekannt. Wer dem Fluss Vestdalsá folgt, erreicht nach zwei oder drei Stunden den kleinen See Vestdalsvatn, der fast das ganze Jahr über zugefroren ist.

Die Wege sind auf der vielerorts erhältlichen Karte *Víknaslóðir – Trails of the Deserted Inlets* (1000 ISK) verzeichnet. Tolle Wege sind auch auf der Website visit seydisfjordur.com zu finden, darunter der Sieben-Gipfel-Weg zu sieben über 1000 m hohen Gipfeln um den Ort herum.

Mountainbiken

Der Kajakführer Hlynur verleiht auch Mountainbikes (halber/1 Tag/2 Tage 2500/3000/5000 ISK). Toll ist die 19 km lange Strecke nach Skálanes.

Geführte Touren

Hlynur Oddsson KAJAKFAHREN
(☎ 865 3741; www.iceland-tour.com; ⌚ Juni–Aug.) Wer Lust auf ein unvergessliches Outdoorabenteuer hat, wendet sich an Hlynur. Der Mann mit dem Charme eines Robert Redford verbringt hier seine Sommer und bietet maßgeschneiderte Ausflüge an. Sind Kinder dabei, macht die einfache halbstündige Paddeltour in der Lagune Spaß (1500 ISK). Die Bootstouren im Fjord dauern zwischen einer und sechs Stunden, mit Abstecher zu einem Schiffswrack oder zu Wasserfällen (4000 ISK pro Std., 3 Std. 8000 ISK).

Für erfahrene Kajakfahrer gibt's längere Trips, z. B. nach Skálanes (ganzer Tag 25 000 ISK, mind. 2 Pers.). Hlynurs Touren beginnen vor dem Hótel Aldan (Snæfell).

Schlafen

Für Mittwochabende empfiehlt sich im Sommer eine Reservierung weit im Voraus, da donnerstags die Fähre nach Dänemark ablegt. Aktuelle Preise für Unterkünfte sind den Websites zu entnehmen.

★ Jugendherberge Hafaldan HOSTEL €
(☎ 611 4410; www.hafaldan.is; Suðurgata 8; B 4100 ISK, DZ mit/ohne Bad 15 200/11 200 ISK; @📶) Seyðisfjörðurs erstklassige Herberge verteilt sich auf zwei Häuser: Das **Harbour Hostel** ist in der Ranárgata 9 etwas außerhalb (hinter der Blauen Kirche), das **Hospital Hostel** in der zentraleren Suðurgata 8 (nur im Sommer geöffnet). Dort ist auch von Juni bis August die Rezeption für beide Adressen untergebracht.

Seyðisfjörður

Dass die faden Zimmer in der Ranárgata sehr dünne Wände haben, wird durch gemütliche Ess- und Aufenthaltsräume mit tollen Ausblicken wieder wettgemacht. Im alten Krankenhaus des Ortes gibt's eine Handvoll Zimmer mit Bad sowie einen schönen Koch- und Essbereich. HI-Mitglieder zahlen 600 ISK weniger. Bettwäsche kostet 1250 ISK.

Campingplatz CAMPING €
(Ránargata; Stellplatz 1150 ISK pro Pers.; Mai–Sept.;) Der Campingplatz besteht aus zwei Arealen: Der geschützte Rasenplatz gegenüber der Kirche ist für Zelte gedacht, das andere Areal ganz in der Nähe für Wohnmobile. Duschen, Waschmaschinen und Küche sind im gemeinsamen Sanitärblock untergebracht.

★ **Hótel Aldan** HOTEL €€
(472 1277; www.hotelaldan.com; Rezeption Norðurgata 2; EZ/DZ mit Frühstück ab 17 900/ 23 900 ISK;) Das wunderbar freundliche Hotel verteilt sich auf drei alte Holzhäuser. Die Rezeption und das Bar-Restaurant (in dem Frühstück serviert wird) sind in der Norðurgata untergebracht. Im alten Postamt in der Austurvegur 3, einem knarrenden Gebäude mit reichlich Charakter, liegen auf drei Stockwerken die billigsten Zimmer in frischem Weiß mit bunten indischen Tagesdecken. Im Erdgeschoss sind jetzt noch ein paar Suiten für bis zu vier Personen hinzugekommen. Die „Alte Bank" in der Oddagata 6 ist eine wirklich hinreißende kleine Pension mit Antiquitäten und einem kultivierten Flair.

★ **Langahlíð** COTTAGES €€
(897 1524; www.seydis.is; Cottages für 2/6 Pers. 16 000/18 500 ISK) Die sehr preisgünstigen Häuschen mit drei Schlafzimmern, in denen komfortabel bis zu sechs Personen Platz haben, müssen wirklich *sehr* früh gebucht werden. Ausgestattet sind sie mit Küche,

Seyðisfjörður

Highlights
1 Bláa Kirkjan A3

Sehenswertes
2 Tækniminjasafn Austurlands D1

Aktivitäten & Touren
3 Hlynur Oddsson B3
4 Sundhöll Seyðisfjarðar B4

Schlafen
5 Campingplatz A3
6 Hafaldan HI - Harbour Hostel A1
7 Hafaldan HI - Hospital Hostel B4
8 Hótel Aldan (Alte Bank) A3
9 Hótel Aldan (Rezeption & Restaurant) B3
10 Hótel Aldan (Snæfell) B3
11 Post Hostel C3

Essen
Hótel Aldan .... (s. 9)
12 Samkaup-Strax B4
13 Skaftfell Bistro C3
14 Skálinn C3
15 Vínbúðin C3

Ausgehen & Nachtleben
16 Kaffi Lára - El Grillo Bar A3

Lounge und Hot Pot auf der mit tollen Ausblicken gesegneten Terrasse. Die Cottages befinden sich 2 km nördlich der Rezeption des Aldan.

Post Hostel PENSION €€
(☎898 6242; www.posthostel.com; EZ/DZ ohne Bad 11 400/15 900 ISK; 📶) Der Name täuscht, denn es handelt sich hier um eine Pension (die allerdings in einem ehemaligen Postamt residiert) mit nicht allzu großen Zimmern, darunter auch einige für Familien. Es gibt eine Küche und Gelegenheit zum Wäschewaschen. Auch ein geräumiges, luxuriöses Apartment mit drei Schlafzimmern kann gemietet werden (45 000 ISK). Es sollen noch neue Zimmer mit Bad entstehen.

Essen & Ausgehen

Skálinn IMBISS €
(Hafnargata 2; ⏲Mo–Fr 8–22, Sa ab 9, So ab 10 Uhr) Der Grillimbiss an der Tankstelle verkauft das übliche Fastfood sowie preiswerte Gerichte für mittags und abends.

★ **Skaftfell Bistro** INTERNATIONAL €€
(http://skaftfell.is/en/bistro; Austurvegur 42; Mahlzeiten 1200–3100 ISK; ⏲tgl. ab 11.30 Uhr, Küche bis 22 Uhr; 📶📝👪) In dem wunderbaren Mix aus Bistro, Bar und Kulturzentrum kann man herrlich chillen, essen und Kontakte zu Einheimischen knüpfen. Neben den beliebten Pizzas (z. B. mit Rentierfleisch oder Kaisergranat belegt) gibt's eine kleine Tageskarte. In der Galerie im Obergeschoss sind interessante Ausstellungen zu sehen.

Hótel Aldan ISLÄNDISCH €€
(☎472 1277; www.hotelaldan.is; Norðurgata 2; Mittagessen 1550–2600 ISK, Hauptgerichte abends 3500–9400 ISK; ⏲Mitte Mai–Mitte Sept. 7–21 Uhr) In dem schick auf ländlich gestylten Lokal gibt's durchgehend Kaffee und Kuchen, auf der Mittagskarte stehen z. B. Ziegenkäsesalat oder der Fang des Tages. Abends sorgen flackernde Kerzen für Atmosphäre und die Küche verarbeitet traditionelle isländische Zutaten (Lamm, Kaisergranat, Rentierfleisch, Fisch) zu kreativen Gerichten. Reservierung empfohlen.

Kaffi Lára – El Grillo Bar CAFÉ, BAR
(Norðurgata 3; ⏲So–Do 11.30–1.30, Fr & Sa bis 3.30 Uhr) Wer anderswo im Ort keinen Platz ergattert, findet gewöhnlich in dieser freundlichen zweistöckigen Café-Bar, die einfache Gerichte anbietet, noch einen Tisch. Tipp: das El-Grillo-Bier, gebraut nach einem Rezept mit toller Geschichte und benannt nach dem britischen Tanker, der auf dem Grund des Fjords liegt.

Samkaup-Strax SUPERMARKT
(Vesturvegur 1; ⏲Mo–Fr 9–18, Sa 10–16, So 12–16 Uhr)

Vínbúðin ALKOHOLISCHE GETRÄNKE
(Hafnargata 4a; ⏲Juni–Aug. Mo–Do 16–18, Fr 13–18 Uhr, Sept.–Mai kürzere Öffnungszeiten) Staatlicher Alkoholladen.

Praktische Informationen

Eine wahre Fundgrube an nützlichen Informationen ist die Website www.visitseydisfjordur.com.

Landsbanki Íslands (Hafnargata 2; ⏲Mo–Fr 13.30–16, Do außerdem 9–12 Uhr) Bank mit Geldautomat (rund um die Uhr zugänglich), wo sich nach Ankunft der Fähre leicht Schlangen bilden.

Touristeninformation (☎472 1551; ⏲Mai–Sept. Mo–Fr 8–16 Uhr) Im Fährenterminal, mit Infos zur Region und zum ganzen Land.

An- & Weiterreise

BUS

FAS (☎893 2669, 472 1515) unterhält eine Buslinie zwischen Egilsstaðir und Seyðisfjörður (1050 ISK, ca. 45 Min.). Die Busse fahren ganzjährig von Montag bis Samstag ein- bis dreimal täglich (von Mitte Juni bis Mitte August auch sonntags). Bei Ankunft und Abfahrt von Fähren werden zusätzliche Busse eingesetzt. Der aktuelle Fahrplan steht auf www.visit seydisfjordur.com.

SCHIFF/FÄHRE

Von Ende März bis Oktober schippert die Autofähre *Norröna* der **Smyril Line** (www.smyril line.com) einmal wöchentlich von Hirtshals (Dänemark) über Tórshavn (Färöer-Inseln) nach Seyðisfjörður.

Von Mitte Juni bis Ende August läuft die *Norröna* donnerstags um 9.30 Uhr im Hafen ein und startet zwei Stunden später wieder in Richtung Skandinavien. Von Ende März bis Mitte Juni und von Ende August bis Oktober kommt das Schiff dienstags um 9 Uhr an und fährt mittwochs um 20 Uhr wieder ab. Je nach Wetter verkehren auch im Winter Fähren – mehr dazu auf der Website.

Rund um Seyðisfjörður

★ Skálanes NATURRESERVAT, PENSION

(☎861 7008, 690 6966; www.skalanes.com; ⌚Mai–Sept., Okt.–April n. V.) Eigentlich liegt ja schon Seyðisfjörður am Ende der Welt, aber es geht noch weiter: Der abgelegene Hof Skálanes, etwa 19 km östlich von Seyðisfjörður am Fjordufer, ist ein unabhängiges Naturreservat und Zentrum für Heimatkunde. Der Betreiber hat das einst verlassene Gehöft liebevoll renoviert. Nun ist es ein Paradies für Hobbybotaniker, -ökologen und -archäologen (hier wurden Spuren aus der Landnahmezeit entdeckt) sowie für Vogelbeobachter (über 45 Vogelarten).

Die Abgeschiedenheit des Hauses und die besondere Art der Unterkunft, die sich eher als Studienort denn als normales Gästehaus versteht, wird jeden begeistern, der etwas für die Natur übrig hat. Am besten bleibt man mehrere Tage.

Es existieren verschiedene Pauschalangebote für einen Aufenthalt mit geführten Wanderungen und Vollpension (aber es gibt auch eine Gästeküche). Nur Übernachtung mit Frühstück in einem der wunderschön restaurierten Zimmer kostet für ein Einzel-/Doppelzimmer 14 100/19 500 ISK; ein einfaches zweigängiges Abendessen kostet 3500 ISK.

Die Anreise von Seyðisfjörður nach Skálanes ist ein Abenteuer für sich: entweder zu Fuß (es gibt Fußgängerbrücken über die drei Flüsse) oder mit einem gemieteten Mountainbike bzw. Kajak von Hlynur Oddsson. Mit dem Auto kann man 13 km auf einer holprigen Straße bis zum Fluss fahren und den Rest zu Fuß zurücklegen (noch etwa 4 km) – die Wanderung ist sehr schön; wer in einem kleinen Pkw unterwegs ist, sollte sich jedoch vor der Fahrt über den Zustand der Straße erkundigen. Ein solider Geländewagen schafft die ganze Strecke (Vorsicht bei der Durchquerung der Flüsse!). Das Zentrum holt Besucher auf Wunsch auch in Seyðisfjörður bzw. am Fluss ab (8000 bzw. 6000 ISK hin und zurück pro Fahrzeug).

Mjóifjörður

35 EW.

Der nächste Fjord südlich von Seyðisfjörður ist der von spektakulären Klippen und vielen rauschenden Wasserfällen umgebene Mjóifjörður („Schmaler Fjord"). Die ungeteerte Straße 953 verlangt einem normalen PKW einiges ab. Aber wer sich durchkämpft, dem eröffnen sich üppig grüne Berge mit faszinierenden Ruinen und Fischfarmen im eisigen Fjordwasser. Unten im Fjordbecken liegt ein verrosteter Heringsfänger am Ufer – ein tolles Fotomotiv!

Das **Sólbrekka** (☎476 0007; http://mjoi fjordur.weebly.com; Cottages ohne Bettwäsche 16 000 ISK; ⌚Juni–Sept.) an der Nordseite des Fjords in Brekkuþorp (das als kleinstes Dorf Islands gilt) ist die einzige Unterkunft der Gegend und eine willkommene Station für Wanderer.

Es gibt ein altes Schulhaus in Meeresnähe (von Mitte Juni bis Mitte August bietet es Camping-/Schlafsackplätze für 1000/4000 ISK pro Person an), aber wirklich toll sind die beiden Holzhäuschen oben auf dem Hügel, in denen jeweils sechs Personen unterkommen können, wenn auch beengt (es gibt ein Schlafzimmer, ein Schlafloft und eine Schlafcouch). Am Schulhaus öffnet nachmittags ein kleines Café, zu den Holzhäuschen gehört ein überdachter Hot Pot, der gegen eine kleine Gebühr auch Tagesgästen zur Verfügung steht. Frühstück, Abendessen, Angelmöglichkeiten und Bootsfahrten werden auf Wunsch organisiert.

Rund um den Mjóifjörður gibt es tolle Möglichkeiten zum **Wandern**. Die Menschen im Sólbrekka schippern Wanderer gegen ein kleines Entgelt über den Fjord, von wo es in vier Stunden bis nach Neskaupstaður geht. Möglich ist auch die Überquerung der nördlichen Berge bis nach Seyðisfjörður, ein Marsch von sechs bis sieben Stunden. Auch schön: Östlich von Brekkuþorp führt die Straße weiter zum **Leuchtturm** Dalatangi, dem ersten Islands (von 1895); daneben steht der „moderne“ Leuchtturm von 1908, der immer noch in Betrieb ist.

Von Egilsstaðir bis zum Beginn des Mjóifjörður sind es 30 km und nochmal 12 km bis Brekkuþorp. Die Strecke wird nicht von öffentlichen Verkehrsmitteln bedient. Im Winter ist die Straße von/nach Mjóifjörður unpassierbar und der Ort kann nur per Boot ab Neskaupstaður (zweimal wöchentlich) erreicht werden.

Reyðarfjörður

1135 EW.

Beim Schönheitswettbewerb um den hübschesten Fjord hätte der Reyðarfjörður nie eine Chance. Die Siedlung hier ist relativ neu und entstand erst im 20. Jh. als Handelshafen.

In jüngerer Zeit erhielt Reyðarfjörður große Aufmerksamkeit, als Alcoa eine riesige, 2 km lange Aluminiumfabrik gleich hinter dem Ort am Fjordufer errichtete. Umweltschützer gingen auf die Barrikaden, aber der Zuzug ausländischer Arbeiter brachte einen Hauch internationales Flair nach Reyðarfjörður und in die umgebenden Orte. Dass mit den Jobs bei Alcoa – das Unternehmen beschäftigt hier 450 Leute – auch Geld in die Gegend kam, beweisen die neuen Häuser.

Übrigens: Auf Karten und Infotafeln ist Fjarðabyggð verzeichnet – das ist die Gemeinde, die in der Mitte von Reyðarfjörður liegt und die auch Mjóifjörður bis Stöðvarfjörður umfasst.

Sehenswertes

Íslenska Stríðsárasafnið MUSEUM

(http://stridsarasafn.fjardabyggd.is; Spítalakampu; Erw./Kind 1000 ISK/frei; Juni–Aug. 13–17 Uhr) Im Zweiten Weltkrieg waren in Reyðarfjörður etwa 3000 alliierte Soldaten stationiert – zehnmal so viele wie der Ort Einwohner hatte. Das Isländische Kriegsmuseum am oberen Ende des Heiðarvegur dokumentiert die Jahre dieser eigentümlichen Besatzung. Das Gebäude ist von Minen, Jeeps und Flugzeugpropellern umgeben und birgt im Innern weitere Kriegsrelikte. Fotos und szenische Darstellungen geben einen Einblick in die Rolle Islands während des Krieges.

Das Museum liegt versteckt hinter rostenden Armeebaracken, die 1943 als Teil eines Lazaretts gebaut, aber nie für diesen Zweck genutzt wurden.

Schlafen & Essen

Die Tankstellen von Shell und Olís haben einen Grillimbiss, Selbstversorger können sich im **Supermarkt Krónan** (Hafnargata 2; Mo–Do 11–18, Fr bis 19, Sa bis 17, So 12–16 Uhr) eindecken.

Jugendherberge Reyðarfjörður HOSTEL €

(Hjá Marlín; 474 1220, 892 0336; www.bakkagerdi.net; Vallargerði 9; B 5200 ISK, DZ mit/ohne Bad 18 000/14 000 ISK, jeweils ohne Bettwäsche;) Marlín ist Belgier, lebt aber seit über 20 Jahren in Island, spricht alle möglichen Sprachen und ist der herzliche Gastgeber in diesem expandierenden Hostel. Das Haupthaus hat ein gemütliches **Restaurant** (17–20 Uhr). In einem recht großen zweiten Gebäude die Straße runter liegen einfache Zimmer, dazu gibt's dort einen Grill und eine Sauna. 2014 sind in einem wunderbar umgebauten Möbelgeschäft am Austurvegur noch zwölf Vierbettzimmer mit eigenem Bad hinzugekommen.

Leihbettwäsche ist für 1200 ISK zu haben; HI-Mitglieder bezahlen 500 ISK weniger.

Tærgesen PENSION, RESTAURANT €€

(470 5555; www.taergesen.com; Búðargata 4; Pension/Motel DZ 15 000/22 000 ISK;) Die mit Holz und weißen Fensterläden aufgehübschten, behaglichen Zimmer (mit Gemeinschaftsbad) über dem Restaurant Tærgesen verströmen Hüttencharme. Sie befinden sich in einem schwarzen Wellblechgebäude von 1870. Das **Restaurant** (Hauptgerichte 1120–4820 ISK; 10–22 Uhr) ist für Pizzas und herzhafte traditionelle Küche bekannt. Neu sind 22 geräumige Motelzimmer mit Bad.

Dieselben Leute betreiben auch das Kaffi Kósý nebenan, eine bei den Einheimischen beliebte Kneipe, die freitag- und samstagabends geöffnet ist.

Sesam Brauðhús BÄCKEREI, CAFÉ €

(Hafnargata 1; Mo–Fr 7.30–17.30, Sa 9–16 Uhr) Die Bäckerei mit Café hat eine verlockende Auswahl an Sandwiches, Salaten und Gebäck.

Eskifjörður

1026 EW.

Der freundliche, aufstrebende Ort erstreckt sich an einer kleinen Einbuchtung des Hauptfjords Reyðarfjörður. Seine Lage ist erstklassig: Der Blick fällt direkt auf den mächtigen Hólmatindur (985 m), der sich steil aus dem schimmernden blauen Wasser erhebt.

Sehenswertes

Sjóminjasafn Austurlands MUSEUM

(Strandgata 39b; Erw./Kind 1000 ISK/frei; Juni–Aug. 13–17 Uhr) Das schwarze Holzhaus „Gamlabuð" ist ein Warenlager von 1816 und beherbergt heute das Ostisländische Meeresmuseum, das die zweihundertjährige Geschichte des lokalen Herings-, Wal- und Haifischfangs nacherzählt.

Helgustaðanáma STEINBRUCH

Die Reste der weltgrößten Kalkspatmine befinden sich östlich von Eskifjörður. Kalkspat (*silfurberg* auf Isländisch) ist eine Art Kalzitkristall, der völlig durchsichtig ist und das Licht in zwei parallele Strahlen brechen kann. Er spielte eine wichtige Rolle beim Bau der ersten Mikroskope. Vom 17. Jh. bis zur Schließung der Mine 1924 wurden große Mengen Kalkspat an europäische Spitzenwissenschaftler geliefert.

Der größte Brocken aus der Helgustaðanáma-Mine wiegt 220 kg und ist im Natural History Museum in London ausgestellt. In den Felsen der Mine ist immer noch glitzerndes Kalzit zu sehen. Das ganze Gebiet steht unter Naturschutz, daher dürfen keine Kristallstücke ausgegraben und mitgenommen werden. Um hierher zu gelangen, folgt man der holprigen Piste hinter der Pension Mjóeyri 8 km am Fjordufer entlang bis zu einer Infotafel. Zur Mine sind es dann noch 500 m zu Fuß bergauf.

Aktivitäten

Sundlaug Eskifjarðar SCHWIMMBAD, HOT POTS

(Norðfjarðarvegur; Erw./Kind 600/200 ISK; Mo–Fr 6–21, Sa & So 10–18 Uhr) Das Schwimmbad wartet mit Wasserrutschen, Hot Pots und einer Sauna auf. Es liegt an der Hauptstraße, die in den Ort hineinführt.

Halbinsel Hólmanes WANDERN

Die Südküste der Halbinsel Hólmanes unterhalb des **Hólmatindur** ist ein Naturschutzgebiet. Bei einer Wanderung in der Gegend eröffnen sich großartige Ausblicke aufs Meer – Delfinschulen tummeln sich hier. Der Hólmaborgi-Weg südlich der Hauptstraße ist eine beliebte Rundwanderung von nur ein bis zwei Stunden.

Es gibt auch zahlreiche längere Wanderstrecken in den nahen Bergen. Mehrtägige Wanderungen bieten sich vor allem auf den Halbinseln östlich von Eskifjörður an. Zur Zeit der Recherche waren Wanderkarten vor Ort nur schwer erhältlich, also herumfragen!

Die **Gönguvikan** (Wanderwoche) ist ein Highlight im örtlichen Veranstaltungskalender und findet in der Woche nach der Sommersonnenwende statt.

Oddsskarð SKIFAHREN

Je nach Wetter kann man von Mitte November bis April an den Hängen nahe des Passes Oddsskarð, der hinüber nach Neskaupstaður führt, Ski fahren – Infos auf www.oddsskard.is (Teile der Website werden regelmäßig aktualisiert).

Schlafen & Essen

Für einen schnellen Happen gibt's den Grillimbiss an der Tankstelle und einen **Samkaup-Strax-Supermarkt** (Mo–Fr 9–18, Sa 10–14 Uhr).

Campingplatz CAMPING €

(Stellplatz 1000 ISK pro Pers.) Einfacher Platz in schöner Lage nicht weit vom Ortseingang.

Kaffihúsið PENSION, RESTAURANT €

(476 1150; www.kaffihusid.is; Strandgata 10; EZ/DZ ohne Bad 9900/12 900 ISK; So–Do 12–22, Fr & Sa bis 3 Uhr;) Die riesige Kaffeetasse, die auf dem Weg in die Stadt als Hinweisschild dient, ist wirklich nicht zu übersehen. Eigentlich handelt es sich beim „Kaffeehaus" um eine **Restaurant-Bar** (Hauptgerichte 2000–4700 ISK; Küche bis 21 Uhr), oft mit Livemusik, wo sich die Einheimischen treffen. Aber nach hinten raus liegen auch ein paar einfache Zimmer mit Waschbecken und Flachbildschirm.

★ **Ferðaþjónustan Mjóeyri** PENSION, COTTAGES €€

(477 1247, 696 0809; www.mjoeyri.is; Strandgata 120; EZ/DZ ohne Bad 12 500/16 500 ISK, Cottages ab 27 300 ISK;) Der mit schönen Ausblicken gesegnete Komplex am Ostrand des Ortes steht am äußersten Ende einer winzigen Landzunge. Im Haupthaus befinden sich Pensionszimmer, erste Wahl sind jedoch die tollen familienfreundlichen Häuschen auf dem Gelände. Außerdem gibt's auch Einrichtungen für Camper sowie in einem

umgebauten Boot einen der schönsten Hot Pots, die uns bis jetzt untergekommen sind.

Die Besitzer bieten Führungen und Ausflüge an: Wandern, Skifahren, Jagen, Angeln usw. Der Hüttenpreis versteht sich ohne Bettwäsche (erhältlich für 1600 ISK); ein Schlafsackbett in der Pension kostet 7500 ISK. Frühstück wird für 1650 ISK serviert.

Hotel Askja PENSION €€
(☎477 1247, 696 0809; www.hotelaskja.is; EZ/DZ ohne Bad 11 900/15 900 ISK; 📶) Direkt am Wasser steht dieses Wellblechgebäude mit sagenhaftem Panoramablick auf den Hólmatindur und einfachen Zimmern, einer gut eingerichteten Gästeküche und einer ansprechenden Lounge. Wer seinen Schlafsack mitbringt, bezahlt nur 7500 ISK; Frühstück kostet 1650 ISK.

Hótelíbúðir APARTMENTS €€
(☎892 8657; www.hotelibudir.net; Strandgata 26; Apt. ab 22 500 ISK; 📶) Vier geräumige, moderne und gut ausgestattete Apartments mit einem Schlafzimmer (max. vier Schlafplätze), großer Küche und praktischen Möglichkeiten zum Wäschewaschen warten hier auf Gäste. Außerdem werden Zimmer mit Bad angeboten – groß genug, aber mit zusammengewürfelter Einrichtung.

★ **Randulffssjóhus** ISLÄNDISCH €€
(Strandgata 96; Hauptgerichte 2590–3390 ISK; ⌚ Juni–Aug. 12–21 Uhr oder n. V.) Als die neuen Besitzer 2008 das ungewöhnliche, 1890 erbaute Bootshaus in Beschlag nahmen, stellten sie fest, dass sich hier seit gut 80 Jahren nichts getan hatte. Die Schlafkammern der Fischer in der oberen Etage sind erhalten geblieben; im Untergeschoss hat ein gemütliches, mit Marine-Accessoires dekoriertes Restaurant Einzug gehalten. Auf der Karte stehen hauptsächlich köstliche Fischgerichte, u. a. die isländischen Spezialitäten Hai und Trockenfisch.

Wer das Bootshaus außerhalb der Öffnungszeiten besichtigen will (1000 ISK), kann sich an die Pension Mjóeyri wenden, die hier auch Motorboote und Angelrouten vermietet.

Neskaupstaður (Norðfjörður)

1485 EW.

Schon die Anreise nach Neskaupstaður ist die reinste Odyssee. Die Fahrt geht über den höchsten Straßenpass (632 m) Islands, durch einen furchteinflößenden einspurigen, 630 m langen Tunnel und fällt dann steil ab bis in den Ort. Weiter im Osten sind Straßen Fehlanzeige. Neskaupstaður ist zwar einer der größten Fjordorte, aber die Lage am Ende der Welt lässt ihn sehr klein und verlassen wirken. Dies könnte sich ändern, wenn 2017 ein 8 km langer Tunnel von Eskifjörður eröffnet, der die alte Strecke ersetzt.

Wie die meisten Orte an den Ostfjorden entstand Neskaupstaður im 19. Jh. als Handelsposten und florierte während des Heringsbooms zu Beginn des 20. Jhs. Die Zukunft des Ortes wurde durch den Bau von Síldarvinnslan (SNV) gesichert, dem größten Fischverarbeitungs- und -gefrierwerk Islands am Ende des Fjords.

Sehenswertes & Aktivitäten

Safnahúsið MUSEUM
(Egilsbraut 2; Erw./Kind 1000 ISK/frei; ⌚ Juni–Aug. 13–17 Uhr) Die drei kleinen Museen sind in einem knallroten Speicher am Hafen untergebracht, dem Museumshaus. Das Kunstmuseum **Tryggvasafn** präsentiert Bilder des herausragenden modernen Künstlers Tryggvi Ólafsson, der 1940 in Neskaupstaður geboren wurde. Das **Meereskundemuseum** in der ersten Etage stellt Meeresobjekte eines Sammlers aus und im Obergeschoss zeigt das **Naturkundemuseum** viele lokale Gesteinsarten (darunter Kalkspat aus der Helgustaðanáma-Mine) sowie eine bunte Menagerie präparierter Landtiere, Vögel, Fische und auf Nadeln gespießte Insekten.

Fólksvangur Neskaupstaðar NATURSCHUTZGEBIET
Das reizende Naturschutzgebiet am östlichen Orts- und Straßenende ist ideal für kurze Spaziergänge. Verschiedene Pfade führen über winzige Holzbrücken und an Felsen, Torflöchern, Klippen und dem tosenden Meer vorbei. Für die Geräuschkulisse sorgen Meeresvögel und vielleicht erspäht man vor der Küste sogar Wale.

Goðaborg WANDERN
Für ehrgeizige Wanderer lohnt sich die Strecke vom Kirkjuból-Hof 8 km westlich der Stadt hinauf zum Goðaborg (1148 m). Vom Gipfel gelangt man auch hinab zum Mjóifjörður, dem nächsten Fjord im Norden. Die Tour dauert sechs Stunden und sollte wegen Schneefällen in höheren Lagen nur im Hochsommer unternommen werden.

Geführte Touren

Skorrahestar REITEN

(☎477 1736; www.skorrahestar.is; Skorrastaður) Von einem Hof westlich des Ortes bietet Skorrahestar längere Treks für erfahrene Reiter an, u. a. eine Reittour mit drei Übernachtungen zu einsamen Fjorden. Geführt wird das Ganze von Doddi, der gern Geschichten erzählt und Gitarre spielt – er ist ein ehemaliger Biologe und Lehrer. Auch kürzere, drei bis vier Stunden dauernde Ausritte sind möglich. Es gibt auch Unterkünfte.

Festivals & Events

Eistnaflug MUSIK

(www.eistnaflug.is) Immer am zweiten Wochenende im Juli findet im Ort das beliebte Metal- und Punkfestival Eistnaflug statt, was übersetzt so viel heißt wie „Fliegende Hoden" – freundliche Metalfans und Mitternachtssonne!

Schlafen & Essen

Das übliche Fastfood brutzelt im Imbiss der Olís-Tankstelle. Picknickzutaten gibt es in den Supermärkten **Samkaup-Úrval** (Hafnarbraut 13; Mo–Fr 10–19, Sa & So 12–18 Uhr) bei der Tankstelle und **Nesbakki** (Bakkavegur 3; 10–19 Uhr) nicht weit vom Campingplatz.

Tónspil PENSION €

(☎477 1580; www.tonspil.is; Hafnarbraut 22; EZ/DZ ohne Bad 7900/13 900 ISK;) Wie im Film *High Fidelity* müssen Gäste den Typ im Musikladen nach den Zimmern darüber fragen! Die sind einfach, aber es gibt einen praktischen Fernseh- und Küchenbereich mit Waschmaschine. Wer seinen Schlafsack mitbringt, bezahlt 4900 ISK pro Person (nur außerhalb der Hauptsaison möglich).

Campingplatz CAMPING €

(Stellplatz 1000 ISK pro Pers.) Bei den Lawinenzäunen hoch über der Stadt (wohin sich ein Aufstieg schon wegen der Aussicht lohnt) finden Camper ihr Plätzchen zum Schlafen. Der Weg ist ab dem Krankenhaus ausgeschildert.

★ **Hildibrand Hotel** HOTEL €€

(☎477 1950; www.hildibrand.com; Hafnarbraut 2; DZ-Apt. ab 23 250 ISK) Der Komplex mit 15 sehr geräumigen, voll ausgestatteten Apartments mitten im Ort ist das Beste, was Neskaupstaður in den letzten Jahren passiert ist. Die Apartments haben ein bis drei Schlafzimmer (für bis zu 8 Pers.), eine Küche, einen Balkon mit tollem Ausblick und Möbel, die nicht von der Stange kommen – man könnte glatt einziehen! In Planung sind außerdem normale Zimmer.

Hótel Edda HOTEL €€

(☎444 4860; www.hoteledda.is; Nesgata 40; EZ/DZ 19 200/21 700 ISK; Anfang Juni–Mitte Aug.; @) Am Ostende des Ortes, direkt am Wasser, bietet das gut geführte Sommerhotel sagenhafte Ausblicke und saubere Standardzimmer (alle mit Bad) sowie ein annehmbares, abends geöffnetes Restaurant (2 Gänge 4650 ISK). Auch Frühstück wird angeboten.

Nesbær Kaffihus CAFÉ €

(Egilsbraut 5; Mittagessen 800–1500 ISK; Mo–Mi & Fr 9–18, Do bis 22.30, Sa 10–18, So 13–18 Uhr) Das Flair dieser Bäckerei mit Café und Kunstgewerbeladen ist der Inbegriff des Kleinstädtischen. Es gibt Kuchen, Sandwiches, Waffeln und Suppe.

★ **Kaupfélagsbarinn** ISLÄNDISCH €€

(www.hildibrand.com; Hafnarbraut 2; Mittagessen 2150–2950 ISK, Hauptgerichte abends 3590–5290 ISK;) Das Restaurant im Hildibrand-Komplex ist bei Weitem das nobelste der Gegend. In großzügigem, pastellfarbenem Ambiente werden Sushi, karamellisierter Kabeljau und *skyr*-Kuchen mit Limette und weißer Schokolade geboten. Die Karte ist sehr verlockend. Tipp: der Lammburger und die Hummer-Tagliatelle.

Fáskrúðsfjörður

660 EW.

Das Dorf Fáskrúðsfjörður, manchmal auch Búðir genannt, wurde ursprünglich von französischen Seeleuten besiedelt, die ab Ende des 19. Jhs. bis 1914 zum Fischen an die isländische Küste kamen. In Anlehnung an das historische Erbe sind sämtliche Straßenschilder auf Isländisch und auf Französisch.

Sehenswertes & Aktivitäten

Französisches Krankenhaus HISTORISCHES GEBÄUDE

(Hafnargata 11–14) Die komplette Geschichte der französischen Seeleute wird im Fosshotel beleuchtet, einer schicken neuen Anlage im einfühlsam renovierten alten französischen Krankenhaus und in anderen Gebäuden aus der Zeit. In der Hotellobby zeichnet eine hervorragende **Ausstellung** (Erw./Kind 1000 ISK/frei) ein detailliertes Bild der Beziehungen zwischen den Franzosen und den Einheimischen – interessant sind besonders die nachgebauten Seemannsunterkünfte.

Sandfell WANDERN
Geologen werden vom Lakkolithberg Sandfell (743 m) oberhalb des Fjord-Südufers begeistert sein. Er wurde durch geschmolzenes Rhyolith gebildet, das sich durch ältere Lavaschichten seinen Weg bahnte – weltweit eines der schönsten Beispiele für diese Art Berg. Bis zur Spitze ist es ein Zwei- bis Dreistundenmarsch.

Schlafen & Essen

Campingplatz CAMPING €
(Stellplatz 1000 ISK pro Pers.) Klein und einfach, am westlichen Ende des Dorfes.

Guesthouse Elín Helga PENSION €€
(☎868 2687; elinhelgak99@gmail.com; Stekkholt 20; DZ ohne Bad 14 000–17 050 ISK; 📶) Schönes Gästehaus hoch über dem Ort (erreichbar über Skólavegur und Holtavegur) mit gemütlichem Kiefernholz, netter Gastgeberin und wunderschönen Ausblicken. Keine Küche!

★ **Fosshotel Ostfjorde** HOTEL €€€
(☎470 4070; www.fosshotel.is; Hafnargata 11–14; Zi. ab 27 200 ISK; 📶) Das schöne neue Hotel eröffnete 2014 im alten französischen Krankenhaus seine Pforten. Hier ist alles vom Feinsten: 26 erstklassige Zimmer mit hübscher Einrichtung in stylischen Blau- und Grautönen plus **Restaurant** (Hauptgerichte abends 4600–5300 ISK) und Loungebar mit fabelhafter Aussicht – perfekt für eine Pause bei Kaffee und Kuchen.

Café Sumarlina CAFÉ, BAR
(www.sumarlina.is; Búðavegur 59; Mahlzeiten 1000–4350 ISK; ⏲11–22 Uhr; 📶) Das Café Sumarlina am Ortseingang ist ein kleines, freundliches Lokal in einem knarrenden Holzhaus. Serviert werden Pizza, Burger und Crêpes.

Samkaup-Strax SUPERMARKT
(Skólavegur 59; ⏲Mo–Fr 10–18, Sa bis 14 Uhr)

Stöðvarfjörður

200 EW.

Wer Geologie zum Gähnen langweilig findet, sollte sich in diesem Dörfchen vom Gegenteil überzeugen.

Sehenswertes

★ **Steinasafn Petra** MUSEUM
(www.steinapetra.is; Fjarðarbraut 21; Erw./Kind 1000 ISK/frei; ⏲Mai–Sept. 9–18 Uhr) Die außergewöhnliche Steinsammlung ist das Ergebnis einer lebenslangen Leidenschaft von Petra Sveinsdóttir. Ihr Haus ist vom Boden bis zur Decke mit Steinen und Mineralien vollgestopft – 70 % davon stammen aus der direkten Umgebung. Darunter sind schöne Jaspiswürfel, polierte Achate, lilafarbene Amethyste, leuchtend-milchige „Geistersteine", glitzernde Quarze ... eine wahre Schatztruhe.

Der große Garten wartet mit noch mehr Steinen, Gartenzwergen und allerlei Strandgut auf. Weitere Kollektionen (z. B. von Streichholzschachteln, Kugelschreibern und ausgestopften Vögeln) zeugen von der großen Sammlerin Petra.

Gallerí Snærós KUNSTGALERIE
(www.gallerisnaeros.is; Fjarðarbraut 42; ⏲Juni–Aug. 11–17 Uhr) Die alteingesessene Gallerí Snærós zeigt die Arbeiten einer einheimischen Künstlerfamilie, die sich mit ganz unterschiedlichen Kunstformen beschäftigt (Schmuck, Malerei, Keramik, Textil usw.).

Salthússmarkaður KUNSTHANDWERK
(Fjarðarbraut 40; ⏲Juni–Aug. 11–17 Uhr) Auf diesem Markt werden reizende handgefertigte Artikel verkauft.

Schlafen & Essen

Kirkjubær PENSION €
(☎847 2966, 849 1112; www.simnet.is/birgiral; Fjarðarbraut 37a; B 4500–6000 ISK) Eine winzige alte Kirche von 1925 befindet sich nun in Privatbesitz und wurde zu einem schnuckeligen Hostel mit einem Raum umgebaut. Kanzel und Altar sind noch vorhanden und einige der Kirchenbänke gehören jetzt zum Mobiliar. Es gibt eine Küche und ein Bad. Die Betten (meist nur Matratzen) befinden sich im oberen Zwischengeschoss.

Hier sollen zehn Personen Platz finden, aber das wäre dann doch etwas sehr kuschelig! Am besten eignet sich das Hostel für Familien oder Gruppen, die den kompletten Raum mieten (22 500 ISK, ohne Bettwäsche). Der Besitzer Birgir wohnt in dem gelben Haus unterhalb der Kirche (Skolúbraut 1).

Campingplatz CAMPING €
(Stellplatz 1000 ISK pro Pers.) Netter Platz am Ostrand des Dorfes.

Saxa PENSION €€

(☎ 511 3055; www.saxa.is; Fjarðarbraut 41; EZ/DZ 9900/18 600 ISK; 📶) Die Pension Saxa, die ein Vorleben als Supermarkt (!) hinter sich hat, bietet frische, moderne Zimmer sowie ein nettes **Café** (Snacks & Mahlzeiten 400–3700 ISK).

Brekkan IMBISS €

(Fjarðarbraut 44; ⏲ Mo–Fr 9.30–22, Sa 10–22, So 11–21 Uhr) Hier gibt's Burger und Sandwiches, es werden auch Lebensmittel verkauft.

DIE RINGSTRASSE: VON EGILSSTAÐIR NACH DJÚPIVOGUR

Breiðdalur

Auf ihrem Weg von Egilsstaðir zur Küste passiert die Ringstraße das von farbenfrohen Rhyolithfelsen umrahmte Breiðdalur, Islands breitestes Tal.

Geführte Touren

Odin Tours Iceland REITEN

(☎ 849 2009; www.odintoursiceland.com) Odin Tours bietet Reit- und Wandertouren im Breiðdalur an und vermietet ein Ferienhäuschen. Etwa 24 km von Breiðdalsvík.

Strengir ANGELN

(☎ 660 6890; www.strengir.com) Zeigt Anglern, wo's hier die meisten Lachse gibt, und betreibt außerdem die luxuriöse Eyjar Fishing Lodge, die ganzjährig geöffnet ist und auch Nichtangler als Gäste aufnimmt.

Schlafen & Essen

Hótel Staðarborg HOTEL €€

(☎ 475 6760; www.stadarborg.is; EZ/DZ mit Frühstück ab 16 900/22 500 ISK; @📶) In einer früheren Schule befindet sich das freundliche Hótel Staðarborg mit gepflegten, modernen Zimmern und Angelmöglichkeiten an einem See. Außerdem werden Schlafsackbetten (6500 ISK) und Abendmahlzeiten (3 Gänge ab 5200 ISK) geboten. 6 km westlich von Breiðdalsvík.

★ **Silfurberg** PENSION €€€

(☎ 475 1515; www.silfurberg.com; Þorgrímsstaðir; Zi. mit Frühstück ab 34 000 ISK; ⏲ Mai–Mitte Sept.) Das Silfurberg ist eine umwerfende neue Boutique-Pension auf einem ländlichen Anwesen 53 km südlich von Egilsstaðir und 30 km von Breiðdalsvík. Mit Sinn für Stil, Humor und handwerklichem Können sind in einer Scheune vier Zimmer, eine Suite und luxuriöse Gemeinschaftsbereiche entstanden. Das Sahnehäubchen sind die Außensauna und der überkuppelte Hot Pot.

Breiðdalsvík

135 EW.

Das Fischerdörfchen Breiðdalsvík liegt wunderschön am Ende des Breiðdalur. Es ist ein sehr ruhiger Ort – mehr eine Basis für Wanderungen in den nahen Bergen und zum Angeln in den Flüssen und Seen als selbst ein sehenswertes Ziel.

Geführte Touren

Tinna Adventure ABENTEUERTOUREN

(☎ 475 1100; www.tinna-adventure.is) Das 2014 gegründete Unternehmen Tinna Adventure bietet im Sommer jeden Tag um 13 Uhr ab Breiðdalsvík Angeltrips aufs Meer hinaus (10 500 ISK; Buchung erforderlich). Dabei werden regelmäßig Papageitaucher und andere Meeresvögel gesichtet. Ein Fang wird garantiert. Außerdem bietet Tinna Superjeep- und Wandertouren in der Gegend. Infos gibt's im Hótel Bláfell.

Schlafen & Essen

Hótel Bláfell HOTEL €€

(☎ 475 6770; www.hotelblafell.is; Sólvellir 14; EZ/DZ mit Frühstück 17 050/23 250 ISK; 📶) Das Hótel Bláfell im Zentrum des „Dorfes" (wenn man es denn so nennen kann) hat schicke, in einer Grundfarbe gehaltene Zimmer, eine kostenlose Gästesauna und eine schöne Lounge mit Kamin. Die einfallslose Einrichtung des Restaurants sollte keinen abschrecken, hier zu essen – das Abendbuffet (5900 ISK) ist zu Recht sehr beliebt.

Camper können ihr Zelt auf dem kostenlosen **Campingplatz** hinter dem Hotel aufschlagen. Das Hotel hat inzwischen auch das **Café Margret** übernommen, ein gemütliches Gästehaus und Café außerhalb von Breiðdalsvík an der Straße 96 nach Stöðvarfjörður.

Kaupfjelagið CAFÉ €

(Sólvellir 23; ⏲ Juni–Aug. 10.30–18 Uhr) Das Kaupfjelagið bietet neben Kaffee und kleinen Speisen auch Infos, Souvenirs und Outdoorbekleidung.

Berufjörður

Die Ringstraße windet sich um den Berufjörður, einen langen Fjord zwischen Rhyolithbergen. Das Südwestufer wird von dem auffälligen, pyramidenförmigen Berg **Búlandstindur** dominiert, der sich 1069 m über dem Wasser erhebt.

Rund um den Berufjörður verlaufen mehrere historische Wanderwege durch das abschüssige und zerklüftete Terrain. Die bekannteste Bergtour beginnt am Hof Berufjörður am Ende des Fjords und führt über den 700 m hohen Pass Berufjarðarskarð ins Breiðdalur-Tal.

Schlafen & Essen

★ **Jugendherberge Berunes** HOSTEL €
(☎478 8988, 869 7227; www.berunes.is; B/DZ ohne Bad 4900/10 500 ISK, Hütten ab 15 000 ISK; ⏲April–Okt.; @📶) Die Jugendherberge Berunes auf einem 100 Jahre alten Hof wird von dem leutseligen Besitzer Ólafur und seiner Familie geführt. Das herrlich knarzende, alte Bauernhaus hat Zimmer, dazu eine Küche und eine Lounge, weitere Zimmer befinden sich im neueren Haus. Camper können draußen für 1350 ISK pro Person ihr Zelt aufstellen, außerdem stehen einige Hütten mit Bad zur Wahl. Zum Frühstück gibt's leckere Pfannkuchen, im Sommer nimmt auch ein Restaurant den Betrieb auf (Selbstversorger sollten Vorräte mitbringen).

Für HI-Mitglieder gibt's Ermäßigung, für Leihbettwäsche werden 1350 ISK berechnet.

Das Hostel liegt 22 km südlich von Breiðdalsvík an der Ringstraße, 40 km von Djúpivogur; Busse auf der Strecke Egilsstaðir–Höfn machen hier Halt.

Djúpivogur

370 EW.

Die adretten historischen Häuser, das Museum und der kleine Hafen des freundlichen Fischerdörfchens am Ende des Berufjörður lohnen durchaus eine Stippvisite, doch hauptsächlich kommen Besucher her, weil hier das Boot zur Insel Papey ablegt.

Djúpivogur (*dju*-pi-vor) ist der älteste Hafen der Ostfjorde – ihn gab es schon im 16. Jh., als deutsche Kaufleute Handelswaren importierten. Das letzte aufregende Ereignis fand 1627 statt, als Piraten aus Nordafrika an Land ruderten, das Dorf und die umliegenden Höfe plünderten und Dutzende Einwohner als Sklaven verschleppten.

ABSTECHER

INSEL PAPEY

Der Name der vor der Küste liegenden Insel Papey (Mönchsinsel) lässt vermuten, dass sie einst eine Niederlassung irischer Mönche war, die wahrscheinlich für kurze Zeit in Island lebten, bevor sie vor den eindringenden Nordmännern fliehen mussten. Früher wurde die nur 2 km^2 große, friedliche Insel landwirtschaftlich genutzt, heute leben hier nur noch Robben und Seevögel, darunter eine Horde Papageitaucher. Weitere Highlights sind der Fels Kastali („Burg"), auf dem „verborgene Wesen" leben, ein Leuchtturm von 1922 und Islands älteste und kleinste Holzkirche (von 1807).

Papeyjarferðir (☎862 4399; www.djupivogur.is/papey; Erw./Kind 8000/4000 ISK) bietet von Juni bis August eine vierstündige Tour zur Insel an, die auf diversen Wanderwegen durch die hier heimische Tierwelt führt. Sie beginnt täglich um 13 Uhr im Hafen von Djúpivogur – vorausgesetzt, das Wetter stimmt.

Sehenswertes & Aktivitäten

Langabúð Museum MUSEUM
(Erw./Kind 500/300 ISK; ⏲Juni–Aug. 10–18 Uhr) Djúpivogurs ältestes Haus, das lange, leuchtend rote Langabúð, ist ein hölzerner Speicher aus dem Jahr 1790 am Hafen, in dem heute die Touristeninformation, ein Café und ein ungewöhnliches Heimatmuseum untergebracht sind. Unten sind Werke des Bildhauers Rikarður Jónsson (1888–1977) ausgestellt: naturalistische Büsten prominenter Isländer, Spiegel mit Meerjungfrauen, Reliefs von Sagagestalten und mehr. Oben auf dem Speicher, wo es nach Teer riecht, werden Objekte mit Bezug zur Ortsgeschichte gezeigt.

Eggin í Gleðivík KUNST
Hinter dem Langabuð geht's zu Fuß oder im Auto auf der Straße westwärts in Richtung Wasser weiter bis zu diesem Kunstobjekt: Jedes der 34 überdimensionalen Eier repräsentiert eine heimische Vogelart.

Bones, Sticks & Stones SKULPTURENGARTEN
Auf dem Weg zum Bootsanleger lädt ein witziger Skulpturengarten mit Mineralien, Knochen und Treibgut zum Kurzbesuch ein.

Schlafen & Essen

Klif Hostel HOSTEL €
(☎478 8802; www.klifhostel.is; Kambur 1; B 5000 ISK; ⏲Mai–Sept.; 📶) Das neue Klif ist ein kleines, heimeliges Hostel mit fünf Zimmern in der alten Post. Schlafsackbetten kosten 5000 ISK pro Person, ein Doppelzimmer mit Gemeinschaftsbad kommt auf happige 16 300 ISK (mit Bettwäsche).

Campingplatz CAMPING €
(Stellplatz 1250 ISK pro Pers.; ⏲April–Okt.) Der Campingplatz hinter dem Við Voginn wird vom Hótel Framtíð betrieben (bezahlt wird an der Hotelrezeption). Er ist mit Duschen, Kochgelegenheiten und Waschmaschine ausgestattet.

Hótel Framtíð HOTEL €€
(☎478 8887; www.hotelframtid.com; Vogaland 4; DZ mit/ohne Bad 25 950/18 300 ISK; 📶) Für so ein winziges Dorf ist dieses Hotel am Hafen wirklich beeindruckend! Es hat schon ein paar Jahre auf dem Buckel (das Gebäude stand ursprünglich in Kopenhagen und wurde 1906 in Einzelteile zerlegt und hier wieder aufgestellt). Es gibt unterschiedliche Unterkünfte: Schlafsackbetten (DZ 10 500 ISK), mit Holz verkleidete Hotelzimmer, vier Hütten und fünf Apartments (darunter zwei schicke neue).

Das elegante **Restaurant** (Hauptgerichte abends 4650–5960 ISK) ist auf jeden Fall die attraktivste Essadresse am Platz. Gegrillte Hummerschwänze und Lammfilet sind für Gaumen und Geldbeutel das Nonplusultra, aber es gibt auch Pizza ab 1800 ISK.

Langabúð Kaffihús CAFÉ €
(Mittagessen 750–1700 ISK; ⏲Mitte Mai–Sept. So–Do 10–18, Fr & Sa bis 23.30 Uhr) Das quirlige Café im Langabúð mit nostalgischer Atmosphäre verkauft Kuchen, Suppen und Sandwiches.

Við Voginn IMBISS €
(Vogaland 2; Tagessuppe 980 ISK; ⏲Mo–Fr 9–21, Sa & So 11–21 Uhr) Beliebter Imbiss mit Lebensmittelladen.

Samkaup-Strax SUPERMARKT
(Búland 2; ⏲Mo–Fr 10–18, Sa bis 16, So 12–16 Uhr) An der Hauptstraße des Ortes, mit **Vínbúðin** (⏲Juni–Aug. Mo–Do 16–18, Fr 13–18 Uhr).

Praktische Informationen

Der Ort bietet alles Notwendige wie Bank und Post. Die **Touristeninformation** (☎478 8204; Bakki 3; ⏲Mitte Mai–Mitte Sept. Mo–Fr 9–17, Sa & So 12–16 Uhr) gegenüber dem Kunstgewerbeladen Bakkabuð hält Karten bereit.

In der Gegend ist viel Federvieh unterwegs; Vogelfreunde sollten sich auf www.birds.is schlau machen – die allgemeinen Infos auf der Seite sind gut, allerdings ist sie nicht immer aktuell.

Südostisland

Inhalt →

Gut essen

- Humarhöfnin (S. 331)
- Pakkhús (S. 331)
- Jöklasel (S. 332)
- Hólmur (S. 327)

Schön übernachten

- Hrífunes Guesthouse (S. 311)
- Glacier View Guesthouse (S. 311)
- Guesthouse Dyngja (S. 330)
- Árnanes Country Lodge (S. 328)

Auf nach Südostisland

Der 200 km lange Abschnitt der Ringstraße zwischen Kirkjubæjarklaustur und Höfn ist überwältigend. Er führt durch riesige Deltas aus grauem Gletschersand, um zerklüftete Bergketten herum und vorbei an verwaisten Höfen, Gletscherzungen und Lagunen, in denen Eisblöcke schwimmen. Ortschaften findet man hier nicht.

Die dominierende Landmarke in der Region ist der imposante Vatnajökull. Seine Gletscherflüsse ergießen sich über Steilhänge ins Meer. Die Gletscherlagune Jökulsárlón ist ein Traum für Fotografen. Wind und Wasser formen hier aus strahlend blauen Eisbergen phantastische Skulpturen.

Die Wüsten aus Gletschersand an der Küste zeugen von gewaltigen Begegnungen zwischen Feuer und Eis. Weiter im Landesinneren liegt das Epizentrum des schlimmsten Vulkanausbruchs in der Geschichte des Landes, Lakagígar (Laki-Krater). Ganz anders als trostlos und verwüstet ist Skaftafell. Die geschützte Enklave zwischen Gletschern und Sandwüste zeigt sich lebendig und farbig, sie ist ein beliebtes Reiseziel, vor allem bei Wanderern.

Entfernungen (km)

	Höfn	Reykjavík	Jökulsárlón	Skaftafell
Reykjavík	459			
Jökulsárlón	79	378		
Skaftafell	135	323	57	
Kirkjubæjarklaustur	200	257	122	69

Highlights

1 Die phantastischen Eisskulpturen am **Jökulsárlón** (S. 324) bestaunen

2 Den beliebtesten Nationalpark Islands, **Skaftafell** (S. 316), besuchen, eine grüne Oase inmitten riesiger Gletschersanddeltas.

3 Auf den **Laki** (S. 314) kraxeln und einen Blick auf drei Gletscher und das verheerende Ausmaß vulkanischer Aktivität werfen

4 Die Steigeisen unterschnallen und eine geführte **Gletscherwanderung** (S. 320) unternehmen

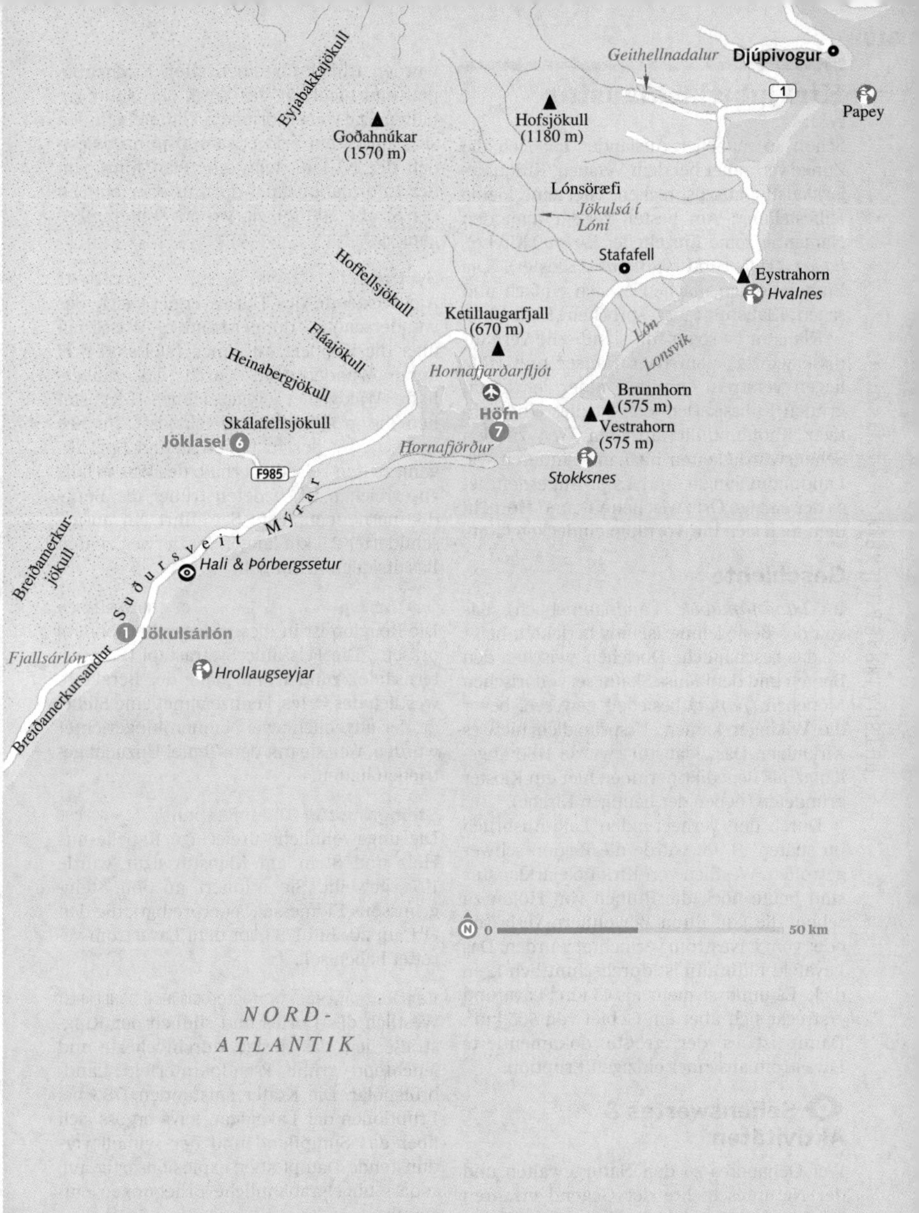

5 Den **Hvannadalshnúkur** (S. 322) erklimmen, Islands höchsten Berg

6 Mit einem Schneemobil über den **Vatnajökull** (S. 332) brausen

7 In den Restaurants von **Höfn** (S. 329) fangfrische Köstlichkeiten probieren

8 Eine Traktorfahrt zum Vogelfelsen **Ingólfshöfði** (S. 323) mit Papageitauchern und tieffliegenden Raubmöwen unternehmen

Kirkjubæjarklaustur

EW. 125

Schon so mancher Ausländer hat sich die Zunge verknotet bei dem Versuch, Kirkjubæjarklaustur auszusprechen. Hier eine kleine Hilfestellung: Am besten zerlegt man den Namen in seine Einzelteile: *Kirkju* (Kirche), *bæjar* (Hof) und *klaustur* (Kloster). Die Einheimischen machen es sich einfach und sagen „Klaustur" (ausgesprochen „Klöüstür").

Klaustur ist sogar für isländische Verhältnisse winzig – ein paar Häuser und Höfe liegen verstreut inmitten einer leuchtend grünen Kulisse. Dennoch ist dies ein wichtiger Knotenpunkt auf dem Weg zu den Sehenswürdigkeiten im Landesinneren wie Landmannalaugar und Laki. Außerdem ist es der einzige Ort zwischen Vík und Höfn, in dem man sich mit Vorräten eindecken kann.

Geschichte

Im *Landnámabók* (Landnahmebuch), das von der Besiedelung Islands berichtet, heißt es, das beschauliche Dörfchen zwischen den Bergen und dem Fluss Skaftá sei von irischen Mönchen *(papar)* besiedelt gewesen, bevor die Wikinger kamen. Ursprünglich hieß es Kirkjubær. Das „klaustur" wurde 1186 angehängt, als Benediktinerinnen hier ein Kloster gründeten (neben der heutigen Kirche).

Durch den verheerenden Laki-Ausbruch im späten 18. Jh. wurde die Region schwer getroffen. Westlich von Kirkjubæjarklaustur sind heute noch die Ruinen von Höfen zu sehen, die von ihren Bewohnern verlassen oder vom Lavastrom vernichtet wurden. Das Lavafeld Eldhraun ist durchschnittlich 12 m dick. Es umfasst mehr als 15 km^3 Lava und erstreckt sich über ein Gebiet von 565 km^2. Damit ist es der größte dokumentierte Lavastrom aus einer einzigen Eruption.

Sehenswertes & Aktivitäten

Wer Genaueres zu den Naturgewalten und der Naturgeschichte der Gegend erfahren möchte, besorgt sich die Broschüre *Klaustur trail* (800 ISK). Sie beschreibt einen gekennzeichneten 20 km langen Wanderweg rund um das Dorf, vorbei an zahlreichen geologischen Besonderheiten (er kann auch in Teilstrecken begangen werden).

Kirkjugólf — GESTEINSFORMATION

Die Basaltsäulen Kirkjugólf (Kirchenboden), geglättet und von Moos zusammengehalten, wurden früher für einen alten Kirchenboden und nicht für das Werk der Natur gehalten. Die wabenförmigen Platten befinden sich auf einem Feld etwa 400 m nordwestlich der N1-Tankstelle (ein Pfad führt von der Informationstafel dorthin oder einfach der Straße 203 folgen, wo ein weiterer Zugang ist).

Systrafoss — WASSERFALL

Am Westende des Dorfes ergießt sich der wunderschöne, doppelstromige Wasserfall über die Klippen. Auf einer Tafel sind drei kurze Wanderungen durch das zauberhafte Waldgebiet eingezeichnet (hier stehen die größten Bäume Islands!). Im See **Systravatn**, der in einem netten Spaziergang zu den Felsen oberhalb des Wasserfalls zu erreichen ist, badeten früher die Benediktinernonnen. Vom See führt ein ausgeschilderter 2,5 km langer Spazierweg zu den Basaltsäulen Kirkjugólf.

Systrastapi — GESTEINSFORMATION

Die Religion ist in dieser Gegend besonders präsent. Die Felssäule Systrastapi (Schwesternsäule), rund 1,5 km nahe der Bergkette westlich des Ortes, kennzeichnet eine Stelle, an der angeblich zwei Nonnen hingerichtet wurden, weil sie mit dem Teufel Unzucht getrieben hatten.

Steingrímsson Gedenkkapelle — KIRCHE

Die ungewöhnliche dreieckige Kapelle aus Holz und Stein am Klausturvegur wurde 1974 geweiht. Sie erinnert an Jón Steingrímssons Eldmessa (Feuerpredigt), die den Ort am 20. Juli 1783 vor dem Lavastrom gerettet haben soll.

Landbrotshólar — GEOLOGISCHE BESONDERHEIT

Westlich des Dorfes und südlich der Ringstraße liegt das riesige, durchlöcherte und leuchtend grüne Pseudokraterfeld Landbrotshólar. Die Krater entstanden 1783 bei Eruptionen der Lakagígar. Lava ergoss sich über das Sumpfland und der schnell verdunstende Dampf stieg explosionsartig auf, sodass hügelgrabähnliche Erhebungen entstanden.

Geführte Touren

Hólasport — ABENTEUERTOUR

(☎660 1151; www.holasport.is; ⏱Mai–Okt.) Hólasport hat seinen Sitz im Hótel Laki, gleich südlich von Klaustur, und bietet verschiedene Jeeptouren an, darunter eine Ganztagestour zum Laki für 32 500 ISK

ABSTECHER

GASTFREUNDLICHES HRÍFUNES

Hrífunes ist ein winziger Weiler in perfekter Lage zwischen Kirkjubæjarklaustur und Vík, inmitten der friedlichen und unglaublich grünen Umgebung von Skaftártunga. Hier befinden sich zwei einladende, gastfreundliche Unterkünfte, die den Umweg unbedingt lohnen. Tipp: Das köstliche Abendessen wahrnehmen, denn es sind keine Gästeküchen vorhanden.

Autofahrer nehmen die von der Ringstraße abgehende Straße 209. Die Abfahrt liegt 39 km östlich von Vík, bis Hrífunes sind es 6 km. Von Klaustur her kommend liegt die Straße 209 ca. 24 km westlich und die Entfernung beträgt 13 km.

Wer mit einem großen 4WD unterwegs ist, kann von Hrífunes aus wunderbar ein Stück des spektakulären südlichen Binnenlands erkunden, darunter Landmannalaugar und das Naturschutzgebiet Fjallabak.

Glacier View Guesthouse (☎770 0123; www.glacierviewguesthouse.is; EZ/DZ ohne Bad inkl. Frühstück 14 000/20 000 ISK; ⌚Mai–Okt.; 📶) Die Besitzer Borgar und Elín sind Reiseexperten. Sie leiten ein Reiseunternehmen für Isländer, die Afrika besuchen möchten, und wissen genau, was es braucht, damit sich Gäste in ihrem schlichten, gemütlichen Heim wohlfühlen. Bei gutem Wetter kann man vom geräumigen Wohnzimmer aus tatsächlich (!) den Vatnajökull *und* den Mýrdalsjökull sehen. Das mehrgängige Abendessen (5500 ISK) ist ein Gedicht.

Hrífunes Guesthouse (☎863 5540; www.hrifunesguesthouse.is; DZ mit/ohne Bad inkl. Frühstück 26 000/21 000 ISK; 📶) Haukur und Hadda, die Eigentümer, haben dem alten Gemeindehaus neues Leben und Flair eingehaucht. Es erstrahlt im stylischen Landhaus-Schick, dekoriert mit sagenhaften Fotos, die Haukur geschossen hat; er veranstaltet Fototouren (www.phototours.is). Die Gäste erwartet eine behagliche Lounge mit Kaminfeuer sowie Gourmetdinner für 6000 ISK.

oder eine kürzere Fahrt in die Berge, bei der mehrere Flussfurten durchquert werden müssen, für 16 500 ISK. Es werden auch oft lustige Ausflüge mit Quads in die mit Pseudokratern übersäte Region Landbrotshólar oder zu schwarzen Sandstränden veranstaltet, Teilnahmegebühr ab 14 500 ISK.

Slóðir WANDERTOUR
(☎852 2012; www.slodir.is; ⌚Juni–Mitte Sept.) Von einer Niederlassung östlich des Ortes aus bietet ein Trio fachkundiger Biologen geführte Wanderungen an. Sie gehen auf die Geologie und Geschichte der Gegend ein (Halbtageswanderung 5000 ISK pro Pers., mind. 4 Pers.). Buchung erforderlich.

Schlafen

In der atemberaubenden Landschaft um Klaustur gibt es hochwertige und sehr gefragte Unterkünfte, auch mit Verpflegungsmöglichkeiten (s. auch Kasten).

Klausturhof PENSION €
(☎567 7600; www.klausturhof.is; Klausturvegur 1–5; B 4500 ISK, DZ mit/ohne Bad 17 400/14 500 ISK; 📶) Die helle Anlage hat einen attraktiven Nachbarn, den Wasserfall Systrafoss, und bietet kompakte Zimmer zu vernünftigen Preisen, eine Gästeküche und ein Café. Wer für die Privatzimmer den eigenen Schlafsack mitbringt, spart Geld. Frühstück kostet 1580 ISK.

Kirkjubær II CAMPING €
(☎894 4495; www.kirkjubaer.com; Stellplätze 1200 ISK pro Pers., Cottages 18 000 ISK; ⌚Juni–Sept.) Ordentlicher Zeltplatz mit schützenden Hecken mitten im Ort. Gute Servicegebäude, darunter Küchen-, Dusch- und Waschmaschinenblock. Ein willkommener Neuzugang, v. a. bei schlechtem Wetter, sind die drei schlichten Hütten mit jeweils vier Etagenbetten (Schlafsack muss mitgebracht werden).

Kleifar CAMPING €
(Stellplätze 750 ISK pro Pers.; ⌚Juni–Aug.) Es gibt noch einen zweiten, sehr einfachen Campingplatz mit Toiletten und fließendem Wasser 1,5 km an der Straße 203 entlang (Richtung Geirland ausgeschildert). Er liegt sehr malerisch neben einem Wasserfall.

Icelandair Hótel Klaustur HOTEL €€
(☎487 4900; www.icelandairhotels.com; Klausturvegur 6; DZ ab 25 000 ISK; 📶) Das verlässliche

Hotel hat freundliche Mitarbeiter, 57 gut ausgestattete, ansprechend eingerichtete Zimmer (darunter Superior-Zimmer in einem Neubau) sowie eine sonnige, geschützte Essterrasse und eine Bar-Lounge. Im **Restaurant** (abends Hauptgerichte 3950–5550 ISK) gibt's verführerische lokale Produkte wie gebratenen Seesaibling mit Kartoffeln aus der Region, in Blaubeeren mariniertes Lammcarpaccio und in Knoblauch geschwenkte Schalentiere.

Essen

Skaftárskáli IMBISS €

(an der Straße 1; ⏲ Juni–Aug. 9–22 Uhr, Sept.–Mai bis 20 Uhr) Für einen schnellen Happen reichen die üblichen Fastfood-Verdächtigen in dieser gut besuchten Grill-Bar an der N1-Tankstelle mit tagsüber durchgehend warmer Küche wahrscheinlich aus. Im Sommer schließt die Küche erst um 21.30 Uhr.

Systrakaffi INTERNATIONAL €€

(www.systrakaffi.is; Klausturvegur 12; Hauptgerichte 1000–4500 ISK; ⏲ Juni–Aug. 11.30–22 Uhr, Mai & Sept. kürzere Öffnungszeiten) Am meisten los ist in dieser heiß und innig geliebten Café-Bar. Auf der umfangreichen Karte stehen Suppen, Salate, Pizzas und Burger. Die Spezialitäten sind logischerweise aber Forelle und Lamm aus der Region.

Kaffi Munkar CAFÉ €€

(Klausturvegur 1–5; Hauptgerichte 1250–3200 ISK; ⏲10–22 Uhr) Am westlichen Ende des Ortes findet man dieses nette Café. Es dient gleichzeitig als Rezeption der Pension Klausturhof. Zur Auswahl stehen beispielsweise die Suppe des Tages (laut dem Speisezettel auf dem witzigen schwarzen Brett „aus Sonnenschein und Gemüse zubereitet"), pikant gewürztes Hühnchen oder Fischeintopf.

Kjarval SUPERMARKT

(Klausturvegur 13; ⏲ Juni–Mitte Sept. 9–20 Uhr, Mitte Sept.–Mai Mo–Fr 10–18, Sa 10–14 Uhr) Für Selbstversorger.

Vínbúðin ALKOHOLISCHE GETRÄNKE

(Klausturvegur 15; ⏲ Juni–Aug. Mo–Do 16–18, Fr 13–19 Uhr, Sept.–Mai Mo–Do 12–14, Fr 14–18, Sa 17–18 Uhr) Staatlicher Alkoholladen.

Praktische Informationen

Touristeninformation (☎ 487 4620; www.visitklaustur.is; Klausturvegur 2; ⏲ Mitte Mai–Mitte Sept. 8.30–18 Uhr) Das Fremdenverkehrsamt verfügt über jede Menge Material und befindet sich im Informationszentrum Skaftárstofa. In dem Zentrum gibt's gute Infos zur Region sowie Auskünfte und eine Ausstellung zum Katla Geopark und zum Nationalpark Vatnajökull. Außerdem wird ein Kurzfilm über den Laki-Ausbruch gezeigt. Einen Besuch lohnt auch der hier untergebrachte „Bauernmarkt", auf dem regionale Lebensmittel und Kunsthandwerk verkauft werden.

An- & Weiterreise

Alle Busse der Strecke Reykjavík–Vík–Höfn halten in Klaustur. Der Ort ist ein wichtiger Verkehrsknotenpunkt auf der Route nach Landmannalaugar und zum Laki. Die Busse halten an der N1-Tankstelle.

Die Busse Richtung Osten halten in Skaftafell und am Jökulsárlón. Die angegebenen Preise sind Stand Sommer 2014.

Sterna (☎ 551 1166; www.sterna.is):

- Bus 12 nach Höfn (4600 ISK, 5 Std., Juni–Mitte Sept. 1-mal tgl.). Hat 1½ Std. Aufenthalt am Jökulsárlón.
- Bus 12a nach Vík (1100 ISK, 1 Std., Juni–Mitte Sept. 1-mal tgl.)
- Bus 12a nach Reykjavík (5800 ISK, 5 Std., Juni–Mitte Sept. 1-mal tgl.)

Strætó (☎ 540 2700; www.straeto.is):

- Bus 51 nach Höfn (4550 ISK, 2¾ Std., 2-mal tgl.)
- Bus 51 nach Vík (1050 ISK, 1 Std., 2-mal tgl.)
- Bus 51 nach Reykjavík (5950 ISK, 4¼ Std., 2-mal tgl.)

Bitte beachten: Im Winter (Mitte Sept.–Mai) verkehrt Bus 51 nur einmal täglich.

Reykjavík Excursions (☎ 580 5400; www.re.is):

- Bus 10/10a Skaftafell–Klaustur–Eldgjá–Landmannalaugar (Mitte Juni–Mitte Sept. 1-mal tgl.). Kann als Tagestour oder als reguläres Transportmittel genutzt werden. Die einfache Fahrt von Klaustur nach Landmannalaugar kostet 6500 ISK.
- Bus 16/16a Skaftafell–Lakagígar via Klaustur (Ende Juni–Mitte Sept. 1-mal tgl.). Für einen Tagesausflug von Skaftafell oder Klaustur, 3½ Std. Aufenthalt am Laki (von Klaustur 12 000 ISK).
- Bus 20 nach Skaftafell (3000 ISK, 1 Std., Mitte Juni–Mitte Sept. 1-mal tgl.). Von Skaftafell fährt täglich ein Reykjavík Excursions-Bus in östliche Richtung nach Höfn.
- Bus 20a nach Vík (2500 ISK, Mitte Juni–Mitte Sept. 1-mal tgl.)
- Bus 20a nach Reykjavík (9500, 6 Std., Mitte Juni–Mitte Sept. 1-mal tgl.). Hat 1 Std. Aufenthalt in Vík, 25 Min. am Skógafoss.

Rund um Kirkjubæjarklaustur

Sehenswertes & Aktivitäten

Fjarðrárgljúfur SCHLUCHT

Die malerische und düstere Schlucht, die der Fluss Fjarðrá grub, ist beeindruckende 2 Mio. Jahre alt. Ein Wanderweg verläuft ein paar Kilometer an ihrem Südrand entlang. An vielen Stellen blickt man in gähnende, felsige Abgründe.

Die Schlucht liegt 3,5 km nördlich der Ringstraße. Der Weg hierher führt entweder zu Fuß über Lavafelder oder über die Straße 206 (an dem Schild zum Laki der linken Gabelung folgen), die dann eine F-Straße wird.

Foss á Síðu & Dverghamrar WASSERFALL

Der Foss á Síðu 11 km östlich von Kirkjubæjarklaustur ist ein bildhübscher Wasserfall, der normalerweise von den Klippen herabstürzt. Wenn aber der Wind vom Meer her besonders heftig bläst, fließt er tatsächlich aufwärts! Gegenüber dem Wasserfall liegt die Steilklippe Dverghamrar („Trollfelsen") mit klassischen Basaltsäulen. Hier leben angeblich Vertreter des isländischen Huldufólk (Elfen).

Schlafen & Essen

Hörgsland CAMPING, HÜTTEN €€

(☎487 6655; www.horgsland.is; Stellplätze 1000 ISK pro Pers., Hütten für 2/6 Pers. ab 14 100/26 650 ISK, Pension DZ mit/ohne Bad inkl. Frühstück 19 850/16 700 ISK; 📶) An der Ringstraße, ca. 8 km nordöstlich von Klaustur, liegt dieses Minidorf mit makellos sauberen, geräumigen, voll ausgestatteten Hütten, in denen mindestens sechs Personen übernachten können. Die neuen Pensionszimmer sind als Letztes hinzugekommen. Alternativ kann man auch sein Zelt aufschlagen. Draußen laden Hot Pots zum Entspannen ein. Außerdem gibt's ein einfaches Laden-Café, in dem Frühstück und Abendessen serviert werden.

Sämtliche Unterkunftsvarianten (mit/ohne Frühstück, eigene Bettwäsche usw.) sind auf der Website beschrieben. Nicht verpassen sollte man das wöchentliche asiatische Abendbuffet (der Gebäudekomplex gehört einem isländisch-philippinischen Paar), denn es ist so lecker wie preiswert (3200 ISK).

Hunkubakkar PENSION €€

(☎487 4681; www.hunkubakkar.is; EZ/DZ ohne Bad inkl. Frühstück 13 400/18 100 ISK; 📶) Eine fotogene Unterkunft: kleine, rote Ferienhütten überziehen das sattgrüne Gelände dieser Schaffarm, 7 km westlich von Klaustur (an der Straße 206, 2 km von der Fjarðrárgljúfur-Schlucht). Jede Hütte besitzt zwei einfache Zimmer mit Kochgelegenheit, die sich ein Bad teilen. Frühstück im neuen Restaurant auf dem Anwesen inbegriffen.

Hótel Laki HOTEL €€€

(Efri-Vík; ☎487 4694; www.hotellaki.is; EZ/DZ inkl. Frühstück ab 27 825/31 800 ISK; 📶) Was als einfache Unterkunft im Bauernhaus begann, hat sich zu einem riesigen Hotel gemausert. Es steht 5 km südlich von Klaustur (der Straße 204 folgen) auf einem bezaubernden Stück Ackerland. Neben den komfortablen (aber überteuerten) 64 Zimmern gibt es 15 Selbstversorgerhütten (billiger als die Zimmer) sowie einen Golfparcours (9 Löcher), einen Hot Pot und ein großes Bar-Restaurant. Als Aktivitäten werden Quad- und Superjeeptouren (S. 332) sowie Fischen im See angeboten.

Im Sommer wird im Restaurant ein begehrtes Abendbuffet aufgebaut (6900 ISK).

Lakagígar

Schier unbegreiflich ist das Ausmaß der Laki-Eruptionen, des katastrophalsten Vulkanausbruchs der Menschheitsgeschichte.

Im Frühsommer 1783 riss eine Feuerspalte auf und aus 135 Kratern, den Lakagígar (Laki-Kratern), wurde geschmolzenes Gestein bis zu 1 km hoch in die Luft geschleudert. Diese Skaftáreldar (Feuer des Skaftá) dauerten acht Monate und dabei wurde schätzungsweise mehr als 15 km³ vulkanisches Material ausgespuckt. Das daraus entstandene Lavafeld (das sogenannte Eldhraun) bedeckte ein Gebiet von 565 km². 20 Höfe in dieser Region wurden vernichtet und weitere 30 so schwer beschädigt, dass sie vorübergehend verlassen werden mussten.

Noch verheerender waren die Hunderte Mio. Tonnen Asche und Schwefelsäure, die aus den Vulkanspalten aufstiegen. Ihre Wolken verdunkelten die Sonne und vernichteten das Gras. Zwei Drittel des isländischen Viehs starben entweder den Hungertod oder wurden vergiftet. Über 9000 Menschen – ein Fünftel der damaligen Landesbevölkerung – wurden getötet. Der Rest litt unter der nachfolgenden Moðuharðindin (der „Nebelkatastrophe"), einer Hungersnot mit vielen tausend Opfern.

Doch der Schaden blieb nicht auf Island begrenzt. Auf der Nordhalbkugel verdunkelten Aschewolken die Sonne. Die Temperaturen kühlten ab und saurer Regen fiel vom Himmel, was zu verheerenden Missernten in Japan, Alaska und Europa führte (vielleicht waren sie sogar ein Mitauslöser für die Französische Revolution). Heute ist dem Lavafeld das apokalyptische Szenario, aus dem es vor über 230 Jahren entstand, kaum noch anzusehen. Seine gewundenen, schwarzen Lavaformationen sind mit weichem, grünem Moos überwuchert.

Das gesamte Lakagígar-Gebiet gehört heute zum **Nationalpark Vatnajökull** (www.vjp.is). Die Park-Website gibt ausgezeichnete Reiseinformationen.

In der Hauptsaison (Mitte Juli–Mitte Aug.) stehen von 11 bis 15 Uhr Parkranger an den Parkplätzen bereit; von Montag bis Freitag bieten sie um die Mittagszeit geführte Spaziergänge an. Im Park wurde ein 500 m langer Naturlehrpfad angelegt. Dazu gibt es eine Broschüre, die auch online heruntergeladen werden kann. Sie informiert über die faszinierende Geschichte, Geologie und Ökologie der Gegend. In dieser fragilen Natur sollte man sich unbedingt an die ausgewiesenen Wege halten!

Campen ist im Laki-Reservat verboten. Der nächstgelegene Campingplatz mit sehr einfachen Hütten, Toilette und Frischwasser ist in Blágil, etwa 11 km vom Laki entfernt. Betten/Stellplätze kosten 4100/1400 pro Person (Preise von 2014); Kontaktadresse: snorri@vjp.is.

Sehenswertes

Laki — BERG

Owohl der als Laki bekannte Vulkangipfel (818 m) bislang noch nicht ausgebrochen ist, wurde die noch immer aktive, 25 km lange Lakagígar-Kraterreihe nach ihm benannt. Sie erstreckt sich von seinem Fuß in nordöstlicher und südwestlicher Richtung. Der Laki lässt sich vom Parkplatz aus in ca. 40 Minuten besteigen und ist absolut sehenswert. Vom Gipfel reicht der Blick über die aktive Vulkanspalte, riesige Lavafelder und glitzernde weiße Gletscher in der Ferne.

Lakagígar-Kraterkette — GEOLOGISCHE BESONDERHEIT

Die Lakagígar-Kraterkette ist faszinierend zu erkunden. Das gesamte Gebiet durchziehen schwarze Sanddünen und Lavatunnel, viele davon mit winzigen Stalaktiten. Am Fuß des Laki führen gekennzeichnete Wanderwege in die beiden nächstgelegenen Krater und zu einem interessanten Lavatunnel.

Fagrifoss — WASSERFALL

Der Name Fagrifoss („Schöner Fall") ist absolut berechtigt: Der Wasserfall ist einer der spektakulärsten Islands und stürzt über einen riesigen schwarzen Felsen in die Tiefe. Die Abzweigung liegt auf dem Weg zum Laki nach 24 km an der F206. Der Fagrifoss ist ein Programmpunkt bei sämtlichen Lakagígar-Touren.

Geführte Touren

Die Durchführung der genannten Touren richtet sich nach den Straßen- und Witterungsbedingungen. Proviant muss mitgebracht werden.

Hólasport — JEEPTOUR

(☎ 660 1151; www.holasport.is) Hólasport ist im Hótel Laki, gleich südlich von Kirkjubæjarklaustur, zu finden und hat achtstündige Jeeptouren zu den Laki-Kratern im Angebot (Juni–Ende Okt., 32 500 ISK).

Reykjavík Excursions — BUSTOUR

(☎ 580 5400; www.re.is) Bei der Tagestour hat man etwa 3½ Stunden Zeit, um in der Kratergegend wandern zu gehen. Sie erscheint in Broschüren als Busroute 16 und findet von Ende Juni bis Anfang September täglich statt. Los geht's um 8 Uhr in Skaftafell (15 500 ISK) und um 9 Uhr an der N1-Tankstelle in Kirkjubæjarklaustur (12 000 ISK).

An- & Weiterreise

Von Mitte Juni bis Mitte September ist die F206 gleich westlich von Kirkjubæjarklaustur gewöhnlich problemlos passierbar (www.vegagerdin.is konsultieren). Bis zur Kraterreihe sind es 50 lange und holprige Kilometer. Die Straße ist für Autos mit Zweiradantrieb absolut ungeeignet, weil sie durch einige Flüsse führt. Selbst Geländewagen mit niedrigem Radstand können im Frühling bei Tauwetter oder nach Regen Probleme haben, wenn die Flüsse viel Wasser führen. Gegebenenfalls ist eine organisierte Tour die bessere Option.

Die Sander

Die Sander sind trostlos-flache Einöden an der Südostküste Islands. In den Bergen sammeln sich in Gletschern Schlick, Sand und

Kies. Dieses Gemisch wird durch Gletscherflüsse oder (deutlich dramatischer) Gletscherbrüche zur Küste transportiert und lagert sich dort in Form von riesigen, wüstenähnlichen Ebenen ab. Die Sander sind so beeindruckend riesig und erschreckend, dass sich der isländische Begriff (Singular: Sandur) zur Beschreibung dieses topografischen Phänomens einer von einem Gletscher ausgewaschenen Fläche international durchgesetzt hat.

Der Skeiðarársandur ist ein besonders spektakuläres Beispiel und erstreckt sich über gut 40 km zwischen Eisfeld und Küste von Núpsstaður bis Öræfi – ausgedehnte Ebenen von grauschwarzem Sand, heftige, schneidende Winde (ein Albtraum für Radfahrer) und schnell fließende, graubraune Gletscherflüsse. Ein Hinweis zum Umweltschutz: In diesen Gegenden darf auf gar keinen Fall abseits der Straße gefahren werden. Das ist nicht nur verboten, sondern hat auch verheerende Auswirkungen auf das empfindliche ökologische Gleichgewicht.

Skeiðarársandur

Der Skeiðarársandur, der größte Sander der Welt, bedeckt ein 1000 m^2 großes Areal und wurde von dem mächtigen Skeiðarárjökull gebildet. Seit der Besiedlungszeit hat der Skeiðarársandur schon eine Menge Ackerland unter sich begraben und wächst immer noch weiter. Das Gebiet war (für isländische Verhältnisse) relativ dicht bevölkert, aber 1362 brach der Vulkan unter dem Öræfajökull (damals Knappafellsjökull genannt) aus und der nachfolgende *jökulhlaup* (Gletscherlauf; durch vulkanische Aktivität entleeren sich unter Eis befindliche Gewässer und verursachen Flutwellen) verwüstete den gesamten Bezirk. Nach dem Ausbruch von 1362 erhielt der Bezirk den Namen Öræfi (Ödland).

Der Abschnitt der Ringstraße, der durch den Skeiðarársandur führt, wurde als letzter vollendet – übrigens erst 1974. Bis dahin mussten die Einwohner von Höfn über Akureyri nach Reykjavík fahren. Lange Kiesdeiche wurden so positioniert, dass sie Flutwasser von der stark gefährdeten Verkehrsader wegleiten. Sie nützten aber wenig, als Ende 1996 die Brücken der Ringstraße wie Streichhölzer unter dem gewaltigen *jökulhlaup* wegknickten, den die Eruption des Vulkans Grímsvötn (oder Gjálp) ausgelöst hatte. Eine Infotafel sowie als **Denkmal** stehengelassene verbogene Brückenträger an der Ringstraße westlich von Skaftafell erinnern noch daran.

Núpsstaður & Núpsstaðarskógar

Zusätzlichen Reiz verleihen diesem eindrucksvollen Straßenabschnitt die Felssäulen Lómagnúpur, die hinter dem unglaublich fotogenen Torfhof in Núpsstaður aufragen. Die Hofgebäude stammen aus dem frühen 19. Jh. Bei der idyllischen **Kirche** handelt es sich um eine der letzten Torfkirchen des Landes. Früher diente der Hof als Museum, doch bei Redaktionsschluss war er gesperrt; man darf nicht mit dem Auto auf das Gelände fahren, aber immerhin hinaufspazieren. Die beste Informationsquelle zum Status quo ist das Hvoll Guesthouse.

Landeinwärts liegt das bildschöne Waldgebiet Núpsstaðarskógar an den Hängen des Berges Eystrafjall. Den Fluss Núpsá zu überqueren ist nicht ganz ungefährlich, deshalb bucht man besser eine Tour in diese Gegend.

Im Juli und August organisieren die **Icelandic Mountain Guides** (☎587 9999; www.mountainguides.is) eine viertägige Rucksackwanderung (60 km) durch den Núpsstaðarskógar, zum Eisstausee Grænalón, über den Gletscher Skeiðarárjökull und zum Morsárdalur im Nationalpark Skaftafell. Die Tour kostet ab 104 900 ISK.

ANGRIFF DER SKUAS

Die großartigen Sanderregionen an Islands Südküste sind das weltgrößte Brutgebiet der Skuas (Große Raubmöwen, lateinisch *Stercorarius skua*, isländisch *skúmur*). Die großen, kräftigen und schmutzig-braunen Vögel mit ihren weiß gefleckten Flügeln bauen ihre Nester in den Grasbüscheln im Aschensand. Oft zwingen sie Möwen, ihr Futter auszuspeien, töten und fressen Papageitaucher und andere kleinere Vögel oder stoßen auf Menschen herab, die sich zu nah an ihre Nester wagen.

Glücklicherweise (im Gegensatz zu den angriffslustigen arktischen Küstenseeschwalben) lassen die Skuas einen in Ruhe, sobald man sich aus dem Gebiet entfernt, das sie verteidigen. Luftangriffe lassen sich auch mit Stöcken oder durch das Tragen von Hüten abwehren.

Schlafen

Hvoll Guesthouse PENSION €€
(☎487 4785; www.road201.is; DZ ohne Bad ab 15 180 ISK; ⊙Mitte März–Mitte Okt.) Diese Pension, auch als Road 201 bekannt, liegt am Rande des Skeiðarársandur, 3,5 km südlich der Ringstraße (über eine Schotterpiste zu erreichen). Sie gehörte früher zum Internationalen Jugendherbergsverband und wirkt trotz ihrer Größe sehr abgeschieden, hat aber eine betriebsame Atmosphäre. Zur Anlage gehören mehrere Gästeküchen. (Lebensmittel mitbringen! Der nächste Supermarkt befindet sich im 25 km entfernten Klaustur.) Außerdem kann man Wäsche waschen. Es gibt weder Internet noch WLAN. Im Sommer wird Frühstück zubereitet (1600 ISK). Das Hvoll ist eine gute Ausgangsbasis für Ausflüge nach Skaftafell und zu den Sandern. Es sollte kein Problem sein, sich von den Busfahrern an der Abzweigung auf der Ringstraße absetzen zu lassen.

Fosshótel Núpar HOTEL €€
(☎517 3060; www.fosshotel.is; DZ inkl. Frühstück ab 24 000 ISK;) Westlich vom Hvoll Guesthouse liegt das Kettenhotel mit modernen, minimalistischen Zimmern, von denen die meisten eine schöne Aussicht haben. Das Gebäude sieht aus wie eine Reihe von Containern. Im etwas gesichtslosen Hotelrestaurant gibt's ein Abendbuffet (6800 ISK).

Dalshöfði Guesthouse PENSION €€
(☎861 4781; dalshofdi@gmail.com; EZ/DZ ohne Bad inkl. Frühstück 12 300/17 600 ISK; ⊙Mai–Okt.) Eine gute Wahl in dieser Gegend ist das Dalshöfði Guesthouse auf einem abgeschiedenen, wunderschönen Bauernhof, 6 km nördlich der Ringstraße. Die hellen, makellos sauberen Zimmer bieten auch Zugang zu einer Küche und einer sonnigen Veranda. Es steht außerdem ein Apartment mit zwei Schlafzimmern bereit.

Skaftafell (Nationalpark Vatnajökull – Süd)

Wenn der Nationalpark Vatnajökull eine Krone ist, dann ist Skaftafell der schönste Edelstein darin. Er umfasst atemberaubende Berggipfel und Gletscher und ist das beliebteste Wildnisgebiet des Landes: 300 000 Besucher pro Jahr bestaunen tosende Wasserfälle, knorrige Birkenwälder, ein verworrenes Netz aus Flüssen, die sich durch den Sander schlängeln, dazu gibt es den strahlend blauweißen Vatnajökull mit seinen sich windenden Eiszungen, die wie Kuchenglasur die Berghänge zieren.

Skaftafell ist zu Recht berühmt und nur wenige Besucher – sogar solche, die sonst die freie Natur scheuen – können dem Park widerstehen. Im Hochsommer scheint es manchmal, als ob sich gerade sämtliche Islandreisenden hier ein Stelldichein geben. Wer jedoch bereit ist, sich auf etwas abgelegenere Pfade zu wagen, und die fabelhaften Wanderrouten über Heide- und Hinterland nutzt, lässt die Menschenmengen hinter sich. Ebenfalls eine gute Alternative: im Winter herkommen.

Die Region erlebt seit einiger Zeit einen erheblichen Zuwachs an Winterbesuchern. Hauptanziehungspunkte sind das Nordlicht und die Eishöhlen, die in den kältesten Monaten sehr stabil werden und sich gefahrlos besuchen lassen. Gletscherwanderungen kann man auch im Winter unternehmen. Zu dieser Jahreszeit sehen die Gletscher unberührter aus und nehmen diesen blauen Schimmer an, den Fotografen so lieben. Wenn das Wetter mitspielt, erstarrt der Svartifoss im Januar/Februar zur Eissäule (allerdings lässt sich der Wasserfall im Winter nicht immer erreichen, weil Schlamm die Pfade oft unbegehbar macht).

Flora und Fauna sowie alle Naturerscheinungen des Parks sind geschützt. Offenes Feuer ist verboten und Müll muss mitgenommen werden. In dem gut besuchten Gebiet Skaftafellsheiði muss man auf den befestigten Wegen bleiben, um Schäden an den empfindlichen Pflanzen zu vermeiden.

In Parknähe gibt es nur sehr wenige Übernachtungsmöglichkeiten und im Sommer sind die Hotels im Südosten ungeheuer begehrt. Wer hierher kommt und den Park gründlich erforschen möchte, sollte also am besten ein Zelt mitbringen oder ein Hotelzimmer buchen.

Geschichte

Historisch war Skaftafell ein großer Bauernhof am Fuß der Berge westlich des heutigen Campingplatzes. Sandflächen begruben allmählich die Felder und drängten den Bauernhof in das besser geeignete Heidegebiet 100 m oberhalb des Sanders. Der Bezirk wurde bekannt als *Hérað milli sandar* (Bezirk zwischen den Sandern), aber nachdem alle Höfe durch die Eruptionen von 1362 dem Erdboden gleichgemacht

NATIONALPARK VATNAJÖKULL

Der Park

2008 wurde der Nationalpark Vatnajökull geschaffen, der das Vatnajökull-Eisfeld und die einstigen Nationalparks Skaftafell und Jökulsárgljúfur (S. 271) zu einem Megapark zusammenfasst. Zusammen mit ein paar neueren Bereichen hat dieser Nationalpark eine Fläche von 13 900 km^2 – das entspricht fast 14 % des Landes. Die landschaftliche Vielfalt ist erstaunlich: Flüsse, Gletschereis, Vulkane und geothermische Aktivität haben ganze Arbeit geleistet.

Vatnajökull & Auslassgletscher

Der Vatnajökull ist das größte Eisfeld außerhalb der Polarregionen. Er ist mit 8100 km^2 mehr als dreimal so groß wie Luxemburg, die Eisdecke ist stellenweise fast 1 km dick (der Durchschnitt liegt bei 400 m). Darunter liegen zahllose Gipfel, Täler und eine Reihe aktiver Vulkane und Seen sowie der höchste Punkt des Landes: der Hvannadalshnúkur (2110 m).

Gewaltige, von Rissen zerfurchte **Auslassgletscher** wälzen sich vom Zentrum des Vatnajökull herab. Es gibt ungefähr 30 davon; viele sind von der Ringstraße (Straße 1) im Südosten aus zu sehen (und mehr oder weniger auch zugänglich). Am bekanntesten ist wahrscheinlich der Skaftafellsjökull, ein relativ kleiner Gletscher, der 1,5 km vor dem Campingplatz im Nationalpark Skaftafell endet. Eine weitere Naturschönheit von Rang und Namen ist der Breiðamerkurjökull. Die von ihm abgebrochenen Eisblöcke sind in der atemberaubenden Lagune Jökulsárlón zu bewundern.

Veranstalter in der Nähe des Skaftafell bieten geführte Gletscherwanderungen zu Gletscherzungen wie Svínafellsjökull und Falljökull an. Die Nationalparkverwaltung plant in Absprache mit Landeigentümern im Gebiet zwischen Jökulsárlón und Höfn, einige Gletscherzungen der Öffentlichkeit zugänglich zu machen.

Es gelten die üblichen Regeln des gesunden Menschenverstands: Nicht zu nah an die Gletscher herangehen und nur mit entsprechender Ausrüstung und Guide darauf herumspazieren.

Praktische Informationen

Die Parkverwaltung unterhält vier große Besucherzentren:

- Skaftafell (S. 321) im Süden
- Höfn (S. 329) im Südosten
- **Jökulsárgljúfur** (Gljúfrastofa; ☎ 470 7100; www.vjp.is; ⏲ Mitte Juni–Mitte Aug. 9–21 Uhr, 1. Hälfte Juni & 2. Hälfte Aug. 9–19 Uhr, Mai & Sept. 10–16 Uhr) im Norden
- Snæfellsstofa (S. 289) im Osten

Das Touristeninformationszentrum in Kirkjubæjarklaustur arbeitet mit dem Nationalpark zusammen. Die besten Websites für Reisende, die den südlichen Teil des Parks besuchen wollen, sind **Vatnajökull National Park** (www.vjp.is) und **Visit Vatnajökull** (www.visitvatnajokull.is).

worden waren, wurde es zum „Land unter den Sandern" und bekam seinen neuen Namen Öræfi (Ödland). Als wieder Pflanzen zu wachsen begannen, wurde der Hof Skaftafell erneut an seiner ursprünglichen Stelle errichtet.

1967 erklärten die isländische Regierung und der WWF Skaftafell zum Nationalpark. Im Juni 2008 wurde er mit dem Nationalpark Jökulsárgljúfur im Norden Islands zusammengelegt. So entstand der riesige, unberührte Nationalpark Vatnajökull.

Aktivitäten

Skaftafell ist ideal für **Tageswanderungen**, bietet sich aber auch für **längere Wanderstrecken** an. Die meisten Besucher halten sich an die bekannten Wege durch die Skaftafellsheiði. Wanderungen in anderen zugänglichen Gebieten wie im oberen Morsárdalur- und Kjós-Tal erfordern mehr Zeit, Motivation und Planung. Die Parkverwaltung gibt gute Karten heraus, auf denen kürzere Wanderwege eingezeichnet sind (350 ISK), und verkauft auch

JÖKULHLAUP!

Ende 1996 erschütterte der verheerende Ausbruch des Grímsvötn – Islands viertgrößte Eruption im 20. Jh. nach Katla 1918, Hekla 1947 und Surtsey 1963 – Südostisland und führte zu einem dramatischen Gletscherlauf *(jökulhlaup)* über den gesamten Skeiðarársandur. Die Ereignisse, die ihm vorausgingen, waren eine ernüchternde Mahnung daran, wie instabil die Konstellation aus Feuer und Eis in Island ist.

Am Morgen des 29. September 1996 erschütterte ein Erdbeben der Stärke 5,0 den Vatnajökull. Magma aus einem neuen Vulkan im Gebiet des Grímsvötn unterhalb des Vatnajökull hatte sich seinen Weg durch die Erdkruste ins Eis gebahnt und brach eine 4 km lange Spalte (bekannt als Gjálp) unter der Oberfläche auf. Am nächsten Tag brach das Wasser durch die Oberfläche. Eine 10 km hohe Dampfsäule wurde in den Himmel geschleudert.

Wissenschaftler waren besorgt, als sich der Untergletschersee im Grímsvötn-Krater aufgrund der Eruption mit Schmelzwasser füllte. Vorhersagen am 3. Oktober gingen davon aus, dass sich das Eis heben und sich der See über den Skeiðarársandur ergießen und die Ringstraße und ihre Brücken bedrohen würde. In der Hoffnung, das Flutwasser von den Brücken ableiten zu können, wurden am Skeiðarársandur umfangreiche Deichbauprojekte gestartet.

Am 5. November, über einen Monat nach Beginn der Eruption, hob sich das Eis tatsächlich und der Grímsvötn-Krater entlud sich in einem gewaltigen *jökulhlaup*, bei dem bis zu 3000 Mrd. Liter Wasser innerhalb von ein paar Stunden austraten. Das Flutwasser, das Eisberge in der Größe von dreistöckigen Häusern mit sich riss, zerstörte die 375 m lange Gígjukvísl-Brücke und die 900 m lange Skeiðará-Brücke über den Skeiðarársandur. Ein Video von dem Ausbruch und den tonnenschweren Eisblöcken, die über den Skeiðarársandur fegen, ist im Skaftafell- und Höfn-Besucherzentrum zu sehen.

Der Ausbruch des Grímsvötn schuf auch die Ásbyrgi-Schlucht (S. 273), die in nur wenigen Tagen durch verheerende Wassermassen ausgewaschen wurde. 1934 setzte eine Eruption einen *jökulhlaup* von 40 000 m^3 Wasser pro Sekunde frei, der den Fluss Skeiðará auf 9 km Breite anschwellen ließ und riesige landwirtschaftliche Flächen vernichtete.

Der Grímsvötn ist seither wiederholt ausgebrochen, im Dezember 1998, im November 2004 und zuletzt im Mai 2011. Eine gewaltige Aschefahne wurde in die Atmosphäre geschleudert und behinderte den Flugverkehr (das war aber nichts verglichen mit dem Ausbruch des Eyjafjallajökull 2010). Keine der drei Eruptionen zog einen *jökulhlaup* nach sich.

Seit August 2014 verzeichnen Wissenschaftler seismische Aktivitäten in der Umgebung der Bárðarbunga-Caldera, unter dem nordwestlichen Teil des Vatnajökull. Die ersten Spalteneruptionen ereigneten sich im Lavafeld Holuhraun (d. h. nicht subglazial), doch es besteht die Möglichkeit eines Ausbruchs unter der Eisschicht mit anschließendem *jökulhlaup*. Daher immer die aktuellen Nachrichten im Blick haben!

größere topografische Landkarten anderer Verlage.

In begrenztem Maß ist wildes Campen im Park erlaubt. Entsprechende Nachfragen richtet man ans Besucherzentrum, wo auch die erforderliche (kostenlose) Campinglizenz für Kjós erhältlich ist. Kjós erreicht man übrigens nur nach einer 12 km langen Wanderung. Im Besucherzentrum ist überdies zu erfragen, wo auf der geplanten Strecke Flussübergänge liegen.

Eine weitere Option ist der Tagestrip durch den Bæjarstaðarskógur ins zerklüftete Skaftafellsfjöll-Gebirge. Ein lohnendes Ziel ist der 862 m hohe Gipfel des **Jökulfell-Kamms**, der einen phantastischen Blick auf die endlosen Weiten der Gletscherzunge Skeiðarárjökull bietet. Noch besser ist ein dreitägiger Ausflug in die Gegend von Kjós.

Mittlerweile gibt es einen Weg, der auch für **Mountainbikes** freigegeben ist. Er ist 13 km lang, führt durch das ausgetrocknete Flussbett des Skeiðará und durch das Tal Morsárdalur zum Waldgebiet Bæjarstaðarskógur. Glacier Guides (S. 320) vermietet Mountainbikes (3 Std. 3000 ISK) und organisiert eine fünfstündige geführte Radtour sowie viermal die Woche eine begleitete Wandertour („Skaftafell on Wheels“; inkl. Leihgebühr 19 990 ISK).

Skaftafell

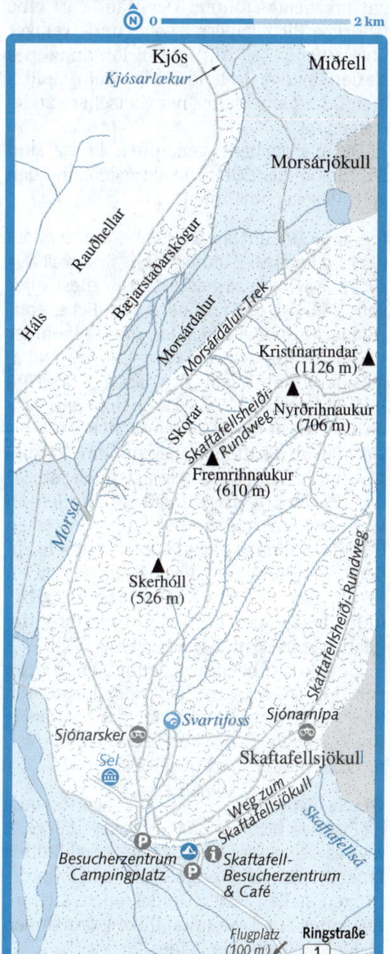

Und noch ein Hinweis: Die Parkranger leiten von Mitte Juni bis Mitte August täglich kostenlose **Wanderungen**, bei denen man viel über die Gegend erfahren kann. Los geht's am Besucherzentrum. Auf der Website nachschauen oder die Angestellten fragen.

Svartifoss

Das Starmotiv auf Hunderten von Ansichtskarten ist der atemberaubende, bedrohlich wirkende Svartifoss („Schwarzer Wasserfall"), der von schwarzen Basaltsäulen flankiert wird. Ein einfacher Wanderweg führt vom Besucherzentrum über den Campingplatz hinauf (1,8 km, etwa 1½ Std. für Hin- und Rückweg). Vom Wasserfall aus geht's in Richtung Westen zum Aussichtspunkt **Sjónarsker** hinauf. Der Blick über den Skeiðarársandur ist unvergesslich. Außerdem kann man den traditionellen Torfhof **Sel** besuchen. Die leichte, hin und zurück 5,3 km lange Wanderung dauert 2½ Stunden. Eine Alternative ab Svartifoss ist der Aussichtspunkt **Sjónarnípa** mit Blick über den Skaftafellsjökull. Er liegt östlich des Wasserfalls; der Weg dorthin führt durch die Heide. Diese Wanderung ist allerdings schwieriger (hin und zurück 3 Std.; 7,4 km).

Skaftafellsjökull

Ebenfalls sehr beliebt ist der Weg zum Skaftafellsjökull, der hin und zurück leicht in einer Stunde zu bewältigen ist. Der markierte Weg (3,7 km) startet am Besucherzentrum und führt zur **Gletscherfläche**, wo die Ächzer und Stöße des Eises deutlich zu hören sind. Allerdings ist der Gletscher hier ziemlich grau und kiesig. Das Eis ist in den letzten Jahrzehnten stark zurückgegangen und hat den Boden darunter Schritt für Schritt wieder freigegeben. Eine Broschüre informiert über die geologischen Eigenheiten entlang des Wanderwegs.

Skaftafellsheiði-Rundweg

An schönen Tagen ist die fünf- bis sechsstündige Wanderung (15,5 km) rund um die Skaftafellsheiði ein Paradies für Wanderer. Sie beginnt mit einem Aufstieg vom Campingplatz vorbei an Svartifoss und Sjónarsker und weiter über das Moor zum 610 m hohen **Fremrihnaukur**. Von dort aus einfach am Rand des Plateaus entlang bis zur nächsten Erhebung wandern, dem **Nyrðrihnaukur** (706 m), der einen traumhaften Blick auf das Morsárdalur, den Morsárjökull und die mit Eisblöcken übersäte Lagune bietet. An diesem Punkt dreht der Weg ab nach Südosten zum Aussichtspunkt **Gláma** auf dem Felsen über dem Skaftafellsjökull.

Um die beste Aussicht auf den Skaftafellsjökull, das Morsárdalur und den Skeiðarársandur zu genießen, lohnt es sich, den Gipfel des **Kristínartindar** (1126 m) zu erklimmen. Der beste Weg folgt einer gut markierten 2 km langen Route der Kategorie „schwierig" das markante Tal südöstlich des Aussichtspunkts Nyrðrihnaukur hinauf und nahe Gláma zurück.

Morsárdalur & Bæjarstaðarskógur

Der siebenstündige Treck (20,6 km) vom Campingplatz zum Gletschersee im Morsárdalur ist nichts Besonderes, macht aber trotzdem Spaß. Alternativ überquert man die Morsá am Fuß der Skaftafellsheiði und durchquert dann das kiesige Flussbett bis zum **Birkenwald** Bæjarstaðarskógur. Der Hin- und Rückweg zum Bæjarstaðarskógur dauert etwa sechs Stunden (hin und zurück 13 km). Auch wer per **Mountainbike** unterwegs ist, folgt diesem Weg.

Geführte Touren

Absoluter Höhepunkt des Besuchs in Skaftafell sind die **Gletscherwanderungen.** Mit Steigeisen die Eisdecke hinaufzukraxeln, hat etwas wunderbar Befreiendes. Außerdem gibt es natürlich eine ganze Menge zu sehen, von Eishöhlen und „Gletschermäusen" (Moospolster) bis zu verschiedenfarbiger Asche, den Überresten uralter Explosionen. Aber Vorsicht: Auch wenn die Gletscher eine magnetische Anziehungskraft ausstrahlen – sie sind von Spalten durchzogen und gefahrenträchtig. Man sollte sich also niemals dazu verleiten lassen, ohne entsprechende Ausrüstung und Anleitung loszuziehen.

In der Umgebung und bei weiter östlich, Richtung Höfn gelegenen Gletscherzungen arbeiten diverse lizensierte Touranbieter. Die größten Unternehmen, Icelandic Mountain Guides und Glacier Guides, unterhalten Infostände auf dem Parkplatz am Besucherzentrum Skaftafell. Dort kann man sich mit Fachleuten unterhalten und alles für ein Gletscherabenteuer besorgen (notwendige warme Kleidung, wasserdichte Ausrüstung und Wanderschuhe werden verliehen).

Beide Anbieter haben neben einfachen Spaziergängen auf dem Eis technisch anspruchsvollere Wanderungen, Eisklettern oder Touren auf den höchsten Gipfel Islands (Hvannadalshnúkur) im Programm. Kombinierte Exkursionen wie Gletscherwanderung plus Bootsfahrt auf dem Jökulsárlón bzw. Fjallsárlón oder Besuch des Vogelfelsens Ingólfshöfði sind ebenfalls möglich. Bei vielen dieser Trips organisieren sie eine Abholung vom Campingplatz Svínafell und vom Hótel Skaftafell, allerdings nur bei Vorabbuchung. Die Websites liefern massenhaft Anregungen.

Neu im Programm und heiß begehrt: Winterliche **Eishöhlen**-Besuche. Hiesiger Experte dafür ist Local Guide; er veranstaltet von ungefähr Mitte November bis März entsprechende Touren. Der Winter ist eine landschaftlich superreizvolle und weniger überlaufene Zeit für die Erkundung des Nationalparks; Icelandic Mountain Guides bietet das ganze Jahr über Gletscherwanderungen an.

Die nachstehend genannten Preise sind Stand Sommer 2014. Die aktuellen sind den Websites zu entnehmen.

Icelandic Mountain Guides ABENTEUERTOUR
(IMG; ☎Reykjavík-Büro 5879999, Skaftafell 894 2959; www.mountainguides.is) Der Bestseller von IMG ist die familienfreundliche Tour „Blaueis-Erlebnis", bei der die Teilnehmer 1½ bis 2 Stunden auf dem Eis des Svínafellsjökull verbringen (Erw./Kind 8900/5700 ISK, Mindestalter 8 J.). Das ganze Jahr hindurch starten diese Touren täglich zwei- bis viermal ab Skaftafell (Beginn um 10 und 14 Uhr, im Juli und August auch um 11 und 15 Uhr). Weitere Ausflüge werden an Weihnachten angeboten. Auf demselben Gletscher können auch längere, anstrengendere Wanderungen durchgeführt werden (3–6½ Std. auf dem Eis). Außerdem gibt's individuell zugeschnittene Eiskletteroptionen für jedes Fitnesslevel (18 900 ISK).

Über das beeindruckende Programm von IMG (mehrtägige Rad- oder Jeeptouren und Wanderungen, darunter der fünftägige Rucksacktrip „Flüsse und Gletscher von Vatnajökull") informiert die Website.

Glacier Guides ABENTEUERTOUR
(☎Reykjavík-Büro 571 2100, Skaftafell 659 7000; www.glacierguides.is) Außer unterschiedlich langen und schwierigen Gletscherwanderungen stellt Glacier Guides auch Kletter-, Eiskletter- und Mountainbike-Exkursionen ab Skaftafell auf die Beine.

Die familienfreundliche Wanderung für Einsteiger heißt „Gletscherwunder", dauert 2½ Stunden und führt auf den Falljökull (Erw./Kind 8490/6500 ISK, Mindestalter 10 J.). Von Mitte Mai bis September findet diese Tour viermal täglich statt; Ausgangspunkt ist Skaftafell. Die anstrengendere fünfstündige Wanderung auf denselben Gletscher kostet 12 990 ISK, eine 6½-stündige Kombi aus Gletscherwandern und Eisklettern 19 990 ISK.

Local Guide ABENTEUERTOUR
(Öræfaferðir; ☎894 0894; www.localguide.is) Schon seit Generationen bewirtschaftet das Familienunternehmen seinen Bauernhof Hofsnes und verfügt deshalb über erstklas-

sige Kenntnisse der Region; es veranstaltet auch die Sommertouren zum Vogelfelsen Ingólfshöfði. Das neue Reisebüro Local Guide HQ befindet sich in Fagurhólsmýri (dort gibt's eine N1-Tankstelle), 26 km von Skaftafell entfernt.

Von hier aus werden das ganze Jahr über maßgeschneiderte Gletscherwanderungen und Eisklettertouren durchgeführt; die Kosten richten sich nach der Gruppenstärke. Local Guide ist auch der Experte vor Ort für Eishöhlen und führt von Mitte November bis März entsprechende Touren durch. Die Standard-Eishöhlentour kostet 14 900 ISK, es wird auch eine längere angeboten, die mehr Zeit zum Fotografieren erlaubt (24900 ISK). Alle Angebote und Preise siehe Website.

Atlantsflug RUNDFLUG
(☎ 478 2406, 854 4105; www.flightseeing.is) Wer sich all die Naturpracht mal aus einer anderen Perspektive ansehen möchte, ist mit einem Rundflug gut beraten. Die winzige Start- und Landebahn befindet sich an der Ringstraße, gleich neben der Abzweigung zum Besucherzentrum des Parks. Sechs verschiedene Flüge stehen zur Auswahl: Landmannalaugar, Lakagígar, Skaftafell-Gipfel, Jökulsárlón oder Grímsvötn (ab 22 000 ISK für 30 Min.).

Schlafen & Essen

Das Essensangebot im Park ist auf das nur im Sommer geöffnete Café im Besucherzentrum begrenzt, wo es Kaffee, Suppen, Sandwiches und eine sehr übersichtliche Anzahl von Lebensmitteln gibt.

Das nächstgelegene Hotel befindet sich in Freysnes, 5 km östlich vom Nationalparkeingang. Ein anderes liegt in Hof, zusätzliche 15 km weiter östlich.

Besucherzentrum Campingplatz CAMPING €
(☎ 470 8300; www.vjp.is; Stellplatz pro Pers. 1400 ISK plus 100 ISK pro Zelt; ⌚ Mai–Sept.; WLAN) Die meisten Besucher stellen ihr Zelt auf diesem großen, kiesigen und wunderschön gelegenen Campingplatz auf (mit Waschmaschinen und Warmwasserduschen für 500 ISK). Im Sommer wird es hier sehr voll, dann ist er bis auf den letzten Platz besetzt (bis zu 400 Zelte). Reservierungen sind nur für große Gruppen (mehr als 40 Pers.) erforderlich. WLAN vorhanden, ebenso Schließfächer.

Wer eine weniger dicht bevölkerte Ausweichmöglichkeit sucht, kann den 8 km weiter östlich gelegenen Zeltplatz bei Svínafell ansteuern.

Praktische Informationen

Besucherzentrum (Skaftafellsstofa; ☎ 470 8300; www.vjp.is; ⌚ Juni–Aug. 8–21 Uhr, Mai & Sept. 9–19 Uhr, März–April & Okt. 10–17 Uhr, Nov.–Feb. 11–15 Uhr; WLAN) Das informative Besucherzentrum mit interessanten Darstellungen zur Öræfi-Gegend und Ausstellungen ist ganzjährig geöffnet. Am Infoschalter sind Broschüren (kostenlos) und Karten erhältlich. Außerdem wird ein faszinierender Film (10 Min.) über den *jökulhlaup* am Grímsvötn von 1996 gezeigt. Im Sommer ist das Café geöffnet. Auch Internetnutzung möglich. Und die Mitarbeiter hier sind wirklich fit!

An- & Weiterreise

Busse, die die Route zwischen Reykjavík und Höfn bedienen, halten vor dem Besucherzentrum in Skaftafell. Von Skaftafell aus kann man in entlegene Wildnisregionen wie Landmannalaugar und Laki weiterreisen. Bitte beachten: Die Preisangaben sind Stand Sommer 2014.

Sterna (☎ 551 1166; www.sterna.is):
- Bus 12 nach Höfn (3100 ISK, 3½ Std., Juni–Mitte Sept. 1-mal tgl.). Hat 1½ Std. Aufenthalt am Jökulsárlón.
- Bus 12a nach Reykjavík (7200 ISK, 6¾ Std., Juni–Mitte Sept. 1-mal tgl.)

Strætó (☎ 540 2700; www.straeto.is):
- Bus 51 nach Höfn (2800 ISK, 1¾ Std., Juni–Mitte Sept. 2-mal tgl., sonst 1-mal tgl.)
- Bus 51 nach Reykjavík (7700 ISK, 5 Std., Juni–Mitte Sept. 2-mal tgl., sonst 1-mal tgl.)

Reykjavík Excursions (☎ 580 5400; www.re.is):
- Bus 10/10a nach Landmannalaugar (9000 ISK, 5 Std., Mitte Juni–Mitte Sept. 1-mal tgl.). Fährt über Eldgjá. Kann als Tagestour oder als reguläres Transportmittel benutzt werden.
- Bus 15 zum Jökulsárlón (2500 ISK, 45 Min., Mitte Juni–Mitte Sept. 3-mal tgl.)
- Bus 16/16a zum Lakagígar (Ende Juni–Mitte Sept. 1-mal tgl.). Eignet sich als Tagestour mit 3½ Std. Zeit am Laki (Tagestour 15 500 ISK).
- Bus 19 nach Höfn (5500 ISK, 2 Std., Mitte Juni–Mitte Sept. 1-mal tgl.). Hält am Jökulsárlón.
- Bus 20a nach Reykjavík (11 000 ISK, 7 Std., Mitte Juni–Mitte Sept. 1-mal tgl.). Hat 1 Std. Aufenthalt in Vík, 25 Min. am Skógafoss.

Von Skaftafell zum Jökulsárlón

Glitzernde Gletscher und bedrohliche Berge säumen den 60 km langen Streckenabschnitt zwischen Skaftafell und der Lagune Jökulsárlón, auf der Eisblöcke trudeln. Angesichts der traumhaften Kulisse fällt es schwer, sich aufs Fahren zu konzentrieren.

Freysnes, Svínafell & Svínafellsjökull

Der Bauernhof **Svínafell** 8 km südöstlich von Skaftafell war einst das Haus von Flosi Þórðarson, der in der *Njáls saga* Njáll und seine Familie verbrannte. An diesem Schauplatz versöhnten sich Flosi und Njálls Familie und beendeten eine der blutigsten Fehden in der Geschichte Islands. Viel zu bieten hat die Siedlung heute nicht mehr, aber es gibt immerhin Übernachtungsmöglichkeiten.

Im 17. Jh. begrub der Gletscher **Svínafellsjökull** den Bauernhof fast unter sich, inzwischen ist er aber wieder zurückgewichen. Auf der Nordseite des Gletschers (in Richtung Skaftafell) führt ein Feldweg 2 km weiter zu einem Parkplatz. Von dort aus ist es nur noch ein kurzes Stück bis zur Gletscherzunge. Man sollte sich auf keinen Fall ohne Begleitung hinwagen, sondern sich einer der hervorragenden Gletschertouren von **Icelandic Mountain Guides** (IMG; ☎587 9999; www.mountainguides.is) anschließen. Falls einem die Landschaft irgendwie bekannt vorkommt: Hier wurden Szenen aus dem 2014 erschienen Film *Interstellar* gedreht.

Geführte Touren

Glacier Horses REITEN
(☎847 7170; www.glacierhorses.is; Ausflüge Erw./Kind 8500/6000 ISK) Kurz hinter Svínafell (auf der Strecke nach Hof) bietet dieser neue Veranstalter 1- bis 1½-Std.-Ausritte über ein Gelände mit wunderbaren Ausblicken an. Die Pferde werden um 10, 13 und 16 Uhr gesattelt (Reservierung erforderlich).

Schlafen & Essen

Svínafell CAMPING €
(☎478 1765; www.svinafell.com; Stellplätze 1300 ISK pro Pers., Hütten & Zimmer pro Pers. 3900–4500 ISK; Zeltplatz Mai–Sept.; WLAN) Ein gut organisierter Campingplatz mit sechs einfachen Hütten für jeweils vier Personen, blitzsauberen sanitären Anlagen und einem großen Speisesaal. Für Reisende mit eigenem Wagen eine brauchbare Alternative zum Zeltplatz in Skaftafell. Darüber hinaus vermietet der Besitzer das ganze Jahr hindurch Schlafsackbetten in Apartments und Zimmern im Ort. Die aktuellen Preise sind online zu erfahren.

Hótel Skaftafell HOTEL €€
(☎478 1945; www.hotelskaftafell.is; Freysnes; EZ/DZ inkl. Frühstück 24 500/29 000 ISK; @ WLAN) Dieses Skaftafell am nächsten gelegene Hotel gehört zur Fosshotel-Kette und steht 5 km östlich, in Freysnes. Da es sich um eines der ganz wenigen Hotels in der Gegend handelt, ist es ungeheuer begehrt – was sich in den Preisen niederschlägt. Die 63 Zimmer sind eher zweckmäßig als luxuriös, die Mitarbeiter hilfsbereit. Es gibt ein passables **Restaurant** (Hauptgerichte 13500–4100 ISK) mit Regionalküche.

Söluskálinn Freysnesi ISLÄNDISCH €
(Mo–Fr 9–22, Sa & So bis 20 Uhr) An der Tankstelle gegenüber vom Hótel Skaftafell gibt's außer Burgern, Pizzas und einem ordentlichen Lebensmittelsortiment auch ein preiswertes warmes Tagesgericht.

Öræfajökull & Hvannadalshnúkur

Islands höchster Berg **Hvannadalshnúkur** (2110 m) überragt den Gletscher Öræfajökull, einen Ableger des Vatnajökull. Der schwindelerregende Gipfel liegt am Nordwestrand eines riesigen Kraters mit 5 km Durchmesser, dem größten aktiven Vulkan Europas nach dem Ätna. Bei seinem Ausbruch 1362 erzeugte er den größten Tephra-Auswurf in der isländischen Geschichte. Die gesamte Region war verwüstet – daher auch der Name Öræfi (Ödland).

Den besten Zugang für eine Besteigung des Hvannadalshnúkur bietet die Sandfellsheiði, etwa 12 km südöstlich von Skaftafell. Die meisten geführten Expeditionen schaffen die Strecke in einem langen, mühsamen Tagesmarsch (los geht's gegen 5 Uhr morgens). Die Tour verlangt zwar kein technisches Klettern, ist aber eine Herausforderung für Körper und Geist – man muss sich nur vergegenwärtigen, dass man insgesamt mehr als 2000 Höhenmeter überwindet! Insgesamt sind ungefähr 23 km zurückzulegen. Wer auf eigene Faust loszieht, sollte genügend Proviant und Ausrüstung für mehrere Tage mitnehmen und muss viel Erfahrung mit Gletschertouren haben.

Die beste Zeit für den Aufstieg ist April oder Mai, bevor die Eisbrücken, ohne die die Wanderung unmöglich wäre, schmelzen.

Leider schwinden sie jedes Jahr ein bisschen früher und schneller, die Klettersaison wird also zusehends kürzer. Theoretisch könnte man diese Tour den ganzen Sommer lang unternehmen, doch ab Juni machen die Bedingungen zuweilen zusätzliche Guides erforderlich, was die Preise erheblich in die Höhe treibt. Es kann aber auch sein, dass die Saison einfach vorbei ist – 2014 fand der letzte Aufstieg auf den Hvannadalshnúkur im Juni statt. Mehr Infos online.

Geführte Touren

Icelandic Mountain Guides, Glacier Guides und Local Guide (alle mit Sitz in oder bei Skaftafell) organisieren Besteigungen des Hvannadalshnúkur; am Abend vor der Wanderung findet ein Informationsgespräch statt. Die angegebenen Preise sind Stand Sommer 2014.

Local Guide ABENTEUERTOUR

(Öræfaferðir; ☎ 894 0894; www.localguide.is) Einar, der Firmeneigentümer, hält den Weltrekord für Aufstiege zum Hvannadalshnúkur (über 270!). Von März bis Mai bietet er Ski- und Bergtouren an; die Preise richten sich nach der Teilnehmerzahl (bei 2 Pers. sind es 45 000 ISK pro Pers.).

Icelandic Mountain Guides ABENTEUERTOUR

(☎ Reykjavík-Büro 587 9999, Skaftafell 894 2959; www.mountainguides.is) Eine geführte 12- bis 15-stündige Gipfelbesteigung kostet ab 34 900 ISK pro Person (mind. 2 Teilnehmer), Transport und Ausrüstung sind inklusive. Die Touren werden von April bis Mitte August dreimal wöchentlich angeboten, wenn die Gegebenheiten es zulassen. Vorher reservieren und im Idealfall ein paar zusätzliche Tage einkalkulieren, falls einem das Wetter einen Strich durch die Rechnung macht.

Glacier Guides ABENTEUERTOUR

(☎ Reykjavík-Büro 571 2100, Skaftafell 659 7000; www.glacierguides.is) Die Gipfelerstürmung (31 990 ISK, mind. 2 Pers.) findet von Mitte Mai bis August statt, wenn es genug Interessenten gibt und das Wetter es zulässt.

Hof

In Hof steht eine malerische **Kirche** aus Holz und Torf auf den Fundamenten eines Gebäudes aus dem 14. Jh. Sie wurde 1884 wiederaufgebaut und liegt nun besonders schön in einem Birken- und Eschendickicht. Auf dem Grassodendach wachsen sogar Blumen.

Schlafen & Essen

Lækjarhús HÜTTEN €€

(☎ 616 1247; www.laekjarhus.is; Hütten 18 000 ISK; ⊙ Feb.–Okt.; 📶) Im Lækjarhús übernachtet man in einer von drei ausgesprochen gemütlichen Hütten mit Etagenbetten für bis zu vier Personen. Wenn man keinen eigenen Schlafsack mitbringt, werden noch mal 1500 ISK pro Person für Bettwäsche fällig. Jede Hütte verfügt über Küchenzeile und Bad.

Hof 1 Hotel LANDGASTHOF €€

(☎ 478 2260; www.hof1.is; DZ mit/ohne Bad inkl. Frühstück 26 900/21 900 ISK; 📶) Das gutbürgerliche Hof 1 liegt wunderschön: gleich unterhalb vom Öræfajökull-Gletscher. Es beherbergt beeindruckende moderne isländische Kunst, eine stilvolle Lounge sowie einen tollen Sauna- und Hot-Pot-Bereich. Verschiedene Arten von Zimmern sind auf mehrere Gebäude verteilt. Abendessen gibt's auch (2 Gänge ab 4500 ISK).

Ingólfshöfði

In diesem spektakulären Teil Islands richten sich natürlich alle Blicke landeinwärts. Doch spricht auch einiges dafür, aufs Meer hinaus zu schauen, insbesondere auf den 76 m hohen Ingólfshöfði, der sich wie ein bizarres Traumgebilde aus dem Flachland erhebt.

Im Frühjahr und Sommer ist das schöne, abgelegene **Naturschutzgebiet** mit nistenden Papageitauchern, Skuas und anderen Seevögeln übersät. Außerdem werden vor der Küste manchmal Robben und Wale gesichtet. Auch historisch ist der Flecken Erde bedeutsam – hier verbrachte Ingólfur Arnarson, Islands erster Siedler, 874 n. Chr den Winter auf seiner ersten Erkundungsreise des Landes.

Das Reservat ist für Besucher geöffnet. Touren beginnen mit einer vergnüglichen, 6 km langen Fahrt in einem traktorgezogenen Heuwagen durch die flache Tidenlagune, gefolgt von einer kurzen, aber steilen Sandkraxeltour mit anschließender 1½-stündiger geführter Wanderung rund um die Landzunge. Dabei geht es schwerpunktmäßig um Vogelbeobachtung, aber „nebenbei" kann man auch die sagenhafte Bergkulisse bewundern. Wichtig zu wissen: Die Papageitaucher ziehen ungefähr Mitte August wieder nach Süden.

Touren veranstaltet das Unternehmen **Local Guide** (Öræfaferðir; ☎ 894 0894; www.localguide.is; Touren Erw./Kind 6900/1000 ISK; ⊙ Touren Mai–Aug. Mo–Sa 13.30 Uhr, Juni–Mitte

Aug. auch Mo–Sa 10.15 Uhr), dessen neues Buchungsbüro sich in Fagurhólsmýri befindet (dort gibt es auch eine N1-Tankstelle), rund 26 km von Skaftafell entfernt. Die Ingólfshöfði-Tour startet unmittelbar westlich der Agentur (ausgeschildert), 2 km abseits der Ringstraße.

Auf der Website kann man die Tourzeiten abgleichen und Teilnahmetickets buchen; Reservierung empfohlen.

Breiðamerkursandur

Der östlichste Teil des großen Sanders Breiðamerkursandur ist eine der wichtigsten Brutstätten für Skuas (Kasten S. 315). Dank der zunehmenden Anzahl der am Boden nistenden Vögel nimmt auch die Population an Polarfüchsen zu. Historisch taucht der Breiðamerkursandur auch in der *Njáls saga* auf, die damit endet, dass Kári Sölmundarson an diesem idyllischen Fleckchen ankommt und fortan „glücklich bis in alle Ewigkeit" lebt – was in einer Saga fast an ein Wunder grenzt.

Der Sander liegt vor einem eindrucksvollen Panorama aus gletschergekrönten Bergen, zu deren Füßen sich Gletscherlagunen erstrecken. Der **Kvíárjökull-Gletscher** schlängelt sich zum Fluss Kvíá hinab und ist von der Ringstraße aus leicht zu erreichen – gleich hinter der Brücke über den Fluss dem nach Westen zeigenden Kvíármýrarkambur-Wegweiser folgen. Das Auto lässt man einfach auf dem kleinen Parkplatz stehen.

Der 742 m hohe **Breiðamerkurfjall** war früher ein Nunatak (isolierter Gletscherfels), eingeschlossen von Breiðamerkurjökull und Fjallsjökull, aber die Gletscher gingen zurück und gaben ihn wieder frei.

Ein kleines Schild an der Ringstraße weist den Weg zum Gletschersee Fjallsárlón. Man hat Zugang zu zwei Gletscherlagunen, zwischen denen ein winziger Fluss fließt. Die linke Weggabelung führt zum **Fjallsárlón**; dort kalbt der Fjallsjökull in den See. Nimmt man die rechte Abzweigung, gelangt man nach einer Weile zum **Breiðárlón**, einem weiteren Gletschersee des Breiðamerkurjökull, der auch die Quelle des Jökulsárlón ist. Die Straße zum Breiðárlón ist sehr schwer befahrbar.

Bootsfahrten auf dem Fjallsárlón BOOTSFAHRT

(☎666 8006; www.fjallsarlon.is; Erw./Kind 5500/3000 ISK; ⊙Mitte Mai–Mitte Sept. 10–17 Uhr) Einen ganzen holprigen Kilometer lang ist die Strecke von der Ringstraße zum Parkplatz des Fjallsárlón – und genau hier hat sich ein neuer Veranstalter niedergelassen. Er bietet 45-minütige Schlauchbootfahrten zwischen den Eisbergen dieses Gletschersees an. Sie sind eine Alternative zu den Bootsfahrten auf dem vielbesuchten Jökulsárlón, 10 km weiter östlich und direkt an der Ringstraße.

Ganz so groß oder bombastisch wie der Jökulsárlón ist der Fjallsárlón nicht, dafür abgeschiedener und folglich erheblich weniger überlaufen, was durchaus seinen Reiz hat. Der Fußpfad zur Bootsstelle am Seeufer lässt sich schwieriger begehen als beim Jökulsárlón. Eine Fahrt auf dem Fjallsárlón fühlt sich auch etwas intimer an und es dauert nicht so lange, bis die Gletscherzunge erreicht ist.

Jökulsárlón

Spektakuläre, leuchtend blaue Eisblöcke treiben auf der **Gletscherlagune** Jökulsárlón direkt neben der Ringstraße zwischen Höfn und Skaftafell. Selbst wer auf diesen surrealen Anblick vorbereitet ist, reagiert im ersten Moment überrascht. Es lohnt sich, hier ein paar Stunden zu verbringen und die herrlichen Eisskulpturen zu bestaunen (manche sind von Aschestreifen durchzogen, Zeugnisse früherer Vulkanausbrüche), nach Robben Ausschau zu halten oder eine Rundtour in einem Amphibienboot zu machen.

Die Eisblöcke stammen vom Breiðamerkurjökull, einem Ableger des Vatnajökull. Sie krachen ins Wasser und treiben hinaus auf den Atlantik. Sie können bis zu fünf Jahre lang in der 25 km^2 großen und 260 m tiefen Lagune vor sich hin dümpeln, schmelzen, wieder gefrieren und gelegentlich auch mit einem kräftigen Klatschen umkippen und die Vögel erschrecken. Dann treiben sie weiter, erst auf Islands kürzestem Fluss Jökulsá und zuletzt ins Meer hinaus.

Obwohl die Lagune aussieht, als gäbe es sie seit der letzten Eiszeit, ist sie gerade einmal 80 Jahre alt. Bis Mitte der 1930er-Jahre reichte der Breiðamerkurjökull noch bis zur Ringstraße. Inzwischen geht der Gletscher rasch zurück (bis zu beängstigende 500 m pro Jahr) und entsprechend flott dehnt sich die Lagune aus.

Die Bootsfahrten sind ausgezeichnet, doch zu Fuß kommt man fast genauso nah an die eisblauen Kunstwerke heran.

JÖKULSÁRLÓN IM FILM

Der Jökulsárlón ist die perfekte Filmkulisse und taucht häufig als Hintergrund in Werbespots auf. Vor einigen Jahren war die Gletscherlagune in *Tomb Raider* (2001) zu sehen. Im Film sollte sie allerdings Sibirien darstellen, sodass selbst die Amphibienboote für Touristen grau angepinselt und als russische Schiffe verkleidet wurden. Vielleicht hat der eine oder andere sie auch in *Batman Begins* (2005) gesehen oder kennt den James-Bond-Streifen *Stirb an einem anderen Tag* (2002), für den die Lagune eingefroren wurde und sechs Aston Martins auf dem Eis zu Schrott verarbeitet wurden.

Bei einem Spaziergang am Ufer kann auch ein bisschen uraltes Gletschereis aus dem Wasser gefischt und gekostet werden. An der Ringstraße westlich des Parkplatzes befinden sich weitere ausgewiesene Parkbereiche. Von diesen gelangt man zu weniger überlaufenen Uferabschnitten. Schön ist auch die Wanderung zur Flussmündung; Parkplätze befinden sich an der Meeresseite der Ringstraße. Dort hocken Eisblöcke auf dem schwarzen Sand, der letzten „Raststätte", bevor es hinaus aufs Meer geht.

Wer Ende August in der Gegend ist, darf sich das **Feuerwerk** nicht entgehen lassen, das als Fundraiser für das örtliche Such- und Rettungsdienstteam veranstaltet wird. Die Eintrittsgebühr beträgt normalerweise um 1000 ISK. Von Höfn aus fahren Extrabusse zum Veranstaltungsort. Näheres siehe www.visitvatnajokull.

Ein neu angelegter **Wanderweg** führt vom westlichen Parkplatz zum Breiðárlón (einfache Strecke 10 km) und Fjallsárlón (15,3 km).

Geführte Touren

Amphibienboote BOOTSFAHRT

(☎478 2222; www.icelagoon.is; Erw./Kind 4000/1000 ISK; ⏲Juni–Aug. 9–19 Uhr, April, Mai & Okt. 10–17 Uhr) Wie wäre es mit einer 40-minütigen Fahrt mit einem Amphibienfahrzeug? Sie tuckern ein Stück am Ufer entlang, bis sie aufs Wasser abschwenken. An Bord informieren Guides über die Lagune und verteilen Kostproben des 1000 Jahre alten Eises. Es gibt keinen festen Fahrplan, im Sommer finden aber regelmäßig Touren statt (mindestens halbstündlich). Startpunkt ist der östliche Parkplatz (neben dem Café).

Wichtig: Die letzte Abfahrt erfolgt ungefähr eine Stunde vor Schluss. Die Touren finden meist von November bis März statt, je nach Nachfrage und Witterung – aktuelle Infos beim Veranstalter.

Derselbe Veranstalter hat auch einstündige Schlauchbootfahrten auf der Lagune im Angebot (Erw./Kind 6500/3250 ISK; ab 10 J.), die meisten Touristen bevorzugen aber die Amphibienfahrzeuge.

Schlauchboote BOOTSFAHRT

(☎860 9996; www.icelagoon.com; Erw./Kind 6500/4900 ISK; ⏲Mitte Mai–Mitte Sept. 9–17.30 Uhr) Ein zweiter, kleinerer Tourveranstalter bietet ausschließlich Schlauchbootfahrten auf der Lagune. Die Fahrt mit maximal 20 Passagieren dauert eine Stunde und führt mit hoher Geschwindigkeit bis zum Rand des Gletschers (so nah trauen sich die Amphibienboote nicht ans Eis heran). Anschließend geht es gemächlich zurück. Es lohnt sich, diese Touren im Vorfeld online zu buchen; Teilnahme ab 6 Jahren.

Der Anbieter operierte 2014 vom östlichen Parkplatz aus, könnte aber 2015 zum westlichen umziehen – aktuelle Infos siehe Website.

Ice Walk GLETSCHERWANDERUNG

(☎866 3490; www.icewalk.is; ⏲Tour 12 500 ISK) Der isländische Guide Thor bietet Gletscherwanderungen auf dem Breiðamerkurjökull an. Los geht's täglich am Jökulsárlón-Parkplatz um 10 und 14.30 Uhr (Reservierung empfohlen). Die Teilnehmer verbringen zwei bis drei Stunden auf dem Eis.

Schlafen & Essen

Wer per Wohnmobil inklusive Bordtoilette herkommt, kann auf dem Parkplatz stehen bleiben. Ansonsten wird Campen in der Nähe der Lagunen nicht gebilligt (vor allem nicht auf der Ostseite, wo viele Vögel nisten). Das nächstgelegene Hotel ist das Hali 12 km weiter östlich.

Cafe CAFÉ €

(⏲Juni–Aug. 9–19 Uhr, Sept.–Mai 10–17 Uhr) Das kleine, ganzjährig geöffnete Café an der Lagune ist eine gute Anlaufstelle für einen Imbiss oder um einfach nur ein paar Infos einzuholen. Im Sommer platzt es manchmal förmlich aus den Nähten.

An- & Weiterreise

Es gibt jede Menge Jökulsárlón-Touren.

Buslinie 12/12a von **Sterna** (☎ 551 1166; www.sterna.is) verkehrt von Juni bis Mitte September täglich zwischen Reykjavík und Höfn und hält 1½ Stunden am Jökulsárlón (genug Zeit für eine Bootsfahrt).

Buslinie 51 von **Strætó** (☎ 540 2700; www.straeto.is) verkehrt von Juni bis Mitte September zweimal täglich zwischen Reykjavík und Höfn (sonst 1-mal tgl.) und hält hier. Der Bus lässt die Fahrgäste nur aus- bzw. einsteigen, er wartet nicht.

Im Sommer bietet **Reykjavík Excursions** (☎ 580 5400; www.re.is) zwei interessante Verbindungen:

- Bus Nr. 15 macht seine Runde zum Besucherzentrum Skaftafell und zum Jökulsárlón (2500 ISK, 45 Min., Mitte Juni–Mitte Sept. 2–3-mal tgl.).
- Bus Nr. 19 fährt täglich von Höfn zum Skaftafell und zurück. Auf beiden Strecken hält er unterwegs eine ganze Weile an der Lagune (nach Höfn 3500 ISK, 1 Std., Mitte Juni–Mitte Sept. 1-mal tgl.).

Vom Jökulsárlón nach Höfn

Den traumhaft schönen Abschnitt der Ringstraße zwischen dem Jökulsárlón und Höfn säumen rund 20 Landgüter (Gletscher reichen bis in einige der Hinterhöfe!). Viele bieten Unterkünfte und haben in den letzten Jahren noch weitere Gästezimmer eingerichtet. Dennoch übertrifft im Sommer die Nachfrage das Angebot bei Weitem (und die Preise sind gesalzen). Unbedingt lang im Voraus buchen.

Sehenswertes & Aktivitäten

Auf der Strecke gibt's nette, familienfreundliche Angebote wie Streichelzoo, Eiscremeherstellung, Museum, Feuchtgebiete für Vogelbeobachtungen und Hot Pots im Freien. Wer sich ein bisschen auspowern möchte, kann zu (oder gleich auf) Gletscherzungen wandern, Reitpferde mieten und Fahrten mit Quads oder Schneemobilsafaris unternehmen.

Þórbergssetur MUSEUM

(www.thorbergur.is; Erw./Kind 1000 ISK/frei; ⏲ 9–20 Uhr) Das Museum mit der großartigen Architektur (die Fassade sieht aus wie ein Bücherregal) ist dem berühmtesten Sohn dieser ziemlich dünn besiedelten Gegend gewidmet – dem Schriftsteller Þórbergur Þórðarson (1888–1974), der in Hali in Suðursveit geboren wurde. Þórbergur war ein echter Tausendsassa: Seine Interessen umfassten Yoga genauso wie Esperanto und Astronomie. Sein erstes Buch *Bréf til Láru (Brief an Laura)* war wegen seiner radikal-sozialistischen Ansichten anfangs sehr umstritten. Þórbergssetur dient auch als eine Art Kulturzentrum mit Wechselausstellungen und einem sehr guten **Café-Restaurant** (abends Hauptgerichte 2900–5500 ISK). Die Hausspezialität ist Seesaibling. Ringsum befinden sich eine Reihe Unterkünfte.

Geführte Touren

Glacier Jeeps ABENTEUERTOUR

(☎ 478 1000, 894 3133; www.glacierjeeps.is) Für alle, die auf dem Vatnajökull, der „Mutter aller Gletscher", mit dem Schneemobil oder einem Geländewagen (S. 332) herumdüsen wollen: In dieser Gegend geht's senkrecht hoch in die Berge. Die F985 führt 35 km östlich des Jökulsárlón nach Jöklasel hinauf; Glacier Jeeps bietet von dem kleinen Parkplatz an der Ringstraße aus eine Transportmöglichkeit dorthin.

Schlafen & Essen

Die meisten Unterkünfte in der Gegend besitzen eigene Restaurants. Selbstversorger sollten sich in Kirkjubæjarklaustur oder Höfn mit Lebensmitteln eindecken.

Die folgenden Unterkünfte sind geografisch von Westen nach Osten geordnet. Wichtig: Die meisten Preisangaben stammen von 2014.

Skyrhúsid PENSION €

(☎ 899 8384; DZ ab 14 000 ISK; 📶) Die reizende kleine Pension befindet sich in Hali, direkt hinter Þórbergssetur. Die gemütliche Unterkunft hat neun gepflegte Zimmer und ein winziges, farbenfrohes Frühstückszimmer, aber keine Gästeküche.

Vagnsstaðir HI Hostel HOSTEL €

(☎ 478 1048; www.hostel.is; B/DZ ohne Bad 4300/11 400 ISK; ⏲ April–Mitte Okt.; 📶) Auf diesem Gelände an der Ringstraße stehen zig Schneemobile; es ist das Hauptquartier von Glacier Jeeps. Das kleine Hostel voller Etagenbetten hat einen sonnigen abgeschlossenen Speisebereich. Neben dem Hauptgebäude gibt es zudem Hütten mit sechs Betten, jeweils mit WC, aber ohne Dusche. Gäste beklagen einhellig, dass die Duschmöglichkeiten und die kleine Küche angesichts der gestiegenen Bettenzahl nicht mehr ausreichen.

Hótel Smyrlabjörg LANDGASTHOF, RESTAURANT €€
(☎478 1074; www.smyrlabjorg.is; EZ/DZ inkl. Frühstück 20 300/30 000 ISK; 📶) Eine gute Wahl für alle, die sich nach modernem Komfort sehnen, aber Schafe auf dem Parkplatz, Bergblick und Ruhe und Frieden nicht missen möchten. Das Restaurant des großen, anheimelnden Hotels (seit Kurzem doppelt so groß wie früher) ist für die gastfreundliche Atmosphäre und das üppige Buffet am Abend bekannt (6200 ISK).

Skálafell PENSION €€
(☎478 1041; www.skalafell.net; DZ mit/ohne Bad inkl. Frühstück 23 000/19 000 ISK; 📶) In dem netten Bauernhof am Fuß des Skálafellsjökull werden ein paar Zimmer im Wohnhaus der Familie sowie ein paar Apartments im Motelstil vermietet. Kochgelegenheiten gibt es nicht, dafür wird auf Wunsch Abendessen zubereitet. In Zusammenarbeit mit der Nationalparkverwaltung halten die sehr gut informierten Besitzer Hinweise für Reisende bereit und sie haben in der Gletscherlandschaft der Umgebung für die Allgemeinheit zugängliche **Wanderwege** markiert.

Der 7 km lange **Hjallanes-Rundweg** dauert zwei bis drei Stunden. Nähere Informationen dazu und zu anderen Wanderwegen sind der o. g. Website zu entnehmen (unter „The Area" auf „Walking Paths" klicken).

Hali Country Hotel HOTEL, RESTAURANT €€
(☎478 1073; www.hali.is; DZ mit/ohne Bad inkl. Frühstück ab 32 200/20 800 ISK; 📶) Das Þórbergssetur-Museum dient als Empfang und Restaurant dieses schicken Landhotels. Es ist das dem Jökulsárlón am nächsten gelegene Hotel (und eine von mehreren Unterkünften im Ort Hali). Zur Auswahl stehen ein paar hochwertige Unterbringungsmöglichkeiten in unterschiedlichen Gebäuden: Hotelzimmer mit Bad (ohne Kochgelegenheit) und Pensionszimmer (teilen sich Bad und Küche). Außerdem gibt's zwei Selbstversorgerapartments mit jeweils zwei Schlafzimmern.

Glacier Adventure (☎699 1003; www.glacieradventure.is) ist ein lokaler Veranstalter mit Sitz in Hali. Haukur betätigt sich als Guide für Gletscherwanderungen unterschiedlicher Länge und Schwierigkeitsgrade in der Umgebung; ab 11 500 ISK.

Heinaberg Guesthouse PENSION €
(☎478 1497; www.heinaberg.is; EZ/DZ 9900/14 900 ISK; 📶) Der freundliche Birgir managt diese preisgünstige neue Unterkunft mit kleinen, im Ferienhüttenstil gehaltenen Zimmern in einer behaglichen Lodge auf einem Milchbauernhof. Die Zimmer mit Küchenbenutzung sind tiptop und bieten sensationelle Ausblicke. Frühstück kostet 1500 ISK.

★ **Hólmur** PENSION, RESTAURANT €
(☎478 2063; www.eldhorn.is/mg/gisting; EZ/DZ ohne Bad 10 000/13 200 ISK; 📶) Eine tolle Option für Familien. Geschlafen wird im Bauernhaus – und das zu günstigen Preisen. Wer noch mehr Geld sparen möchte, bringt Schlafsäcke mit und fragt nach *sleeping-bag rates*. Auf dem Gelände befindet sich ein niedlicher **Streichelzoo** (⏲10–17 Uhr, Erw./Kind 700/500 ISK) mit goldigen gefiederten und pelzigen Tieren, darunter sogar Rentiere.

In Zusammenarbeit mit dem Nationalpark fungiert die Familie auch als Touristeninformation. Der Hof ist ein prima Ausgangspunkt für die Erkundung des **Fláajökull**. Auf dem Gelände gibt es ein **Café-Restaurant** (es soll 2015 in ein größeres Gebäude umziehen), wo erstaunlich edle, ansprechend präsentierte Gerichte zubereitet werden: gegrillter Hummer, gebackener Schweinebauch, Crème brûlée aus Eiern von den hofeigenen Enten (Hauptgerichte abends 3400–5900). Es sind tagsüber kleine Gerichte und abends ganze Mahlzeiten zu haben.

Lambhús HÜTTEN €€
(☎662 1029; www.lambhus.is; Hütte ohne Bettwäsche 15 000–19 000 ISK; ⏲Juni–Aug.; 📶) Enten und Pferde, dazu neun einladende, kompakte Hütten für vier bis sechs Personen (ideal für Familien!), verteilt auf ein

NICHT VERSÄUMEN

VATNAJÖKULL-BIER

Wir haben ein Schwäche für gute Werbeslogans und der für dieses Bier ist wirklich treffend: Das „eingefroren in der Urzeit" genannte Bier wird mit dem 1000-jährigen Wasser der Eisberge des Jökulsárlón-Gletschersees gebraut und mit wildem Thymian gewürzt. Es wird im Ölvisholt Brugghús nahe Selfoss hergestellt und in Restaurants im Südosten ausgeschenkt. Das Gebräu mit seinem fruchtigen, malzigen Geschmack ist auf jeden Fall eine Kostprobe wert.

GLETSCHER-ERÖFFNUNGEN

Die Verwaltung des Nationalparks Vatnajökull hat sich mit einer Handvoll Landbesitzern in der Region zusammengetan, um einige Gebiete von wilder landschaftlicher Schönheit öffentlich zugänglich zu machen. Diese Gebiete sind an der Ringstraße ausgeschildert. Da sie bislang noch nicht besonders bekannt sind, stehen die Chancen gut, ein ganz ruhiges Fleckchen eisbedeckten Märchenlandes vorzufinden.

Die im Buch erwähnten Unterkünfte fungieren als Informationsstellen (sie haben auch Karten auf Lager). Man kann aber auch im Informationszentrum in Höfn anhalten, um sich nach dem Straßenzustand zu erkundigen und herauszufinden, ob inzwischen noch weitere Areale freigegeben wurden. Infos sind auch unter „Destinations" auf der Nationalpark-Website www.vjp.is erhältlich.

➡ Wanderwege in der Gegend von **Hjallanes** und **Heinaberg** lassen sich von der Pension Skálafell (S. 327) aus erreichen (zum Heinabergjökull gelangt man ansonsten über eine raue, 8 km lange, für kleine 2WDs ungeeignete Piste).

➡ Ein toller Wanderpfad (inklusive neuer Hängebrücke) führt zur Gletscherzunge **Fláajökull**. Die Zufahrtstraße ist direkt vor der Pension Hólmur an der Ringstraße ausgeschildert. Nach 8 km (Schotter, aber mit 2WD machbar) endet sie an einem kleinen Parkplatz mit Plumpsklo.

➡ Von der Pension Hoffell sind es 4 Straßenkilometer bis zum **Hoffellsjökull**-Gletscher, der in einen kleinen See kalbt. Die Straße ist schwer befahrbar und ließ sich zur Zeit der Recherche von Wagen mit Zweiradantrieb nicht bewältigen. Sie soll aber demnächst verbessert werden.

Grundstück mit wunderschöner Aussicht. Die Besitzer, eine liebenswerte mehrsprachige Familie, haben sehr viel Erfahrung als Guides. Bettwäsche gibt's leihweise für 2000 ISK pro Person.

Brunnhóll LANDGASTHOF, RESTAURANT €€
(☎478 1029; www.brunnholl.is; EZ/DZ inkl. Frühstück ab 18 700/24 000 ISK; ⏲April–Okt.; 📶) Das Hotel auf dem Gelände eines freundlichen Milchbetriebs hat schlichte Zimmer ordentlicher Größe mit herrlichem Ausblick. Außerhalb der Hauptsaison (Juni–Aug.) kann man günstig im Schlafsack übernachten (ab 4800 ISK). Die netten Leute von Brunnhóll stellen auch das leckere Jöklaís (der Name bedeutet „Gletschereiscreme") her, das kugel- und topfweise verkauft wird – den ganzen Tag über, aber auch Bestandteil des sommerlichen Abendbuffets (5800 ISK) ist, an dem sich nicht nur die Hausgäste erfreuen.

Hoffell LANDGASTHOF, PENSION €€
(Glacier World; ☎478 1514; www.glacierworld.is; DZ mit/ohne Bad 29 600/16 900 ISK) Die Pension in Hoffell bietet helle, frische Zimmer mit Gemeinschaftsbad und Gästeküche. Mitte 2014 wurde in einem umgebauten Kuhstall ein neuer Bereich eröffnet, der Zimmer mit Bad beherbergt, die locker als Hotelzimmer durchgehen. Der größte Trumpf – abgesehen von den freundlichen Besitzern – sind die gebotenen Aktivitäten (auch für Tagesgäste), darunter **Quadtouren** (ab 12 500 ISK) zum Gletscher, und die **Hot Pots** im Freien (500 ISK; ⏲7–23 Uhr).

In Kooperation mit dem Nationalpark informieren die Hoffell-Eigentümer über die sensationelle Umgebung, darunter auch immer aktuell über die 4 km lange Straße zum **Hoffellsjökull**.

Hótel Glacier LANDGASTHOF €€
(☎478 1400; www.hoteljokull.is; Nesjaskóli; DZ mit/ohne Bad 21 700/13 700; ⏲Mai–Sept.; @📶) In einem ehemaligen Schulgebäude, 8 km nördlich von Höfn, befindet sich diese gut geführte, preiswerte Übernachtungsmöglichkeit, die auch Hótel Jökull genannt wird. Sie gehört zu jenen Unterkünften, die ihr „Fassungsvermögen" aufgestockt haben – in diesem Fall um 40 neue Zimmer mit Bad (in einer umgemodelten Sporthalle!). Im hauseigenen Restaurant wird abends ein Fischbuffet aufgebaut (5900 ISK).

★ **Árnanes Country Lodge** LANDGASTHOF, RESTAURANT €€
(☎478 1550; www.arnanes.is; DZ mit/ohne Bad inkl. Frühstück 28 200/22 100 ISK; 📶) An der Ringstraße 6 km westlich von Höfn steht

diese aufgemöbelte Lodge mit Motel- und Pensionszimmern. Weiterhin wird ein großes Einfamilienhaus in einem nahe gelegenen Wohngebiet vermietet (mit fünf Schlafzimmern mit Bad). Im Sommer ist das nette **Restaurant** geöffnet (Hauptgerichte 2500–5500 ISK). Dort werden hervorragende Zutaten aus der Region verwendet. Außerdem kann man einen Ausritt unternehmen (auch für Anfänger und Tagesgäste).

Fosshótel Vatnajökull HOTEL €€€

(☎ 478 2555; www.fosshotel.is; Zi. inkl. Frühstück ab 33 100 ISK; 📶) In den vergangenen Jahren hat das schicke Kettenhotel, 14 km nordwestlich von Höfn, seine Kapazität von 26 auf 66 Zimmer erweitert. Der moderne Anbau aus Holz und Beton wurde geschmackvoll in Blau- und Grautönen gestaltet, angelehnt an die eindrucksvolle Natur, die sich vor den Hotelfenstern auftut. Im Lauf von 2015 werden auch die älteren Zimmer eine Auffrischung erhalten (haben). Auf dem Gelände gibt es ein **Restaurant** (abends Hauptgerichte 4000–6500 ISK).

Höfn

1700 EW.

Es ist kaum größer als viele Dörfer im Rest Europas und doch wirkt Höfn, der Hauptort des Südostens, nach den endlosen, menschenleeren Weiten wie eine pulsierende Metropole. Es liegt phantastisch: An klaren Tagen einfach zum Wasser wandern, sich auf eine Bank setzen und in aller Stille den Vatnajökull und seine benachbarten Gletscherbrüder bestaunen.

„Höfn" bedeutet nichts anderes als „Hafen" und klingt korrekt ausgesprochen wie ein Schluckauf. Der Name passt – der moderne Ort lebt noch immer größtenteils von Fischfang und -verarbeitung und ist berühmt für *humar* (Kaisergranat oder Norwegischer Hummer).

Höfn ist ein wichtiger Verkehrsknotenpunkt für Busreisende. Auch die meisten Besucher mit eigenem Wagen legen hier einen Stopp ein, um die vielen Dienstleistungen zu nutzen. Im Sommer ist es ratsam, Unterkünfte vorab zu reservieren.

Sehenswertes & Aktivitäten

Gamlabúð BESUCHERZENTRUM, MUSEUM

(www.vjp.is; ⏲ Juni–Aug. 8–20 Uhr, Mai & Sept. 10–18 Uhr, Okt.–April 10–12 & 16–18 Uhr) Das Lagerhaus von 1864, das früher als regionales Heimatmuseum diente, ist von der Peripherie an den Hafen umgezogen. Es wurde zum örtlichen **Besucherzentrum** umgestaltet und zeigt eine gute Ausstellung zum Vorzeige-Nationalpark der Region, u. a. zu dessen Flora und Fauna. Außerdem laufen Dokumentarfilme.

Über den Ort verteilt finden sich verschiedene museumsähnliche Ausstellungsflächen, darunter eine Steinesammlung und ein alter Stockfischlagerschuppen mit interessanten Objekten zum Fischfang und zur Seefahrt.

Küste KÜSTE

Einige kurze Küstenpfade eignen sich hervorragend zum Umherschlendern. Einer verläuft am Hótel Höfn, ein weiterer führt um die Marschen und Lagunen am Ende des Kaps Ósland vorbei (etwa 1 km hinterm Hafen; einfach das Seefahrerdenkmal auf der Anhöhe ansteuern). Letzterer Weg ist perfekt, um Seevögel zu beobachten. Allerdings ist Vorsicht vor den blitzschnell tieffliegenden Küstenseeschwalben geboten.

Vom Seefahrerdenkmal aus kann man einem **Naturlehrpfad** folgen, der nach dem Modell des Sonnensystems angeordnet ist. Die Planeten und ihre Entfernungen zueinander wurden maßstabsgerecht 2,1 billionenmal verkleinert.

Sundlaug Hafnar SCHWIMMBAD, HOT POT

(Víkurbraut 9; Erw./Kind 600/200 ISK; ⏲ Mo–Fr 6.45–21, Sa & So 10–19 Uhr) Das beliebte Freibad verfügt über Wasserrutschen, Hot Pots und eine Dampfsauna.

Silfurnesvöllur GOLF

(Dalbraut; 9 Löcher 1/2 Pers. 3500/5000 ISK) Am Ende der Dalabraut ganz im Norden des Ortes gibt es einen Golfplatz mit neun Löchern und einem kleinen Clubhaus. Wie oft bietet sich schon die Möglichkeit, in der Mitternachtssonne und mit Blick auf Gletscher ringsum Golf zu spielen? Die Schlägerleihgebühr beträgt 2000 ISK.

Festivals & Events

Humarhátíð FEST

Jedes Jahr Ende Juni oder Anfang Juli findet in Höfn ein Fest zu Ehren des köstlichen Kaisergranats statt, den die Fischer des Ortes in rauen Mengen aus dem Meer ziehen. Es gibt zu diesem Anlass einen Jahrmarkt, Flohmarkt, Tanz, Musik, Eisskulptur-Wettbewerbe, Alkohol in Strömen und Schalentiere.

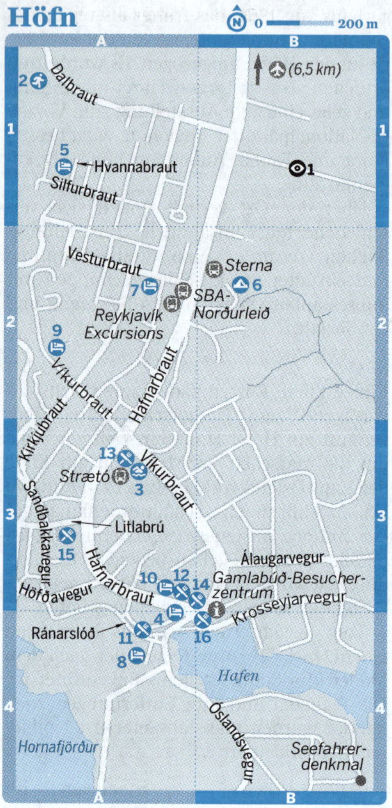

Höfn

Sehenswertes
1 Gamlabúð B1

Aktivitäten & Touren
2 Silfurnesvöllur A1
3 Sundlaug Hafnar A3

Schlafen
4 Guesthouse Dyngja A4
5 HI Hostel A1
6 Höfn Camping & Cottages B2
7 Höfn Inn A2
8 Hótel Edda A4
9 Hótel Höfn A2
10 Nýibær Guesthouse A3

Essen
11 Hafnarbúðin A4
12 Humarhöfnin A3
13 Kaffi Hornið A3
14 Kaffi Nýhöfn B3
15 Nettó A3
Ósinn .... (s. 9)
16 Pakkhús B4
Vínbúðin .... (s. 15)

Schlafen

Nachstehend sind nur Adressen im Ort selbst aufgeführt. Es gibt aber auch noch zahlreiche gute Unterkünfte (meist mit Verpflegungsmöglichkeit) entlang der Ringstraße westlich des Ortes (s. S. 326). Die Sommerpreise in dieser bei Reisenden sehr gefragten Region sind hoch.

In Höfn werden zudem Ferienapartments vermietet. Den besten Überblick bietet booking.com.

Höfn Camping & Cottages CAMPING €
(☎478 1606; www.campsite.is; Hafnarbraut 52; Stellplatz 1200 ISK pro Pers., Hütten 17 000–22 000 ISK; ⏲Mai–Mitte Okt.; @📶) Viele Besucher übernachten auf dem Campingplatz an der Hauptstraße in den Ort. Das liegt vermutlich an den sehr hilfsbereiten Besitzern, die ihre Gäste massenweise mit Informationen versorgen. Die elf Hütten sind preiswert und bieten bis zu sechs Personen Platz. Manche haben eine eigene Toilette, aber alle teilen sich den Duschblock. Auf dem Platz gibt es einen Spielplatz, Waschmaschinen und einen Laden mit Campingausrüstung.

HI Hostel HOSTEL €
(☎478 1736; www.hostel.is; Hvannabraut; B/DZ ohne Bad 4500/11 200 ISK; 📶) Die einzige Budgetunterkunft Höfns ist an der N1 ausgeschildert. Sie liegt versteckt in einem Wohngebiet. Das frühere Altersheim (ein weitläufiger Komplex) gewährt z. T. großartige Ausblicke. Im Sommer ist hier gewöhnlich die Hölle los. Die Gäste können die Waschmaschinen und die Küche nutzen (es gibt allerdings keine Gemeinschaftsbereiche). Wer einen Jugendherbergsausweis hat, zahlt 700 ISK weniger pro Person. Bettwäsche kostet 1650 ISK.

★ **Guesthouse Dyngja** PENSION €€
(☎846 0161; www.dyngja.com; Hafnarbraut 1; B ohne Bad inkl. Frühstück ab 18 500 ISK; @📶) Ein liebenswertes, junges Pärchen hat diese niedliche Pension mit nur fünf Zimmern in toller Lage am Hafen eröffnet. Sie hat jede Menge Charme und verströmt gute Laune mit kräftigen Farben, einer Schallplattensammlung, Selbstbedienungs-Frühstück und einer Terrasse. Außerdem werden großzügig Insiderinfos verteilt. Und es gibt noch eine

gute Neuigkeit: Im Untergeschoss wurde eine Suite mit Bad eingerichtet.

Hótel Edda HOTEL €€
(☎444 4850; www.hoteledda.is; Ránarslóð 3; EZ/DZ 24 700/27 200 ISK; ⏱Mitte Mai–Sept.; @📶) Mit seinem neuen Eigentümer, der wunderbaren Lobby-Lounge, Terrasse und schönen Hafenlage ist das Edda eine gute Wahl. Die gepflegten Zimmer ohne Schnickschnack verfügen alle über ein Bad, manche auch über sensationellen Gletscherblick.

Nýibær Guesthouse PENSION €€
(☎478 2670; http://nyibaerguesthouse.wordpress.com; Hafnarbraut 8; DZ mit/ohne Bad inkl. Frühstück 26 500/21 500 ISK; 📶) In der hübschen, heimeligen Pension gibt es zwar keine Gästeküche, dafür aber ein Frühstück, das sich sehen lassen kann. Von den insgesamt acht kostspieligen Zimmern besitzen zwei ein eigenes Bad, außerdem ist ein Familienzimmer mit vier Schlafgelegenheiten vorhanden. Die handgestrickten Socken und Handschuhe, die hier verkauft werden, sind entzückend!

Höfn Inn HOTEL €€
(☎478 1544; www.hofninn.is; Vesterbraut 3; EZ/DZ inkl. Frühstück ab 15 000/21 000 ISK; 📶) Das moderne, ausgefallene Hotel bietet ein Dutzend geräumige Zimmer neben der N1 an der Straße in den Ort. Das eine oder andere Dekoelement fällt aus dem Rahmen (Kiesböden, kitschige Kunst, bizarre „Hand"-Stühle), generell ist die Einrichtung aber okay. Jedes Zimmer ist mit Bad, Flachbild-TV und Wasserkocher ausgestattet.

Hótel Höfn HOTEL €€€
(☎478 1240; www.hotelhofn.is; Víkurbraut; DZ inkl. Frühstück ab 28 000 ISK; 📶) Im Sommer bevölkern oft Reisegruppen das Businesshotel von Höfn. Die hübsch renovierten Zimmer inklusive Flachbildfernseher sind in neutralen Farben gehalten. Die Aussicht ist der Hammer – unbedingt nach einem Gletscherblick fragen. Zur Anlage gehört das ganzjährig geöffnete Restaurant **Ósinn** (abends Hauptgerichte 3940–6490 ISK).

✕ Essen & Ausgehen

Humar (Kaisergranat) ist die lokale Spezialität; sie landet gewöhnlich gegrillt und mit Knoblauchbutter auf dem Teller. Entweder wird das komplette Tier oder nur der Schwanz serviert, der Preis beginnt bei 6000 ISK. Zu teuer? Es gibt auch günstigere Optionen wie Kaisergranatcremesuppe oder Pizza bzw. Pasta mit Schalentieren. Lecker!

Hafnarbúðin IMBISS €
(Ránarslóð; Snacks & Mahlzeiten 320–1550 ISK; ⏱9–22 Uhr) Ein liebenswert altmodisches, preisgünstiges Diner mit einer Speisekarte voller schnell gegrillter Lieblingsspeisen (Burger, getoastete Sandwiches und das wahrscheinlich billigste Schalentier-Baguette des Ortes zu 1200 ISK). Es gibt sogar einen Drive-up-Schalter!

Kaffi Nýhöfn CAFÉ €€
(www.nyhofn.is; Sandwiches 800–2500 ISK; ⏱Juni–Aug. 10.30–18.30 Uhr) Das hübsche nordische Bistro besticht durch aufmerksame Bedienung und ein interessantes kulinarisches Angebot aus belegten Broten und selbstgebackenen Kuchen. Es ist in dem Wohnhaus untergebracht, das sich der erste Siedler von Höfn 1897 erbaute, und hat sein elegantes Alte-Welt-Flair bewahrt.

Kaffi Hornið ISLÄNDISCH €€
(☎478 2600; www.kaffihorn.is; Hafnarbraut 42; Mittagsbuffet 2100 ISK, Hauptgerichte 1590–7390 ISK; ⏱11.30–23 Uhr) Die Blockhütte birgt ein anspruchsloses Bar-Restaurant, in dem die Portionen die Magenkapazität voll ausschöpfen. In punkto Atmosphäre sind der Humarhöfnin und das Pakkhús nobler, aber die Preise für Schalentiergerichte unterscheiden sich kaum. Mittags wird ein gutes Suppen- und Salatbuffet aufgebaut und auf der Speisekarte steht alles von Rentierburger bis Lammkotelett. Hervorragende Fassbierauswahl.

★ **Humarhöfnin** ISLÄNDISCH €€€
(☎478 1200; www.humarhofnin.is; Hafnarbraut 4; Hauptgerichte 3900–7900 ISK; ⏱Juni–Aug. 12–22 Uhr, April, Mai & Sept. 18–22 Uhr) Das Humarhöfnin bietet „Hummer-Gastronomie" in einem französisch angehauchten Lokal, das von viel Liebe zum Detail zeugt – da wären z. B. die Kräutertöpfe auf den Fenstersimsen und Rosen auf den Tischen. Die Hauptgerichte bestehen vor allem aus zangenbewehrten Schalentieren (ab 6500 ISK), es gibt aber auch weniger kostspielige Gerichte, z. B. ein köstliches Kaisergranat-Baguette für 3900 ISK.

★ **Pakkhús** ISLÄNDISCH €€€
(☎478 2280; www.pakkhus.is; am Hafen; Hauptgerichte 3190–6000 ISK; ⏱Mai–Sept. 12–22 Uhr) Hut ab vor einer Speisekarte, auf der sogar der Name des Fischkutters angegeben ist,

FAHRT ÜBER DEN VATNAJÖKULL

Obwohl der Vatnajökull und seine benachbarten Gletscher schon von der Ringstraße aus spektakulär ausschauen, wollen die meisten Reisenden ihn aus nächster Nähe sehen. Der Vatnajökull kann nur mit geführten Touren besichtigt werden – es sei denn, jemand plant so etwas wie eine Polarexpedition. Die Eiskappe ist von tiefen Rissen durchzogen, die durch die Schneedecke praktisch unsichtbar sind. Außerdem kommt es oft zu heftigen Schneestürmen. Doch das sollte nicht abschrecken! Fahrten über die weißen Weiten sind mit organisierten Schneemobil- und Superjeeptouren möglich.

Die einfachste Route zum Vatnajökull hinauf ist die Allradstrecke F985 (34 km östlich des Jökulsárlón, 45 km westlich von Höfn) zu der breiten Gletscherroute des Skálafellsjökull. Die 16 km lange Strecke verläuft an einigen Stellen praktisch senkrecht und manche Abschnitte sind im Winter komplett vereist. Auf keinen Fall sollte man sich mit einem zweiradgetriebenen Fahrzeug dorthin wagen – die Bergungskosten wären horrend!

Auf der Spitze, 840 m über dem Meeresspiegel, liegt Jöklasel, der Sitz von Glacier Jeeps (S. 326). Der Ausblick vom hiesigen **Restaurant** (Mittagsbuffet 2900 ISK; ⌚ Juni–Mitte Sept. mittags 11.15–14 Uhr) muss der schönste in ganz Island sein! (Achtung: keine Übernachtungsmöglichkeiten in Jöklasel.)

Die beliebteste Tour hier oben ist die einstündige **Schneemobilfahrt**. Mit Schneeanzug, Stiefeln und Handschuhen ausstaffiert folgt man dem Führer auf einer festen Piste. Das macht viel Spaß und verschafft einen Eindruck davon, wie es ist, einen Gletscher zu befahren. Eine Stunde lang übers Eis jagen mit Benzingestank in der Nase – das reicht den meisten.

Geruhsamer ist eine Fahrt im **Superjeep** über das Eis. Möglich sind auch längere Skidoo-Trips und Gletscherwanderungen.

Wer einen Wagen mit Allradantrieb hat, zahlt 19 500 ISK für die Schneemobil- oder Jeepfahrt. Für 21 500 ISK wird man von der Ringstraße abgeholt und nach Jöklasel gebracht. Die Preise gelten pro Person für zwei Leute auf einem Skidoo. Wer allein auf einem Skidoo fahren will, muss noch 8500 ISK zusätzlich hinblättern. Täglich um 9.30 und 14 Uhr (Mai–Okt.) sammelt Glacier Jeeps Teilnehmer auf dem Parkplatz am Anfang der F985 ab. Auf jeden Fall vorher reservieren – bei kleineren Gruppen reicht es normalerweise, einen Tag vorher anzurufen.

Glacier Jeeps führt diese Touren auch im Winter durch. Die Zeiten variieren. Los geht's am Hostel Vagnsstaðir.

Leider fahren die Nahverkehrsbusse nicht so, dass man zu einem günstigen Zeitpunkt auf dem Parkplatz an der F985 abgesetzt wird. Wer kein Auto hat, könnte sich von **Vatnajökull Travel** (☎ 894 1616; www.vatnajokull.is) in Höfn nach Jöklasel und anschließend für eine Bootsfahrt zum Jökulsárlón bringen lassen. Preise beim Anbieter erfragen.

der die Küche mit ihrem Starprodukt beliefert. Das in einem stylischen Lagerhaus am Hafen untergebrachte Pakkhús zeichnet sich durch eine gastronomische Kreativität aus, die im ländlichen Island eher selten vorkommt. Superleckerer Kaisergranat, Lamm und Ente kitzeln die Geschmacksknospen. Zum Abschluss gibt es dann noch ein aufwendig zubereitetes Dessert – wer könnte schon einem Nachtisch namens *skyr volcano* widerstehen?

Nettó SUPERMARKT

(Miðbær; ⌚ Juni–Aug. Mo–Fr 9–20, Sa 9–18, So 12–18 Uhr, Sept.–Mai kürzere Öffnungszeiten) Supermarkt mit Bäckerei im zentralen Einkaufszentrum Miðbær. Hier sollte man ordentlich zuschlagen, denn das nächste Lebensmittelgeschäft ist meilenweit entfernt!

Vínbúðin ALKOHOLISCHE GETRÄNKE

(Miðbær; ⌚ Mo–Do 14–18, Fr 11–19 Uhr, Sept.–Mai kürzere Öffnungszeiten) Staatlicher Alkoholladen.

ℹ Praktische Informationen

Gamlabúð Besucherzentrum (☎ 470 8330; www.visitvatnajokull.is; ⌚ Juni–Aug. 8–20 Uhr, Mai & Sept. 10–18 Uhr, Okt.–April 10–12 & 16–18 Uhr) Im Gamlabúð am Hafen sind ein Nationalpark-Besucherzentrum mit erstklassigen Ausstellungen sowie die lokale Touristeninformation untergebracht. Hier kann man sich nach Aktivitäten und Wanderwegen in der Gegend erkundigen.

An- & Weiterreise

BUS

Die Fernbusse, die durch Höfn kommen, haben unterschiedliche Haltestellen (unpraktisch!). Daher muss man genau wissen, mit welcher Gesellschaft man fährt und wo deren Busse abfahren.

Die Busse von Höfn nach Reykjavík halten in bzw. bei allen größeren Städten und Landmarken: Jökulsárlón, Skaftafell, Kirkjubæjarklaustur, Vík, Skógar, Hvolsvöllur, Hella und Selfoss.

Wichtig: Im Winter besteht keine Busverbindung zwischen Egilsstaðir und Höfn (d. h. Bus 62a verkehrt nicht). Die angegebenen Preise sind Stand 2014.

SBA-Norðurleið (☎ 550 0720; www.sba.is; Haltestelle an der N1-Tankstelle):

➡ Bus 62a nach Egilsstaðir (8800 ISK, 5 Std., Juni–Mitte Sept. 1-mal tgl.). Hält in Djúpivogur, Breiðdalsvík und an Fjorden entlang der Straßen 92 und 96.

➡ Bus 62a zum Mývatn (14 400 ISK, 7½ Std., Juni–Mitte Sept. 1-mal tgl.)

➡ Bus 62a nach Akureryi (17 800 ISK, 9¼ Std., Juni–Mitte Sept. 1-mal tgl.)

Sterna (☎ 551 1166; www.sterna.is; Ein-/Ausstieg am Zeltplatz und Hostel):

➡ Bus 12a nach Reykjavík (9900 ISK, 10¾ Std., Juni–Mitte Sept. 1-mal tgl.)

Strætó (☎ 540 2700; www.straeto.is; Ein-/Ausstieg vor dem Schwimmbad):

➡ Bus 51 nach Reykjavík (10 150 ISK, 7 Std., Juni–Mitte Sept. 2-mal tgl., sonst 1-mal tgl.)

Reykjavík Excursions (☎ 580 5400; www.re.is; Abfahrt an der N1-Tankstelle):

➡ Bus 19 nach Skaftafell (5500 ISK, 4¼ Std., Juni–Mitte Sept. 1-mal tgl.). Hält 2½ Std. am Jökulsárlón. Eignet sich für eine Tagestour mit Rückkehr nach Höfn (mit 5 Std. Aufenthalt in Skaftafell, Rückfahrkarte 9500 ISK).

FLUGZEUG

Der Flughafen von Höfn liegt 6,5 km nordwestlich des Ortes. **Eagle Air** (☎ 562 2640; www.eagleair.is) pendelt ganzjährig zwischen Reykjavík und Höfn (einfache Strecke 28 100 ISK).

Von Höfn nach Djúpivogur

Der 105 km lange Abschnitt von Höfn nach Djúpivogur um die Südostecke Islands herum zählt zu den Panoramastrecken des Landes. Die Straße windet sich nur an einer Handvoll Bauerngehöften im Schatten hoch aufragender Gipfel vorbei.

Ortschaften gibt's hier keine und abgesehen von einem Abstecher zum Wikingercafé (S. 334) auch keine Möglichkeit, eine Tasse Kaffee zu bekommen (oder eine Toilette aufzusuchen).

Lón

Der Name Lón („Lagune") passt auf diese seichte Bucht, die von zwei großen Sandbänken zwischen den ein wenig bedrohlich aussehenden Bergen Eystrahorn und Vestrahorn (auf manchen Karten als Austurhorn und Vesturhorn eingezeichnet) umschlossen wird. Im Nordwesten liegt das Delta des Flusses Jökulsá í Lóni. Hier nistet im Frühjahr und Sommer eine riesige Kolonie von Schwänen.

Wie andere Berge in der Region wurde auch der batholithische **Eystrahorn** am Ostende der Bucht durch eine unterirdische Vulkaneruption gebildet und dann allmählich durch Erosion freigelegt. Es ist der beste Zugang für Spaziergänge auf der Sandbank, die den Lón-Ostteil umgibt.

Am Lón-Westende stehen der **Vestrahorn** und der benachbarte Gipfel **Brunnhorn**. Sie bilden ein Kap zwischen Skarðsfjörður und Papafjörður. Ruinen der Fischersiedlung Syðri-Fjörður, die 1899 von ihren Einwohnern verlassen wurde, sind noch immer sichtbar. Wer sich diese bezaubernde Gegend namens Horn genauer ansehen möchte, muss auf der ausgeschilderten Straße zur Landzunge Stokksnes fahren. In der Region Horn gibt's das Wikingercafé (S. 334) und einen Bauernhofbesitzer, der für die Durchfahrt über sein Privatgelände Geld kassiert.

Stafafell

Mitten im Nirgendwo liegt Stafafell, ein einsamer Bauernhof, ganz versteckt unterhalb der Berge. Er ist eine tolle Ausgangsbasis für die Erkundung des Naturschutzgebietes Lónsöræfi. Die Website www.stafafell.is liefert jede Menge Infos.

Die Hofbesitzer sind drei Brüder. Einer betreibt eine Pension und vermietet ein paar schlichte Hütten, ein anderer unterhält im Sommer einen einfachen Zeltplatz. Verpflegung gibt es keine – die Besucher müssen alle erforderlichen Lebensmittel aus Höfn (35 km) oder Djúpivogur (70 km) mitbringen.

ABSTECHER

WIKINGERCAFÉ

Etwa 7 km östlich der Abzweigung nach Höfn, kurz bevor die Ringstraße in den Almannaskarð-Tunnel mündet, führt eine ausgeschilderte Straße zur Stokksnes-Radarstation. Nach 4,5 km liegt ein cooles kleines Lokal in wildromantischer Umgebung unter dem düsteren Berg Litla Horn: Das **Viking Cafe** (☎849 4627; www.vikingcafe-iceland.com; ⏱Juni–Mitte Sept. 9–21 Uhr), wo Kaffee, Waffeln und Kuchen zu haben sind.

Der Bauernhofbesitzer betreibt das Café und verlangt 600 ISK von Besuchern, die sein sensationelles Anwesen erkunden möchten, das u. a. eine fotogene Wikingerdorfkulisse und meilenlange schwarze Sandstrände aufzuweisen hat.

Auf dem Filmset (2009 vom isländischen Regisseur Baltasar Kormakúr aufgebaut) könnte bald Action herrschen, wenn Baltasar endlich *Vikings* dreht. Mit dem Drehbuch zu diesem Filmprojekt hat er immerhin schon vor über zehn Jahren begonnen. Hoffentlich bleiben die Kulissen nach Abschluss der Dreharbeiten weiterhin stehen.

Wer die Genehmigung des Hofeigentümers einholt, darf für 1000 ISK pro Person auf dem Grundstück ein Zelt aufschlagen.

Hier lassen sich verschiedene Tageswandertouren in die Berge und Täler nördlich von Stafafell unternehmen. Die vielleicht schönste Tageswanderung ist gut ausgezeichnet und führt von Stafafell nach **Hvannagil** (hin und zurück 14,3 km, 4–5 Std.), zur farbenprächtigen Rhyolithschlucht am Ostufer des Flusses Jökulsá í Lóni. Ein Infoblatt mit der Routenbeschreibung ist im Bauernhaus erhältlich.

Die Busse der Strecke Höfn–Egilsstaðir kommen an Stafafell vorbei und halten auf Wunsch.

Schlafen

Stafafell Guesthouse PENSION, HÜTTEN €
(☎478 1717; www.stafafell.is; Zi. ohne Bad 3750 ISK pro Pers., Hütten 15 000 ISK) Das rustikale Bauernhaus neben der winzigen Kirche beherbergt eine einfache Pension mit Gästeküche. Außerdem gibt's ein paar Selbstversorgerhütten für vier Personen. Bettwäsche ist nicht im Preis inbegriffen (kann für 1750 ISK ausgeliehen werden).

Lónsöræfi

Wer nach Island kommt, um wahre Einsamkeit zu finden, könnte in dem abgeschiedenen, gebirgigen Naturschutzgebiet Lónsöræfi die Erfüllung seines Traums finden. Die geschützte Wildnis landeinwärts von Stafafell ist mit 320 km² eines der größten Reservate Islands und hat Rhyolithberge in spektakulären Farben sowie die Stafafellsfjöll-Berge zu bieten.

Das Wandern in dieser Gegend ist eine echte Herausforderung und nur etwas für sehr erfahrene Wanderer (auf manchen Trails müssen reißende Flüsse überquert werden). Längere Touren führen zum östlichen Teil des Vatnajökull und Richtung Nordwesten zum Snæfell (s. S. 290). Campen ist auf ausgewiesenen Plätzen im Naturschutzgebiet möglich und an der Wanderstrecke zwischen Lónsöræfi und Snæfell gibt es einige Wanderhütten. Der Weg beginnt (bzw. endet) am Illikambur-Parkplatz.

Die einzige Straße durch das Gebiet ist die F980, eine holperige Piste, die von der Ringstraße abgeht und nach 25 km am Illikambur endet. Sie kann nur von erfahrenen Fahrern in *schweren* Superjeeps mit Allradantrieb bewältigt werden, denn unterwegs muss ein schnell fließender Strom überquert werden. Kleine Wagen mit Vierradantrieb haben hier absolut keine Chance. Wanderer, die eine Transportmöglichkeit zum Lónsöræfi suchen, wenden sich an **Fallastakkur** (☎478 1517; www.fallastakkur.is). Der Preis pro Strecke und Person für mindestens zwei Fahrgäste beginnt bei 10 000 ISK.

Lónsöræfi gehört zwar nicht zum Nationalpark Vatnajökull, aber auf der Park-Website (www.vjp.is) finden sich dennoch Informationen zu Wanderungen und auch die Besucherzentren in Skaftafell, Höfn und Skríðuklaustur (im Osten, zuständig für die Nationalparkregion Snæfell) haben viele Tipps auf Lager. Außerdem werden dort die dringend benötigten topografische Wanderkarten verkauft. Eine gute Infoquelle (besonders zur Anreise) ist die Website des Stafafell Guesthouse (www.stafafell.is).

Geführte Touren

Iceguide ABENTEUERTOUR
(☎661 0900; www.iceguide.is) Abgesehen von Gletscherwanderungen und Eishöhlentouren veranstaltet Óskar von Höfn aus Jeep-Tagesausflüge ins Naturschutzgebiet Lónsöræfi, bei denen man zwei Stunden zu Fuß unterwegs ist. Der Preis beträgt 21 900 ISK pro Person (mind. 2 Teilnehmer). Eine tolle Option für Soft-Wanderer.

Icelandic Mountain Guides WANDERN
(IMG; ☎587 9999; www.mountainguides.is) Der Veranstalter bietet eine fünftägige, 50 km lange Rucksacktour durch den Lónsöræfi an (ab 119 000 ISK). Übernachtet wird in Berghütten; die Route führt von Norden nach Süden. Der Tourverlauf wird auf der Website unter „In the Shadow of Vatnajökull" erläutert.

Das Hochland

Inhalt ➡

Sagenhafte Naturwunder

- Askja (S. 346)
- Herðubreið (S. 345)
- Hveravellir (S. 340)
- Kverkfjöll (S. 347)
- Drekagil (S. 346)
- Kerlingarfjöll (S. 340)

Traumhafte Badeplätze

- Víti (S. 346)
- Hveravellir (S. 340)
- Laugafell (S. 342)
- Kerlingarfjöll (S. 340)

Auf ins Hochland

Wer auf der Ringstraße unterwegs ist, wird denken, dass es in Island nicht viele Städte und mehr Schafe als Menschen gibt und dass schon seit vielen, vielen Kilometern keine Tankstelle mehr zu sehen war. Aber das ist noch gar nichts im Vergleich zum Hochland, wo es praktisch keine Versorgungseinrichtungen, Unterkünfte, Brücken oder Sicherheitsvorkehrungen gibt.

Wer den Blick über die öden Weiten schweifen lässt, könnte meinen, dies sei das australische Outback oder gar der Mond – was gar nicht so weit hergeholt ist. Schließlich haben die *Apollo*-Astronauten hier für die Mondlandung trainiert.

Die meisten Leute kommen gerade wegen dieser Abgeschiedenheit hierher. Manche Reisende sind angesichts der totalen Leere vom Hochland enttäuscht, aber viele empfinden bei der Begegnung mit der Natur in ihrer rauesten Ausprägung Demut. Die Einsamkeit ist umwerfend, der Blick unendlich weit und Wanderungen oder Fahrradtouren sind ebenso anstrengend wie lohnend. Der Zugang zum Hochland ist begrenzt: Die Straßen sind nur im Hochsommer und mit Allrad befahrbar, werden aber von Buslinien mit Allradfahrzeugen bedient.

Gut zu wissen

Kjölur-Route (Straße 35) Nord-Süd-Route quer durchs Land, im Sommer fahren Linienbusse, keine Flüsse zu durchqueren.

Sprengisandur-Route (Straße 26) Nord-Süd-Route quer durchs Land, im Sommer fahren Linienbusse.

Öskjuleið (Askja-Route; Straßen F88 oder F905/910) Route aus dem Norden zum Askja-Krater und zum Berg Herðubreið; wird von mehreren Touranbietern bedient (vor allem vom Mývatn aus).

Kverkfjöll-Route (Straßen F905, F910, dann F902) Route aus dem Norden (bzw. Osten über die Straße 910) zu den Eishöhlen in den Kverkfjöll; wird von einigen Touranbietern befahren.

Kjölur-Route (Kjalvegur)

Für alle, die die Wüsten im Hochland kennenlernen möchten, aber keine Lust auf Flussdurchquerungen haben, eignet sich die 200 km lange Kjölur-Route, auf der alle Flüsse überbrückt sind. Im Sommer befährt planmäßig täglich ein Bus die Straße. Der Bus, der zwischen Reykjavík und Akureyri verkehrt, mag zunächst als verlockende Reisemöglichkeit erscheinen. Doch während die erste Stunde in der trostlosen Einsamkeit durchaus spannend ist, wirken die restlichen neun Stunden einschläfernd, falls nicht unterwegs ein Ausstieg auf dem Plan steht.

Aus südlicher Richtung beginnt die Straße 35 beim Gullfoss, führt zwischen zwei riesigen Gletschern entlang und endet bei Blönduós an der Nordwestküste. Den höchsten Punkt (etwa 700 m) erreicht sie zwischen dem Langjökull und dem Hofsjökull in der Nähe des Berges Kjalfell (1000 m). Der nördliche Teil der Strecke verläuft landschaftlich herrlich am Blöndulón vorbei, einem riesigen Stausee, der das Blanda-Wasserkraftwerk versorgt. Die Straßenverhältnisse im Norden sind besser als im Süden.

Die Kjölur-Route öffnet in der Regel Mitte Juni und wird irgendwann im September wieder geschlossen, abhängig von der Wetterlage. Vorsicht: Die Strecke ist als Straße 35 (nicht F35) auf Karten eingezeichnet. Auch wenn es technisch möglich ist, sie mit einem Zweiradantrieb zu befahren, ist das nicht zu empfehlen. Denn die Strecke bleibt doch eine Gebirgsstraße. Der Weg ist gespickt mit Schlaglöchern/Pfützen, in denen ein Kleinfahrzeug versinken könnte. Es besteht die Gefahr, auf der äußerst langsamen und holprigen Fahrt die Fahrzeugunterseite zu beschädigen. Autovermietungen untersagen den Mietern von zweiradangetriebenen Fahrzeugen ausdrücklich, auf dieser Strecke zu fahren.

Geführte Touren

Wer sich im Internet umschaut, wird Angebote für Wanderungen, Fahrradtouren und Reitausflüge entlang der Kjölur-Route finden (auch nach Kjalvegur suchen).

Icelandic Mountain Guides (☎ 587 9999; www.mountainguides.is) bietet ausgezeichnete Wanderausflüge ins Hochland, darunter eine viertägige Trekkingtour am Kjölur von Hveravellir zum Hvítárvatn (45 km; ab 130 000 ISK).

UNTERWEGS VOR ORT

Vor der Reise durch das Hochland sollten unbedingt einige Dinge bedacht werden.

Wetter Das Wetter hier ist sehr launisch – selbst im Hochsommer. Auf www.vedur.is gibt es aktuelle Wetterberichte.

Straßenöffnung Hängt vom Wetter ab; meist werden die Wege irgendwann zwischen Anfang Juni und Anfang Juli freigegeben. Aktuelle Infos stehen auf www.vegagerdin.is.

Allrad Die Straßen im Hochland sind ausschließlich für leistungsstarke Hochrad-Geländewagen geeignet, da schroffes Gelände und tückische Flussdurchquerungen keine Seltenheit sind.

Konvoi Es ist ratsam, dass immer zwei Fahrzeuge gemeinsam unterwegs sind. Falls eines stecken bleibt oder eine Panne hat, kann das andere es herausziehen, Hilfe holen oder die Insassen zu einem Unterschlupf fahren. Im Juli und August ist auf den beliebtesten Routen mit mehr Verkehr zu rechnen, sodass diese Vorsichtsmaßnahme nicht unbedingt notwendig ist. Wer auf weniger befahrenen Pisten unterwegs ist, sollte sich jedoch auch im Sommer daran halten.

Vor der Fahrt auftanken Im Hochland gibt es nur im Hveravellir auf der Kjölur-Route und in Hrauneyjar im südlichen Abschnitt der Sprengisandur-Route Tankstellen.

Busse und/oder Touren Eine gute Alternative zum Mietauto. Die Allradbusse, die im Sommer die Routen Kjölur und Sprengisandur befahren, können als Tagestour (z. B. von Reykjavík nach Akureyri) oder als normaler Bus mit Ein- und Ausstieg entlang der Route genutzt werden. Die Tourenanbieter verfügen über komfortable Fahrzeuge und haben versierte Fahrer/Führer.

Nicht querfeldein fahren Wie überall in Island ist es ratsam, auf den befestigten und markierten Wegen zu bleiben. Durchs Gelände zu brausen ist äußerst schädlich für die empfindliche Umwelt und verstößt außerdem gegen das Gesetz.

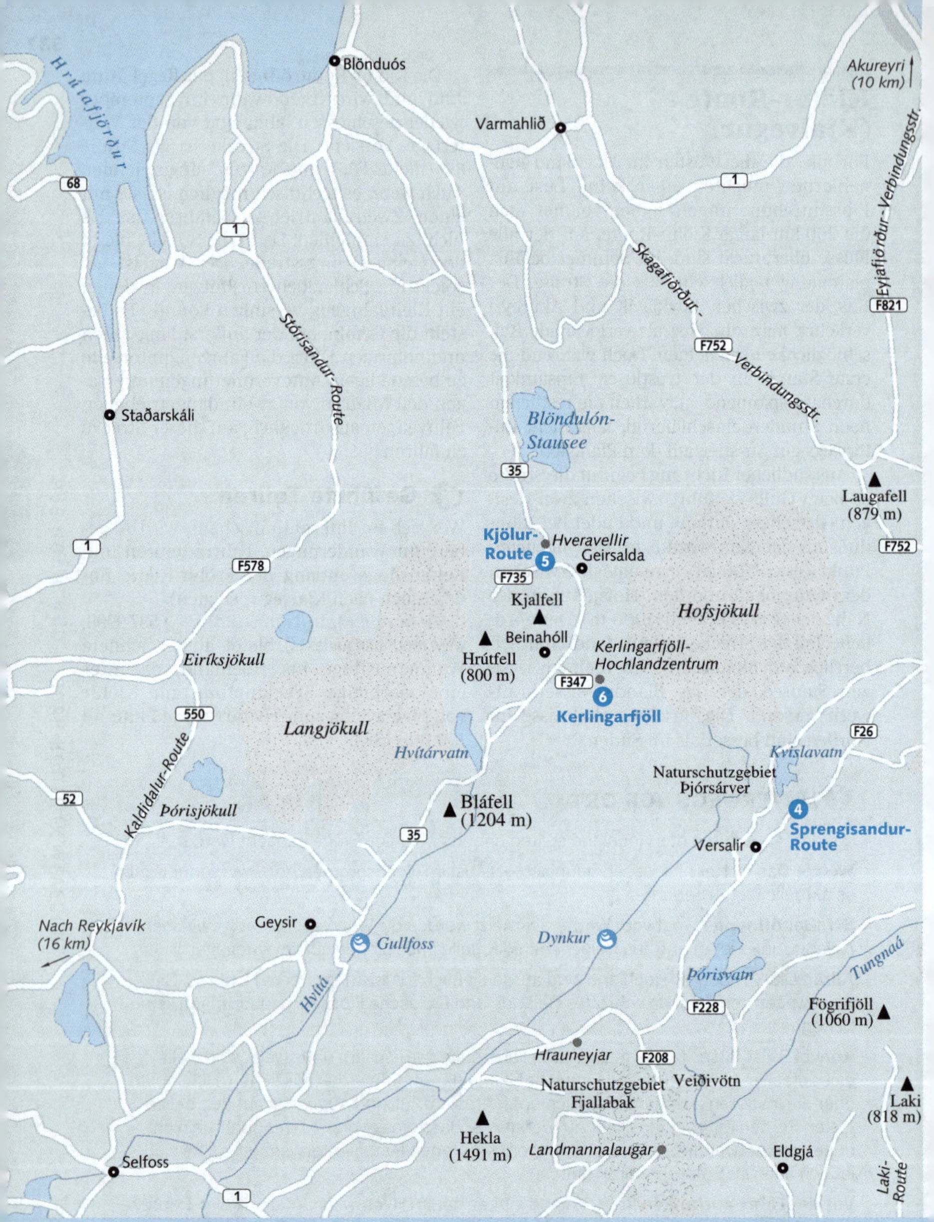

Highlights

1 An der stürmischen **Askja** (S. 346) über die Lavafelder wandern und danach ins lauwarme Wasser des Víti-Kraters hüpfen

2 Die faszinierende Welt aus Eisskulpturen in den geothermischen Höhlen in den **Kverkfjöll** (S. 347) bewundern

3 Der Königin der Berge, der **Herðubreið** (S. 345), die Ehre erweisen

4 Auf der langen und einsamen **Sprengisandur-Route** (S. 342) Mitgefühl mit melancholischen Geistern und Geächteten haben, die hier ihr Unwesen treiben

5 Mit Zwischenstopps an heißen Quellen und an Kletterfelsen die endlose Ödnis der berüchtigten **Kjölur-Route** (S. 337) aufpeppen

6 In die Wanderstiefel schlüpfen und rund um das majestätische Gebirgsmassiv **Kerlingarfjöll** (S. 340) ein herrliches Wandergebiet erkunden

Hvítárvatn

Der blassblaue Hvítárvatn 35 km nordöstlich vom Gullfoss ist die Quelle des Gletscherflusses Hvítá, der bei Anbietern von Wildwasserfahrten aus Reykjavík ganz oben im Programm steht. Eine Gletscherzunge von Islands zweitgrößtem Gletscher Langjökull kalbt in den See hinein, wodurch Eisberge entstehen, die den See noch schöner machen.

Im marschigen Grasland nordöstlich des Hvítárvatn liegt die älteste Ferðafélag-Íslands-Hütte Hvítárnes. Sie wurde 1930 errichtet. Vom Kjölur, wo man sich vom Bus absetzen lassen kann, sind es auf einer Allradpiste 8 km zu Fuß zur Hütte.

Kerlingarfjöll

Bis in die 1850er-Jahre glaubten die Isländer, dass dieser Gebirgszug 10 km jenseits der Straße 35 an der F347 die übelsten Gesetzlosen beherbergte. Sie sollten tief im Herzen der 150 km² großen Bergregion in einem abgeschiedenen und paradiesartigen Tal hausen. Dieser Glaube war so stark, dass sich erst gegen Mitte des 19. Jhs. jemand in die Kerlingarfjöll wagte. Erst 1941 wurde der Gebirgszug von der Ferðafélag Íslands (isländischer Wanderverein) gründlich erkundet.

Auf jeden Fall ist das Gebirge zauberhaft. Die vielfarbige Landschaft voller heißer Quellen wird von schroffen Bergen und Höhenrücken unterbrochen, von denen der Snækollur (1477 m) der höchste ist. Nach einer 90-minütigen (5 km) Wanderung erreicht man das Geothermalgebiet Hveradalir. Wer nicht so gut zu Fuß ist, fährt 15 Minuten zum Parkplatz am Berg Keis. Von dort aus ist es nur ein kurzer Spaziergang nach Hveradalir.

Das **Kerlingarfjöll Highland Centre** (☎ Sommer 664 7878, ganzjährig 664 7000; www.kerlingarfjoll.is; Stellplatz pro Pers. 1550 ISK, DZ mit Bad inkl. Frühstück 29 300 ISK; ⊙ Mitte Juni–Mitte Sept.; 📶) bietet einige Hütten und Häuser mit Übernachtungsmöglichkeiten – verschiedene Kombinationen mit/ohne Bad, mit/ohne Bettzeug (Schlafsackunterkunft zwischen 4950 und 6500 ISK). Außerdem gibt es einen Campingplatz, eine Gästeküche, ein einfaches Restaurant und natürliche Hot Pots. Auf der Website stehen Details zu den örtlichen Wanderwegen. Achtung: Hier gibt es keine Tankstellen (obwohl das in einigen Karten und auf Schildern angezeigt wird).

Hveravellir

Hveravellir ist ein beliebtes Geothermalfeld mit Fumarolen und heißen Quellen 30 km nördlich des Abzweigs zu den Kerlingarfjöll (und 90 km nördlich vom Gullfoss). Zu den warmen Becken zählen das strahlend blaue Bláhver, das Öskurhólshver, das einen zischenden Dampfstrahl ausstößt, sowie ein phantastisches künstliches Schwimmbecken. Eine weitere heiße Quelle, Eyvindurh-

DAS ÖDLAND

Geächtete standen außerhalb des Schutzes der Gesellschaft und wer einen Groll gegen sie hegte, konnte sie nach Gutdünken töten. Viele *útilegumenn* wie der bekannte Eiríkur Rauðe (Erik der Rote) gingen freiwillig ins ausländische Exil. Andere konnten einem Rachemord entkommen, indem sie in die Berge, Täler und Weiten des rauen Hochlands flohen, wohin sie nur wenige zu verfolgen wagten.

Zweifellos musste jeder, der in den harten, kargen Wüsten überleben konnte, eine außergewöhnliche Person sein. Klar, dass den isländischen Geächteten alle möglichen schrecklichen Taten zugeschrieben wurden, zumal die normale Bevölkerung sich vor dem endlosen Ödland fürchtete, von dem sie glaubte, dass dort übermenschliche böse Kräfte walteten. Die *útilegumenn* schafften es so in dieselbe Kategorie wie Riesen und Trolle und lieferten den Stoff für beliebte Geschichten wie etwa die phantastische *Grettirs saga*.

Ein Geächteter wurde zum Gegenstand unzähliger isländischer Volksmärchen: Fjalla-Eyvindur (Eyvindur der Berge), ein charmanter, aber unheilbarer Kleptomane aus dem 18. Jh. Er floh mit seiner Frau ins Hochland und machte sich weiterhin Feinde, weil er Schafe stahl, um zu überleben. Im gesamten Hochland sind Unterstände und Verstecke zu finden, die mit ihm in Verbindung gebracht werden. Überall hört man Geschichten darüber, wie er unter unmöglichen Bedingungen überlebte und seinen Verfolgern immer einen Schritt voraus war.

KJÖLUR-WANDERUNG

Auf der Suche nach einer mehrtägigen, individuellen Wanderroute in der Gegend?

Alt Kjalvegur-Route (www.fi.is/en/hiking-trails) Eine leichte und landschaftliche schöne Dreitageswanderung (39 km) von Hvítarvatn nach Hveravellir. Sie folgt dem alten Kjölur-Reitweg (westlich der heutigen Piste) und führt über die Berghütten Hvítárnes, Þverbrekknamúli und Þjófadalir.

Hringbrautin (www.kerlingarfjoll.is/routes) Ein anspruchsvoller Dreitagesrundweg (47 km) um den Kerlingarfjöll. Start und Ziel ist das Kerlingarfjöll Highland Centre. Erst kürzlich wurden entlang der Strecke Hütten in Klakkur und Kisubotnar eröffnet.

ver, ist nach dem Gesetzlosen Fjalla-Eyvindur benannt. Hveravellir war angeblich eines der vielen Verstecke dieses Banditen aus dem 18. Jh.

Hveravellir (☎Sommer 452 4200, ganzjährig 894 1293; www.hveravellir.is; Stellplatz/B pro Pers. 1200/4500 ISK; ⏲Mitte Juni–Mitte Sept.) verfügt über zwei Wanderhütten mit 50 Betten (Bettwäsche 1400 ISK; Privatzimmer ab 8000 ISK pro Pers.). Außerdem befinden sich dort ein Campingplatz, Küchen (nur für Hütten-, aber nicht für Campinggäste) und ein einfaches Café. Die Mitarbeiter geben Auskunft über die örtlichen Wanderwege und helfen bei der Organisation von Aktivitäten.

Tankstellen gibt es im Hveravellir keine.

Schlafen

Dieselben Organisationen, die die Übernachtungsmöglichkeiten in den Kerlingarfjöll und am Hveravellir betreiben, betreuen auch die Hütten entlang der Strecke (Selbstversorgung, Schlafsack). Es ist sinnvoll, vorab zu buchen.

Ferðafélag Íslands HÜTTE €
(☎568 2533; www.fi.is; B 4500–5000 ISK) Von Süden nach Norden: **Hvítárnes** (N 64°37.007', W 19°45.394'; SU 30) nordöstlich des Sees Hvítárvatn, von Juli bis August ist die meiste Zeit ein ehrenamtlicher Hüttenwart dort. **Þverbrekknamúli** (N 64°43.100', W 19°36.860'; SU 20) rund 4 km südöstlich der winzigen Eisspitze des Hrútfell. **Þjófadalir** (N 64°48.900', W 19°42.510'; SU 12) am Fuße des Raudkollur, etwa 12 km südwestlich vom Hveravellir. Alle Hütten verfügen über Toiletten und eine Küche (allerdings ohne Kochgeschirr).

Gljásteinn HÜTTE €
(☎486 8757; www.gljasteinn.is; Stellplatz/B pro Pers. 1000/4500 ISK; ⏲Mitte Juni–Aug.) Verfügt über drei sehr gut ausgestattete Hütten am Weg oder in seiner Nähe. Von Süden nach Norden: **Fremstaver** (N 64°45.207', W 19°93.699'; SU 25) am südlichen Abhang des Bláfell. **Árbúðir** (N 64°609.036', W 19°702.947'; SU 30) am Ufer des Flusses Svartá, direkt an der Straße 35, etwa 42 km nördlich vom Gullfoss (die Busse von Sterna halten hier). **Gíslaskáli** (N 64°744.187', W 19°432.508'; SU bis zu 50) 4 km nördlich vom Abzweig Richtung Kerlingarfjöll und 1 km abseits der Straße 35.

An- & Weiterreise

AUTO

Mit dem Geländewagen lässt sich die Kjölur-Route problemlos befahren. Allerdings gibt es keine Autovermietung, die Versicherungsschutz für normale Mietautos auf dieser Strecke gewährt.

Wen die Neugier dennoch mit einem normalen Pkw ins Hochland treibt, darf sich freuen, dass die ersten 14 km der Strecke (nördlich vom Gullfoss) asphaltiert sind.

BUS

Im Sommer fahren täglich Linienbusse zwischen Reykjavík und Akureyri (in beide Richtungen) auf der Kjölur-Route. Die Busverbindung ist in einigen Fahrpässen enthalten.

SBA-Norðurleið (☎550 0770, 550 0700; www.sba.is):

➡ Bus 610 Reykjavík–Akureyri, 610a Akureyri–Reykjavík (Mitte Juni–Anfang Sept. 1x tgl.) Der SBA-Bus braucht 10½ Std. für die gesamte Strecke, mit jeweils halbstündigen Pausen an Geysir und Gullfoss. Außerdem hält der Bus 15 Minuten in Kerlingarfjöll und eine ganze Stunde im Hveravellir (das reicht für ein paar Schwimmzüge). Eine Fahrkarte für die ganze Strecke kostet 15 000 ISK.

Sterna (☎551 1166; www.sterna.is):

➡ Bus F35 Reykjavík–Akureyri, F35a Akureyri–Reykjavík (Mitte Juni–Anfang Sept. 1x tgl.) Die gesamte Strecke dauert 13 Stunden und ist eine schöne Tagestour mit Stopps entlang des Goldenen Kreises (darunter Gullfoss und Geysir). In Kerlingarfjöll macht der Bus 2½ Stunden Pause, im Hveravellir 30 Minuten. Eine Fahrkarte für die ganze Strecke kostet 13 900 ISK.

FAHRRAD

Die Kjölur-Route ist von allen Hochlandstrecken vermutlich am besten zum Radfahren geeignet. Zur unterhaltsamen Lektüre empfehlen wir *Frost on My Moustache* von Tim Moore.

Sprengisandur-Route

Bei den Landesbewohnern ruft der Name Sprengisandur Bilder von Geächteten und bösen Geistern, die hier ihr Unwesen treiben, und langen Schafstrieben über die karge Ödnis hervor. Die Sprengisandur-Route (F26) ist die längste Nord-Süd-Strecke und durchquert trostlose Ödlandmoore, die einem selbst noch im Allradfahrzeug Schauer über den Rücken jagen können! Doch sie bietet auch wunderbare Ausblicke auf die Gletscher Vatnajökull, Tungnafellsjökull und Hofsjökull sowie von Westen her auf Askja und Herðubreið. Eine ältere, jetzt aber aufgegebene Route liegt ein paar Kilometer westlich der heutigen.

Die Sprengisandur-Route beginnt beim Goðafoss in Nordwestisland als Straße 842. Nach ca. 41 km, hinter einem roten Metalltor, geht die Straße in die F26 über. Dort steht ein riesiges Schild, das Sehenswürdigkeiten und Streckendetails erläutert. 3 km weiter kommt der fotogenste Wasserfall Islands in Sicht, der **Aldeyjarfoss**. Das Wasser braust durch eine schmale, von wabenförmigen Basaltsäulen gesäumte Klamm und donnert schäumend den Felshang hinab.

Nach dem Wasserfall führt die Sprengisandur-Route 240 km durch unwirtliches Terrain weiter nach Südwesten bis zum Þjórsárdalur. Es gibt auf halber Strecke zwei weitere Zugangswege zur Sprengisandur-Route.

Die Strecke öffnet in der Regel Anfang Juli.

Laugafell

Der interessanteste Punkt an der Skagafjörður-Verbindungsstraße ist der Laugafell, ein 879 m hoher Berg mit einigen heißen Quellen an den Nordwesthängen. Übernachtungsmöglichkeiten bieten die nahe gelegenen Ferðafélag-Akureyrar-**Hütten** (☎ Juli–Aug. 822 5192; www.ffa.is; N 65°01.614', W 18°19.923'; Stellplatz/B 12000/6000 ISK) mit 35 Betten, einer Küche und einem wunderbaren natürlichen Thermalbecken. Von Juli bis August kümmert sich ein Hüttenwart um die Unterkunft. Den Rest des Jahres kann man über die Website Kontakt aufnehmen.

Ein paar Tourenanbieter in Akureryi – darunter The Traveling Viking (S. 246) – bieten Tagestouren in diese Gegend mit dem Allrad an.

Nýidalur

Nýidalur (auch Jökuldalur), der Gebirgszug südlich des Tungnafellsjökull-Eisfelds, wurde 1845 von einem Reisenden entdeckt, der sich verirrt hatte. Mit Campingplatz, zwei Ferðafélag-Íslands-**Hütten** (☎ Juli–Aug. 860 3334; www.fi.is; N 64°44.130', W 18°04.350'; Stellplatz/B 1200/6500 ISK) mit Platz für bis zu 120 Gäste, und einer Unmenge von Wandermöglichkeiten eignet sich das Gebiet gut, um die Fahrt auf der Sprengisandur-Route zu unterbrechen. Die Hütten haben Kochgelegenheiten (kein Kochgeschirr) und Duschen und im Sommer (Juli und August) ist ein Hüttenwart vor Ort.

Es gibt zwei Flüsse – der eine, 500 m von der Hütte entfernt, ist unter Umständen selbst mit einem Allradfahrzeug nur schwer zu durchfahren. Beim Hüttenwart nach den Bedingungen erkundigen!

Þórisvatn

Bevor für das Tungnaá-Wasserkraftwerk in Südwestisland Wasser vom Kaldakvísl in den Þórisvatn umgeleitet wurde, war der See nur 70 km² groß. Nun ist er mit 85 km² einer von Islands größten Seen. Er liegt 11 km nordöstlich der Kreuzung von F26 und Fjallabak-Piste.

Hrauneyjar

In der ödesten Gegend überhaupt (westlich des Þórisvatn in der Hrauneyjar-Region) tauchen unerwartet ein Gästehaus und ein nagelneues Hotel auf! Sie liegen an der Kreuzung der Sprengisandur-Route (F26) mit der F208 nach Landmannalaugar, sind also ideal, um von dort aus viele der Sehenswürdigkeiten im Hochland zu erkunden.

Hrauneyjar Guesthouse (☎ 487 7782; www.hrauneyjar.is; DZ mit/ohne Bad inkl. Frühstück 25 100/18 950 ISK; @ 📶) bietet kleine, einfache Gästezimmer und eine überteuerte Schlafsackunterkunft (EZ/DZ 10 350/12 800 ISK). Zwischen Mitte Juni und Mitte September können Gäste im Anbau für Schlafsackgäste eine Küche nutzen. Außerdem gibt es ein einfaches Restaurant, das Mittag- und Abendessen serviert.

Wer es gerne etwas luxuriöser hat, geht ins **Hotel Highland** (☎487 7782; www.hotelhighland.is; EZ/DZ inkl. Frühstück 35 800/39 500 ISK; @📶). 1,4 km vom Gästehaus entfernt bietet der gleiche Inhaber komfortable Zimmer, eine Bar und ein gutes Restaurant sowie Hot Pot und Sauna. Der zusätzliche Service kostet entsprechend mehr.

Das Hrauneyjar Guesthouse hat Benzin und Diesel. Die Straße 32 nach Hrauneyjar aus westlicher Richtung ist asphaltiert. Vorausschauend vermietet die Pension auch Allradfahrzeuge (gesalzene 29 500 ISK für 12 Std.). Wer im normalen Pkw angereist ist, kann also trotzdem eine kleine Hochlandtour ins Auge fassen.

Veiðivötn

Dieses schöne Gebiet nordöstlich von Landmannalaugar besteht aus einer Seenlandschaft in einem vulkanischen Becken, das eine Fortsetzung der Spalte ist, die den Lavastrom Laugahraun im Naturschutzgebiet Fjallabak erzeugte. Hier kann man entlang der Allradpisten wunderbare kleine Erkundungen durch die Tephra-Sandgebiete zwischen den zahlreichen Seen (beliebt bei Forellenanglern) machen. Zufahrt über die Straße F228 östlich von Hrauneyjar.

ℹ An- & Weiterreise

AUTO

Entlang der Route gibt es keine Tankmöglichkeiten. Vom Goðafoss bis Hrauneyjar sind es 240 km – entsprechend sollte man vorsorgen.

Die nächsten Tankstellen sind in Akureyri (bei der Anfahrt vom Eyjafjörður), Varmahlíð (bei der Anfahrt vom Skagafjörður) und Fosshóll beim Goðafoss (für die Hauptroute aus dem Norden durchs Tal Bárðardalur). Wer von Süden kommt, bekommt in Hrauneyjar Treibstoff.

Anfahrt vom Eyjafjörður Von Norden trifft die F821 vom südlichen Eyjafjörður (südlich von Akureyri) beim Laugafell auf die Verbindungsstrecke vom Skagafjörður.

Anfahrt vom Skagafjörður Aus nordwestlicher Richtung verbindet die 81 km lange F752 den südlichen Skagafjörður (der nächstgelegene Ort ist Varmahlíð an der Ringstraße) mit der Sprengisandur-Route. Die beiden Strecken treffen beim Fjórðungsvatn 20 km östlich des Hofsjökull aufeinander.

BUS

Von Juli bis August betreibt **Reykjavík Excursions** (☎580 5400; www.re.is) zwei Linienbusse entlang der Sprengisandur-Route. Die Linien werden von einigen Fahrpässen abgedeckt. Verbindungen:

- Bus 14 Landmannalaugar–Mývatn, 14a Mývatn–Landmannalaugar (Gesamtstrecke 16 500 ISK, 10 Std., 3x wöchentl. Jul–Aug.). Die Fahrt mit diesem Linienbus hat Tourencharakter durch ausgedehnte Pausen im Nýidalur, am Aldeyjarfoss und am Goðafoss.
- Bus 17 Reykjavík–Mývatn, 17a Mývatn–Reykjavík (Gesamtstrecke 20 500 ISK, 11½ Std., Juli–Aug. 3x wöchentl.) Auch hier handelt es sich um einen Linienbus, der sich als Tour mit Pausen im Nýidalur, am Aldeyjarfoss und am Goðafoss nutzen lässt.

Öskjuleið (Askja-Route)

Die Öskjuleið-Route führt quer durchs Hochland zur Herðubreið (1682 m), der von den Isländern geliebten „Königin der Berge", und zum gigantischen Askja-Krater.

Die normale Anfahrtsstraße ist die F88, die 32 km östlich vom Mývatn beim **Hrossaborg** von der Ringstraße abzweigt. Der **Hrossaborg** ist ein 10 000 Jahre alter Krater in der Form eines Amphitheaters. Er diente im Science-Fiction-Film *Oblivion* (2013) mit Tom Cruise als Kulisse. Die Askja ist aber auch weiter östlich über die Straßen F905 und F910 (nahe Möðrudalur) zu erreichen.

Der größte Teil der Strecke über die F88 ist flach. Sie folgt dem Westufer des Gletscherflusses Jökulsá á Fjöllum und schlängelt sich über Tephrawüsten und auf Umwegen durch raue, die Reifen strapazierende Abschnitte des 4400 km² großen Lavafelds mit dem treffenden Namen **Ódáðahraun** („Lavafeld der Missetaten").

Nach einer langen Fahrt durch die von Lava und Fluten verwüstete Ebene ist die hübsche Oase Herðubreiðarlindir am Fuß der Herðubreið eine Wohltat. Von hier führt die Route Richtung Westen durch Dünen und Lavaströme vorbei an den Dreki-Hütten und bergan Richtung Askja, wo das Auto abgestellt werden muss. Die letzten 2,4 km bis zum Krater können nur zu Fuß bewältigt werden.

Askja gehört zum weiten Nationalpark Vatnajökull. Auf der Website des Parks (www.vjp.is) gibt es hervorragende Informationen.

Aktivitäten

Unabhängige Wanderer finden auf der Website des **Ferðafélag Akureyrar** (FFA, Wanderverein Akureyri; www.ffa.is) Details zum **Askja-Weg**. Der FFA-Wanderweg durch das

Ódáðahraun-Feld startet in Herðubreiðarlindir und endet am Svartákot-Hof im oberen Teil des Bárðardalur-Tals (Straße 843); es gibt Hütten entlang der Strecke. Hüttenbetten müssten weit im Voraus beim FFA reserviert werden – Details auf der Website.

Wanderinfos stehen auch auf der Website des Nationalparks (www.vjp.is).

Wer in der Gegend einen Transfer braucht, fährt am besten mit Mývatn Tours: Der Anbieter fährt Wanderer auf Wunsch zu einer Hütte und holt sie dort ein paar Tage später wieder ab.

Geführte Touren

Wandertouren

Ferðafélag Akureyrar WANDERN

(FFA; ☎462 2720; www.ffa.is; Strandgata 23, Akureyri) Mehrmals im Jahr (meist im Juli) organisiert Ferðafélag Akureyrar viertägige Wandertouren von Hütte zu Hütte (59 000 ISK pro Pers.) auf dem Askja-Weg. Details stehen auf der Website unter „Touring Program", allerdings auf Isländisch. Konkrete Datumsangaben findet man im Monat Juli unter „Öskjuvegur".

Icelandic Mountain Guides WANDERN

(IMG; ☎587 9999; www.mountainguides.is) IMG organisiert mehrtägige Rucksacktouren in der Region, darunter eine fünftägige 95-km-Wanderung vom Mývatn zur Askja (ab 115 900 ISK) und ein sechstätiger 95-km-Trip von der Askja ins Nýidalur (ab 134 000 ISK).

Superjeeptouren

Viele Veranstalter bieten ab Mitte Juni (wenn der Weg geöffnet wird) bis spät in den September, solange es das Wetter zulässt, Superjeeptouren zur Askja an.

Von Akureyri ist das ein langer Tagesausflug (bis zu 15 Stunden); günstiger ist es, von Reykjahlíð am Mývatn zu starten (auch von hier dauert die Tour zwischen 11 und 12 tunden). Wer es lieber etwas entspannter angeht (und die Abendstille im Hochland genießen möchte), sollte es mit einer zweitägigen Tour versuchen.

Bei allen Touren wird erwartet, dass die Teilnehmer sich selbst um das Mittagessen kümmern (mitnehmen oder bestellen); einige Veranstalter (Geo, Saga) legen auf dem Rückweg einen Stopp für einen späten Nachmittagskaffee in Möðrudalur ein. Wer vorhat, im Víti-Krater der Askja schwimmen zu gehen, sollte Badezeug und Handtuch einpacken.

Für Besucher mit strammer Reiseplanung sind die am Mývatn startenden Landschaftsflüge über die Askja von Mývatn Tours eine Alternative.

Angesichts wachsender Touristenzahlen haben viele Anbieter in den letzten Jahren ihr Programm an Hochlandtouren erweitert. Im Angebot sind mehrtägige Ausflüge, geführte Wanderungen und Allradtouren zu weniger bekannten Naturzielen. Zugenommen hat auch die Auswahl an Wintertouren (in riesigen, wetterfesten Superjeeps). Außerdem stehen alle schon in den Startlöchern für Ausflüge in die Bárðarbunga-Vulkanregion, sobald sie nach den Ausbrüchen im Jahr 2014 wieder für Tourismus zugelassen ist. Preise und Angebote stehen auf den entsprechenden Websites.

Fjalladýrð JEEPTOUR

(☎471 1858; www.fjalladyrd.is) Der Touristenservice hat seinen Sitz auf dem Möðrudalur-Hof, an der Straße 901, in perfekter Lage für die Anfahrt zur Askja über F905 und F910, und betreibt direkt am Abfahrtspunkt gute Unterkünfte und Essmöglichkeiten. Touren zur Askja kosten 29 800 ISK. Außerdem im Angebot: Tagesausflüge mit Klettern an der Herðubreið (31 000 ISK) oder Besuch der Eishöhlen in den Kverkfjöll (31 000 ISK) sowie zweitägige Ausflüge zu Askja, Kverkfjöll und Vatnajökull (65 800 ISK).

Fjallasýn JEEPTOUR

(☎464 3941; www.fjallasyn.is) Bietet tägliche Bustouren ab Reykjahlíð (ab 19 000 ISK) und Superjeeptouren (ab 29 000 ISK). Infos zu beiden Angeboten sind der Website zu entnehmen. Veranstaltet auch viele Exkursionen ins Landesinnere (darunter eine zweitägige Tour in die Kverkfjöll-Region auf Wunsch) sowie geführte Wanderungen. Abfahrt u. a. auch am Firmensitz in Húsavík.

MONDLANDSCHAFTEN

Die endlos graue Sandwüste und die zerklüfteten Lavagebilde von Ódáðahraun haben etwas Außerirdisches. Es ist also nicht verwunderlich, dass die NASA zweimal ihre Astronauten zur Einstimmung auf die *Apollo*-Missionen in das Gebiet rund um die Askja (genauer, das Gebiet südlich der F910, östlich der Askja) schickte.

Geo Travel JEEPTOUR
(☎864 7080; www.geotravel.is) Kleine Gruppentouren ab Reykjahlíð (27 500 ISK). Bietet in Zusammenarbeit mit Fjallasýn eine zweitägige Tour zu Askja und Kverkfjöll (78 000 ISK).

Jeep Tours JEEPTOUR
(☎898 2798; www.jeeptours.is) Während alle anderen Anbieter die Askja von Norden her anfahren, fährt Jeep Tours eine einmalige Tour, die in Egilsstaðir im Osten der Insel startet. Askja (39 000 ISK) oder Kverkfjöll (39 000 ISK) gibt es als Tagestour. Anfahrt über die (asphaltierte) Straße 910 bis zum Kárahnjúkar-Damm, wo es auf die Geländestrecken geht. Bietet auch Mittagsproviant.

Mývatn Tours BUSTOUR
(☎464 1920; www.askjatours.is) Touren in einem großen Geländebus; von Juli bis August täglich (21 000 ISK) und den restlichen Sommer drei- oder viermal wöchentlich (solange die Straßen offen sind). Dies ist der beste Anbieter für alle, die in ein Wandergebiet gebracht und am nächsten Tag wieder abgeholt werden möchten.

Saga Travel JEEPTOUR
(☎558 888; www.sagatravel.is) Sehr verlässlicher Anbieter aus Akureyri; Teilnehmer können auch am Mývatn zusteigen (45 000/38 000 ISK von Akureyri/Mývatn). Zum Angebot gehört u. a. ein gemütlicher Zweitagestrip mit Übernachtung in einer Berghütte oder auf dem Campingplatz (Preis variabel).

SBA-Norðurleið BUSTOUR
(☎550 0700; www.sba.is) Bietet von Juli bis Mitte August wöchentlich die beliebte dreitägige Tour Askja–Kverkfjöll–Vatnajökull an. Abfahrt in Akureyri, Zusteigen am Mývatn möglich. Die Tour kostet 42 900 ISK für Transport und Führer (aber ohne Unterkunft und Verpflegung).

Herðubreiðarlindir

Die Oase Herðubreiðarlindir, ein Naturschutzgebiet mit dichtem grünen Moos, Engelwurz und den rosavioletten Blüten des Arktischen Weidenröschens *(Epilobium latifolium)* wurde durch Quellen geschaffen, die unterhalb der Lavawüste Ódáðahraun herausfließen. Von hier bietet sich ein phantastischer Blick auf die Herðubreið – es sei denn, man wird von einer Wand aus dichtem Nebel und/oder dem vom Wind aufgewühlten Sand begrüßt.

Zum kleinen Touristenservice gehören ein Informationsbüro (im Sommer von Hüttenwarten besetzt), ein Campingplatz und die komfortable **Þorsteinsskáli-Hütte** (☎822 5191; www.ffa.is; N 65°11.544', W 16°13.360'; Stellplatz/B 1200/6000 ISK) mit 30 Betten, Duschen und Küche.

Hinter der Hütte befindet sich ein weiteres „Banditenversteck" von Fjalla-Eyvindur. Eyvindur soll hier im Winter 1774–1775 gehaust und sich von Engelwurzwurzeln und rohem Pferdefleisch ernährt haben, das er auf dem Dach der Hütte lagerte, um drinnen ein bisschen Wärme zu speichern.

Herðubreið

Islands markantester Berg (1682 m) ist schon als Geburtstagstorte und als Lampenschirm beschrieben worden, aber die Isländer nennen ihn respektvoll „Königin der Berge". Der Tafelberg taucht immer wieder in den Werken einheimischer Dichter und Maler auf, die von seiner Schönheit hingerissen sind.

Doch wenn die Herðubreið („breite Schultern") den Eindruck macht, in einer Kuchenform entstanden zu sein, ist das nicht ganz falsch. Sie ist ein Beispiel für einen Tuffberg *(móberg)*, der durch subglaziale Vulkaneruptionen gebildet wurde. Würde vom Vatnajökull das Eis entfernt, so würden die Grímsvötn und die Kverkfjöll wahrscheinlich fast genauso wie die Herðubreið aussehen.

Wer die Herðubreið besteigen möchte, kann sich nicht auf eine topografische Karte verlassen. So himmlisch schön die Königin auch sein mag, die Wanderung kann bei ungenügender Vorbereitung erbarmungslos und frustrierend sein. Im Frühjahr, wenn das Wetter etwas wärmer wird, verändern zahlreiche Steinschläge Pfade und Gelände. Der Berg ist oft in Wolken gehüllt, was die Orientierung erschwert. Ohne GPS geht gar nichts; zur Grundausstattung gehören außerdem Helm, Steigeisen und Eispickel – und natürlich Erfahrung im Umgang damit.

Von der Þórsteinsskáli-Hütte führt ein markierter Weg zur Herðubreið; von hier aus lässt sich der Berg an einem Tag gänzlich umrunden. Die Herðubreið galt einst als unbezwingbar, wurde aber schließlich 1908 doch erklommen. Bei optimalen Bedingungen kann der Berg im Sommer an einem einzigen, langen Tag bestiegen werden. Der Weg zum Gipfel führt über den Westhang. Um jedoch Missverständnisse auszuräumen: Der Aufstieg ist anspruchsvoll und die Gefahr von Schnee, Steinschlag, Erdrutschen oder schlechtem Wetter macht es unmöglich, ihn ohne ordentliche Bergsteigerausrüstung zu bezwingen. Allein sollte niemand hier hochsteigen, auch muss mit schlechtem Wetter gerechnet werden und die Ranger in Herðubreiðarlindir sollten über die Wanderung informiert werden. Sicherer ist es, sich einer geführten Tour anzuschließen – Fjalladýrð (S. 344) und Fjallasýn (S. 344) organisieren das.

Drekagil

Ihren Namen verdankt die Schlucht Drekagil („Drachenschlucht") 35 km südwestlich der Herðubreið der Gestalt eines Drachens, die in den schroffen Felswänden zu erkennen ist. Der Canyon hinter den Dreki-Hütten des Wandervereins Ferðafélag Akureyrar erinnert ein bisschen an Arizona oder den Sinai – der schneidende Wind und die eisigen Temperaturen wollen einfach nicht recht in diese Wüstenlandschaft passen.

Die **Dreki-Hütten** (Askja-Camp; ☎822 5190; www.ffa.is; N 65°02.503', W 16°35.690'; Stellplatz/B pro Pers. 1200/6500 ISK; ⏱Mitte/Ende Juni–Anfang Sept.) sind der ideale Ausgangspunkt für ein- oder zweitägige Exkursionen. In der dramatischen Drekagil-Schlucht sind einfache Spaziergänge bis zu einem imposanten Wasserfall möglich, aber auch eine 8 km lange Wanderung über einen markierten Weg bis zur Askja. Ein markierter Weg (20 km) führt auch zur Bræðrafell-Hütte. In den Hütten können insgesamt bis zu 60 Personen nächtigen. Sie haben Duschen, eine Küche, eine Touristeninformation und im Sommer ist ein Hüttenwart vor Ort. Auch Zelten ist erlaubt, aber bei Wind und Kälte kann das ganz schön ungemütlich werden.

Kostenlose, geführte Wanderungen von einer Stunde starten von Mitte Juli bis Mitte August täglich um 13 Uhr vom Askja-Parkplatz.

In Dreki zweigt die Gæsavatnaleið-Route (F910) von der Öskjuleið-Route ab, durchquert Furcht einflößende Weiten und stößt nach etwa 125 km im Nýidalur auf die Sprengisandur-Route. Unterwegs müssen zahlreiche Flüsse durchquert werden; nur größere Fahrzeuge sind dafür geeignet.

Askja

Der Askja-Krater wirkt absolut trostlos, ist aber trotzdem das Hauptziel aller Touren in diesem Teil des Hochlands. Die riesige 50 km² große Caldera sollte sich keiner entgehen lassen – zumal sie nur 2,4 km vom Parkplatz entfernt liegt und der Weg keinerlei besondere Anforderungen stellt. Er lässt nichts davon ahnen, welche Kräfte hier einmal am Werk waren.

Die Naturkatastrophe, die den See im Askja-Krater (und im Víti-Krater) schuf, geschah vor gar nicht allzu langer Zeit: im Jahr 1875. 2 km³ Vulkanasche wurden mit solcher Macht aus der Askja hochgeschleudert, dass Teile davon sogar auf dem europäischen Kontinent landeten. Die Asche vergiftete in Nordisland eine große Anzahl Rinder, was eine Auswanderungswelle nach Amerika auslöste. Es ist ziemlich beängstigend, sich vor Augen zu führen, dass sich solch verheerende Katastrophen jederzeit wiederholen können.

Nach der ersten Eruption brach eine Magmakammer zusammen und so entstand 300 m unterhalb des ursprünglichen Eruptionskraterrandes ein 11 km² großes Kraterloch. Diese neue Kuhle füllte sich mit Wasser und wurde zum saphirblauen **Öskjuvatn**, dem mit 220 m zweittiefsten See Islands.

1907 ruderten die deutschen Forscher Max Rudloff und Walther von Knebel auf den See hinaus und verschwanden spurlos; ihre Leichen wurden nie gefunden. Es wurde gemutmaßt, dass es im See gefährliche Strömungen oder Strudel gibt, aber ein unsicheres Segeltuchboot und eisiges Wasser sind wohl als Erklärung für ihren Tod ausreichend. Am Rand des Kraters erinnert ein Steinhügel an die beiden Männer.

Beim Ausbruch von 1875 explodierte an der Nordostecke des Sees ein Schlot und bildete den Aschenkrater Víti, in dem sich geothermisches Wasser sammelte. „Víti" ist das isländische Wort für Hölle und der Víti an der Askja ist einer von zwei bekannten Kratern dieses Namens; der andere liegt in der Krafla.

Für ein Thermalbad ist es zwar etwas kühl (die Temperaturen liegen zwischen 22 °C und 30 °C), aber ein Sprung in das milchig-blaue Wasser gehört zu den Highlights jeder Askja-Tour (wenn's sein muss auch ohne Badebekleidung). Der Weg hinunter ist rutschig, aber nicht so steil wie er von oben aussieht. Es kommt vor, dass die Parkverwaltung den Weg aus Sicherheitsgründen sperrt.

ℹ An- & Weiterreise

Auf der Öskjuleið-Route verkehren keine öffentlichen Verkehrsmittel, aber einige Touren führen hierher (S. 344). Wer sich einen großen Gelände-

DER VULKAN BÁRÐARBUNGA

Am 16. August 2014 wurde rund um den Bárðarbunga, einem von vielen Vulkanen unter der Eiskappe des Vatnajökull, eine erhöhte seismische Aktivität registriert. Das immense Vulkansystem befindet sich unter dem nordwestlichen Teil der Eiskappe.

Das Magma in der Caldera des Bárðarbunga bildete unterhalb des Auslassgletschers Dyngjujökull einen sogenannten „magmatischen Dyke" (Magmatunnel) durch die Erde. Am 29. August begann dann der Spaltenausbruch mit spektakulären Lavafontänen in Holuhraun, einem 200 Jahre alten Lavafeld, das etwa 5 km vom Rand des Gletschers Dyngjujökull entfernt liegt.

Seitdem wird die Entwicklung von Wissenschaftlern überwacht. Sie beobachteten ein Absinken des Bárðarbunga-Kraters mit einer Vertiefung im darüber liegenden Eis, das auf einen bevorstehenden Ausbruch am Vatnajökull hindeuten könnte.

Nach Meinung der Wissenschaftler sind verschiedene Szenarien für den Ausgang der Bárðarbunga – Aktivität denkbar. Das Absinken der Caldera könnte aufhören und der Holuhraun-Ausbruch langsam abnehmen. Möglicherweise verlängert oder verstärkt sich die Holuhraun-Eruption aber auch und weitet sich Richtung Süden unter dem Dyngjujökull aus. Eine dritte Möglichkeit ist ein Ausbruch des Bárðarbunga selbst oder das Aufbrechen einer anderen Spalte (z. B. in Holuhraun).

Alle Ausbrüche unter dem Eis bergen die Gefahr einer Gletscherschmelze mit zerstörerischer *jökulhlaup* (Schmelzwasserflut). Nicht unwahrscheinlich ist auch eine Aschewolke – möglicherweise in der Stärke wie beim Eyjafjallajökull-Ausbruch im Jahr 2010. Damals legte der die Ascheregen den europäischen Flugverkehr sechs Tage lang lahm (und bescherte Nachrichtensprechern weltweit einen Zungenbrecher).

Es ist nicht möglich, vorherzusagen, was genau passieren wird oder wann die seismische Aktivität nachlässt. Wie sieht es da mit einem Besuch aus? Zum Zeitpunkt der Recherche konnte man den Ausbruch ausschließlich aus der Luft betrachten. Die Holuhraun-Spalte ist in einer abgelegenen und unbewohnten Region südlich der Askja aufgebrochen. Die einzigen unmittelbaren Gefahren ergaben sich durch Schwefelgase, die (je nach Wind) in verschiedenen Landesteilen zu unangenehmer Luftverschmutzung führen. Da aber weitere Ausbrüche und Fluten jederzeit möglich sind, wurden bestimmte Teile des Hochlands grundsätzlich für alle Besucher gesperrt. Die abgelegenen und nur mit Allrad befahrbaren Straßen sind ebenfalls gesperrt.

Sobald die Region wieder als sicher eingestuft wird, werden sich ohne Zweifel Tourenanbieter darum reißen, Touristen dorthin zu bringen (und auch ordentlich dafür kassieren). Die Veranstalter, die Askja und Kverkfjöll von Mývatn, Möðrudalur und Egilsstaðir aus anfahren (s. S. 344), haben die besten Voraussetzungen. Allerdings ist die Gegend sehr abgelegen und die Zufahrt schwierig – es wird also in jedem Fall ein teures Vergnügen.

Bis dahin informieren verschiedene Websites über die aktuelle Lage am Bárðarbunga (und anderen Vulkanen). Eine gute erste Quelle sind die Websites des isländischen Wetterdienstes (www.vedur.is) und der isländischen Rundfunkanstalt (www.ruv.is).

wagen mieten und selbst fahren will, sollte sich auf felsiges Terrain einstellen und sich zur Durchquerung von Flüssen beraten lassen (Informationen dazu auf S. 406). Die Strecke wird in der Regel Mitte oder Ende Juni geöffnet.

Wer über die F88 zur Askja fährt, sollte über die F910 zurückfahren, um nicht denselben Weg nehmen zu müssen. Weitere Möglichkeiten wären, von der Askja ostwärts Richtung Egilsstaðir zu fahren oder westwärts auf der Gæsavatnaleið-Route (F910) zur Sprengisandur-Route (vor Ort nach den Bedingungen fragen und Ratschläge einholen). Zu den Kverkfjöll-Eishöhlen geht's auf der F910 Richtung Osten, danach auf der F902 südwärts.

Auf der ganzen Route gibt es keine Tankstellen. Die nächsten sind in Möðrudalur (90 km von der Askja) und am Mývatn (130 km nördlich der Askja).

Kverkfjöll-Route

Wie der Name schon andeutet, zieht sich diese 108 km lange Route Richtung Süden bis zu den Kverkfjöll-Eishöhlen. Sie verbindet Möðrudalur (70 km östlich vom Mývatn abseits der Ringstraße) über die F905, F910 und F902 mit der 3 km von den unteren Höhlen entfernten Sigurðarskáli-Hütte.

Nach dem Besuch der Askja bietet sich die Weiterfahrt nach Kverkfjöll entlang der F902 in südlicher Richtung an.

An der Strecke liegen mehrere interessante Orte, darunter die pyramidenförmigen **Upptyppingar-Zwillingsberge** in der Nähe der Brücke über die Jökulsá á Fjöllum sowie die Oase **Hvannalindir**, wo sich ein weiteres Winterversteck unseres alten Freundes Fjalla-Eyvindur befindet. Hvannalindir liegt etwa 20 km nördlich der Sigurðarskáli-Hütte.

Bei den Kverkfjöll handelt es sich eigentlich um einen Bergausläufer, der vom Eis der Kverkjökull bedeckt ist, einer nördlichen Zunge des Vatnajökull. Seit geraumer Zeit bezieht sich der Name auch auf die mit warmen Quellen gefüllten Eishöhlen, die sich oft unterhalb des Ostrandes des Dyngjujökull-Eises bilden.

Die Kverkfjöll sind nicht nur das Ursprungsgebiet der reißenden Jökulsá á Fjöllum, des mächtigsten Flusses Zentralislands, sondern auch eines der größten Geothermalfelder der Welt. Die unteren **Kverkfjöll-Eishöhlen** liegen 3 km von der Sigurðarskáli-Hütte entfernt, 15 Minuten Fußweg vom Ende der Allradpiste

Hier fließt unterhalb des kalten Gletschereises ein warmer Fluss. Dampfwolken wirbeln darüber und malen glitzernde Schmelzmuster auf die Eiswände – fertig ist die spektakuläre Touristenattraktion. Vielleicht ist dieser Anblick die Quelle des überstrapazierten Klischees von Feuer und Eis, das in fast allem vorkommt, was je über Island geschrieben wurde.

Häufig krachen große Eisblöcke von der Decke – die Eishöhlen also nicht betreten, sonst begibt man sich mitten in diese heiße Kampfzone. Die gewaltigen Eisblöcke können auch den Eingang zur Höhle verändern. Es ist also geraten, sich nach dem aktuell sichersten Zugang zu erkundigen (es gibt nur einen Eingang und bei geführten Touren ist es ohnehin kein Problem). Weiter drinnen in der Höhle besteht die Gefahr, Schwefeldämpfe einzuatmen. Von den unteren Eishöhlen gehen geführten Touren weiter hinauf auf den eigentlichen Gletscher.

Die große **Sigurðarskáli-Hütte** (Kverkfjöll-Hütte; ☎ Sommer 863 9236, ganzjährig 863 5813; www.fljotsdalsherad.is/ferdafelag; N 64°44.850', W 16°37.890'; Stellplatz/B pro Pers. 1300/6000 ISK; ⊙ Mitte Juni–Anfang Sept.) verfügt über komfortable Unterkünfte und einen gut gepflegten Campingplatz. Eine markierte Wanderung (2 km hin und zurück) von der Hütte aus führt hoch zum **Virkisfell** (1109 m), von wo sich ein spektakulärer Blick über die Kverkfjöll und das Quellgebiet der Jökulsá á Fjöllum bietet.

Die Straße zu den Kverkfjöll öffnet meist Mitte bis Ende Juni. Früh in der Saison sind die Chancen, in die Höhlen hineinzukommen, am größten (warmes Wetter bedeutet herabfallende Eisblöcke und Schmelzwasser vom Gletscher). Es ist eine gute Idee, vor dem Aufbruch in das Gebiet den Ranger nach den Bedingungen und seinen Empfehlungen zu fragen. Wer sich einer Tour anschließt, erfährt vor Ort allerlei Wissenswertes.

Die Askja gehört zum Nationalpark Vatnajökull; auf der Website des Parks (www.vjp.is) gibt es weitere Informationen.

Geführte Touren

Ohne einen robusten Geländewagen lassen sich die Kverkfjöll nur auf einer geführten Tour erkunden. Autofahrer parken an der Sigurðarskáli-Hütte laufen von dort zu den Eishöhlen – weiter zu gehen, ist absolut leichtfertig.

Neben kurzen Spaziergängen in der Umgebung bieten die Ranger bei schönem Wetter auch geführte Wanderungen an: vier Stunden auf den Gletscher (7500 ISK) oder neun Stunden zum Geothermalfeld (13 500 ISK); Ausrüstung ist im Preis inbegriffen. Im Sommer gibt es unter ☎863 9236 weitere Informationen.

Zusätzlich zu den Touren der Ranger gibt es Tourenpakete inklusive Transport und Führung. Fjallasýn (S. 344) bietet Wanderungen in diesem Gebiet an, Jeep Tours (S. 345) hat einen Tagesausflug von Egilsstaðir im Programm und Fjalladyrð (S. 344) organisiert zweitägige Touren von Möðrudalur.

Eine andere Möglichkeit ist die beliebte Askja–Kverkfjöll–Vatnajökull-Tour des Busunternehmens **SBA-Norðurleið** (☎550 0700; www.sba.is). Sie findet von Juli bis Mitte/Ende August jeden Montag ab Akureyri (8.15 Uhr) und Mývatn (10 Uhr) statt und dauert drei Tage. Die Tour kostet inklusive Transport und Führer 42 900 ISK. Teilnehmer müssen Lebensmittel mitbringen und sich auch selbst um eine Unterkunft kümmern (entweder man bucht einen Platz in der Sigurðarskáli-Hütte oder bringt ein Zelt mit).

An- & Weiterreise

Wichtig für Autofahrer: Die Tankstelle in Möðrudalur ist die letzte Möglichkeit, den Tank zu füllen.

Island verstehen

Island aktuell

In den letzten zehn bis zwanzig Jahren schufen sich isländische Musiker auf internationalen Bühnen eine eigene Nische und verbuchten im Ausland überraschende Erfolge. 2008 gelangte das Land wegen des Zusammenbruchs der Banken und 2010 mit dem Ausbruch des Vulkans mit dem unaussprechlichen Namen, der den europäischen Flugverkehr tagelang lahmlegte, in die Schlagzeilen. Aber diese Ereignisse bewiesen wieder einmal, dass es keine schlechte Publicity gibt: Die kostenlose Werbung weckte das Interesse an dem Reiseland Island. Seither boomt der Tourismus.

Top-Filme

101 Reykjavík (2000) Komödie über Sex, Drogen und das Leben eines Taugenichts in Reykjavík.

Der Tote aus Nordermoor (2006) Krimi nach einem Roman von Arnaldur Indriðason.

Heima (2007) Dokumentarfilm über Sigur Rós auf Island-Tournee.

Das erstaunliche Leben des Walter Mitty (2013) Island spielt hier nicht nur sich selbst, sondern auch Grönland und den Himalaja.

Of Horses and Men (2013) Ein surreales Porträt des Zusammenlebens von Mensch und Pferd.

Top-Bücher

Kältezone (Arnaldur Indriðason; 2004) Fesselnder Thriller des Meisters des nordischen Krimis.

Sein eigener Herr (Halldór Laxness; 1934/1935) Düstere Tragikomödie aus der Feder des Nobelpreisträgers.

Sagas aus Island: Von Wikingern, Berserkern und Trollen (Rudolf Simek, Reinhard Hennig; 2011) Vier der schönsten Sagas Islands.

Die Teufelsinsel (Einar Kárason; 1983) Im Reykjavík der Nachkriegszeit treffen amerikanische Kultur und ländliche Traditionen aufeinander.

Das Seelenhaus (Hannah Kent; 2012) Verstörender Roman nach der wahren Geschichte der letzten Hinrichtung in Island.

Tourismus: ein neuer Goldrausch?

Mit Eruptionen ist in Island stets zu rechnen, aber der Vulkanausbruch des Eyjafjallajökull machte Schlagzeilen. Die Beachtung, die der Ausbruch weltweit fand, war für die Isländer ungewöhnlich. Doch die isländische Tourismusbehörde schlug daraus gleich Kapital. Das erwies sich als Bombenerfolg – der Ärger auf dem Kontinent verwandelte sich in Neugier und der Reiseboom nahm seinen Anfang.

Die Schönheit der isländischen Natur ist umwerfend und die Menschen sind sehr freundlich – laut einem Ranking des Weltwirtschaftsforums 2013 ist Island von 140 Ländern das gegenüber Besuchern aufgeschlossenste Land.

2014 waren rund 1 Mio. Besucher aus dem Ausland zu verzeichnen, gegenüber 489 000 im Jahr 2010, und es gibt keine Anzeichen dafür, dass der Hype abebbt – besonders wenn die isländischen Vulkane weiter das Interesse der Medien wecken, wie der Ausbruch des Bárðarbunga 2014. Auch die Zahl der Reisenden, die im Winter nach Island kommen, steigt: Das Polarlicht ist eben einzigartig.

Gute Seiten, schlechte Seiten

Im Hochsommer kann man sich vor Touristen kaum retten, besonders in Reykjavík und im Süden. Die Isländer sind sehr gastfreundlich. Sie wissen auch, dass der Tourismus zur Erholung der Wirtschaft beigetragen und Arbeitsplätze geschaffen hat. Sie freuen sich über die neuen Einrichtungen, die dem Besucherstrom entsprungen sind – mehr Musikfestivals, mehr Restaurants, mehr Nachtleben. Viele Einheimische merken auch, dass das Interesse des Auslands ihr eigenes Interesse an Island wieder stärker entfacht hat.

Aber es werden auch Bedenken laut: Die 325 000 Einwohner und die Infrastruktur sind auf die Bedürfnisse von mehr als 1 Mio. Besuchern schlecht eingestellt. Es kursieren zahlreiche Geschichten, nach denen Reykjavíker Hauseigentümer ihre Mieter vor die Tür gesetzt haben, um ihre Häuser in Pensionen zu verwandeln oder auf Airbnb anzubieten. Die Medien berichten immer wieder davon, dass sich Touristen respektlos verhalten, indem sie z. B. abseits der Straßen fahren und sich nicht an die Schwimmbadregeln halten, oder dass sie bei schlechtem Wetter ohne angemessene Ausrüstung wandern oder mit dem Fahrzeug im Fluss steckenbleiben.

Die Gans schützen, die die goldenen Eier legt

Aktuell wird darüber diskutiert, ob die fragile isländische Natur dem derzeitigen Druck standhalten kann. Achtzig Prozent der Touristen geben die unberührten Naturlandschaften als einen Grund für ihre Reise nach Island an. Aber wie viel Tourismus können die Wasserfälle, Wanderwege und Lavafelder verkraften und wie können sie geschützt werden, wenn man den Touristen gleichzeitig die erwarteten Erlebnisse verschaffen möchte?

Wenn die Zahlen so weiterwachsen wie bisher, könnten 2020 sogar 2 Mio. Besucher jährlich nach Island kommen. Wie kann man Reisende auch für andere als die derzeit angesagten Gegenden interessieren? Wie sieht's aus mit der völlig neuen Erfahrung, dass bestimmte Stätten schlicht überlaufen sind oder dort zu wenig Toiletten zur Verfügung stehen? Was ist mit dem Straßennetz, der Qualität der Unterkünfte und dem Preis-Leistungs-Verhältnis? Die steigenden Preise sind heute schon manchmal ein Grund zur Beschwerde. Wie können die Besucher dazu gebracht werden, die Umwelt möglichst wenig zu belasten? Und vielleicht am wichtigsten ist: Wie kann man vermeiden, dass die Isländer im eigenen Land an den Rand gedrängt werden?

Voller Energie in die Zukunft

Der Tourismus hat die Fischerei mittlerweile als bedeutendsten Erwerbszweig im Land abgelöst und geholfen, Island nach der Finanzkrise wieder auf die Beine zu bringen. Um auch weiter Wohlstand zu gewährleisten – selbst bei einbrechenden Touristenzahlen –, positioniert sich Island als Vorzeigeland nun für grüne Energie. Es möchte sein Knowhow sowie vielleicht auch Energie ins Ausland exportieren. Das Land versucht, Energiegroßverbraucher in der Industrie anzulocken, damit sie sich in Island ansiedeln – wegen der billigen Energie sind schon große Aluminiumhütten ins Land gekommen. Und öffentliche und private Unternehmen erforschen Möglichkeiten, hier grüne Kraftstoffe wie Biomethan und Biodiesel zu produzieren. Es gibt noch viel Potenzial ...

EINWOHNER: **325 671**

FLÄCHE: **103 000 KM²**

TOURISTEN: **807 300 (2013)**

STROM AUS ERNEUERBAREN ENERGIEN: **100 %**

WIRTSCHAFTSWACHSTUM: **3,5 %**

SCHAFE: **476 000**

Hätte Island nur 100 Einwohner, wären ...

93 Isländer
3 Polen
1 sonstiger Nordeuropäer
2 sonstige
1 Asiat

Religionszugehörigkeit

(% der Bevölkerung)

Einwohner pro km²

Geschichte

Nach geologischen Begriffen blutjung, voll störrischem Unabhängigkeitsdrang, von Natur- und (in jüngerer Zeit) auch wirtschaftlichen Katastrophen gebeutelt: Island blickt auf eine bewegte Geschichte zurück, zu der nordische Besiedlung und literarisches Genie ebenso gehören wie erbitterte Fehden, Fremdherrschaft und Unterdrückung. Einfach war das Leben in dieser unwirtlichen Landschaft nie. Die Herausforderungen und Härten des Alltags haben den Nationalcharakter geprägt. Und die Isländer vergessen ihre stürmische Vergangenheit nicht: Sie sind unverwüstlich, extrem individualistisch, auf stille Weise innovativ und zu Recht stolz.

Frühe Entdecker & irische Mönche

Vom geologischen Standpunkt aus betrachtet steckt Island noch in den Windeln: Die Insel ist gerade einmal 20 Mio. Jahre alt. Doch erst als der griechische Forschungsreisende Pytheas um 330 v. Chr. über die Insel Ultima Thule sechs Tagesreisen nördlich von Britannien schrieb, erfuhren die Europäer von einer Landmasse jenseits ihrer Seekarten in einem „zu dickflüssigem Gallert erstarrten" Meer.

Die Geschichte Islands von Jón R. Hjálmarsson ist eine lebendige Darstellung der Entwicklung der isländischen Nation von der Besiedlung bis Ende des 20. Jhs.

Jahrhundertelang schreckten Gerüchte, Mythen und Phantasiegeschichten über wilde Stürme, heulende Winde und barbarische, hundsköpfige Bewohner Entdeckungsreisende ab, den großen nördlichen Ozean, *oceanus innavigabilis,* zu erkunden.

Als Nächstes verschlug es irische Mönche nach Island. Sie segelten auf der Suche nach Einsamkeit und Abgeschiedenheit regelmäßig zu den Färöern. Wahrscheinlich ließen sich um 700 irische *papar* (Priester) auf Island nieder. Der irische Mönch Dicuil berichtete 825 n. Chr. von einem Land, in dem es im Winter kein Tageslicht gab, während in Sommernächten „jede Aufgabe, und sei es, Läuse vom Hemd abzulesen, genauso leicht zu bewerkstelligen ist wie bei hellem Tageslicht". Das dürfte sich auf die langen isländischen Sommernächte beziehen. Als im frühen 9. Jh. die ersten Nordmänner eintrafen, flohen die irischen Mönche.

ZEITACHSE

600–700

Irische Mönche stoßen auf das unbewohnte Island und lassen sich vorübergehend dort nieder. Dafür gibt es kaum archäologische Beweise, aber das Wort *papar* (Priester) ist in Ortsnamen überliefert.

850–930

Norwegische und schwedische Siedler geben der Insel den Namen Snæland (Schneeland), dann Garðarshólmi (Garðars Insel) und schließlich Ísland (Eisland). Überall entstehen Bauernhöfe.

871

Der norwegische Wikinger Ingólfur Arnarson gilt als erster dauerhafte Bewohner der Insel; er lässt sich in einer Bucht der Südwestküste nieder und tauft sie Reykjavík.

Die Wikinger kommen

Islands erste dauerhafte Siedler nach den irischen Mönchen kamen aus Norwegen. Als Besiedlungs- oder Landnahmezeit gilt der Zeitraum zwischen 870 und 930. Damals vertrieb politischer Unfriede viele Menschen vom skandinavischen Festland. Die meisten, die sich in der Folgezeit in der Nordatlantikregion ansiedelten, waren wohl eher einfache Bürger: Bauern, Hirten und Händler, die sich überall in Westeuropa niederließen und Mischehen mit der englischen, irischen und schottischen Bevölkerung eingingen.

Wahrscheinlich entdeckten die Nordmänner Island zufällig, als sie auf der Fahrt zu den Färöern vom Kurs abgetrieben wurden. Der erste Ankömmling war Naddoddr. Er kam aus Norwegen und landete um 850 an der Ostküste der Insel. Er nannte sie Snæland (Schneeland), bevor er wieder Kurs auf sein ursprüngliches Ziel nahm.

Der nächste Islandbesucher, Garðar Svavarsson, umsegelte die Insel und überwinterte bei Húsavík an der Nordküste. Als er im Frühjahr wieder absegelte, blieben einige Mitglieder seiner Mannschaft – ob freiwillig oder unfreiwillig – zurück und wurden damit die ersten Dauerbewohner der Insel.

Um 860 packte der Norweger Flóki Vilgerðarson seinen Hof und seine Familie zusammen und brach nach Snæland auf. Er benutzte dabei Raben als Navigationshilfe, die ihn nach einigen Fehlversuchen auch ans Ziel führten. Dieser eigenwilligen Methode verdankte er seinen Spitznamen Hrafna-Flóki (Raben-Flóki). Hrafna-Flóki landete im Vatnsfjörður an der Westküste, hatte aber bald genug von der Gegend. Als er Eisberge im Fjord sichtete, taufte er die Insel in Ísland (Eisland) um und fuhr heim nach Norwegen. Jedoch kehrte er schließlich nach Island zurück und ließ sich im Skagafjörður an der Nordküste nieder.

Die erste planmäßige Landnahme ging dem *Íslendingabók* aus dem 12. Jh. zufolge auf das Konto von Ingólfur Arnarson, der zusammen mit seinem Blutsbruder Hjörleifur aus Norwegen geflohen war. Er landete 871 in Ingólfshöfði (im Südosten) und zog dann an der Küste entlang bis zu einem Ort, den er nach dem Dampf der dortigen Thermalquellen Reykjavík („Rauchbucht") nannte. Hjörleifur ließ sich in der Nähe der heutigen Stadt Vík nieder, wurde aber kurz darauf von seinen Sklaven ermordet.

Ingólfur wählte seinen Wohnsitz gemäß einem heidnischen Ritual: Neue Siedler mussten bei der Anlandung ihre Hochsitzpfosten – Symbol der Autorität bei den Häuptlingen – ins Meer werfen und ihr Heim dort errichten, wo die Götter die Pfosten an Land treiben ließen. Dieser Tradition folgten auch die anderen Siedler vom norwegischen Festland, die in der Folge verstärkt nach Island kamen.

Spuren der Wikinger

- *Nationalmuseum, Reykjavík*
- *Reykjavík 871± 2*
- *Nationalpark Þingvellir, bei Selfoss*
- *Víkingaheimar, Njarðvík*
- *Eiríksstaðir (Rekonstruktion), Dalir*
- *Gehöft Stöng, Þjórsárdalur*
- *Stätten aus der Njáls saga, Hvolsvöllur*

Das Wort „Wikinger" ist von *vík* abgeleitet (altnordisch für „kleine Bucht") und bezog sich vermutlich auf die Ankerplätze der Wikinger bei ihren Raubzügen.

930

In Þingvellir wird das älteste noch existierende Parlament der Welt, das Alþing, gegründet. Ein gewählter Gesetzessprecher schlichtet Streitigkeiten und lernt die Gesetze auswendig.

986

Erik der Rote gründet die erste ständige Kolonie in Grönland und errichtet im Südwesten die Siedlungen Eystribyggð und Vestribyggð.

1000

Island wird auf Druck des norwegischen Königs christlich; das Heidentum besteht weiter. Leifur der Glückliche landet in Neufundland und ist der erste Europäer, der Amerika erreicht.

1100–1200

Im goldenen Zeitalter der isländischen Literatur entstehen die altnordischen Sagas. Mehrere davon werden dem Historiker, Dichter und Politiker Snorri Sturluson zugeschrieben.

Das Alþing

Als Ingólfurs Sohn Þorsteinn das Erwachsenenalter erreichte, war bereits die ganze Insel von Bauernhöfen übersät. Nun machte sich das Gefühl breit, man brauche allmählich so etwas wie eine Regierung. Islands Grundbesitzer trafen sich zunächst auf regionalen Versammlungen, um zu handeln und Streitigkeiten beizulegen, aber es wurde schnell deutlich, dass eine gesamtisländische Versammlung gebraucht wurde. Das war damals eine völlig neuartige Idee, doch die Isländer fanden, sie könne nur besser sein als die grausame Tyrannei der norwegischen Monarchie.

Im frühen 10. Jh. hielt Þorsteinn Ingólfsson bei Reykjavík die erste große Bezirksversammlung ab. Gegen 920 wurde der selbst ernannte Rechtsgelehrte Úlfljótur nach Norwegen entsandt, um die norwegischen Gesetze zu studieren und etwas Ähnliches für Island zusammenzustellen.

Gleichzeitig beauftragte man Grímur Geitskör, einen Ort für ein Alþing („Althing" – allgemeine Volksversammlung) ausfindig zu machen. Bláskógar an der Ostgrenze von Ingólfurs Ländereien schien mit seinem herrlichen See und seiner bewaldeten Ebene ideal. An einer Seite der Ebene erhob sich eine lange Felswand mit erhöhtem Sockel (der Mittelatlantische Rücken), von dem sich die Sprecher an das unten versammelte Volk wenden konnten.

930 wurde Bláskógar in Þingvellir (Thingfeld) umgetauft. Þorsteinn Ingólfsson erhielt den Ehrentitel *allsherjargoði* (Oberhäuptling) und Úlfljótur wurde zum ersten *lögsögumaður* (Gesetzessprecher) ernannt. Dessen Aufgabe war es, das gesamte Recht des Landes auswendig zu lernen und jährlich auf dem Alþing mündlich vorzutragen. Der Gesetzessprecher verkörperte zusammen mit den 48 *goðar* (Häuptlingen) die gesetzgebende Gewalt.

Es gab zwar Streitereien wegen der Auswahl von Anführern, auch wurden Gefolgschaften ständig überdacht, aber das neue parlamentarische System erwies sich als erfolgreich. Auf der Jahresversammlung im Jahr 1000 war das Alþing in zwei erbitterte Lager aufgeteilt, in Heiden und Christen – ein Bürgerkrieg lag in der Luft. Zum Glück war der amtierende Gesetzessprecher Þorgeir ein Meister der Diplomatie. Das *Íslendingabók* berichtet, dass er sich in seine Zelle zurückzog und einen Tag und eine Nacht mit niemandem sprach, um über die Angelegenheit zu sinnieren. Als er wieder zum Vorschein kam, verkündete er, dass Island die neue Religion akzeptieren und zum Christentum übertreten solle. Heiden (wie ihm selbst) sollte jedoch die Ausübung ihrer Religion im Stillen gestattet sein. Diese Entscheidung bescherte den bislang getrennten Gruppen zumindest den Anschein nationaler Einheit. Schon bald entstanden die ersten Bischofssitze: in Skálholt im Südwesten und Hólar im Norden.

Iceland's 1100 Years: The History of a Marginal Society von Gunnar Karlsson ist eine aufschlussreiche moderne Geschichte Islands von der Landnahme bis zur Gegenwart.

Das Althing in Thingvellir von Helmut Lugmayr erklärt die Funktion und Geschichte des ältesten Parlaments der Welt und enthält auch einen Abschnitt über die einzigartige Geologie von Þingvellir.

1104

Erster historisch verbürgter Ausbruch der Hekla. Der Vulkan begräbt das Tal Þjórsárdalur mit seinen Bauernhöfen unter einer Schicht aus Asche, Stein und Schlacke.

1200

In der Sturlungenzeit gleitet Island in die Anarchie ab. Die Regierung löst sich auf und das Land wird 1281 von Norwegen annektiert.

1241

70 bewaffnete Männer tauchen in Snorri Sturlusons Haus in Reykholt auf, um ihn wegen Hochverrats nach Norwegen zu bringen. Snorri weigert sich und wird in seinem Keller erstochen.

1397

Am 17. Juni 1397 wird in Schweden die Kalmarer Union besiegelt; Norwegen, Schweden und Dänemark werden unter einer Krone vereinigt. Island gelangt unter dänische Kontrolle.

In der Folgezeit wurde die zweiwöchige Volksversammlung in Þingvellir das gesellschaftliche Ereignis des Jahres. Teilnahmeberechtigt waren alle freien Männer. Unverheiratete suchten hier Partner, Ehen wurden ausgehandelt und geschlossen, Geschäfte besiegelt, Zweikämpfe ausge-

DIE WIKINGER

Den größten Einfluss auf die Weltgeschichte hatte Skandinavien in der Wikingerzeit. Im 8. Jh. gab es im westlichen Norwegen einen Überschuss an ruhe- und landlosen jungen Männern. Gleichzeitig wurden im Schiffsbau entscheidende Fortschritte gemacht: Die nordischen Schiffsbauer entwickelten einen schnellen und wendigen Schiffstyp, der stabil genug für Ozeanüberquerungen war.

Schon ab 780 ließen sich norwegische Bauern friedlich auf den Orkney- und Shetlandinseln nieder. Die Wikingerzeit wird aber offiziell erst ab 793 datiert, als die „Nordmänner" das Kloster des hl. Cuthbert auf der Insel Lindisfarne vor der Küste des englischen Northumberland überfielen.

Die Wikinger nahmen sich besonders gern Klöster vor, da ihre Blitzüberfälle dort reiche Beute brachten. Sie legten christliche Gemeinden in Schutt und Asche und massakrierten englische und irische Mönche, die sich hilflos fragten, durch welche Sünde sie diese heidnische Heimsuchung verdient hatten. Die Grausamkeiten der Wikinger waren jedoch wohl kaum schlimmer, als es damals üblich war – was ihnen ihren furchterregenden Ruf einbrachte, war die Plötzlichkeit und das Ausmaß ihrer Überfälle.

In den folgenden Jahren kehrten die räuberischen Wikinger mit größeren Flotten zurück, terrorisierten, ermordeten, versklavten und vertrieben die einheimische Bevölkerung und eroberten ganze Regionen in Britannien, Irland, Frankreich und Russland. Sie reisten bis ins maurische Spanien und in den Nahen Osten, griffen Konstantinopel sechsmal an und verdingten sich sogar als Söldner für das Heilige Römische Reich.

Die isländische Überlieferung führt die nordische Besiedlung der Insel auf den tyrannischen Harald Hårfagre (Harald Schönhaar), König von Vestfold im Südosten Norwegens, zurück. Harald, der voller Expansionsdrang steckte, gewann 890 eine wichtige Seeschlacht bei Hafrsfjord (Stavanger). Die besiegten Häuptlinge zogen es vor, zu fliehen statt sich ihm zu unterwerfen, und landeten zum großen Teil in Island.

Während die Wikinger weiter raubend und mordend durch Europa zogen, brach Eiríkur Rauði (Erik der Rote) mit rund 500 Leuten nach Westen auf und gründete 986 die erste dauerhafte europäische Siedlung in Grönland. Eiríkurs Sohn Leifur der Glückliche segelte sogar noch weiter und erkundete im Jahr 1000 die Nordostküste Amerikas. Das neue Gebiet nannte er Vínland (Weinland). Eine dauerhafte europäische Besiedlung scheiterte jedoch an den *skrælings* (den nordamerikanischen Indianern), die sich alles andere als gastfreundlich zeigten.

Die Raubzüge der Wikinger wurden immer seltener. Ihre Ära endete mit dem Tod von König Harald Harðráði (Harald III.), dem letzten großen Wikingerkönig, der 1066 in England in der Schlacht von Stamford Bridge fiel.

1402–1404
In Island wütet die Pest, 50 Jahre nach ihrer Ausbreitung auf dem europäischen Festland; etwa die Hälfte der Bevölkerung fällt ihr zum Opfer.

1550
Christian III. führt in Island den Protestantismus ein: Der katholische Bischof Jón Arason wird gefangen genommen und mit zweien seiner Söhne in Skálholt geköpft.

1590
Die Landkarte Islands von Bischof Guðbrandur Þorláksson erscheint. Das Meer ist darauf von walartigen Ungeheuern bevölkert, die Hekla „erbricht unter furchtbarem Getöse Steine".

1602
Dänemark verhängt ein Handelsmonopol, das dänischen und schwedischen Firmen exklusive Handelsrechte in Island gewährt. Das führt zur Verarmung Islands.

tragen und Hinrichtungen vollzogen. Das Berufungsgericht erließ Urteile in Fällen, die von den untergeordneten Gerichten nicht beigelegt werden konnten.

Anarchie & Sturlungenzeit

Gegen Ende des 12. Jhs. begann die Sagazeit, in der Geschichtsschreiber und Dichter monumentale Erzählungen über Islands Besiedlung, Familienfehden, Liebesgeschichten und tragische Helden aufzeichneten. Das meiste Wissen über diese Zeit stammt aus zwei gewichtigen Werken: *Íslendingabók*, ein historischer Abriss der frühen Besiedlungszeit, im 12. Jh. von dem Gelehrten Ari Þorgilsson (Ari der Gelehrte) verfasst, und *Landnámabók*, ein detaillierter Bericht über die Landnahme.

In der *Saga Bibliothek der altnordischen Literatur*, herausgegeben von Kurt Schier, sind mehrere Neuübersetzungen altisländischer Sagas erschienen, darunter die *Egils saga*, die *Laxdæla saga* und die *Grettis saga*.

Doch trotz dieser kulturellen Errungenschaften ging es mit Island bergab. Zu Beginn des 13. Jhs. näherte sich die Friedenszeit, die immerhin 200 Jahre angedauert hatte, ihrem Ende. Ständige Machtkämpfe zwischen rivalisierenden Häuptlingen führten zu blutigen Fehden. Wikingerähnliche Privatarmeen plünderten Bauernhöfe im ganzen Land. Dieses finstere Kapitel der isländischen Geschichte nennt sich nach den Sturlungen, dem mächtigsten isländischen Familienclan der Zeit, Sturlungenzeit. Die tragischen und brutalen Ereignisse dieser 40-jährigen Epoche sind in der dreibändigen *Sturlunga saga* anschaulich dokumentiert.

Während Island im Chaos versank, zwang der norwegische König Hákon Hákonarson Häuptlinge, Priester und die neue Schicht der Aristokraten, seine Autorität anzuerkennen. Die Isländer sahen schließlich keine Alternative mehr: Sie demontierten ihre Regierung bis auf die Fassade und schworen dem König den Treueid. 1262 wurde ein Bündnisvertrag geschlossen. 1281 lancierte der König eine neue Gesetzessammlung, das Jónsbók, und verleibte Island dem norwegischen Königreich ein.

Norwegen ging umgehend daran, eigene Bischöfe in Hólar und Skálholt einzusetzen und unmäßige Steuern zu erheben. Die ehemaligen Häuptlinge gerieten sich über die Verteilung hoher Ämter in die Haare, insbesondere über das des *járl* (Grafen). Diesen Titel ergatterte der skrupellose Gissur Þorvaldsson, der 1241 Islands bekanntesten Geschichtsschreiber und Dichter, Snorri Sturluson, ermordete.

Zwischenzeitlich brach der Vulkan Hekla dreimal aus und bedeckte ein Drittel des Landes mit Asche. Es folgte eine Mini-Eiszeit, deren grausame Winter Vieh und Ernten vernichteten. Und zu guter Letzt löschte eine Pestepidemie die halbe Bevölkerung aus. Der einst so unbeugsame Geist der Isländer schien gebrochen.

Auftritt der Dänen

Islands Schicksal lag jetzt in den Händen des höchsten norwegischen Bieters, der die Verwaltung der Insel für je drei Jahre erwerben konnte.

1625–1685

Hexenjagd in den Westfjorden: Jón Rögnvaldsson wird wegen „Anrufung eines Geistes" und Besitzes einer okkulten Runenschrift als Erster auf dem Scheiterhaufen verbrannt.

1627

Algerische Piraten überfallen die Ostküste Islands und die Vestmannaeyjar, nehmen Hunderte Bewohner gefangen und töten alle, die Widerstand leisten.

1703

Islands erste Volkszählung: Es gibt 50 358 Einwohner, davon sind 55 % Frauen. Die körperlich arbeitenden Männer sind von Mangelernährung und Hunger stärker betroffen.

1707

Zusätzlich zu wiederholten Vulkanausbrüchen rafft eine verheerende Pockenepidemie schätzungsweise 18 000 Einwohner dahin .

1397 brachte die Vereinigung Norwegens, Schwedens und Dänemarks in der Kalmarer Union Island unter dänische Herrschaft. Nach Auseinandersetzungen zwischen Kirche und Staat beschlagnahmte die dänische Regierung den Kirchenbesitz und führte im Rahmen der Reformation von 1550 zwangsweise den Protestantismus ein. Als sich der dickköpfige katholische Bischof von Hólar, Jón Arason, dem widersetzte und eine Gefolgschaft hinter sich sammelte, wurden er und seine beiden Söhne nach Skálholt geschafft und enthauptet.

1602 verhängte der dänische König ein lähmendes Handelsmonopol. Es räumte schwedischen und dänischen Kaufleuten jeweils für zwölf Jahre exklusive Handelsrechte in Island ein. Die Folge waren Wucherpreise, die Einfuhr verdorbener oder minderwertiger Ware und noch mehr Leid und Not für die Bevölkerung – ein Zustand, der weitere 250 Jahre andauern sollte. Die Monopolstellung hatte jedoch auch ein Gutes. Um die Handelsblockade zu umgehen und das heimische Gewerbe anzukurbeln, baute der isländische Landvogt Skúli Magnússon Webereien, Gerbereien und Wollfärbereien – die Grundlagen der modernen Stadt Reykjavík.

Elend ohne Ende

Den Isländern blieb nichts erspart. Als wäre die Verelendung unter den dänischen Herren nicht schon schlimm genug, schlugen nun auch noch Berberpiraten zu: Sie überfielen die Ostfjorde und die Halbinsel Reykjanes und machten sich schließlich 1627 über die Vestmannaeyjar her. Die wehrlose Bevölkerung versuchte, sich in den Klippen und Höhlen von Heimaey zu verstecken. Doch die Piraten durchkämmten die Insel, töteten wahllos alles und jeden und verbrachten 242 Menschen auf ihre Schiffe. Die unglückseligen Isländer wurden nach Algier verschleppt und großteils als Sklaven verkauft. Daheim wurde Geld zusammengekratzt und gespart, mit dem schließlich 13 der Gefangenen freigekauft werden konnten. Die berühmteste Gefangene war Guðríður Símonardóttir, die nach ihrer Rückkehr Hallgrímur Pétursson heiratete, einen der bekanntesten Dichter Islands – die drei Glocken der Hallgrímskirkja sind nach dem Paar und ihrer Tochter benannt.

Im gleichen Zeitraum schwappte der Hexenwahn aus Europa auch auf Island über. Bei den isländischen Hexen handelte es sich überwiegend um Männer – von den 130 Fällen, die in den Gerichtsakten auftauchen, waren nur 10 % Frauen. Hatten die Beschuldigten Glück, wurden sie ausgepeitscht; 21 der Unglückseligsten wurden auf dem Scheiterhaufen verbrannt, meist, weil sie ihre Nachbarn krank gemacht haben sollten oder magische Schriften oder verdächtige Amulette besaßen.

Dies war zwar das Zeitalter der europäischen Aufklärung, doch ist es eigentlich ein Wunder, dass überhaupt ein Isländer das 18. Jh. überlebte.

Island on Fire von Alexandra Witze und Jeff Kanipe untersucht die Ausbrüche des Laki, die Katastrophe, an der die Isländer alle anderen Vulkanausbrüche messen.

1783–1784

Die Laki-Krater brechen aus; ein Viertel der Bevölkerung und die Hälfte des Viehs werden getötet. Die Aschewolke führt zu Unwettern und Hungersnöten in ganz Europa.

1786

Offizielle Gründung von Reykjavík (knapp 200 Einwohner). Die Siedlung erhält einen Handelsfreibrief, Kaufleute werden mit Steuervergünstigungen angelockt.

1855–1890

Erste Schritte in Richtung Unabhängigkeit: Wiederherstellung des freien Handels und eine eigene Verfassung für Island. Gleichzeitig wandern viele Isländer nach Nordamerika aus.

1917–1918

Island leidet unter dem „Winter des Großen Frosts". Die Temperaturen sinken auf nie dagewesene -38 °C; alle Häfen sind von Eisbergen blockiert.

In dem einsamen Außenposten im Nordatlantik kämpften die 50 000 Einwohner angesichts einer verheerenden Pockenepidemie, die 1707 Island erreichte und geschätzte 18 000 Menschen dahinraffte, und einer Reihe von Vulkanausbrüchen ums nackte Überleben: Die Katla brach 1660, 1721 und noch einmal 1755 aus, die Hekla 1693 und 1766 und der Öræfajökull 1727.

1783 brachen die Laki-Krater aus und stießen acht Monate lang Milliarden Tonnen Lava und giftige Gaswolken aus. 50 Bauernhöfe in der unmittelbaren Umgebung wurden völlig ausgelöscht, der giftige Staub und Dunst und die folgende „Nebelhungersnot" töteten um die 9000 Isländer – erst starben die Pflanzen, dann das Vieh und schließlich die Menschen. Die Aschewolken beeinträchtigten ganz Europa. Sie führten zu ungewöhnlichen Wettererscheinungen wie saurem Regen und Überschwemmungen. Die dänischen Behörden dachten ernsthaft darüber nach, alle Bewohner Islands – das waren 1801 nur 47 000 Personen – nach Dänemark umzusiedeln.

Das Seelenhaus von Hannah Kent ist ein Roman, der auf der wahren Geschichte der letzten öffentlichen Hinrichtung in Island basiert. Er spielt im Jahr 1829, ist umfassend recherchiert und beschwört anschaulich die Härte des Lebens auf dem Land in Island herauf.

Zurück zur Unabhängigkeit

Nach fünf Jahrhunderten Fremdherrschaft und Unterdrückung hatten die Isländer endgültig genug. Auch an ihnen war das Freiheitsstreben im übrigen Europa nicht spurlos vorübergegangen: Im 19. Jh. erblühte der isländische Nationalismus. 1855 erwirkte der isländische Gelehrte Jón Sigurðsson die Wiederherstellung des freien Handels. 1874 erhielt Island eine Verfassung und die Kontrolle über seine inneren Angelegenheiten zurück.

In dieser Zeit entstanden Islands erste politische Parteien und in dem bis dahin sehr ländlich geprägten Eiland wuchsen nun die Städte. Doch reichte dies nicht aus, um die einsetzende Auswanderungswelle zu stoppen: Zwischen 1870 und 1914 wanderten rund 16 000 Isländer auf der Suche nach einem besseren Leben nach Nordamerika aus. Dafür gab es mehrere Gründe: Zum einen konnte die Fischindustrie nicht all diejenigen beschäftigen, die vor dem harten Leben auf dem Land in die neuen Städte flohen. Und dann gab es schon wieder einen Vulkanausbruch (den der Askja 1875), bei dem das Vieh durch die Asche des Vulkans vergiftet wurde.

Wasteland With Words: A Social History of Iceland von Sigurður Gylfi Magnússon wertet Tagebücher und Briefe von Isländern aus den vergangenen Jahrhunderten aus, besonders aus der Zeit von 1850 bis 1940.

1918 unterzeichnete Island den Unionsvertrag. Er befreite das Land von der dänischen Herrschaft und machte es zu einem unabhängigen Staat im Königreich Dänemark.

Island profitierte wirtschaftlich vom Ersten Weltkrieg durch hohe Preise für Woll-, Fleisch- und Fischexporte. Vor dem Zweiten Weltkrieg erklärte sich Island für neutral, um die wichtigen Handelsbeziehungen zu Großbritannien und Deutschland nicht zu gefährden.

Am 9. April 1940 marschierten die Deutschen in Dänemark ein. Daraufhin übernahm das Alþing die Zuständigkeit für Islands Außenpolitik.

1918
Nach der Einführung der Selbstverwaltung 1904 wird am 1. Dezember 1918 der Unionsvertrag unterzeichnet. Island wird unabhängiger Staat innerhalb des dänischen Königreichs.

1940–1941
Nach der Besetzung Dänemarks durch die Nazis besetzen britische Truppen prophylaktisch das neutrale Island. Später wird in Keflavík eine US-Militärbasis eingerichtet.

1944
Eine Mehrheit der Isländer spricht sich für die Unabhängigkeit von Dänemark aus; am 17. Juni wird die Republik Island formell ausgerufen.

1955
Halldór Laxness, dem berühmtesten isländischen Schriftsteller, wird der Literaturnobelpreis verliehen.

Ein Jahr später, am 17. Mai 1941, forderten die Isländer ihre volle Unabhängigkeit ein. Am 17. Juni 1944 wurde in Þingvellir offiziell die Republik Island ausgerufen – dieser Tag wird heute als Unabhängigkeitstag gefeiert.

Zweiter Weltkrieg & Eingreifen der USA

Nachdem Deutschland 1940 Dänemark besetzt hatte, musste sich Island in der Kriegszeit selbst um seine Außenbeziehungen kümmern – und begab sich so auf den Weg zur Unabhängigkeit. Dass Island kein eigenes Militär besaß, beunruhigte die Alliierten. Großbritannien, das eine deutsche Besetzung der Insel am meisten zu fürchten hatte, entsandte im Mai 1940 Truppen, um Island vorbeugend selbst zu besetzen. Den Isländern blieb nichts anderes übrig, als die Situation zu akzeptieren. Letztlich profitierte die Wirtschaft des Landes von den Bauprojekten und Investitionen der Briten.

Als die Briten 1941 wieder abrückten, gestattete die Regierung US-amerikanischen Truppen, deren Platz einzunehmen – gegen die Zusage eines Truppenabzugs nach Kriegsende. Tatsächlich zog das US-Militär 1946 ab, behielt sich aber das Recht vor, bei Kriegsgefahr wieder einen Stützpunkt in Keflavík einzurichten. Nach dem Krieg und der zurückerlangten Unabhängigkeit widerstrebte es den Isländern, sich erneut einer fremden Macht zu unterwerfen. Als sich die Regierung 1949 nötigen ließ, Gründungsmitglied der NATO zu werden, brachen in Reykjavík Krawalle aus. Die Regierung machte allerdings zur Bedingung, dass sich Island nie an einem Angriffskrieg beteiligen würde und zu Friedenszeiten keine ausländischen Truppen im Land stationiert werden dürften.

Diese Bedingungen wurden sehr bald hinfällig. 1950 begann der Koreakrieg und auf Ersuchen der Nato überließ die isländische Regierung 1951 den von der Sowjetunion bedrohten USA erneut die Verantwortung für die Verteidigung der Insel. Im Lauf der nächsten vier Jahrzehnte bauten die USA ihre Truppenstärke und ihre Einrichtungen auf der Militärbasis in Keflavík immer weiter aus und Island diente während der Zeit des Kalten Krieges als wichtiger Stützpunkt zur Überwachung der Sowjetunion. Die umstrittene amerikanische Militärpräsenz in Island endete erst im September 2006 mit der endgültigen Stilllegung des Keflavíker Stützpunktes.

Die schönsten isländischen Sagas, übersetzt von Rolf Heller, erzählt die großen Sagas Islands nach, darunter die von Njal, Egil und Grettir.

Island heute

Im 20. Jh. wandelte sich Island von einem der ärmsten zu einem der bestentwickelten Länder Europas.

Nach dem Kalten Krieg erlebte Island eine Zeit des Wachstums, des Umbaus und der Modernisierung. 1974 wurde die Ringstraße fertig und erschloss verkehrstechnisch auch den abgelegenen Südosten. Außerdem wurden Projekte wie das Krafla-Kraftwerk im Nordosten und

1974 Mit Eröffnung der Skeiðarárbrú-Brücke am 14. Juli ist die Ringstraße rund um die Insel vollendet. Bis dahin war Höfn einer der abgelegensten Orte Islands.

1975 Im dritten „Kabeljaukrieg" zwischen Island und Großbritannien geht es wie schon in den 1950er-Jahren um Fischereirechte: Island hatte seine Hoheitsgewässer ausgedehnt.

1986 Der Anfang vom Ende des Kalten Kriegs: Generalsekretär Gorbatschow und Präsident Ronald Reagan vereinbaren ein Gipfeltreffen im Höfði-Haus in Reykjavík.

2006 Im September wird die umstrittene US-Militärbasis in Keflavík wird nach 45 Jahren geschlossen.

das Svartsengi-Kraftwerk bei Reykjavík vorangetrieben. Bestärkt durch einen Boom der Fischfangindustrie weitete Island seine Schutzzone in den 1970er-Jahren auf 200 Seemeilen (322 km) aus. Das jedoch führte zum schlimmsten der sogenannten Kabeljaukriege, da sich Großbritannien weigerte, die neue Fischereizone anzuerkennen. In dem sieben Monate andauernden Konflikt zerschnitten isländische Schiffe die Netze britischer Trawler, es fielen Schüsse und Schiffe beider Parteien wurden gerammt.

Die Fischereiwirtschaft war für Island immer schon lebenswichtig gewesen, auch wenn ihre Lage nicht immer rosig war. In den 1990er-Jahren wurden Islands Fischfangquoten gesenkt, damit sich die Bestände erholen konnten. Daraufhin kam die Fischfangindustrie ins Trudeln, die Arbeitslosenquote stieg auf 3 % und die isländische Krone verlor stark an Wert. Als sich die Fischfangindustrie wieder stabilisierte, begann eine Phase der wirtschaftlichen Erholung. Heute werden durch den Fischfang etwa 40 % der Exporterlöse und mehr als 12 % des Bruttoinlandsproduktes erwirtschaftet; fast 5 % aller Arbeitskräfte sind in der Fischerei beschäftigt. Die Fischwirtschaft reagiert auch heute noch sensibel bei sinkenden Fischbeständen.

2003 nahm Island trotz des weltweiten Walfangmoratoriums den Walfang im Rahmen eines wissenschaftlichen Forschungsprogramms wieder auf. 2006 kehrte Island schließlich zum kommerziellen Walfang zurück – trotz empörter Proteste aus aller Welt. Der Fang von Minkwalen und bedrohten Finnwalen hält an und stößt international auf Ablehnung.

Einer der berühmtesten Essays zur isländischen Bankenkrise von 2008 ist Michael Lewis' „Wall Street on the Tundra", den er 2009 für *Vanity Fair* schrieb. Er ist im Internet zu finden, liest sich toll, aber ist nicht sehr schmeichelhaft für Island.

Die Finanzkrise & ihre Folgen

Islands massive Abhängigkeit von der Fischindustrie und von Importen war schon immer der Grund für die relativ hohen Preise und eine schwankende Währung. Das Ausmaß ihrer Anfälligkeit zeigte sich im September 2008, als die Weltwirtschaftskrise das Land voll erwischte. Reykjavík wurde monatelang von heftigen Protesten erschüttert, die Popularität der amtierenden Regierung verflüchtigte sich ebenso wie der Reichtum des Landes.

Premierminister Geir Haarde trat im Januar 2009 zurück. Seine Nachfolgerin Jóhanna Sigurðardóttir machte als erste offen lesbische Regierungschefin der Welt internationale Schlagzeilen. Ihre erste wichtige Handlung war der Antrag auf die EU-Mitgliedschaft, mit dem Ziel, zwecks Stabilisierung der Wirtschaft schließlich auch der Euro-Zone beizutreten. Die Mitgliedschaft in der EU war und ist bis heute umstritten.

Im April 2010 gelangte Island erneut weltweit in die Schlagzeilen, als die Aschewolke aus der Eruption unter dem Gletscher Eyjafjallajökull den europäischen Flugverkehr sechs Tage lang zum Erliegen brachte und

2006
Die Regierung beschließt die Wiederaufnahme des kommerziellen Walfangs, nachdem bereits seit 2003 wieder Wale für wissenschaftliche Zwecke gejagt wurden.

2008
Die weltweite Finanzkrise trifft Island hart und führt zur schwersten Bankenkrise des Landes – alle drei isländischen Großbanken brechen zusammen.

2009
Island stellt einen Antrag auf Mitgliedschaft in der EU, die Bevölkerung ist gespalten. Die Gespräche mit der EU beginnen 2010, werden 2013 ausgesetzt, 2014 zurückgezogen.

2010
Der Vulkan unter dem Gletscher Eyjafjallajökull bricht aus. Die 9 km hohe Aschewolke bringt für sechs Tage den europäischen Flugverkehr zum Erliegen.

auf dem Kontinent für Chaos sorgte. Im Vergleich zum Ausbruch des Eyjafjallajökull war die Eruption des Vulkans Grímsvötn im folgenden Jahr nur ein Klacks – die Aschewolke behinderte den Flugverkehr lediglich drei Tage lang. 2014 grummelte der Vulkan Bárðarbunga, doch dabei blieb es.

Die Ereignisse in Island haben wieder einmal bewiesen, dass es keine schlechte Publicity gibt: Der Vulkanausbruch von 2010 brachte

DER ÖKONOMISCHE ZUSAMMENBRUCH

Alles sah so rosig aus. Von 2003 bis 2008 strotzte Island vor Zuversicht. Der Reichtum des Landes basierte jedoch zum großen Teil auf einem riesigen Schuldenberg: Die Verbindlichkeiten der isländischen Banken waren zehnmal so hoch wie das jährliche Bruttoinlandsprodukt. Als die weltweite Finanzkrise Island erreichte, hatte sie sich zu einem Tsunami ausgewachsen und brachte die gesamte Wirtschaft des Landes zum Einsturz.

Im Oktober 2008 brach der isländische Aktienmarkt zusammen, die isländische Krone stürzte ins Bodenlose und verlor fast über Nacht die Hälfte ihres Wertes, alle drei Großbanken wurden unter Insolvenzverwaltung gestellt und das Land stand am Rand des Bankrotts.

Im November 2008 half der Internationale Währungsfond (IWF) Island mit einem Darlehen in Höhe von 2,1 Mrd. US$ und die skandinavischen Nachbarn legten noch einmal 3 Mrd. US$ drauf. Trotzdem fiel das Realeinkommen der Isländer durch die galoppierende Inflation, Lohnkürzungen und Entlassungen um ein Viertel. In Reykjavík randalierten Demonstranten. Sie fühlten sich von der Regierung betrogen, weil sie das aufgeblähte Bankensystem hatte gewähren lassen. Premierminister Geir Haarde trat im Januar 2009 zurück.

Der Crash war für die Isländer ein harter Schlag. Die Haushalte waren hoch verschuldet, die Inflation groß, die Arbeitslosenzahlen auf Rekordhöhe (9,4 % Anfang 2009, aber nur noch 4 bis 5 % 2014) und Abwanderung von Arbeitskräften ebenfalls – in den vier Jahren nach dem Crash zogen rund 5000 Isländer nach Norwegen.

Erstaunlicherweise ist die Wirtschaft heute wieder auf dem besten Weg, sich zu erholen. Während andere Länder mit finanziellen Schwierigkeiten lieber ihre Geldinstitute retteten, weigerte sich die isländische Regierung, Steuergelder zur Stützung der Banken zu verwenden. Stattdessen machte sie die Sozialfürsorge zur Priorität, half jenen Bürgern, die von dem Crash am schlimmsten betroffen waren, und ließ die Gläubiger privater Banken die Konsequenzen tragen. Zwar versuchen die Gläubiger der Banken, viele davon Hedgefonds, immer noch, ihr Geld zurückzubekommen, doch ihre Herangehensweise hat den Isländern Lob vom Internationalen Währungsfonds und von zahlreichen Ökonomen eingetragen.

Diese ungewöhnliche Entscheidung scheint sich auszuzahlen – andere Länder stecken noch tief in der finanziellen Krise und haben mit enorm hohen Arbeitslosenquoten zu kämpfen, aber mit Island scheint es wieder bergauf zu gehen.

2011

Das spektakuläre neue Konzerthaus Harpa wird in Reykjavík eröffnet. Neben zwei Architekturbüros aus Island und Dänemark war auch der Künstler Olafur Eliasson an dem Werk beteiligt.

2013

Bei den Parlamentswahlen stimmen die Wähler gegen die Sparmaßnahmen der Sozialdemokraten nach der Bankenkrise. Die neue Regierung ist eine Mitte-Rechts-Koalition.

2013

Die Zahl der ausländischen Besucher steigt auf 807 000 (gegenüber 320 000 im Jahr 2003). Ein Jahr später sind es rund 1 Mio.

2014

Im August wird um das Vulkansystem Bárðarbunga (unter dem Eisschild des Vatnajökull) vermehrte seismische Aktivität registriert. Auf dem Lavafeld Holuhraun beginnt eine kleine Eruption.

viel kostenlose Werbung und der Tourismus boomt. Das Land ist das am schnellsten expandierende Reiseziel Europas, mit allen Vorteilen (Wachstum, Arbeitsplätze) und allen Nachteilen (Infrastruktur- und Umweltprobleme).

Im April 2013 gingen die Isländer zur Wahlurne: Zwar erholte sich die Wirtschaft, aber die Wähler waren erbost über die straffen Sparmaßnahmen der Regierung, die Steuererhöhung und Einschnitte bei den Ausgaben. Das Ergebnis war ein Absturz der regierenden Sozialdemokraten; das Mitte-Rechts-Lager mit der Fortschrittspartei und der Unabhängigkeitspartei führte einen erfolgreichen Wahlkampf, indem es Schuldenerlasse und Steuersenkungen versprach und sich gegen den Antrag auf eine Mitgliedschaft in der EU aussprach.

Die beiden Parteien bildeten eine Koalitionsregierung. Anfang 2014 stellte die Regierung die Verhandlungen mit der EU ein – obwohl sie versprochen hatte, zu der Diskussion, ob die Verhandlungen fortgeführt werden sollten, eine Volksbefragung durchzuführen. Zwar ist Umfragen zufolge immer noch eine Mehrheit der Isländer gegen eine EU-Mitgliedschaft, doch die Verhandlungen ohne Referendum einzustellen, erwies sich als sehr unpopulär.

Wunder der Natur

Die ungeheure Vielfalt der isländischen Natur beeindruckt. Entgegen einem weitverbreiteten Irrtum ist die Insel weder komplett eisbedeckt noch eine baumlose Mondlandschaft aus erkalteten Lavaströmen und windgepeitschter Tundra. Beides gibt es zwar, aber ebenso steile Fjorde, sanfte grüne Hügel, von Gletschern geformte Täler, heiße Quellen und weites, wüstenähnliches Ödland. Der abwechslungsreiche Mix und die Möglichkeit, Extreme auf engstem Raum zu erleben, machen das Land so faszinierend.

Unberechenbares Island

Island liegt auf dem Mittelatlantischen Rücken, einem 18 000 km langen Gebirgskamm zwischen zwei tektonischen Platten unterhalb des Meeresspiegels. Die Insel ist eine einzige brodelnde, dampfende Lektion in Geografie. Hier stellen sich Fragen nach Vulkantätigkeit, Solfataren oder dem Unterschied zwischen Lava und Magma.

Island ist eine der jüngsten Landmassen der Erde und wurde vor etwa 20 Mio. Jahren durch unterseeische Vulkanausbrüche entlang der Grenze zwischen der nordamerikanischen und der eurasischen Platte gebildet. Die Erdkruste hat in Island nur ein Drittel ihrer üblichen Stärke. Magma (geschmolzenes Gestein) steigt noch immer von tief unten herauf und drückt die beiden Platten auseinander. Das Ergebnis lässt sich besonders deutlich in Þingvellir beobachten, wo die große Schlucht Almannagjá jährlich um 1 bis 18 mm auseinanderdriftet. Den Bergrücken Námafjall kennzeichnen Solfatarenfelder.

Mit 103 000 km² ist Island ungefähr so groß wie Portugal. Es gibt rund 30 aktive Vulkane. 3 % der Landesfläche sind Seen, 11 % Eiskappen und Gletscher, 23 % Vegetation und 63 % Ödland.

Vulkane

Die dünne Erdkruste und die knirschenden Platten sind verantwortlich für reihenweise vulkanische Aktivitäten. Island hat viele verschiedene Vulkane – einige sind aktiv, einige erloschen, andere eingeschlafen und träumen wahrscheinlich von ihren zukünftigen Ausbrüchen. Spalteneruptionen und ihre Krater sind vermutlich die häufigste Form des Vulkanausbruchs in Island. Am ätherischsten wirken die immer unruhigen Laki-Krater, die sich rund um den Berg Laki aneinanderreihen. Sie haben im 18. Jh. den größten Lavastrom der Menschheitsgeschichte verursacht, der ein Gebiet von 565 km² bis zu 12 m hoch überzog.

Einige der aktivsten Vulkane Islands befinden sich unter Gletschern. Wenn flüssige Lava und Eis aufeinandertreffen, führt das immer zu besonders dramatischen Ausbrüchen, wie 2010 beim Ausbruch des Eyjafjallajökull: Es kam zu einem *jökulhlaup*, einem Gletscherlauf (Überschwemmung durch einen Vulkanausbruch unterhalb der Eisdecke). Er zerstörte einen Teil der Ringstraße. Ihm folgte die berühmte Aschewolke, die schließlich den Flugverkehr in Europa lahmlegte. Der aktivste Vulkan der Insel, Grímsvötn, liegt unter dem Vatnajökull-Gletscher und hat sich 2011 ähnlich aufgeführt.

Auf Island gibt es aber nicht nur subglaziale Ausbrüche, sondern auch Eruptionen unter Wasser. 1963 entstand die Insel Surtsey bei einem untermeerischen Vulkanausbruch. Hier erforschen Wissenschaftler, wie Pflanzen und Tiere neues, noch schwelendes Gelände wieder besiedeln. Surtsey darf nicht besucht werden. Dafür können Besucher auf zahlreichen anderen, typisch aussehenden Vulkantrichtern herumklettern, wie auf der Hekla, die man früher für den Eingang zur Hölle hielt, auf dem Eldfell, der 1974 sein Bestes gab, um die Stadt Heimaey zu begraben, und auf dem Snæfellsjökull auf der Halbinsel Snæfellsnes.

Die letzten Ausbrüche waren eher harmlos – Einheimische nennen sie „Touristenausbrüche", weil die Magmafontänen, magnetischen Stürme und dramatischen Aschewolken perfekte Fotomotive sind, aber vergleichsweise geringen Schaden anrichten. Das liegt zum Teil an dem dünn besiedelten Land, aber auch daran, dass die besonders zerstörerischen Kräfte wie schnell fließende Lava, Lahare (Schlammströme) und Glutwolken oder -lawinen (die einst Pompeji und Herculaneum ausradierten) in diesem Teil der Erde kaum vorkommen.

Hintergrundinfos über die vielfältigen Landschaftsformen Islands liefert die 2014 erschienene 2. Auflage von *Iceland – Classic Geology in Europe* von Þór Þórdarson und Armann Hoskuldsson (auf Englisch).

Die größte Gefahr geht von den austretenden Gasen aus: erstickendes Kohlendioxid, hochgradig säurehaltige Schwefelgase und das tödliche Fluor, das Menschen und Tiere bei den Laki-Ausbrüchen vergiftete. Der Isländische Wetterdienst (Veðurstofa Íslands; www.vedur.is) verfolgt die Spur der Eruptionen und Erdbeben, die den Ausbrüchen meist vorangehen, sowie die Emissionen, die ihnen folgen. Er erstellte während der seismischen und vulkanischen Aktivitäten am Bárðarbunga im Jahr 2014 tagesaktuelle Datenblätter.

Geysire, Quellen & Fumarolen

Islands Großer Geysir ist der Namensgeber für alle speienden heißen Quellen der Welt – das Wort Geysir stammt vom isländischen Wort für „hervorströmen". Zu seiner aktivsten Zeit hat der Große Geysir das Wasser bis auf eine Höhe von 80 m in die Luft gespritzt. Aber Erdbeben haben den Druck innerhalb des unterirdischen Röhrensystems verändert, sodass der Geysir heute wesentlich ruhiger ist. Besonders schön (und häufiger) lässt sich die Fontäne heute am Geysir Strokkur beobachten, der alle fünf bis zehn Minuten eine Dampfsäule in die Luft bläst.

Geysire sind recht seltene Phänomene. Es gibt weltweit nur etwa 1000. In Island kann Wasser, das durch die Felsen eingesickert ist und von Magma überhitzt wurde, auf viele verschiedene Weisen an die Ober-

GEOLOGISCH GESPROCHEN

Überall in Island werden Besucher mit geologischem Fachchinesisch bombardiert, wenn es darum geht, die Landschaft zu beschreiben. Wer die folgenden Begriffe kennt, kommt leichter zurecht.

Basalt Häufigste Form erstarrter Lava: stark verdichtetes, hartes, dunkles Vulkangestein, meist zu sechseckigen Säulen aufgetürmt.

Eruptivgestein Aus heißer flüssiger Lava oder Magma entstanden.

Moräne Von Gletschern angehäufte Schutt- und Geröllablagerung.

Obsidian Schwarzes vulkanisches Gesteinsglas aus Lava, die rasch abgekühlt ist, ohne regelmäßige Kristallstrukturen.

Rhyolith Helles, feinkörniges Vulkangestein mit ähnlicher Zusammensetzung wie Granit.

Schlacke Poröses Vulkangeröll, das während der Fließbewegung abrupt abgekühlt ist und eine glasige Oberfläche erhalten hat, die eisenhaltige Kristalle zum Schimmern bringt.

Tephra (auch: Pyroklastika) Lockermaterialien, die bei einem Vulkanausbruch in die Luft geschleudert werden.

fläche gelangen. An einigen Stellen brodelt das Wasser etwa in heißen Quellen, Becken und Flüssen. Natürliche heiße Quellen gibt es überall auf der Insel, dazu gehören z. B. die Quellen von Landmannalaugar, der Fluss bei Hveragerði und das warme, blauweiße Becken im Víti-Krater. Die Isländer haben sich dieses entspannende Geschenk der Natur schon lange zunutze gemacht und die Quellen in Geothermalbäder und -spas verwandelt. Am besten ist ihnen das beim Naturbad Mývatn und der Blauen Lagune gelungen. Bei diesen beiden handelt es sich allerdings nicht um natürliche warme Quellen, sondern um von Menschenhand angelegte Lagunen, die vom Wasser eines nahen Erdwärmekraftwerks gespeist werden ...

Bei Fumarolen tritt überhitztes Wasser als Dampf an der Erdoberfläche aus – die sonderbarsten Beispiele der Insel sind bei Hverir zu finden, wo sich die Gase ihren Weg aus den Schwefelspalten förmlich herausschreien. In sogenannten Schlammtöpfen geht's da träger und chaotischer zu, z. B. in Krýsuvík auf der Halbinsel Reykjanes, wo sich erhitztes Wasser mit Schlamm und Lehm vermischt. Die bunten Spritzer rund um einige der Schlammlöcher werden von Mineralien verursacht (schwefelgelb, eisenrot) und auch von extremophilen Bakterien und Algen, die irgendwie in diesen kochenden, säurehaltigen Umgebungen überleben.

Island ist streng genommen kein arktisches Land – der nördlichste Punkt des Festlands liegt einige Kilometer vom nördlichen Polarkreis entfernt. Diese imaginäre Grenze überschreitet man allerdings, wenn man die Insel Grímsey (S. 244) besucht – Islands einziges echtes Stück Arktis.

Eis & Schnee

Gletscher und Eiskappen bedecken rund 11 % des Landes. Viele sind Überreste aus einer Kälteperiode, die vor 2500 Jahren begann. Eiskappen bilden sich durch jahrtausendelange Anhäufung von Schneemassen in Gebieten, in denen es für die Schneeschmelze nicht warm genug wird. Das Gewicht des Schnees komprimiert die darunter liegenden Schichten zu Eis, bis das Land unter der Eiskappe zermalmt wird.

Der Vatnajökull im Südosten bedeckt rund 8 % des Landes und ist das größte Eisfeld der Welt außerhalb der Polargebiete. Der mächtige, glitzernde Koloss aus Eis scheint unbeweglich, aber an seinen Kanten fließen nahezu unmerklich Eismassen den Berghang hinab. Wie Flüsse tragen sie Sedimentgestein mit sich, das sie in schlackeartigen Moränen am Fuß des Berges oder auf weiten Kiesfeldern, wie dem Skeiðarársandur in Südostisland, ablegen. Dies kann aber auch ganz schnell gehen, wenn Vulkane unter dem Eis ausbrechen und einen *jökulhlaup* (Gletscherlauf) auslösen: 1996 zerstörte der vom Ausbruch des Grímsvötn ausgelöste *jökulhlaup* die längste Brücke Islands und spülte Felsbrocken in Größe von Jeeps auf die Ebene hinab.

2002 haben Wissenschaftler die zweitkleinste Kreatur der Welt entdeckt: *Nanoarchaeum equitans* lebt in fast kochendem Wasser in einem hydrothermalen Schlot vor der isländischen Nordküste. Der Name bedeutet „die Feuersphäre reitend".

Zu vielen isländischen Gletschern gehört ein See. Am Jökulsárlón lässt sich wunderbar beobachten, wie sich Eisberge aus dem Breiðamerkurjökull herauslösen. Leuchtend blaue Stücke sind ein Zeichen für das hohe Alter des Eises, denn jahrhundertelanger Druck hat die Luftblasen aus dem Eis gepresst, die ihm normalerweise den typisch silberweißen Glanz verleihen – dank der Lichtbrechung können Eisberge aber auch blau wirken.

Gletscher haben einen Großteil der isländischen Landschaft seit ihrer Entstehung geprägt und geformt. So entstanden Gletschertäler und Fjorde, die heute für die Ansichtskartenpanoramen sorgen. Über die Jahrhunderte und mit den einzelnen Jahreszeiten ging das Eis mal zurück, mal wuchs es wieder an. Mittlerweile gibt es leider beunruhigende Zeichen dafür, dass die wichtigsten Eisfelder Islands – Vatnajökull und Mýrdalsjökull im Südwesten sowie Langjökull und Hofsjökull im Hochland – seit 2000 in beispiellosem Maße abschmelzen. Gletscherexperten glauben, dass die Eiskappe des Snæfellsjökull in Westisland – mit einer durchschnittlichen Eisdicke von nur 30 m – sowie einige der Auslassgletscher der größeren Eisschilde innerhalb von wenigen Jahrzehnten vollständig verschwinden könnten.

Tiere & Pflanzen

Säugetiere & Meeresbewohner

Wer außer Vögeln, Schafen und Pferden noch weitere Säugetiere in Island zu Gesicht bekommt, kann sich glücklich schätzen. Das einzige größere einheimische Säugetier ist der scheue Polarfuchs, der am besten wohl in Hornstrandir in den Westfjorden zu beobachten ist. Tierfans können sich im Polarfuchszentrum (www.arcticfoxcenter.com; S. 214) genauer mit diesen Geschöpfen beschäftigen und sogar auf Freiwilligenbasis mitarbeiten. In Ostisland gibt es manchmal von der Straße aus Rentierherden zu sehen. Sie wurden im 18. Jh. aus Norwegen mitgebracht und leben heute in den Bergen des Ostens. Eisbären kommen gelegentlich auf Eisschollen von Grönland herüber, doch bewaffnete Bauern sorgen dafür, dass sie nicht allzu lange überleben.

Die Wikinger haben das reinrassige Islandpferd *(Equus scandinavicus)* nach Island gebracht. Die kleinen, kräftigen Tiere passten perfekt zu den schwierigen Bedingungen des Landes. Islandpferde haben fünf Gangarten, darunter den *tölt* – eine gelaufene Gangart, die so weich ist, dass der Reiter ein Glas Bier trinken kann, ohne einen Tropfen zu verschütten.

Dafür gibt es rund um Island eine Vielfalt an Meerestieren, vor allem Wale. Bei Walbeobachtungstouren, die in Húsavík in Nordisland starten, hat man gute Chancen, Wale *(Cetacea)* zu erspähen, insbesondere Delfine, Schweins-, Zwerg- und Buckelwale. Außerdem gibt es Berichte über Pottwale, Finnwale, Seiwale, Grindwale, Orcas (Killerwale) und Blauwale rund um Island. Viele Robben leben in den Ostfjorden, auf der Halbinsel Vatnsnes in Nordwestisland, in der Region Mýrar an der Südostküste (auch im Jökulsárlón), im Breiðafjörður im Westen und in den Westfjorden.

Vögel

Vögel gibt es zuhauf, zumindest von Mai bis August. Auf den Küstenfelsen und den Inseln vor Island hocken oft riesige Kolonien von Seevögeln. Schon rein zahlenmäßig beeindruckend sind Tölpel, Trottellummen, Möwen, Tordalken, Dreizehenmöwen, Eissturmvögel und Papageitaucher. Nicht ganz so zahlreich sind Bruchwasserläufer, Küstenseeschwalben, Raubmöwen, Sturmtaucher, Goldregenpfeifer, Sturmschwalben und Wellenläufer. Außerdem gibt es viele Arten von Enten, Alpenschneehühnern, Singschwänen, Rotdrosseln, Tauchern und Gerfalken sowie zwei Eulenarten zu bestaunen. Für mehr Infos über Vögel s. S. 40.

Blumen & Pilze

Obwohl an einigen Stellen spärlich, ist die isländische Vegetation überraschend vielfältig – wer etwas näher herangeht, kann sich leicht davon überzeugen. Meistens sind es niedrig wachsende, bodendeckende Pflanzen, die sich so weit wie möglich ausbreiten, um besseren Halt auf dem erosionsgefährdeten Boden zu finden. Sogar die Bäume – sofern es sie denn gibt – sind eher kleinwüchsig. Wie ein alter isländischer Witz schon sagt: Wer sich hier im Wald verirrt, muss einfach nur aufstehen!

Die Blütenpflanzen und Farne Islands von Hörður Kristinsson ist der beste Allroundführer zu Islands Blumenwelt.

Im Sommer werden Besucher im ganzen Land von einer ungeheuren Pracht blühender Wildblumen begrüßt. Die meisten der 450 Blütenpflanzen Islands sind eingeführte Arten, so auch die allgegenwärtige lila Lupine, die ursprünglich die Umwelt unterstützen sollte und heute eher hinderlich ist. 2004 wurde eine Volksbefragung zur Wahl einer Nationalblume durchgeführt. Der Weiße Silberwurz (*Dryas octopetala* oder auf Isländisch *holtasóley*) war ein würdiger Sieger. Er ist auf Kiesflächen und in felsigem Gelände zu finden; die Blüte hat einen Durchmesser von 3 cm, mit acht grazilen, weißen Blütenblättern um eine strahlende, sonnengelbe Mitte.

Typisch für die Küstengebiete sind niedriges Grasland, Torfmoor und Sumpfland; in höheren Lagen bedeckt harte oder weiche Tundra den Boden.

Auf Wanderungen stößt man überall auf diverse Pilzarten. Rund 2000 verschiedene Sorten wachsen in Island, von weißen, rundkappigen bis

ARKTISCHE BRÜDERCHEN

Knuffig, tollpatschig und anrührend komisch ist der Papageitaucher (*Fratercula arctica*, zu Deutsch „arktisches Brüderchen", *lundi* auf Isländisch), einer der beliebtesten Vögel Islands. Berühmt ist er vor allem für seine ungeschickten Flugmanöver und Bruchlandungen. Unter Wasser zeigt sich dieser Vogel überraschend anmutig, weshalb er einst als Mischwesen aus Vogel und Fisch galt.

Der Papageitaucher gehört zur Familie der Alke und verbringt die meiste Zeit des Jahres auf dem Meer. Nur für vier oder fünf Monate kommt er zum Brüten an Land und bleibt dabei jahrein, jahraus Partner und Brutstätte (die aus mehreren Kammern besteht) treu. Bisher brüten 60 % der Weltpopulation der Papageitaucher in Island. Von Ende Mai bis August kann man sie in großer Zahl an den Küsten beobachten. Während der letzten zehn Jahre ist der Papageitaucherbestand im Süden Islands allerdings schlagartig zurückgegangen. Zwar kommen Papageitaucher immer noch nach Südisland, aber in kleinerer Zahl und mit geringerem Bruterfolg. Die Gründe dafür sind nicht bekannt. Es wird vermutet, dass die erhöhte Meerestemperatur dafür verantwortlich ist, dass ihre Hauptnahrungsquelle, der Sandaal, aus der Reichweite der Vögel verschwunden ist. Es ist aber auch möglich, dass die Jagd auf den Vogel und das Einsammeln seiner Eier dazu geführt haben.

Erfreulicherweise ist es im Norden bisher zu keinen Veränderungen in der Papageitaucherpopulation gekommen. Die fotogenen Vögel flattern weiter rund um die Klippen von Grímsey und Drangey, ebenso wie am Borgarfjörður Eystri und in den Westfjorden.

hin zu leuchtend orangefarbenen, schwammartigen Pilzen. Sie wuchern an den Wegesrändern oder auf Feldern.

Im südlichen und östlichen Island werden neu entstandene Lavafelder zuerst von Moosen kolonisiert, die das raue Gestein mit einem samtigen Teppich überziehen. Ältere Lavaflüsse im Osten und in höheren Lagen werden zuerst von Flechten bewachsen. Verwirrenderweise ist Isländisches Moos *(Cetraria islandica)*, das wirklich überall graugrün oder blassbraun wuchernde Gewächs, eigentlich eine Strauchflechte.

Echter Engelwurz *(Angelica archangelica)* wächst in vielen Teilen Islands wild. Schon seit den Zeiten der Wikinger gilt er als Heilkraut und taucht heute zunehmend wieder in Rezepten auf. Die Brauerei Kaldi braut sogar ein Bier, das Stinnings Kaldi, mit Engelwurz als Zutat.

Nationalparks & Naturschutzgebiete

Island verfügt über drei Nationalparks und mehr als 100 Naturreservate, Naturdenkmäler und Landschaftsparks mit einer geschützten Gesamtfläche von 18 806 km², was etwa 18 % der Landesfläche entspricht.

Viele dieser Schutzgebiete werden von der Umweltbehörde **Umhverfisstofnun** (www.ust.is) verwaltet. Die Website enthält Informationen über die Arbeit der Behörde sowie über die nachhaltige Nutzung der natürlichen Ressourcen Islands. Hier stehen auch Hinweise, wie sich Besucher möglichst umweltschonend verhalten. Außerdem rekrutiert die Behörde jedes Jahr Freiwillige, die in Umweltprojekten in den Nationalparks und Schutzgebieten mitarbeiten. Informationen zur Freiwilligenarbeit s. S. 390.

Der **Nationalpark Þingvellir** (S. 112; www.thingvellir.is), Islands ältester Nationalpark, ist ebenso berühmt für seinen beschaulichen 84 km² großen See und die geologisch bedeutsame Schlucht Almannagjá wie als Sitz des früheren Alþing (isländisches Parlament). Der Park gehört zum Unesco-Welterbe.

Der **Nationalpark Snæfellsjökull** (S. 190; www.ust.is/snaefellsjokull-national-park) in Westisland wurde im Juni 2001 eröffnet. Der Park schützt den durch Jules Verne zur Berühmtheit gewordenen Gletscher Snæfellsjökull und die umgebenden Lavafelder und Küsten.

Der **Nationalpark Vatnajökull** (S. 271 & S. 316) ist der größte Nationalpark in ganz Europa und nimmt etwa 13 % der Fläche Islands ein. Er entstand 2008 durch die Zusammenlegung zweier bestehender Nationalparks, Skaftafell in Südostisland und Jökulsárgljúfur weiter nördlich. Der Park umfasst die gesamte Vatnajökull-Eiskappe, den mächtigen Wasserfall Dettifoss und verschiedenste geologisch bedeutsame Stätten.

Das Dilemma mit der Energie

Geringe Bevölkerungsdichte, unberührte Wildnis, fehlende Schwerindustrie und die breite Nutzung von Erdwärme und Wasserkraft machen Island zu einem beneidenswerten Vorbild in Sachen Umweltschutz. Das Land nutzt die Erdwärme kreativer als irgendein anderes Land der Welt. Isländische Energieexperten beraten inzwischen Unternehmen in Asien und Afrika über Möglichkeiten, geothermische Quellen anzuzapfen.

Allerdings sind die reichen natürlichen Energiereserven des Landes nicht nur für Isländer interessant. Auch ausländische Industrieunternehmen haben auf der Suche nach günstiger Energie ihr Auge auf die Gletscherflüsse und geothermischen Brennpunkte geworfen. Für eins der umstrittensten Projekte in Island war Alcoa, ein amerikanischer Aluminiumhersteller, mit verantwortlich. Das Kárahnjúkar-Wasserkraftwerk in Ostisland war das größte Bauprojekt in der isländischen Geschichte und wurde 2009 fertiggestellt. Es besteht aus Dämmen und Tunneln, einem riesigen Staubecken, einem Kraftwerk und kilometerlangen Hochspannungsleitungen, die Strom zu einer 80 km entfernt liegenden Aluminiumhütte am Reyðarfjörður liefern.

Traumland: Was bleibt, wenn alles verkauft ist? (2009, dt. 2011) von Andri Snær Magnason untersucht kritisch die Entscheidungen der Regierung zum Kraftwerk Kárahnjúkar. Der eindringliche Dokumentarfilm *Dreamland*, der auf dem Buch basiert, wurde von der Kritik gelobt.

Alcoa macht viel Aufhebens darum, dass das Unternehmen seine CO_2-Bilanz reduziert – in der Tat wird für das in Island produzierte Aluminium billige „grüne" Energie aus erneuerbaren Quellen genutzt, weswegen ja auch zwei Hütten in den USA geschlossen wurden, um die isländische zu bauen. Es ist aber auch nicht zu verleugnen, dass durch den gewaltigen Staudamm, der zur Stromversorgung für die Alcoa-Hütte gebaut wurde, die Landschaft zerstört wurde. Umweltschützer brachten gegen das Projekt zahlreiche Bedenken vor, doch der Protest der Einheimischen war eher verhalten – viele freuten sich über die neuen Arbeitsplätze in der Region. Ostisland hat nur 12 500 Einwohner, da ist es grundsätzlich schwierig, sich gegen die Entscheidungen der Regierung und multinationaler Konzerne aufzulehnen.

Die Macht der Energie

Das Staudammprojekt und die Aluminiumhütte Kárahnjúkar machen deutlich, in welchem Dilemma sich Island befindet.

Um wirtschaftlichen Wohlstand zu gewährleisten, möchte Island seine Rolle als Supermacht auf dem Sektor nachhaltiger Energien stärken. Dank der endlosen Energiereserven aus Erdwärme und Wasserkraft (und inzwischen auch Windkraft) erzeugt Island heute mehr Strom pro Kopf als jedes andere Land weltweit – doppelt so viel wie Norwegen, das an zweiter Stelle liegt. Achtzig Prozent des Stroms wird an eine Handvoll multinationaler Unternehmen in Island verkauft wie etwa die Betreiber der Aluminiumhütten; durch den Export von Energie könnten neue Einnahmequellen erschlossen werden.

Island und Großbritannien erkunden derzeit die Möglichkeit, saubere Energie aus Wasserkraft über ein 1000 km langes Seekabel von Island nach Großbritannien zu exportieren; in Großbritannien ist das Projekt unter dem Namen IceLink bekannt (askjaenergy.org). Island möchte außerdem seine energieintensiven Industrien ausbauen und sich zu einem globalen Datenspeicherzentrum entwickeln, als Standort für all die Server, die unsere digitalisierten Informationen speichern.

Doch wenn solche Initiativen fruchten sollen, muss erst einmal die dafür notwendige Energie erzeugt werden und es müssen Kraftwerke und Hochspannungsleitungen gebaut werden. Wo sollen diese entstehen? Welche Gebiete Islands sind vielleicht durch Megabauprojekte bedroht? Die isländische Umweltschutzorganisation Landvernd (www.landvernd.is) hat vorgeschlagenen, das zentrale Hochland durch die Schaffung eines Nationalparks zu schützen. Profite gegen Naturschutz – ein uralter Kampf. Man darf gespannt sein, wie es weitergeht.

Auswirkungen des Tourismus

Eine Million Besucher tummeln sich inzwischen jedes Jahr in den urwüchsigen Landschaften Islands. Die natürliche Folge: Der Tourismusboom bedroht gerade das, weswegen alle nach Island kommen, nämlich die unberührte Natur des Landes.

Pläne für einen Naturpass

In der Regierung wird gerade darüber nachgedacht, eine einmalige Gebühr zu verlangen – vielleicht in Form einer bei Ankunft am Flughafen zu zahlenden Abgabe oder eines „Naturpasses", den man je nach Auf-

WALFANG IN ISLAND

Ende des 19. Jhs. hatte sich der Walfang durch die Entwicklung von Dampfschiffen und Explosivharpunen zu einem ertragreichen Wirtschaftszweig entwickelt. Norwegische Jäger bauten 13 große Walfangstationen auf Island und jagten, bis die Fanggründe 1913 praktisch leer waren. Die Isländer bauten ihre eigene Walindustrie von 1935 bis 1986 aus, bis die Zahl der Wale wieder einmal bedrohlich gesunken war und die Internationale Walfangkommission (IWC) den Walfang stoppte. Zum Schrecken von Umweltaktivisten auf der ganzen Welt kehrte Island 2006 zum kommerziellen Walfang zurück. Wer danach fragt, warum Island heute noch Walfang betreibt, darf keine einfache Antwort erwarten.

Die isländischen Behörden betonen, dass es schon immer die Ansicht des Landes gewesen sei, dass die Walbestände in nachhaltiger Weise wie alle anderen Meeresressourcen auch ausgebeutet werden dürfen. Die Fangquoten für Mink- und Finnwale folgen den Vorgaben des Isländischen Meeresforschungsinstituts – für die Fangsaison 2015 sind das 229 Minkwale und 154 Finnwale.

Diese Zahlen erregen die Gemüter, besonders angesichts der Tatsache, dass Finnwale gemäß der Roten Liste der Weltnaturschutzorganisation IUCN als „stark gefährdet" gelten. Zu den größten Gegnern des kommerziellen Walfangs gehören Mitglieder der isländischen Tourismusbehörde. Sie befürchten, dass die isländische Walindustrie den Waltourismus beeinträchtigt (dies wird wiederum vom Ministerium für Industrie und Innovation bestritten). Zwar finden sich in den sozialen Medien jede Menge Kommentare von Walfanggegnern, doch der Tourismus hat bisher kaum gelitten.

Der isländische Walfang wird weltweit verurteilt: Im September 2014 forderten 35 Nationen – darunter die USA, Australien und mehrere EU-Mitgliedsländer – auf diplomatischem Wege die Einstellung des Walfangs. Doch die Argumente gegen den Walfang und die Proteste der Vergangenheit finden in Island kaum Gehör. Was die Regierung aufhorchen lassen könnte, ist eine neue Kampagne aus den USA: Sie will die Öffentlichkeit dazu bringen, keinen Fisch von Walfängern zu kaufen, und den Druck auf die Fischlieferanten und Geschäfte erhöhen, keinen Fisch von isländischen Unternehmen zu beziehen, die ins Walfanggeschäft verwickelt sind. Dies könnte die isländische Fischerei dort treffen, wo's wehtut.

Interessant ist auch eine Umfrage von 2013: Danach sprachen sich 60 % der Isländer für den Fang von Finnwalen aus, 9 % dagegen und 24 % hatten keine Meinung – und das vor dem Hintergrund der Tatsache, dass 75 % der Isländer nie Walfleisch kaufen und ein großer Teil des Fangs nach Japan exportiert wird. Die Fischindustrie ist für das Land von größter Wichtigkeit und viele Isländer glauben, dass das Töten der Wale die Fischbestände schützt – das ist aber ein verkürztes Argument, widerlegt von vielen Studien; der WWF z. B. publiziert einige auf seiner Website, nach denen die größte Gefahr für die Fischbestände die schlechte Organisation der Fischereiwirtschaft ist.

Vor allem aber ist der Walfang untrennbar mit dem nationalen Stolz verbunden. In Island gibt es eine lange Tradition sich nichts vorschreiben zu lassen. Da ist – vor dem Hintergrund der weltweiten Kritik – die Frage, warum die Isländer den Walfang unterstützen, gleichbedeutend mit der Frage, ob sie für Island sind.

Ironischerweise werden 35 bis 40 % des Walfleischs heute von neugierigen Touristen verzehrt. 2012 haben der Internationale Tierschutzfonds (IFAW) und IceWhale, der Isländische Walbeobachtungsverband, eine spektakuläre Kampagne gestartet mit dem Slogan: „Meet us, don't eat us", um Touristen davon zu überzeugen, auf Walbeobachtungstouren zu gehen, anstatt die Tiere zu essen.

enthaltsdauer erwirbt. Mit dieser Gebühr sollen sich die Besucher am Naturschutz beteiligen. Das scheint vernünftig, besonders wenn man die geringe Bevölkerungszahl Islands in Betracht zieht: Die hat inzwischen jede Menge Wanderer und Bustouristen zu Gast, die alle einen Parkplatz, eine Toilette, Picknicktische, Mülleimer, bessere Schilder und jede Menge Informationen und Sicherheitshinweise benötigen.

Möglicherweise wird schon ab Sommer 2015 eine derartige Umweltabgabe eingeführt. Denn es muss bald eine Lösung gefunden werden. Im Sommer 2014 begannen Landeigentümer damit, von Besuchern für den Zugang zu natürlichen Sehenswürdigkeiten, die sich auf ihrem Land befinden, Eintritt zu verlangen. Das war nicht unumstritten – und die Gerichte haben dieses Vorgehen als gesetzeswidrig eingestuft.

Die Kartenreihe Forlagið (Mál og Menning) umfasst inzwischen auch schöne Themenkarten wie die *Fuglakort* (Vogelbeobachtungskarte), *Höggunarkort* (Tektonische Karte), *Jarðfræðikort* (Geologische Karte) und *Plöntukortið* (Botanische Karte), mit Text auf Isländisch, Englisch und Deutsch.

Sicheres & nachhaltiges Reisen

Hier einige Tipps, um sicher und umweltschonend zu reisen und die Gastfreundschaft der Einheimischen nicht über Gebühr zu belasten:

Warnungen und Ratschläge befolgen Niemand will einem den Urlaub vermiesen – wenn ein Einheimischer erklärt, dass das Auto, mit dem man unterwegs ist, für eine bestimmte Straße nicht geeignet ist, oder ein Gebiet wegen Schwefeldämpfen nach einem Ausbruch oder der Gefahr einer Überflutung nicht zugänglich ist, dann tut er das, weil er das Land und seine Tücken kennt.

Gut planen Infors über Wetterprognosen und Straßenbedingungen einholen. Eine gute Karte und angemessene Ausrüstung einpacken und den gesunden Menschenverstand walten lassen. Nicht in Jeans wandern, nicht in kleinen Pkw versuchen, Flüsse zu durchfahren, nicht ohne entsprechende Ausrüstung und einen Führer auf Gletschern herumlaufen.

Die Natur respektieren Zu Hause gibt's keine subglazialen Vulkane, Geothermalgebiete und Lavafelder – deshalb fährt man ja nach Island. Also sollte man darauf achten, diesen Gebieten keinen Schaden zuzufügen. Wer mit einem Allradfahrzeug unterwegs ist, sollte immer auf den ausgewiesenen Straßen bleiben; Querfeldeinfahren ist nicht nur verboten, sondern schädigt auch die fragile Landschaft nachhaltig.

Umweltschonend reisen Auf der Website Nature.is gibt's jede Menge tolle Tipps zum umweltfreundlichen Reisen in Island, dazu eine *Green Map* und eine App.

Isländische Kultur: von den Sagas bis Sigur Rós

Island gleicht seine Isolierung, die endlosen Winter und die geringe Bevölkerungszahl mit einer glühenden Leidenschaft für Kultur aus. Das einzigartige literarische Erbe des Landes beginnt mit den actionreichen mittelalterlichen Sagas und reicht bis zu den aktuellen Krimibestsellern. Jeder Isländer scheint in einer Band zu spielen und das Land bringt eine überproportional hohe Anzahl erstklassiger Musiker hervor. Die isländische Lebensart und die großartigen Landschaften inspirieren Künstler in unterschiedlichsten Bereichen. Ihre Werke erzählen von der einzigartigen isländischen Perspektive.

Literatur

Blutrünstig, geheimnisvoll und nuanciert – die Sagas des 12. und 13. Jhs. gehören zweifellos zu den größten kulturellen Errungenschaft Islands. Hallgrímur Péturssons *Passíusálmar* (Passionspsalmen) von 1659 sind ein isländischer Klassiker, der in der Fastenzeit gesungen oder gelesen wird. Und der Nobelpreisträger Halldór Laxness beförderte Island im 20. Jh. auf die internationale Literaturbühne.

In Island werden heute weltweit die meisten Autoren und Literaturübersetzungen pro Kopf publiziert.

Ein altes isländisches Sprichwort sagt *Betra er berfættum en bókarlausum að vera* (Lieber barfuß sein als ohne Buch). Die Isländer haben eine Leidenschaft für das geschriebene Wort, da ist es kein Wunder, dass Reykjavík zur Unesco-Literaturstadt mit entsprechenden Programmen und Führungen erklärt wurde.

Die Sagas

Die mittelalterlichen Sagas Islands gehören zu den einfallsreichsten und beständigsten Werken der frühen Literatur. Ihre epischen, oft grausamen Geschichten sind reich an Weisheit, Zauber, Dichtkunst und Leidenschaft.

Aufgeschrieben wurden die Sagas (in Prosaform) zwischen dem späten 12. und frühen 14. Jh., aber sie erzählen von Fehden, Familien, tragischen Romanzen und mutigen Helden zur Besiedlungszeit, von Kriegern, Dichtern und Gesetzlosen. Die meisten Sagas stammen von unbekannten Verfassern, auch wenn die *Egils saga* Snorri Sturluson zugeschrieben wird. Einige Sagas dienen als historische Quellen wie *Die Saga der Grönländer* und die *Saga von Erik dem Roten,* welche die Reisen von Erik und seiner Familie beschreiben, darunter die seines Sohnes Leif, der sich in Nordamerika niederließ.

Die Sagas entstanden in den langen, verzweifelten Jahrhunderten der norwegischen und dänischen Fremdherrschaft und festigten die kulturelle Identität der Isländer zu einer Zeit, als sie selbst nicht viel anderes hatten. An Winterabenden versammelten sich die Menschen in den Bauernhäusern zur *kvöldvaka* (Abendwache). Während die Männer aus Pferdehaaren Seile knüpften und die Frauen Wolle spannen oder strickten, las ein Familienmitglied aus den Sagas vor und rezitierte *rímur* (epische Gedichte).

WIKINGERSAGAS

Egils saga Handelt von dem vielschichtigen, verschlagenen, aber auch einfühlsamen Egil Skallagrímsson und spielt größtenteils nahe dem heutigen Borgarnes. Egil, ein renommierter Dichter, erfolgreicher Kämpfer und gewiefter Unterhändler, ist aber auch Enkel eines Werwolfs und Formwandlers und erreicht im Gegensatz zu vielen Sagahelden ein hohes Alter.

Laxdæla saga Eine tragische Saga, die im Nordwesten Islands am Breiðafjörður und in der Region Dalir spielt: unglückliche Ehen, hintertriebene Liebe und Mord im Überfluss.

Njáls saga Zwei der größten isländischen Helden, Njál und Gunnar, werden in eine verhängnisvolle, 50-jährige Familienfehde verwickelt.

Gisli Surssons saga Gislis Saga ist der Inbegriff einer Geächtetengeschichte mit Rache, Brudermord und Verbannung.

Völsungasaga (Saga der Völsungen) Teile dieser Saga mögen bekannt erscheinen – sowohl Richard Wagner *(Der Ring des Nibelungen)* als auch J. R. R. Tolkien *(Der Herr der Ringe)* haben sich einiger Episoden bedient.

Eyrbyggja saga Eine kleinere Saga, die auf der Halbinsel Snæfellsnes spielt und wegen ihres unüblichen, übernatürlichen Tons lesenswert ist; sicherlich die einzige mittelalterliche Geschichte Islands, in der Geister wegen ihrer Spukerei vor Gericht gebracht werden.

Bis heute sind die Sagas sehr lebendig. Da sich die isländische Sprache seit der Wikingerzeit kaum verändert hat, können sie in Altnordisch – der Sprache, in der sie vor 800 Jahren niedergeschrieben wurden – von Isländern aller Altersklassen gelesen werden. Die meisten können Passagen daraus zitieren, kennen die Höfe, auf denen die Figuren lebten und starben, und strömen in Scharen in die Kinos, um sich die neuesten Verfilmungen anzusehen. Weitere Informationen zu den Sagas hält die Icelandic Saga Database (www.sagadb.org) bereit.

Edda & Skaldendichtung

Die ersten Siedler brachten ihre mündliche Dichtkunst vom skandinavischen Festland mit, in Form von Gedichten, die im 12. Jh. auf Pergament geschrieben wurden.

Die Verse der Edda wurden in freien, variablen Metren geschrieben, die in ihrer Struktur stark an die deutsche Dichtkunst angelehnt waren. Am bekanntesten ist wohl das Götterlied *Hávamál*, das die Tugenden des einfachen Lebens preist – die weisen, alten Bauernregeln über das gute Benehmen als Gast werden noch heute zitiert.

In Island wird pro Kopf die größte Anzahl von Büchern weltweit veröffentlicht. Die Alphabetisierung liegt bei 100 %.

Die Skaldendichtung wurde von den norwegischen Hofpoeten (den Skalden) entwickelt und rühmte die Heldentaten der skandinavischen Könige. Die ausführlichen Beschreibungen wurden in exakt komponierte Zeilen mit strengen Alliterations-, Silbenzählungs- und Betonungsregeln gepackt. Besonders kompliziert werden sie durch die *kenningar*, eine Art verdichtetes Wortspiel. Blut heißt hier „Wundentau" und ein Arm kann als „Falkenstange" bezeichnet werden.

Der bekannteste Skalde war der Saga-Antiheld Egil Skallagrímsson. Anno 948, nachdem er verhaftet und zum Tode verurteilt worden war, komponierte Egil die Ode *Höfuðlausn* (Haupteslösung) für seinen Kidnapper Eirík Blutaxt. Der geschmeichelte Monarch ließ ihn daraufhin unbeschadet frei.

Moderne Literatur

Das unangefochtene Genie der isländischen Literatur ist der Nobelpreisträger Halldór Laxness. Erwähnenswert ist auch der Kinderbuchautor Jón Sveinsson (genannt „Nonni"), dessen altmodische Geschichten von tollkühnen Heldentaten eine eindeutig isländische Stimmung haben. Sie wurden in 40 Sprachen übersetzt. Sveinssons Haus in Akureyri ist heute ein interessantes Museum. Zwei weitere Großmeister der isländischen Literatur sind Gunnar Gunnarsson (1889–1975) und Þórbergur Þórðarson (1888–1974). Ihre Werke sind vor allem in Antiquariaten zu finden.

Leichter zu haben ist Einar Kárasons rasante Trilogie *Die Teufelsinsel, Die Goldinsel* und *Das gelobte Land*. Darin geht es um das Leben in Reykjavík in den 1950er-Jahren. Auf *101 Reykjavík* von Hallgrímur Helgason basiert der gleichnamige Kultfilm, eine schwarze Komödie über das stumpfsinnige Leben und die blühende Phantasie des arbeitslosen Hlynur, der mit seiner Mutter in der Reykjavíker Innenstadt lebt. Noch schwärzer ist die schräge Geschichte *Engel des Universums* von Einar Már Guðmundsson über die schizophrenen Ideen eines Mannes in einer psychiatrischen Klinik. Svava Jakobsdóttirs *Gunnlöds saga* verschmelzt modernes Leben mit nordischer Mythologie.

Auf der Erfolgswelle der Nordischen Krimis schwimmt zurzeit Arnaldur Indriðason, dessen Reykjavík-Krimis dauerhaft die Bestsellerlisten anführen. Sein Roman *Nordermoor* wurde unter dem Titel *Der Tote aus Nordermoor* verfilmt. Auch Yrsa Sigurðardóttirs Krimis wurden ins Deutsche übersetzt, zuletzt *Nebelmord*. Interessant sind außerdem Guðrún Eva Mínervudóttirs düsterer psychologischer Roman *Der Schöpfer* sowie der im 19. Jh. spielende Fantasy-Abenteuerroman *Schattenfuchs* von Sjón, einem ehemaligen Mitglied der Alternative-Band The Sugarcubes.

HALLDÓR LAXNESS

Während seiner langen Lebenszeit schaffte es der Literaturnobelpreisträger Halldór Laxness (1902–1998), die Welt der isländischen Literatur wiederzubeleben. Er ist der berühmteste isländische Autor des 20. Jhs.

Geboren wurde er als Halldór Guðjónsson. Er legte sich den Namen des familieneigenen Hofes Laxnes (plus ein zusätzliches „s") als Künstlernamen zu. Von Ehrgeiz und Wissbegier getrieben veröffentlichte er sein erstes Werk im Alter von 14, mit 17 fing er an zu reisen. Seinen ersten Roman, *Undir Helgahnúk (Am heiligen Berg)*, schrieb er während einer Phase glühenden Katholizismus im Kloster. Danach machte Laxness sich auf den Weg nach Italien, wo er sich immer mehr von der Kirche lossagte und zunehmend eine linkspolitische Haltung annahm, was schließlich in dem Roman *Vefarinn mikli frá Kasmír (Der große Weber von Kaschmir)* mündete. In den 1930er-Jahren zog er in die USA, um sein Glück in der florierenden Filmindustrie von Hollywood zu suchen, bevor er sich ganz dem Kommunismus zuwandte und längere Zeit durch den Ostblock reiste. 1962 kehrte er für den Rest seines Lebens nach Laxnes bei Þingvellir (heute ein Museum) zurück. Hier verfasste er *Skáldatími (Zeit zu schreiben)* – eine scharfe Abrechnung mit allem, was er je zu Ehren der Kommunistischen Partei geschrieben hatte.

1955 wurde ihm der Literaturnobelpreis verliehen und Laxness wurde – typisch isländisch – zum Volkshelden. Seine Bücher sind ironische Meisterwerke. Seine Figuren, wie verschroben sie auch sein mögen, zeichnet er mit großer Sympathie. Laxness wichtigstes Werk ist möglicherweise *Sjálfstæt folk (Sein eigener Herr)* von 1934/1935, eine in opulenter Sprache erzählte düstere Tragikomödie über die harten Lebensbedingungen in Island zu Anfang des 20. Jhs. Im Mittelpunkt steht die Geschichte des sturen Bauern Bjartur í Sumarhúsum und seiner hart arbeitenden Familie. Es entsteht ein detailliertes Bild des traditionellen Lebens auf einem Bauernhof. Faszinierend ist auch *Íslandsklukkan (Die Islandglocke)*, ein sagaähnliches Portrait äußerster Armut und unbarmherziger Justiz zur Zeit der dänischen Herrschaft über Island. Weitere in deutscher Übersetzung erhältliche Werke sind z. B. *Ljós heimsins (Weltlicht)*, *Brekkukotsannáll (Das Fischkonzert)*, *Paradísarheimt (Das wiedergefundene Paradies)* und *Kristnihald undir Jökli (Am Gletscher)*.

Musik

Pop

In der Popmusikwelt spielt Island ganz oben mit. Zu den international berühmten isländischen Musikern zählen ganz klar Björk und ihre alte Band, The Sugarcubes. Wer in Reykjavík ist, sollte nach dem Album *Gling Gló* Ausschau halten – von Björk gesungene Jazzklassiker und traditionelle isländische Songs. Außerhalb des Landes ist es schwer zu bekommen.

Sigur Rós sind mit ihrem fremdartigen, ätherischen Sound inzwischen in Björks Fußstapfen getreten. Ihr meistverkauftes Album *Takk* (2005) erntete begeisterte Kritiken weltweit. Ihm folgte das poppigere *Með suð í eyrum við spilum endalaust* (2007). Absolut sehenswert ist ihr Konzertfilm *Heima* (2007). Nach einer langen Auszeit hat die Band ihr sechstes und siebtes Studioalbum herausgebracht: *Valtari* (2012) und *Kveikur* (2013). Der Sänger Jónsi hatte außerdem mit seinem munteren Soloalbum *Go* (2010) Erfolg.

Die Indie-Folk-Band Of Monsters and Men stürmten mit ihrem Debütalbum *My Head is an Animal* 2011 die US-Charts. Das Stück „Little Talks" von diesem Album erreichte 2012 die Nummer Eins der Billboard US Alternative Songs Chart. Ihr Stück „Silhouettes" war Teil des Soundtracks für *Die Tribute von Panem – Catching Fire.*

In jüngster Zeit landete Ásgeir Trausti, der schlicht unter dem Namen Ásgeir auftritt, einen Superhit mit dem englischsprachigen Album *In the Silence* (2014). Seine Konzerte waren auch im Ausland ausverkauft.

Mancher erinnert sich sicher auch an die isländisch-italienische Sängerin Emiliana Torrini, die den gespenstischen „Gollum's Song" im Herr-der-Ringe-Film *Die zwei Türme* sang.

Die neue Konzerthalle von Reykjavík, Harpa, zeichnet eine Fassade aus schimmernden Achtecken aus. Sie umfasst vier hochmoderne Bühnen mit großartiger Akustik – ein wundervolles Ambiente für ein Konzert.

Die Musikszene in Reykjavík wächst und gedeiht. Ständig tauchen neue Bands und Sounds auf den Bühnen auf. Die Website www.icelandmusic.is gibt einen Überblick über die Vielfalt der isländischen Musikproduktionen. Die Indie-Folk-Band Seabear hat mehrere Topmusiker hervorgebracht wie Sin Fang (z. B. *Flowers* von 2013) und Sóley (*We Sink* von 2012). Árstíðir nehmen minimalistischen Indie-Folk auf und hatten 2013 einen YouTube-Hit, als sie in einem Bahnhof in Deutschland a cappella eine isländische Hymne des 13. Jhs. intonierten. GusGus, eine Pop-Electronica-Band, hat schon neun Studioalben aufgenommen und bildete bei Justin Timberlakes ausverkauftem Konzert in Reykjavík 2014 die Vorgruppe.

Im Land beliebt sind außerdem: FM Belfast (eine Electronica-Band, die für ihr erstes Album *How to Make Friends* ein eigenes Label gründeten; ihr neuestes Album ist *Brighter Days*, 2014); múm (experimentelle Elektroklänge, gemixt mit traditionellen Instrumenten; ihr letztes Album ist *Smilewound*, 2013); Mínus (deren trashige Gitarrenriffs schon als Support-Act für die Foo Fighters und Metallica dienten); Hafdís Huld (skurriler Frauenpop); und die überschwänglichen Garagenrocker von Benny Crespo's Gang. HAM war eine Hardrockband der Frühzeit, die 1988 ihr erstes Studioalbum herausbrachte und nach einer 16-jährigen Pause mit dem Album *Svik, harmur, og dauði* (Betrug, Tragödie und Tod; 2011) wieder auf der Bildfläche erschien. Retro Stefsson ist eine neue Alternative-Pop-Band und Hermigervill machen mit ihrem Elektropop auch auf Konzertbühnen von sich reden.

Genauso ist die Musikkneipenszene in Reykjavík ständig in Bewegung; am besten ist es, das kostenlose Magazin *Reykjavík Grapevine* (www.grapevine.is) zu konsultieren. Und falls man gerade in Island ist, wenn eins der vielen Musikfestivals des Landes stattfindet, sollte man sich das nicht entgehen lassen! Beim fabelhaften Festival Icelandic Airwaves (im November in Reykjavík) treten die Besten der Besten aus der isländischen Musikszene und internationale Acts auf, genauso wie beim Secret Solstice (Juni) und ATP Festival (Juli). Das Festival Þjóðhátíð auf den Vestmannaeyjar-Inseln lockt Ende Juli/Anfang August über 16 000 Zuschauer zu vier Tagen Musik und Feiern an.

Traditionelle Musik

Bis der Rock 'n' Roll im 20. Jh. das Land erreichte, kam Island praktisch ohne Instrumente aus. Die Wikinger brachten *fiðla* und *langspil* aus Skandinavien mit: beides Holzkästen mit zwei Saiten, die der Musiker auf den Knien hielt und mit einem Bogen spielte. Sie waren nie als Solo-Instrumente gedacht, sondern begleiteten ausschließlich den Gesang.

Musikinstrumente waren in der Regel ein unerhörter Luxus und Musik wurde vor allem mit der Stimme gemacht. Die bekanntesten Gesangsstile sind *rímur*, volkstümliche Reimgedichte in düsterem Sprechgesang (Sigur Rós experimentieren teilweise mit dieser Form), und *fimmundasöngur*, von zwei Personen im Gleichklang gesungen. Da Island von äußeren Einflüssen praktisch abgeschnitten war, veränderte sich der Gesangsstil vom 14. bis ins 20. Jh. fast gar nicht. Es blieben sogar Harmonien erhalten, die im restlichen Europa von der Kirche als Teufelswerk verbannt worden waren!

In ganz Island führen Chöre traditionelle Musik auf und es gibt Kompilationsalben wie *Inspired by Harpa – The Traditional Songs of Iceland* (2013), die einen Eindruck von isländischen Volksliedern oder *rímur* bieten.

Das Reykjavík Arts Festival (Ende Mai bis Anfang Juni) bietet eine tolle Gelegenheit, isländische Kunst und Kultur zu erleben.

Kino

Islands Filmindustrie ist noch jung – eine regelmäßige Filmproduktion begann erst Anfang der 1980er-Jahre. Trotzdem hat sie schon einige eindrucksvolle Werke auf die Leinwand gebracht. Besonders isländische Kurzfilme räumen internationale Preise ab. Abendfüllende Spielfilme sind seltener. Oft haben sie eine seltsam-düstere Thematik – grandios in Szene gesetzt vor dem Hintergrund der eindrucksvollen isländischen Naturkulisse.

1992 nahm die Filmwelt erstmals von Island Notiz, als *Kinder der Natur* (1991) als bester ausländischer Film für den Oscar nominiert wurde. Ein altes Paar flieht darin aus einem Altenheim in Reykjavík aufs Land. Der Regisseur des Films, Friðrik Þór Friðriksson, hat in isländischen Filmkreisen Legendenstatus. *Cold Fever* (1994), *Engel des Universums* (2000) und *The Sunshine Boy* (2009) zählen zu den sehenswerten Streifen.

Die aktuellen isländischen Spielfilme, Dokumentationen und Trickfilme werden auf der Website www.icelandicfilmcenter.is aufgeführt.

Ein weiterer Film, der Reykjavík ins Rampenlicht der Filmwelt gerückt hat, ist *101 Reykjavík* (2000) unter der Regie von Baltasar Kormákur und nach dem Roman von Hallgrímur Helgason: eine schwarze Komödie über Sex, Drogen und das Leben eines Faulenzers in der Reykjavíker City. In Kormákurs *Der Tote aus Nordermoor* (2006) spielt der immer sehenswerte Schauspieler Ingvar E. Sigurðsson Islands beliebtesten Detektiv, Kommissar Erlendur aus den Krimis von Arnaldur Indriðason. Kormákurs Film *The Deep* (2012) kam sehr gut an und 2013 startete er seine Hollywood-Karriere mit *2 Pistolen* mit Denzel Washington und Mark Wahlberg, gefolgt von *Everest* (2015) mit Keira Knightley, Robin Wright und Jake Gyllenhaal.

Ein anderer isländischer Regisseur, der ebenfalls im Ausland erfolgreich ist, ist Dagur Kári; zu seinen Filmen zählen *Nói Albinói* (2003), die Geschichte eines rastlosen Teenagers in einem verschneiten Fjordstädtchen, und der englischsprachige Film *The Good Heart* (2009), der bei seiner Premiere beim Toronto International Film Festival 2009 mit stehenden Ovationen bedacht wurde. Interessant ist auch Hilmar Odds-

TRAUMKULISSE

Island hat sich zu einer Traumkulisse für Hollywood entwickelt. Die atemberaubende, außerirdisch wirkende Schönheit der Natur und 20 % Produktionspreisnachlass für Filmemacher haben auch Hollywoodregisseure geködert. So mancher Blockbuster ist teilweise vor isländischem Hintergrund gedreht: *Tomb Raider* (2001), *Stirb an einem anderen Tag* (2002), *Batman Begins* (2005), *Flags of Our Fathers* (2006), *Stardust* (2007), *Reise zum Mittelpunkt der Erde* (2008), *Prometheus – Dunkle Zeichen* (2012), *Oblivion* (2013), *Star Trek: Into Darkness* (2013), *Das erstaunliche Leben des Walter Mitty* (2013), *Noah* (2014) und die Fernsehserie *Games of Thrones*. Auch *Star Wars Episode VII* wurde hier gedreht.

Geniale Musikvideos aus Island stammen etwa von Björk, Of Monsters and Men und Sigur Rós. Sehenswert ist der Sigur-Rós-Konzertfilm *Heima* (2007), in dem die Isländer, ihre tosenden Wasserfälle und schroffen Berge gezeigt werden. Das sechsminütige Bon-Iver-Video *Holocene* von 2011 sollte der isländische Tourismusverband als Werbefilm nutzen.

sons eindringlicher Film *Kaldaljós* (*Kaltes Licht*, 2004) mit der beeindruckenden schauspielerischen Leistung eines kleinen Jungen.

Hafsteinn Gunnar Sigurðssons erster Spielfilm *Either Way* (2011) über zwei Straßenbauarbeiter, die Markierungen auf die Straße malen, wurde in den USA von David Gordon Green als *Prince Avalanche* (2013) ein zweites Mal verfilmt. Sein *Paris of the North* (2014) ist eine Vater-Sohn-Tragikomödie, die im abgeschiedenen Ostisland spielt und auf Filmfestivals begeistert aufgenommen wurde.

Benedikt Erlingssons *Of Horses and Men* (2013) war als surreales Porträt des Zusammenlebens von Menschen und Pferden aus der Perspektive der Pferde eine echte Independent-Sensation. Der Film wurde als isländischer Beitrag für die Oscars nominiert. Erlingsson ist auch Schauspieler und spielte in Rúnar Rúnarssons *Eldfjall* (2011) mit; darin geht es um ein älteres Ehepaar, das nach dem Ausbruch des Eldfjall von den Westmännerinseln evakuiert wird. Der urige Dokumentarfilm *The Final Member* (2012) erzählt von der bizarren Suche nach einem *homo-sapiens*-Penis für das Icelandic Phallological Museum in Reykjavík.

Viele isländische Maler und Musiker sind in mehreren Kunstgattungen unterwegs. Einige sind auch im Ausland bekannt wie z. B. Ragnar Kjartansson, der die neueste Variante des isländischen Künstlers repräsentiert: Er ist zugleich Maler, Schauspieler, Regisseur und Musiker. Das Hafnarhús des Reykjavík Art Museum und die Reykjavíker Galerien stellen die Kunstszene Islands vor.

Malerei & Bildhauerei

Viele der erfolgreichsten isländischen Künstler haben im Ausland studiert, ehe sie nach Hause zurückkehrten und sich mit der rätselhaften Nationalseele auseinandersetzten. Das Ergebnis ist ein europäisch beeinflusster Stil mit isländischen Landschaften und von den Sagas inspirierten Motiven. Erfreulicherweise sind in den isländischen Museen Künstlerinnen gleichberechtigt neben Künstlern vertreten.

Der erste große isländische Landschaftsmaler war der produktive Ásgrímur Jónsson (1876–1958). Er schuf eine erstaunliche Vielzahl von impressionistischen Öl- und Aquarellgemälden, auf denen isländische Landschaften und Volksmärchen dargestellt sind. Seine Werke sind in der Nationalgalerie in Reykjavík ausgestellt.

Ein Schüler von Ásgrímur war der berühmte Jóhannes Kjarval (1885–1972), der im entlegenen ostisländischen Borgarfjörður Eystri aufwuchs. Seine ersten Auftragsarbeiten waren Zeichnungen von Bauernhöfen für Auswanderungswillige, doch am berühmtesten sind seine frühen Kohleskizzen von Dorfbewohnern und seine surrealen Landschaften. Ein ganzes schönes Gebäude des Reykjavík Art Museum (Kjarvalsstadir) ist nach ihm benannt.

Auch die Bildhauerei ist in Island gut vertreten. Viele Werke stehen in Parks, Gärten und Galerien im ganzen Land. Die bekanntesten Bildhauer besitzen ihnen eigens gewidmete Museen in Reykjavík. Die sehenswertesten Künstler sind: Einar Jónsson (1874–1954), dessen mystische Werke sich mit Tod und Auferstehung befassen, und Ásmundur Sveinsson (1893–1982), der mit seinen fesselnden kinetischen Arbeiten vor allem Island, seine Geschichten und sein Volk feiert. Schön ist das Asmundarsafn des Reykjavík Art Museum, das ehemalige Atelier des Künstlers, voll mit Skulpturen. Sigurjón Ólafsson (1908–1992) entwarf vorrangig Büsten, experimentierte aber auch mit abstrakten Formen. Gerður Helgadóttir (1928–1975) fertigte schönes Buntglas und Skulpturen – in Kópavogur ist ihr ein Museum gewidmet. Außerdem ist ihre Arbeit auch im Reykjavíker Hljómskálagarður-Park zu finden, zusammen mit Arbeiten von Gunnfríður Jónsdóttir (1889–1968), Nína Sæmundson (1892–1962), Þorbjörg Pálsdóttir (1919–2009) und Ólöf Pálsdóttir (geb. 1920).

Der berühmteste zeitgenössische Maler Islands ist wahrscheinlich die Pop-Art-Ikone Erró (Guðmundur Guðmundsson), der sein gesamtes Werk dem Hafnarhús des Kunstmuseums Reykjavík gestiftet hat. Der dänisch-isländische Künstler Olafur Eliasson (geb. 1967) schafft kraftvolle Installationen und hat auch die Fassade der neuen Konzerthalle Harpa entworfen. Er lebt und arbeitet in Berlin und Kopenhagen.

Architektur & Design

Die isländischen Langhäuser der Wikinger haben vor den Kräften der Zeit kapituliert. Dennoch wurde die traditionelle Grassoden- und Holzbauweise bis ins 19. Jh. hinein angewandt. Ein gutes Beispiel für den Baustil steht in Glaumbær in Nordisland.

Guðjón Samúelsson (1887–1950), vielleicht einer der bekanntesten isländischen Architekten des 20. Jhs., schuf einen eigenen Stil. Seine minimalistischen Bauten sind im ganzen Land zu finden, von der Hallgrímskirkja und dem nahen Schwimmbad Sundhöllin in Reykjavík bis zum Þingvallabær (dem Bauernhaus in Þingvellir) und der Héraðsskólinn, einer alten Schule in Laugarvatn. In *A Guide to Icelandic Architecture* (herausgegeben von der isländischen Architektenvereinigung) werden 250 isländische Gebäude und Entwürfe vorgestellt.

Viele Designer, Künstler und Architekten sind in Reykjavík ansässig. Manche haben sich zu Kollektiven zusammengeschlossen und Geschäfte und Galerien eröffnet. Das Iceland Design Centre (www.icelanddesign.is) in Reykjavík bietet jede Menge weitere Informationen. Beim jedes Jahr stattfindenden DesignMarch (www.designmarch.is) finden zahllose Ausstellungen statt und werden Ateliers für die Öffentlichkeit geöffnet.

Interessant ist auch das Projekt „Designers and Farmers“, das landwirtschaftliche Produkte mit klarem isländischen Design vereint.

Das Museum of Design and Applied Art (www.honnunarsafn.is) in Garðabær, 7,5 km südlich von Reykjavík, präsentiert die isländische Designszene vom frühen 20. Jh. bis zur Gegenwart.

Isländische Lebensart

Jahrhunderte der Isolation und ein entbehrungsreiches Leben haben ihre Spuren in der kleinen und homogenen isländischen Bevölkerung hinterlassen. Die Isländer empfinden eine tiefe Verbundenheit zu ihrem Land, ihrer Geschichte und ihren Landsleuten, selbst wenn das Land diese Liebe nur auf sehr störrische Weise erwidert. Die 325 000 Seelen reagieren auf die Herausforderungen des Lebens mit einer überzeugenden Mischung aus Mut, Aufrichtigkeit und Kreativität, gewürzt mit einem schwarzen, trockenen Humor.

Mentalität

Isländer gelten als zähe, urige Naturburschen. In den ländlichen Gebieten leben tatsächlich immer noch die meisten vom Fischfang oder von der Landwirtschaft. Der Begriff „ländlich" trifft eigentlich auf den allergrößten Teil des Landes außerhalb des Raums Reykjavík zu, aber nur 36 % aller Isländer leben auf dem Land.

Dem Global Peace Index zufolge ist Island (in Folge seit 2008) das friedlichste Land der Welt. Der Index berechnet sich aus Faktoren wie Kriminalitätsrate, politische Stabilität und Anteil der in Haft sitzenden Bevölkerung.

Wie es sich für ein Volk gehört, das auf einer entlegenen Insel unter kargen Bedingungen lebt, sind die Isländer eigenwillige Individualisten, die sich nur ungern reinreden lassen. Die aktuelle Walfangdebatte ist dafür das beste Beispiel. Obwohl es den meisten Isländern nicht mal im Traum einfallen würde, Walfleisch zu essen, befürwortet die große Mehrheit die Jagd – ein stiller Protest gegen die missbilligende Haltung der Außenwelt.

Aber diese unerschütterlichen äußeren Bedingungen verbergen häufig eine verträumte innere Welt. Island besaß schon immer eine reiche Kultur, eine unglaublich hohe Alphabetisierungsrate und eine echte Leidenschaft für alles Künstlerische. Dies gilt für das ganze Land, macht sich aber vor allem in Reykjavíks Zentrum bemerkbar: Hier scheint fast jeder in einer Band zu spielen, sich künstlerisch oder gestalterisch zu betätigen, Filme zu drehen, Gedichte oder Prosa zu schreiben. Die Isländer platzen geradezu vor kreativen Impulsen.

Isländer haben weltweit eine der höchsten Lebenserwartungen – durchschnittlich 81 Jahre bei Männern, 84 Jahre bei Frauen.

Diese schwungvolle Wer-nicht-wagt-der-nicht-gewinnt-Mentalität war während des Finanzkollapses stark strapaziert. Suppenküchen sprossen aus dem Boden von Reykjavík und Tausende junge Menschen verließen Island, um ihr Glück in Norwegen zu suchen. Aber Isländer haben die Widerstandskraft in ihre DNA programmiert. Innerhalb weniger Jahre sind die Auswanderungsraten wieder zurückgegangen und man kann spüren, wie die Zuversicht sich wieder überall im Land breit macht und für den boomenden Tourismus neue Unternehmen entstehen. Das Land hat den Glauben an das alte Sprichwort *Þetta reddast* (sinngemäß übersetzt: „Das wird schon schiefgehen") wieder zurückgewonnen. Dieser Ausspruch wird so oft verwendet, dass er so etwas wie der Wahlspruch des Landes ist.

Auch wenn das isländische Selbstbewusstsein in letzter Zeit vielleicht einen kleinen Knacks bekommen hat, bleiben die Isländer doch in sich ruhende, aufrechte Patrioten. Es ist kein Zufall, dass Icelandair seinen Passagieren bei der Landung in Keflavík ein leidenschaftliches „Willkommen zu Hause" entgegenschmettert! Isländer, die international erfolgreich sind, werden still gefeiert: Im Ruhm von Berühmtheiten wie Björk und Sigur Rós strahlt auch ihre Heimat mit.

Stadtgrundrisse, der ehemalige US-Militärstützpunkt sowie die Allgegenwärtigkeit von Hotdogs und Coca-Cola zeugen von einem ausgeprägten amerikanischen Einfluss. Noch wichtiger sind den Isländern jedoch ihre Beziehungen zu den anderen skandinavischen Ländern. Obwohl sie dem kühlen und ruhigen Stereotyp der Nordländer zu entsprechen scheinen, sind sie ausgesprochen neugierig auf Besucher und brennen darauf, zu erfahren, was die Leute von auswärts über sie denken. „How do you like Iceland?" – mit dieser Frage werden Besucher oft gleich zu Anfang bombardiert. Und am Freitag- und Samstagabend findet eine unglaubliche Verwandlung statt, wenn alle Hemmungen über Bord geworfen werden und die Gespräche genauso munter sprudeln wie der Alkohol.

The Little Book of the Icelanders von Alda Sigmundsdóttir ist eine wunderbare Sammlung von 50 Essays über die „Macken" der Isländer, geschrieben von einer Isländerin, die nach 22 Jahren im Ausland wieder in die Heimat zurückkehrte.

Arbeite hart und habe Spaß

Im letzten Jahrhundert hat sich der isländische Lebensstil von isolierten Familienverbänden, die auf verstreut liegenden Höfen und in Küstendörfern lebten, zu einer eher städtischen Gesellschaft entwickelt. Die meisten Menschen wohnen inzwischen im Südwestzipfel der Insel rund um Reykjavík. Trotz der dadurch bedingten stärkeren Außenorientierung wird Familie in Island noch immer großgeschrieben. Allerdings sind junge Leute, die auf dem Land aufwachsen, heute eher bereit, für Studium und Beruf nach Reykjavík zu gehen.

Die Isländer arbeiten hart – das Renteneintrittsalter liegt bei 70 – und oft haben sie mehrere Jobs gleichzeitig, besonders im Sommer, wenn es darum geht, all die Touristen zu versorgen. Die Isländer genossen am Ende des 20. und zu Beginn des 21. Jhs. einen hohen Lebensstandard. Doch der gesellschaftliche Druck und das Bedürfnis, mit all den anderen Jónssons und Jónsdóttirs Schritt zu halten, hatten einen hohen Preis: Jahrzehntelang nahmen junge Isländer direkt nach dem Uniabschluss Kredite auf, um sich ein Haus oder einen Geländewagen leisten zu kön-

WAS DER NAME AUSSAGT

Isländische Namen sind eine Kombination aus eigenem Vornamen und Vornamen des Vaters (seltener auch der Mutter). Bei Mädchen wird an den Namen des Vaters der Zusatz *dóttir* (Tochter) angehängt, bei Jungen *son* (Sohn). Jón, der Sohn von Einar, hieße also Jón Einarsson. Guðrún, die Tochter von Einar, hieße Guðrún Einarsdóttir.

Weil die isländischen Nachnamen gewöhnlich nur darüber Auskunft geben, wie der Vater heißt, halten sich die Isländer nicht mit formalen Anreden wie „Herr Einarsson" oder „Frau Einarsdóttir" auf. Stattdessen werden auch Fremde grundsätzlich mit Vornamen angesprochen. Das sorgt für wunderbar demokratische Verhältnisse: Sogar Staatspräsidenten oder Kriminalhauptkommissare werden hier mit dem Vornamen begrüßt! Und auch das Telefonbuch ist nach Vornamen sortiert.

Nur 10 % der Isländer haben richtige Familiennamen, die meisten stammen aus der Zeit der ersten Besiedlung. Sie werden aber nur selten gebraucht. Um das System weiter zu vereinheitlichen, untersagt die Regierung ihren Bürgern per Gesetz, neue Familiennamen oder den Namen des Ehepartners anzunehmen.

In puncto Vornamensgebung gibt es in Island eine offizielle Liste mit zugelassenen Vornamen. Namen, die nicht auf dieser Liste stehen, müssen erst von der isländischen Namensbehörde genehmigt werden. Für die rund 5000 jährlich in Island geborenen Kinder erhält die Behörde rund 100 Anträge, von denen etwa die Hälfte zurückgewiesen wird. Zu den Anforderungen an einen Vornamen gehört, dass er „isländische grammatische Endungen haben kann" und nicht mit der „linguistischen Struktur Islands kollidiert".

nen, sodass sie den Rest ihres Lebens ihre Kredite abbezahlten. Als 2008 die Finanzkrise einsetzte und die gigantische Staatsverschuldung plötzlich zurückgezahlt werden musste, fragten sich viele, wie Island jemals wieder aus dem wirtschaftlichen schwarzen Loch herauskommen sollte. Aber mit ihren typischen Eigenschaften Mut, Widerstandskraft, Anpassungsfähigkeit und Kreativität ziehen die Isländer ihr Land erfolgreich am eigenen Schopf aus dem Unglück heraus.

Das Gegengewicht zur isländischen Arbeitswut bildet ein ausgeprägter Hang zu Freizeitaktivitäten. Die Saufgelage, die in Reykjavík an Freitag- und Samstagabenden stattfinden, sind ein Beispiel für die wahnsinnige Amüsierwut. Das Gleiche gilt für die unzähligen Sommerhäuser am Goldenen Kreis, aber auch für die vielen Schwimmbäder, die einen sozialen Mittelpunkt des isländischen Lebens darstellen.

Frauen in Island

2013 belegte Island zum fünften Mal hintereinander den Spitzenplatz auf dem globalen Geschlechter-Gleichstellungsindex des Weltwirtschaftsforums. Der Index bewertet 136 Länder im Hinblick auf die Unterschiede zwischen Männern und Frauen in den vier Schlüsselbereichen Gesundheit, Bildung, Wirtschaft und Politik. Island ist also auch weiterhin das Land mit den geringsten Unterschieden zwischen den Geschlechtern weltweit.

Die Wikingersiedlungen in Island erforderten ganz klar Charakterstärke und die Sagas sind voll von resoluten Frauen (z. B. Hallgerður Höskuldsdóttir, die sich weigert, das Leben ihres Ehemannes zu retten, wegen eines Schlags, den er ihr Jahre vorher verpasst hatte). Jahrhundertelang mussten sich die isländischen Frauen um ihre Bauernhöfe und ihre Familie kümmern, während die Männer auf See waren. Frauen und Männer kämpften sich hier gleichermaßen durch die lange und dunkle Geschichte Islands; die moderne Geschlechtergerechtigkeit ist ein eher junges Phänomen.

Bis 1988 hatte Island nur einen staatlichen Fernsehsender. Donnerstags war Sendepause, damit die Bürger auch mal einem anderen Zeitvertreib nachgingen. Es heißt, dass vor 1988 die meisten Kinder an einem Donnerstag gezeugt wurden ...

Frauen erhielten 1920 das vollständige Wahlrecht, aber erst als die Proteste der Frauenbewegung die Insel in den 1970er-Jahren erreichten, veränderten sich die Einstellungen. Besonders machtvoll war der Generalstreik der Frauen am 24. Oktober 1975: Als 90 % der isländischen Frauen der Arbeit fernblieben und die Mütter die Kinder bei ihren Männern ließen, hörte das Land auf zu funktionieren.

1980 war Island das erste Land, das eine Frau an die Staatsspitze wählte – die überall beliebte Vigdís Finnbogadóttir. 2009 übernahm mit Jóhanna Sigurðardóttir die erste offen lesbisch lebende Frau die Regierungsgeschäfte. Unter allen OECD-Ländern hat Island mit 78,5 % mit die höchste Quote von berufstätigen Frauen.

Ein hervorragendes Sozialsystem sorgt dafür, dass sich alleinerziehende Isländerinnen keine Gedanken darüber machen müssen, wie sie finanziell über die Runden kommen: Die Bestimmungen für Mutterschaftsurlaub sind ausgezeichnet, die Kinderbetreuung ist erschwinglich, eine Mutterschaft gilt nicht als Hindernis bei Studium und Arbeit und Alleinerziehende werden hier nicht stigmatisiert. Das Land ist kein Paradies – sexuelle Gewalt und Lohnunterschiede sind noch immer ein Thema –, aber isländische Frauen sind gut ausgebildet und unabhängig. Sie haben die gleichen Möglichkeiten wie isländische Männer.

Ahnen- & Genforschung auf Isländisch

Biotechnologieforschung wird ganz großgeschrieben in Island – unter anderem dank Ari dem Gelehrten, einem Historiker aus dem 12. Jh. Sein *Landnámabók* und *Íslendigabok* ermöglichen, dass die Isländer ihre Familienstammbäume bis ins 9. Jh. zurückverfolgen können.

1996 erkannte der Neurowissenschaftler Dr. Kári Stefánsson, dass sich dieses genealogische Material mit der ungewöhnlich homogenen Bevölkerung Islands zu etwas Einzigartigem – einem landesweiten Genforschungslabor – zusammenfügen ließe. Sehr umstritten war 1998 der Beschluss der isländischen Regierung, eine Datenbank mit allen genealogischen, genetischen und medizinischen Daten der Isländer zu schaffen. Noch umstrittener war die Entscheidung, Stefánssons Biotechfirma deCODE Genetics damit zu beauftragen, diese Datenbank zu erstellen, und ihr für ihre biomedizinische Forschung zum Aufspüren von Erbkrankheiten und den dafür verantwortlichen Genen die Zugriffsrechte auf die Daten zu übertragen. Diese Entscheidung entfachte in der isländischen Öffentlichkeit einen Sturm der Entrüstung und weltweit Diskussionen über die menschenrechtlichen und medizinethischen Folgen. Darf eine Regierung die medizinischen Daten ihrer Bürger verkaufen? Ist es zulässig, dass ein Privatunternehmen diese Daten zu kommerziellen Zwecken nutzt?

Während der Streit immer weiter hochkochte und Investoren an die Tore klopften, fing die Biotechfirma mit der Arbeit an. 2003 wurde die Datenbank für verfassungswidrig erklärt; deCODE ging 2010 in Konkurs und wurde 2012 an den amerikanischen Biotech-Giganten Amgen verkauft. Bis dahin hatte deCODE aus der DNA und den klinischen Daten von mehr als 100 000 Freiwilligen – einem Drittel der Bevölkerung – eine Forschungsdatenbank aufgebaut und es war der Firma gelungen, 15 Gene zu isolieren, die mit Herzinfarkt, Schlaganfall und Alzheimer in Verbindung gebracht werden konnten. DeCODE ist weiter damit beschäftigt, die Geheimnisse des menschlichen Genoms zu enträtseln, und 2014 begann die Firma mit einer neuen Kampagne, um noch mehr Isländer dazu zu ermutigen, der Datenbank freiwillig ihr Genmaterial zu spenden.

Obwohl Isländisch von allen lebenden Sprachen dem Wikinger-Idiom am nächsten kommt, ist Island von allen nordischen Staaten am wenigsten rein skandinavisch. DNA-Studien haben gezeigt, dass ein Großteil des isländischen Erbguts keltischen Ursprungs ist, was darauf hindeutet, dass viele Wikingersiedler mit ihren britischen und irischen Sklaven Kinder gezeugt haben.

Religion

Nordische Mythologie

Zur Zeit der Besiedlung Islands war Ásatrú die herrschende Religion, wörtlich bedeutet Ásatrú „Glaube an die Asen“ (die altnordischen Götter). Óðinn, Þór (Thor) und Freyr waren das führende Dreigestirn, dem ganz Skandinavien huldigte. Óðinn, der höchstrangige Gott, ist der Gott des Krieges und der Dichtkunst und eine düstere, Ehrfurcht gebietende Erscheinung. Þór ist der Gott, der in Island am meisten verehrt wird (isländische Namen wie Þórir, Þórdís und Þóra sind noch immer sehr beliebt). Der stämmige, rothaarige Gott der einfachen Leute herrscht über Donner, Wind, Sturm und Naturkatastrophen. Für die Bauern und Fischer war es deshalb immer von entscheidender Bedeutung, ihn gnädig zu stimmen. Freyr und seine Zwillingsschwester Freyja gelten als Götter der Fruchtbarkeit und Sexualität. Freyr bringt Mensch und Tier den Frühling – mit allem, was an romantischem Firlefanz dazugehört – und ist für die Arterhaltung zuständig.

Vor über 1000 Jahren konvertierten die Isländer zum Christentum, aber die alten Götter sind geblieben. Eine moderne Ausprägung des Ásatrú entwickelte sich in den 1970er-Jahren fast gleichzeitig in Island, den USA und Großbritannien. Während die Mitgliederzahlen der anderen Religionen relativ konstant sind, wächst der Ásatrúarfélagið (Ásatrú-Verband; www.asatru.is): 2014 hatte die Gemeinde rund 2400 eingetragene Mitglieder und bildete damit die größte nichtchristliche Religionsgemeinschaft Islands.

In seinem Buch *The Almost Nearly Perfect People* versucht Michael Booth dem „nordischen Wunder“ auf die Spur zu kommen. Er präsentiert tolle Statistiken und unterhaltsame Einblicke in die Mentalität der Isländer.

Christentum

Traditionell wird das Datum des Erlasses, durch den Island offiziell zum Christentum konvertierte, mit dem Jahr 1000 angegeben. Forschungen haben jedoch ergeben, dass er wohl schon 999 in Kraft trat. Schon län-

ISLAND ÜBERNATÜRLICH: GEISTER, TROLLE & VERSTECKTES VOLK

Wer die Lavafelder, gespenstischen Naturformationen und abgelegenen Höfe in der isländischen Landschaft gesehen hat, wundert sich kaum mehr über den Volksglauben der Isländer, dass ihr Land von *huldufólk* (verstecktem Volk) und Geistern bewohnt ist.

Auf den Lavafeldern leben *jarðvergar* (Gnome), *álfar* (Elfen), *ljósálfar* (Feen), *dvergar* (Zwerge), *ljúflingar* (wörtlich „Lieblinge", eine Elfenart), *tívar* (Berggeister) und *englar* (Engel). Ihre Geschichten werden von Generation zu Generation weitererzählt und viele moderne Isländer behaupten, schon einmal einen Geist gesehen zu haben – oder wenigstens jemanden zu kennen, der einen gesehen hat.

Wie in Irland erzählt man sich auch hier Geschichten von Bauvorhaben, die scheiterten, als die Arbeiter versuchten, Straßen durch die Behausungen von Elfen zu bauen. Mitte 2014 machte Island wieder Schlagzeilen mit seiner vermeintlichen Exzentrik, als ein Straßenbauprojekt zwischen der Halbinsel Álftanes und dem Reykjavíker Vorort Garðabær gestoppt wurde, nachdem Protestierende darauf hingewiesen hatten, dass die Straße durch ein Elfengebiet führe.

Isländische Geister sind ausgesprochen körperlich und keine wabernden Schattenwesen wie anderswo in Europa. Írafells-Móri (die Begriffe *móri* und *skotta* werden für männliche bzw. weibliche Geister verwendet) braucht z. B. abends immer noch eine Spätmahlzeit und eines der berühmtesten Spukwesen des Landes, Sels-Móri, wurde seekrank, als er auf einem Schiff eingesperrt war. Ungewöhnlich ist auch, dass sich zwei Geister, die im selben Gebiet ihr Unwesen treiben, miteinander verbünden, um für noch mehr Unheil zu sorgen. Bizarren Lavaformationen und Felsen überall im Land wird häufig nachgesagt, sie seien Trolle, die vom Sonnenaufgang überrascht und für immer versteinert wurden. Lebendige Trolle werden eher selten gesichtet – sie sind vor allem Stoff für Kindergeschichten.

Umfragen zufolge glaubt mehr als die Hälfte der Isländer an die Existenz des versteckten Volkes oder möchte diese Möglichkeit zumindest nicht ausschließen. Aber: Viele Isländer haben die Nase gestrichen voll davon, nach ihrem Glauben an übernatürliche Wesen gefragt zu werden. Das ständige „Ach, wie süß, die Isländer glauben ja an Gespenster!" verletzt ihren Stolz. Deshalb würden auch durchaus abergläubische Menschen dies Fremden gegenüber nie zugeben. Wer mehr wissen möchte, kann sich in Hafnarfjörður (S. 96) einer Tour anschließen oder an einem Kurs der **Icelandic Elf School** (Álfaskólinn; www.elfmuseum.com) in Reykjavík teilnehmen. Die gibt's tatsächlich und sie bietet fast jeden Freitag vierstündige Einführungskurse.

ger bekannt ist, dass der Wechsel der Religionszugehörigkeit eine politische Entscheidung war. Im isländischen Alþing (Parlament) spalteten sich Christen und Heiden in zwei radikale Lager und drohten, das Land zu entzweien. Þorgeir, der *lögsögumaður* (Gesetzessprecher), bat um Mäßigung auf beiden Seiten. Schließlich kamen alle überein, dass das Christentum offiziell zur neuen Religion erklärt werden sollte, die Heiden aber weiterhin privat ihre Rituale abhalten durften. Heute gehören die meisten Isländer (etwa 80 %), ähnlich wie die Festlandskandinavier, der evangelisch-lutherischen Kirche an. Jedoch sind nur wenige praktizierende Christen und die Gottesdienste sind sehr schlecht besucht.

Isländische Küche

Wenn jemand überhaupt schon mal etwas von isländischer Küche gehört hat, dann gewöhnlich nur über Speisen hart an der Grenze des guten Geschmacks: z. B. fermentierter Hai oder Schafskopf. Dabei gibt es in Island köstliche Zutaten frisch vom Bauernhof, Fisch und Meeresfrüchte aus den umliegenden Gewässern, eigene Milchprodukte und clevere Konservierungsmethoden, die in der gefeierten Neuen Nordischen Küche wieder eingesetzt werden.

Das kulinarische Erbe

Lange Zeit war die Bevölkerung im abgelegenen Island bettelarm. Die Bauern und Fischer hatten es nicht leicht: Der spärliche Boden und die ungünstigen Wetterverhältnisse bedeuteten kümmerliche Ernten. Schafe, Fische, Seevögel und deren Eier bestimmten den Speiseplan. Alle Körperteile eines Tieres wurden gegessen: frisch oder haltbar gemacht durch Trocknen, Einsalzen, Räuchern, Einlegen in Molke oder sogar – wie bei Haifischen – durch Verbuddeln in der Erde. Durch die Konservierung wurde gewährleistet, dass es auch in mageren Zeiten etwas zu essen gab.

Die Grundnahrungsmittel sind bis heute weitgehend gleich geblieben: Fisch, Meeresfrüchte, Lamm, Brot und einfache Gemüsesorten bilden die Basis der landestypischen Küche. Inzwischen holen isländische Lebensmittelerzeuger und Köche jedoch wieder vermehrt alte Rezepte und Zubereitungsmethoden hervor und bringen so ihren Stolz auf das kulinarische Erbe des Landes zum Ausdruck – das Ergebnis kann jeweils recht interessant sein. Die ausgeprägte Slow-Food-Bewegung bringt es mit sich, landeseigene Produkte Importen vorzuziehen, und die Restaurants setzen selbstbewusst und stolz regionale Spezialitäten auf die Karte.

Das wunderbare neue Buch *North: The New Nordic Cuisine of Iceland* vom Koch Gunnar Karl Gíslason und der Köchin Jody Eddy stellt traditionelle isländische Lebensmittelerzeuger vor, von denen viele Gunnars erstklassiges Restaurant Dill beliefern.

Typisches & Spezialitäten

Fisch & Meeresfrüchte

„Die Hälfte unseres Landes ist Meer" sagt ein altes isländisches Sprichwort. Fisch war schon immer das wichtigste Standbein der Landesküche. Was in Restaurants oder auf Märkten angeboten wird, ist immer fangfrische Ware, die dann gekocht, gebraten, gebacken oder gegrillt auf den Tisch kommt.

Früher aßen die Isländer nur die als Delikatessen geltenden Bäckchen und die Zunge des *þorskur* (Kabeljau), der Rest wurde exportiert. Mittlerweile stehen auch Kabeljaufilets auf der Karte, außerdem *ýsa* (Schellfisch), *bleikja* (Seesaibling) und der beliebte, in der Konsistenz fleischähnliche *skötuselur* (Seeteufel). Außerdem gibt's oft *lúða* (Heilbutt), *steinbítur* (Seewolf), *sandhverfa* (Steinbutt; kein einheimischer Fisch), *síld* (Hering), *skarkoli* (Scholle) und *skata* (Rochen). Im Sommer werden *silungur* (Bachforelle) und *villtur lax* (Wildlachs) angeboten. Zuchtlachs heißt *eldislax* und ist das ganze Jahr über erhältlich; er taucht geräuchert auf unzähligen Speisekarten auf.

Harðfiskur ist ein beliebter Snack, der mit Butter gegessen und in Supermärkten und an Marktständen zu haben ist. Dahinter verbirgt sich

Wo gibt's das frisch?

Kaisergranat: Höfn

Tomaten: Flúðir

Rentier: Egilsstaðir & Ostfjorde

Hverabrauð: Mývatn

Muscheln: Stykkishólmur

Fohlen: Skagafjörður

EINE REISE FÜR DIE GESCHMACKSNERVEN

Fisch und Lamm aus Island sollten ganz oben auf der persönlichen Speisekarte für das Land stehen. Vielleicht möchten manche Besucher auch Ungewohntes wie Wal, Papageitaucher oder sogar *hákarl* (fermentiertes Haifleisch) probieren – aber bitte nur, wenn man weiß, was auf einen zukommt (s. S. 81). Folgende Leckereien sind risikolos zu kosten:

Skyr Cremiges, an Joghurt erinnerndes Milchprodukt, manchmal mit Zucker und Beeren angereichert. Man kann es in joghurtartigen Drinks oder isländischen Nachspeisen bekommen, es wird auch im Käsekuchen und in Crème brûlée verarbeitet; es gibt sogar „skyramisu".

Hangikjöt Abgehangenes Fleisch, meist geräuchertes Lamm, in dünnen Scheiben serviert – ein traditionelles Weihnachtsgericht.

Harðfiskur Krümelige Stückchen von luftgetrocknetem Schellfisch, oft mit Butter gegessen.

Pýlsur Isländischer Hotdog aus Lamm-, Rind- und Schweinefleisch, wahlweise garniert mit rohen oder frittierten Zwiebeln, Ketchup, Senf oder pikanter Remouladensauce (wer *eina með öllu* bestellt, bekommt einen mit allem).

Lakritze Salzige wie auch mit Schokolade überzogene Lakritzspezialitäten füllen die Süßigkeitenregale der Supermärkte.

Rúgbrauð Kräftiges, dunkles Roggenbrot. Am Mývatn sollte man nach *hverabrauð* Ausschau halten, das im Erdofen mit Erdwärme gebacken wird.

in Streifen geschnittener Schellfisch, der ausgenommen und so lange an der Luft getrocknet wird, bis er gedörrt und mürbe ist.

Auch Krabben *(rækja)*, Jakobsmuscheln *(hörpudiskur)* und Miesmuscheln *(kræklingur)* werden in isländischen Gewässern gefangen – Muscheln sind zu Beginn und am Ende des Sommers am besten. Der *humar* (oder *leturhumar*) ist ein echter Leckerbissen. Die Isländer bezeichnen ihn zwar als „Hummer", aber andernorts sind diese Tiere als „Kaisergranat" bekannt. Besonders beliebt sind die aus Höfn in Südostisland. Dort gibt's sogar jedes Jahr ein Hummerfest.

Saga Travel (www.sagatravel.is) bietet eine „Local Food and Gourmet"-Tour an, bei der man Fisch, Rind- und Lammfleisch, Bier und Eiscreme von Erzeugern aus dem fruchtbaren Land um Akureyri kennenlernt.

Fleisch

Isländisches Lamm ist schwer zu toppen. Im Sommer streifen die Schafe durch Berge und Täler, wo ihnen kein Weidezaun in die Quere kommt, und fressen garantiert chemiefreies Gras. Im September werden sie beim *réttir* zusammengetrieben und überwintern in Ställen. Ergebnis dieses luxuriösen Lebens ist ein unglaublich zartes Lammfleisch mit leichtem Wildaroma. In den meisten Restaurants stehen Lammfilet, Lammkotelett und geräuchertes Lamm auf der Karte.

Auch Rind schmeckt ausgezeichnet, ist aber seltener und daher teurer. Pferdefleisch hat ebenfalls seine Liebhaber und gilt als Delikatesse. Auf Speisekarten kann durchaus Fohlenfilet auftauchen.

Das ostisländische Hochland ist das Revier der Rentiere, die dort als Steaks auf dem Teller landen. Die Rentierjagd ist streng reguliert; die Saison dauert von Ende Juli bis weit in den September hinein.

Vögel bereichern seit jeher den isländischen Speisezettel. Sehr beliebt ist *lundi* (Papageitaucher), der meist geräuchert oder gekocht (erinnert an Leber) serviert wird. Allerdings wird diese Delikatesse aufgrund des besorgniserregenden Rückgangs der Bestände immer seltener. *Svartfugl*, ein weiterer Seevogel, wird auf englischsprachigen Speisekarten oft mit „blackbird" (Amsel) übersetzt; tatsächlich handelt es sich dabei um Trottellumme. Spitzenrestaurants, die auf saisonale Zutaten Wert legen, bieten im Herbst manchmal gebratene *heiðagæs* (Kleine Rietgans) an.

Süßigkeiten & Desserts

Ein absolutes Muss ist *skyr*, eine joghurtähnliche Leckerei aus pasteurisierter Magermilch. Trotz des sahnigen Geschmacks enthält sie wenig Fett und wird durch die Zugabe von Zucker, Früchten (vor allem Blaubeeren) und Rahm zu einer herrlich cremigen Köstlichkeit. Jeder Supermarkt hat *skyr* im Kühlregal und Restaurants bieten ihn als Dessert an.

Isländer mögen ihre *pönnukökur* (Pfannkuchen) dünn, süß und mit Zimt. *Kleinur* (Schmalzgebäck) und ihre würzigere Abart *ástarpungar* („Liebesbällchen") sind leckere, in Fett ausgebackene Krapfen. Bäckereien verkaufen diese und viele weitere köstliche Kalorienbomben – als süße Überbleibsel der dänischen Fremdherrschaft.

In jüngster Zeit hat sich Eiscreme aus heimischer Produktion zu einem echten Renner entwickelt. Die isländischen Milcherzeuger produzieren Unmengen davon und die Restaurants in ihrer Umgebung bringen es unter die Leute. Neben dem guten, alten Vanilleeis sind bizarre Sorten wie Bier, Lakritze oder Sauce béarnaise im Angebot.

Maike Hannecks liebevoll zusammengestelltes *Island-Kochbuch* gewährt einen Einblick in die isländische Küche von damals und heute, mit über 70 Rezepten und Hintergrundinfos.

Getränke

Alkoholfreies

Ein Leben ohne *kaffi* (Kaffee) ist in Island undenkbar. In jedem Café und jeder Tankstelle steht immer eine Kanne Filterkaffee auf dem Tresen bereit und in manchen Läden gibt's für Kunden eine Tasse gratis. Mittlerweile tauchen zunehmend trendige Cafés auf, die Espresso, Latte, Cappuccino, Mokka und andere Kaffeespezialitäten anbieten, selbst in den entlegensten Winkeln der Insel – allerdings ist der Kaffee nicht immer der beste. Es gibt auch Tee, aber das Angebot kann bei Weitem nicht mit dem für Kaffee mithalten. Die in den Supermärkten am weitesten verbreitete Marke ergibt nur eine schwache, trübe Brühe.

Und koffeinsüchtig sind sie wirklich, die Isländer. Sie können nämlich auch den weltweit höchsten Coca-Cola-Konsum pro Kopf vorweisen. Ebenfalls gern getrunken werden Egils Appelsín (eine Orangenlimonade) und Egils Malt Extrakt, ein sehr süßes, typisch isländisches Malzbier.

Flaschenwasser zu kaufen ist in Island eigentlich ein Verbrechen, denn das Leitungswasser kommt hier normalerweise vom nächsten Gletscher und ist so rein wie sonst kaum irgendwo.

Der Biertag (1. März) geht auf den glorreichen Tag im Jahr 1989 zurück, als in Island Bier legalisiert wurde – den größten Teil des 20. Jh. war es verboten. Wie zu erwarten wird dann in den Clubs und Kneipen in Reykjavík besonders kräftig gefeiert.

Alkoholisches

Manchen Isländern kommt es beim Alkohol weniger auf den Geschmack an – Hauptsache, er haut rein. Vor allem in Reykjavík heißt Ausgehen am Wochenende „Saufen bis zum Umfallen".

Das Mindestalter für den Kauf von Bier, Wein oder Spirituosen ist 20 Jahre. Alkohol gibt es nur in Kneipen und Restaurants mit Schanklizenz sowie in den Vínbúðin, den staatlichen Alkoholläden (www.vinbud.is). Davon gibt's landesweit rund 50 – einen in fast jedem größeren Ort und im Großraum Reykjavík ein rundes Dutzend. In der Regel haben sie montags bis donnerstags und samstags von 11 bis 18 Uhr und freitags von 11 bis 19 Uhr geöffnet (So geschl.). In kleinen Gemeinden öffnen die Vínbúðin nur ein oder zwei Stunden am Spätnachmittag. Freitags bilden sich dort gegen 17 Uhr oft lange Schlangen. Die Preise für eine Flasche Wein fangen bei 1300 ISK an, für Bier wird ein Drittel des Kneipenpreises verlangt.

Tankstellen und Supermärkte verkaufen die verwässerte Light-Bier-Version namens Pilsner mit 2,2 % Alkohol – aber da verzichten die meisten Isländer lieber ganz. Die größten Brauereien der Insel, Egils, Gull, Thule und Víking, brauen durchschnittliches helles Bier und Pils. Es wird auch Bier importiert. Und in den letzten Jahren sind überall in Island gute kleine Brennereien und Brauereien entstanden, die neben

Whisky und Wodka auch Dutzende sehr guter Craft-Biere erzeugen – Näheres auf unserem Spickzettel auf S. 87. Auch nach saisonalen Bieren sollte man die Augen offen halten – besonders beliebt sind die Weihnachtsbiere.

Die Berichte über astronomische Alkoholpreise in Island entsprechen nicht ganz der Wahrheit: Ein halber Liter Bier kostet in einer Kneipe etwa 800 bis 1200 ISK. In Reykjavík bieten viele Läden Happy Hours; dann kostet ein Bier nur noch 500 bis 700 ISK. Für preisbewusste Trinker gibt's die Smartphone-App Reykjavík Appy Hour.

Das traditionelle alkoholische Getränk der Isländer ist der *brennivín* (Branntwein), ein starker Schnaps aus Kartoffeln und Kümmel mit dem nicht gerade verheißungsvollen Beinamen *svarti dauði* (schwarzer Tod). Dieser Schnaps ist quasi ein Muss, wenn man etwas Leckeres mit *þorramatur*-Geschmack probiert.

Wohin zum Essen & Trinken?

Restaurants

Islands beste Restaurants befinden sich in Reykjavík, aber in letzter Zeit schießen Gourmettempel auch außerhalb der Hauptstadt wie Pilze aus dem Boden. Sie wenden sich an Reisende, die authentische Regionalküche genießen möchten. Diese Restaurants lassen sich von kleinen lokalen Erzeugern wie Gersten- und Gemüsebauern, Muschelzüchtern, dem benachbarten Schafzüchter und den örtlichen Fischern beliefern. In vielen Lokalen kommen die Zutaten direkt von nebenan. Regionale und saisonale Küche – wer das sucht, ist hier genau richtig!

Salt Eldhús (www.salteldhus.is) ist eine kleine Kochschule in Reykjavík, die einen Kurs in isländischer Küche anbietet: Aus regionalen Zutaten wird ein Drei-Gänge-Menü gezaubert.

Die Preisunterschiede zwischen hervorragenden und durchschnittlichen Restaurants sind oft nicht sehr groß. Es lohnt sich also durchaus, ab und zu ein besseres Lokal zu besuchen. Auf dem Land gibt's meist nicht viel Auswahl – das einzige Restaurant im Ort ist vielleicht das des örtlichen Hotels (oder der Imbiss an der Tankstelle). Und in der Hochsaison bekommt man ohne Reservierung vielleicht keinen Tisch oder muss lange warten.

Die Speisekarten enthalten normalerweise mindestens ein Fischgericht, ein vegetarisches Gericht (ausnahmslos Pasta) und mehrere Fleischgerichte, vor allem Lamm. Zahlreiche Restaurants bieten auch billigere Mahlzeiten für Zwischendurch wie Hamburger oder Pizza an. Auch Suppe gibt's fast immer – als Mittagsgericht (z. B. als Teil eines Suppen- und Salatbuffets) oder als Vorspeise am Abend. *Fiskisúpa* (Fischsuppe) wird nach verschiedenen Familienrezepten zubereitet; in der *kjötsúpa* (Fleischsuppe) sind gewöhnlich Gemüse und ein paar kleine Stücke Lamm zu finden.

In Reykjavík und (etwas seltener) in Akureyri gibt's thailändische, japanische, italienische, mexikanische, indische, chinesische und andere ausländische Spezialitätenlokale.

Restaurants sind in der Regel täglich von 11.30 bis 14.30 und von 18 bis 22 Uhr geöffnet. Selbst im Sommer kann es jedoch sein, dass die Küche um 21 Uhr schließt.

PREISE

Die in diesem Buch aufgeführten Lokale sind nach dem Preis für ein durchschnittliches Hauptgericht in drei Preiskategorien unterteilt:

€ unter 2000 ISK (13 €)

€€ 2000–5000 ISK (13–33 €)

€€€ über 5000 ISK (33 €)

HIER KOMMT ALLES AUF DEN TISCH!

Wer einen Teller mit einem althergebrachten isländischen Gericht betrachtet, muss damit rechnen, dass es zurückstarrt. Früher wurde nämlich nichts weggeworfen und manche traditionellen Spezialitäten erinnern eher an Requisiten für einen Horrorfilm als an Lebensmittel. Zum Glück sind sie auf den Speisekarten kaum zu finden – sie werden meist nur bei *þorramatur*-Buffets während des Mittwinterfests Þorrablót (benannt nach dem altnordischen Monat Þorri, Mitte Januar bis Mitte Februar) gegessen. Dazu wird jede Menge *brennivín* (Schnaps) gebechert.

Svið Abgesengter, gekochter halber Schafskopf (mit Auge), manchmal eingelegt

Sviðasulta (Schafskopfsülze) Stücke von *svið*, in glibberige Laibe gepresst und in Molke eingelegt

Slátur („Schlachteplatte") Gibt's in zwei Formen: *lifrarpylsa* ist eine Leberwurst im Schafsmagen aus einem Gemisch aus Schafsgedärmen, Leber und Fett (ähnlich dem schottischen *haggis*)

Súrsaðir hrútspungar Widderhoden, in Molke eingelegt und zu einem Kuchen gepresst

Hákarl Islands berühmt-berüchtigtes Gericht besteht aus Grönlandhai, der so schwer verdaulich ist, dass er erst einmal sechs Monate lang, in Erde eingebuddelt, vergammeln muss. Die meisten Ausländer finden schon den Gestank (eine Mischung aus Ammoniak und verrotteter Tierleiche) unerträglich, aber das Zeug schmeckt besser, als es riecht. Der Nachgeschmack ist allerdings bestialisch; ein kräftiger Schluck *brennivín* wird traditionell als Gegengift gereicht.

Cafés & Kneipen

Die vielen hippen Café-Kneipen in der Innenstadt Reykjavíks sind ideal, um gemütlich einen Kaffee zu schlürfen, Leute zu beobachten, Ansichtskarten zu schreiben oder mit dem Laptop die Zeit zu vertrödeln. Das Angebot dort reicht von einfachen Suppen und Sandwiches bis zu Fischgerichten und opulenten Hamburgern. In den letzten Jahren ist auf den Speisekarten der Cafés ein echter Trend zur Restaurantküche erkennbar, mit entsprechend höheren Preisen. Die Cafészene breitet sich inzwischen auch außerhalb von Reykjavík aus: Vielerorts im Land sind coole neue Läden zu finden.

Der US-amerikanische Koch Anthony Bourdain beschrieb *hákarl* als das „wahrscheinlich Schlimmste, was ich je in den Mund genommen habe".

Viele Cafés in Reykjavík verwandeln sich abends (meist freitags und samstags) in turbulente Bars, wo plötzlich DJs auftauchen, Bier ausgeschenkt wird und das Partyvolk bis irgendwann zwischen 4 und 5 Uhr morgens immer lauter und ausgelassener wird. Außerhalb von Reykjavík ist die Kneipenszene sehr viel gesetzter, wenn auch in Akureyri freitags und samstags einiges los ist.

Würstchenbuden & Tankstellen

Isländer lieben Fastfood – wenn sich in Reykjavík irgendwo eine Schlange bildet, steht dort höchstwahrscheinlich eine Bude, die *pýlsur* (Hotdogs) verkauft. Viele große Tankstellen haben einen angeschlossenen Imbiss mit Cafeteria – meist günstig, gut und von Einheimischen belagert. Normalerweise gibt's Sandwiches und Fastfood von 11 bis 21 oder 22 Uhr und um die Mittagszeit manchmal auch herzhafte Tellergerichte wie Fleischsuppe, fangfrischen Fisch oder Lamm.

Supermärkte & Bäckereien

Jede Stadt und jedes Dorf hat zumindest einen kleinen Supermarkt. Die teuersten sind die der Kette 10-11, die dafür aber meist lange geöffnet haben. Bónus (leicht erkennbar an dem gelben Schild mit rosa Sparschweinchen) ist der isländische Billigsupermarkt. Weitere Ketten heißen Hagkaup, Kjarval, Krónan, Nettó, Nóatún, Samkaup-Strax und Samkaup-Úrval. Die Öffnungszeiten sind sehr uneinheitlich. In Reykjavík sind die meisten Supermärkte täglich von 9 bis 23 Uhr geöffnet, außerhalb der Hauptstadt normalerweise nicht so lange. Sonntags sind die Läden kürzer oder gar nicht geöffnet.

Die isländischen Bäckereien *(bakari)* kann man gar nicht hoch genug loben. Es gibt sie in fast jedem Ort – vielleicht in einem Supermarkt – und in der Regel haben sie werktags von 7 oder 8 bis 17 Uhr geöffnet (manchmal auch samstags). Die *bakari* verkauft ein breites Sortiment an preiswertem, frischem Brot, Kleingebäck, Kuchen, Sandwiches und Kaffee, meist gibt's dort auch Tische und Stühle.

Die süßlich-scharfen Kümmelsamen würzen in Island nicht nur *brennivín*, sondern auch Käse, Kaffee und Brot. Nach der Blüte der Kümmelpflanze Ende August machen viele Reykjavíker einen Ausflug zur Insel Viðey, um Kümmelsamen zu sammeln.

Die meisten Lebensmittel werden importiert und zu astronomischen Preisen angeboten – oft zwei- oder dreimal so hoch wie im restlichen Europa. Überraschend günstig sind qualitativ gute Fisch- (in der Dose oder geräuchert) und Milchprodukte. Etwas Obst und Gemüse kommt aus lokalem Anbau und ist frisch und aromatisch, während Importware manchmal schon ziemlich angegammelt aussieht, wenn sie in den Ladenregalen landet.

Vegetarier & Veganer

In Reykjavík haben Vegetarier keine Probleme. Einige ausgezeichnete Café-Restaurants in der Innenstadt servieren fleischfreie Kost und in vielen Lokalen steht auch reichlich Vegetarisches auf der Karte, z. B. im Gló. Im Rest des Landes haben die meisten Restaurants zumindest ein Angebot auf der Karte – leider fast ausnahmslos Pasta mit Käse und Tomatensauce oder Pizza, was auf die Dauer ziemlich langweilig werden kann. Veganer müssen sich gewöhnlich selbst versorgen.

Praktische Informationen

Allgemeine Informationen

Aktivitäten

Islands spektakuläre Landschaft, unberührte Natur und einzigartige Atmosphäre machen das Land zu einem erstklassigen Reiseziel für Outdoorfans. Weitere Informationen s. S. 38.

Botschaften & Konsulate

Aktuelle Informationen zu den Botschaften und Konsulaten in Island können auf der Website des isländischen Außenministeriums (www.mfa.is) abgerufen werden (über den Punkt „Diplomatic Missions“, dann „Foreign Missions“).

Essen

Informationen zum Essen und zu speziellen Gerichten sowie zu den im Buch verwendeten Preiskategorien gibt es im Kapitel Isländische Küche S. 383.

Feiertage

Die gesetzlichen Feiertage werden oft als Anlass für Familienzusammenkünfte genutzt. Wenn sie auf ein Wochenende fallen, ziehen die Isländer in Scharen aufs Land und gehen campen. Wer in den Ferienzeiten unterwegs ist, vor allem am langen Wochenende des Handelsfeiertags im August, sollte Berghütten und Busfahrten weit im Voraus buchen.

Gesetzliche Feiertage in Island:

Neujahr 1. Januar

Ostern März oder April (Gründonnerstag bis Ostermontag)

Sommeranfang Erster Donnerstag nach dem 18. April

Tag der Arbeit 1. Mai

Himmelfahrt Mai oder Juni

Pfingsten Mai oder Juni

Nationalfeiertag 17. Juni

Handelsfeiertag Erster Montag im August

Weihnachten 24.–26. Dezember

Silvester 31. Dezember

Schulferien

- Die Sommerferien dauern von der ersten Juniwoche bis zur dritten Augustwoche. In dieser Zeit sind die meisten Edda- und Sommerhotels geöffnet.
- Die Weihnachtsferien im Winter dauern zwei Wochen, etwa vom 20. Dezember bis zum 6. Januar. Außerdem gibt's um Ostern herum eine Woche Ferien.

Freiwilligenarbeit

Freiwilligenarbeit im Ausland ist eine gute und relativ günstige Möglichkeit, Land und Leute kennenzulernen. Neben den folgenden Optionen gibt's noch die Möglichkeiten, in den wilden Westfjorden im **Polarfuchszentrum** (Melrakkasetur; ☎456 4922; www.arcticfoxcenter.com; Erw./Kind 900 ISK/frei; ⏲Juni–Aug. 9–20 Uhr, Mai & Sept. 10–17 Uhr, Okt.–April kürzere Öffnungszeiten) mitzuarbeiten.

Iceland Conservation Volunteers (ICV; www.ust.is/the-environment-agency-of-iceland/volunteers/) Die isländische Umweltbehörde Umhverfisstofnun (UST) stellt jeden Sommer über 200 ehrenamtliche Helfer für Naturschutzprojekte im ganzen Land ein. Hauptsächlich handelt es sich um Bau- oder Instandhaltungsarbeiten an Wanderwegen im Nationalpark Vatnajökull. Plätze in den kürzeren Programmen (weniger als vier Wochen) werden gewöhnlich durch Partnerorganisationen vermittelt, wie die britischen Organisationen The Conservation Volunteers (www.tcv.org.uk) und Working Abroad (www.workingabroad.com) oder die isländischen Organisationen SEEDS und Worldwide Friends. Wer länger mitarbeiten möchte, kann im Sommer elf Wochen in sogenannten Trail-Teams an Wanderwegen arbeiten; Infos stehen auf der UST-Website.

SEEDS (www.seeds.is) Die isländische Organisation arrangiert Workcamps und Urlaub mit Freiwilligenarbeit, vor allem in der Natur und in Umweltprojekten (Wege bauen, ökologische Studien etc.), aber auch bei Bau und Renovierung von öffentlichen Gebäuden oder zur Unterstützung bei Festivals und Events.

Volunteer Abroad (www.volunteerabroad.com) Gibt einen Überblick über mögliche Projekte in Island. Viele der aufgeführten Projekte fallen in die Zuständigkeit der isländischen Umweltbehörde (Umhverfisstofnun), werden aber von verschiedenen internationalen Freiwilligenorganisationen vermittelt.

Worldwide Friends (Veraldarvinir; www.wf.is) Die isländischen Worldwide Friends betreiben Workcamps, die sich vor allem um Natur und Umwelt kümmern. Es gibt aber auch die Möglichkeit, sich in kommunalen Projekten und bei Kunst- und Kulturveranstaltungen zu engagieren.

WWOOF (www.wwoofindependents.org) World Wide Opportunities On Organic Farms (auch bekannt als Willing Workers On Organic Farms) hat eine Handvoll Bio-Bauernhöfe in Island im Programm, auf der WWOOFer arbeiten können, wenn es in Island auch keinen nationalen WWOOF-Ableger gibt. Für ihre Arbeit erhalten die Freiwilligen Kost und Logis.

Geld

In Island funktioniert praktisch alles bargeldlos, die Kreditkarte ist hier König. Die Einheimischen zahlen selbst kleine Einkäufe damit.

Wer eine gültige Karte dabei hat, muss eigentlich nur wenig Bares mitführen und lediglich kleine Beträge aus den Geldautomaten ziehen. Vor der Reise sollte man sich aber vergewissern, dass man mit der eigenen Karte in Island Geld bekommt.

Wer lieber traditionell bezahlt und Bargeld bei sich hat, kann ausländische Banknoten und Reiseschecks bei allen großen Banken gegen isländische Währung umtauschen.

Geldautomaten

- Fast jeder Ort in Island hat eine Bank mit einem Geldautomaten, an dem mit MasterCard, Visa-, Maestro- oder Cirrus-Karten Geld abgehoben werden kann.
- Geldautomaten gibt es auch an allen größeren Tankstellen und in Einkaufszentren.

Kredit- & Bankkarten

- Visa und MasterCard (etwas seltener American Express und Diners Club) werden in den meisten Läden, Restaurants und Hotels akzeptiert.
- Sogar der Flybus vom internationalen Flughafen in Keflavík nach Reykjavík kann mit Plastikgeld bezahlt werden – praktisch für alle, die gerade erst im Land angekommen sind.
- Wer auf einem Bauernhof übernachtet oder abgelegene Dörfer besucht, sollte vorsichtshalber genug Bargeld bei sich haben, um über die Runden zu kommen.

WICHTIG: KREDITKARTEN-PIN

Für alle Zahlungen per Kredit- oder Bankkarte ist die vierstellige Geheimzahl notwendig, z. B. auch an Tankstellen ohne Personal – vor der Abreise also unbedingt einen PIN-Code besorgen, falls man noch keinen hat!

Trinkgeld

Weil Service und Mehrwertsteuer immer im Preis inbegriffen sind, sind Trinkgelder in Island überflüssig.

Währung

- Die isländische Währung ist die Króna, Plural Krónur (ISK).
- Es gibt 1-, 5-, 10-, 50- und 100-Kronen-Münzen.

STEUERFREI EINKAUFEN

Jeder mit einem permanenten Wohnsitz außerhalb Islands kann sich bei einem (einzelnen) Einkauf von über 4000 ISK die Mehrwertsteuer von 15 % erstatten lassen. Nach dem Schild „tax-free shopping" im Schaufenster Ausschau halten und an der Kasse nach dem Formular für die Steuererstattung fragen.

Überschreitet eine einzelne Erstattung 5000 ISK, müssen die Waren bei der Abreise dem Zoll vorgelegt und das Formular muss abgestempelt werden (das gilt nicht bei Wollprodukten).

Um eine Rückerstattung zu erhalten, kann man die ausgefüllten Formulare für eine Rückerstattung per Kreditkarte einschicken (die Kreditkartennummer auf dem Formular vermerken!). Oder man legt das Formular bei der Ausreise an einer Auszahlungsstelle vor (am Flughafen Keflavík oder am Fähranleger in Seyðisfjörður). Die dritte Möglichkeit ist, sich die Rückerstattung noch vor der Ausreise an einem sogenannten „city refund point" auszahlen zu lassen, z. B. in den Haupttouristeninformationen in Reykjavík und Akureyri oder an den Serviceschaltern in den Einkaufszentren Kringlan und Smáralind in Reykjavík. Alle Informationen dazu stehen auf www.taxfreeworldwide.com/iceland.

➡ Banknoten gibt es im Wert von 500, 1000, 2000, 5000 und 10 000 ISK.

➡ Einige Unterkünfte und Tourenanbieter geben ihre Preise in Euro an, doch bezahlt wird in Kronen.

➡ Aktuelle Wechselkurse siehe www.xe.com.

Gesundheit

Reisen in Island ist nicht mit besonderen gesundheitlichen Risiken verbunden. Leitungswasser kann ohne Bedenken getrunken werden, die Hygienestandards sind hoch und es gibt keine einheimischen Schädlinge. Reisende in Island benötigen keine besonderen Impfungen.

Medizinische Versorgung

Die medizinische Versorgung in Island ist ausgezeichnet; viele Ärzte und Pflegekräfte sprechen Englisch. Außerhalb von größeren Städten können die Wege zum nächsten Arzt aber sehr lang sein.

Gegen kleinere Wehwehchen haben die meisten Apotheker gute Ratschläge und rezeptfreie Medikamente parat (nach dem Schild *apótek* Ausschau halten). Sie können auch beurteilen, wann ärztliche Hilfe vonnöten ist. Diese findet man in Gesundheitszentren, die in Island *heilsugæslustöð* heißen. Ärztezentren im Raum Reykjavík sind auf www.heilsugaeslan.is aufgelistet; ansonsten kann man in einer Touristeninformation oder in der Unterkunft nachfragen.

Bürger der anderen nordischen Staaten müssen nur ihren Pass zeigen, um behandelt zu werden. Bürger des Europäischen Wirtschaftsraums (EWR) erhalten auf Vorzeigen der Europäischen Krankenversicherungskarte (EHIC, European Health Insurance Card) kostenlose medizinische Versorgung bei Unfällen und akuten Erkrankungen.

Bürger aus anderen Ländern können sich medizinisch behandeln lassen, müssen die Behandlung aber selbst bezahlen (die eigene Krankenversicherung erstattet den Betrag, Belege aufheben!). Eine Auslandsreisekrankenversicherung ist ratsam. Informationen über die medizinische Versorgung von Touristen stehen auf www.sjukra.is/english/tourists.

Unterkühlung & Erfrierung

Die größten Gesundheitsgefahren gehen von dem extremen Klima aus; eine gute Vorbereitung kann die Risiken begrenzen. Selbst an warmen Tagen kann das Wetter in den Bergen blitzartig umschlagen, deshalb immer wasserdichte, warme Kleidung mitnehmen und andere über die geplante Route informieren.

➡ Akute Unterkühlung stellt sich ein, wenn die Temperatur innerhalb kürzester Zeit erheblich sinkt; allmählicher Temperaturabfall über mehrere Stunden hinweg ruft chronische Unterkühlungen hervor. Erste Anzeichen von Unterkühlung sind Zittern, abnehmendes Urteilsvermögen und verminderte Reaktionsfähigkeit. Werden keine Gegenmaßnahmen ergriffen, wird der Betroffene apathisch, geistig verwirrt und fällt schließlich ins Koma. Deshalb unbedingt einen Unterschlupf suchen, warme, trockene Kleidung tragen, heiße, süße Getränke trinken und durch Körperkontakt aufwärmen.

➡ Erfrierungen treten an den Körperextremitäten auf; ihr Grad variiert je nach Wind, Temperatur und Dauer der Frosteinwirkung. Zuerst erscheinen auf der Haut weiße, taube Stellen, die meist wieder komplett verschwinden, sobald der Betroffene ins Warme kommt. Im nächsten Stadium treten Frostbeulen auf und schließlich färbt sich das Gewebe schwarz. In solchen Fällen kann es zu irreparablen Schäden kommen. Warme, trockene Kleidung, viel Flüssigkeit und ausreichende Kalorienzufuhr sind die besten Vorbeugemaßnahmen gegen Erfrierungen. Wer erste Anzeichen feststellt, muss so schnell wie möglich ins Warme.

Internetzugang

➡ In diesem Buch sind Orte, an denen es WLAN gibt, mit dem Symbol 📶 gekennzeichnet. Das Symbol @ zeigt an, wo Computer zur Nutzung durch Gäste bereitstehen.

➡ WLAN ist in Island weit verbreitet. In den meisten Unterkünften und Lokalen im Land kann man online gehen. Gäste können das WLAN häufig kostenlos nutzen, nur manchmal wird eine kleine Gebühr fällig. Meistens muss der Zugangscode bei den Mitarbeitern erfragt werden. Die meisten N1-Tankstellen bieten kostenloses WLAN.

➡ In den meisten isländischen Bibliotheken stehen Computer, die von Besuchern genutzt werden können, auch in den kleineren Städten (hier wird häufig eine geringe Gebühr fällig). Auch viele Touristeninformationen verfügen über einen öffentlichen Internetzugang, bei kurzer Nutzung oft kostenlos.

Karten

➡ In den letzten Jahren sind in Island neue Straßen und Tunnel gebaut und Schotterpisten asphaltiert worden. Daher besorgt man sich am besten eine möglichst aktuelle Straßenkarte.

➡ In den Touristeninformationen gibt es nützliche kostenlose Karten der jeweiligen Städte und Regionen. Sie haben auch die kostenlose Broschüre *Rund um Island* vorrätig, mit Infos und Stadtplänen. Straßenkarten werden in Touristeninformationen, Tankstellen und Buchläden verkauft.

➡ Der Kartenhersteller **Ferðakort** (www.ferdakort.is) verkauft seine Karten online und führt eine eigene Kartenabteilung im **Buchladen Iðnú** (Karte S. 56; www.ferdakort.is; Brautarholt 8; ⏲Mo–Do 10–17, Fr bis 16 Uhr). Ein weiterer zuverlässiger Kartenverlag mit einem großen Angebot ist Forlagið (Mál og Menning); erhältlich sind die Karten z. B. in der eigenen Verlagsbuchhandlung (Karte S. 60; ☎580 5000; Laugavegur 18; ⏲Mo–Fr 9–22, Sa 10–22 Uhr) in Reykjavík.

➡ Beide Verlage haben eine gute allgemeine Straßenkarte für Island im Programm (1:500 000 oder 1:600 000; ca. 2000 ISK). Der detailliertere Ferðakort-Straßenatlas (5000 ISK) im Maßstab 1:200 000 bietet auch Infos zu Unterkünften, Museen und Schwimmbädern. Beide Verlage veröffentlichen außerdem zahlreiche Regionalkarten – Forlagið (Mál og Menning) bietet eine Reihe von acht Regionalkarten im Maßstab 1:200 000 (je 1700 ISK). Außerdem gibt's 31 sehr detaillierte topografische Karten im Maßstab 1:100 000, die das gesamte Land abdecken und ideal für Wanderer sind, sowie Themenkarten z. B. zu den Sagas, zur Geologie oder zur Vogelbeobachtung.

➡ Wanderer können auch bei der örtlichen Touristeninformation oder den Besucherzentren der Nationalparks nach Karten fragen. Dort sind oft preiswerte Karten zu Spaziergängen und Wanderungen in der Gegend erhältlich.

Kinder

Reisen mit Kindern ist in Island einfach. Obwohl es nicht viele spezielle Kinderaktivitäten gibt, sind die eindrucksvolle Landschaft, die vielen Schwimmbäder und die Freundlichkeit der Einheimischen die beste Voraussetzung dafür, mit Kindern zu reisen. Neugierige Kids werden die Vogelkolonien, Wasserfälle, Vulkangebiete und Gletscher lieben und lassen sich mit Aktivitäten wie kurzen Wanderungen, Superjeeptouren, Reitausflügen, Walbeobachtungen, Schiffsfahrten und leichten Gletscherwanderungen (hierfür sollten die Kids mindestens 8 bis 10 Jahre alt sein) begeistern.

Wer sich für einen Familienurlaub in Island entscheidet, sollte im Voraus genau planen, was er besichtigen und wohin er fahren will. Es ist sinnvoll, sich auf ein bestimmtes Gebiet zu beschränken, um Langeweile und Übelkeit im Auto in Grenzen zu halten. Reykjavík ist der kinderfreundlichste Ort in Island mit der größten Auswahl an entsprechenden Angeboten.

Für Kinder veröffentlicht Forlagið (Mál og Menning) die Karte *Íslandskort barnanna* (Kinderkarte von Island) mit Text auf Isländisch und Englisch.

Praktisch & Konkret

➡ Kinder zahlen für den Eintritt in Museen und Schwimmbädern die Hälfte oder gar nichts. Erwachsenenpreise gelten von Ort zu Ort unterschiedlich ab einem Alter von 12 bis 18 Jahren.

➡ Auf In- und Auslandsflügen mit Air Iceland zahlen Kinder zwischen zwei und elf Jahren den halben Preis, Kleinkinder unter zwei reisen kostenlos.

➡ Die meisten Tourenveranstalter gewähren 50 %

Klima

Akureyri

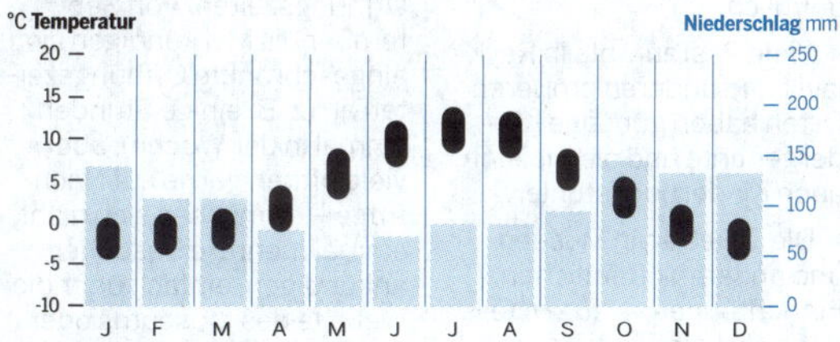

Reykjavík

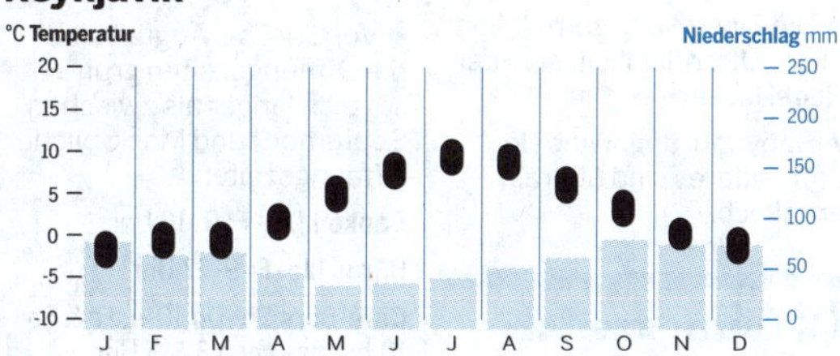

Vík

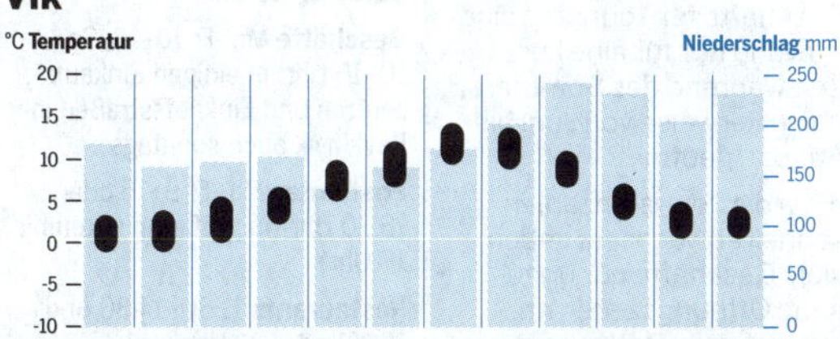

Ermäßigung für Kinder von vier bis elf Jahren; die Touren von Reykjavík Excursions sind für Kinder unter elf Jahren kostenlos; Kinder im Alter von zwölf bis 15 zahlen die Hälfte.

➡ Die internationalen Autovermietungen bieten gegen Aufpreis Kindersitze an (nur auf Vorbestellung).

➡ Das wechselhafte, oft nasskalte Wetter schreckt sicher viele von einem Familien-Campingurlaub ab, aber auf Campingplätzen oder Ferienbauernhöfen, in Hostels und anderen Unterkünften zahlen Kinder von zwei bis zwölf Jahren normalerweise nur den halben Preis. Für unter Zweijährige ist der Aufenthalt kostenlos.

➡ Viele Unterkünfte, auch Hostels, Pensionen und Bauernhöfe, bieten Familienzimmer. Größere Hotels haben häufig Kinderbetten, bei kleineren ist das eher unüblich.

➡ Viele Restaurants in Reykjavík und anderen größeren Orten haben günstige Kindergerichte und die meisten auch Kinderhochstühle.

➡ Die Toiletten in Museen und anderen öffentlichen Einrichtungen verfügen teils über Wickelräume; ansonsten muss man improvisieren.

➡ Die Einstellung zum Stillen in der Öffentlichkeit ist in der Regel locker.

➡ Babynahrung, Windeln und anderes sind überall erhältlich.

Öffnungszeiten

➡ Viele Attraktionen und Geschäfte für Touristen sind in Island nur für eine kurze Zeit während des Sommers, normalerweise von Juni bis August, geöffnet.

➡ Da die Touristenzahlen schnell anwachsen, geben viele Geschäfte nur ungenaue Öffnungszeiten an. Immer mehr Restaurants und Pensionen öffnen irgendwann im Mai oder sogar schon im April. Entsprechend bleiben sie bis Ende September oder gar bis in den Oktober hinein geöffnet, wenn eine Nachfrage besteht.

➡ Da auch der Wintertourismus wächst, testen einige touristische Einrichtungen eine ganzjährige Öffnung aus. Übrigens: Viele Hotels und Pensionen in Island haben von Weihnachten bis Neujahr geschlossen.

➡ Am besten schaut man auf den Websites nach oder erkundigt sich vor Ort. In solch einem kleinen Land gibt es immer jemanden, der jemanden kennt, der mit einer Tour, einem Transportmittel oder einer Mahlzeit weiterhelfen kann – einfach fragen!

➡ Die meisten Museen (vor allem außerhalb der Hauptstadt) haben im Sommer (Juni–Aug.) regelmäßige Öffnungszeiten. Von September bis Mai kündigen sie eingeschränkte Öffnungszeiten an (z. B. einige Stunden einmal in der Woche), aber viele öffnen gerne auf Nachfrage – es müssen sich nicht einmal mehrere Besucher ankündigen, einfach über die Website des Museums oder die örtliche Touristeninformation anfragen.

➡ Von Juni bis August sind die Öffnungszeiten grundsätzlich länger als zwischen September und Mai. Übliche Öffnungszeiten:

Banken Mo–Fr 9–16 Uhr

Büros Mo–Fr 9–17 Uhr

Café-Bars So–Do 10–1, Fr & Sa 10 bis zwischen 3 & 6 Uhr

Cafés 10–18 Uhr

Geschäfte Mo–Fr 10–18, Sa 10–16 Uhr; in einigen Einkaufszentren und Einkaufsstraßen in Reykjavík auch sonntags

Postämter Mo–Fr 9–16 oder 16.30 Uhr (in größeren Orten bis 18 Uhr)

Restaurants 11.30–14.30 und 18–21 oder 22 Uhr

Supermärkte 9–20 Uhr (in Reykjavík länger)

Tankstellen 8–22 oder 23 Uhr

Vínbúðin (staatliche Alkoholläden) Unterschiedlich; außerhalb von Reykjavík öffnen einige nur ein paar Stunden am Tag

Post

➡ Die Isländische Post (www.postur.is) ist verlässlich und effizient. Die Gebühren sind vergleichbar mit denen in anderen westeuropäischen Staaten.

➡ Eine Postkarte/ein Luftpostbrief ins europäische Ausland kostet 180/310 ISK, in außereuropäische Länder 240/490 ISK. Eine vollständige Liste der Portogebühren gibt es online.

Rechtsfragen

Die isländische Polizei tritt eher selten in Erscheinung und die meisten Besucher werden kaum in ihre Fänge geraten. Gut zu wissen:

➡ Die Gesetzgebung bei Alkohol am Steuer ist sehr streng – schon zwei alkoholische Getränke reichen gegebenenfalls, um die gesetzliche Promillegrenze von 0,5 zu überschreiten. Als Strafe drohen Führerscheinentzug und eine saftige Geldbuße.

➡ Wer sich andere Verkehrsdelikte zuschulden kommen lässt – überhöhte Geschwindigkeit oder fahrlässiges Verhalten im Straßenverkehr –, kann dazu verdonnert werden, unverzüglich auf dem Polizeirevier ein Bußgeld zu zahlen.

➡ Betrunkene und Randalierer landen unter Umständen für eine Nacht in einer Zelle, werden aber in der Regel am nächsten Morgen wieder auf freien Fuß gesetzt.

➡ Die Strafen für Besitz, Konsum oder Handel illegaler Drogen sind streng – es drohen lange Haftstrafen und hohe Bußgelder.

PRAKTISCH & KONKRET

DVDs & Videos Island nutzt wie Deutschland das PAL-Videosystem und gehört zur DVD-Zone 2.

Ermäßigungen Studenten und Rentner bekommen für Inlandsflüge, einige Fähr- und Busstrecken, Touren und den Eintritt ins Museum Ermäßigungen, wenn ein entsprechender Nachweis vorgelegt wird.

Maße & Gewichte Metrisch.

Radio Der öffentlich-rechtliche Sender RÚV (www.ruv.is) sendet zwei Programme: Rás 1 (Nachrichten, Wetter, Kultur) und Rás 2 (Popmusik, Aktuelles). Der BBC World Service kann auf FM 103,5 empfangen werden.

Rauchen ist in öffentlichen Gebäuden verboten. Dazu gehören auch Cafés, Bars, Clubs, Restaurants und öffentliche Verkehrsmittel. Auch die meisten Unterkünfte sind Nichtraucher-Unterkünfte.

Wäsche Waschsalons sind nicht leicht zu finden. Auf Campingplätzen und in Hostels und Pensionen gibt's manchmal eine Waschmaschine, die die Gäste gegen Bezahlung benutzen können. Businesshotels bieten teils einen (teuren) Wäscheservice. In einigen Ferienwohnungen stehen Waschmaschinen.

Zeitungen & Zeitschriften Die Tageszeitung *Morgunblaðið* (www.mbl.is) erscheint auf Isländisch, aber auf der Website stehen Lokalnachrichten auch auf Englisch. Ausgezeichnete englischsprachige Artikel für Touristen über das, was in Island los ist, bieten die kostenlosen Magazine *Iceland Review* (www.icelandreview.com) und *Reykjavík Grapevine* (www.grapevine.is).

Reisen mit Behinderung

Für Menschen mit Behinderung sind Reisen in Island komplizierter als in den meisten nordeuropäischen Ländern.

- Informationen über barrierefreie Einrichtungen gibt das Zentrum für Menschen mit Behinderungen, **Þekkingarmiðstöð Sjálfsbjargar** (☎550 0118; www.thekkingarmidstod.is). Die Website ist allerdings nur auf Isländisch.
- Eine gute Informationsquelle ist die Website **God Adgang** (www.godadgang.dk), eine dänische Initiative, die in Island übernommen wurde. Die Seite führt Anbieter auf, deren Barrierefreiheit registriert und geprüft wurde.
- Diese beiden Unternehmen sind besonders gut für individuell zugeschnittene Touren durch Island: **All Iceland Tours** (www.allicelandtours.is) und **Iceland Unlimited** (www.icelandunlimited.is).
- Die meisten Museen und anderen Sehenswürdigkeiten geben ermäßigten Eintritt für Reisende mit Behinderung. Air Iceland und Smyril Line bieten Ermäßigungen für Flüge und Fähren an.
- Die Stadtbusse in Reykjavík sind Niederflurbusse mit Kneeling-Funktion zum leichteren Einstieg für Rollstuhlfahrer. In anderen Orten haben die Busse weder Rampen noch Hebebühnen.

Schwule & Lesben unterwegs

Die Isländer sind Schwulen und Lesben gegenüber sehr aufgeschlossen, obwohl die Schwulenszene kaum in Erscheinung tritt, selbst in Reykjavík (S. 88) nicht.

Sicherheit

Island hat eine sehr niedrige Kriminalitätsrate. Die größte Gefahr für Reisende geht von den Straßenbedingungen, der unberechenbaren Witterung und den geologischen Besonderheiten aus.

Eine gute Informationsquelle zur Vermeidung von Gefahren bei der Reise durch Island ist die Website von **Safetravel** (www.safetravel.is). Sie entstand auf Initiative der isländischen Lebensrettungsgesellschaft (ICE-SAR). Auf der Website wird die Smartphone-App 112 Iceland vorgestellt und erklärt, was man machen muss, um bei ICE-SAR oder einem Freund/Bekannten einen Reiseplan zu hinterlegen.

Sicherheit auf der Straße

- Besondere Gefahrenquellen für Fahrer sind Tiere auf der Straße, einspurige Brücken, nicht übersehbare Steigungen und Schotterpisten.
- Aktuelle Straßenbedingungen: www.vegagerdin.is oder Anruf bei ☎1777.
- Weitere Infos über das Fahren in Island s. S. 403.

Wetterbedingungen

- Das Wetter darf niemals unterschätzt werden! Geeignete Kleidung und Ausrüstung sind absolut notwendig!
- Besucher sollten sich das ganze Jahr über auf unbarmherzige Wetterverhältnisse gefasst machen; das Wetter kann ohne Vorwarnung plötzlich wechseln. Für Wanderer ist es absolut notwendig, vor dem Start eine zuverlässige Wettervorhersage einzuholen. Wettervorhersagen auf Englisch gibt es unter ☎902 0600 (nach der Begrüßung die 1 drücken) oder auf www.vedur.is/english.
- Notfallhütten gibt es überall, wo Reisende problematischen Wetterverhältnissen ausgesetzt sein können.
- Wer im Winter mit dem Auto unterwegs ist, sollte unbedingt Lebensmittel, Wasser und Decken einpacken.
- Im Winter sind Leihwagen gewöhnlich mit Winterreifen ausgestattet.

Geologische Gefahren

- Auf Wanderungen können Flussdurchquerungen gefährlich werden, da an warmen Sommertagen Gletscherschmelzwasser harmlose Rinnsale schnell in reißende Ströme verwandelt. Zur sicheren Flussdurchquerung s. S. 406.
- Heftige Winde können in Gebieten mit vulkanischem Sand zu unangenehmen Sandstürmen führen.
- Wanderwege in Küstengebieten sind häufig nur bei Ebbe zugänglich. Daher ist es unbedingt notwendig, sich vor Ort zu informieren und sich die entsprechende Gezeitentabelle zu besorgen.
- Auf Geothermalfeldern unbedingt auf den Holzstegen oder dem sichtbar festen Boden bleiben und dünnere Erdschichten mit hellerem Boden um dampfende Spalten und Schlammlöcher meiden.
- Vorsicht ist auch vor dem Wasser in heißen Quellen und Schlammlöchern geboten – es tritt oft mit 100 °C aus dem Boden.
- In Gletschergebieten ist auf Treibsand an den Gletscherausläufern zu achten. Grundsätzlich nie ohne Steigeisen und Eispickel aufs Eis wagen (und einen Bogen um Spalten machen).
- Felsspalten, scharfe Lavabrocken oder glitschige Schlackeabhänge können durch Schneefelder verborgen sein.
- Wanderungen in Gebieten mit aktiven Vulkanen nur mit entsprechender Erfahrung unternehmen, sich vorher bei Einheimischen erkundigen und/oder einen Führer engagieren.
- In Gegenden, wo leicht Unfälle geschehen können (große Wasserfälle, Gletscherfronten, Klippen), fehlen häufig Warnhinweise. Aufmerksam bleiben und Kinder nicht aus den Augen lassen.

Strom

230 V / 50 Hz

230 V / 50 Hz

Telefon

- Öffentliche Telefonzellen gibt es im handyverrückten Island nur noch selten. Vor der Post, an Bushaltestellen oder Tankstellen kann man noch die eine oder andere finden. Viele Münztelefone akzeptieren auch Kreditkarten. Ortsgespräche kosten um 20 ISK pro Minute.
- Für Auslandsanrufe erst die ☎00, dann die Landesvorwahl, die Ortsvorwahl ohne 0 und die Telefonnummer wählen.
- Aus dem Ausland nach Island den jeweiligen internationalen Zugangscode, dann die Landesvorwahl ☎354 und am Ende die siebenstellige Telefonnummer wählen (Island hat keine Ortsvorwahlen).
- Gebührenfreie Nummern beginnen in Island mit ☎800; Handynummern fangen mit ☎6, ☎7 oder ☎8 an.

NOTRUFNUMMERN

Für Polizei, Notruf und Feuerwehr in Island die ☎112 wählen.

SMARTPHONE-APPS

Es gibt eine unglaubliche Anzahl an isländischen Smartphone-Apps. Zu den nützlichen gehören die Apps *112 Iceland* für sicheres Reisen, *Veður* fürs Wetter und die Apps von Busunternehmen wie Stræto und Reykjavík Excursions. Auch Karten, die offline benutzt werden können, sind praktisch.

Eine gute allgemeine App ist *Be Iceland*. Außerdem gibt's noch jede Menge zu Themen wie Geschichte und Sprache, Polarlicht, Führungen durch Reykjavík uvm. Die App *Reykjavík Appy Hour* listet Happy Hours und die dann geltenden Preise auf – auch sehr praktisch!

- Eine Onlineversion des Telefonbuchs gibt's unter http://en.ja.is.
- Nützliche Nummern: Telefonauskunft ☎118 (Inland), ☎1811 (Ausland).

Handys

- Die günstigste und praktischste Möglichkeit, Anrufe zu Ortsgebühren zu führen, ist, eine isländische SIM-Karte zu kaufen und in das eigene Handy zu stecken. Vor der Abreise bei der eigenen Mobilfunkgesellschaft klären, ob das Handy dafür zugelassen ist.
- Prepaid-SIM-Karten sowie Prepaid-Guthaben können in Buchhandlungen, Lebensmittelläden und Tankstellen erworben werden. Die beiden Hauptanbieter von SIM-Karten sind die isländische Telekommunikationsgesellschaft **Síminn** (www.siminn.is/prepaid) mit der besten Netzabdeckung und gleich danach **Vodafone** (www.vodafone.is/en/prepaid). Beide Anbieter haben Einsteigerpakete mit einer isländischen SIM-Karte; bei Síminn kostet das 2000 ISK (inkl. 2000 ISK Anrufguthaben).

ÜBRIGENS …

… wegen der einzigartigen isländischen Bildung der Nachnamen (Mädchen erhalten die Endung -dóttir, Tochter, am Vornamen des Vaters, Jungen die Endung -son) ist das Telefonbuch nach Vornamen sortiert.

Telefonkarten

- Die günstigsten Telefonkarten (für öffentliche Telefonzellen) kosten 500 ISK und können in Lebensmittelgeschäften, Tankstellen und Síminn-Telefonläden gekauft werden.
- Günstige Auslandstelefonkarten gibt's auch in vielen Geschäften und an vielen Kiosken.

Touristeninformation

Die isländischen Touristeninformationen sind hilfsbereit, freundlich und gut informiert. Sie helfen bei der Vermittlung von Unterkünften, buchen Touren und geben Auskunft über regionale Sehenswürdigkeiten.

Wenn die Touristeninformationen bei Ankunft im Ort schon geschlossen sind, gibt es bei den lokalen Tankstellen oft nützliche Infos und Karten über die Gegend.

Websites

Die offizielle Tourismusseite des Landes ist **Visit Iceland** (www.visiticeland.com), auf der es ausführliche Informationen gibt. Interessant ist außerdem die Seite „Inspired by Iceland" (www.inspiredbyiceland.com).

Auch die einzelnen Regionen haben nützliche Websites:

Reykjavík (www.visitreykjavik.is)

Südwestisland (www.visitreykjanes.is, www.south.is)

Westisland (www.west.is)

Westfjorde (www.westfjords.is)

Nordisland (www.northiceland.is, www.visitakureyri.is)

Ostisland (www.east.is)

Südostisland (www.south.is, www.visitvatnajokull.is)

Unterkünfte

Island verfügt über ein breites Angebot an Unterkünften, von spartanischen Wanderhütten bis zu Businesshotels, Hostels, Bauernhöfen, Pensionen, Ferienwohnungen und Sommerhotels in Schulen. Luxus- und Boutiquehotels finden sich v. a. in Reykjavík und in den Touristenhochburgen des Südwestens sowie in einigen ausgewählten Ecken des restlichen Landes.

In letzter Zeit sind zahlreiche neue Hotels und Pensionen entstanden und viele bestehende haben ausgebaut und modernisiert, um sich auf die schnell steigenden Touristenzahlen einzustellen. Trotzdem übersteigt in den Hochburgen die Nachfrage oft das Angebot. Im Sommer sind die Preise hoch und steigen aufgrund der erhöhten Nachfrage weiter.

Der Standard der Unterkünfte ist mit Blick auf die Preise jedoch oft niedriger als in anderen westeuropäischen Ländern. Die Zimmer sind zwar in der Regel sauber, aber meist klein, hellhörig und nur mit dem Nötigsten ausgestattet.

Folgendes ist zu beachten:

- Zwischen Juni und August sollten Unterkünfte im Voraus gebucht werden (dies gilt nicht für Campingplätze).
- Touristeninformationen geben Auskunft über Unterkünfte in ihrer Stadt/Region. Größere Touristeninformationen

bieten gegen eine kleine Gebühr (meist um 500 ISK) einen Buchungsservice vor Ort an; Buchungen per E-Mail sind nicht möglich. Auf diese Möglichkeit der Unterkunftssuche sollte man sich nicht verlassen – Gebiete können schnell komplett ausgebucht sein, wenn man sich erst vor Ort darum kümmert.

➡ Die meisten Anbieter von Unterkünften listen ihr Angebot auf der Website Booking.com – dies ist ein nützliches Hilfsmittel, da man sich für ein bestimmtes Datum alle verfügbaren Unterkünfte anschauen kann. Einen günstigeren Preis erhält man vielleicht, wenn man sich an die Unterkunft selbst wendet.

➡ In diesem Buch sind die Unterkunftspreise von Sommer 2014 aufgeführt – oder von Sommer 2015, wenn sie vorlagen. Reisende sollten sich auf jährlich steigende Übernachtungspreise einstellen. Die aktuellen Preise stehen jeweils auf den Websites der Unterkünfte.

➡ Zwischen September und Mai bieten die meisten Pensionen und Hotels Rabatte von 20 bis 50 % auf die Sommerpreise. Auch hier lohnt ein Blick auf die Websites.

➡ Viele Hotels und Pensionen haben im Winter geschlossen, die Termine der Wiedereröffnung stehen jeweils im Text zur Herberge. Zwischen Weihnachten und Neujahr haben die meisten geschlossen. Ganzjährig betriebene Unterkünfte sind ohne Öffnungszeiten aufgeführt.

➡ Einige Unterkünfte geben ihre Preise in Euro an, um sich gegen Wechselkursschwankungen zu wappnen. Die Zahlung erfolgt jedoch in isländischen Kronen.

➡ Viele Pensionen und Bauernhöfe bieten mehrere Unterkunftsvarianten: Camping, Zimmer mit/ohne Bad, mit bezogenen Betten oder Schlafsackplätze; Hütten mit/ohne Küche und/oder Bad. Soweit es ging, wurden die Varianten aufgeführt; aber alle Preise und Kombinationen zu nennen, hätte den Umfang des Buchs gesprengt. Ausführliche Infos stehen auf den Websites.

➡ In den Besprechungen steht jeweils, ob ein eigenes Bad oder Bettwäsche zum Angebot gehören, ob es eine Schlafsackunterkunft gibt und ob Frühstück im Preis inbegriffen ist.

Bauernhof

➡ Viele Bauernhöfe bieten Campingmöglichkeiten, Schlafsackunterkünfte, Gästezimmer und Hütten. Einige der sogenannten Bauernhöfe haben sich mit der Zeit in größere Landhotels verwandelt.

➡ Das Angebot ist vielfältig: Einige Bauernhöfe bieten Mahlzeiten oder haben eine Gästeküche, andere haben Hot Pots, viele bieten Reitmöglichkeiten oder organisieren Aktivitäten wie Angelausflüge. Hinweisschilder an den Straßen weisen auf Bauernhöfe mit Übernachtungsmöglichkeiten hin und geben Auskunft über die Ausstattung.

➡ Die Preise sind ähnlich wie bei Pensionen in Städten: Schlafsackunterkünfte kosten um 6000 ISK, Gästezimmer zwischen 9000 und 14 000 ISK pro Person. Die Frühstückspreise (wenn nicht im Zimmerpreis enthalten) liegen um 1500 bis 2000 ISK, ein Abendessen (das oft zu einer festen Zeit serviert wird) kostet etwa 7000 ISK.

➡ Etwa 180 Bauernhöfe sind Mitglied bei Icelandic Farm Holidays (www.farmholidays.is), das das jährlich aktualisierte Verzeichnis *Discover Rural Iceland* herausgibt und kostenlos von den Touristeninformationen abgegeben wird.

Camping

➡ *Tjaldsvæði* (geregelte Campingplätze) gibt es in fast jeder Stadt, bei einigen Bauernhöfen auf dem Land sowie an den wichtigsten Wanderrouten. Die besten Plätze haben Waschmaschinen, Kochgelegenheiten und heiße Duschen, manche aber nur kaltes Wasser und Toilettenhäuschen. Einige liegen direkt an einem *sundlaug* (Schwimmbad) mit Duschmöglichkeiten, die man für einen kleinen Obolus nutzen kann.

➡ Das isländische Wetter ist für seine Launenhaftigkeit berühmt und wer zelten möchte, sollte in ein gutes Zelt investieren. In Reykjavík bieten verschiedene Läden die Möglichkeiten, Campingausrüstung zu leihen, und auch einige Autovermietungen stellen Zelte, Schlafmatten und Kochausrüstung zur Verfügung.

➡ Angesichts steigender Besucherzahlen ist auch auf den Campingplätzen immer mehr los und ein oder zwei Duschkabinen reichen nicht gut für Dutzende von Campern aus.

➡ Es ist selten notwendig, einen Campingplatz im Voraus zu buchen. Viele Campingplätze in kleineren Orten haben kein Personal – am Waschraum hängt meist die Telefonnummer vom Platzwart oder die Aufforderung, die Gebühr bei der Touristeninformation oder

ONLINE BUCHEN

Weitere Unterkunftsempfehlungen von Lonely Planet Autoren gibt es auf www.lonelyplanet.com/hotels. Dort sind unabhängige Besprechungen und auch Empfehlungen für die besten Unterkünfte zu finden. Und das Schönste: Gäste können online buchen.

PREISE

Die Preiskategorien beziehen sich auf den Preis für ein Doppelzimmer während der Hochsaison:

€ unter 15 000 ISK (100 €)

€€ 15 000–30 000 ISK (100–200 €)

€€€ über 30 000 ISK (200 €)

im Schwimmbad zu zahlen. Es kann auch vorkommen, dass der Platzwart abends auftaucht, um die Gebühren einzusammeln.

- Wild Campen ist in manchen Gegenden möglich, aber nicht gern gesehen. In Nationalparks und Naturschutzgebieten muss auf den vorgesehenen Plätzen gecampt werden. In anderen Gegenden ist eine Erlaubnis erforderlich, um auf eingezäunten Grundstücken zu campen.
- Beim Campen in Naturparks und Schutzgebieten gilt die übliche Regel, den Platz so zu verlassen, wie er vorgefunden wurde. Das heißt: Biologisch abbaubare Seife verwenden und Müll wieder mitnehmen.
- Offenes Feuer ist nicht erlaubt, also einen Kocher mitbringen. Butangaspatronen und Petroleum gibt's an Tankstellen. Die blauen Campingaz-Kartuschen sind nicht unbedingt überall erhältlich, häufiger sind die grauen Coleman-Kartuschen.
- Campen mit Zelt oder Wohnmobil bzw. Wohnwagen kostet normalerweise zwischen 1000 und 1400 ISK pro Person. Strom wird häufig mit weiteren 800 ISK berechnet, viele Campingplätze lassen sich auch die Nutzung der Duschen bezahlen.
- Vor ein paar Jahren wurde eine neue „Übernachtungssteuer" von 107 ISK pro Stellplatz und Nacht eingeführt. Bei einigen Campingplätzen wird sie gleich in den Übernachtungspreis pro Person eingerechnet, bei anderen muss man die Steuer zusätzlich zahlen.
- Der Kauf einer Camping Card (www.campingcard.is) für 105 € (2015) könnte sich lohnen. Damit kann man 28 Nächte auf 44 Campingplätzen überall im Land übernachten; sie gilt für zwei Erwachsene und bis zu vier Kinder (die Übernachtungssteuer und Kosten für Strom und Duschen sind nicht enthalten). Infos auf der Website.
- Die meisten Campingplätze sind von Mitte Mai bis Mitte September geöffnet. Große Plätze, die außerdem Hütten oder Häuschen anbieten, haben evtl. auch ganzjährig geöffnet.
- Das kostenlose Unterkunftsverzeichnis *Áning* (erhältlich in den Touristeninformationen) listet viele, aber nicht alle Campingplätze in Island auf.

Hostels

- Island hat 32 gut geführte Hostels, die zum isländischen Ableger **Hostelling International Iceland** (HI; www.hostel.is) des internationalen Jugendherbergsverbands gehören. In Reykjavík und Akureyri gibt es außerdem unabhängige Backpacker-Hostels. Es ist immer empfehlenswert zu buchen, vor allem aber von Juni bis August.
- Etwa die Hälfte der HI-Herbergen ist ganzjährig geöffnet. Die Öffnungszeiten sind auf der Website des isländischen Herbergsverbands zu finden.
- Alle Hostels bieten warme Duschen, Kochgelegenheiten und Schlafsackunterkünfte, die meisten haben auch Einzelzimmer. Wer keinen Schlafsack dabei hat, kann Bettzeug leihen (ca. 1500 ISK pro Aufenthalt).
- Frühstück (wo im Angebot) kostet zwischen 1500 und 2000 ISK.
- Wer im Heimatland Mitglied bei **Hostelling International** (www.hihostels.com) ist, profitiert von der Preisermäßigung für Mitglieder (700 ISK pro Pers.). Nichtmitglieder zahlen für ein Bett im Schlafsaal etwa 4100 ISK, für ein Einzel-/Doppelzimmer 6900/11 200 ISK (mit eigenem Bad noch mehr). Kinder im Alter von fünf bis zwölf Jahren erhalten einen Rabatt von 1500 ISK.

Hotels

- Jede größere Stadt hat mindestens ein Hotel der Businessklasse mit komfortablen, aber unspektakulären Zimmern mit eigenem Bad, Telefon, Fernseher und manchmal Minibar. Zu jedem Hotel gehört ausnahmslos ein passables Restaurants.
- Die Sommerpreise für Einzel- und Doppelzimmer beginnen bei 16 000 bzw.

ÜBERNACHTEN BEI EINHEIMISCHEN

Wer eine private Übernachtungsmöglichkeit sucht, sollte sich auf diesen beiden Websites umschauen:

Airbnb (www.airbnb.com) Private Zimmer, Hütten, Apartments und Häuser zur Miete überall in Island; die größte Auswahl gibt es in der Hauptstadt.

Couchsurfing (www.couchsurfing.com) Großes Netzwerk von Reisenden, die andere Reisende bei sich übernachten lassen.

SCHLAFSACKUNTERKÜNFTE

Ein Geheimtipp sind Schlafsackunterkünfte. Hostels, viele Pensionen und einige Hotels bieten diese Übernachtungsvariante an. Für einen Bruchteil des üblichen Preises wird ein Bett ohne Decke und Bezug zur Verfügung gestellt: Einfach den eigenen Schlafsack mitbringen.

Eine Schlafsackunterkunft bedeutet nicht, dass man in einem Schlafsaal übernachtet – meist kann man trotzdem ein Einzel- oder Doppelzimmer buchen, nur eben ohne Bettwäsche. Normalerweise muss man auch ein eigenes Handtuch mitbringen (ein eigenes Kissen ist ebenfalls keine schlechte Idee).

Frühstück ist niemals im Preis enthalten, man kann es aber oft separat bestellen.

Die Möglichkeit, im eigenen Schlafsack zu nächtigen, wird außerhalb der Hauptsaison häufiger angeboten.

22 000 ISK und sind inklusive Frühstücksbuffet. Ein Doppelzimmer in einem schönen, aber nicht luxuriösen Hotel in einer Touristengegend kann zur Hochsaison leicht über 30 000 ISK kosten.

➡ Außerhalb der Hochsaison (Juni–Aug.) können die Preise erheblich fallen. Wer online bucht, bekommt oft günstigere Preise.

➡ Die größten einheimischen Hotelketten sind **Icelandair Hotels** (www.icelandairhotels.is) und die expandierenden Ketten **Fosshótel** (www.fosshotel.is) und **Keahotels** (www.keahotels.is). Die neue Kette **Stracta Hótels** (www.stractahotels.is) hat ein erstes Hotel in Hella eröffnet.

SOMMERHOTELS

➡ Sobald die Schulferien beginnen, werden viele Schulen, Hochschulen und Tagungszentren in Sommerhotels umgewandelt mit einfachen Schlafmöglichkeiten. Die meisten sind von Anfang Juni bis Ende August geöffnet – einige auch länger –, zwölf gehören zu der Kette Hótel Edda, die wiederum zu Icelandair Hotels gehört.

➡ Die Unterkünfte sind einfach: Die Zimmer sind schlicht und funktional eingerichtet, meist mit zwei Einzelbetten, einem Waschbecken und Gemeinschaftsbad. Einige Hotels bieten auch Zimmer mit eigenem Bad und manchmal auch „Edda Plus"-Zimmer (mit Bad, Fernseher und Telefon).

➡ Einige Edda-Hotels haben außerdem Schlafsackunterkünfte, die meisten ein eigenes Restaurant.

➡ Die Preise: rund 5000 ISK für eine Schlafsackunterkunft (falls vorhanden), 25 000/15 000 für ein Doppelzimmer mit/ohne Bad.

Notfallhütten

➡ Es gibt leuchtend orangefarbene Rettungshütten auf Hochgebirgspässen und an entlegenen Küstenabschnitten (auf Geländekarten meist irgendwie gekennzeichnet). Die Hütten sind mit Notfallrationen, Benzin und Decken ausgestattet – und einem Funkgerät, um Hilfe holen zu können. Sie dürfen nur in wirklichen Notfällen genutzt werden.

Pensionen

➡ Die Bezeichnung *gistiheimilið* (Gästehaus bzw. Guesthouse) deckt ein breites Spektrum ab – von Familien, die ein paar Zimmer vermieten, bis zu speziellen Motels.

➡ Die Unterschiede sind entsprechend riesig, vom schicken, modernen Ambiente bis hin zu einfacher, plüschiger oder altmodischer Ausstattung. Überraschend viele Pensionen haben nur Zimmer mit Gemeinschaftsbad.

➡ Die meisten sind gemütlich eingerichtet mit Gästeküchen, Fernsehzimmer und Frühstücksbuffet (entweder im Übernachtungspreis enthalten oder extra für etwa 1500 bis 2000 ISK).

➡ Einige Pensionen haben auch erheblich günstigere Schlafsackunterkünfte, weisen aber nicht gezielt darauf hin. Es lohnt sich nachzufragen.

➡ Faustregel für die Preise: Schlafsackunterkünfte kosten 6000 ISK pro Person, Doppelzimmer 14 000 bis 20 000 ISK und separate Unterkünfte für Selbstversorger ab 15 000 ISK pro Nacht.

Wanderhütten

➡ Private Wandervereine oder Veranstalter unterhalten an beliebten Wanderrouten im ganzen Land sogenannte *skálar* (Berghütten; Singular *skáli*). Sie stehen jedem offen und bieten Schlafsackunterkünfte in einfachen Schlafräumen. Manche haben Kochgelegenheiten, Campingplätze und im Sommer einen Hüttenwart.

➡ Die Hütten in Landmannalaugar, im Þórsmörk und rund um die Askja sind auch mit Allradfahrzeugen zu erreichen, die Hütten in Hornstrandir per Boot. Die meisten Berghütten liegen an Wanderwegen und sind ausschließlich zu Fuß zugänglich.

➡ Die GPS-Koordinaten der Hütten sind in den Regionalkapiteln angegeben.

➡ Der größte Betreiber von Wanderhütten ist **Ferðafélag Íslands** (Isländischer Wanderverein; Karte S. 56; ☎568 2533; www.fi.is; Mörkin 6, Reykjavík) mit 38 Hütten im ganzen Land (einige in Verbindung mit einem lokalen Wanderverein). Die besten Hütten haben Duschen, Küche,

Personal und Trinkwasser, einfachere Hütten gewöhnlich nur Betten, Toiletten und Kochbereich. Für Nichtmitglieder kosten Betten 4500 bis 6500 ISK. An manchen Hütten gibt es Campingplätze für 1200 ISK pro Person.

➡ Andere Hüttenbetreiber sind **Ferðafélag Akureyrar** (Wanderverein Akureyri; ☎462 2720; www.ffa.is; Strandgata 23, Akureyri), mit Hütten im Nordosten, u. a. entlang des Askja-Wanderwegs, und **Útivist** (☎562 1000; www.utivist.is; Laugavegur 178, Reykjavík), mit Hütten in Básar und am Fimmvörðuháls-Pass im Þórsmörk.

➡ Es ist wichtig, über die zuständige Organisation Plätze zu reservieren, denn die Hütten sind schnell ausgebucht.

Versicherung

➡ Obwohl Island ein sehr sicheres Reiseland ist, kommt es gelegentlich zu Diebstählen. Krankheiten und Unfälle sind prinzipiell immer möglich. Eine Reiseversicherung gegen Diebstahl, verlorene Wertsachen und Krankheit ist zu empfehlen.

➡ Vor dem Abschluss der Versicherung immer das Kleingedruckte lesen, ob die Police auch Schäden durch potenziell gefährliche Sportarten wie Wandern, Klettern, Reiten, Ski- und Schneemobilfahren abdeckt.

Visa

Island hat das Schengen-Abkommen unterzeichnet, mit dem die EU-Länder (alle bis auf Bulgarien, Kroatien, Rumänien, Zypern, Irland und Großbritannien) sowie Island, Norwegen, Liechtenstein und die Schweiz vereinbart haben, Kontrollen an gemeinsamen Grenzen abzuschaffen.

Es gelten folgende Visa-Bestimmungen:

➡ Bürger der EU- und Schengen-Länder benötigen bei Aufenthalten von maximal drei Monaten kein Visum.

➡ Um in Island zu arbeiten oder zu studieren, ist meist ein Visum nötig – Infos gibt's bei den isländischen Botschaften und Konsulaten oder online.

➡ Informationen über Einreisebestimmungen und Visa erteilt das **Icelandic Directorate of Immigration, Útlendingastofnun** (www.utl.is).

Zeit

➡ Island liegt in derselben Zeitzone wie London (Greenwich-Zeit), also eine Stunde früher als in Mitteleuropa (MEZ –1 Std.).

➡ Da es in Island keine Sommerzeit gibt, ist es dort ab Ende März bis Ende Oktober zwei Stunden früher als in Mitteleuropa.

Zoll

Island hat ziemlich strenge Einfuhrbestimmungen. Sämtliche Regelungen stehen auf www.customs.is.

Zollfreie Alkoholmengen für Reisende über 20 Jahre:

➡ 1 l Spirituosen und 1 l Wein und 6 l Bier ODER

➡ 3 l Wein und 6 l Bier ODER

➡ 1 l Spirituosen und 9 l Bier ODER

➡ 1,5 l Wein und 9 l Bier ODER

➡ 12 l Bier

➡ Personen über 18 Jahre dürfen 200 Zigaretten oder 250 g Tabak mitbringen.

➡ Die Höchstgrenze für Lebensmittel liegt bei 3 kg (Ausnahmen: rohe Eier, einige Fleisch- und Milchprodukte), vorausgesetzt sie sind nicht mehr als 25 000 ISK wert.

➡ Um das Einschleppen von Krankheiten zu vermeiden, sind bei mitgebrachter Angel- und Reitkleidung tierärztliche Nachweise über eine Desinfektion vorzulegen. Andernfalls muss für die Desinfektion der Kleidung bei Ankunft gezahlt werden. Das Mitbringen von gebrauchter Reitausrüstung (Sattel, Zaumzeug usw.) ist illegal. Siehe www.mast.is.

➡ Viele Besucher reisen auf der Fähre mit dem eigenen Auto an (S. 403). Eine Befreiung vom Einfuhrzoll für die Fahrzeuge gilt nur für Aufenthalte bis zu einem Jahr.

Verkehrsmittel & -wege

AN- & WEITERREISE

Dank einem breiteren Angebot an Flügen und Flugzielen ist Island heute viel besser erreichbar als noch vor ein paar Jahren. Die Anreise mit der Fähre ist eine tolle Alternative für alle, die gern ihr eigenes Fahrzeug mitnehmen und Zeit haben.

Flüge, Touren und Bahnfahrkarten können auch online auf www.lonelyplanet.com/bookings gebucht werden.

Einreise

➡ Island gehört zum Schengen-Raum. Reisende aus Deutschland, Österreich und der Schweiz brauchen für die Einreise einen Reisepass oder Personalausweis, der noch drei Monate über das geplante Ausreisedatum hinaus gültig ist. Nähere Informationen s. S. 402.

Flugzeug

Flughäfen & Fluglinien

FLUGHÄFEN

➡ Islands größter internationaler Flughafen ist der **Internationale Flughafen Keflavík** (www.kefairport.is) 48 km südwestlich von Reykjavík.

➡ Für Flüge im Inland, nach Grönland und auf die Färöer ist der kleine **Flughafen Reykjavík** (Reykjavíkurflugvöllur; www.reykjavikairport.is) im Stadtzentrum zuständig.

FLUGLINIEN

Immer mehr Fluglinien, darunter auch Billigfluglinien, bieten Flüge nach Island an, einige aber nur in den Sommermonaten Juni bis August. Eine Liste aller Fluggesellschaften, die Island anfliegen, findet man auf www.kefairport.is/Deutsch/Service/Airlines-nach-Island.

Icelandair (www.icelandair.com) ist die nationale Fluglinie mit einem ausgezeichneten Sicherheitsprotokoll. Die Inlandsfluglinie **Air Iceland** (Flugfélag Íslands; www.airiceland.is) fliegt auch nach Grönland und auf die Färöer. **WOW Air** (www.wowair.com) ist eine isländische Billigfluglinie mit Flügen u. a. nach Berlin, Düsseldorf, Stuttgart und Salzburg.

Übers Meer

➡ Die **Smyril Line** (www.smyrilline.com) betreibt eine teure, aber beliebte wöchentliche Autofähre; die *Norröna* fährt von Hirtshals (Dänemark) über Tórshavn (Färöer-Inseln) nach Seyðisfjörður in Ostisland.

➡ Zwischen Dänemark und den Färöern verkehren die Schiffe ganzjährig, laufen Island aber planmäßig nur von Ende März bis Oktober

KLIMAWANDEL & REISEN

Jede Form des Reisens, die auf Brennstoff auf Kohlenstoffbasis beruht, erzeugt CO_2, das für den von Menschen verursachten Klimawandel hauptverantwortlich ist. Modernes Reisen ist von Flugzeugen abhängig, die zwar pro Kilometer und Person weniger Kraftstoff als die meisten Autos verbrauchen, aber sehr viel weitere Strecken zurücklegen. Auch die hohen Luftschichten, in die Flugzeuge Treibhausgase (darunter CO_2) und Schadstoffe ausstoßen, verstärken ihren Einfluss auf den Klimawandel. Viele Websites bieten „Emissionsrechner", mit denen Reisende die CO_2-Emissionen ihrer Reise ausrechnen und die Auswirkung dieser Treibhausgase mit einem Beitrag für klimafreundliche Projekte in der ganzen Welt ausgleichen können. Lonely Planet gleicht die CO_2-Bilanz aller Reisen der Mitarbeiter und Autoren aus.

und im Winter nur in begrenztem Umfang an – siehe Website.

➡ Die Fahrpreise variieren stark, abhängig von der Reisezeit, der Kabinenkategorie, ob mit/ohne Fahrzeug bzw. je nach Fahrzeugtyp.

➡ Eine einfache Fährfahrt von Hirtshals nach Seyðisfjörður (Dauer 47 Std.) mit einem kleinen Auto und zwei Personen in der Hochsaison (Mitte Juni bis Mitte August) kostet 559 € pro Person mit Betten in der billigsten Kabine. Einzelreisende (ohne Auto) zahlen in der Hochsaison für eine einfache Fahrt ab 261 € für einen Liegesitz.

➡ Es ist möglich, die Überfahrt auf den Färöer-Inseln zu unterbrechen. Informationen dazu gibt's auf der Website der Smyril Line.

UNTERWEGS VOR ORT

Auf Island gibt es keine Eisenbahn. Die einfachste Art, sich auf der Insel fortzubewegen, ist mit einem Mietauto.

Zwischen Mitte Mai und Mitte September kann man auch das gute Busliniennetz nutzen, um zu den größeren Orten zu gelangen. Für Reisende mit wenig Zeit sind Inlandsflüge eine gute Alternative.

Auto & Motorrad

➡ Wer mit dem eigenen Fahrzeug in Island unterwegs ist, hat natürlich viel mehr Freiheiten, das Land zu erkunden. Dank guter Straßen und geringer Verkehrsdichte ist das Fahren in Island recht unproblematisch.

➡ Die Ringstraße (Straße 1) führt einmal um die Insel und ist außer ein paar kurzen Abschnitten in Ostisland asphaltiert. Von ihr zweigen zu den meisten Ortschaften Asphalt- oder Schotterstraßen ab.

➡ Besonders an der Küste ist die Landschaft oft spektakulär, aber es geht nur langsam voran, da Bergpässe zu überwinden sind und sich die Straßen an den langen Fjorden entlangschlängeln. Trotzdem ist im Sommer mit einem normalen Pkw fast alles erreichbar (bis auf Ziele im Hochland und an den F-Straßen).

➡ Im Winter sind viele Straßen nach schweren Schneefällen unpassierbar. Hochlandstraßen werden in der Regel erst im Juni geöffnet und teils bereits im September wieder geschlossen. Aktuelle Informationen zum Straßenzustand gibt's auf www.vegagerdin.is.

Mit dem eigenen Fahrzeug

➡ Ein Auto zu mieten ist in Island teuer. Den eigenen Wagen mitzunehmen ist also vielleicht nicht so verrückt, wie es sich zunächst anhört. Die Fähren der Smyril Line bringen im Sommer Autos aus allen Teilen Europas von Dänemark auf die Insel – weit im Voraus buchen!

➡ Für eine befristete steuerfreie Einfuhr müssen Fahrzeugpapiere und der Führerschein mitgebracht werden. Ein gültiger Versicherungsnachweis („grüne Versicherungskarte") ist eigentlich nicht mehr notwendig (außer wenn das Auto nicht in einem der nordischen Staaten oder in einem EU-Mitgliedsland angemeldet ist), erleichtert aber die Schadensabwicklung, falls es einen Unfall gibt.

➡ Die Genehmigung für die befristete steuerfreie Einfuhr eines Kraftfahrzeugs wird bei der Ankunft für eine Dauer von zwölf Monaten erteilt und ist verbunden mit der Auflage, das Fahrzeug nicht zu verleihen oder zu verkaufen. Weitere Informationen gibt es beim isländischen **Zollamt** (www.customs.is).

➡ Wer länger in Island bleibt, kann sich sein Fahrzeug von der Frachtschiffreederei **Eimskip** (www.eimskip.is) auf die Insel bringen lassen. Das ist jedoch nicht billig und erfordert jede Menge Papierkram. Für alle, die lange bleiben und viel Ausrüstung oder vielleicht ein gut ausgestattetes Wohnmobil haben, kann das aber durchaus nützlich sein. Eimskip befährt im Nordatlantik sechs Strecken.

Führerschein

Für das Fahren in Island genügt der deutsche, österreichische bzw. Schweizer Führerschein.

Benzin & Ersatzteile

➡ Im ganzen Land gibt es in regelmäßigen Abständen Tankstellen, aber im Hochland sollte vor einer längeren Fahrt geprüft werden, wie viel Benzin noch im Tank und wie weit die nächste Tankstelle entfernt ist.

➡ Zum Zeitpunkt der Recherche kosteten bleifreies Benzin und Diesel etwa 245 ISK (1,60 €).

➡ Einige isländische Straßen können sehr einsam sein – Wagenheber, Ersatzreifen und Überbrückungskabel gehören auf jeden Fall ins Auto.

➡ Im Fall einer Panne oder eines Unfalls sollte sofort die Autovermietung angerufen werden.

➡ Obwohl der isländische Automobilclub **Félag Íslenskra Bifreiðaeigenda** (FÍB; www.fib.is) nur in Island ansässige Mitglieder hat, können unter Umständen auch Personen, die beim ADAC (oder bei einem anderem dem ARC Europe angeschlossenen Automobilclub) Mitglied sind, den Pannenhilfsdienst des FÍB in Anspruch nehmen – beim heimischen Automobilclub nachfragen.

➡ Der FÍB ist rund um die Uhr unter der Pannennummer ✆ 511 2112 erreichbar. Auch

TANKEN

Die meisten kleineren Tankstellen haben kein Personal und fast alle Zapfsäulen sind automatisiert. Es gibt aber auch noch die zeitaufwendige Variante, bei der die Angestellten der Tankstelle die Zapfsäule manuell anstellen müssen, bevor man sie bedienen kann; bezahlt wird dann nach dem Auftanken.

Automatisches Tanken funktioniert so: Die Kreditkarte in die Säule schieben (nur Karten mit vierstelliger PIN) und dann den Anweisungen folgen. Die PIN eingeben, danach den Maximalbetrag, für den man tanken möchte, dann warten, bis die Säule den Kauf freigegeben hat. (Man zahlt nur den Betrag, für den man wirklich tankt, nicht den eingegebenen Maximalbetrag.) Für eine Quittung muss die Karte noch mal in den Automaten gesteckt werden. Es ist sinnvoll, die Kreditkarte vorher einmal an einer normalen Tankstelle mit Personal geprüft zu haben, um sicherzugehen, dass es keine Probleme gibt.

Bitte beachten: Für die Kreditkarte braucht man eine Geheimzahl (PIN), sowohl zum Tanken als auch für die meisten anderen Kartenzahlungen in Island. Wer keine hat, muss sich vor der Reise einen PIN-Code für seine Karte besorgen. Wer trotzdem ohne Geheimzahl dasteht, kann sich an N1-Tankstellen auch Prepaid-Karten kaufen, mit denen man dann an Tankstellen ohne Personal tanken kann.

Nichtmitgliedern werden Informationen und Telefonnummern von Abschlepp- und Pannendiensten vermittelt.

Mietwagen

- Teile Islands sind nur mit dem Auto zu erreichen. Mietwagen sind hier zwar im internationalen Vergleich teuer, aber immer noch günstiger als Bus oder Flugzeug, vor allem, wenn man nicht allein reist und sich die Kosten teilt.
- Wer ein Auto mieten möchte, muss mindestens 20 Jahre alt sein (23–25 Jahre für einen Geländewagen) und einen gültigen Führerschein vorlegen können.
- Die billigsten Mietwagen, meist ein Kleinwagen mit Heckklappe, kosten in der Hochsaison (Juni–Aug.) um 12 000 ISK pro Tag, für einen kleinen Geländewagen – der einen höheren Radstand als ein normaler Pkw hat, aber für die meisten Flussdurchfahrten trotzdem nicht zu empfehlen ist – ist mit etwa 24 000 ISK zu rechnen. Im Preis enthalten sind unbegrenzte Kilometer, Mehrwertsteuer und meist auch eine Teilkaskoversicherung. Wochenpreise sind meist etwas günstiger. Zwischen September und Mai sollte es möglich sein, erheblich günstigere Angebote zu finden.
- Auf jeden Fall immer das Kleingedruckte lesen, da sich zusätzliche Kosten für Versicherungen, Abholung vom Flughafen und Gebühren für Einwegmieten summieren können.
- Im Hochsommer haben viele Vermieter absolut kein Auto mehr zur Verfügung – weit im Voraus buchen!
- Viele Reiseorganisationen (z. B. Hostelling International Iceland, Icelandic Farm Holidays) haben Pauschalangebote, die ein Mietauto einschließen.
- Die meisten Autovermietungen befinden sich in und um Reykjavík und Keflavík und haben Büros in der Stadt und am Flughafen. Größere Unternehmen betreiben außerdem Mietstationen in weiteren Orten (meist in Akureyri und Egilsstaðir).
- Wer mit der Fähre über Seyðisfjörður einreist, findet Autovermietungen im nahen Egilsstaðir. Einige Autovermietungen:

Átak (www.atak.is)

Avis (www.avis.is)

Budget (www.budget.is)

Cheap Jeep (www.cheapjeep.is)

Europcar (www.europcar.is) Die größte Autovermietung in Island.

Geysir (www.geysir.is) Für jedes Auto werden auf der Website die Sommer- und Winterpreise pro Tag/Woche aufgeführt.

Go Iceland (www.goiceland.com) Vermietet auch Campingausrüstung (Zelte, Luftmatratzen, Kocher).

Hertz (www.hertz.is)

SADcars (www.sadcars.com) Nicht mehr die jüngsten Fahrzeuge, aber dafür (theoretisch) günstige Preise.

Saga (www.sagacarrental.is)

WOHNMOBILE

Ein Wohnmobil zu mieten ist eine beliebte und kostengünstige Lösung für Unterkunft und Transport. Besonders gut ist das im Sommer, denn dann ist auch ein bisschen Spontanität möglich – als einzige Form der Unterkunft müssen Campingplätze nicht vorgebucht werden.

Die größeren Autovermietungen haben meist auch Wohnmobile im Angebot. Die folgenden Anbieter haben ausgefallenere Exemplare parat, von Backpacker- bis Familiengröße und auch richtige Geländewohnmobile.

Camper Iceland (www.camper iceland.is)

Happy Campers (www.happy campers.is)

JS Camper Rental (www.js.is) Camperaufsatz auf Gelände-Pickups.

Kúkú Campers (www.kuku campers.is) Bemalte Camper sowie Vermietung von Ausrüstung fürs Zelten, Grillen, Musikmachen (Gitarren), Surfen usw.

MOTORRÄDER

Biking Viking (www.bikingviking.is) Vermietung von Motorrädern, organisierte Touren und Reparaturen.

Versicherung

➡ Von Fahrzeugen, die in den nordischen Staaten oder einem EU-Mitgliedsland angemeldet sind, wird angenommen, dass sie eine gültige Versicherung haben. Ansonsten braucht man eine grüne Versicherungskarte als Beleg dafür, dass das Fahrzeug versichert ist; beim Versicherer nachfragen.

➡ Wer ein Auto mietet, sollte das Kleingedruckte lesen. Die meisten Mietfahrzeuge haben eine Haftpflicht- und Teilkaskoversicherung, sodass Schäden am Mietwagen abgedeckt sind. Auf jeden Fall sollte die Höhe der Selbstbeteiligung geprüft werden, die kann überraschend hoch sein.

➡ Bei Mietfahrzeugen sind Schäden an Reifen, Scheinwerfern, Windschutzscheibe und an der Unterseite, die durch das Fahren auf unbefestigten Straßen, durch Wasser oder in Sandstürmen entstehen, nicht abgedeckt. Viele Autovermietungen versuchen, zusätzliche Versicherungen zu verkaufen, die solche Schäden abdecken. Dabei muss man sich genau überlegen, ob eine solche Versicherung für die geplante Reise sinnvoll ist oder ob man bereit ist, eventuelle Schäden aus eigener Tasche zu begleichen. Es ist nicht vorhersehbar, welche Wetterbedingungen man unterwegs antrifft.

Straßenzustand & Gefahren

Dank guter Straßenbeläge auf den Hauptstraßen und geringer Verkehrsdichte ist das Fahren in Island recht einfach, aber es gibt auch einige Gefahrenquellen. Einen Eindruck gibt das Video „Drive Safely on Icelandic Roads" auf www.drive.is (auf Englisch).

Tiere Im Sommer grasen Schafe überall im Land und laufen häufig auf die Straße. Wenn in der Nähe der Straße Tiere auftauchen: abbremsen und langsam vorbeifahren.

Unbefestigte Straßen Der Übergang von asphaltierten zu Schotterstraßen ist mit dem Warnschild „Malbik endar" gekennzeichnet – hier sofort die Geschwindigkeit verringern, um nicht auf dem Schotter ins Schleudern zu geraten. Die meisten Unfälle ausländischer Fahrer in Island passieren, weil sie auf unbefestigten Straßen zu schnell fahren. Wenn das Fahrzeug ins Schleudern kommt: Fuß vom Gaspedal nehmen und das Lenkrad langsam in die Richtung drehen, in die die Vorderreifen gehen sollen. Nicht bremsen!

Unübersichtliche Kuppen In den meisten Fällen haben Straßen zwei Fahrspuren mit abschüssigem Straßenrand ohne Seitenstreifen. Gegenverkehr kann auf der Straßenmitte fahren. Unübersichtliche Bergkuppen sind mit den Schildern „Blindhæð" gekennzeichnet, hier sollte man die Geschwindigkeit verringern und sich rechts halten.

Einspurige Brücken Wer auf eine einspurige Brücke zufährt (gekennzeichnet als „Einbreið Brú"), sollte die Geschwindigkeit drosseln. Vorfahrt hat das Fahrzeug, das der Brücke am nächsten ist.

F-STRASSEN

Es könnten einem für diese holprigen, kaum erkennbaren Wege schon einige F-Wörter einfallen, aber tatsächlich steht „F" für *fjall* – das isländische Wort für „Berg". F-Straßen sind nicht mit normalen unbefestigten Straßen zu verwechseln: Diese sind auch mit normalen Pkw zu befahren, selbst wenn sie teils recht holprig sind.

F-Straßen sind auf Karten und Schildern durch ein „F" vor der Straßennummer gekennzeichnet (z. B. F26 oder F88).

Die F-Straßen sind nur für Geländewagen geeignet. Wer mit einem normalen Mietfahrzeug auf einer F-Straße fährt, verliert damit seinen Versicherungschutz. F-Straßen mit normalen Pkw zu befahren ist gefährlich. Man tut sich selbst keinen Gefallen, es dennoch zu versuchen. Also: Für die Fahrt auf F-Straßen einen Geländewagen mieten oder einfach an einer Bus- oder Superjeeptour teilnehmen.

Vor der Fahrt auf einer F-Straße sollte sich jeder danach erkundigen, was einen erwartet (z. B. Flussdurchquerungen) und ob die gesamte Strecke freigegeben ist. Infos zu Straßenschließungen siehe www.vegagerdin.is.

Obwohl einige F-Straßen kaum von der sie umgebenden Landschaft zu unterscheiden sind, ist das Verlassen der Straßen überall in Island strikt verboten, da Querfeldeinfahren das fragile Ökosystem schädigt.

Blendendes Sonnenlicht Die Sonne scheint häufig niedrig am Horizont, eine Sonnenbrille ist beim Fahren sehr zu empfehlen.

Winterbedingungen Im Winter sollte man sich vergewissern, dass der Wagen mit Winterreifen und Schneeketten ausgerüstet ist und dass man eine Schaufel, Decken, Proviant und Wasser dabeihat.

Asche & Sandstürme Vulkanasche und starke Sandstürme können den Autolack abscheuern; bei starkem Wind kann der Wagen sogar umkippen. Besonders gefährliche Zonen sind mit orangefarbenen Warnschildern gekennzeichnet.

F-Straßen Straßen, die nur für Allradfahrzeuge geeignet sind,

FLUSSDURCHQUERUNG

Wer im Hochland von Island wandert oder fährt, wird sehr wahrscheinlich auf Flüsse ohne Brücken treffen, die durchquert werden müssen. Dabei gibt es einige Regeln zu beachten:

➡ Schmelzender Schnee lässt die Wassermenge im Fluss ansteigen. Die beste Zeit für die Durchquerung ist früh am Morgen, bevor es richtig warm wird; meiden sollte man die ersten 24 Stunden nach einem heftigen Regenguss.

➡ Schmale Abschnitte vermeiden, die sind meist tief – die breiteste Furt ist sehr wahrscheinlich auch die seichteste. Die schnellste und stärkste Strömung befindet sich in der Mitte von geraden Abschnitten und in den Außenkurven. Am besten sind die Stellen, an denen sich das Wasser möglichst wenig oder kaum spürbar bewegt.

➡ Niemals versuchen, einen Fluss oberhalb eines Wasserfalls zu überqueren oder bei Hochwasserströmen (leicht erkennbar an schmutzigen, leicht fließendem Wasser, in dem Schutt und Äste treiben).

Für Wanderer

➡ Eine glatte Oberfläche deutet an, dass der Fluss zu tief ist, um zu Fuß durchquert werden zu können. Alles, was tiefer geht als bis zum Oberschenkel, ist ohne Erfahrung und besondere Ausrüstung nicht durchquerbar.

➡ Bevor man versucht, tiefe oder schnell fließende Ströme zu durchqueren, sollte man sich versichern, dass man das Gepäck in der Strommitte abwerfen kann, wenn nötig.

➡ Einzeln Wandernde sollten einen Wanderstab benutzen, um das Flussbett nach der besten Route abzusuchen und um sich im Wasser Halt zu verschaffen.

➡ Niemals einen Fluss barfuß durchqueren! Wer nicht mit den Wanderstiefeln ins Wasser möchte, sollte sich wasserdichte Schuhe oder Sandalen einpacken.

➡ Während der Durchquerung sollte man flussaufwärts schauen und auf keinen Fall nach unten sehen; es besteht die Gefahr, dass einem schwindlig wird und man das Gleichgewicht verliert. Zwei Wanderer können sich gegenseitig Halt geben, indem sie ihre Arme auf den Schultern des anderen ablegen.

➡ Wer während der Durchquerung hinfällt, sollte nicht versuchen aufzustehen. Den Rucksack abnehmen (aber festhalten), auf den Rücken drehen und die Füße flussabwärts ausrichten. So versuchen, zu einer seichten Stelle oder zum Ufer zu gelangen.

Für Autofahrer

➡ Wer nicht mit anderen Fahrzeugen unterwegs ist, sollte eventuell auf ein anderes Fahrzeug warten und dann beobachten, wo und wie erfahrene Fahrer einen Fluss durchqueren. Am besten die beabsichtigte Strecke erst einmal zu Fuß durchwaten, so wie oben beschrieben, um die Tiefe zu prüfen. Ein gute Faustregel: Wenn man einen Fluss nicht durchwaten möchte, sollte man auch nicht versuchen durchzufahren.

➡ Dann mit dem Wasser arbeiten – diagonal in Richtung der Strömung mit niedrigem Gang fahren. Gleichmäßig fahren, ohne zu stoppen oder den Gang zu wechseln, nur etwas schneller, als das Wasser fließt (wer zu langsam fährt, läuft Gefahr, stecken zu bleiben und Wasser in den Auspuff zu bekommen).

haben vor der Nummer den Buchstaben F.

Flussdurchfahrten Nur wenige Straßen im Landesinneren haben Brücken. Furten sind auf Karten mit einem „V" gekennzeichnet.

Verkehrsregeln

- Rechtsverkehr
- Gurtpflicht auf Vorder- und Rücksitzen
- Immer mit Abblendlicht fahren
- Alkoholgrenze ist 0,5 ‰
- Handys beim Fahren nur mit Freisprechanlage benutzen
- Kinder bis sechs Jahre müssen im Kindersitz sitzen
- Nur auf gekennzeichneten Straßen und Allradpisten fahren

GESCHWINDIGKEITSBESCHRÄNKUNGEN

- Innerhalb von Ortschaften 50 km/h
- Auf unbefestigten Straßen 80 km/h
- Auf asphaltierten Straßen 90 km/h

Bus

- Island hat ein umfassendes Netz an Langstreckenbussen, das von zahlreichen Unternehmen bedient wird. Einen Überblick über die Strecken bietet die kostenlose Karte *Public Transport in Iceland*, die in Touristeninformationen und an Busbahnhöfen, besonders in Reykjavík, erhältlich ist.
- Von ungefähr Mitte Mai bis Mitte September verkehren zu den meisten Orten an der Ringstraße, zu den beliebten Wanderrevieren im Südwesten und zu den größeren Orten in den West- und Ostfjorden sowie auf den Halbinseln Reykjanes und Snæfellsnes planmäßig Busse. In den übrigen Monaten gibt es zum Teil tägliche Verbindungen, manchmal auch gar keine.
- Im Sommer verkehren auf einigen F-Straßen Allradbusse, z. B. auf der Kjölur- und der Sprengisandur-Route im Hochland, die nicht mit normalen Pkw befahrbar sind.
- Viele Busstrecken können auch für Tagesausflüge genutzt werden: Manche Busse bleiben ein paar Stunden an ihrem Zielort stehen und fahren dann wieder zum Ausgangspunkt zurück; teils halten sie unterwegs auch an ein paar touristisch interessanten Stellen. Natürlich kann man auch unterwegs irgendwo aussteigen und dann einen oder zwei Tage später auf derselben Strecke weiterfahren.
- Die verschiedenen Busunternehmen fahren in einem Ort manchmal unterschiedliche Stellen an. In Reykjavík gibt's mehrere Busbahnhöfe; in kleineren Orten halten die Busse gewöhnlich an einer Tankstelle, aber es ist ratsam, sich zu vergewissern, wo genau die Busse abfahren.

Busunternehmen

Die wichtigsten Busunternehmen:

Reykjavík Excursions
(☎580 5400; www.re.is)

SBA-Norðurleið
(☎550 0700; www.sba.is)

Sterna
(☎551 1166; www.sterna.is)

Strætó
(☎540 2700; www.straeto.is)

Fahrpässe

Islands Busunternehmen bieten jeden Sommer von Mitte Juni bis zur ersten Septemberwoche gültige Fahrpässe an, um den öffentlichen Verkehr auf der Insel so einfach wie möglich zu gestalten. Zur Zeit der Recherche galt keiner dieser Fahrpässe für die Westfjorde, doch die Hochlandrouten Sprengisandur und Kjölur können mit einbezogen werden.

Wer Island mit dem Bus bereisen möchte, sollte sich vor dem Kauf eines Fahrpasses genau informieren. Trotz der Fahrpässe ist es oft wesentlich praktischer (und wenn man mindestens zu zweit ist, vielleicht auch billiger), ein Auto zu mieten.

Mit einem Fahrpass kann man nur die Busse einer Gesellschaft nutzen und keins der Unternehmen bietet das perfekte Netz – jedes hat in seinem Netz größere Löcher, viele Strecken werden nur einmal am Tag bedient. Das größte Netz bietet Strætó, aber dafür gibt es keinen Fahrpass. Somit ist es u. U. günstiger, für jede Busfahrt ein separates Ticket zu kaufen, und zwar für den Busservice, der zur gewünschten Zeit die beste Verbindung bietet.

Iceland On Your Own Reykjavík Excursions und SBA-Norðurleið bieten zusammen die Fahrpässe „Iceland On Your Own" an – alle Details auf www.ioyo.is. Die Vorteile dieser Pässe: Verbindungen auf den Hochlandrouten Kjölur und Sprengisandur, gute Verbindungen im Süden (auf dem guten Reykjavík-Excursions-Netz) und gute Abdeckung des Nordens mit den Strecken von Akureyri nach Húsavík, Ásbyrgi und Dettifoss (auf dem SBA-Norðurleið-Netz). Nachteile: Die Pässe sind nicht billig! Und es gibt an der Westküste ein Loch auf der Ringstraße – Richtung Norden geht's über die Kjölur-Route auf die Ringstraße.

Circle Von Reykjavík nach Varmahlíð über die Kjölur-Straße, dann auf der Ringstraße ums Land herum (42 000 ISK).

Beautiful South Die gesamte Südküste von Reykjavík nach Höfn mit Strecken nach Gullfoss, Þórsmörk, Landmannalaugar und Lakagígar (5/9/11 Tage 36 000/53 000/60 500 ISK).

Beautiful South Circle Südküste (von Reykjavík nach Skaftafell) plus Landmannalaugar (22 000 ISK).

Highlights Kjölur- und Sprengisandur-Route plus Südküste und der Norden um Akureyri/Húsavík, aber nichts im Osten zwischen

Mývatn und Höfn (7/11/15 Tage 46 500/66 000/80 000 ISK).

Highland Circle Gültig für eine Rundfahrt inklusive Sprengisandur- und Kjölur-Route; gilt auch für die Strecke Reykjavík–Skaftafell (44 000 ISK).

Combo Kombiniert die Ringstraße (außer den westlichen Teil) mit den beiden Hochlandrouten, dazu ein paar Südküstenstrecken (7/11/15 Tage 58 000/77 000/91 500 ISK).

Hiking on Your Own Dies ist mit gutem Grund der Bestseller. Wer den Laugarvegur erwandern möchte, wird in Landmannalaugar abgesetzt und am Ende des Wegs im Þórsmörk wieder abgeholt (oder umgekehrt). Wer den Fimmvörðuháls-Weg geht, kann den Bus zwischen Skógar und dem Þórsmörk nutzen (12 500 ISK).

Sterna Das Unternehmen Sterna bietet für sein Netz zwei Fahrpässe. Vorteile: Ist billiger als die Konkurrenz, bedient die gesamte Ringstraße (inkl. Westküste) und umfasst auch eine Hochlandstrecke (Kjölur, jedoch nicht Sprengisandur). Nachteil: nur wenige Strecken abseits der Ringstraße.

East Circle Von Reykjavík nach Varmahlíð über die Kjölur-Route, dann auf der Ringstraße (39 500 ISK).

Full Circle Für eine Runde auf der Ringstraße (37 500 ISK).

Fahrrad

➡ Mit dem Rad zu fahren ist eine phantastische und immer beliebtere Art und Weise, das Land zu erleben, aber unterwegs erwarten Radler teilweise raue Bedingungen. Orkanartige Winde, peitschender Regen, Sandstürme, Graupelschauer und plötzliche Schneefälle sind zu jeder Jahreszeit möglich.

➡ Da ist es gut zu wissen, dass die großen Busunternehmen auch Fahrräder befördern – wenn also das Wetter schlecht oder die Hochlandtour doch nicht so toll wie erwartet ist, kann man auf den Bus umsteigen. Wie viele Räder ein Bus mitnehmen kann, ist nicht festgelegt, aber wenn Platz ist, sollte es kein Problem sein. Strætó-Busse transportieren Fahrräder gratis, die anderen Busunternehmen (Sterna, SBA-Norðurleið) verlangen rund 3500 ISK.

➡ Eine prima Informationsquelle ist die (auch englischsprachige) Website des **Icelandic Mountain Bike Club** (http://fjallahjolaklubbu rinn.is) mit Links zur jährlich aktualisierten Karte *Cycling Iceland* – diese sehr guten Infos sind in den Touristeninformationen nicht so häufig zu finden; daher sollte man sie sich vor der Reise im Internet anschauen.

➡ An Flickzeug und Ersatzschläuche ist außerhalb von Reykjavík nur schwer heranzukommen – das sollte man also ausreichend von zuhause mitbringen oder sich in Reykjavík besorgen. Unterwegs sollten Radfahrer auf jeden Fall die wichtigsten Reparaturen selbst ausführen können.

➡ Wer es mit dem Hochland aufnehmen möchte: Auf der Kjölur-Route sind die größeren Flüsse überbrückt, sodass die Route für Radfahrer recht gut zugänglich ist. Eine weniger anspruchsvolle Strecke ist die F249 ins Þórsmörk. Auch die Westfjorde bieten tolle Radfahrgebiete, die aber schon eine gewisse Herausforderung darstellen.

➡ Ausschau halten sollten Radler nach einer neuen Reihe von Fahrradbüchern von Ómar Smári Kristinsson. Das erste ist *The Biking Book of Iceland – Day Trip Cycle Circuits – Part 1: The Westfjords*. Weitere Bücher sind in Planung.

Fahrradtransport nach Island

➡ Die meisten Fluglinien befördern Fahrräder im Frachtraum, wenn sie richtig in einem Transportkoffer verpackt sind.

WICHTIGE INFOS IM INTERNET

Vier Websites, die jeder Reisende kennen sollte:

Safetravel (www.safetravel.is) Alles, was man wissen muss, um die Risiken bei einer Reise durch Island zu minimieren.

Icelandic Met Office (Veðurstofa Íslands; www.vedur.is) Das Wetter in Island und seinen Einfluss auf die Reisemöglichkeiten darf man niemals unterschätzen. Die Website bietet zuverlässige Vorhersagen für jedes Reiseziel. Telefonische Auskunft gibt's unter ☎902 0600; nach der Ansage die 1 drücken.

Vegagerðin (www.vegagerdin.is) Islands Straßenverkehrsamt informiert über Straßenöffnungen und -schließungen im ganzen Land. Unverzichtbar bei Fahrten in wenig besuchten Gegenden.

Carpooling in Iceland (www.samferda.is) Praktische Website, die Fahrer und Mitfahrer im ganzen Land zusammenbringt – die Mitfahrer beteiligen sich zumeist an den Benzinkosten. Dies ist für die Mitfahrer eine clevere Alternative zum Trampen und die Fahrer können ihre Kosten drücken.

- Im Reykjavík City Hostel gibt es Räume, wo man Fahrräder zusammen- und auseinanderbauen kann; es bewahrt auch Transportboxen auf – das Hostel befindet sich neben dem Campingplatz der Stadt. Das **Bílahótel** (www.bilahotel.is) am Flughafen bewahrt Gepäck und auch Fahrradboxen auf.
- Die Fähren der Smyril Line von Dänemark berechnen für den Fahrradtransport 15 € pro Fahrt.

Leihräder

- An verschiedenen Orten im Land werden Mountainbikes vermietet, die aber nur für kürzere Strecken geeignet sind.
- Wer einen richtigen Radurlaub machen möchte, sollte sein eigenes Rad von zu Hause mitbringen oder eines bei der Ankunft kaufen. Tourenräder verleiht **Reykjavík Bike Tours** (www.icelandbike.com).

Flugzeug

- Island hat ein ausgebautes Inlandsflugnetz, das die Einheimischen fast wie Linienbusse benutzen. Im Winter ist ein Flug manchmal die einzige Möglichkeit, ein bestimmtes Ziel zu erreichen, jedoch kann das Wetter zu dieser Jahreszeit die Flugpläne komplett durcheinanderbringen.
- Fast alle Inlandsflüge starten vom kleinen Reykjavíker Inlandsflughafen im Stadtzentrum (Achtung: nicht vom Internationalen Flughafen in Keflavík).
- Es gibt eine Handvoll Flugplätze, von denen Rundflüge starten – z. B. von den Flugplätzen Mývatn und Skaftafell sowie vom Inlandsflughafen in Reykjavík.

Isländische Fluglinien

Air Iceland (Flugfélag Íslands; www.airiceland.is) Nicht zu verwechseln mit der Auslandslinie Icelandair. Flugziele sind: Reykjavík, Akureyri, Grímsey, Ísafjörður, Vopnafjörður, Egilsstaðir und Þórshöfn. Bietet auch Tagesausflüge. Online-Tickets für Inlandsflüge kosten ab 9500 ISK (einfach).

Eagle Air (www.eagleair.is) Bietet planmäßige Flüge ab Reykjavík zu fünf kleineren Flughäfen: Vestmannaeyjar, Húsavík, Höfn, Bíldudalur und Gjögur. Flüge kosten zwischen 19 200 und 28 300 ISK (einfach). Außerdem einige Tagesausflüge.

Geführte Touren

Siehe Abschnitt „Reiseplanung" S. 44 für Informationen über das Tourenangebot innerhalb Islands.

Nahverkehr

Bus

- Reykjavík hat ein umfassendes Stadtbusnetz mit Verbindungen zu sämtlichen Vororten und sogar bis nach Akranes, Borgarnes, Hveragerði, Selfoss und Hvalfjarðarsveit. Fahrpläne, Preise und Strecken sind auf www.straeto.is verzeichnet.
- Auch in Akureyri und Ísafjörður sowie im Raum Reykjanesbær fahren Stadtbusse.

Taxi

- Die meisten Taxis gibt es rund um Reykjavík, aber auch in vielen anderen, größeren Orten werden Taxidienste angeboten. Außerhalb Reykjavíks sollte man eher ein Taxi vorbestellen.
- Taxis haben Taxameter und sind oft recht teuer. Trinkgeld wird nicht erwartet.

Schiff/Fähre

In Island gibt es mehrere Fähren, die das ganze Jahr fahren. Informationen stehen in den jeweiligen Regionalkapiteln. Die wichtigsten Strecken:

- Landeyjahöfn–Vestmannaeyjar (www.herjolfur.is)
- Stykkishólmur–Brjánslækur (www.seatours.is)
- Dalvík–Hrísey/Grímsey (www.saefari.is)
- Arskógssandur–Hrísey (www.hrisey.net)

Von Juni bis August fahren regelmäßig Fähren von Bolungarvík und Ísafjörður zu verschiedenen Anlegestellen auf der Halbinsel Hornstrandir in den Westfjorden.

Trampen

- Trampen ist nirgends in der Welt ganz ohne Risiko und wir empfehlen es nicht. Wer trampt, sollte sich darüber im Klaren sein, dass er ein kleines, aber potenzielles Risiko eingeht. Dennoch sind uns massenhaft Touristen begegnet, die einmal quer durch Island getrampt sind. Die meisten berichteten von sehr guten Erfahrungen. Alleinreisende Frauen und Paare werden meist am schnellsten mitgenommen.
- Voraussetzung beim Trampen ist neben Geduld auch eine gewisse Logik – also wo der beste Platz zum Trampen ist. Nicht so gut ist es, sich mitten an einem langen geraden Straßenabschnitt hinzustellen, da dort die Fahrer vorbeibrausen, bevor sie einen Tramper überhaupt bemerken. Günstiger sind Abzweigungen, Tankstellen oder sogar Parkplätze an Bónus-Supermärkten.
- Es ist auch nicht schlecht, nach Eintreffen in der Unterkunft allen mitzuteilen, wo es am nächsten Tag hingehen soll. Vielleicht fährt einer der anderen Gäste in die gleiche Richtung und bietet eine Mitfahrgelegenheit an.

Sprache

Isländisch ist eine germanische Sprache, so wie Deutsch, Englisch, Niederländisch und die skandinavischen Sprachen. Es stammt vom Altnordischen ab und hat die Buchstaben „eth" (*ð*) und „thorn" (*þ*) bewahrt, die auch im Altenglischen existieren. Die komplexe isländische Grammatik kann verwirrend sein, besonders wenn man versucht, Busfahrpläne oder Ortsnamen zu lesen, denn auch Orts-, Straßen- und Personennamen werden dekliniert.

Die meisten Isländer sprechen Englisch und man kommt gut ohne Isländisch durch, aber jeder Versuch, ein paar Brocken zu sprechen, wird begeistert aufgenommen.

Viele Buchstaben werden wie im Deutschen ausgesprochen; die Unterschiede sind unten aufgelistet. Die Betonung liegt immer auf der ersten Silbe. Vokale sind lang, wenn einer der Konsonanten p, t, k, j, r oder v folgt oder aber eine Kombination der Konsonanten p, t, k mit j, r oder v (pr, tr, kj usw.). In fast allen anderen Fällen ist der Vokal kurz.

GRUNDLAGEN

Hallo	*Halló*	*ha*·llou
Guten Morgen	*Góðan daginn*	*gohth*-an *dai*-in
Tschüs	*Bless*	bless
Guten Abend	*Gott kvöld*	gott kwöld
Gute Nacht	*Goða nótt*	*goh*-th-a nott
Vielen Dank	*Takk./ Takk fyrir*	takk/ takk *fi*·rir
Entschuldigung	*Afsakið*	*af*·sa·kith
Das tut mir leid	*Fyrirgefðu*	*fi*·rir·gjäw·thö
Ja	*Já*	jau
Nein	*Nei*	nej

NOCH MEHR ISLÄNDISCH?

Zusätzliche Informationen zur Sprache und nützliche Wendungen für diejenigen, die fit in Englisch sind, bieten die Phrasebooks von Lonely Planet. Sie sind online auf **shop.lonelyplanet.com** erhältlich.

ALPHABET

Buchstabe	Aussprache
Á á	au (wie in laut)
Ð ð	englisches th (stimmhaft wie in *that*)
É é	je (wie in jemand)
Í í	ie (wie in Lied)
Ó ó	o (wie in Note)
Ú ú	u (wie in Du)
Ý ý	ie (wie in Lied)
Þ þ	englisches th (stimmlos wie in *think*)
Æ æ	ai (wie in Mai)
Ö ö	ö (wie in Moers)

Wie geht es Dir?
Hvað segir þú gott? — kwath *sej*·ir thu gott

Gut. Und selbst?
Allt fínt. En þú? — alt fiint en thu

Wie heißt Du?
Hvað heitir þú? — kwath *haj*·tir thu

Ich heiße ...
Ég heiti ... — jäch *hej*·ti ...

Sprichst Du Englisch?
Talar þú ensku? — *ta*·lar thu *ens*·kö

Ich verstehe nicht.
Ég skil ekki. — jäch skil *ähk*·ki

Es wird schon schiefgehen.
Þetta reddast. — *thä*·tä *räd*-ast

RICHTUNGSANGABEN

Wo ist das (Hotel)?
Hvar er (hótelið)? — kwar er (*hou*·te·lith)

Kannst Du mir das (auf der Karte) zeigen?
Geturðu sýnt mér (á kortinu)? — *gjä*·tör·thö siint mjär (au *kor*·ti·nu)

Wie ist Deine Adresse?
Hvert er heimilisfangið þitt? — kwärt er *hej*·mi·lis·fan·gith thitt

ESSEN & TRINKEN

Was können Sie empfehlen?
Hverju mælir þú með? kwär·jö *mai*·lir thu meth

Haben Sie vegetarisches Essen?
Hafið þið grænmetisrétti? *ha*·with thith *grain*·mä·tis·rjät·ti

Ich nehme ein ...
Ég ætla að fá ... jäch *aicht*·la ath fau ...

Prost!
Skál! skaul

Ich hätte gern ..., bitte.	*Get ég fengið ..., takk.*	get jäch *fejn*·gith ... takk
einen Tisch für (vier)	*borð fyrir (fjóra)*	borth *fi*·rir (*fjou*·ra)
die Rechnung	*reikninginn*	*rejk*·nin·ginn
die Weinkarte	*vínseðillinn*	*wiin*·sä·thi·dlinn
die Karte	*matseðillinn*	*mat*·sä·thi·dlinn
das Gericht	*þennan rétt*	*the*·nan rjätt
eine Flasche (Bier)	*(bjór)flösku*	(*bjour*)·*flös*·kö
(eine Tasse) Kaffee/Tee	*kaffi/te (bolla)*	*kaf*·fe/tä (*bo*·dla)
ein Glas (Wein)	*(vín)glas*	(*wiin*)·glas
Wasser	*vatn*	*wa*·tn
Frühstück	*morgunmat*	*mor*·gün·mat
Mittagessen	*hádegismat*	*hau*·de·jis·mat
Abendessen	*kvöldmat*	*kwöld*·mat

NOTFÄLLE

Hilfe!	*Hjálp!*	chjälp
Geh weg!	*Farðu!*	*far*·thö
Rufe ...!	*Hringdu á ...!*	*chring*·dö au ...
einen Arzt	*lækni*	*laik*·ni
die Polizei	*lögregluna*	*löch*·reg·lö·na

Ich habe mich verlaufen.
Ég er villtur/villt. (m/f) jäch er *wil*·tür/willt

Wo sind die Toiletten?
Hvar er snyrtingin? kwar er *snir*·tin·gin

Schilder

Inngangur	Eingang
Útgangur	Ausgang
Opið	Geöffnet
Lokað	Geschlossen
Bannað	Verboten
Snyrting	Toiletten

Zahlen

1	*einn*	e(i)dn
2	*tveir*	twejr
3	*þrír*	thriir
4	*fjórir*	*fjour*·ir
5	*fimm*	fimn
6	*sex*	sex
7	*sjö*	sjö
8	*átta*	*auch*·ta
9	*níu*	*nii*·ö
10	*tíu*	*tii*·ö
20	*tuttugu*	*tüch*·tu·gu
30	*þrjátíu*	*thrjau*·tii·ö
40	*fjörutíu*	*fjörö*·tii·ö
50	*fimmtíu*	*fimm*·tii·ö
60	*sextíu*	*sex*·tii·ö
70	*sjötíu*	*sjö*·tii·ö
80	*áttatíu*	*auch*·ta·tii·ö
90	*níutíu*	*nii*·tii·ö
100	*hundrað*	*hün*·drath

SHOPPEN & SERVICE

Ich suche ...
Ég leita að ... jäch *lej*·ta ath ...

Wie viel kostet das?
Hvað kostar þetta? kwath *kos*·tar *the*·tta

Das ist zu teuer.
Þetta er of dýrt. *the*·tta er ow diirt

Das ist fehlerhaft.
Það er gallað. thath er *ga*·dlath

Wo ist ...?	*Hvar er ...?*	kwar er ...
eine Bank	*bankinn*	*baun*·kinn
der Markt	*markaðurinn*	*mar*·ka·thü·rinn
eine Post	*pósthúsið*	*poust*·hu·sith

VERKEHRSMITTEL & -WEGE

Gibt es einen Bus dorthin?
Er hægt að taka rútu þangað? er haicht ath *ta*·ka *ru*·tö *thaun*·gath

Wo kann ich einen Fahrschein kaufen?
Hvar kaupi ég miða? kwar *köi*·pi jäch *mi*·tha

Ist dies ... nach (Akureyri)?	*Er þetta ... til (Akureyrar)?*	er *the*·tta ... til (*a*·kö·rej·rar)
die Fähre	*ferjan*	*fer*·jan
der Bus	*rútan*	*ru*·tan
das Flugzeug	*flugvélin*	*flöch*·wje·lin

Wann fährt der ... Bus?	*Hvenær fer ... strætisvagninn?*	kwe·nair fer ... strai·tis·wag·ninn
erste	*fyrsti*	firs·ti
letzte	*síðasti*	sii·thas·ti
Eine ... Fahrkarte (nach Reykjavík), bitte.	*Einn miða ... (til Reykjavíkur), takk.*	edn *mi*·tha ... (til *rej*·kja·wii·kür) takk
einfach	*aðra leiðina*	*ath*·ra *lej*·thi·na
Rück-	*fram og til baka*	fram och til *ba*·ka

Ich hätte gern ein Taxi ...	*Get ég fengið leigubíl ...*	gjät jäch *fejn*·gith *lej*·gö·biil ...
um (9 Uhr)	*klukkan (níu fyrir hádegi)*	klü·kkan (*nii*·ö *fi*·rir *hau*·dej·ji)
morgen	*á morgun*	au *mor*·gün

Wie viel kostet es nach ...?
Hvað kostar til ... ? kwath *kos*·tar til ...

Bitte, halten Sie hier.
Stoppaðu hér, takk. *stop*·pa·thö chjär takk

Bitte, bringen Sie mich (zu dieser Adresse).
Viltu aka mér til (þessa staðar)? *wil*·tö *a*·ka mjär til (*thäs*·sa *sta*·thar)

GLOSSAR

Im Kapitel Isländische Küche (S. 383) stehen nützliche Wörter und Wendungen rund ums Essen und im Kapitel Verkehrsmittel & -wege (S. 402) Begriffe zu Straßenverkehrsregeln und Straßenschildern.

á – Fluss (wie in Laxá, wörtlich „Lachsfluss")
álfar – Elfen
austur – Osten

bær – Bauernhof
Basalt – hartes vulkanisches Gestein, bildet oft sechseckige Säulen
bíó – Kino
brennivín – einheimischer Kartoffelschnaps mit Kümmelgeschmack

Caldera – kesselförmiger Vulkankrater

dalur – Tal

Edda – altnordische Götter- und Heldenlieder
Eiskappe – permanenter Gletscher oder eisbedeckte Gebirgsspitze
ey – Insel

fell – *s. fjall*
fjall – Berg
fjörður – Fjord
foss – Wasserfall
Fumarole – Austrittsstelle von Wasserdampf und vulkanischen Gasen

gata – Straße
Geysir – heiße Springquelle, Name stammt vom Großen Geysir in Island
gistiheimilið – Pension
gjá – Schlucht
goðar – politische und religiöse Führer bestimmter Landesteile vor der Christianisierung (Singular *goði*)

hákarl – fermentierter Hai
hestur – Pferd
höfn – Hafen
Hot Pot – heiße Quelle oder Spabereich, auf Isländisch *heitur pottur*
hraun – Lavafeld
huldufólk – übernatürliche, verborgene Wesen
hver – Geysir, Springquelle

Íslands – Island
jökull – Gletscher
kirkja – Kirche
kort – Karte

Landnámabók – Landnahmebuch, historischer Text über die Besiedlung Islands
laug – warme Quelle; zum Schwimmen geeignet
Lavatunnel – unterirdischer Tunnel, der von flüssiger Lava unter einer festen Erdkruste „gegraben" wurde
lón – Lagune
lopapeysa/lopapeysur (sg/pl) – isländischer Wollpullover
lundi – Papageitaucher
mörk – Wald; umgangssprachlich steht *mörk* auch für Tore beim Fußball und die Ohrmarke der Schafe

nes – Landspitze, Halbinsel
norður – Norden
puffling – junger Papageitaucher

reykur – Rauch, wie in Reykjavík (wörtlich „Rauchbucht")

safn – Museum
Sagas – altisländische Erzählungen
sandur – Sander, Sedimente aus Gletscherflüssen
Schildvulkan – schildartig aufgewölbter Vulkan aus dünnflüssigem, gasarmem Magma
Schlammtopf – blubbernder, heißer Schlamm
Scoria – glasiger Lavastein
sími – Telefon
skáli – Hütte, Snackbar
stræti – Straße
suður – Süden
sumar – Sommer
sundlaug – beheiztes Schwimmbad

Tephra – von einem Vulkan ausgestoßene Lockermaterialien
tjörn – Teich
torg – Platz

vatn – See, Wasser
vegur – Weg, Straße
vestur – Westen
vetur – Winter
vík – Bucht
vogur – kleine Bucht, Meeresarm

Hinter den Kulissen

WIR FREUEN UNS ÜBER EIN FEEDBACK

Post von Travellern zu bekommen ist für uns ungemein hilfreich – Kritik und Anregungen halten uns auf dem Laufenden und helfen, unsere Bücher zu verbessern. Unser reiseerfahrenes Team liest alle Zuschriften genau durch, um zu erfahren, was an unseren Reiseführern gut und was schlecht ist. Wir können solche Post zwar nicht individuell beantworten, aber jedes Feedback wird garantiert schnurstracks an die jeweiligen Autoren weitergeleitet, rechtzeitig vor der nächsten Auflage.

Wer uns schreiben will, erreicht uns unter **www.lonelyplanet.de/kontakt**.

Hinweis: Da wir Beiträge möglicherweise in Lonely Planet Produkten (Reiseführer, Websites, digitale Medien) veröffentlichen, ggf. auch in gekürzter Form, bitten wir um Mitteilung, falls ein Kommentar nicht veröffentlicht oder ein Name nicht genannt werden soll. Wer Näheres über unsere Datenschutzpolitik wissen will, erfährt das unter www.lonelyplanet.com/privacy.

DANK VON LONELY PLANET

Vielen Dank an die folgenden Leser, die mit der letzten Ausgabe unterwegs waren und uns wertvolle Hinweise, Tipps und interessante Anekdoten geschickt haben:
Ilianna Anagnostakou, Mary Attick, Greta Björnsdóttir, Sébastien Blond, Rod Dawson, Joaquín Diaz, Benjamin Doyle, William Driscoll, Barbara Gaffin, Maria Garcia, Josh Guenther, Roger Hart, Friederike Hammer, Martin Hellwagner, Justin Hettinga, Grace Heusner, Mildred Howard, Hartmut Kaiser, Sophie Kendall, Tim Kendrick, Britta Lambertz, Mark Lautzker, Erica Lazarow, Anna Leivers, Michelle Lester-Smith, Samira Lindner, Elisa Maccagnoni, Diane Moody, Lita Nelsen, Anthony Newgrosh, William Norman, Carmen Parada, Fika Perié, Lorna Pimperton, Christa Rieser, Francesco Rosa, Markus Rudolf, Michal Rudziecki, Jane Senior, Berglind Sigmarsdóttir, Elke Sims, Ron Sims, Barney Smith, Frank Techel, Isabel Vadis, Trudy van der Velde, Ondra Veltrusky, Callie Wallace

DANK DER AUTOREN

Carolyn Bain

Danke an James dafür, dass er mich mit meinem absoluten Lieblingsjob beauftragt hat, und an meine hervorragende Koautorin Alexis, für ihre leidenschaftliche und ausgefeilte Arbeit. Wieder einmal könnte ich hier das halbe isländische Telefonbuch aufführen, so viele Leute haben mich bei dieser Reise unterstützt, mich informiert oder unterhalten, von Kyle Clunies Ross, Ragnheiður Sylvia Kjartansdóttir und Kristjana Rós Guðjohnsen in Reykjavík bis zu Elín Þorgeirsdóttir in Hrífunes. Unterwegs hatte ich das Vergnügen, von Sigrun Kalyan Sigurðardóttir, Þórhildur Gísladóttir und Jón Thor Hannesson begleitet zu werden; Anton Freyr Birgisson, Mirjam Blekkenhorst und die Highlander Óðinn und Agnar waren tolle Guides und Jeepfahrer; und Sævar Freyr Sigurðsson, Guðmundur Ögmundsson und Helga Árnadóttir teilten ihre umfangreiche Ortskenntnis mit mir. Zu den Einheimischen, die mich so herzlich wieder empangen haben, gehörten Knútur, Vicki, Pálína, Sibba, Þórir und Erla, Örn, Bjarni und Heiða, Valla, Hlynur, Berglind, Cathy, Ásmundur und so viele mehr. Villi Vernharðsson in Möðrudalur war supernett, ebenso wie Áskell Heiðar Ásgeirsson beim Bræðslan und Bergþór Karlsson. Die Liste könnte seitenlang weitergehen – so viele wunderbare Menschen, so viele Nettigkeiten. Ein herzliches *takk fyrir*.

Alexis Averbuck

Meine Arbeit an Island war mir ein Vergnügen und wurde von vielen Seiten unterstützt. Vielen Dank an Heimir Hansson für alles, was die Westfjorde betrifft. Jónas Gunnlaugsson hat mich im Polarfuchszentrum empfangen. Im Reykjavik 871±2 war die Begeisterung der Anthropologin Eva Dal ansteckend, ihre Erklärungen hervorragend. Helga Garðarsdóttir von Ferðafélag Íslands gab mir Insidertipps zum

Laugavegurinn. Dank an Jón Magnússon und Hallgrímur Stefans, die mein Isländisch überprüft haben, von *rúntur* bis *djammið*. Carolyn war eine unendlich großzügige und kenntnisreiche Kollegin und Koordinatorin. James gebührt Respekt für die Aufmerksamkeit und Sorgfalt, mit der er das Buch betreute. Kristinn Viggósson war viel mehr als eine Gastgeberin, dank ihr fühlte ich mich in Island zuhause. Yva & John wurden zur inspirierenden Familie. Ryan war, wie immer, ein toller Komplize.

QUELLENNACHWEIS

Die Angaben auf der Klimakarte stammen von Peel MC, Finlayson BL & McMahon TA (2007) „Updated World Map of the Köppen-Geiger Climate Classification", *Hydrology and Earth System Sciences*, 11, 163344.

Titelfoto: Skógafoss, Skógar, Südisland, Guido Cozzi / 4Corners ©.

ÜBER DIESES BUCH

Dies ist die 4. deutsche Auflage von *Island*. Sie basiert auf der 9. englischen Auflage von Carolyn Bain und Alexis Averbuck. Die 8. Auflage schrieben Brandon Presser, Carolyn Bain und Fran Parnell, die 7. Fran Parnell und Brandon Presser. Dieser Reiseführer wurde produziert von:

Titelredaktion James Smart

Produktredaktion Elizabeth Jones

Kartografie Valentina Kremenchutskaya

Layout Clara Monitto

Redaktionsassistenz Imogen Bannister, Penny Cordner, Justin Flynn, Victoria Harrison, Bella Li, Rosie Nicholson, Charlotte Orr, Saralinda Turner, Jeanette Wall

Umschlaggestaltung Naomi Parker

Dank an Sasha Baskett, Ryan Evans, Samantha Forge, Larissa Frost, James Hardy, Kate James, Andi Jones, Claire Naylor, Karyn Noble, Jessica Rose, Diana Saengkham, Angela Tinson, Anna Tyler, Amanda Williamson

Register

Kartenverweise **000**
Fotoverweise **000**

Kartenverweise **000**
Fotoverweise **000**

Kartenlegende

Sehenswertes

- Strand
- Vogelschutzgebiet
- buddhistisch
- Burg/Palast
- christlich
- konfuzianisch
- hinduistisch
- islamisch
- jainistisch
- jüdisch
- Denkmal
- Museum/Galerie/hist. Gebäude
- Ruine
- shintoistisch
- Sikh
- taoistisch
- Weingut/Weinberg
- Zoo/Naturschutzgebiet
- Sehenswürdigkeit

Aktivitäten, Kurse & Touren

- bodysurfen
- tauchen
- Kanu/Kajak fahren
- Kurse/Touren
- Sento/Onsen
- Ski fahren
- schnorcheln
- surfen
- schwimmen/Pool
- wandern
- windsurfen
- sonstige Aktivitäten

Schlafen

- Schlafen
- Camping

Essen

- Restaurant

Ausgehen & Nachtleben

- Bar, Kneipe
- Café

Unterhaltung

- Unterhaltung

Shoppen

- Shoppen

Praktisches

- Bank
- Botschaft/Konsulat
- Krankenhaus/Arzt
- Internet
- Polizei
- Post
- Telefon
- Toilette
- Touristeninformation
- sonstige Informationen

Geografie

- Strand
- Hütte/Unterstand
- Leuchtturm
- Aussichtspunkt
- Berg/Vulkan
- Oase
- Park
- Pass
- Rastplatz
- Wasserfall

Städte

- Hauptstadt (Staat)
- Hauptstadt (Bundesstaat/Provinz)
- Großstadt
- Stadt/Ort

Transport

- Flughafen
- Grenzübergang
- Bus
- Seilbahn/Standseilbahn
- Radweg
- Fähre
- Metro-Station
- Schwebebahn
- Parkplatz
- Tankstelle
- S-Bahnstation
- Taxi
- T-bane-/Tunnelbana-Station
- Bahnhof/Bahnlinie
- Straßenbahn
- Tube Station
- U-Bahnstation
- sonstiger Transport

Hinweis: Nicht alle in der Legende aufgeführten Symbole sind Bestandteil der Karten dieses Buches

Verkehrswege

- Mautstraße
- Autobahn
- Hauptstraße
- Landstraße
- Verbindungsstraße
- sonstige Straße
- unbefestigte Straße
- Straße im Bau
- Platz/Promenade
- Treppe
- Tunnel
- Fußgängerbrücke
- Spaziergang
- Abstecher von der Route
- Pfad/Wanderweg

Grenzen

- Staatsgrenze
- Provinzgrenze
- umstrittene Grenze
- Regional-/Bezirksgrenze
- Meeresschutzgebiet
- Klippen
- Mauer

Gewässer

- Fluss, Bach
- periodischer Fluss
- Kanal
- Gewässer
- Salzsee/trockener/periodischer See
- Riff

Gebietsform

- Flughafen/Landepiste
- Strand/Wüste
- christlicher Friedhof
- sonstiger Friedhof
- Gletscher
- Watt
- Park/Wald
- Sehenswertes (Gebäude)
- Sportplatz
- Sumpf/Mangroven

DIE AUTOREN

Carolyn Bain

Koordinierende Autorin, Nordisland, Ostisland, Südwestisland, Das Hochland Die in Melbourne geborene Carolyn verbindet eine langjährige Liebe mit Nordeuropa, die sich bei einem Dänemarkaufenthalt als Teenager entzündete und über 14 Jahre regelmäßig neu entfacht wurde, in denen sie Reiseführer über so wunderbare nordische Reiseziele wie Island, Dänemark, Schweden und Estland schrieb (mehr unter carolynbain.com.au). Während sie zum zweiten Mal am *Island*-Band arbeitete, schwelgte sie in ihrer Leidenschaft für *skyr*, Fjorde, entlegene Thermalquellen und Gletscherpfade, Papageitaucher, *lopapeysur* und die Musik von Ásgeir. Zu den Highlights ihres Recherchetrips gehörten ein Hot-Pot-Bad unter der Mitternachtssonne, Askja bei 20° (wirklich!), ein Ticket für Bræðslan und die Erkundung einer Eishöhle. Carolyn schrieb auch die Abschnitte Reiseplanung, Island verstehen und Praktische Informationen für dieses Buch.

Mehr über Carolyn auf:
lonelyplanet.com/members/carolynbain

Alexis Averbuck

Reiserouten, Reykjavík, Südwestisland & der Goldene Kreis, Westisland, Die Westfjorde, Isländische Kultur Alexis' Vorliebe für entlegene, eisige Landschaften und unberührte Berge geht auf ihr Jahr zurück, das sie in der Antarktis verbrachte, aber inzwischen ist sie völlig von Island vereinnahmt worden. Als selbsternannter Gletscherfreak liebt sie es, Islands abgelegenere Pfade zu erkunden, von surrealen Lavafeldern und glitzernden Fjorden bis zu eisblauen Gletscherzungen. Auch die isländische Kultur hat es ihr angetan, sie verschlingt Sagas und verfolgt die phantastische Musikszene des Landes. Alexis, seit 20 Jahren Reisejournalistin, schreibt für Lonely Planet auch über die Antarktis, Frankreich und Griechenland, hat den Pazifik im Segelboot überquert und ist Malerin – ihre Arbeiten sind unter www.alexisaverbuck.com zu finden.

Mehr über Alexis auf:
lonelyplanet.com/members/alexisaverbuck

DIE LONELY PLANET STORY

Ein ziemlich mitgenommenes, altes Auto, ein paar Dollar in der Tasche und Abenteuerlust – 1972 war das alles, was Tony und Maureen Wheeler für die Reise ihres Lebens brauchten, die sie durch Europa und Asien bis nach Australien führte. Die Tour dauerte einige Monate, und am Ende saßen die beiden – erschöpft, aber voller Inspiration – an ihrem Küchentisch und schrieben ihren ersten Reiseführer *Across Asia on the Cheap*. Innerhalb einer Woche hatten sie 1500 Exemplare verkauft. Lonely Planet war geboren. Heute hat der Verlag Büros in Melbourne, London, Oakland, Franklin, Delhi und Beijing mit mehr als 600 Mitarbeitern und Autoren. Und alle teilen Tonys Überzeugung, dass ein guter Reiseführer drei Dinge erfüllen sollte: informieren, bilden und unterhalten.

Lonely Planet Publications,
Locked Bag 1, Footscray,
Melbourne, Victoria 3011,
Australia

Verlag der deutschen Ausgabe:
MAIRDUMONT, Marco-Polo-Str. 1, 73760 Ostfildern,
www.lonelyplanet.de, www.mairdumont.com, info@lonelyplanet.de

Chefredakteurin deutsche Ausgabe: Birgit Borowski

Redaktion: Bintang Buchservice GmbH,
www.bintang-berlin.de
Übersetzung: Silvia Mayer, Gunter Mühl, Kathrin Schnellbächer
An früheren Auflagen haben außerdem mitgewirkt: Petra Dubilski, Valeska Henze, Christel Klink, Dagmar Klotz, Nicole Stange, Inga-Brita Thiele, Katja Weber
Lektorat: Julia Niehaus, Thomas Rach
Satz: Stefan Müssigbrodt

Island
4. deutsche Auflage September 2015, übersetzt von
Iceland, 9th edition, Mai 2015 Lonely Planet Publications Pty

Printed in China